Économie internationale

HyperCours Dalloz

Économie et Gestion

sous la direction de

■ Xavier **Greffe**

Professeur à l'Université de Paris I Panthéon-Sorbonne

Économie internationale

2e édition 2010

Jean-Louis Mucchielli

Professeur à l'Université Paris I Panthéon-Sorbonne

membre du Centre d'économie de la Sorbonne (CES), recteur de l'Académie d'Amiens

Thierry Mayer

Professeur d'économie à Sciences-Po et conseiller scientifique

au Centre d'études et prospectives et d'informations internationales

Éditions DALLOZ
31-35 rue Froidevaux, 75685 Paris Cedex 14

978-2-247-08485-2

L'*Hypercours « Economie internationale »* s'adresse aux étudiants en seconde année (L2), Licence (L3), Master 1 (M1) et Master 2 (M2) de sciences économiques et de gestion, d'AES, en écoles de commerce, et en IEP. Composé d'un cours et de rubriques pédagogiques, il fournit les connaissances théoriques indispensables et propose les références exemples et exercices qui permettent d'appréhender correctement la mise en application de ces connaissances.

• Le *cours* théorique étayé par des validations empiriques est structuré en parties regroupant des chapitres, chacun d'eux débutant par un plan analytique. En dehors des titres et sous-titres, le texte du cours est découpé en blocs d'idées selon une numérotation située dans la marge. Cette numérotation renvoie aux rubriques pédagogiques « *Quid* » et « *Quiz* » précisées ci-dessous. Des mots ou expressions clés sont signalés par la lettre « ^{Q} » en exposant.

• Les *rubriques pédagogiques* (pages signalées par un bandeau vertical rouge) complètent le cours de chaque chapitre. Elles permettent de mieux assimiler les notions essentielles et de mieux préparer les révisions et examens.
– La rubrique « *Mémo* » synthétise le contenu de chaque cours.
– La rubrique « *Quid* » regroupe les mots clés (concepts) de chaque cours qu'il faut absolument connaître et savoir manier. Elle précise leur localisation dans le cours(« ^{Q} » pour « *Quid* » en exposant) grâce au rappel des numéros figurant dans la marge du cours.
– La rubrique « *Quiz* » propose des questions et des exercices :

les questions sont suivies d'une localisation des réponses dans l'ouvrage (numéros en marge du cours) ;

les exercices renvoient pour certains chapitres à un site Internet dédié spécifique.

– La rubrique « *Biblio* » donne accès à une bibliographie sélective en français et en anglais. Elle inclut parfois des sites Internet.

• Avant la *table des matières* et la *table des compléments pédagogiques*, un *Index alphabétique* des termes utilisés prend à nouveau pour référence les numéros des blocs d'idées disposés en marge du cours.

entre pays, bien que fortement croissants, restent faibles, lorsque comparés aux flux de marchandises. En 2007, les exportations mondiales de biens et services étaient estimées à 13619 milliards de dollars, contre un montant estimé de 1833 milliards de dollars de flux d'investissements sortants dans le monde. En 1982 les données respectives étaient de 2053 et 28 milliards de dollars (tableau 1).

Tableau 1. Importance relative des flux d'investissements directs et des flux de commerce mondiaux 1982-2007, en milliards de dollars

Type de flux	1982	1990	2007
Flux d'IDE sortants	37	235	1 833
Exportations de biens et de services	2 124	4 381	13 619

Source : d'après WIR (2003, 2007) ; OMC (2008)

Cette relative immobilité internationale des facteurs de production a des implications très importantes puisqu'elle est à la base des différences de prix des biens entre nations qui expliquent l'échange. En somme, *c'est parce que les pays peuvent difficilement s'échanger des facteurs de production tels que le travail, le capital, la terre ou le sous-sol, qu'ils s'échangent des produits incorporant ces richesses factorielles.*

2) Les régions à l'intérieur des pays n'ont en général pas d'instruments de politique commerciale à leur disposition alors que les nations disposent d'un arsenal important d'instruments pouvant influencer l'ampleur et les conséquences des flux commerciaux. Ils peuvent en particulier réduire ou augmenter les flux de marchandises à l'aide de taxes et de subventions ainsi que réguler les flux de capitaux en interdisant certains secteurs à l'investissement étranger par exemple. Nous étudierons donc les moyens mis en œuvre par les États pour tenter d'influencer l'impact des échanges internationaux sur différents aspects de leur économie.

Parce que les nations se sont construites autour d'événements politiques, historiques et sociaux fédérant les individus appartenant à une même nation, la dichotomie entre commerce international et commerce inter-régional reflète la perception répandue que le premier peut être néfaste[1] alors que le second est forcément bénéfique (aucun homme politique sensé ne mettrait dans son programme, l'institution de barrières commerciales entre départements français !). S'il existe des différences notables entre commerce inter-régional et commerce international, il est important de garder à l'esprit que *les sources du gain à l'échange restent les mêmes dans les deux cas*, résultant en général dans un gain mutuel.

Migration ? » NBER Working Paper No. 9159). Au XXe siècle, entre 1960 et 1995 les huit principaux pays d'immigration ont accueilli près de 48 millions de migrants internationaux. (Massey D., 2003, « Patterns and Processes of International Migration in the 21st Century », mimeo).

1. En tout cas est plus risqué, plus incertain du fait des frontières politiques, linguistiques et culturelles.

REMERCIEMENTS

Cette nouvelle édition dans la collection Hypercours incorpore les avancées récentes des économistes dans leur compréhension des déterminants et des impacts du phénomène que l'on appelle souvent la mondialisation. Les apports récents sont très nombreux, sur le plan de la théorie comme sur le plan de la validation empirique. Le livre tient compte de ces avancées, en particulier dans les nouvelles analyses de la mesure de l'intégration internationale et régionale, des déterminants des investissements étrangers des grandes firmes multinationales et de la géographie économique mondiale. Nous avons essayé d'intégrer ces nouveautés importantes en évitant une trop grande technicité. Cette édition nouvelle est donc ambitieuse et l'aide et les conseils d'un certain nombre de relecteurs ont été précieux tout au long de ce projet, ceux de Céline Azémar et Rodolphe Desbordes notamment. Nous remercions aussi Mathieu Couttenier pour la mise à jour de cette deuxième édition. Il faut ici également souligner le rôle particulièrement central de Pamina Koenig. Sans son travail minutieux, son soutien et sa patience, le projet serait très certainement resté inachevé. Les améliorations apportées au manuscrit original sont innombrables, même si nous restons intégralement responsables des inévitables imperfections résiduelles.

INTRODUCTION GÉNÉRALE

section 1

L'objet d'étude

L'économie internationale couvre toutes les questions ayant trait à l'ouverture d'une économie, c'est-à-dire toutes les raisons pouvant expliquer que les différents pays du monde sont liés entre eux par des échanges (de biens, de services, de capitaux, ou encore de personnes) ainsi que l'impact de ces liens sur les équilibres internes des économies. 1

On distingue souvent deux grands champs en économie internationale : l'analyse des flux réels d'une part, *le commerce international*, et l'analyse des flux financiers d'autre part, *la finance internationale*. Même si ces deux parties sont très liées, il existe de nombreuses caractéristiques justifiant cette distinction.

- Le commerce international s'intéresse aux causes, aux implications, aux gains de l'échange et aux conséquences des politiques de restriction ou d'ouverture aux échanges. Il ignore en général les déséquilibres macro-économiques en supposant un plein emploi et une balance commerciale équilibrée.
- La finance internationale s'intéresse au contraire à la détermination des taux de change, à l'intégration financière, aux effets des différentes politiques conjoncturelles en économie ouverte, aux déséquilibres budgétaires et commerciaux...

Ce manuel traite à la fois des questions de commerce et de finance internationale, en centrant l'analyse sur les déterminants et les impacts de l'échange international. On commence par présenter la vision macro-économique de l'ouverture internationale et de ses conséquences, pour se concentrer ensuite sur l'explication des caractéristiques précises de l'ouverture, et en particulier les mécanismes qui sous-tendent la spécialisation des économies et les déterminants des échanges.

Dans cet ouvrage, nous parlerons principalement du commerce entre *nations*^Q^, et non pas entre *régions*^Q^ ou autres entités administratives. En effet, plusieurs caractéristiques distinguent l'espace international de l'espace inter-régional : 2

1) Les facteurs de production sont relativement immobiles. La mobilité des travailleurs est beaucoup plus faible entre les pays qu'à l'intérieur des pays. Les frontières politiques, les coûts de la migration, les langues, les différences culturelles expliquent la faiblesse des flux de travailleurs entre les pays. Ils ont d'ailleurs diminué au cours du siècle[1]. De même, les flux d'investissements directs

1. Plus de 50 millions de migrants sont partis d'Europe pour le nouveau monde entre 1820 et 1913. Environ trois cinquièmes d'entre eux allèrent aux États-Unis et le reste au Canada, en Amérique du Sud, Australie et Afrique du Sud (Hatton T. et J. Williamson, 2002, « What Fundamentals Drive World

entre pays, bien que fortement croissants, restent faibles, lorsque comparés aux flux de marchandises. En 2007, les exportations mondiales de biens et services étaient estimées à 13619 milliards de dollars, contre un montant estimé de 1833 milliards de dollars de flux d'investissements sortants dans le monde. En 1982 les données respectives étaient de 2053 et 28 milliards de dollars (tableau 1).

Tableau 1. Importance relative des flux d'investissements directs et des flux de commerce mondiaux 1982-2007, en milliards de dollars

Type de flux	1982	1990	2007
Flux d'IDE sortants	37	235	1 833
Exportations de biens et de services	2 124	4 381	13 619

Source : d'après WIR (2003, 2007) ; OMC (2008)

Cette relative immobilité internationale des facteurs de production a des implications très importantes puisqu'elle est à la base des différences de prix des biens entre nations qui expliquent l'échange. En somme, *c'est parce que les pays peuvent difficilement s'échanger des facteurs de production tels que le travail, le capital, la terre ou le sous-sol, qu'ils s'échangent des produits incorporant ces richesses factorielles.*

2) Les régions à l'intérieur des pays n'ont en général pas d'instruments de politique commerciale à leur disposition alors que les nations disposent d'un arsenal important d'instruments pouvant influencer l'ampleur et les conséquences des flux commerciaux. Ils peuvent en particulier réduire ou augmenter les flux de marchandises à l'aide de taxes et de subventions ainsi que réguler les flux de capitaux en interdisant certains secteurs à l'investissement étranger par exemple. Nous étudierons donc les moyens mis en œuvre par les États pour tenter d'influencer l'impact des échanges internationaux sur différents aspects de leur économie.

Parce que les nations se sont construites autour d'événements politiques, historiques et sociaux fédérant les individus appartenant à une même nation, la dichotomie entre commerce international et commerce inter-régional reflète la perception répandue que le premier peut être néfaste[1] alors que le second est forcément bénéfique (aucun homme politique sensé ne mettrait dans son programme, l'institution de barrières commerciales entre départements français !). S'il existe des différences notables entre commerce inter-régional et commerce international, il est important de garder à l'esprit que *les sources du gain à l'échange restent les mêmes dans les deux cas*, résultant en général dans un gain mutuel.

Migration ? » NBER Working Paper No. 9159). Au XXe siècle, entre 1960 et 1995 les huit principaux pays d'immigration ont accueilli près de 48 millions de migrants internationaux. (Massey D., 2003, « Patterns and Processes of International Migration in the 21st Century », mimeo).

1. En tout cas est plus risqué, plus incertain du fait des frontières politiques, linguistiques et culturelles.

section 2

Les grands sujets

Quatre grandes questions seront traitées dans ce livre :

1) La question du *gain à l'échange* (pourquoi échange-t-on), c'est-à-dire quel bénéfice peuvent retirer les nations à échanger des biens, des services et des facteurs ? Une question fondamentale concerne les conditions sous lesquelles ce *gain est mutuel*, pour que toutes les nations co-échangistes trouvent un bénéfice à participer au commerce international. Cette question est liée à celle des *causes de l'échange*. Il semble naturel de supposer que pour que naisse un commerce international volontaire, toutes les parties doivent y trouver un intérêt, un gain.

2) La deuxième grande question est celle de la *structure des échanges* (qu'est-ce que l'on échange). Le gain à l'échange résulte en grande partie de la *spécialisation des nations* qui renoncent à produire certains biens (ou les produisent en quantité inférieure à la demande locale) pour se spécialiser dans la production et l'exportation d'autres biens. Quelles sont les origines et les mécanismes de cette spécialisation ? Quels sont les types de biens échangés : des biens très différents ou relativement similaires ? Comment expliquer que l'on observe à la fois du commerce de pétrole contre ordinateurs et du commerce d'automobiles contre automobiles ?

3) Une troisième question fondamentale est liée à *l'impact de l'ouverture sur les économies nationales* (les conséquences de l'échange). Le commerce international et les investissements à l'étranger ont-ils des effets importants sur les différents partenaires et si oui lesquels ? De nombreuses points seront abordés, notamment concernant les relations entre le marché des biens (production, importations et exportations) et le marché des facteurs, en particulier leurs rémunérations.

4) Une dernière question concerne *les politiques commerciales* (les réactions des États face aux possibilités d'échanger). Faut-il s'ouvrir plus ou au contraire se fermer à l'échange ? Faut-il s'ouvrir à l'échange quelque soit le comportement des autres nations ou au contraire négocier des concessions réciproques ? Les nations ou les groupes de nations ont des pouvoirs de politiques publiques importants et peuvent essayer d'influencer les effets du commerce sur le bien-être du pays en utilisant différents instruments comme les droits de douane, les subventions à l'exportation, les quotas... Quels sont les différents instruments disponibles et leurs différents effets sur le bien-être du pays ? Pourquoi les États ont-ils décidé de libéraliser le commerce mondial sous l'hospice de différents organismes comme le GATT ou l'OMC ? Pourquoi certaines de ces nations, comme les nations européennes, ont-elles choisi de libéraliser le commerce de biens et de facteurs entre elles de manière préférentielle ? Ces accords régionaux sont-ils nuisibles au bien-être des nations extérieures ou constituent-ils une étape vers une libéralisation plus globale ? Enfin, quels sont les déterminants des politiques commerciales en termes d'influence des différents groupes de pression de la nation ? Si certains gagnent à ouvrir les frontières alors que d'autres y perdent, comment se forme la décision politique en matière de protectionnisme ?

section 3

Idées reçues sur le commerce international

4 Comme nous le verrons dans le chapitre 1, les performances à l'exportation de différents pays ont connu de très fortes variations au cours des deux dernières décennies. Par exemple, les pays du sud-est asiatique ont vu leurs exportations croître de plus de 800 % depuis le début des années 1970, alors que celles de l'Afrique sub-saharienne ont crû de 70 %. D'une part, cette divergence de performance met en évidence le fait que certains pays peuvent profiter de la mondialisation, alors que d'autres connaissent une marginalisation croissante[1]. D'autre part, en parallèle à la forte augmentation des exportations de certains pays se dessine une interdépendance accrue des nations. Cette dépendance économique de certains pays par rapport à d'autres pose naturellement la question de l'impact de l'intégration internationale sur les économies, qui soulève de nombreuses craintes et idées reçues, dont les plus importantes sont listées ci-dessous.

§ 1 L'impact du commerce international sur les inégalités

Souvent au premier rang des préoccupations concernant les échanges internationaux, les questions relatives aux *relations entre échanges et marché du travail* sont très sensibles. L'ouverture au commerce avec d'autres pays, notamment les pays en voie de développement, où les salaires paraissent très faibles par rapport à ceux des pays industrialisés, est-elle dangereuse pour les travailleurs des pays riches ? La question en Europe continentale prend souvent la forme d'une accusation concernant l'aggravation du chômage. Aux États-Unis, pays plus ouvert aux commerce avec les PVD et où le chômage a baissé, le débat porte davantage sur l'impact de l'ouverture en termes d'aggravation des inégalités entre travailleurs qualifiés (supposés protégés de l'impact de l'ouverture) et travailleurs non qualifiés (supposés directement exposés). Ce débat porte traditionnellement sur l'impact du commerce de biens, mais il est également posé en des termes très similaires en ce qui concerne les « délocalisations » (terme souvent imprécis et inapproprié comme nous le verrons). Des craintes importantes en effet s'expriment dans tous les pays riches concernant l'impact des flux de capitaux internationaux sortant en direction des pays pauvres. Ces effets seront ici précisément étudiés afin d'établir dans quelle mesure le commerce international peut être tenu responsable des déséquilibres du marché du travail. Nous verrons que les économistes disposent à la fois d'outils théoriques et empiriques pour appréhender et mesurer l'impact de l'ouverture sur le marché du travail, et de recommandations de politiques publiques face à ces phénomènes. Les réponses proposées sont souvent moins alarmistes en termes de constat et plus subtiles en termes de mesures à prendre que le débat public ne le laisserait penser.

1. Redding Steve et Anthony Venables, 2002, « Explaining Cross-Country Export Performance : International Linkages and Internal Geography", NBER Working Paper n° 9637.

§ 2 La compétition entre nations

Une idée très répandue est qu'avec l'augmentation du degré d'ouverture des pays, les nations se retrouvent en concurrence avec d'autres nations, telles des entreprises confrontées à de nouveaux concurrents. Chaque pays serait dans l'obligation d'être le plus compétitif possible, c'est-à-dire d'exporter le plus possible. Or l'un des enseignements fondamentaux de la théorie du commerce international est que l'échange n'est pas un *jeu à somme nulle*[Q] et qu'il existe un gain mutuel à l'échange international. Fondamentalement, ce sont les importations et non les exportations qui constituent le but de l'échange, car pouvoir importer signifie pouvoir consommer davantage. Les exportations ne servent qu'à financer le surplus de consommation permis par les importations.

§ 3 Le choix de la spécialisation

Le gain à l'échange provient en grande partie de la *spécialisation*[Q] des nations. Y a-t-il des spécialisations meilleures que d'autres ? On parle souvent de secteurs à haute valeur ajoutée et de qualité de la spécialisation dans les secteurs porteurs. La théorie du commerce international permet de considérer ces arguments avec scepticisme. Tout d'abord, la valeur ajoutée par employé d'un secteur dépend très largement de la productivité des travailleurs. À partir du moment où un pays dont la productivité est élevée se spécialise dans un secteur, ce secteur deviendra un secteur à forte valeur ajoutée et à salaires élevés. Deuxièmement, en règle générale, *l'existence de gains à l'échange ne dépend pas du secteur de spécialisation.* Certes, il peut exister plusieurs raisons qui justifient de se spécialiser dans un secteur particulier pour augmenter ses gains à l'échange. La première tient simplement à *l'évolution de la demande mondiale* pour ce bien. Les gains à l'échange sont plus importants lorsque le bien d'exportation bénéficie d'une demande mondiale importante. Un secteur peut être particulièrement important parce qu'il génère des externalités positives (par exemple le secteur informatique qui permet d'augmenter la productivité des autres secteurs), mais (en théorie) ces mêmes externalités peuvent souvent être atteintes par les importations de ce bien. En revanche, si ces externalités sont liées à la *production* du bien (le pays est plus productif dans l'aéronautique civile s'il dispose d'un secteur militaire important par exemple), des arguments peuvent être trouvés pour favoriser telle ou telle spécialisation plutôt que telle autre.

§ 4 Le rôle de l'État

Une autre idée souvent avancée est que dans la nouvelle donne de l'économie mondiale, les États devraient aider activement leurs entreprises dans la compétition mondiale. En général, favoriser un secteur en particulier se fait obligatoirement au détriment d'autres secteurs de l'économie qui voient des ressources se raréfier à la suite de l'intervention. Même lorsque l'expansion d'un secteur bénéficie aux autres, militant ainsi a priori pour une intervention, cet argument n'est pas plus valide en économie ouverte. D'autres pensent que l'internationalisation des économies va de pair avec une réduction de l'étendue des attributions de l'État-providence dans les pays riches. La théorie du commerce international (et les faits) montrent une tendance inverse. L'ouverture internationale, même en étant bénéfique au total, peut avoir des effets redistributifs importants, certaines parties de la population ou du territoire national voyant leur situation se dégrader significativement. De plus, l'ouverture à la concurrence étrangère augmente les incertitudes dans l'économie nationale. Face à ces deux phénomènes, les demandes de redistribution et d'assurances sociales sont en fait plus importantes dans une économie ouverte que dans une économie fermée, car elles constituent souvent des conditions nécessaires à l'ouverture sur un plan de politique interne.

section 4

Méthode

Les questions que nous soulèverons seront abordées à l'aide des outils méthodolo-
5 giques suivants :

1) Il faut tout d'abord bien comprendre les sources du gain à l'échange et les incitations à importer et exporter que peuvent avoir les individus, les groupes ou les nations. Le commerce international résulte d'une différence entre ce qui est produit et consommé dans un pays pour un bien donné. *Une analyse détaillée des comportements des agents en termes de consommation et de production est nécessaire.* Ainsi, nous nous appuierons largement sur l'analyse microéconomique des comportements pour modéliser les comportements des individus et des entreprises, qui occupent une place importante en économie internationale.
2) Deuxièmement, quelques mots sur la mise en perspective des effets de l'ouverture. Nous envisagerons dans la majeure partie des cas les effets de l'ouverture sur une économie en utilisant la méthodologie de la *statique comparative.* Deux situations extrêmes sont ainsi considérées : l'autarcie et le libre échange en comparant, dans chacun des cas, le bien-être de la nation afin de déterminer s'il existe un gain à l'ouverture.

Ainsi, l'étude des déterminants des spécialisations et des gains à l'échange devrait permettre de répondre à des questions majeures de l'actualité économique internationale, comme par exemple, quelle va être l'évolution de la production, de la spécialisation, et des échanges de la Chine qui est entrée en 2001 dans l'organisation mondiale du commerce (OMC) ? Ou encore : comment vont s'intégrer les pays de l'Est au sein de l'Union européenne ? Ou bien quel développement va connaître le Mexique du fait de son adhésion à l'ALENA ou enfin la Corée du Nord a-t-elle intérêt pour le bien-être de sa population à rester en autarcie indéfiniment ?

Un économiste, spécialiste de l'économie internationale, doit pouvoir répondre à ces questions, en étudiant

1/ la structure des spécialisations actuelles des pays ,

2/ les déterminants des échanges et les éventuels avantages comparatifs, et

3/ en calculant l'impact de l'ouverture ou de la fermeture à l'échange sur le commerce et le bien-être du pays considéré.

D'ailleurs, les pays ou les groupes de pays font appel aux économistes internationalistes en général pour tenter de comprendre les *scénarii* possibles des spécialisations futures.

Mémo

La théorie du commerce international étudie les déterminants des échanges de biens, services et facteurs de production entre les nations. La relative immobilité internationale des facteurs de production et l'existence d'instruments nationaux de politique commerciale expliquent l'intérêt porté principalement à l'espace international par rapport à l'espace inter-régional. L'étude du commerce international se compose de quatre grandes problématiques : la mise en évidence d'un gain à l'échange, ensuite l'analyse de la structure des flux internationaux, c'est-à-dire des spécialisations des pays, troisièmement les impacts de ces spécialisations sur les économies nationales, et enfin la réaction de ces dernières en matière de politiques commerciales.
L'intégration économique accrue des économies cristallise de nombreuses craintes autour de l'impact des échanges sur l'augmentation des inégalités, la compétition entre nations, les « bonnes » ou « mauvaises » spécialisations, ainsi que le rôle de l'État. Pour répondre à ces questions, c'est-à-dire pour déterminer les conditions sous lesquelles le commerce international apport un gain mutuel aux économies participantes, il faut se baser sur le comportement micro-économique des individus et des entreprises, tenir compte des relations entre marchés des biens et des facteurs et déterminer, à travers une analyse de statique comparative, s'il y a un gain à l'ouverture.

Quid

- Nations / régions n° 2
- Gain à l'échange, Structure des échanges n° 3
- Jeu à somme nulle / à somme positive n° 4
- Mauvaise / bonne spécialisation n° 4

Quiz

- De quoi traitent respectivement les analyses du commerce international et de la finance internationale ? (n° 1, 3)
- Pourquoi s'intéresser aux flux de commerce entre nations plutôt qu'entre régions ? (n° 2)
- Citez quatre idées reçues sur le commerce international (n° 4).

Biblio

- Hatton T. et J. Williamson, 2002, « What Fundamentals Drive World Migration ? » NBER Working Paper No. 9159
- Redding Steve et Anthony Venables, 2002, « Explaining Cross-Country Export Performance : International Linkages and Internal Geography", NBER Working Paper n° 9637
- Introduction de Caves, R. J. Frankel et R. Jones, 2003, *Commerce et paiements internationaux*, de Boeck, Louvain. Massey D., 2003, « Patterns and
- Processes of International Migration in the 21st Century », mimeo
- OMC, 2008 *Rapport sur le commerce mondial*. En ligne sur `http://www.wto.org/`.
- World Investment Report (2003, 2007). En ligne sur `www.unctad.org/WIR`

partie 1

Structure et tendances de l'économie mondiale

chapitre 1

La structure du commerce international

Plan analytique

section 1

Importance du phénomène

section 2

Évolutions récentes : ouverture et mondialisation

section 3

Un peu d'histoire

section 4

Multilatéralisme et régionalisme

section 1

Importance du phénomène

Les questions d'économie internationale tiennent une place importante dans les débats publics, une place qui semble s'être accrue ces dernières années avec l'utilisation intensive du terme de *mondialisation* dans de nombreux commentaires de la presse ou des hommes politiques. Les exemples récents ne manquent pas avec : 6

- Les mouvements associés de protestation contre la « mondialisation » sous des formes diverses.
- Les questions soulevées par le vote du traité de Maastricht, le passage à l'euro et les critères qui y étaient associés, et maintenant le cours de cette monnaie unique par rapport au dollar américain.
- Les débats lors de la mise en place de l'ALENA en Amérique du Nord.
- L'établissement difficile d'un nouveau round de négociations internationales à Doha en décembre 2001 et l'échec de la réunion ministérielle de Cancun en septembre 2003.
- Les mouvements de déréglementation et d'ouverture des secteurs de réseau (transport ferroviaire, électricité, téléphone).
- Les questions posées par l'adhésion de la Chine à l'OMC.
- Les traditionnelles protestations des agriculteurs européens lors des négociations de réformes de la PAC ou de négociations de libéralisation avec les États-Unis.
- Les décisions de délocalisation des industries textiles et habillement vers les pays à faibles coûts salariaux en Asie ou en Europe centrale et orientale.
- Les conflits commerciaux incessants entre l'Europe et les États-Unis, concernant par exemple la guerre de l'acier.

La liste pourrait être beaucoup plus longue et s'allonge continuellement à mesure que les questions liées aux relations avec le reste du monde préoccupent de plus en plus les grands États industriels.

L'importance de ces questions est liée aux mouvements d'intégration internationale auquels on assiste depuis quelques décennies. Les pays deviennent de plus en plus interdépendants, et cette dépendance supposée du sort d'un pays par rapport à l'étranger cristallise de nombreuses craintes et idées reçues, listées dans l'introduction de cet ouvrage.

Quelle est exactement l'ampleur de ce mouvement d'intégration internationale et comment le mesurer ? Deux types de relations seront essentiellement étudiées dans ce livre, les flux commerciaux (biens et services) et les flux d'investissement direct étranger (IDE)[1]. Le principal moyen d'évaluation du degré d'ouverture des économies consiste à mesurer l'importance de leurs liens (commerce et/ou IDE) avec l'étranger en proportion de leur richesse globale représentée par le PIB.

section 2

Évolutions récentes : ouverture et mondialisation

Les débats actuels se focalisent autour du concept de mondialisation ou, en anglais, *globalisation*. Ces termes sont souvent employés pour décrire un état de grande ouverture supposée de l'économie mondiale. Ce phénomène est-il réellement avéré ?

Tableau 1.1. Importance du commerce international et des investissements directs dans différents pays développés et en développement

	PIB (milliards de dollars US courants)			Commerce international (exports + imports, % du PIB)			Flux d'IDE (nets entrants, % du PIB)		
Pays	1970	1990	2007	1970	1990	2007	1970	1990	2007
États-Unis	**1026**	**5751**	**13811**	**11**	**21**	**23**	**0,12**	**0,84**	**1,37**
Japon	206	3052	4377	20	20	30	0,05	0,06	-0,16
Allemagne	-	**1689**	**3297**	**39**	**54**	**72**	-	**0,18**	**1,5**
France	147	1216	2562	30	43	50	0,42	1,28	3,6
Royaume-Uni	**124**	**990**	**2728**	**44**	**51**	**39**	**1,20**	**3,08**	**5,87**
Italie	108	1102	2107	32	39	47	0,58	0,58	2,1
Canada	**85**	**574**	**1326**	**43**	**52**	**61**	**2,14**	**1,32**	**5,43**
Belgique	26	198	449	101	140	188	-	4,07	15,73
Chine	**92**	**355**	**3280**	**4**	**32**	**66**	**0**	**0,98**	**2,94**
Indonésie	10	114	433	28	49	66	0,86	0,95	1,53
Singapour	**2**	**37**	**161**	-	**439**	**349**	-	**15,22**	**17,71**
Brésil	42	465	1314	14	15	22	0,93	0,21	1,76
Mexique	**36**	**263**	**893**	**17**	**38**	**64**	**0,91**	**1,00**	**2,28**
Tunisie	1	12	35	47	94	97	1,11	0,73	10,56
Turquie	**18**	**151**	**657**	**10**	**31**	**42**	**0,32**	**0,45**	**3,79**

Source : d'après Banque Mondiale (2003,2009), CNUCED (2003), OMC(2009)

1. L'IDE est une participation étrangère significative dans une entreprise exerçant sur un territoire d'accueil.

Le tableau 1.1 reprend quelques aspects essentiels du commerce et des flux d'IDE dans divers pays, traduisant le niveau et l'évolution de l'intégration mondiale :

1) Les échanges de biens et services représentent une part de plus en plus importante de l'activité des pays. L'augmentation de cette part depuis une trentaine d'années est particulièrement frappante, non seulement pour les pays développés qui atteignent en général un *ratio commerce sur PIB*[Q] de 50 %, mais également et peut-être de manière encore plus marquée pour les pays en voie de développement (PVD) tels que la Chine.
2) Les « grands » pays commercent en général beaucoup moins avec l'étranger que les « petits » pays. La dimension et la diversité des ressources et donc des productions possibles des grands pays rendent le commerce international moins « vital » pour des pays comme les États-Unis, la Chine ou le Brésil que pour la France ou Hong-Kong. Cela ne signifie pas pour autant que les grands pays puissent se passer du commerce international, car même un pays comme les États-Unis ne peut atteindre l'autosuffisance et surtout n'a pas intérêt à ne consommer que ce qu'il peut produire, comme nous le verrons tout au long de l'ouvrage.

Tableau 1.2. Évolutions comparées du PIB, du commerce international et des investissements directs dans le monde

	Évolution annuelle en %				
	1986-1990	1991-1995	1996-2000	2004-2005	2006-2007
PIB (prix des facteurs)	**9,4**	**5,9**	**1,3**	**10,5**	**9,9**
Exportations de biens et services	11,6	7,9	3,8	17	15,3
IDE entrants	**23,6**	**22,1**	**39,9**	**30,9**	**38,5**
IDE sortants	25,9	16,5	36,1	26,6	50,5

Source : d'après Nations Unies (World Investment Report 2008)

Le tableau 1.2 et la figure 1.1 indiquent une autre caractéristique importante des relations internationales entre pays : ces dernières années les flux commerciaux et les flux de capitaux ont connu une croissance beaucoup plus rapide que le revenu national. Ceci est vrai au niveau mondial mais également pour la majorité des pays, ce qui explique la part croissante du commerce dans leur PIB. Aujourd'hui, le différentiel des taux de croissance est particulièrement prononcé pour les *investissements directs*[Q] qui connaissent des augmentations très importantes par rapport à la croissance des revenus.

Ces phénomènes sont-ils pour autant réellement *nouveaux* ? Un certain nombre d'économistes a observé que le monde connaissait déjà des niveaux d'intégration élevés dans des périodes antérieures à la seconde guerre mondiale. L'histoire économique est importante sur ce thème car elle nous permet de remettre en perspective les évolutions actuelles et peut-être de tirer des enseignements des expériences passées.

Figure 1.1. Évolution contemporaine du commerce mondial et du PIB mondial

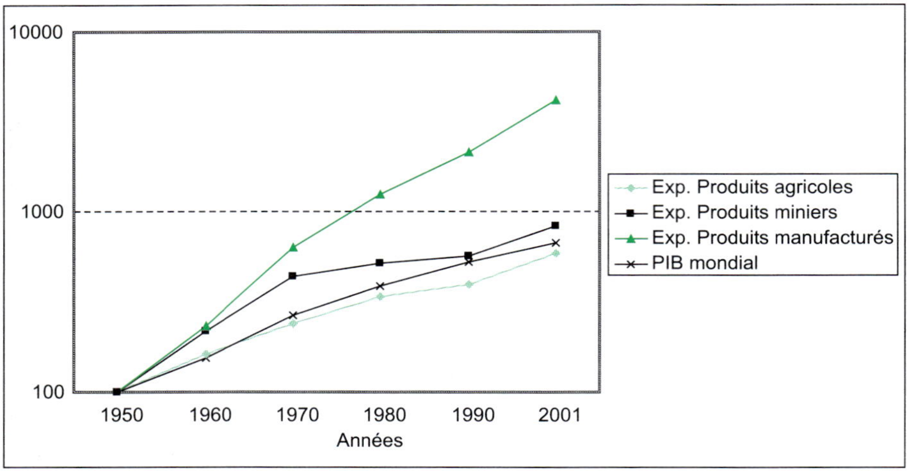

Source: d'après OMC(2002), échelle logarithmique

section 3

Un peu d'histoire

Le grand tournant de l'internationalisation des économies en ce qui concerne les flux commerciaux ne date pas du milieu du 20e siècle mais du milieu du 19e siècle. On estime que le commerce mondial a augmenté de :

1) 135 % entre 1800 et 1840.
2) a été multiplié par 4 entre 1840 et 1870.
3) a été multiplié par 2 entre 1870 et 1900.
4) a augmenté encore de 50 % entre 1900 et 1913.

La principale source de telles augmentations fut la diminution des coûts de transport, grâce aux développements du chemin de fer et à l'amélioration des moyens de transport maritimes. La réduction des coûts de transaction a également été importante avec le développement des réseaux télégraphiques et téléphoniques.

Le monde a ensuite connu une période de fort ralentissement du commerce international à la suite de la Grande Dépression de 1929. Les pays ont alors tenté de soutenir leur production nationale et de réduire leur chômage en érigeant des barrières commerciales importantes, c'est-à-dire en fabriquant à domicile ce qu'ils importaient auparavant. Tous les pays développés adoptèrent cette stratégie commerciale (dite d'appauvrissement du voisin, « *beggar thy neighbour* ») qui entraîna une spirale à la baisse des échanges commerciaux et accéléra encore la chute de la production (figure 1.3).

Figure 1.2. Évolution du commerce international mondial (1870-1998)

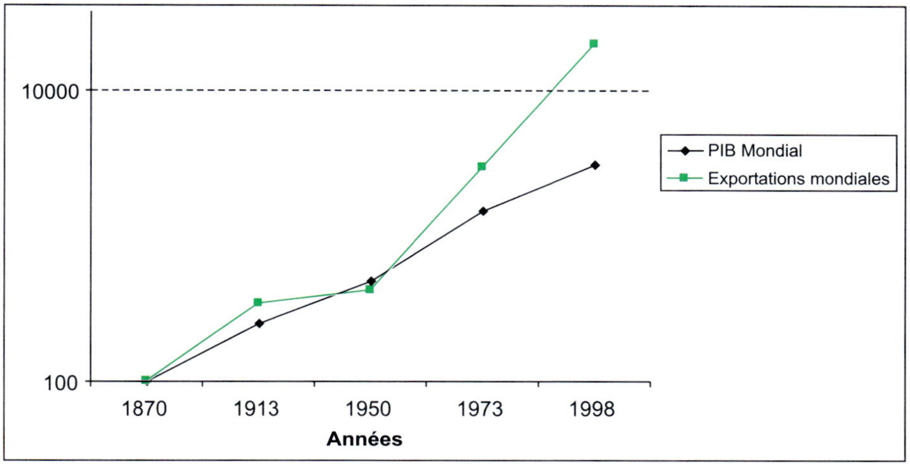

Source : d'après Maddison (1992), échelle logarithmique

Figure 1.3. La spirale de rétricissement du commerce : 1929-33 (millions de dollars, 75 pays)

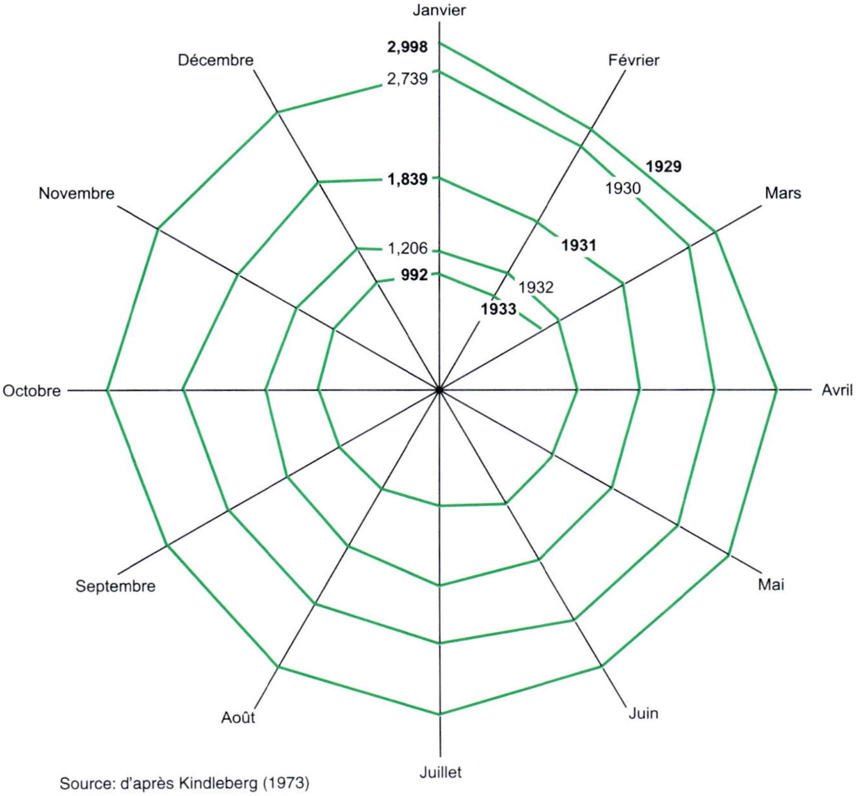

Source: d'après Kindleberg (1973)

Cette période a très fortement marqué les esprits et sous-tend encore aujourd'hui les craintes de guerre commerciale qui resurgissent périodiquement. En juin 1930, soit six mois après le crack boursier d'octobre 1929, la législation *Smoot-Hawley* entraîna le taux de protection américain à des niveaux records de près de 50 % à la fin de 1931. Avant la fin de cette même année, 25 pays imitaient les États-Unis, en augmentant leurs droits de douane. Le protectionnisme fut une des conséquences de la dépression et contribua ensuite à l'aggraver.

La période de l'après guerre fut à l'inverse marquée par une croissance du PIB mondial exceptionnelle accompagnée d'une augmentation des échanges encore plus spectaculaire. La principale raison de cette explosion des échanges tient sans doute à la chute impressionnante des taux de protection sous l'égide du GATT, issu des négociations internationales dès la sortie de la Seconde Guerre mondiale. Celui-ci ramena les droits de douane moyens des pays industrialisés sur les produits manufacturés de 40 % en 1947 à un niveau compris entre 3% et 4% à l'issue du dernier round de négociations (tableau 1.3).

Tableau 1.3. Évolution sur longue période des tarifs douaniers sur les biens manufacturés

	Tarif douanier moyen en %							
	1875	1913	1931	1950	1980	1990	2001	2008
Allemagne	**4-6**	**13**	**21**	**26**	–	–	–	–
Belgique	9-10	9	14	11	–	–	–	–
France	**12-15**	**20**	**30**	**18**	–	–	–	–
Royaume-Uni	0	0	–	23	–	–	–	–
Union européenne	–	–	–	–	**5,7**	**5,9**	**4,1**	**3.8**
États-Unis	40-50	44	48	14	7	4,8	3,4	3.2

Source : D'après Bairoch (1994) et OMC(2002,2009)

Ces évolutions historiques sur longue période amènent certains économistes à considérer que le niveau actuel d'ouverture commerciale de l'économie mondiale n'est qu'un retour à un niveau qu'elle avait déjà atteint au début du siècle. Il convient toutefois de noter des différences fondamentales entre ces deux vagues de « mondialisation » :

1) Si l'on ramène le commerce à une mesure plus restreinte du PIB ne comprenant que la production des biens échangeables, l'image d'ensemble change considérablement. Étant donné que les pays riches ont vu leur production de biens et surtout de services non échangeables augmenter énormément au cours du siècle, le commerce en proportion de la production de biens échangeables a fortement augmenté (figure 1.4).
2) La nature des échanges s'est radicalement transformée. Au début du siècle, les pays riches exportaient principalement des biens manufacturés et importaient beaucoup de biens agricoles et de matières premières. Ces mêmes pays

Figure 1.4. Commerce international de la France en pourcentage du PIB et de la production de biens échangeables

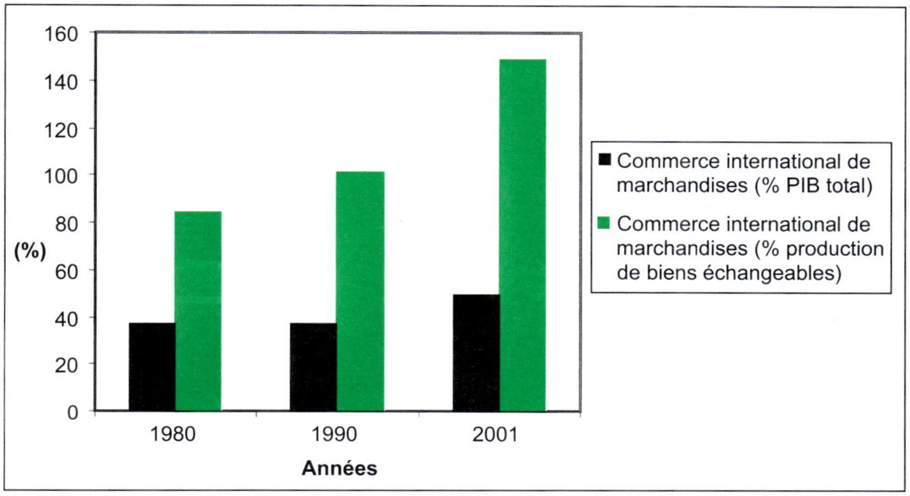

Source : d'après BM (2003)

aujourd'hui continuent à exporter principalement des biens manufacturés mais importent également en priorité des biens similaires (tableau 1.4). Cela se traduit par une augmentation importante du *commerce intra-industriel*[Q] Nord-Nord de biens ou segments de biens appartenant à de mêmes industries, et également par une forte évolution des spécialisations de nombreux pays en voie de développement, qui exportent de plus en plus de biens manufacturés (figure 1.5).

Tableau 1.4. Part des biens manufacturés dans le commerce total de certains pays développés (en %)

	1910		2007	
Pays	**Exportations**	**Importations**	**Exportations**	**Importations**
Allemagne	74,5	24,4	86,5	73,2
Canada	**19,9**	**62,5**	**53,6**	**77,3**
Danemark	9,1	28,1	65,1	77
États-Unis	**47,5**	**40,7**	**78,2**	**69,8**
France	59,2	25,3	79,3	73,9
Italie	**38,3**	**38,0**	**85,6**	**65,8**
Japon	80,8	38,3	89,9	50,6
Royaume-Uni	**75,4**	**24,5**	**74,1**	**72**
Suède	33,6	56,0	82,2	75

Source : d'après Kuznets (1967), OMC (2009)

Figure 1.5. Part des biens manufacturés dans le commerce des pays en développement (% des exportations de marchandises)

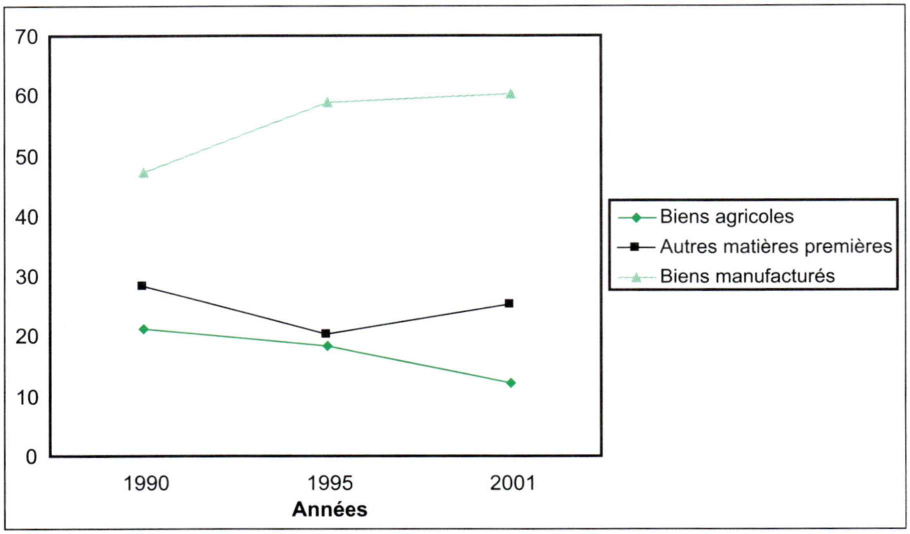

Source : d'après BM (2003)

3) De nombreuses études montrent également que les firmes multinationales jouent aujourd'hui un plus grand rôle que dans les précédentes vagues de mondialisation. Même si les flux de capitaux étaient importants au début du siècle, le poids des firmes multinationales dans la production et le commerce mondial n'a jamais atteint le niveau actuel. La CNUCED estime que la production mondiale de ces firmes dépasse à l'heure actuelle le commerce mondial de 30 %.

4) L'orientation géographique des flux de capitaux s'est également modifiée. Durant la première vague de mondialisation les flux étaient principalement des flux Nord-Sud. La vague actuelle est principalement une vague Nord-Nord, avec par conséquent des changements importants dans les secteurs concernés. Les investissements directs sont aujourd'hui concentrés dans les secteurs des biens manufacturés et des services et particulièrement faibles dans les produits primaires, contrairement au début du siècle.

section 4

Multilatéralisme et régionalisme

Une caractéristique fondamentale des flux de commerce internationaux contemporains est leur caractère régional très marqué : la part du commerce mondial qui se situe à l'intérieur d'une zone régionale est de plus en plus importante.

Le tableau 1.5 souligne cette orientation historique du commerce intrabloc, très nettement à la hausse, particulièrement dans les accords régionaux récents (ALENA et MERCOSUR par exemple). De plus, près de 30 % du commerce mondial est du commerce entre pays européens, et 70 % du commerce des pays européens est constitué de commerce intra-européen. De même, près de 40 % du commerce des pays d'Amérique du Nord s'effectue à l'intérieur de leur zone.

Tableau 1.5. Part des exportations intra-régionales (% exportations totales)

Accords régionaux	Part dans les exportations totales en %				Date d'entrée en vigueur
	1970	1980	1990	2007	
APEC	**57,8**	**57,9**	**67,5**	**67**	**1989**
UE	59,5	60,8	65,9	68	1957
ALENA	**36**	**33,6**	**41,4**	**51**	**1994**
ANASE	22,4	17,4	19	25	1992
MERCOSUR	**9,4**	**11,6**	**8,9**	**14**	**1991**
Marché commun Andin	1,8	3,8	4,2	8	1988

Source : d'après OMC (2003,2009) ; APEC : Asia-Pacific Economic Cooperation, UE : Union Européenne ("Europe des 27" depuis le 1er janvier 2007), ALENA : Association de Libre-Échange Nord-Américain, ANASE : Association des Nations de l'Asie du Sud-Est, MERCOSUR : Marché Commun du Sud.

Une explication souvent proposée au phénomène de régionalisation est le *régionalisme*[Q], c'est-à-dire la multiplication des accords régionaux de libéralisation du commerce. On se demande ainsi dans quelle mesure les différents mouvements d'intégration régionale (garantissant un accès préférentiel aux marchés des pays membres) que le monde a connus depuis la seconde guerre mondiale (Union européenne, ALENA, APEC) ont eu un effet sur l'orientation des échanges. Une autre explication au caractère régional marqué des échanges contemporains est peut-être à chercher dans des caractéristiques « naturelles » des blocs régionaux comme la proximité géographique des pays membres[1].

Une autre question fondamentale est celle de l'articulation entre les mouvements d'intégration régionale (le *régionalisme*) et la libéralisation commerciale menée de manière multilatérale depuis plus d'un demi-siècle sous l'égide du GATT devenu OMC (le *multilatéralisme*). Ces mouvements sont-ils contradictoires ou au contraire complémentaires ? Les accords régionaux constituent-ils des obstacles ou au contraire une étape vers une libéralisation générale des échanges ? Ces questions seront abordées en profondeur dans le chapitre 12.

1. Cette seconde explication ne doit pas être négligée car la structure du commerce international des pays européens était déjà largement valable au XIXe siècle, les pays européens faisant principalement du commerce entre eux (cf. chapitre 11 de Woodruff W., 1973, « The Emergence of an International Economy 1700-1914 », in *The Fontana Economic History of Europe, II-The Emergence of Industrial societies* C. M. Cipolla (ed.), London & Glasgow : Collins/Fontana Bks.

Mémo

L'étude du commerce international et de ses conséquences sur les économies ne devient que plus centrale lorsque sont listés les exemples de questions dont se préoccupent les hommes politiques mais aussi les citoyens. L'accroissement du commerce international entraîne de fait une interdépendance croissante des économies : les échanges de biens et services représentent une part de plus en plus importante de l'activité des pays, les « grands » pays commerçant relativement moins que les « petits » pays. Néanmoins, ce phénomène de mondialisation économique n'est pas nouveau. La première vague naquit à la fin du XIXe siècle suite aux découvertes techniques qui permirent la réduction des coûts de transport et de transaction. Elle se brisa sur les mesures protectionnistes nationales engendrées par la crise de 1929. La mondialisation actuelle se distingue par une intensité accrue des échanges, un commerce de plus en plus intra-industriel entre pays développés, un poids supérieur des firmes multinationales dans les économies hôtes et une réorientation des flux de capitaux en faveur des pays industrialisés. Enfin, les flux de commerce international se caractérisent aujourd'hui aussi par leur caractère géographique régional marqué, autrement dit la régionalisation du commerce mondial. Comme il sera montré dans les chapitres suivants, cette caractéristique est entre autres due à la création d'accords de commerce régionaux (régionalisme), dont le nombre est en forte augmentation dans le monde.

Quid

- Ratio « commerce sur PIB » n° 6
- Mondialisation / globalisation n° 6
- Commerce intra-industriel n°s 6, 7
- Investissement direct étranger n° 6
- Régionalisme / régionalisation du commerce n° 8

Quiz

- Quels sont les traits marquants de l'évolution des échanges et des flux d'IDE durant les trente dernières années ? (n° 6)
- Quelles sont les conséquences d'une intégration internationale accrue des pays ?
- Depuis quand le commerce international est-il un phénomène si important pour les pays développés (mesuré par rapport au PIB) ? (n°s 6, 7)
- Qu'est-ce qui différencie les deux vagues historiques de la mondialisation ? (n° 7)
- La régionalisation du commerce est-elle un phénomène nouveau ? (n° 8)

Biblio

- Chapitre 1 de Bowen et al., 1998, *Applied International Trade Analysis*, UK : MacMillan Press.
- O'Rourke Kevin H. et Jeffrey G. Williamson, 1999, *Globalization and History : the evolution of a 19th century atlantic economy*, Cambridge Massachusets, MIT Press.
- Bairoch Paul, 1993, *Mythes et paradoxes de l'histoire économique*, Paris, La Découverte.
- OMC, 2003 *Rapport sur le commerce mondial*. En ligne sur `http://www.wto.org/`.
- OMC, 2008 *Rapport sur le commerce mondial*. En ligne sur `http://www.wto.org/`.
- OMC, 2009 *Profils tarifaires*. En ligne sur `http://stat.wto.org/`.

chapitre 2

Mesurer la spécialisation internationale

Plan analytique

section 1

Les indicateurs de la nature et du volume de la spécialisation internationale

§ 1 Sources et nomenclatures statistiques

A. Sources

B. La classification type du commerce international

C. Regroupements de produits

§ 2 Les indicateurs portant sur les échanges

A. L'indicateur d'avantages comparatifs *révélés*[Q]

B. L'indicateur de contribution au solde commercial

C. L'avantage comparatif en termes de coûts salariaux

D. L'indicateur de spécialisation inter-industrielle

E. L'indicateur de concordance entre spécialisation et demande mondiale

F. Similitudes de spécialisation et concurrence entre pays

§ 3 Les indicateurs d'avantages technologiques

§ 4 L'analyse des volumes de commerce

section 2

Les échanges inter et intra-industriels

§ 1 L'appréhension statistique des échanges intra-industriels

A. Le coefficient de Grubel et Lloyd

B. Les interprétations du coefficient

§ 2 Les différents types d'échange intra-industriels

A. L'échange de produits différenciés

B. L'échange de produits décomposés

§ 3 Commerce croisé et commerce univoque

section 1

Les indicateurs de la nature et du volume de la spécialisation internationale

§ 1 Sources et nomenclatures statistiques

A. Sources

Le commerce international est appréhendé statistiquement en classant les échanges de produits à l'intérieur de *nomenclatures*[Q] comprenant plusieurs niveaux de désagrégation. La classification type du commerce international (CTCI), développée par la commission statistique de l'ONU a été l'une des premières à permettre une harmonisation des données de commerce entre de très nombreux pays, afin de les rendre directement comparables.[1] La CTCI comprend cinq niveaux. Chaque niveau correspond à un degré plus fin de désagrégation. 9 ■

B. La classification type du commerce international

– Ensemble des sections, (niveau 1, 1 chiffre) :
  0 : Produits alimentaires et animaux vivants destinés à l'alimentation humaine
  1 : Boissons et tabacs
  2 : Matières brutes non comestibles, carburants non compris
  3 : Combustibles minéraux, lubrifiants et produits connexes
  4 : Huiles, graisses et cires d'origine animale ou végétale
  5 : Produits chimiques et produits connexes
  6 : Articles manufacturés classés principalement d'après la matière première
  7 : Machines et matériel de transport

1. La nomenclature la plus utilisée à l'heure actuelle est appelée le « Système harmonisé de désignation et de codification des marchandises » (Système harmonisé ou SH). C'est une nomenclature internationale élaborée sous les auspices de l'Organisation mondiale des douanes (OMD) à Bruxelles et dont la première version remonte à 1989. Cette nomenclature est largement inspirée de la NCCD (Nomenclature du Conseil de coopération douanière, utilisée par les Communautés européennes et de nombreux autres pays) et de la version révisée de la CTCI. Le Système harmonisé compte au total 5 018 groupes séparés de produits identifiés par un code à six chiffres. Il est notamment utilisé dans le cadre de l'OMC pour les déclarations de protection tarifaires. Les pays qui appliquent le SH sont tenus de publier les résultats de leur commerce extérieur au moins d'après les codes à six chiffres. Ils ont la liberté d'étendre ces subdivisions de manière plus détaillée, notamment pour satisfaire aux besoins de leur structure tarifaire (source : OMC).

8 : Articles manufacturés divers
9 : Articles et transactions non classés ailleurs dans la CTCI

– Exemple de décomposition : les divisions de la section 7 (niveau 2, 2 chiffres) :

71 : Machines génératrices, moteurs et leur équipement
72 : Machines et appareils spécialisés pour les industries particulières
73 : Machines et appareils pour le travail des métaux
74 : Machines et appareils industriels d'application générale et parties et pièces détachées
75 : Machines et appareils de bureau ou pour le traitement automatique de l'informatique
76 : Appareils et équipement de télécommunication et pour l'enregistrement et la reproduction du son
77 : Machines et appareils électriques et leurs parties et pièces détachées électriques
78 : Véhicules routiers (y compris les véhicules à coussin d'air)
79 : Autre matériel de transport

– Décomposition en groupes (niveau 3) de la division 77 :

771 : Machines et appareils pour la production et la transformation de l'électricité
772 : Appareillage pour la coupure, la protection ou la connexion des circuits électriques
773 : Équipement pour la distribution d'électricité
774 : Appareils d'électricité médicale et appareils de radiologie
775 : Machines et appareils, électriques ou non à usage domestique
776 : Lampes, tubes et valves électroniques
778 : Autres machines et appareils électriques
...

Il y a également un niveau 4 et un niveau 5. Pour ce dernier on aura par exemple, la position 77584 qui correspond aux fers à repasser électriques. À ce niveau, le plus désagrégé de la nomenclature CTCI, une distinction entre 3121 items statistiques est opérée.

C. Regroupements de produits

Il existe d'autres nomenclatures de classification qui peuvent être très utiles pour l'analyse du commerce international, comme la classification internationale type des industries (CITI), élaborée par l'ONU. Il est particulièrement important de pouvoir comparer empiriquement les flux de marchandises (classés selon des nomenclatures de produits comme la CTCI) et les données de production, d'emploi ou de salaires dans les différents secteurs de fabrication des marchandises (classés selon des nomenclatures d'activité principale comme la CITI). Malgré les difficultés de l'exercice, un grand nombre d'analyses ont été réalisées dans le but d'établir des liens entre la CTCI et la CITI[1].

1. Pour une table de concordance entre la CITI et la CTCI (ainsi qu'un grand nombre d'autres tables de concordances entre différentes nomenclatures), cf. `http://www.haveman.org`

À partir de la CITI, il est alors possible de regrouper les produits selon certains critères. Par exemple, l'OCDE classe les industries manufacturières par niveau technologique (tableau 2.1). Cependant la décomposition statistique peut s'avérer être insuffisante. En effet, il peut coexister dans une même industrie, des branches de haute technologie et d'autres de basse technologie, y compris dans une industrie globalement dite à faible technologie comme le textile, car des produits nouveaux, très intensifs en haute technologie, peuvent apparaître (vêtement à mémoire de forme par exemple).

Tableau 2.1. Classification des industries manufacturières par niveau technologique

Niveau technologique	Industrie	CITI3
Haute technologie		
	Industrie aéronautique et spatiale	353
	Produits pharmaceutiques	2423
	Matériel de traitement de l'information...	30
	Équipement et appareil de radio, télévision...	32
	Instruments médicaux, de précision...	33
Moyenne haute technologie		
	Machines et appareils électriques	31
	Véhicules automobiles...	34
	Produits chimiques sauf pharmaceutiques	24
	Matériel ferroviaire roulant et autre...	352+359
	Machine et matériel	29
Moyenne faible technologie		
	Cokéfaction, produits pétroliers raffinés...	23
	Caoutchouc et plastiques	25
	Produits minéraux non métalliques	26
	Construction et réparation de navires	351
	Produits métallurgiques de base	27
	Ouvrages en métaux	28
Faible technologie		
	Activités de fabrication n.c.a...	36-37
	Papier, carton, édition, imprimerie...	20-22
	Aliments, boissons et tabac	15-16
	Textiles, habillement, fourrure...	17-19

Source : d'après OCDE (2001)

10 § 2 Les indicateurs portant sur les échanges

A. L'indicateur d'avantages comparatifs *révélés*[Q]

Présentation de l'indicateur de Balassa

Comme nous le verrons en détail dans les chapitres de la deuxième partie du livre, la théorie du commerce international prédit que les pays se spécialisent dans la production des biens pour lesquels ils ont un *avantage comparatif*. L'avantage comparatif est sans doute le concept le plus important en économie internationale et définit les biens pour lesquels le pays dispose des performances en termes de coût de production relatif les plus importantes. Un pays devrait donc exporter les biens pour lesquels il a un avantage comparatif et au contraire importer ceux pour lesquels il a un désavantage comparatif.

La difficulté de tester les avantages comparatifs provient souvent des limites statistiques : il faudrait notamment disposer de données sur les coûts de production pour tous les biens et tous les pays. Bela Balassa (1965)[1] a eu l'idée de construire et ensuite tester un indicateur témoignant de la spécialisation du pays, qui *révèle* en quelque sorte les avantages comparatifs du pays, à condition bien sûr que celui-ci se soit correctement spécialisé dans les secteurs pour lesquels il a un avantage comparatif. Cet indicateur revient à comparer la part des exportations d'un secteur dans les exportations totales du pays rapportée à celle d'une zone de référence, comme par exemple les pays de l'OCDE.

$$ACR_{ij} = \frac{X_{ij}/X_{i\text{tot}}}{X_{\text{ocde}j}/X_{\text{ocdetot}}}100 \qquad (2.1)$$

avec : X_{ij} = exportations du pays i dans le secteur j, $X_{i\text{tot}}$ = exportations totales du pays i ; $X_{\text{ocde}j}$ = exportations de la zone de référence (OCDE) dans le secteur j ; X_{ocdetot} = exportations totales de la zone de référence .

Un ratio égal à 100 indique que le poids du secteur considéré dans le commerce total du pays étudié est identique au poids de ce même secteur dans le commerce de la zone de référence (OCDE). Si le ratio est supérieur à 100, le pays est spécialisé dans ce secteur par rapport à ses partenaires puisque la part de ce secteur est plus grande dans ses exportations que dans les exportations de l'ensemble des pays de l'OCDE. Dans le cas d'un ratio inférieur à 100, le pays considéré n'est pas spécialisé à l'exportation dans ce secteur.

L'application aux États-Unis

L'exemple du tableau 2.2 montre notamment que les États-Unis maintiennent leur avantage comparatif révélé pour les machines et appareils industriels mais connaissent une baisse de ce dernier pour les machines et appareils de bureau.

---

1. Balassa Bela, 1965, « Trade Liberalization and 'Revealed' Comparative Advantage », *Manchester School of Economics and Social Studies* : 90–123.

Tableau 2.2. Évolution de l'avantage comparatif révélé des États-Unis

CTCI	Désignation	ACR	
		1980	1995
0	Produits alimentaires et animaux vivants	128,4	142,1
1	**Boissons et tabacs**	**94,8**	**129,9**
2	Matières brutes non comestibles, carburants non compris	137,9	143,4
3	**Combustibles minéraux, lubrifiants et produits connexes**	**40,2**	**43,8**
4	Huiles, graisses et cires d'origine animale ou végétale	135,6	127,3
5	**Produits chimiques et produits connexes**	**141,9**	**139,3**
6	Articles manufacturés selon la matière première	77,1	85,8
7	**Machines et matériel de transport**	**103,1**	**97,8**
71	Machines génératrices...	126,3	111,8
72	**Machines et appareils spécialisés...**	**133,0**	**123,6**
73	Machines et appareils pour le travail des métaux...	91,3	102,3
74	**Machines et appareils industriels...**	**137,2**	**113,4**
75	Machines et appareils de bureau...	143,2	95,2
76	**Appareils de télécommunication...**	**63,9**	**78,8**
77	Machines et appareils électriques...	104,1	105,1
78	**Véhicules routiers...**	**59,5**	**70,9**
79	Autre matériel de transport...	142,1	145,6
8	**Articles manufacturés divers**	**82,2**	**78,6**

Source : d'après Richardson et Zhang (1999)

B. L'indicateur de contribution au solde commercial

En France, le Centre d'Étude Prospectives et d'Informations Internationales (CEPII) caractérise les spécialisations d'un pays à partir d'un indicateur dit de « contribution au solde commercial » :

$$CSC_i = \frac{1000}{PIB}(\text{solde}_i - \text{solde}_{\text{tot}})\frac{X_i + M_i}{X_{\text{tot}} + M_{\text{tot}}} \quad (2.2)$$

Ce coefficient CSC compare le solde commercial d'une industrie i rapporté au PIB du pays à une norme. Cette norme est égale au solde global, toutes industries confondues rapporté au PIB, pondéré par la part des échanges de l'industrie i dans les échanges totaux du pays. L'indicateur de contribution au solde commercial repose sur l'idée selon laquelle en l'absence d'avantage ou de désavantage comparatif, la contribution d'une industrie à l'excédent ou au déficit global devrait être fonction du poids de l'industrie dans le commerce total. Ainsi, cet indicateur dépend du degré d'ouverture du pays, de la part de l'industrie dans le commerce total et d'un élément reflétant la performance relative de l'industrie. Une valeur positive de l'indice correspond au cas où l'industrie dispose d'un avantage comparatif révélé. Cet indicateur présente l'avantage d'être insensible au niveau de désagrégation sectorielle utilisé. En revanche, il présente l'inconvénient de mesurer seulement la spécialisation atteinte dans un pays indépendamment de celle des autres pays. L'indicateur de contribution au solde ne permet donc pas de situer la performance d'une industrie relativement aux pays partenaires ou concurrents au contraire de l'indicateur de Balassa.

Les calculs permettant d'élaborer les figures 2.1. et 2.2. prolongent une étude menée par le CEPII[1], permettant de suivre sur une longue période les avantages comparatifs révélés par la contribution au solde de plusieurs zones géographiques. La figure 2.1 représente l'évolution de cet indice sur la période 1967-2007. Le secteur chimique et mécanique représente les secteurs de spécialisation privilégiés de l'Union européenne, alors qu'à l'extrême inverse les produits énergétiques, agroalimentaires, textiles, non ferreux et électroniques représentent pour celle-ci des désavantages comparatifs importants. Les évolutions de cette spécialisation sont également intéressantes, et soulignent que certains secteurs connaissent des dégradations constantes de l'avantage comparatif, comme le textile, ou la sidérurgie, et plus récemment l'électronique. Certaines stagnations depuis 2000, sont à signaler comme pour les véhicules automobiles et la chimie.

Figure 2.1. Avantages comparatifs de l'UE-15 (1967-2007), 0/00 du PIB

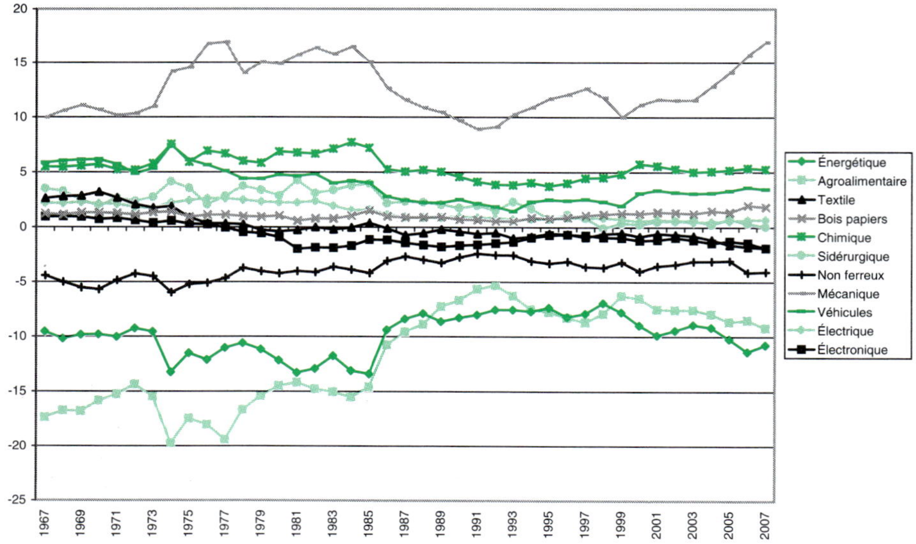

Source : d'après Fontagné et al. (2004). Données du Cepii

1. Fontagné L., G. Gaulier, C. Herzog et S. Zignago, 2004, « L'insertion de l'industrie européenne dans la Division Internationale du Travail : situation et perspectives », rapport pour la DG Trade de la Commission européenne.

On peut également s'intéresser à l'évolution des avantages comparatifs de la Chine, dans la figure 2.2, qui présente des caractéristiques très différentes, presque inversées par rapport à l'Union européenne. La chimie et le secteur mécanique sont les deux désavantages comparatifs les plus marqués, alors que le textile représente une spécialisation très spectaculaire de ce pays. À noter également les avantages comparatifs croissants depuis la fin des années 1980, dans les matériels électriques et électroniques. Les analyses théoriques de la deuxième partie fourniront des clés d'interprétation de ce type de phénomène en expliquant ces différences de spécialisation par des différences sous-jacentes de conditions de production entre pays.

Figure 2.2. Avantages comparatifs de la Chine (1967-2007), en milliéme du PIB

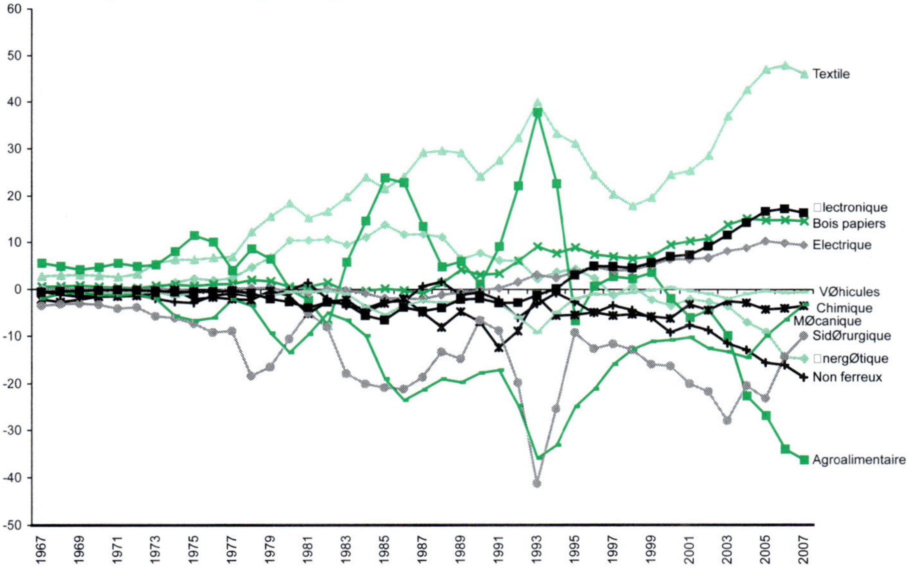

Source : d'après Fontagné et al. (2004). Données du Cepii

C. L'avantage comparatif en termes de coûts salariaux

L'avantage comparatif repose fondamentalement sur les coûts relatifs de production des différents pays pour les différents produits. Dans une étude de Guinchard (1984)[1] sur la compétitivité des cinq pays les plus développés (États-Unis, Japon, Allemagne (RFA), France, Grande-Bretagne) sur la période 1970-1979, l'indice des coûts salariaux sectoriel est retenu comme critère d'avantage comparatif. L'indicateur d'avantage comparatif de la France dans une industrie i, $(\widehat{CU_{ij}})$, se calcule en deux temps :

$$\overline{CU_{ij}} = \frac{CU_{ij}}{CU_{\text{tot}j}} * 100, \qquad (2.3)$$

1. Guinchard, 1984, *Économie et Statistique*.

avec CU_{ij} le coût salarial unitaire de la branche i dans le pays j, CU_{totj} le coût salarial unitaire pour l'ensemble de l'industrie dans le pays j, et $\overline{CU_{ij}}$ le coût salarial unitaire relatif de la branche i dans le pays j.

$$\widehat{\overline{CU_{ij}}} = \frac{\overline{CU_{ij}}}{\sum_k CU_{ik}} \tag{2.4}$$

Si l'indicateur $\widehat{\overline{CU_{ij}}}$ est inférieur à 100, le pays étudié dispose d'un avantage comparatif pour l'industrie i par rapport aux autres pays pris comme norme, car son coût salarial dans l'industrie considérée est relativement faible. Si le ratio est supérieur à 100 alors le pays a un désavantage comparatif dans l'industrie i. Les résultats de l'étude pour les années 1970 montrent que la France et l'Allemagne présentent des indicateurs en général autour de 100. Tout au plus la France présente un léger avantage pour la mécanique et l'Allemagne pour la sidérurgie et le matériel de transport. Par contre, le Japon présente un avantage net et croissant sur la période (indicateur inférieur à 90 et en diminution) pour le matériel de transport, la construction mécanique, le matériel électrique et électronique et la métallurgie.

D. L'indicateur de spécialisation inter-industrielle

L'indicateur de spécialisation inter-industrielle dit de Michaely permet d'évaluer l'existence conjointe d'industries exportatrices et d'industries importatrices :

$$I_j = \frac{1}{2} \sum_{1 \leqslant i \leqslant N} \left| \frac{X_{ij}}{X_j} - \frac{M_{ij}}{M_j} \right|, \tag{2.5}$$

où $0 \leqslant I_j \leqslant 1$. X_{ij} représente les exportations du pays j dans l'industrie i avec $i \in [1,N]$ et X_j les exportations totales du pays j. Plus I est élevé, plus les soldes de la balance commerciale de chaque industrie sont différents, ce qui implique une spécialisation inter-industrielle importante[1]. Pour les pays de l'OCDE, la spécialisation inter-industrielle, mesurée par cet indicateur, a diminué au cours du temps, pour se situer autour de 0,4. Ceci est cohérent avec l'augmentation de la spécialisation intra-industrielle dans les échanges des pays développés (cf. section 3). En revanche, la spécialisation inter-industrielle demeure forte pour les pays en développement[2].

E. L'indicateur de concordance entre spécialisation et demande mondiale

Cet indicateur permet d'évaluer l'adéquation de la structure exportatrice d'un pays par rapport à la demande internationale, cette dernière étant représentée par les exportations mondiales de l'industrie $X_{i\text{tot}}$ sur les exportations mondiales X_{tot} :

$$A_j = \frac{1}{2} \sum_{1 \leqslant i \leqslant N} \left| \frac{X_{ij}}{X_j} - \frac{X_{i\text{tot}}}{X_{\text{tot}}} \right|, \tag{2.6}$$

1. Buisson F. & P. Villa, 1994, Croissance et spécialisation, CEPII, working paper, N° 1994-12
2. Amable Bruno, 2000, « International specialisation and growth », *Structural Change and Economic Dynamics*, vol.11.

avec $0 \leqslant A_j \leqslant 1$. Une valeur élevée, pour une industrie donnée, signifie que le pays exporte beaucoup par rapport à à la demande internationale, qui est relativement faible. Les pays de l'OCDE, à la différence des pays en développement, apparaissent comme ayant une forte concordance entre leur structure de spécialisations et la structure de la demande mondiale[1].

F. Similitudes de spécialisation et concurrence entre pays

Les pays qui se spécialisent dans les mêmes produits à l'exportation se font concurrence sur les marchés internationaux : il importe donc de calculer le degré de similarité entre leurs structures exportatrices pour mesurer l'ampleur de la difficulté. Ce problème se pose notamment entre les pays en développement qui vont tous se positionner sur le textile habillement afin de fournir les marchés occidentaux[2]. En effet, le textile-habillement est en général l'industrie d'entrée dans les spécialisations en produits manufacturés de bas de gamme. Les PECO et les pays méditerranéens craignent particulièrement la concurrence de la Chine, qui a adhéré à l'OMC en 2001 et qui bénéficiera donc de l'accord de Marrakech prévoyant le démantèlement de toutes les restrictions quantitatives d'ici 2005 sur le textile-habillement.

Afin de calculer le niveau de la concurrence structurelle entre pays, on commence par calculer la « proximité structurelle » des différentes spécialisations :

$$Cos_{ij} = \frac{\sum_k E_{ik} \cdot E_{jk}}{\sqrt{\sum E_{ik}^2 \cdot \sum E_{jk}^2}} \qquad (2.7)$$

On compare alors les structures exportatrices vers l'Union européenne d'articles de l'habillement d'un pays i par rapport à celle d'un pays j pour un produit k. K représente par exemple les 120 postes statistiques d'articles d'habillement. La distance entre ces deux vecteurs E_{ik} et E_{jk} avec $k_i \in [1,120]$ est obtenue en calculant le cosinus de leur angle, qui peut varier de 0 à 1 (1 donnera un indicateur de similarité maximale).

Selon l'indicateur de proximité structurelle, la Pologne et le Maroc ont bien plus à craindre de la Turquie ou de la Tunisie que de la Chine (tableau 2.3). Pour ces

Tableau 2.3. Degré de similarité entre les structures exportatrices des différents pays vers l'UE en 2002

Pays	Turquie	Roumanie	Tunisie	Maroc	Pologne
Chine	0,41	0,5	0,42	0,48	0,46
Turquie		**0,6**	**0,63**	**0,79**	**0,62**
Roumanie			0,27	0,26	0,24
Tunisie				**0,89**	**0,85**
Maroc					0,91

Source : d'après DREE (2003)

1. Ibid.
2. DREE, Revue Élargissement, Spécial Textile-Habillement, dossier n°32 avril 2003.

derniers pays, la faiblesse de leur spécialisation, qui se traduit par une offre de produits totalement substituables, risque d'entraîner le déplacement de la demande vers un autre pays, si leurs prix sont plus élevés. Néanmoins toute interprétation de cet indicateur dépend aussi du niveau de désagrégation des statistiques. À un niveau très fin, des entreprises d'un même pays connaîtront des fortunes diverses sur les marchés internationaux.

§ 3 Les indicateurs d'avantages technologiques

11 À l'autre extrémité du spectre des spécialisations, il est possible d'examiner les échanges technologiques des pays et en déduire leurs avantages respectifs dans les produits technologiques. Se spécialiser dans des produits de haute technologie peut être particulièrement déterminant pour un pays cherchant à accroître ses exportations. En effet, pour la période 1985-1998, l'examen du taux de croissance des exportations des différents types de marchandises et de leurs parts dans les exportations totales révèle que ce sont les produits de haute technologie qui sont les plus dynamiques dans le commerce international par opposition aux produits primaires ou aux produits à base de matières premières[1].

Une approche simple consiste à repérer les industries ou types de produits considérés comme intensifs en technologie dans les nomenclatures statistiques et à calculer le coefficient d'avantage comparatif révélé (ACR) uniquement pour ces types de produits. Par exemple, selon les calculs de Lall (2000)[2], l'Asie de l'Est a fortement progressé dans la spécialisation en produits de haute technologie dont l'ACR passe de 80 à 150 entre 1985 et 1998. Au sein de ce groupe, la Chine connaît une croissance rapide de sa position. Elle est le leader de tous les pays en développement dans les exportations de produits à base de ressources primaires et de basse technologie et arrive en troisième position dans les exportations de produits de moyenne technologie et de haute technologie. Ce type d'analyse a le mérite de fixer l'attention sur les facteurs technologiques des spécialisations internationales. Néanmoins, la forte décomposition des produits d'un côté et la faible désagrégation des données de l'autre peuvent cacher des opérations d'assemblage qui s'effectuent pour des produits de haute technologie, mais qui sont en elles-mêmes faiblement intensives en technologie.

§ 4 L'analyse des volumes de commerce

12 Un dernier outil très largement utilisé pour étudier les échanges commerciaux internationaux est le *modèle de gravitation*[Q], qui sert non pas à analyser la composition des flux internationaux, mais leur volume. L'application du principe de gravitation aux volumes commerciaux est sans doute l'une des relations empiriques les plus stables et les plus robustes en économie. Dans sa formulation la plus simple, le

1. Lall Sanjaya, 2000, « The Technological structure and performance of developing country manufacturing exports, 1985-1998 », *Oxford Development Studies*, 28(3).
2. op.cit.

modèle de gravité explique les montants d'importations du pays i en provenance du pays j, notées M_{ij}, à partir de l'équation suivante :

$$M_{ij} = G\frac{Y_i^{\alpha} Y_j^{\beta}}{d_{ij}^{\delta}},$$

Y_i et Y_j représentant respectivement le PIB du pays importateur et exportateur, et d_{ij} la distance séparant les deux pays. G, α, β et δ sont des paramètres à estimer. De nombreuses variables peuvent ensuite être rajoutées au modèle de base, mais il est très fréquent que ces trois variables expliquent à elles seules plus des deux tiers des variations de flux bilatéraux avec des coefficients très proches de 1 pour les PIB (α et β) et de -1 pour la distance (δ).

La perception qu'ont les économistes de cette équation a fluctué au cours du temps. La paternité de cette relation est d'habitude attribuée à Jan Tinbergen en 1962, mais en réalité, de nombreux travaux avaient déjà utilisé les forces de la gravité pour expliquer les flux migratoires, le trafic téléphonique ou aérien. Même en ce qui concerne les flux commerciaux, des spécialistes de l'économie spatiale comme Isard et Peck (1954) avaient, à bien des égards, devancé Tinbergen. Pendant de nombreuses années, l'équation de gravité fut considérée comme un résultat sans aucun fondement théorique, ce qui était (et est souvent encore) considéré comme un défaut de naissance irrémédiable en économie internationale. De plus, jusqu'à une période récente et l'introduction de la concurrence imparfaite dans la théorie du commerce international, le sujet d'intérêt principal au niveau théorique était la nature et la composition du commerce, c'est-à-dire principalement les schémas de spécialisation selon les avantages comparatifs, et non le volume de commerce bilatéral.

Le modèle de gravité connaît actuellement une « renaissance » pour trois raisons majeures :

- Le pouvoir prédictif de ce modèle retrouve un attrait certain dans un contexte international fait de mouvements d'intégration commerciale et monétaire à différents échelons géographiques. Les économistes ont toujours besoin d'une norme de commerce pour évaluer, par exemple, l'impact possible de l'Union Économique et Monétaire sur les flux commerciaux.
- Les fondements théoriques de l'équation de gravité sont maintenant beaucoup plus clairement établis. Le modèle théorique le plus directement lié à la prédiction gravitaire est le modèle de concurrence monopolistique avec coûts de transport. D'autres explications théoriques ont également été fournies à cette relation. Ainsi après son manque de fondements théoriques, certains reprochent au modèle de gravité un trop plein d'explications théoriques concurrentes.
- Une autre explication du regain d'intérêt pour le modèle de gravité est sa composante « géographique ». La relation de gravité implique que l'espace compte dans les phénomènes économiques au travers de la distance séparant les pays. Les pays ne sont plus considérés comme des points situés dans un espace sans distance mais comme des entités géographiques dont la localisation relative compte. Une approche qui est commune à un nombre important de travaux récents souvent regroupés sous le nom de nouvelle économie géographique.

section 2

Les échanges inter et intra-industriels

§ 1 L'appréhension statistique des échanges intra-industriels

A. Le coefficient de Grubel et Lloyd

13 Depuis Linder (1961) mais surtout à la suite de la parution du livre de Grubel et Lloyd en 1975, les économistes se sont progressivement intéressés au commerce – *échanges-intra-industriels*[Q], notamment parce qu'il semble remettre en cause un certain nombre d'analyses théoriques antérieures, comme on le verra dans la seconde partie.

Connaître l'ampleur du commerce intra-industriel permet non seulement de cerner la pertinence des théories de la concurrence imparfaite comme outils d'analyse du commerce international, mais son existence a également des conséquences extrêmement importantes en termes de politiques publiques. L'ouverture au commerce n'a en effet pas forcément les mêmes impacts selon que le commerce qui s'instaure est de type intra-industriel ou inter-industriel. Les conséquences sont particulièrement différentes en termes de *coûts d'ajustement*. Le commerce inter-industriel implique des spécialisations entre différents secteurs comme le déclin des industries intensives en facteur travail non qualifié au profit des industries intensives en travail qualifié. Le processus d'ajustement sera donc coûteux avec des implications redistributives considérables. À l'inverse, le développement du commerce intra-industriel implique une *rationalisation des producteurs à l'intérieur d'un secteur donné*. Le processus d'ajustement peut-être moins coûteux dans ce deuxième cas.

L'indicateur le plus utilisé pour mesurer l'importance de l'intra-industriel est l'indicateur de *Grubel et Lloyd (1975)*[1] qui donne pour un secteur j donné, le taux de recouvrement entre les flux d'importations et d'exportations pour une même industrie :

$$GL_j = \frac{X_j + M_j - |X_j - M_j|}{X_j + M_j} = 1 - \frac{|X_j - M_j|}{X_j + M_j} = \frac{2\min(X_j;M_j)}{X_j + M_j}$$

Si le flux majoritaire représente une valeur de 70 et le flux minoritaire une valeur de 30, on a un recouvrement de 100-40=60 entre ces deux flux pour un commerce total de 70+30 = 100. On considère alors qu'il y a 60 % de commerce intra-industriel dans l'industrie considérée. Le reste du commerce de cette industrie est considérée comme étant inter-industriel.

1. Grubel H.G. et P. J. Lloyd, 1975, *Intra-industry Trade*, Londres, MacMillan.

B. Les interprétations du coefficient

Il existe plusieurs problèmes potentiels liés à l'indicateur du commerce intra-industriel de Grubel et Lloyd.

Biais géographique

Si l'on ne prend pas en compte individuellement l'ensemble des flux bilatéraux de commerce, l'indicateur peut surestimer l'importance du commerce intra-industriel. Imaginons qu'un pays A soit importateur net d'un bien en provenance d'un pays B mais exportateur net de ce bien vers un autre pays C et que les deux flux se compensent à peu près. L'agrégation géographique des pays B et C fait apparaître le commerce de ce secteur comme du commerce intra-industriel, les flux étant équilibrés, alors qu'en réalité, le commerce est de type inter-industriel.

Biais sectoriel

La mesure du degré d'intra-industriel dans le commerce international est évidemment fortement dépendante du degré de détail sectoriel auquel on mène l'étude. Il est évident que le commerce dans le secteur matériel de transport par exemple aura un degré de recouvrement plus important dans son ensemble que le commerce dans le secteur des landaus et poussettes qui fait partie des matériels de transport au même titre que les hélicoptères et les bus par exemple. Il faut donc travailler au niveau le plus fin possible. Les économistes disposent maintenant de données à un niveau très détaillé : 10 chiffres de la nomenclature SH, ce qui correspond à des produits précis (plus de 10000 produits).

Tableau 2.4. Indicateurs de Grubel et Lloyd pour le commerce français en 2008

Secteur		Imp. (000 dollars)	Exp. (000 dollars)	GL
Articles en bois		**5590592**	**3470510**	**0,76**
	Contreplaqué en bois	404891	299481	0,85
	Bois de chauffage	**76416**	**112928**	**0,81**
	Charpentes en bois	53549	17272	0,48
	Bois scié	**1553260**	**439490**	**0,44**
	Autres articles en bois	444263	100523	0,36
	Revêtements bois	**109405**	**6233**	**0,10**

Source : d'après Comtrade 2008, Calculs des auteurs

Pour éviter d'avoir dans une même industrie un solde considéré comme inter-industriel et un recouvrement intra-industriel, on utilise souvent la convention selon laquelle lorsque le flux minoritaire représente moins de 10 % du flux majoritaire, alors tout le commerce du secteur est considéré comme inter-industriel. Le tableau 2.4 donne une illustration du possible biais d'agrégation sectorielle lors de l'interprétation du GL. Le secteur des articles en bois peut apparaître pour la France comme un secteur fortement intra-industriel avec un GL à 76 %. En réalité, ce secteur est caractérisé par de fortes disparités en termes de nature du commerce. Trois secteurs sont fortement déséquilibrés , tels que celui des revêtements bois pour lequel la France a un désavantage comparatif très marqué avec un taux de recouvrement de seulement 10% ; de même les autres articles en bois, le bois scié et les charpentes en bois ont un taux de recouvrement inférieur à 50%.

Il convient donc de calculer ces indicateurs à un niveau très fin puis de ré-agréger les résultats en prenant en compte la taille du secteur dans le commerce total pour obtenir une indication de l'importance globale de l'intra-industriel.

Cette méthode présente l'avantage d'attribuer l'intégralité du commerce du secteur à l'un des types de commerce. Le secteur est donc considéré comme homogène au niveau de la structure de marché alors que l'indicateur de Grubel et Lloyd attribue une partie du flux majoritaire à de l'intra-industriel et une autre partie à de l'inter-industriel.

§ 2 Les différents types d'échange intra-industriels

14 Deux grands types de commerce intra-industriel peuvent être distingués : le commerce de *produits différenciés*[Q] et le commerce de *produits décomposés*[Q].

A. L'échange de produits différenciés

L'échange de produits différenciés consiste en des flux de produits appartenant au même secteur mais se différenciant au travers d'une caractéristique ayant trait à la variété ou à la qualité. Ainsi, à l'intérieur du commerce de produits différenciés, à nouveau une distinction doit être effectuée entre les échanges de produits différenciés par la simple variété (couleur, forme etc.) et les échanges de produits différenciés par la qualité, c'est-à-dire par la gamme (haut de gamme, moyen de gamme, bas de gamme). La première différenciation est appelée traditionnellement une *différenciation horizontale*[Q] et la seconde une *différenciation verticale*[Q]. Le moyen statistique de les distinguer repose sur l'examen de la valeur unitaire des produits échangés. La valeur unitaire d'un produit est la valeur d'une unité de produit échangée, calculée comme le prix divisé par les quantités. On compare alors la valeur unitaire d'un même produit dans les importations et les exportations :

- Par convention, on peut considérer que le commerce est intra-industriel avec différenciation horizontale lorsque les valeurs unitaires des importations et des exportations diffèrent de moins de 15 %.
- Il y a commerce intra-industriel avec différenciation verticale, lorsque les valeurs unitaires des importations et des exportations diffèrent de plus de 15 %.

Cette classification repose donc sur l'hypothèse que les prix reflètent les qualités des biens.

B. L'échange de produits décomposés

L'échange de produits décomposés est un échange du même produit mais qui ne se trouve pas au même niveau de finition. C'est un échange de parties et segments appartenant à un même produit final ou bien un échange de segments du produit contre le produit assemblé. Ce type d'échange est d'autant plus présent que le produit est décomposable en des centaines ou milliers de parties (par exemple un avion, une voiture, un ordinateur) et que les sites de production de chacune de ces parties peuvent se trouver sur des territoires nationaux différents. Les entreprises multinationales utilisent amplement la fragmentation ou la décomposition internationale des processus productifs (DIPP) au travers de leur réseau de filiales ou de sous traitants.

Certains économistes ont réussi à calculer le contenu en input importés des exportations à partir de tables input-output de 10 pays de l'OCDE. Au début des années 2000, le commerce international de segments ou parties de produits atteignait selon les calculs de Hummels et al. (2001)[1] 30 % des exportations des pays de l'OCDE dans les années 1990 contre 21 % en 1970. De même la part des exportations de produits intermédiaires dans les exportations des produits manufacturés du Mexique passe de 10 % en 1980 à 30 % en 1997. La Corée du Sud, l'Irlande, Taiwan connaissent aussi des évolutions de ce type. Selon les auteurs, contrairement à ce que l'on peut penser, les échanges Nord-Nord sont encore plus marqués par cette décomposition des produits que les échanges Nord-Sud. Dans les échanges des États-Unis, ce phénomène est également très marqué. Le ministère du commerce extérieur américain note qu'en 2000, les importations de parties et segments représentent 47 % du total des importations américaines et 32 % du total des exportations.[2]

§ 3 Commerce croisé et commerce univoque

L'échange peut être croisé ou univoque. Dans le premier cas, les flux d'échanges 15 ■
entre deux partenaires se croisent, il y a à la fois des exportations et des importations pour le produit ou l'industrie considérée. Dans le second cas il y a soit des exportations, soit des importations dans les relations bilatérales. Le croisement s'effectue alors davantage au niveau multilatéral.

La classification en *commerce croisé ou univoque*[Q] a été proposée par Fontagné et Freudenberg (1999), qui l'on appliquée au commerce intra-européen[3]. Le commerce univoque y représentait en 1980 une part proche de 45 %. Ce type de commerce a progressivement baissé pour atteindre un niveau légèrement supérieur à 35 % en 1996. Parallèlement, le commerce intra-industriel a donc progressé entre les économies développées de l'Union européenne mais il s'est surtout concentré sur des produits ou segments de produits ayant des valeurs unitaires très différentes, c'est-à-dire comprenant à la fois des échanges de différenciation de gamme et des échanges de décomposition de produits ou de fragmentation.

On notera également que la situation est très différente entre les différents partenaires commerciaux des pays membres de l'Union. Ainsi, si le commerce intra-communautaire est assez fortement intra-branche (notamment pour les pays du cœur de l'Europe, comme la Belgique, la France ou l'Allemagne), les échanges avec

1. Hummels, D. Ishii et Yi., 2001, « The nature and growth of vertical specialization in world trade », *Journal of international economics* pp. 75-96.
2. United State Department of Commerce, News 26 juin 2001, « US Goods Trade : Imports & Exports by Related Parties, 2000 ».
3. Fontagné L. et M. Freudenberg, 1999, « Marché unique et développement des échanges », *Économie et Statistique*, (326-327) : 71-95.

Tableau 2.5. Définition des trois types de commerce au niveau des produits finals

Flux min. ⩾ 10 % Flux maj. ?	Quel flux ?	Val. unit. des exports et imports ≠ de plus de 15 % ?	
		Oui (Différenciation de gamme)	Non (Différenciation de variétés)
Oui (Intra-industriel)	Exp + Imp	**Commerce croisé de produits comparables**	**Commerce croisé de produits de qualités différentes**
Non (Inter-industriel)	Flux maj.	**Commerce univoque**	
	Flux min.	Résidu	

Source : d'après Fontagné et Freudenberg (1999)

le reste du monde restent très fortement inter-branche. Des calculs effectués par le CEPII sur la dernière décennie montrent que la part de l'inter-branche dans les échanges des pays de l'UE avec le reste du monde reste supérieure à 70 % en 2002, alors qu'elle se situe autour de 35 % pour l'intra-communautaire.[1] D'autre part, l'Union européenne est l'une des zones du monde où le commerce intra-branche est le plus développé. Au niveau mondial, on estime[2] que le commerce inter-branche représentait 62,7 % du commerce total en 2002, contre 67,6 % en 1989. Le commerce intra-branche de type vertical, à 22 % du total en 2002, représentait à peu près le double de la part de l'intra-branche de type horizontal et la partie verticale a été la principale source d'augmentation sur la période.

On peut confirmer graphiquement ce constat en observant la place des différents pays dans la figure 2.3 qui représente la part de chacun des trois types de commerce dans les échanges totaux de chacun des pays. Par exemple, le Brésil est le pays qui a la part la plus importante d'inter-branche dans son commerce avec le reste du monde, car il est plus proche de l'extrémité supérieure du triangle représentant 100 % d'inter-branche. La France et l'Allemagne ont un taux d'intra-branche remarquablement plus élevé que les autres pays, et l'on peut également remarquer que les États-Unis et surtout le Japon ont un commerce beaucoup plus inter-branche que les pays européens de niveau de développement comparable, ce qui souligne une spécialisation de leur économie plus marquée qu'en Europe continentale notamment. Enfin l'étude du CEPII citée montre que la part d'intra-branche a tendance à augmenter fortement quand les pays partenaires entrent dans un processus d'intégration régionale (Union européenne, ALENA, MERCOSUR).

1. Fontagné L., G. Gaulier, C. Herzog et S. Zignago, 2004, « L'insertion de l'industrie européenne dans la Division Internationale du Travail : situation et perspectives », rapport pour la DG Trade.
2. Écochard P., G. Gaulier et S. Zignago, 2004, « Intra-industry trade and economic integration », rapport CEPII pour le JETRO.

Figure 2.3. Répartition des types de commerce en 2002 pour différents pays.

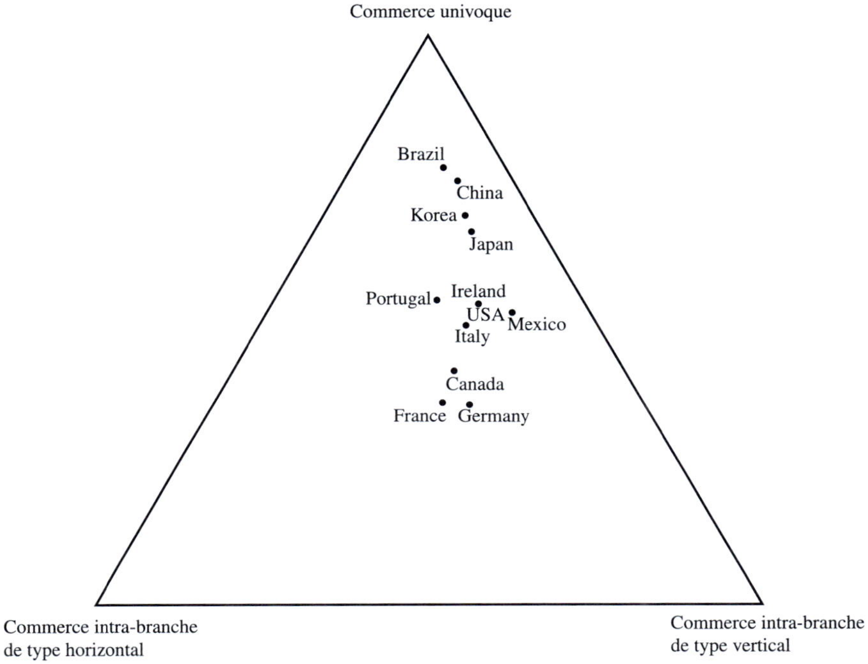

Mémo

La compréhension des mécanismes du commerce international ne saurait se faire sans maîtriser les outils de l'analyse empirique des flux de commerce. Ceux-ci se composent de différents indicateurs de la nature et du volume des flux de commerce utilisant une classification statistique telle la CTCI (classification type du commerce international) de l'ONU, permettant d'appréhender de manière harmonisée les caractéristiques des spécialisations internationales.

Parmi les indicateurs le plus utilisés se trouvent les indicateurs portant sur les échanges. Citons entre autres l'indicateur d'avantages comparatifs révélés (Balassa, 1965), l'indicateur de contribution au solde commercial (CEPII, 1998), et l'indicateur basé sur la comparaison des coûts salariaux (Guinchard, 1984). Il est également possible de déduire les avantages comparatifs des pays de leur spécialisation technologique, en calculant un indicateur d'avantages comparatifs révélés sur ces seuls produits. Enfin, le modèle gravitationnel est un outil largement utilisé pour analyser et expliquer les volumes de commerce bilatéraux.

L'indicateur de Grubel et LLoyd (1975) permet d'attirer l'attention sur une caractéristique importante du commerce contemporain, à savoir l'augmentation des échanges de produits appartenant à la même industrie (échanges intra-industriels). À l'intérieur du commerce intra-industriel, on distingue le commerce de produits différenciés (produits de la même industrie se différenciant par des caractéristiques de variété ou de qualité) et le commerce de produits décomposés (produits de la même industrie mais à des différents stades de finition). À l'intérieur des produits différenciés, on distingue encore deux catégories, selon si les produits se différencient par la variété (catégorie appelée la différenciation horizontale) ou par la qualité (différenciation verticale).

Enfin, on classifie le commerce intra-industriel en commerce croisé et commerce univoque, selon si les flux de l'industrie ou du produit considéré comportent à la fois des importations et des exportations ou uniquement l'un des deux.

Quid

- Statistique de l'ONU (nomenclature) n° 9
- Avantages comparatifs révélés n° 10
- Modèle de gravitation n° 12
- Échanges intra-industriels n° 13
- Produits différenciés / produits décomposés n° 14
- Différenciation horizontale / verticale n° 14
- Commerce croisé / commerce univoque n° 15

Quiz

Calculs de la composition intra ou inter-industrielle d'un pays comme la France :

1. À partir des données du tableau de la DREE : `http://www.commerce-exterieur.gouv.fr/CdTabÉchangesPays.htm`, vous calculerez un indicateur de Grubel et Lloyd de la spécialisation intra-industrielle de la France avec l'Allemagne, le Japon et la Tunisie.
2. En termes bilatéraux montrez que les spécialisations vis-à-vis de l'Allemagne sont très différentes de celles vis-à-vis de la Tunisie ou vis-à-vis du Japon.
3. Calculs de la similitude des spécialisations vers l'Europe des pays comme la Turquie, la Maroc, l'Algérie.
4. Voir l'exercice empirique concernant ce chapitre sur le site internet : `http://team.univ-paris1.fr/teamperso/mayer/dalloz/exos.htm`

Biblio

- Balassa Bela, 1965, « Trade Liberalization and 'Revealed' Comparative Advantage », *Manchester School of Economics and Social Studies* : 90–123
- Mucchielli Jean-Louis, 1994, *Relations économiques internationales*, Hachette supérieur.
- De Melo Jaime, Jean-Marie Grether, 1997, *Commerce International, théories et applications*, De Boeck.
- Bowen Harry, Abraham Hollander, Jean-Marie Viaene, 1998, *Applied International Trade Analysis*, University of Michigan Press.
- Mucchielli Jean-Louis, 1999, *Le commerce extérieur de la France*, Armand Colin.
- Lall Sanjaya, 2000, « The Technological structure and performance of developing country manufacturing exports, 1985-1998 », *Oxford Development Studies*, 28(3)
- Amable Bruno, 2000, « International specialisation and growth », *Structural Change and Economic Dynamics*, vol.11.
- Fontagné L., G. Gaulier, C. Herzog et S. Zignago, 2004, « L'insertion de l'industrie européenne dans la Division Internationale du Travail : situation et perspectives », rapport pour la DG Trade de la Commission européenne
- UN-Comtrade : http ://comtrade.un.org/
- Données Cepii : http ://www.cepii.fr/anglaisgraph/bdd/chelem.htm

chapitre 3

Balance des paiements, commerce extérieur et équilibre macroéconomique

Plan analytique

section 1

Principes d'établissement et enregistrement des différentes opérations

§ **1 Organisme, statistiques, agents et méthodes comptables**

A. Résidents et non-résidents

B. La comptabilité en partie double

§ **2 Exemples d'opérations**

§ **3 Les transactions gratuites**

§ **4 Les revenus**

§ **5 Les investissements**

§ **6 Les réserves**

section 2

Les soldes de la balance des paiements

§ **1 Les différents soldes**

§ **2 Soldes et variation de taux de change**

§ **3 Évolution récente de la balance des paiements française**

section 1

Principes d'établissement et enregistrement des différentes opérations

Chaque année, les pays réalisent des échanges de biens de services, d'actifs et de monnaie avec de nombreux autres pays du monde. L'objet de la *balance des paiements*^Q^ est de comptabiliser les différentes transactions qu'un pays effectue avec d'autres pays au cours d'une période donnée, en général l'année. Il s'agit d'un document comptable qui enregistre les transactions entre *résidents et non résidents* au cours d'une année. Cela représente donc des comptes de flux et non de stock : la balance des paiements donne le montant des flux de biens, de services et d'actifs financiers (titres et monnaie) qui ont transité durant l'année considérée mais *ne donne pas par exemple l'endettement extérieur global de la France.* 16

§ 1 Organisme, statistiques, agents et méthodes comptables

La balance des paiements française est construite par la Banque de France et non par l'INSEE. Un des rôles d'une banque centrale est de suivre les mouvements financiers internationaux pour pouvoir mener la politique monétaire du pays. Depuis 1999, ce rôle est dévolu à la *Banque Centrale Européenne*^Q^ qui utilise néanmoins toujours les statistiques des banques centrales nationales des pays membres pour constituer la balance des paiements de la zone euro. Ces banques centrales nationales continuent donc d'élaborer des balances des paiements nationales. La balance des paiements française suit des règles internationales de comptabilité établies par le 5° manuel du FMI, ce qui a entraîné des changements très importants dans les années récentes. 17

A. Résidents et non-résidents

La balance des paiements enregistre toutes les opérations entre *résidents et non-résidents*^Q^. La notion de résidence, conforme à celle de la comptabilité nationale, concerne :

- les personnes physiques, *quelle que soit leur nationalité*, qui ont leur domicile principal en France. Les français expatriés à l'étranger sont donc considérés comme non résidents, à l'exception des représentations françaises (ambassades, consulat...) et des fonctionnaires français en poste à l'étranger.

– les personnes morales, françaises ou étrangères, pour leurs établissements en France. Les filiales d'entreprises étrangères sont considérées comme des résidents[1]. Une durée d'activité minimale de 1 an sur le territoire est requise.

Pour la France, la balance des paiements définit le territoire statistique suivant : départements de la métropole, Monaco, DOM (depuis 1996). Les TOM sont encore considérés comme l'étranger par la balance des paiements.

B. La comptabilité en partie double

La balance des paiements obéit au principe de la *comptabilité en partie double*[Q] : toute transaction donne lieu à deux écritures de même montant mais de sens inverse. Le premier enregistrement correspond à l'opération (dite opération autonome) et la seconde à la contrepartie, en générale financière mais parfois fictive (dite opération induite) de l'opération. Chaque transaction s'inscrit une fois au crédit et une fois au débit.

On enregistre au *crédit* toutes les *ventes ou cessions d'actifs par les résidents aux non résidents*, quel que soit le type d'actif concerné (marchandises, titres ou monnaie) ⇒ Tout ce qui sort est au crédit.

On enregistre au *débit* tous les *achats ou acquisitions d'actifs par les résidents auprès des non résidents*, quel que soit le type d'actif concerné (marchandises, titres ou monnaie) ⇒ Tout ce qui entre est au débit.

Figure 3.1. Enregistrement des flux dans la balance des paiements

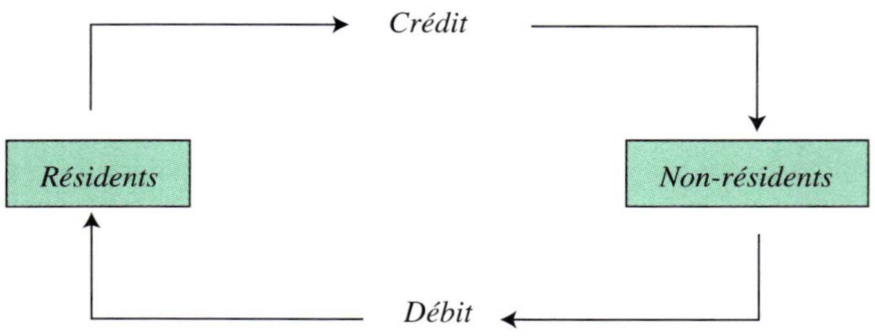

Cette règle s'applique à tout actif : une exportation se reporte au crédit, ainsi que la remise de monnaie à un non- résident puisque dans les deux cas il y a cession d'actif. De même, lorsque un non-résident investit en France, il achète un actif et ce mouvement s'inscrit au crédit.

Par extension, lorsque le pays s'endette, il augmente ses engagements, ce qui est assimilé à une cession d'actifs par la balance des paiements. Lorsque au contraire, le pays se désendette, il réduit ses engagements et ce mouvement est assimilé à une augmentation d'avoir et s'inscrit au débit.

1. Leur contribution au commerce extérieur français est d'ailleurs importante, en 1998 par exemple, Hewlett-Packard était le 5ème exportateur et le 3ème importateur national.

En résumé :

Crédit	=	diminution d'avoirs ou augmentation d'engagements.
Débit	=	augmentation d'avoirs ou diminution d'engagements.

Aux erreurs et omissions près, *la balance des paiements est donc par nature un document parfaitement équilibré* puisque toute opération donne lieu à une écriture en contrepartie. Cependant, les erreurs et omissions ne sont parfois pas si négligeables qu'il y parait. Il existe en particulier un problème statistique connu sous le nom de « Trou de la balance des paiements ». Au niveau mondial les soldes devraient toujours se compenser par type d'opération puisque tout excédent pour un pays devrait correspondre à un déficit pour le reste du monde. On observe, pour le compte des transactions courantes, qui sera défini plus loin et qui comprend essentiellement les échanges de biens et de services et les revenus de facteurs, des déséquilibres très élevés au niveau mondial avec un « déficit mondial » évalué par le FMI à 40 milliards de dollars en 1996 et 110 milliards de dollars en 1990, soit largement plus que le déficit courant américain ou la somme des excédents courants japonais et allemands cette même année. Ces trous peuvent provenir de désajustements temporels entre la date d'expédition et la date de réception, d'incohérences statistiques, de changements de système de collecte de données comme lors du passage à Intrastat en Europe en 1993 où les importations ont brusquement chuté à la suite de la suppression des formalités douanières. Il existe également des problèmes de collecte de données concernant les transports de marchandises par des bateaux battant pavillons de complaisance.

§ 2 Exemples d'opérations

On illustre les différentes opérations qui peuvent avoir lieu en prenant l'exemple d'une entreprise résidente qui exporte 100 millions d'euros de marchandises au cours du mois de janvier. Supposons d'abord que le règlement s'effectue en devises. L'opération s'inscrit au crédit puisqu'elle correspond à une cession d'actifs, d'autre part, le stock de devises étrangères de la France est accru par le règlement, une augmentation d'avoir de la France qui s'inscrit au débit.

	Crédit	Débit
Exportations de marchandises	100	
Avoirs et engagements en devise étrangère		100

L'opération d'exportation peut également donner lieu à un crédit commercial accordé par l'entreprise exportatrice résidente à l'entreprise importatrice non résidente. Le titre émis, par exemple un crédit commercial à court terme, vient augmenter le stock des actifs du pays. Il s'inscrit donc au débit, l'exportation restant inscrite au crédit. Supposons que le crédit commercial évoqué soit à échéance courte (six mois), il donnera lieu à un remboursement dans la même année, l'entreprise étrangère remboursant le crédit en versant des devises. Ce versement s'inscrit au débit et la diminution des avoirs du pays due au remboursement du crédit s'inscrit au crédit.

	Crédit	Débit
Janvier		
Exportations de marchandises	100	
Crédits commerciaux à court terme		100
Juin		
Crédits commerciaux à court terme	100	
Avoirs et engagements en devise étrangère		100

§ 3 Les transactions gratuites

18 Certaines transactions sont faites à titre gratuit et ne comportent donc aucune contrepartie qui permette de respecter le principe de la comptabilité en partie double. On enregistre donc deux fois également chaque transaction gratuite. Soit par exemple un don de l'État français à un gouvernement étranger ; cette opération est enregistrée une fois pour le flux versé (au crédit ici et dans le compte des exportations et importations) et une deuxième fois dans un des comptes de transfert (au débit ici), réguliers (transferts courants) ou exceptionnels (transfert en capital). À l'inverse, lorsque la France reçoit de manière régulière des aides de la part de la Commission européenne au titre des fonds structurels de la politique régionale européenne, la transaction est comptabilisée comme une augmentation des avoirs en devise au débit et au crédit la contrepartie s'inscrit dans le compte des transferts courants des administrations publiques.

§ 4 Les revenus

19 Il existe deux types de revenus qui donnent lieu à des transactions entre les résidents et les non-résidents. Ces transactions résultent du versement de revenus de facteurs de production détenus par des résidents et utilisés par des non-résidents ou l'inverse. Le premier type d'opération est la rémunération des salariés par une firme localisée dans un autre pays. Par exemple, un travailleur résident en France payé par une firme non résidente. Ceci constitue une entrée de devises en France dans le compte financier puisque ces devises vont être déposées dans une banque française. Cette partie de l'opération s'inscrit au débit et l'on inscrit au crédit le montant versé dans le poste rémunérations des salariés. Le principe est le même pour les revenus des investissements dont les montants reçus s'inscrivent au crédit et les montants versés au débit.

§ 5 Les investissements

20 Il existe différents types d'investissements en provenance ou à destination de l'étranger. Traditionnellement, la distinction était opérée en termes d'échéance du titre (long terme / court terme), mais depuis 1996 on distingue essentiellement entre investissements directs et investissements de portefeuille sur la base de la part des actions détenues.

L'enregistrement des investissements directs obéit à la règle générale mais leur enregistrement prête souvent à confusion, puisque, 1) l'investissement est souvent assimilé aux flux monétaires qui l'accompagnent, 2) il peut y avoir investissement ou désinvestissement.

Les investissements directs constituent des transferts d'actifs entre résidents et non-résidents, le flux monétaire qui y est associé n'en est que la contrepartie.

IDE sortant	=	augmentation d'actifs des résidents ⇒ Débit.
IDE entrant	=	diminution d'actifs des résidents ⇒ Crédit.

Mais les résidents peuvent aussi décider de revendre au cours de l'année considérée des actifs qu'ils détenaient à l'étranger, à ce moment-là, on parle de *désinvestissement* qui constitue une diminution des actifs des résidents à l'étranger que l'on note au crédit des IDE sortants. On peut avoir la réciproque pour les IDE en France. Ceci nous donne :

	Crédit	Débit
IDE sortant (solde négatif = investissement net à l'étranger)	Désinvestissement	Investissement
IDE entrant (solde positif = investissement net en France)	Investissement	Désinvestissement

§ 6 Les réserves

La balance des paiements présente enfin en dernier les variations d'avoirs de *réserves*[Q] du pays (or, DTS, devises) qui soldent les comptes de telle sorte que la balance d'ensemble des échanges est équilibrée hors erreurs et omissions.

En règle générale, les comptes ne sont toujours pas équilibrés après avoir tenu compte des variations de réserves en raison des erreurs de collecte de données qui créent des incohérences statistiques. Il existe donc un dernier poste appelé erreurs et omissions.

section 2

Les soldes de la balance des paiements

§ 1 Les différents soldes

Les différentes transactions qui se retrouvent dans la balance des paiements sont regroupées par type d'opérations appelé *comptes*, chaque groupe d'opérations donnant lieu à un solde présentant un excédent ou un déficit. La balance des paiements globale étant forcément équilibrée, les soldes se compensent entre eux et la balance d'ensemble est conçue de telle manière que l'excédent (le déficit) à un point donné dans la balance est compensé par le déficit (l'excédent) des lignes suivantes de la balance. 21

Les erreurs souvent commises à propos d'un prétendu excédent ou déficit de la balance des paiements sont en fait une confusion entre les différents soldes à l'intérieur de la balance des paiements (notamment le solde commercial) et la balance des paiements d'ensemble. Le prétendu déficit ou excédent de la balance des paiements est souvent le déficit ou excédent de la balance des transactions courantes.

Tableau 3.1. Les différents comptes et les soldes de la balance des paiements

Crédit	Débit	*Soldes*
COMPTE DES TRANSACTIONS COURANTES		
• Exportations de marchandises	• Importations de marchandises	Solde commercial
• Exportations de services	• Importations de services	Solde des biens et services
• Revenus des salariés et des investissements reçus	• Revenus des salariés et des investissements versés	
• Transferts courants reçus	• Transferts courants versés	Solde des opérations courantes
COMPTE DE CAPITAL		
• Transferts de capital reçus	• Transferts de capital versés	
• Vente de brevets (actifs immatériels non financiers)	• Achats de brevets (actifs immatériels non financiers)	Solde des opérations courantes et du compte de capital
• Droits d'auteur	• Droits d'auteur	
COMPTE FINANCIER		
• IDE entrants	• IDE sortants	Solde à financer
• Investissements de portefeuille entrants	• Investissements de portefeuille sortants	
• Autres investissements entrants	• Autres investissements sortants	
• Produits financiers dérivés	• Produits financiers dérivés	
• Désinvestissement des résidents	• Désinvestissement des non-résidents	Solde de la balance globale (hors secteur bancaire et banque centrale)
• Réduction des avoirs de réserves des autorités monétaires	• Augmentation des avoirs de réserves des autorités monétaires	
ERREURS ET OMISSIONS NETTES		

Le principal intérêt de la balance des paiements est de faire apparaître les différents déséquilibres associés à certains types de transactions et les opérations nécessaires à la compensation de ces déséquilibres. On utilise alors différents soldes pour analyser ces relations. Les soldes les plus utilisés sont les suivants :

1) *Le solde commercial* : différence entre exportations et importations de marchandises. C'est le solde auquel est très souvent fait référence dans la presse, on distingue souvent entre les produits industriels et les autres dans ce solde (en particulier pour la France pour laquelle les produits agricoles sont importants dans les échanges).

2) *Le solde des biens et services* : solde commercial auquel on rajoute le solde sur les services. Il est souvent important de prendre en compte les services surtout pour des pays comme la France qui attirent beaucoup de touristes.

3) *Le solde des transactions courantes* = Solde des biens et services + Solde des revenus + Solde des transferts courants.

4) *Solde des opérations non financières* = Solde des transactions courantes + Solde du compte de capital.
Ce solde représente la *capacité ou le besoin de financement*[Q] de la nation qui seront couverts par les opérations du compte financier. Cela correspond en comptabilité nationale à la somme des capacités de financement des différents secteurs institutionnels (ménages, entreprises, APU...)

5) Le *solde de la balance globale*[Q] = Solde des opérations non-financières + Solde des flux financiers (hors secteur bancaire et Banque centrale) + Erreurs et omissions nettes.
Ce solde récapitule l'ensemble des transactions effectuées par les agents privés entre l'économie et le reste du monde. Il indique donc la variation de la quantité de monnaie dans le pays due aux relations extérieures de ce pays avec le reste du monde. Si BG>0 (BG<0), alors l'économie nationale reçoit davantage (moins) de paiements en provenance du reste du monde qu'elle n'y effectue de dépenses.

6) *Le solde des avoirs de réserves et postes apparentés* : Le solde des avoirs de réserves (AR) précise les conséquences nettes de l'intervention des autorités monétaires sur les marchés des changes pour réduire les déséquilibres de la balance des paiements. Il constitue la contrepartie de la balance globale (BG). Donc : BG + AR = 0

7) *La position extérieure* : Il n'y a plus aujourd'hui de ligne consacrée à la "variation de la position monétaire extérieure". En revanche, la variation des avoirs de réserve est enregistrée. L'abandon de la ligne variation de la position monétaire extérieure s'est accompagnée de la publication d'un document intitulé *Position extérieure*. Alors que la balance des paiements est un indicateur conjoncturel qui reflète la situation économique et monétaire du pays à un moment donné, la position extérieure est un indicateur structurel. Elle retient des stocks d'avoirs et d'engagements et non des flux annuels. Si elle est créditrice, le pays est exportateur net de capitaux et détient "des avoirs nets" placés à l'étranger ; si elle est débitrice, le pays est importateur net de capitaux et c'est au contraire l'épargne étrangère qui est placée chez lui. Les encours déclarés fournissent précisément des éléments d'information sur la structure du patrimoine financier des résidents à l'égard de l'étranger.

§ 2 Soldes et variation de taux de change

22 Le raisonnement évoqué ci-dessus fait implicitement l'hypothèse que l'ajustement sur le marché des changes se fait par les quantités, c'est-à-dire à taux de change fixe. En réalité, l'ajustement sur le marché des changes peut aussi se faire par les prix, c'est-à-dire par une certaine flexibilité du taux de change. Il faut donc s'intéresser à l'impact du *solde de la balance globale*^Q sur la position extérieure dans les différents cas.

On distingue en général *deux cas extrêmes : change fixe pur et change flexible pur.*[1] Dans le cas des changes fixes, aucune variation du taux de change n'est possible et tout déséquilibre de la balance globale se traduit automatiquement par une variation des réserves : ajustement par les quantités. Dans le cas de changes flottants, le taux de change est déterminé par confrontation immédiate des offres et demandes de devises, ce qui assure la constance des réserves d'or et de devises. Ce régime assure alors automatiquement l'ajustement de la balance globale : ajustement par les prix. Le tableau 3.2 permet de résumer ces mécanismes.

Tableau 3.2. Soldes de la balance des paiements et taux de change

Solde de la balance globale ⇒	**Déficit**	**Excédent**
Type d'ajustement ⇓	D. excédentaire de devises	O. excédentaire de devises
Prix (changes flexibles purs)	Dépréciation de l'Euro	Appréciation de l'Euro
Quantités (changes fixes purs)	Δ PME>0 (détérioration)	Δ PME<0 (amélioration)

- *Taux de changes fixes :* supposons que les échanges soient libellés en dollars et que la zone euro ait un déficit de la balance globale. Une demande excédentaire de dollars se crée pour payer les importations excédentaires, engendrant potentiellement une dépréciation de la valeur de l'euro. Pour assurer la fixité du taux de change, la BCE va donc intervenir sur le marché pour acheter de sa propre monnaie. Elle peut le faire de deux manières : en puisant directement dans les réserves de change ou en empruntant des dollars. Dans les deux cas, l'intervention de la BCE a entraîné une destruction de monnaie.
- *Taux de changes flexibles :* si l'on reprend le même exemple, le déficit global de la zone euro entraîne une demande excessive de dollars et donc une chute de l'euro. Réciproquement un excédent de la balance globale en raison par exemple de forts afflux d'investissements directs entraîne une appréciation de l'euro puisque les résidents obtiennent des devises en échange de leurs actifs (ou des euros qui ont été achetés avec des devises). On se demande donc quel est l'impact de la dépréciation de l'euro sur la balance globale du pays. La baisse du cours de l'euro rend les produits européens moins chers pour les consommateurs étrangers et les produits étrangers plus chers pour les consommateurs européens. Ceci devrait donc normalement avoir tendance à réduire le déficit courant européen. De

1. Bien sûr ces deux cas sont des approximations, les systèmes de change fixes prévoient souvent des mécanismes de flexibilité comme les bandes de fluctuation du Système Monétaire Européen et les systèmes de change flottants ne sont pas exempts d'intervention des banques centrales pour stabiliser les cours de change.

plus, les actifs européens sont moins chers et les actifs étrangers plus chers, ce qui devrait avoir tendance à augmenter les investissements entrants et donc à réduire également le déficit de la balance globale.

§ 3 Évolution récente de la balance des paiements française

On peut voir dans le tableau 3.3 les évolutions récentes d'une présentation simplifiée 23
de la balance des paiements française :

Tableau 3.3. Soldes de la balance des paiements simplifiée en France de 1996 à 2008 (milliards d'euros)

Soldes	1996	1998	2000	2002	2004	2006	2008
Transactions courantes	**16**	**34.6**	**23.8**	**21**	**10**	**-10.2**	**-39.3**
Biens	11.6	22.3	-3.8	8	-3.8	-29.4	-62
Services	11.8	15.6	21.5	18.2	13.3	12	14
Revenus	-1.5	7.8	21.1	9.8	18.1	28.8	32.7
Transferts courants	-6.8	-11.2	-15.2	-15	-17.5	-21.6	-23.8
Compte de capital	1	1.3	1.5	-0.2	1.4	-0.2	0.8
Compte financier	**-17.7**	**-45.5**	**-32.6**	**-17.3**	**-7.8**	**70.5**	**56.1**
Investissements Directs	-6.5	-15.9	-145.6	-1.5	-19.5	-34.5	-73.6
Investissements de Portefeuille	-48.2	-42	40	-11.2	-52.4	-59.4	66.1
Autres Investissements	36.2	30.2	65.3	-14.33	62.5	169.8	51.2
Avoirs de réserves	-0.2	-17.6	2.7	4.2	-3.5	-8.8	8.5
Erreurs et omissions	0.7	9.6	7.4	-3.5	-3.6	-60.1	-17.6

1) Le premier constat important à noter est le *solde commercial largement excédentaire* jusqu'en 2000. En fait le solde commercial est excédentaire en France depuis 1992 et ne cesse de s'améliorer jusqu'en 1997, année où la croissance française finit par rejoindre celle de ses principaux partenaires commerciaux. En 2000, l'excédent commercial français suit une tendance à la baisse liée à la hausse du prix du pétrole et à la forte reprise économique intérieure. À partir de 2004 le déficit commercial s'accroît pour devenir très important en fin de période. 2009 sera la sixième année consécutive de déficit des échanges commerciaux français. Le dernier excédent remonte à 2003 (+ 1,143 milliard d'euros).La crise amorcée en fin d'année 2007 a entraîné une légère réduction du déficit commercial, mais pour 2008 le déficit dépasse les 57 milliards d'euros ; pour 2009 il s'établit à 43,03 milliards d'euros. Selon l'Insee, le

poids des importations dans la demande intérieure a progressé de 30,5 % à 38,3 % entre 2001 et 2005 ; situation qui a conduit à inverser le solde de la balance commerciale. Plus précisément en termes de groupe de produits, la France a du faire face à une perte de compétitivité dans les biens industriels (industrie automobile), l'accroissement du déficit dans les biens de consommation et les biens intermédiaires, et le creusement du déficit énergétique en sont la cause.

2) Le solde des *échanges de services est particulièrement important en France* et est principalement dû au tourisme. L'excédent des services se maintient à un bon niveau (14 milliards), avec un excédent traditionnel des voyages qui est toutefois en recul en 2008, à 8,5 milliards d'euros, après le niveau élevé de 12,8 milliards atteint en 2007.
3) La France dégage depuis 1997, un excédent du compte des revenus, ceci résulte de l'excédent des revenus d'investissements et de celui des rémunérations des salariés (travailleurs transfrontaliers).
4) Le poste des transferts courants reste relativement constant traduisant la stabilité de la politique d'aide aux pays étrangers de la France. Les envois de fonds de travailleurs immigrés rentrent dans ce compte et représentent un flux non négligeable pour la France.
5) Le compte de capital est traditionnellement en excédent en France, car il incorpore les versements nets des politiques agricoles et régionales européennes. Ces dernières années ont marqué un recul de ces versements, conjugué à des annulations de dette de certains pays en développement.
6) Le compte financier enregistre les échanges d'actifs financiers entre la France et l'extérieur. C'est la contrepartie des performances commerciales du pays qui apparaît sous la forme de sorties nettes d'investissement. Ces sorties sont en progression forte qui compensent presque exactement le solde courant. À partir de 2006, le phénomène inverse se produit. En 2008, les flux d'investissements directs se soldent par des sorties nettes de 70,4 milliards d'euros, en hausse par rapport à celles de 2006 (31 milliards). La France effectue en fin de période beaucoup plus d'investissements directs à l'étranger qu'en n'en accueille alors que les deux flux étaient encore au même niveau en 2002.
7) Les entrées de capitaux liées aux investissements de portefeuille et aux opérations de prêts-dépôts contrebalancent les sorties liées au déficit des transactions courantes et aux investissements directs. L'excédent des engagements recensés sur les sorties identifiées se solde en 2008 par un montant d'erreurs et omissions de - 34,7 milliards d'euros.

On peut également s'intéresser aux variations à plus long terme de la balance courante française, et aux évolutions du compte financier qui les accompagnent. La figure 3.2 retrace ces évolutions entre 1973 et 2008. On note la corrélation négative

Figure 3.2. Les évolutions du compte courant et du compte financier français entre 1973 et 2008.

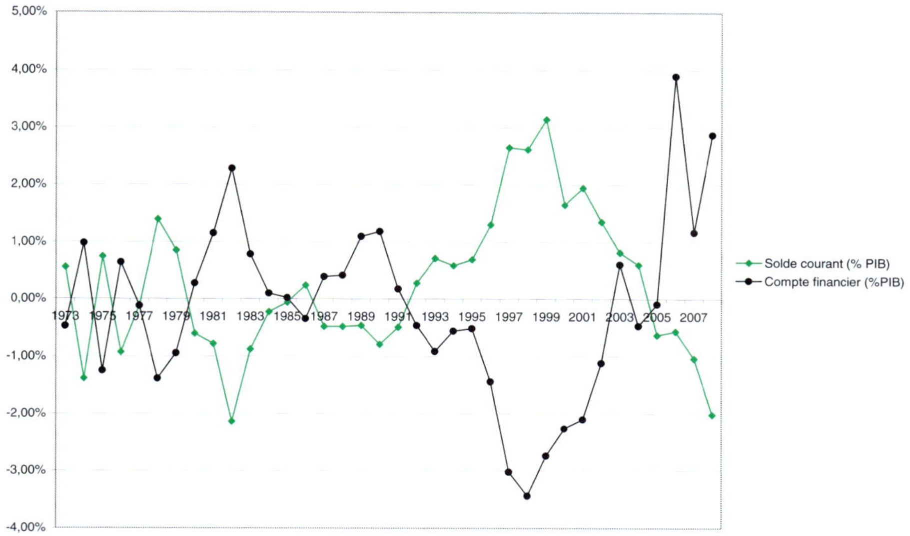

Source : Banque de France.

frappante entre les deux soldes, qui rappelle que par construction, le « haut » de la balance des paiements doit être compensé par le « bas » pour arriver à une balance des paiements au solde nul. Derrière cette logique comptable se trouvent des grands équilibres macroéconomiques plus intéressants que nous traitons plus en détail au chapitre suivant. On peut déjà constater que les épisodes de creusement du déficit commercial, par exemple au début et à la fin des années 1980, coïncident avec des entrées de capitaux nettes et l'accumulation des excédents courants depuis une dizaine d'années, s'accompagnent de sorties nettes de capitaux qui en sont la contrepartie naturelle. L'explication des épisodes de déficit ou d'excédent courants au travers des dynamiques de croissance domestique et internationales et de compétitivité des produits nationaux sera au centre du prochain chapitre.

Mémo

La balance des paiements est un document comptable qui enregistre, au cours d'une période donnée, les différentes transactions effectuées par un pays avec d'autres pays. Il s'agit donc de la récapitulation du montant des flux de biens, services et actifs financiers entre résidents et non-résidents.

La balance des paiements obéit au principe de la comptabilité en partie double : toute transaction donne lieu à une écriture de même montant au débit et au crédit. Aux erreurs et omissions près, il en découle que, par construction, la balance des paiements est toujours équilibrée. Les différentes opérations répertoriées dans la balance des paiements sont les exportations et importations de biens et services, mais aussi les transactions gratuites (dons), les transferts de revenus de résidents vers les non-résidents (ou l'inverse) et les investissements.

Les différentes transactions qui se trouvent dans la balance des paiements sont regroupées par type d'opérations donnant lieu à un solde présentant un excédent ou un déficit. La balance des paiements étant par définition équilibrée, les soldes se compensent entre eux ; les différents déséquilibres associés aux différents types de transaction renseignent sur la capacité ou le besoin de financement de la nation par exemple (solde des opérations courantes). Le solde de la balance globale comprend l'ensemble des soldes de la balance des paiements en dehors des opérations financières avec l'étranger du secteur bancaire et de la Banque centrale. Ainsi, le solde de la balance globale renseigne sur la nécessité d'un recours à un financement monétaire pour corriger un éventuel déséquilibre.

L'ajustement peut se faire par les quantités (à taux de change fixe) mais aussi par les prix (à taux de change flexible).

La balance des paiements française durant les dix dernières années s'est caractérisée entre autres par un solde commercial largement excédentaire jusqu'en 2000, un solde des échanges de services excédentaire dû au secteur du tourisme, et un poste des transferts courants constant au cours du temps, comprenant l'aide de la France aux pays tiers et les envois de fonds des travailleurs étrangers.

Quid

- Balance des paiements n° 16
- Banque Centrale européenne n° 17
- Résidents / non-résidents n° 17
- Comptabilité en partie double n° 17
- Réserves n° 20
- Solde de la Balance globale n° 21, 22
- Capacité ou besoin de financement n° 21
- Solde commercial excédentaire n° 23

Quiz

Exercice 1

1. Enregistrez les opérations suivantes dans une balance des paiements simplifiée :
   (a) Exportations d'une valeur de 12 milliards d'euros, payées immédiatement en devises.
   (b) Paiements de 7 milliards d'euros de services financiers à des firmes non résidentes.
   (c) IDE sortant d'une valeur de 50 milliards d'euros (paiement en devises).
   (d) IDE entrant d'une valeur de 20 milliards d'euros (paiement en devises).
   (e) Paiement par la Communauté Européenne d'une subvention de 3 milliards d'euros.
   (f) Paiement de salaires à des travailleurs non résidents pour une valeur de 1 milliard d'euros.
2. À l'aide des soldes de la balance des paiements, expliquez simplement la relation entre le solde courant et l'évolution possible du taux de change (à l'égard des monnaies des principaux partenaires).

Exercice 2

On considère un monde composé de 3 pays : la France, l'Allemagne et les États-Unis.
– La France et l'Allemagne ont la même monnaie : l'euro. Les États-Unis utilisent le dollar (1 dollar = 1,2 euro).
– L'excédent commercial (total biens et services) français vis-à-vis de l'Allemagne est de 4 milliards d'euros.
– L'Allemagne exporte aux États-Unis pour 1 milliard d'euros. Les États-Unis exportent en France pour 2 milliards de dollars.
– Les Français importent 1,6 milliard d'euros des Allemands et exportent 1,2 milliard d'euros aux États-Unis.
– L'excédent commercial américain vaut 2 milliards de dollars.

1. Quelle est la valeur des importations allemandes de produits américains et de l'excédent commercial allemand ?
2. L'excédent commercial français vis-à-vis de l'Allemagne se réduit au cours du temps. Quels facteurs peuvent expliquer cette évolution ?
3. L'excédent du compte financier français s'élève à 2 milliards d'euros et le compte de capital est en déficit de 0,25 milliard d'euros. L'agrégat revenu et transferts courants est excédentaire de 1 milliard d'euros. Construisez une balance des paiements française simplifiée.

Questions

1. Les Français expatriés à l'étranger sont-ils considérés comme résidents ou non-résidents dans la balance des paiements ? (n° 17)
2. La balance des paiements représente-t-elle des comptes de stocks ou de flux ? (n° 16)
3. Que représente le solde commercial d'un pays ? (n° 21)

4. Laquelle des deux peut-être déséquilibrée : la balance des paiements ou la balance globale ? (n°s 17, 21)

Biblio

- Chapitre 15 de Caves, R. , J. Frankel et R. Jones, 2003, *Commerce et paiements internationaux* , de Boeck, Louvain.
- Guillochon, B. et A. Kawecki, 2003, *Économie Internationale*, 4° édition, Dunod.
- Raffinot, M. et B. Venet, 2003, *La balance des paiements*, Repères, La découverte.
- Rapport annuel de la Banque de France, 2002 (`http://www.banque-france.fr/fr/publications/rapport/rapport.htm`).

chapitre 4

Change et équilibre macroéconomique

En 2003, le *déficit courant américain* atteignait 530 milliards de dollars pour un PIB de 11004 milliards de dollars, soit un déficit courant représentant près de 5 % du PIB. À titre de comparaison, le déficit courant français le plus important dans les trente dernières années a représenté 2,17 % du PIB national, suscitant alors des inquiétudes importantes et contribuant à des changements rapides et drastiques de politique économique pour rétablir l'équilibre extérieur du pays. L'ampleur du déficit actuel du compte courant américain amène à se poser deux questions : quels sont les déterminants du solde courant d'un pays et de ses évolutions ? Quels sont les mécanismes d'ajustement qui permettent un retour à l'équilibre à terme ? On verra en particulier le rôle de la compétitivité des produits nationaux et l'impact du taux de change affecte sur cette compétitivité et donc sur le solde courant d'un pays. 24

Plan analytique

section 1

Solde courant et équilibre macroéconomique

§ 1 **Solde courant et revenu national**

§ 2 **Les grands déséquilibres mondiaux**

§ 3 **Les déficits jumeaux**

§ 4 **Équilibres macro-économiques et rapports Nord-Sud**

section 2

Taux de change et ajustement des déséquilibres du compte courant

§ 1 **Conjoncture économique et solde courant**

- **A.** Le multiplicateur en économie ouverte
- **B.** Effet du multiplicateur sur la balance commerciale

§ 2 **Taux de change, compétitivité et solde courant**

- **A.** Le taux de change réel
- **B.** Comment se forment les prix
- **C.** La théorie de la parité de pouvoir d'achat
- **D.** Les limites de la PPA

§ 3 **Quelle efficacité pour les dévaluations ?**

- **A.** La dévaluation à court, moyen et long terme
- **B.** Les limites de la dévaluation

4

Change et équilibre macroéconomique

section 1

Solde courant et équilibre macroéconomique

§ 1 Solde courant et revenu national

En économie ouverte, le marché des biens est en équilibre si l'offre totale (revenu national + importations) est égale à la demande totale (demande interne + exportations). La demande interne est représentée par la demande de consommation finale des ménages, C, les investissements des ménages et des entreprises privées, I et la demande émanant de la dépense publique G. On obtient l'équation d'équilibre fondamentale : 25

$$Y + M = C + I + G + X \qquad (4.1)$$

D'autre part, le revenu national est utilisé en dépense de consommation et en impôts, T prélevés par l'état pour financer les dépenses G et le reste constitue l'épargne, S, du pays :

$$Y = C + T + S \qquad (4.2)$$

Il suffit donc de remplacer la valeur de Y dans l'équilibre sur le marché des biens, pour obtenir :

$$T + S = I + G + (X - M) \Rightarrow X - M = (S - I) + (T - G) \qquad (4.3)$$

On obtient une équation qui relie la balance commerciale du pays à deux termes : la *capacité de financement privée*[Q] et la *capacité de financement publique*[Q] du pays. Les surplus de l'épargne sur investissement du secteur privé et des recettes sur dépenses publiques déterminent l'excédent de la balance courante du pays. Si un pays a un déficit budgétaire, il doit avoir une épargne supérieure à son investissement pour pouvoir équilibrer sa balance courante.

Plusieurs cas sont envisageables :

- *Si l'on suppose que le secteur public est neutre* (équilibre des comptes publics) : le solde courant traduit alors exactement la capacité ou le besoin de financement du secteur privé. Dans ce cadre, un déficit courant est imputable à une insuffisance de l'épargne privée. L'économie nationale vit « au-dessus » de ses moyens et importe de l'épargne étrangère sous la forme d'entrées nettes de capitaux. Cela augmente l'endettement du pays et reporte en fait le poids de l'ajustement sur les années futures. Ceci peut néanmoins être tout à fait souhaitable si ces entrées nettes de capitaux permettent une accumulation ou une amélioration des moyens de production qui permettront de dégager des excédents courants dans le futur.

- *Si l'on suppose que le secteur privé est neutre* (l'investissement privé est couvert par l'épargne privée) : le solde courant correspond alors exactement à la capacité ou au besoin de financement du secteur public. On peut donc avoir des « *déficits jumeaux*[Q] », le déficit budgétaire traduit par le déficit courant étant couvert par des entrées nettes de capitaux étrangers.

§ 2 Les grands déséquilibres mondiaux

26 Les pays en déficit courant « drainent » donc l'épargne mondiale qui émane des pays en excédent courant. Dans le tableau 4.1, on voit que les deux principaux pays emprunteurs dans le groupe du G7 en 1995 sont les États-Unis et l'Allemagne. La grande différence dans l'évolution du solde courant provient du fait que l'Allemagne, qui était traditionnellement un pays fournisseur de capitaux à l'étranger, s'est retrouvé emprunteur à la suite de la réunification allemande en raison d'investissements publics et privés massifs. On peut également remarquer que l'excédent courant japonais compense de moins en moins le déficit courant américain dans les années récentes.

Tableau 4.1. Solde courant des grands pays industrialisés

Année	1990	1995	2000	2005	2008	% PIB 08
OCDE	−92,6	31,8	−264,8	−392,2	−430,2	−1
Eurozone	**5,7**	**58,5**	**−35,2**	**46,7**	**−65,5**	**−0,5**
USA	−79,0	−113,6	−417,4	−729	−664,1	−4,6
Canada	**−19,8**	**−4,4**	**19,7**	**21,8**	**14,8**	**0,95**
Allemagne	45,3	−29,6	−32,6	145,3	279	7,3
Japon	**44**	**111,4**	**119,6**	**165,7**	**194,3**	**4**
Italie	−21,7	23,2	−5,8	−29,2	−66,7	−2,8
France	**−9,9**	**7,4**	**22**	**−13,6**	**−83,8**	**−2,8**
RU	−38,5	−14,3	−39,1	−59,6	−101,5	−3,7

Source : données Fonds Monétaire International, 2008

La figure 4.1 montre les évolutions des comptes courants des grands pays industrialisés sur la période 1980-2008.

1) Le premier constat à noter est la symétrie entre les soldes du Japon, de la Chine et de l'Allemagne, les grands pays exportateurs et ceux des États-Unis, l'Italie, la France et le Royaume-Uni, les grands pays qui sont ou sont devenus importateurs nets de biens et services depuis la fin des années 1990 ou le début des années 2000.
2) Soulignons tout particulièrement, la symétrie des courbes américaine, japonaise et chinoise au cours des années récentes, en particulier depuis le début des années 1980. Ce genre de graphique est souvent utilisé pour expliquer que c'est

Figure 4.1. Évolution des comptes courants des grands pays industrialisés

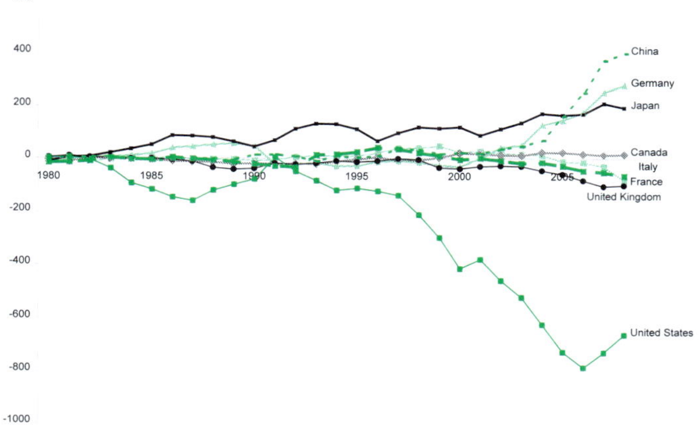

Source : données Fonds Monétaire International, 2008

le surplus d'épargne japonais, puis chinois qui a servi et sert encore à financer le déficit commercial des États-Unis.

3) Une autre caractéristique importante est le lien entre l'évolution de ces soldes et les phases conjoncturelles de ces économies. Dans cette figure, les trois grands épisodes de récession de 1981-1982, 1990-1991 et 2007-2008 aux États-Unis sont parfaitement identifiables : la demande baisse très fortement et ceci améliore mécaniquement la balance commerciale et le solde courant en réduisant les importations.

4) L'amélioration du solde français est très prononcée à partir de 1992, à la suite du décalage de conjoncture (la France entre en récession alors que les pays anglo-saxons en sortent) et de la politique de désinflation compétitive. Par contre, à partir de 2005 le déficit revient et s'approfondit du fait des pertes de parts de marché à l'extérieur et de la facture pétrolière.

5) L'impact de la réunification allemande est également très clair, ce pays passant d'un rôle de financeur du déficit américain à un déficit courant important tout au long des années 1990. Les années 2000 permettent à l'Allemagne de retrouver un rôle de leader dans les exportations et lui confèrent un excédent croissant de son solde courant.

§ 3 Les déficits jumeaux

La part des déficits publics dans l'évolution des déficits du solde courant est une question controversée, qui a été particulièrement présente lors de la politique de relance budgétaire française des années 1981-1982 et également au début des années 1980 aux États-Unis. Pour la France par exemple, selon la Banque Mondiale le solde courant est passé de –0,8 % à –2,2 % du PIB, à une période de déficit budgétaire important (–3,36 % du PIB cette année là pour un budget quasiment 27 équilibré en 1980). Pour les États-Unis, on observe bien des « *déficits jumeaux*[Q] » au début des années 1980. L'administration Reagan a augmenté très fortement le déficit public en réduisant les impôts et en augmentant les achats notamment militaires au début de son mandat. Le déficit budgétaire s'élevait à 3,4 % du PIB en 1982 et en 1986.

La différence entre ces deux années tient au niveau de $S-I$. En 1982, les États-Unis sont en récession et l'investissement est à un niveau très bas ce qui compense l'effet du déficit budgétaire pour amener le déficit courant à −0,4 % du PIB. En revanche, en 1986, épargne et investissement du secteur privé sont à peu près équilibrés et cela se traduit par un solde courant de −3,4 % du PIB. Le même scénario se produit en 1991 : la récession fait augmenter le déficit budgétaire à des niveaux très élevés, mais l'investissement plonge à un niveau très bas ce qui explique que pour cette année, le déficit courant soit pratiquement nul. À partir du moment où l'investissement retrouve un niveau de reprise, le déficit commercial s'élargit ainsi que le déficit courant. Dans les années récentes aux États-Unis, le déficit public a été ramené à zéro, le pays dégageant même des excédents budgétaires importants. La très forte dégradation du solde courant provient d'un déphasage entre épargne et investissement privé, ce dernier atteignant des niveaux plus élevés alors que le taux d'épargne dans le PIB baisse.

§ 4 Équilibres macro-économiques et rapports Nord-Sud

Supposons un instant pour simplifier que le secteur public soit neutre. L'équation

$$X - M = S - I \tag{4.4}$$

est sans doute l'une des équations les plus célèbres en économie. Ce n'est qu'une *identité comptable* mais elle aide pourtant beaucoup à réfléchir sur certaines idées reçues répandues concernant l'intégration économique, les délocalisations et les relations commerciales entre les pays du Nord et les pays du Sud.

28 Souvent des craintes s'expriment à propos des délocalisations de firmes de pays du Nord vers les pays du Sud à bas salaires, en particulier les pays du Sud-Est asiatique. L'histoire racontée prend la forme suivante : la baisse des coûts de transport rend la production libre de se localiser où bon lui semble pour servir n'importe quel marché[1]. Il est dès lors possible pour les firmes du Nord de s'implanter massivement dans le Sud pour bénéficier des faibles salaires et réexporter vers le Nord : les délocalisations. Les pays du Sud seraient à la fois des receveurs massifs de capitaux et auraient des surplus commerciaux très importants en direction du Nord. Le problème avec ce scénario catastrophe est qu'il contredit la relation d'équilibre fondamentale de la balance des paiements. Un pays ne peut pas durablement être en excédent commercial important $(X - M) > 0$ et recevoir des flux nets importants de capitaux étrangers $(S - I) < 0$.

1. On peut dors et déjà noter que de très nombreuses études empiriques contredisent cette assertion, la distance et les frontières restant des obstacles au commerce très importants.

À l'évidence les excédents commerciaux massifs de certains pays asiatiques à salaire faible, dont le Japon à une certaine époque, résultent de capacités de financement très importantes du secteur privé. Celles-ci proviennent de taux d'épargne extrêmement élevés se traduisant par des sorties de capitaux. Lorsqu'un pays reçoit beaucoup de capitaux étrangers, sa productivité et le niveau des salaires augmentent ce qui entraîne une balance commerciale déficitaire et non pas excédentaire. C'est ce qui apparaît dans la figure 4.2, illustrant l'évolution des taux d'investissement et d'épargne nationaux au cours du temps dans quatre pays asiatiques, ainsi que la situation du solde courant qui en découle.

Figure 4.2. Évolution des comptes courants et des capacités de financement du secteur privé des certains pays asiatiques

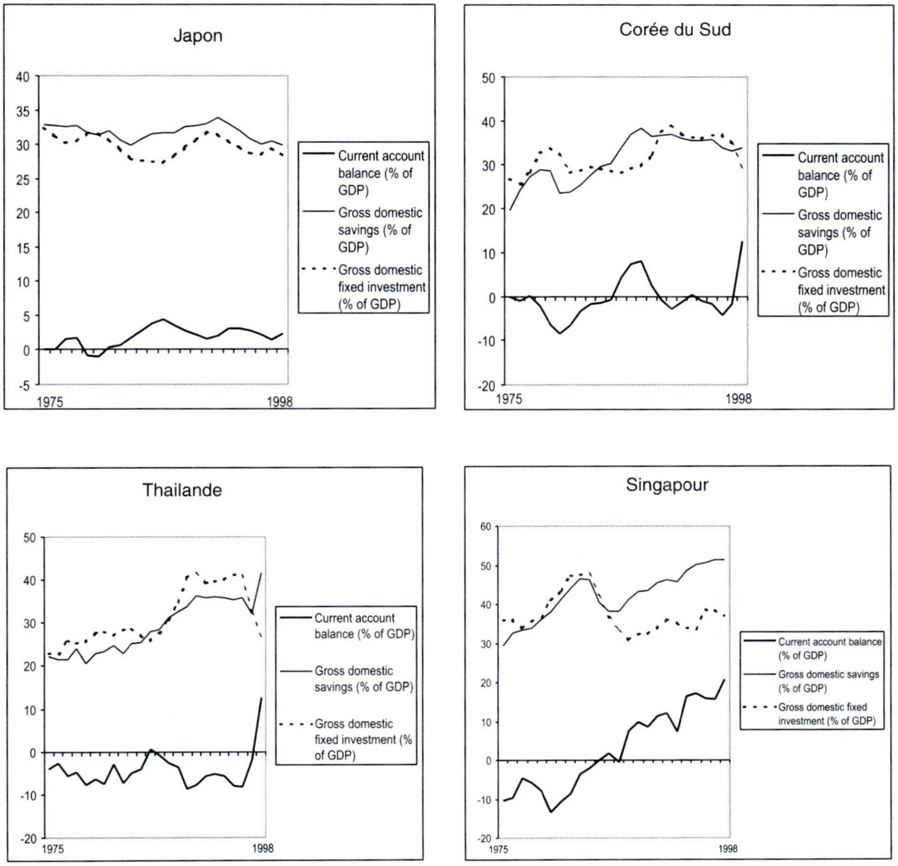

Source : d'aprés Banque Mondiale, WDI.

section 2

Taux de change et ajustement des déséquilibres du compte courant

29 Reprenons maintenant notre exemple du *déficit courant américain* [Q] et posons-nous la question du retour à l'équilibre. Le déficit courant de ce pays a atteint 4.8 % du PIB en 2002 et a encore légèrement augmenté en 2003, ce qui le situe à environ 1,5 % du PIB mondial ! L'appel à l'épargne étrangère nécessaire au cours de l'année 2002 pour couvrir le surplus d'importations par rapport aux exportations, tout comme le déficit budgétaire américain, atteignaient des sommes considérables :

$$S - I = (X - M) + (T - G) \simeq 660 \text{ mds de dollars} \simeq 6.4 \text{ \% PIB des États-Unis en 2002.}$$

Cela amène à se poser la question de la soutenabilité d'un tel déficit, c'est-à-dire à savoir si le reste du monde continuera longtemps à prêter autant aux États-Unis[1]. La réponse à cette question dépend évidemment de la rentabilité comparée des investissements aux États-Unis et dans le reste du monde. À moyen-long terme, il est toutefois raisonnable de penser que le déficit courant devra revenir à un niveau plus faible. En termes plus formalisés, $X - M$ devra devenir moins négatif aux États-Unis.

Pour étudier comment le déficit courant peut revenir vers l'équilibre, il faut dépasser le simple cadre comptable de la balance des paiements et s'intéresser aux déterminants du volume des exportations et des importations d'un pays. Au niveau macroéconomique, identifions de manière très simple les déterminants des échanges internationaux d'une nation :

1) Toutes choses égales par ailleurs, les exportations X des États-Unis sont une fonction positive de la *demande du reste du monde*. En effet, si la France voit son revenu augmenter et que rien d'autre ne change (en particulier les prix des biens), elle demandera davantage de produits aux firmes américaines, ce qui augmentera les exportations du pays.
2) Parallèlement, les importations M des États-Unis sont une fonction positive du *revenu national*, car une hausse du revenu américain signifie une augmentation de la demande globale du pays. Les consommateurs souhaiteront alors consommer davantage de biens en provenance de l'étranger.
3) Les flux commerciaux dépendent donc des demandes exprimées par les différents pays. Or, si la demande dépend du revenu, elle dépend également des prix des différents biens : $X - M$ dépend donc aussi des *prix relatifs* des biens dans les différents pays. À revenus constants dans tous les pays, une baisse du prix

1. Aglietta M. et B. Rzepkowski, 2004, « Les banques centrales asiatiques et le dollar », Lettre du CEPII n° 230, expliquent que le déficit courant américain est actuellement financé en grande partie par les banques centrales asiatiques et en particulier des autorités monétaires chinoises afin de maintenir le taux de change constant avec le dollar, mais également par les banques centrales du Japon, de Corée du Sud et de Taïwan notamment.

relatif des biens d'un pays devrait avoir tendance à augmenter la demande pour ces biens. Les deux déterminants principaux de ces prix relatifs, à la base de la *compétitivité-prix*[Q] d'un pays, sont les coûts de production et le taux de change nominal.

L'analyse des déterminants 1, 2 et 3 du solde courant (revenus des pays, prix 30
relatifs) suggère une distinction naturelle entre deux différents canaux d'ajustement : un ajustement par les quantités (par l'évolution des revenus des pays) ou bien un ajustement par les prix (par l'évolution de la compétitivité des pays). Le premier canal met l'accent sur l'interdépendance des conjonctures économiques des différents pays, alors que le second s'intéresse à des caractéristiques plus structurelles comme les différences de coût de production ou de productivité entre pays. Nous traitons ces deux canaux dans les deux prochaines sous-sections.

Dans chacun de ces deux canaux d'ajustement, deux grandes méthodes de correction des déséquilibres extérieurs apparaissent. La première se réfère à des mécanismes d'ajustement automatique, engendrés par les déséquilibres de la balance des paiements elle-même. La seconde méthode concerne les politiques d'*ajustement des déséquilibres du compte courant*[Q], qui représentent des mesures spécifiques adoptées par les autorités économiques afin de corriger les déséquilibres extérieurs.

§ 1 Conjoncture économique et solde courant

Étudions le canal d'ajustement par les quantités, qui procède d'une interrelation 31
entre les conjonctures économiques des deux pays. En cas de déficit de la balance courante, toute augmentation des importations se heurte à ce qu'on appelle une « *contrainte extérieure*[Q] ». Si le pays est dans une situation de sous-emploi et cherche à relancer l'activité par un mécanisme keynésien, il doit tenir compte de la dégradation que ces mesures pourraient engendrer sur ses équilibres extérieurs. En d'autres termes, quelle est la contrainte imposée par l'ouverture au commerce sur l'efficacité d'une telle politique ? Pour y répondre il est nécessaire de faire appel à l'analyse du multiplicateur en économie ouverte.

A. Le multiplicateur en économie ouverte

En économie fermée, l'accroissement de la demande autonome (indépendante du revenu national) engendre un accroissement plus que proportionnel du revenu national, par le mécanisme du *multiplicateur*[Q]. Que devient ce multiplicateur en économie ouverte ? Le mécanisme du multiplicateur keynesien repose sur la condition d'équilibre du marché des biens :

$$Y + M = C + I + G + X$$

L'augmentation de la demande autonome a un effet *direct* sur le revenu national par le biais de la hausse de production mais également un effet *induit* car la hausse du revenu entraîne en retour une hausse de la consommation qui alimente à nouveau une hausse de la production et donc du revenu... *En économie ouverte,* 32
il faut tenir compte du fait que le revenu sera en partie dépensé en produits provenant de l'étranger, ce qui va réduire l'effet multiplicateur.

Posons quelques hypothèses simples concernant les déterminants de la consommation des ménages, des investissements des entreprises et des flux commerciaux :

$$C = cY \qquad 0 < c < 1,$$

$$E \equiv X - M = xY^* - mY,$$

avec c, la propension marginale à consommer du pays, m sa propension marginale à importer et x sa propension marginale à exporter. Dans le cas de deux pays, on a $x = m^*$, m^* étant la propension marginale à importer du pays étranger.

L'équilibre sur le marché des biens devient donc :

$$Y = cY + I + G + xY^* - mY$$

et donc

$$Y = \frac{G + I + xY^*}{(1 - c + m)}. \tag{4.5}$$

On notera que cette expression est l'équation IS du modèle IS-LM en économie ouverte : le modèle Mundell-Fleming, avec une relation décroissante entre le revenu et le taux d'intérêt i en spécifiant une fonction d'investissement de type $I = -a_1 i$ par exemple. Le multiplicateur keynesien d'une augmentation de la demande autonome due par exemple à une hausse de la dépense publique, est donc en économie ouverte égal à :

$$\frac{\partial Y}{\partial G} = \frac{\partial Y}{\partial I} = \frac{1}{(1 - c + m)}.$$

Ce multiplicateur donne l'effet total (direct et indirect) sur le revenu national d'une augmentation de la dépense autonome en situation où aucun obstacle à l'accroissement de la production n'existe et où les prix et les taux de change sont fixes. *Lorsque m est positif, c'est-à-dire lorsque le pays dépense une partie de son revenu en importations, le multiplicateur est plus faible que le multiplicateur en économie fermé où $m = 0$.* Le multiplicateur peut même être inférieur à 1 si la propension marginale à importer est supérieure à la propension marginale à consommer, ce qui n'est en général pas le cas.

B. Effet du multiplicateur sur la balance commerciale

33 Quel est l'impact d'une même variation de la demande autonome sur la balance commerciale du pays ? Deux impacts sont à distinguer : l'impact direct de cette demande sur les importations du pays et l'impact indirect au travers d'une hausse du revenu de l'étranger. En effet, la hausse des importations entraîne une augmentation du revenu du pays étranger qui en retour vient faire augmenter les exportations du pays domestique et donc améliorer sa balance commerciale et donc son revenu.

Cas du petit pays :

Lorsque le pays est suffisamment petit pour que seulement l'effet direct compte, on a

$$\frac{\partial E}{\partial G} = \frac{\partial E}{\partial I} = \frac{-m}{(1 - c + m)}.$$

Figure 4.3. Revenu et balance commerciale en économie ouverte

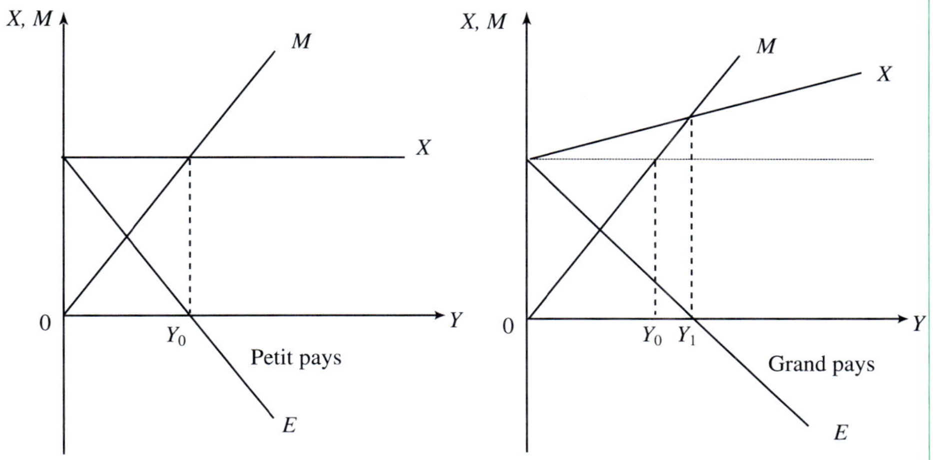

Une hausse de la dépense autonome (une augmentation de G ou de I) dégrade donc la balance commerciale à hauteur de l'amélioration du revenu (le multiplicateur $\frac{\partial Y}{\partial G} = 1/(1 - c + m)$) que multiplie la part de ce supplément de revenu qui est consacrée aux importations (m).

Cas du grand pays :

Pour voir l'effet indirect il faut commencer par considérer l'équilibre sur le marché des biens du pays étranger :

$$Y^* = \frac{G^* + I^* + x^* Y}{(1 - c^* + m^*)}. \tag{4.6}$$

Cette expression du revenu du pays étranger traduit le fait que toute augmentation du revenu du pays domestique aura un effet positif sur le revenu étranger au travers des exportations vers le pays domestique. En réintroduisant cette expression dans le revenu domestique, on obtient *un multiplicateur prenant en compte les effets de retour liés à l'ouverture internationale.*

$$Y = \frac{1}{1 - \frac{xx^*}{(1 - c + m)(1 - c^* + m^*)}} \left\{ \frac{G + I}{(1 - c + m)} + \frac{x(G^* + I^*)}{(1 - c + m)(1 - c^* + m^*)} \right\} \tag{4.7}$$

$$\frac{\partial Y}{\partial G} = \frac{\partial Y}{\partial I} = \frac{1}{(1 - c + m) - \frac{xx^*}{1 - c^* + m^*}} \tag{4.8}$$

Ce nouveau multiplicateur prenant en compte les effets de retour du revenu du pays étranger est supérieur au cas du petit pays vu précédemment. En effet, il apparaît au dénominateur un terme positif qui augmente le multiplicateur :

$$\frac{xx^*}{1 - c^* + m^*}.$$

Ce terme traduit l'impact positif de la hausse de Y sur Y^* ($\frac{\partial Y^*}{\partial Y} = \frac{x^*}{1-c^*+m^*}$). En retour, l'augmentation du revenu étranger augmente les exports du pays domestique ($\frac{\partial X}{\partial Y^*} = x$). *Ce multiplicateur est néanmoins toujours inférieur au multiplicateur en économie fermée* puisque, avec $m = x^*$ et $x = m^*$:

$$m - \frac{mm^*}{1 - c^* + m^*} = \frac{m(1 - c^*)}{1 - c^* + m^*} > 0,$$

le dénominateur est donc supérieur à $1 - c$, sa valeur en économie fermée, se traduisant par un multiplicateur inférieur.

Comme illustré dans la figure 4.3, en économie ouverte, la balance commerciale est améliorée de manière plus significative dans le cas du grand pays :

$$\frac{\partial E}{\partial G} = x\frac{\partial Y^*}{\partial G} - m\frac{\partial Y}{\partial G}$$

$$x\frac{\partial Y^*}{\partial G} = \frac{x}{(1 - c^* + m^*) - \dfrac{xx^*}{1 - c + m}}$$

$$-m\frac{\partial Y}{\partial G} = \frac{-m}{(1 - c + m) - \dfrac{xx^*}{1 - c^* + m^*}}.$$

On a donc un effet négatif inférieur sur les importations auquel se rajoute un effet positif sur les exportations dans le cas du grand pays par rapport au cas du petit pays. La variation de la balance commerciale est donc améliorée au sens d'une moindre dégradation.

§ 2 Taux de change, compétitivité et solde courant

34 Voyons à présent le mécanisme permettant un retour à l'équilibre du solde courant au travers d'un ajustement par les prix : les variations du taux de change. En effet, le taux de change peut être vu comme un mécanisme d'ajustement de l'état des échanges extérieurs d'un pays car il permet de changer les prix relatifs des biens nationaux et étrangers et de rendre les biens domestiques plus compétitifs. Deux remarques à propos de cette présentation du taux de change. Premièrement, il s'agit là d'une approche par le haut de la balance des paiements : ce sont les échanges de biens et services qui causent initialement les déséquilibres, et la variation du prix de la monnaie domestique va rétablir l'équilibre. Ensuite, c'est une approche qui vise à expliquer les tendances de long terme du taux de change, et non ses variations à court, voire très court terme, qui sont beaucoup plus volatiles et reposent sur des explications très différentes.

A. Le taux de change réel

Pour comprendre le mécanisme au travers duquel la variation des prix relatifs va permettre un retour à l'équilibre de la balance courante et donc un ajustement des demandes relatives des deux pays, intéressons-nous au mode de variation des prix relatifs. En notant P le prix des biens domestiques, et P^* le prix des biens étrangers, une notion fondamentale pour l'analyse des prix relatifs est le *taux de change réel* = TCR = $e\frac{P^*}{P}$, où e représente le taux de change nominal à l' incertain = nombre d'unités de monnaie domestique qu'il faut pour obtenir une unité de monnaie étrangère. Par exemple, au 01/10/2004, 1 USD = 0.8064 euros, et donc $e = 0.8064$ pour le taux de change nominal de l'euro contre dollar. Ce même jour, il fallait 1.2401 dollar pour acheter un euro, et donc $e = 1.2401$ pour le taux de change nominal du dollar américain contre l'euro.

Par conséquent, une augmentation de e représente une dépréciation ou dévaluation de la monnaie domestique. Ainsi si l'on s'intéresse au taux de change du dollar américain contre l'euro, le passage d'un taux de change de $e = 0.9813$ en octobre 2002 à $e = 1.2401$ en octobre 2004, signifie une dépréciation de 26.4 % de la valeur du dollar.

Le taux de change réel revient donc à multiplier les prix étrangers exprimés en monnaie étrangère (P^*) par le taux de change nominal à l'incertain afin de l'exprimer dans la monnaie domestique pour ensuite les rapporter aux prix domestiques. Il s'agit donc d'une comparaison des prix exprimés dans une même unité (la monnaie domestique).

Le taux de change réel représente donc également la compétitivité-prix du pays domestique : à prix domestique inchangé, une hausse du prix étranger rendra les produits domestiques plus intéressants, et cette hausse peut provenir d'une augmentation du prix dans le pays étranger (P^*) ou d'une appréciation du cours de la monnaie étrangère (une hausse de e, signifiant également une dépréciation de la monnaie nationale).

B. Comment se forment les prix

Étudions comment se forment les prix P et P^* dans les deux économies. Le cas le plus simple est celui de la concurrence parfaite, où le prix est égal au coût marginal de production (Cm). Dans la réalité ce coût marginal d'ensemble est fonction du coût des différents facteurs de production utilisés, pondérés par leur part dans le processus de production des entreprises. Si le travail est le seul facteur de production dans une économie, le coût marginal de production est égal au coût salarial unitaire (Cm = CSU), c'est-à-dire au salaire w qu'il faut payer pour obtenir une unité du bien en question. La quantité de travail qu'il faut utiliser pour obtenir une unité de production, notée a, est elle même fonction (inverse) de la productivité des travailleurs du pays. Au final :

$$\text{CSU} = \text{salaire} \times \frac{1}{\text{productivité du travail}} = wa.$$

$$\Rightarrow \frac{P^*}{P} = \frac{w^*}{w}\frac{a^*}{a}.$$

L'évolution de la compétitivité-prix dépend donc de l'évolution comparée des salaires relatifs et des productivités relatives. En notant la productivité d'un pays

$A = 1/a$, on obtient $\frac{P^*}{P} = \frac{w^*}{w}\frac{A}{A^*}$. Plus la productivité relative du pays domestique croît, plus sa compétitivité-prix s'améliore. En revanche, si le salaire relatif $\frac{w}{w^*}$ du pays domestique augmente encore plus vite que sa productivité relative $\frac{A}{A^*}$, sa compétitivité-prix se dégradera.

Si une telle dégradation de la compétitivité-prix provient en raison d'une progression salariale supérieure aux gains de productivité enregistrés dans le pays, il existe un moyen envisageable de restaurer la compétitivité prix : la dévaluation, qui en théorie permet de compenser une dégradation de $\frac{P^*}{P}$ par une augmentation correspondante de e, afin que TCR= $e\frac{P^*}{P}$ reste inchangé.

Une partie de cet ajustement sera automatique. En effet, supposons le cas d'un déficit courant des États-Unis intervenant à la suite d'une dégradation de la compétitivité-prix de ce pays. Comme on l'a vu dans le chapitre 3, ce déficit se traduira sur le marché des changes par une demande excédentaire de devises étrangères et une offre excédentaire de dollars. En situation de change flexible, cela aura tendance à faire chuter la valeur du dollar américain par rapport aux autres monnaies.

C. La théorie de la parité de pouvoir d'achat

36 Ce mécanisme sous-tend une des grandes théories de référence du change : la théorie de la *parité de pouvoir d'achat*[Q] (PPA). La PPA est la valeur de la monnaie qui égalise les prix entre les deux pays :

$$e_{\text{PPA}} = \frac{P^*}{P}.$$

En effet, dans un monde de concurrence parfaite, sans « frictions » au commerce et où les biens sont des substituts parfaits, *la loi du prix unique*[Q] doit être vérifiée, c'est-à-dire qu'un même bien ne doit avoir qu'un prix, indépendamment de son lieu de production ou de consommation. La théorie de la parité de pouvoir d'achat étend ce raisonnement à l'ensemble des biens d'une économie :

- Le taux de change PPA euro/dollar est celui qui permet d'acheter le même panier de biens avec 100 euros en France et aux États-Unis : c'est la théorie de la PPA dans sa version abolue.
- La version relative de la théorie de la PPA donne l'évolution du taux de change qui permet de compenser les différentiels d'inflation.

Lorsque l'on compare le niveau du taux de change de PPA, calculé à partir des indices de prix des différents pays au taux de change nominal, on s'aperçoit que les deux taux de change diffèrent systématiquement, et que l'évolution des prix relatifs semble constituer une prédiction très imparfaite de l'évolution du taux de change. Les figures 4.4 et 4.5 représentent les taux de change à l'incertain du Mark allemand et du Franc français (tous deux convertis en euros) contre le dollar américain. Les évolutions des deux devises européennes sont assez différentes par rapport à celle du dollar, la devise allemande montrant une tendance régulière à l'appréciation et la devise française étant caractérisée par deux périodes bien distinctes : une tendance à la dépréciation jusque vers la fin des années 1980, puis une certaine stabilité. Le point commun est que les écarts à la PPA sont persistants et importants, et que le pouvoir de prédiction de l'évolution des prix relatifs dans les deux pays semble faible. Il semble bien y avoir une corrélation dans les tendances de long terme entre les deux taux de change, mais les écarts du change nominal sont si importants autour de la PPA, qu'il semble difficile d'accorder beaucoup de crédit au taux de PPA, même à long terme.

Figure 4.4. Taux de change nominal et taux de change PPA à l'incertain du DEM (converti en euros) contre dollar.

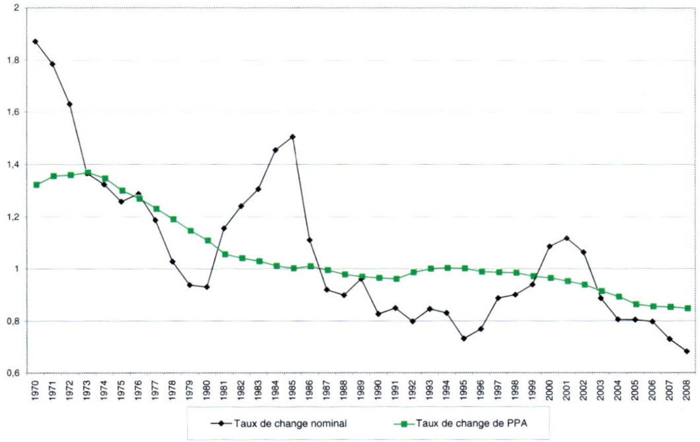

Source : d'après OCDE.

Figure 4.5. Taux de change nominal et taux de change PPA à l'incertain du FF (converti en euros) contre dollar.

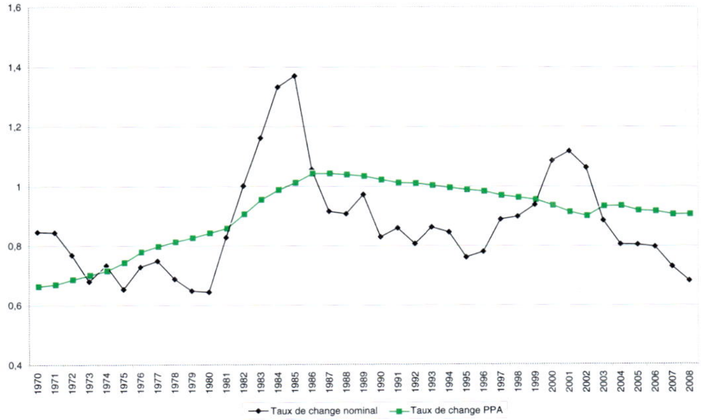

Source : d'après OCDE.

D. Les limites de la PPA

37 Il existe de nombreux problèmes liés à la théorie de la PPA, qui peuvent expliquer la non-adéquation apparente de la PPA aux faits. La loi du prix unique n'est pas vérifiée. En effet il existe de nombreuses raisons pour lesquelles le principe sous-jacent à la PPA ne tient pas dans la réalité. Toutes ces raisons reviennent à expliquer les sources de divergences internationales des prix pratiqués pour un même produit.

1) L'existence de coûts au commerce permet aux prix de ne pas être complètement égalisés entre pays, et même entre villes à l'intérieur d'un même pays. Supposons par exemple qu'un même disque compact coûte 12.5 dollars à New-York et 10 euros à Paris. Le taux de change PPA de l'euro à l'incertain résultant de l'égalisation du prix dans une même monnaie est

$$12.5 \text{ dollars} \cdot e_{\text{PPA}} = 10 \text{ euros} \Rightarrow e_{\text{PPA}} = 10/12.5 = 0.8.$$

Toutefois, si un importateur français souhaite importer ce CD en provenance de New-York, il devra certainement payer des coûts supplémentaires par rapport à un achat local, en raison des coûts de transport, des droits de douane éventuels... Supposons que l'ensemble de ce coût au commerce représente 1 euro. Au taux de change PPA, le CD importé coûterait 11 euros, ce qui signifie que le prix en France du CD peut augmenter, avant que cela n'entraîne des importations en provenance des États-Unis pour égaliser les prix. Cela signifie également que le taux de change peut différer de la valeur de la PPA. Par exemple, si le taux de change de l'euro à l'incertain s'établit à $e = 0.75$, le CD importé coûte $12.5 \text{ dollars} \cdot 0.9 + 1 \text{ euro} = 10.375$ euros une fois arrivé en France. À ce taux de change, qui diffère de la PPA, le même CD coûte 10 euros en France et 9.375 euros à New-York, mais il n'est pas possible d'égaliser les prix en raison du coût au commerce, et le taux de change n'est donc pas poussé naturellement vers le taux de PPA. Il existe de nombreuses études empiriques qui montrent que la loi du prix unique n'est pas vérifiée empiriquement et que les déviations par rapport à l'unification du prix d'un même bien sont d'autant plus grandes que la distance séparant les deux villes où l'on observe ces prix est importante. L'existence d'une frontière nationale séparant les deux villes est également une explication centrale des déviations à la PPA[1].

Un autre exemple très connu de non-vérification de la PPA peut être trouvé dans l'indice Big Mac du magazine *The Economist*. Les journalistes relèvent régulièrement le prix du célèbre hamburger dans différentes villes du monde et calculent un taux de change PPA implicite résultant de l'égalisation du prix du Big Mac. La comparaison entre le taux de change nominal et le taux de change Big Mac donne une mesure de la sur-évaluation ou de la sous-évaluation du taux de change du pays, comme illustré dans la figure 4.6. Un défaut évident de cet approche est que le Big Mac est un produit pour lequel les coûts de transport sont extrêmement importants (les écarts de prix sont également très importants pour ce produit entre villes américaines). Sans possibilité d'échange, il est très difficile

1. Parsley, D. et S-J. Wei, 2001, « Explaining the Border Effect : The Role of Exchange Rate Variability, Shipping Costs, and Geography », *Journal of International Economics*, 2001, 55(1) : 87-105 et Chen, N., (2004), « The behaviour of relative prices in the European Union : A sectoral analysis » *European Economic Review*, 48(6) :1257-1286.

d'arbitrer les écarts de prix. De plus, une grande partie du coût de production résulte de facteurs de production locaux, dont le coût diffère énormément d'un pays à l'autre.

Figure 4.6. L'indice Big Mac

The hamburger standard

	Big Mac prices: in local currency	Big Mac prices: in dollars	Implied PPP* of the dollar	Actual exchange rate: Jan 30th	Under (-)/over(+) valuation against the dollar, %
United States†	$3.54	3.54	-	-	
Argentina	Peso 11.50	3.30	3.25	3.49	-7
Australia	A$3.45	2.19	0.97	1.57	-38
Brazil	Real 8.02	3.45	2.27	2.32	-2
Britain	£2.29	3.30	1.55‡	1.44‡	-7
Canada	C$4.16	3.36	1.18	1.24	-5
Chile	Peso 1,550	2.51	438	617	-29
China	Yuan 12.5	1.83	3.53	6.84	-48
Czech Republic	Koruna 65.94	3.02	18.6	21.9	-15
Denmark	DK 29.5	5.07	8.33	5.82	43
Egypt	Pound 13.0	2.34	3.67	5.57	-34
Euro area§	€3.42	4.38	1.04**	1.28**	24
Hong Kong	HK$13.3	1.72	3.76	7.75	-52
Hungary	Forint 680	2.92	192	233	-18
Indonesia	Rupiah 19,800	1.74	5,593	11,380	-51
Israel	Shekel 15.0	3.69	4.24	4.07	4
Japan	¥290	3.23	81.9	89.8	-9
Malaysia	Ringgit 5.50	1.52	1.55	3.61	-57
Mexico	Peso 33.0	2.30	9.32	14.4	-35
New Zealand	NZ$4.90	2.48	1.38	1.97	-30
Norway	Kroner 40.0	5.79	11.3	6.91	63
Peru	Sol 8.06	2.54	2.28	3.18	-28
Philippines	Peso 98.0	2.07	27.7	47.4	-42
Poland	Zloty 7.00	2.01	1.98	3.48	-43
Russia	Ruble 62.0	1.73	17.5	35.7	-51
Saudi Arabia	Riyal 10.0	2.66	2.82	3.75	-25
Singapore	S$3.95	2.61	1.12	1.51	-26
South Africa	Rand 16.95	1.66	4.79	10.2	-53
South Korea	Won 3,300	2.39	932	1,380	-32
Sweden	SKR 38.0	4.58	10.7	8.30	29
Switzerland	CHF 6.50	5.60	1.84	1.16	58
Taiwan	NT$75.0	2.23	21.2	33.6	-37
Thailand	Baht 62.0	1.77	17.5	35.0	-50
Turkey	Lire 5.15	3.13	1.45	1.64	-12

*Purchasing-power parity: local price divided by price in the United States
†Average of New York, Chicago, Atlanta and San Francisco ‡Dollars per pound
§Weighted average of prices in euro area **Dollars per euro

Sources: McDonald's; *The Economist*

Source : d'après The Economist, 27 mars 2004.

2) Un autre facteur de violation de la loi du prix unique est l'existence de préférences différentes chez les consommateurs de différents pays. Reprenons l'exemple du Big Mac. Certains pays ont un goût très prononcé pour ce type de nourriture, alors que d'autres cultures se prêtent moins à la consommation de sandwiches de ce type. Il est alors clair que ces différences de préférences chez le consommateur vont générer des prix d'équilibre différents pour un même produit dans les différents pays.

3) Enfin, l'existence de coûts au commerce et de différences dans les préférences des consommateurs peuvent être exploités par les firmes dans leur stratégie de prix. Supposons que l'Angleterre ait un goût plus prononcé pour le Big Mac que l'Arabie Saoudite. Il peut alors se révéler efficace pour MacDonald's de pratiquer des prix délibérément faibles en Arabie Saoudite, afin d'y promouvoir ses ventes et compenser la faible préférence pour ses produits, et de pratiquer des prix élevés en Angleterre où les consommateurs ont une disposition à payer plus élevée. Ce type de comportement stratégique de fixation de prix sera étudié plus en détail dans le chapitre 8.

En réalité, chaque pays échange avec de nombreux partenaires commerciaux. La variation du change bilatéral avec chacun de ces partenaires affectera sa compétitivité d'ensemble. Il est utile à cet égard de définir un taux de change multilatéral, que l'on appelle le *taux de change effectif*[Q].

Les taux de change effectifs (nominaux comme réels) partent de taux de change bilatéraux et les pondèrent par les relations commerciales. Prenons comme exemple les échanges commerciaux américains en 2001 :

Tableau 4.2. Taux de change effectif et échanges commerciaux américains

Partenaire	% déficit comm. US	% exports US	% imports US
Eurozone	10.2	17.0	14.3
Canada	19.6	20.6	20.2
Mexique	-	14	12.3
Japon	15.1	8.2	10.9
Chine	16.5	3.7	8.9
Autre Asie	12.8	11.6	12
Total	74.2	75.1	78.6

Source : Bénassy-Quéré A., L. Fontagné et M. Fouquin, 2003, « Heureux Dollar », Lettre du CEPII n° 225.

Un débat virulent aux États-Unis depuis le début des années 2000 porte sur le cours de la devise chinoise. Les autorités monétaires chinoises maintiennent le yuan ancré au dollar, à un taux jugé trop bas pour les États-Unis, qui attribuent souvent une partie de leur déficit courant à cet ancrage. Il est vrai que les États-Unis réalisent 16,5 % de leur déficit commercial avec la Chine, mais seulement 3,7 % de leurs exportations sont à destination de ce pays et 8,9 % de leurs importations en proviennent. Le taux de change effectif doit tenir compte de cette structure des échanges : plus un pays est important dans les échanges, plus l'impact d'un changement bilatéral de TCR aura un impact. En raison de la faiblesse du commerce avec la Chine dans le commerce américain total, il faudrait en réalité un ajustement beaucoup plus important du yuan que du dollar canadien, de l'euro ou même du yen pour rétablir la balance commerciale américaine. Dans le cas présent, on estime qu'une appréciation de 10 % du yuan accroîtrait les exportations américaines de seulement 0.3 %.

Selon les calculs du CEPII (Benassy et al., 2003), ramener le déficit extérieur américain à 3 % du PIB par rapport à son niveau de 2002 (près de 5 %) nécessiterait une dépréciation du taux de change effectif du dollar de 24 %. Si toutes les monnaies s'ajustent, cette appréciation est répartie uniformément, avec un taux de change euro/dollar passant de 0.94 en 2002 à 1.17. Si le yen et le yuan ne s'ajustent pas, l'euro doit monter jusqu'à 1.40. Si les autres monnaies d'Asie de l'est ne s'apprécient pas non plus, le taux de change doit atteindre 1.57 dollar pour un euro, afin de réduire le déficit américain dans les mêmes proportions.

§ 3 Quelle efficacité pour les dévaluations ?

Nous venons de voir que la compétitivité-prix a deux composantes, les prix relatifs et le taux de change nominal. L'ajustement face à un déficit courant peut donc prendre la forme d'une baisse (ou d'une moindre augmentation) des prix internes par rapport aux prix externes, ce qui passe par un ajustement à la baisse des coûts de production relatifs. C'est la stratégie souvent appelée *désinflation compétitive*. L'expression de la compétitivité-prix étant $e(P^*/P) = e(w^*a^*/wa)$, l'ajustement peut donc se faire par une baisse du salaire domestique par rapport au salaire étranger. Cet ajustement peut être très coûteux en termes sociaux et politiques car il signifie une pression à la baisse des rémunérations salariales. 38

L'ajustement peut également se faire par une augmentation de la productivité relative du pays domestique à salaire constant : en l'absence de dévaluation, et face aux difficultés de baisser de manière significative la rémunération du travail, les firmes sont contraintes face à la concurrence internationale de procéder à des gains de productivité, notamment en améliorant leur processus de production, mais également en développant de nouveaux produits plus innovants. Ce processus vertueux d'amélioration structurelle de la compétitivité est toutefois en général beaucoup plus long à mettre en œuvre.

A. La dévaluation à court, moyen et long terme

Face à ces difficultés, la *dévaluation*[Q] (hausse de *e*) semble une solution moins douloureuse pour l'ajustement des déséquilibres macroéconomiques externes, au moins à court terme. La question de l'efficacité de la politique de change à long terme fait l'objet de débats importants chez les économistes (voir par exemple de Grauwe P., 2003, *Economics of Monetary Union*, Oxford University Press). Nous nous concentrons ici sur un impact à plus court terme, sur l'ajustement de la balance courante. Voyons dans quels cas la dévaluation tend à améliorer la balance courante d'un pays. Les dévaluations ont deux effets : un effet sur les prix et un effet sur les quantités.

À court terme, on assiste à une *dégradation du solde commercial* car le prix des importations augmente et le prix des exportations reste constant en monnaie nationale : cela conduit à une *dégradation des termes de l'échange*, qui dégrade mécaniquement le solde courant tant que les demandes ne s'ajustent pas aux variations de prix.

À court/moyen terme, se met en place une substitution de la part des consommateurs domestiques en faveur des produits domestiques (ainsi bien entendu que de la part des firmes qui se fournissent en machines ou biens intermédiaires à l'étranger). C'est également le cas pour les consommateurs et firmes étrangères qui réallouent leur demande en faveur des produits dont le prix a baissé à la suite de la dévaluation. Grâce à l'amélioration de la compétitivité-prix des produits nationaux, les exportations augmentent et les importations se réduisent, amenant une amélioration du solde courant.

Figure 4.7. La courbe en J

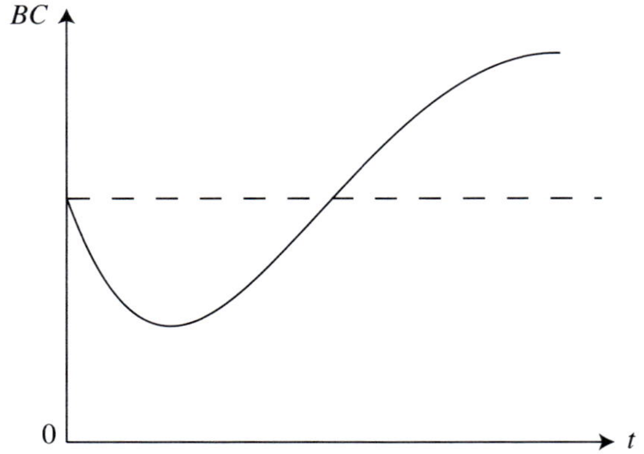

À moyen/long terme, la dévaluation crée de l'inflation importée. En effet, un certain nombre d'inputs de production et de biens intermédiaires doivent continuer à être importés même s'ils sont plus chers après la dévaluation, ce qui entraîne une hausse des coûts de production et du prix de vente, et se traduira à terme par une pression des travailleurs pour obtenir des hausses de salaires. Tous ces effets se conjugueront alors pour faire remonter les prix relatifs domestiques P/P^*, et dégrader à nouveau la compétitivité prix.

Il y aurait donc une courbe en J de l'effet d'une dévaluation sur la balance courante. Un impact de court terme négatif, qui devient positif, pour ensuite s'atténuer, voire redevenir négatif à long terme. La condition formelle pour que la dévaluation ait un impact final positif est connu sous le nom de théorème des élasticités critiques (Marshall–Lerner) : la *dévaluation aura un effet globalement positif si la somme des élasticités des importations et exportations est supérieure à 1.* La balance commerciale s'écrit en effet :

$$BC = PX(e) - eP^*M(e),$$

où X et M représentent les exportations et les importations, et e le taux de change à l'incertain. On note les élasticités-prix des importations et des exportations par rapport à une variation du taux de change ε_M et ε_X :

$$\varepsilon_M = \frac{\partial M}{\partial e}\frac{e}{M} < 0 \text{ et } \varepsilon_X = \frac{\partial X}{\partial e}\frac{e}{X} > 0$$

On peut alors dériver le solde commercial par rapport à une hausse de e (une dévaluation), et étudier le signe pour en déduire l'effet :

$$\begin{aligned}\frac{\partial BC}{\partial e} &= P\frac{\partial X}{\partial e} - \left(P^*M + \frac{\partial M}{\partial e}eP^*\right)\\ &= \frac{PX}{e}\varepsilon_X - P^*M(1+\varepsilon_M)\\ &= P^*M\left[\frac{PX}{eP^*M}\varepsilon_X - \varepsilon_M - 1\right].\end{aligned}$$

On trouve alors une condition suffisante pour que l'impact soit positif en situation initiale équilibrée :

$$\frac{\partial BC}{\partial e} > 0 \text{ si } BC = 0 \text{ et } \Rightarrow |\varepsilon_X| + |\varepsilon_M| > 1,$$

Ce qui signifie que l'impact sur les quantités échangées de la dévaluation doit être suffisamment important pour compenser l'impact négatif sur les prix.

B. Les limites de la dévaluation

Il existe un certain nombre de *limites* à ce résultat justifiant la dévaluation pour rétablir la balance commerciale :

1) Il existe tout d'abord des comportements de marge des firmes qui compliquent le lien entre dévaluation et balance commerciale. En effet, lorsque la monnaie se dévalue, les exportateurs ne répercutent généralement pas l'intégralité de la baisse de prix à leurs clients, mais préfèrent augmenter leur prix et ainsi augmenter leur marge, car ils anticipent une plus forte demande pour leurs produits. La symétrique est vraie pour une appréciation du change, qui se traduit par une réduction de la marge des exportateurs, soucieux de ne pas perdre des parts de marché trop importantes à l'étranger. Les prix en monnaie nationale P et P^* s'ajustent, ce qui signifie que l'impact initial négatif pour le solde courant est moins fort et nécessitera une réponse en termes de quantités (les élasticités) moins importante.
2) De plus, le succès d'une dévaluation sur le déficit commercial dépend de la retenue salariale dans le pays, nécessaire pour que la dévaluation se traduise par une amélioration de la compétitivité-prix. Si P/P^* augmente aussi vite que e, il n'y aura strictement aucun effet sur la compétitivité et donc sur la balance commerciale.
3) Il faut également que les capacités productives existent pour que les exportateurs puissent bénéficier de l'amélioration de la compétitivité prix. Dans le cas contraire, toute augmentation de production nécessitera une augmentation importante de la rémunération des facteurs de production, ce qui vient encore une fois réduire l'effet bénéfique.
4) Enfin, il faut noter que la dévaluation n'affecte que la compétitivité-prix d'une économie. Or, la compétitivité hors prix est déterminante dans une économie riche comme la France. Debonneuil et Fontagné (rapport *Compétitivité* du Conseil d'analyse économique) soulignent que la France est spécialisée dans les produits haut de gamme (environ 45 % de ses exportations en 1999), et font état d'une nette domination des produits allemands et français en termes de qualité perçue des produits, devant les produits des concurrents européens, américains ou japonais, même si les produits français ont plus de retard au niveau de leur contenu en innovations techniques. Ce type de produits est beaucoup moins sensible aux variations de prix et la capacité pour un pays de proposer des produits basés sur l'innovation et la qualité est une composante primordiale de la compétitivité d'une économie.

Quelle a été l'évolution de la compétitivité-prix de l'économie française dans la période récente ? La compétitivité-coût (issus des comparaisons de coûts salariaux

Figure 4.8. Compétitivité coût et prix de la France et de l'Allemagne 1980-2002.

9. Compétitivité-coût et prix de la France et de l'Allemagne par rapport aux pays de l'OCDE et au reste de la zone euro

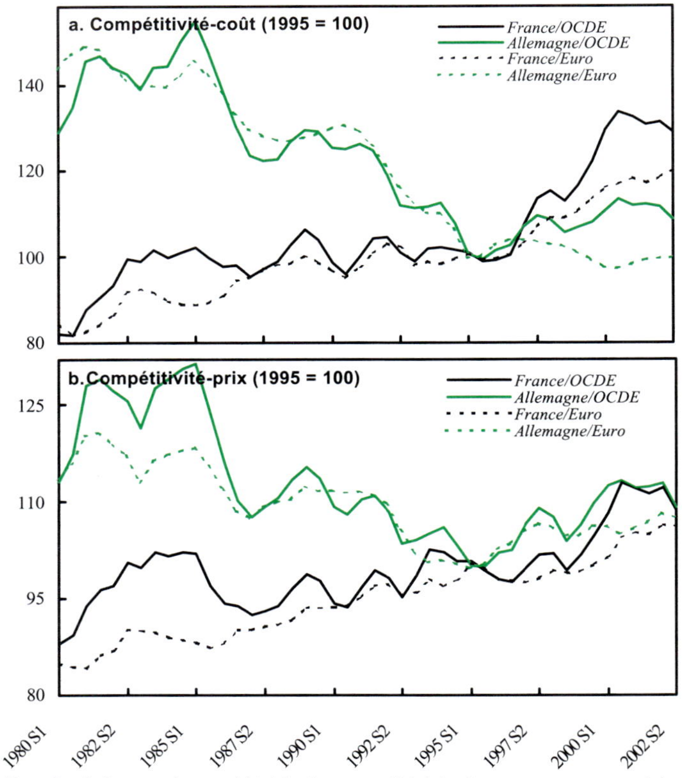

Note : Les indicateurs de compétitivité-prix et compétitivité-coût se rapportent aux produits manufacturés. La compétitivité est définie comme le rapport des prix d'exportation ou des coûts salariaux unitaires des concurrents sur ceux du pays considéré. Une hausse correspond à une amélioration de la compétitivité.

Source : d'après Direction de la Prévision.

unitaires) et la compétitivité-prix des produits manufacturés français par rapport aux pays de l'OCDE ont, contrairement à beaucoup d'idées reçues, très fortement progressé depuis 1980 (figure 4.9). Cette évolution de longue période est principalement due à la politique de *désinflation compétitive* menée par la France depuis le milieu des années 1980, qui a contribué à une modération salariale importante par rapport aux pays partenaires, et a engendré cette amélioration de la compétitivité. L'Allemagne voit en revanche sa compétitivité se dégrader de manière importante sur la période, essentiellement en raison d'une progression des coûts de production plus importante. L'effritement des parts de marché en volume de l'Allemagne est sensible alors que la France réussit à maintenir sa position (figure 4.9). On voit aussi que les évolutions de la part de marché et de la compétitivité-prix ne sont pas parfaitement corrélées et que les parts de marchés en valeur et en volume ont des caractéristiques assez différentes. Cela souligne encore une fois qu'une dimension importante de la compétitivité des produits ne se résume pas à l'évolution de leurs composantes de prix.

Figure 4.9. Parts de marché de la France et de l'Allemagne 1980-2002.

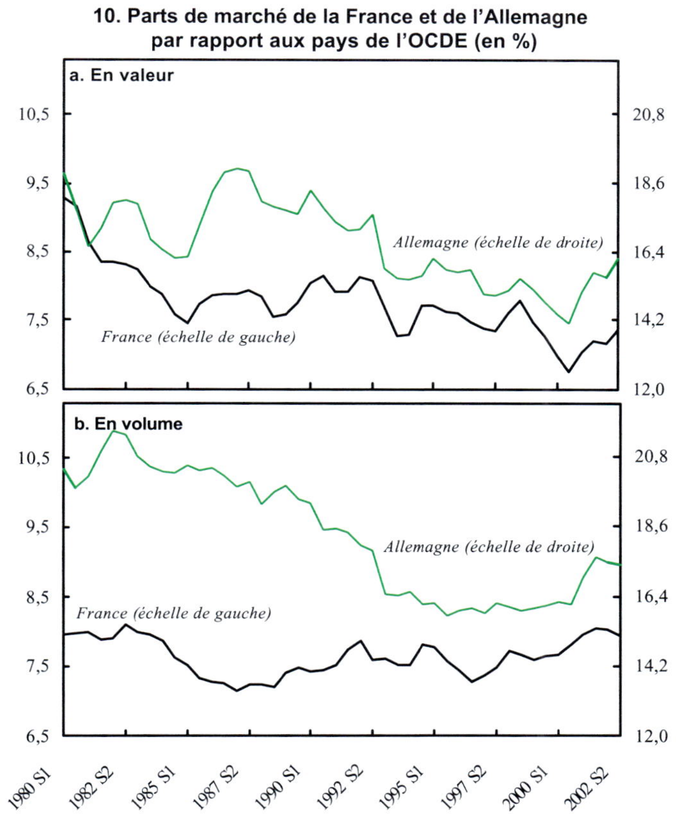

Note : Les indicateurs de parts de marché relatives en valeur et en volume se rapportent aux produits manufacturés. Les parts de marché du pays considéré en volume (resp. en valeur) rapportent ses exportations vers le monde en volume de base 1995 (resp. en valeur) à la somme des exportations d'un groupe de pays (24 OCDE, zone euro).

Source : d'après Direction de la Prévision.

Mémo

Le solde du compte courant d'un pays reflète l'état de ses échanges de biens et services avec le reste du monde. Certains pays, dont les États-Unis depuis quelques années, affichent un déficit prononcé de leur compte courant, soulevant la question des mécanismes permettant un retour à l'équilibre.
En économie ouverte, la balance commerciale d'un pays est liée à la capacité de financement privée ainsi qu'à la capacité de financement publique. Si les comptes publics sont à l'équilibre, un déficit du solde courant traduit alors exactement une insuffisance de l'épargne privée par rapport à l'investissement domestique. Si au contraire l'investissement privé est entièrement couvert par l'épargne privée, le solde courant correspond à la capacité de financement du secteur public. Les déficits jumeaux représentent dans ce cadre un déficit budgétaire et un déficit courant simultanés, le déficit étant alors couvert par des entrées nettes de capitaux étrangers. Cette relation entre solde courant et équilibres macroéconomiques permet tout d'abord d'expliquer l'évolution des déséquilibres des principaux pays en déséquilibre de leur solde courant (États-Unis, Allemagne) en montrant que les pays en déficit courant drainent l'épargne mondiale qui émane des pays en excédent courant. Ensuite, cela permet de répondre à certaines craintes face aux effets des délocalisations. En effet, cette simple identité comptable nous enseigne qu'un pays ne peut pas durablement être en excédent commercial important et recevoir dans le même temps des flux nets importants de capitaux étrangers.
Le retour à l'équilibre du solde courant d'un pays se traduit par une variation des déterminants du volume d'importations et d'exportations de ce pays. Il s'agit d'une part des revenus des pays et d'autre part des prix relatifs, ce dernier facteur comprenant les coûts de production et le taux de change nominal. L'ajustement du compte courant peut donc se faire au travers des quantités (évolution des revenus des pays) ou des prix (variation des déterminants de la compétitivité-prix des pays). L'ajustement du compte courant par les quantités pose la question de la contrainte extérieure. En effet, une hausse de la demande autonome du pays, en économie ouverte, a tendance à dégrader les comptes extérieurs et l'efficacité des politiques conjoncturelles de relance de la demande doivent tenir compte de cette contrainte. L'ajustement du compte par les prix peut en particulier passer par une variation du taux de change nominal. Il faut alors évaluer l'efficacité d'une dévaluation sur l'amélioration du solde courant. L'amélioration de la compétitivité-prix qui résulte de la dévaluation est un effet à moyen terme, qui n'est pas toujours durable, et parfois pas suffisant pour garantir le retour à l'équilibre. C'est particulièrement le cas dans les pays où les déterminants hors-prix (qualité, innovation des produits par exemple) de la compétitivité sont importants.

Quid

- Déficit courant américain nos 24, 29
- Capacité de financement privée / publique n° 25
- Déficits jumeaux n° 25, 27
- Ajustement des déséquilibres courants nos 29, 30
- Compétitivité-prix n° 29
- Contrainte extérieure n° 31
- Multiplicateur en économie ouverte nos 32, 33
- Taux de change réel n° 35
- Taux de change effectif n° 37
- Parité de pouvoir d'achat n° 36
- Loi du prix unique n° 36
- Dévaluation n° 38

Quiz

Exercice

Voir l'exercice empirique concernant ce chapitre sur le site internet :
`http://team.univ-paris1.fr/teamperso/mayer/dalloz/exos.htm`

Questions

- Quelles sont les caractéristiques importantes de l'évolution des soldes courants des principaux pays industrialisés ces dix dernières années ? (26)
- Que représente l'indice Big Mac ? (37)

Biblio

- Caves R. , J. Frankel et R. Jones, 2003, *Commerce et paiements internationaux*, de Boeck, Louvain.
- De Grauwe P., 2003, *La monnaie internationale*, De Boeck.
- Fontagné L. et M. Debonneuil, 2003, *Compétitivité*, rapport n° 40 du Conseil d'Analyse Économique.
- Guillochon, B. et A. Kawecki, 2003, *Économie Internationale*, 4° édition, Dunod.
- Krugman P. et M. Obstfeld, 2003, *Économie Internationale*, 4° édition, De Boeck.
- Bénassy-Quéré A., L. Fontagné et M. Fouquin, 2003, « Heureux Dollar », Lettre du CEPII n° 225
- Données du Fonds Monétaire International (FMI) *World Economic Outlook Database*

partie

2

Les déterminants des spécialisations internationales

chapitre 5

Les bases de l'échange

Avant de présenter les deux grands types de modèles explicatifs du commerce en concurrence parfaite, il convient d'identifier les différents éléments essentiels à l'existence de l'échange international et à l'analyse de ses conséquences.

Dans ces modèles, le gain à l'ouverture provient de l'importation des biens qui sont relativement moins chers à l'étranger et de l'exportation des biens qui sont produits relativement efficacement dans le pays. Quelles sont les sources de ces différentiels de prix ? Pour l'essentiel, la théorie traditionnelle du commerce international explique que des prix différents pour un même bien émergent dans différents pays en raison de l'existence *d'hétérogénéités entre les pays* : à l'autarcie, les prix des biens sont différents car les conditions de production sont différentes entre les pays. Les théoriciens se sont employés à caractériser les origines de ces différences, qui seront abordées une à une dans cette partie du livre. Mais auparavant, dans ce chapitre, nous nous attardons sur le mécanisme de base à travers lequel les pays trouveront profitable d'acheter certains biens sur les marchés étrangers et de se spécialiser dans d'autres biens, lorsque ces biens sont produits à des prix différents en autarcie.

Plan analytique

section 1

Intérêt à l'échange en équilibre partiel

§ 1 La différence de prix comme source de l'échange

§ 2 L'équilibre international en équilibre partiel

section 2

Intérêt à l'échange en équilibre général

§ 1 L'équilibre général en économie fermée

- A. Les conditions de production et la frontière des possibilités de production (FPP)
- B. Les conditions de demande en autarcie
- C. L'équilibre autarcique

§ 2 L'équilibre en économie ouverte

§ 3 Les gains à l'ouverture

- A. Le gain global
- B. Division entre gains d'échange et gains de spécialisation

§ 4 Échange et différences

section 1

Intérêt à l'échange en équilibre partiel

§ 1 La différence de prix comme source de l'échange

Alors que la Chine, pays de près d'1,3 milliard de consommateurs, vient d'entrer dans 39
l'Organisation mondiale du commerce, des débats nourris et vigoureux entourent le commerce international, visant principalement les échanges entre pays riches et pays plus pauvres. Néanmoins, avant même de se pencher sur les conséquences du commerce international sur les différentes nations qui y participent, interrogeons-nous sur les raisons pour lesquelles ces pays échangent des produits sur les marchés mondiaux. Pourquoi les pays commercent-ils ?

Prenons l'exemple de la France dans son commerce avec la Chine : le tableau 5.1 illustre les principaux produits échangés entre ces deux pays. La balance commerciale bilatérale de la France avec la Chine est fortement déficitaire pour le textile et fortement excédentaire pour les ventes d'avions. Le haut du tableau laisse apparaître le fait suivant : en 2003 le secteur aéronautique représentait 20,2 % des exportations de la France vers la Chine, pour environ 924 millions d'euros[1]. À titre d'exemple, la Chine a acheté 226 avions à Airbus depuis le milieu des années 1980[2]. À l'inverse, les exportations de la Chine vers la France sont principalement concentrées dans deux types de biens : les ordinateurs et machines de bureau d'une part et le textile, habillement et chaussures d'autre part : en 2003 le secteur textile-habillement-chaussures représentait 17,1 % des exportations de la Chine vers la France, pour environ 2,26 milliards d'euros.

L'apport premier de l'analyse théorique du commerce international réside dans la mise en évidence d'un mécanisme simple : *un pays a intérêt à acheter un produit à l'étranger au lieu de le produire localement quand ce produit peut être trouvé à un meilleur prix dans d'autres pays.* Ainsi, si la France a acheté pour 2,26 milliards d'euros de produits textile-habillement-chaussure en Chine en 2003, c'est principalement parce que le prix de ce type de biens y était plus bas qu'en France.

Afin de mettre en évidence que les pays peuvent bénéficier de l'échange 40
de produits sur les marchés mondiaux, introduisons tout d'abord les courbes de *demande et d'offre d'exportations*. Prenons un marché, disons le marché du textile, et deux pays, la France et la Chine. L'équilibre sur le marché du textile peut être analysé en étudiant la situation sur le marché français et celle sur le marché chinois.

1. cf. site de la DREE :`http://www.exporter.gouv.fr/exporter`
2. L'Expansion, 11 juin 2004

Tableau 5.1. Le commerce de la France avec la Chine en 2003, principaux produits (en millions d'euros).

Premiers Produits exportés	Exportations	Importations	Solde	Part dans exports
produits de la construction aéronautique	924	19	905	20.2 %
appareils de réception, enregistrement son et image	239	1 120	–882	5.2 %
matériel de distribution et de commande	238	61	176	5.2 %
équipements pour automobiles	220	28	193	4.8 %
composants électroniques	198	146	52	4.3 %
autres machines spécialisées diverses	162	20	142	3.5 %
appareils d'émission et de transmission	136	442	–306	3.0 %
instruments de mesure et de contrôle	128	91	37	2.8 %
machines pour les industries textiles	98	19	79	2.1 %
produits sidérurgiques CECA	93	7	86	2.0 %
moteurs, génératrices et transformateurs	85	191	–106	1.9 %
matériels électriques divers, sauf pour	84	158	–74	1.8 %
produits chimiques de base	82	0	82	1.8 %
préparations pharmaceutiques	80	38	42	1.7 %
moteurs et turbines	79	3	75	1.7 %
fils et files	67	9	58	1.5 %
céréales et plantes industrielles	65	28	37	1.4 %
matériel ferroviaire roulant	57	1	57	1.2 %
produits chimiques organiques de base	57	125	–67	1.2 %
autres machines d'usage général	57	47	11	1.2 %
Premiers produits importés	**Exportations**	**Importations**	**Solde**	**Part dans imports**
ordinateurs et équipements informatiques	32	1 975	–1 943	14.9 %
appareils de réception, enregistrement son et image	239	1 120	– 882	8.4 %
jeux et jouets	1	785	– 785	5.9 %
vêtements de dessus	1	640	– 640	4.8 %
vêtements divers et accessoires du vêtement	8	565	– 557	4.3 %
chaussures et articles chaussants	1	543	– 542	4.1 %
articles de voyage et de maroquinerie	4	527	– 523	4.0 %
appareils d'émission et de transmission	136	442	– 306	3.3 %
appareils electroménagers	7	374	– 367	2.8 %
machines de bureau	2	332	– 330	2.5 %
vêtements de dessous	1	331	– 330	2.5 %
articles divers en matières plastiques	21	287	– 266	2.2 %
articles manufactures divers	16	273	– 257	2.1 %
matériels optique et photographique	7	242	– 235	1.8 %
lampes et appareils d'eclairage	8	221	– 213	1.7 %
ouvrages divers en métaux	25	213	– 189	1.6 %
articles de sport	2	213	– 211	1.6 %
moteurs, génératrices et transformateurs	85	191	– 106	1.4 %
articles textiles	2	187	– 185	1.4 %
produits pharmaceutiques de base	15	166	– 151	1.2 %

Des caractéristiques du marché français, on peut en déduire un prix d'équilibre à l'autarcie et une droite de demande d'importations françaises de textile pour tout prix inférieur à ce prix d'autarcie. Pour la Chine, une droite d'offre d'exportations peut de la même manière être établie. En supposant que les deux parties soient les seules co-échangistes, un prix mondial du textile sera déterminé par la simple confrontation entre l'offre d'exportation et la demande d'importation.

Sur la figure 5.1, pour un prix de 10, la quantité produite et consommée en France est de 40 : il n'y a pas d'importation. Si le prix était de 8, en fonction des élasticités de l'offre et de la demande nationales, la quantité offerte par les producteurs serait de 30 et la quantité demandée par les consommateurs de 60, la demande d'importation serait alors de 30 unités. Pour un prix de 6, on obtient graphiquement des quantités de 20 et de 70, la demande d'importation serait alors de 50 unités. La demande d'importation représente donc l'excès de demande (ED) par rapport à l'offre nationale. Celle-ci peut s'écrire :

ED = Demande domestique – Offre domestique.

Figure 5.1. Marché du textile en France et demande d'importation

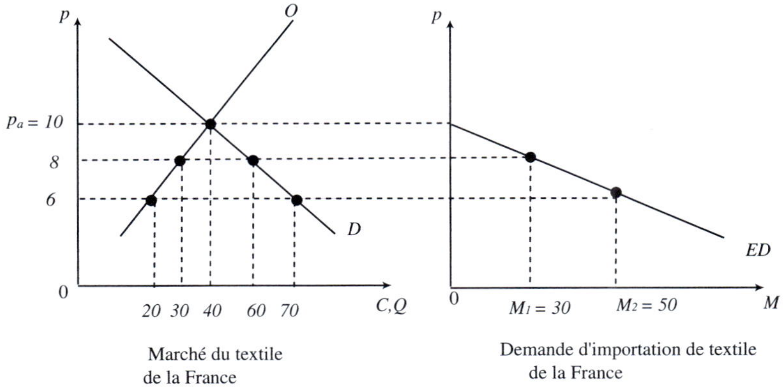

En situation miroir, on peut imaginer que le prix du textile autarcique en Chine soit beaucoup plus bas que le prix français. Les déterminants des échanges nous enseigneront les causes de cette situation, mais il peut paraître déjà évident que le prix sera plus faible du fait d'un coût de main d'œuvre plus bas. Si le prix d'autarcie s'établit en Chine à 4 comme illustré dans la figure 5.2, toute augmentation du prix entraînera une hausse de la production et une chute de la consommation. Il y aura donc en Chine un excès d'offre (EO),

EO = Offre domestique – Demande domestique,

qui se traduira par une offre d'exportation de ce pays capable de satisfaire la demande d'importation française pour ce bien. Par exemple, si le prix s'établit à 8, la Chine pourra exporter 50 unités de textiles. L'équilibre international s'établit quand un prix égalise les demandes d'importations et les offres d'exportations des deux pays.

Pourquoi est-il bénéfique pour la France d'acheter du textile à la Chine ? Une simple analyse de bien-être des deux pays en équilibre partiel nous aide à

Figure 5.2. Marché du textile en Chine et offre d'exportation

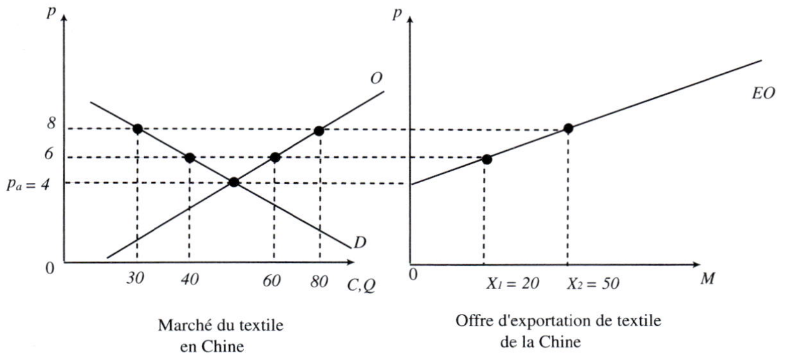

comprendre la condition de gain mutuel à l'échange. La figure 5.3 représente les marchés français et chinois, respectivement en autarcie (le prix est alors de p_f en France et de p_c en Chine) et à l'ouverture au commerce (le prix mondial s'est établi à p^*). Afin d'évaluer sous quelles conditions les deux pays retirent une augmentation de bien-être du commerce de textile, quantifions le surplus du consommateur en France et le surplus du producteur en Chine, respectivement à l'autarcie et après ouverture. À l'autarcie, le surplus du consommateur en France est égal à l'aire comprise entre la droite de demande et le niveau du prix, donc *A*. De même, le surplus du producteur en Chine est égal à la surface au-dessus de la courbe d'offre et en dessous du niveau du prix, c'est-à-dire *F*. Après ouverture, si le prix mondial s'établit à p^*, dans quel sens ces surplus ont-ils varié ? La figure 5.3 montre que le surplus du consommateur en France est passé de *A* à $A+B+C$, pendant que le surplus du producteur en Chine a augmenté de *F* à $F+G+H$. Le surplus du producteur en France s'est certes réduit, mais seulement de la surface *B*, laissant un gain net de *C*. Le gain net pour la Chine est égal à *H*. Ainsi, les deux pays connaissent une augmentation de bien-être suite à l'ouverture.

Figure 5.3. Gains à l'échange sur le marché du textile en équilibre partiel – Marchés français et chinois

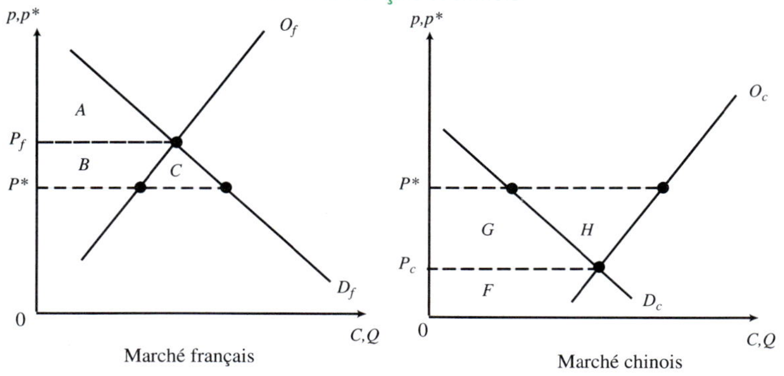

Néanmoins, soulignons que la variation des surplus dans chaque marché 1/ n'est pas de même taille en France et en Chine (les producteurs chinois ont, dans ce graphique, connu une augmentation de leur bien-être supérieure à celle

que connaissent les consommateurs français), et 2/ dépend du niveau auquel le prix mondial s'établit après ouverture. Ainsi, nous observons que, tant que le prix mondial d'équilibre se situe entre les deux prix d'autarcie, les deux pays gagnent à l'échange. Dans le cas où le prix d'équilibre est égal au prix d'autarcie d'un des pays, ce pays est indifférent à l'échange : il ne gagne rien à vendre (ou à acheter) le produit sur les marchés mondiaux, mais il ne perd rien non plus, puisque le prix sur le marché mondial est identique à son prix d'autarcie. À présent, voyons comment se détermine précisément le prix du bien lors de l'ouverture.

§ 2 L'équilibre international en équilibre partiel

À l'ouverture internationale, les consommateurs français achèteront du textile moins 41
cher sur le marché international qu'en autarcie et les producteurs chinois auront pour leur textile un meilleur prix à l'international que sur leur propre marché en autarcie. Le marché mondial de textile sera en équilibre lorsque l'offre totale sera égale à la demande totale, les importations d'un pays étant nécessairement les exportations d'un autre pays. Si le prix mondial ne réalise pas cet équilibre alors il baissera ou augmentera jusqu'à ce qu'il corresponde à l'intersection des deux droites. Un affaiblissement de la demande mondiale fera ainsi baisser le prix mondial et vice versa.

La figure 5.4 représente cet équilibre international. Elle est tracée dans le cas où les deux pays sont assez grands pour influencer le prix mondial. En effet un déplacement de la courbe D vers la droite par exemple aura pour conséquence de déplacer la courbe de demande excédentaire de la France et donc de faire monter le prix mondial. Dans bien des cas, les pays ont une part de la demande mondiale trop faible pour avoir ce type d'influence (et de même pour l'influence de l'offre mondiale). On dit alors que les pays sont trop « petits » pour que leurs caractéristiques internes aient un impact sur les prix mondiaux. Dans le cas où la France (pays importateur du bien en question) est trop petite pour influencer le prix mondial, elle peut importer plus sans faire monter le prix mondial, ce qui signifie qu'elle fait face à une courbe d'offre excédentaire mondiale horizontale c'est-à-dire infiniment élastique. Ce cas est représenté dans la figure 5.5.

Figure 5.4. Équilibre international sur le marché du textile en équilibre partiel

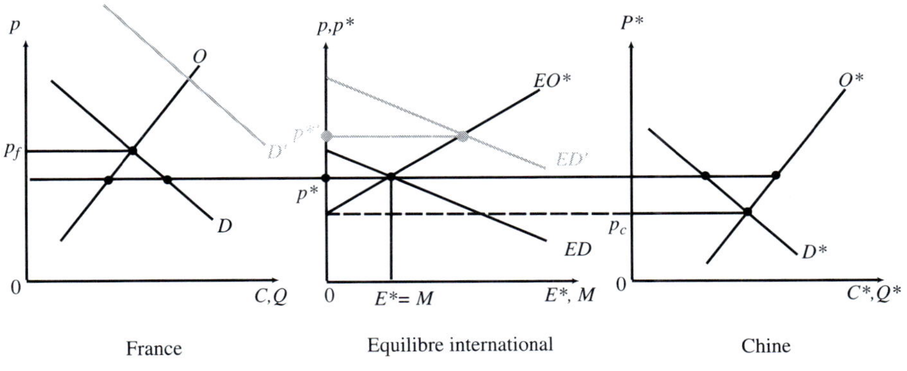

Figure 5.5. Équilibre international sur le marché du textile en équilibre partiel : cas du petit pays

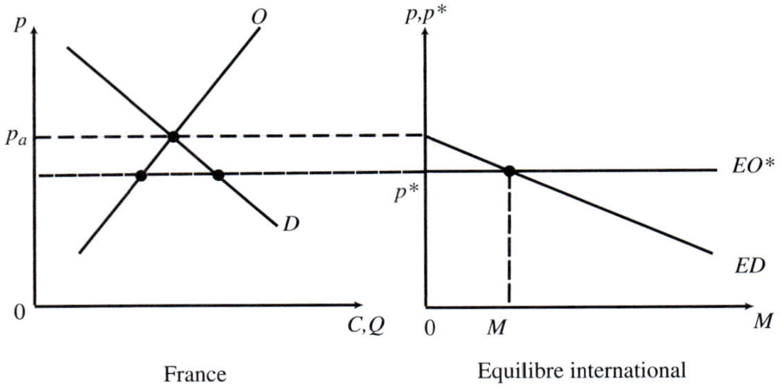

42 Nous venons de décrire les conséquences de l'ouverture internationale en *équilibre partiel*, en prenant comme exemple le marché du textile entre la France et la Chine. Néanmoins, le commerce entre ces deux pays ne se réduit pas au textile, et une analyse des conditions de gain au commerce entre ces nations nécessite de prendre en compte l'impact que la situation sur le marché du textile a sur les autres marchés. Ainsi, dans notre cas si la Chine exporte du textile elle va aussi importer des avions et pour la France, si celle ci importe du textile elle va aussi exporter des avions. En effet, en important le textile qu'elle produisait à l'autarcie, la France « libère » des ressources qu'elle peut utiliser pour produire d'autres biens, en particulier des biens qu'elle devra exporter pour payer ses importations de textile (des avions dans notre exemple). De plus, la production de textile et d'avions n'utilise pas exactement les mêmes ressources, un changement dans la répartition de la production entre textile et avions aura donc un impact sur la demande de facteurs nécessaires à la production, et donc sur les rémunérations de ces facteurs. Les effets de l'échange international se répercutent sur l'ensemble de l'économie : l'analyse en termes d'*équilibre général* permet d'étudier 1/ comment s'organise le commerce international en présence de plusieurs secteurs, et 2/ l'impact de l'échange sur l'ensemble des secteurs et des marchés.

section 2

Intérêt à l'échange en équilibre général

Considérons alors les économies française et chinoise comme représentées par deux grands secteurs : l'aéronautique et le textile.

§ 1 L'équilibre général en économie fermée

A. Les conditions de production et la frontière des possibilités de production (FPP)

Les conditions d'offre d'une économie nationale peuvent alors être représentées 43 ■
par une courbe appelée *frontière de possibilités*[Q] de production (FPP). Cette frontière indique les combinaisons de biens que l'économie peut produire en utilisant le plus efficacement possible ses facteurs de production, étant donné la technologie et les ressources disponibles[1]. L'hypothèse étant que chaque pays ne peut produire qu'une quantité limitée de biens parce que ses facteurs de production et leur productivité sont eux mêmes limités. Plusieurs points importants sont à noter concernant les caractéristiques de la FPP.

Premièrement, la courbe des points optimaux de production est construite à partir de deux éléments d'information : d'une part, les fonctions de production des biens, représentant la technologie disponible, et d'autre part l'hypothèse de plein emploi des facteurs de production. Graphiquement, la FPP d'une économie produisant des avions et du textile peut être représentée par le quadrant I de la figure 5.6.

Les quadrants II et IV reprennent les fonctions de production des secteurs X et Y, c'est-à-dire ici des secteurs textile et aéronautique, respectivement. Ces fonctions sont de la forme traditionnelle en économie dans les modèles de concurrence parfaite. On suppose que la production est assurée par la combinaison de deux facteurs substituables, le travail L (dont L_X unités sont employées pour produire du X et L_Y pour la production de Y) et le capital K, pour donner les fonctions de production $X = f_X(L_X,K_X)$ et $Y = f_Y(L_Y,K_Y)$. Pour les deux biens, on suppose que les rendements de chaque facteur sont décroissants, c'est-à-dire que pour un stock de capital donné dans l'entreprise, chaque travailleur supplémentaire rajoute de moins en moins à la production. Les rendements d'échelles sont en revanche considérés comme constants : un doublement du stock de capital et du nombre d'employés double la production.[2]

Le quadrant III indique la répartition du travail dans les deux secteurs de l'économie. L'emploi est supposé constant et pleinement utilisé car la FPP doit représenter les situations efficientes. Pour simplifier la présentation, supposons que la répartition du capital entre les deux secteurs (K_X et K_Y) reste fixée. Prenons un point quelconque sur la ligne de partage de l'emploi, par exemple A. En traçant des perpendiculaires aux axes OL_Y et OL_X, qui mesurent la quantité de travail alloué dans chaque secteur, on obtient, par l'intermédiaire des fonctions de production et des projections des points dans le quadrant I, des points sur une frontière de possibilité

---

1. Plus précisément la FPP représente la quantité maximale d'un bien X que l'économie peut produire compte tenu du niveau de production fixé de l'autre bien Y (et vice versa). Une présentation plus détaillée de tous les éléments présentés dans cette section est disponible en annexe.

2. La forme la plus usuelle de la fonction de production qui satisfait ces conditions est la fonction Cobb-Douglas. On a alors $X = f_X(L_X,K_X) = L_X^{\alpha_X} K_X^{1-\alpha_X}$ avec $0 < \alpha_X < 1$ et $Y = f_Y(L_Y,K_Y) = L_Y^{\alpha_Y} K_Y^{1-\alpha_Y}$ avec $0 < \alpha_Y < 1$. Le fait que α_Y puisse être différent de α_X traduit le fait que les biens utilisent les facteurs de production dans des proportions différentes. Par exemple, la production de textile utilise une proportion de travail supérieure à la production d'avions. La fonction Cobb-Douglas sera la forme fonctionnelle privilégiée dans les exercices des chapitres en concurrence parfaite.

Figure 5.6. Équilibre général et frontière de possibilités de production en autarcie

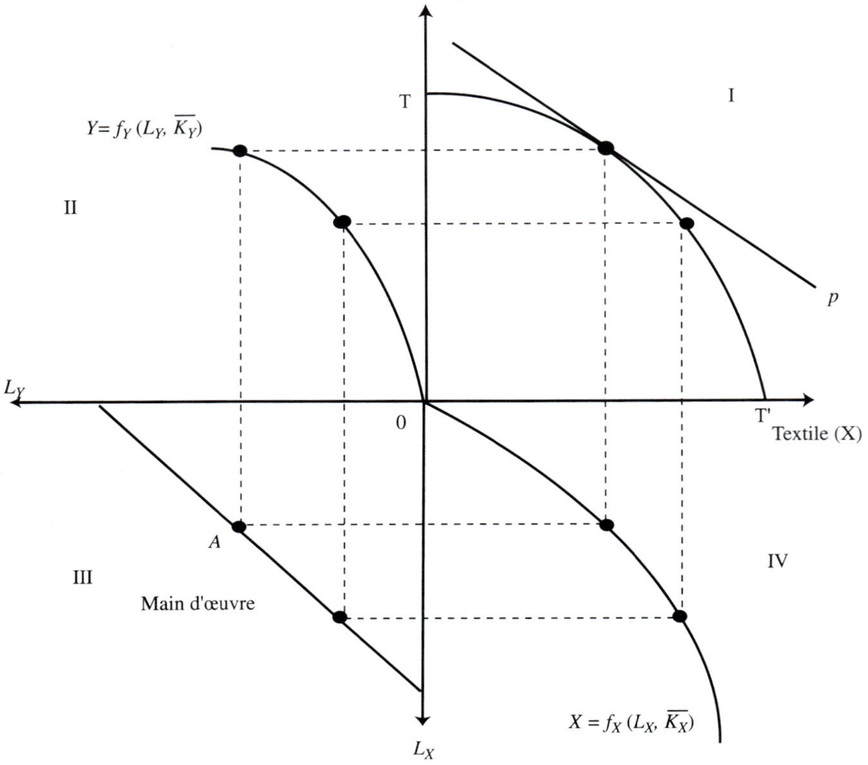

de production qui représentent les situations efficientes de l'économie nationale. Le cheminement le long de la FPP représente les diverses possibilités de produire plus de textile et moins d'avions et vice versa en utilisant les technologies existantes et l'intégralité des facteurs de production.

44 Le deuxième point important à souligner concerne la signification de la pente de la FPP. La pente de la FPP indique le *coût d'opportunité*[Q] de l'arbitrage entre la production de textile et celle d'avions. Le coût d'opportunité du bien *X* en termes de *Y* (ou de textile en termes d'avions) est égal au nombre d'avions qu'il faudrait renoncer à produire pour produire une unité supplémentaire de textile. Ce rapport est connu sous le nom de *taux marginal de transformation*[Q] de *Y* en *X* : $TMT_{X,Y}$. Le *TMT* est égal au rapport des productivités marginales de chaque facteur dans les deux secteurs. En concurrence parfaite et en l'absence de toute distorsion, à l'équilibre de production le prix relatif du bien *X*, $p \equiv p_X/p_Y$, est exactement égal au *TMT* et traduit donc exactement le coût d'opportunité du bien *X* en chacun des points de la FPP.

Ensuite, caractérisons les déterminants de la forme de la FPP. La position et la pente de la FPP dépendent de la quantité des facteurs travail et capital (et des ressources plus généralement) dont le pays est pourvu ainsi que de sa technologie, connaissances et savoir-faire accessibles. Si la fabrication de textile nécessite beaucoup de main d'œuvre, un pays qui en sera largement pourvu pourra fabriquer plus de textile. La distance OT' sera alors plus grande et la courbure de la FPP plus plate. À l'inverse, un pays avec un meilleur savoir faire pour la construction aéronautique pourra en produire plus. La distance OT sera plus grande et la courbure de la FPP plus accentuée.

Dans un cadre de plein emploi constant des facteurs de production, lorsqu'une industrie se développe elle doit le faire au détriment des autres (l'aéronautique va par exemple se développer au détriment de l'industrie textile). Sur le graphique, on peut noter que la courbe devient de plus en plus pentue : il va falloir abandonner la production de quantités croissantes de textile pour obtenir chaque unité supplémentaire d'avion. Ce phénomène donne la concavité de la FPP, qui exprime des coûts d'opportunité croissants de la production de chaque bien. Un coût d'opportunité croissant peut être lié à différentes hypothèses. Si chacun des deux secteurs utilise un facteur dont la quantité est fixe (si le nombre d'usines de production d'avion ne peut changer par exemple) cela engendrera une productivité marginale décroissante pour l'autre facteur (travailleur) dont une quantité de plus en plus grande sera associée à une quantité fixe de l'autre facteur. C'est le cas dans la figure 5.6. Le même résultat peut être obtenu lorsque tous les facteurs sont mobiles entre les secteurs mais lorsque chaque secteur utilise en proportion différente ces facteurs. Ce cas, plus général mais donnant la même forme pour la FPP, est illustré dans l'annexe.

Enfin, pour l'économie française (par exemple), n'importe quel point sur la FPP représente un point de production efficient, utilisant toutes les ressources disponibles. Ce point donne donc la production totale de la France en quantités. Le PIB français est égal à la quantité produite de chaque bien multipliée par son prix. Lorsque les marchés sont parfaitement concurrentiels, les prix flexibles et que les firmes maximisent leurs profits, l'économie pourra maximiser son PIB en se situant sur la FPP. On peut définir une droite d'isovaleur qui lie la production des deux biens pour une même valeur totale de l'output :

$$\text{PIB} = p_X X + p_Y Y \Rightarrow Y = \text{PIB}/p_Y - (p_X/p_Y)X.$$

On obtient une droite d'isovaleur dont la pente est égale au prix relatif du textile par rapport aux avions : p_X/p_Y. Le point Q sur la figure 5.7 représente la production totale de l'économie en quantité. Le long de la droite d'isovaleur BB', cette production exprime le PIB en valeur et permet donc une consommation de valeur équivalente, n'importe où sur cette droite.

Si les prix relatifs entre les produits évoluent, par exemple si le prix du textile baisse comme dans la figure 5.7, avec $p'_X < p_X$, $p'_X/p_Y < p_X/p_Y$, cette évolution va se refléter dans une pente de la droite d'isovaleur plus faible ; la nouvelle droite d'isovaleur sera par exemple CC'. Dans ce cas, le point d'équilibre de production passera de Q en Q'. Le secteur du textile va voir diminuer sa production et celle de l'aéronautique va augmenter. Les facteurs de production et les entreprises en fonction de leur plus ou moins grande flexibilité passeront d'un secteur à un autre, car dans l'aéronautique le prix relatif sera plus intéressant[1].

1. Ainsi, par exemple, la presse (*les Echos* 4 juillet 2002, p. 14), rapportait que l'industrie textile européenne avait perdu 67.500 emplois en 2001 soit 3,2 % de ses effectifs totaux. Dans le même temps, Airbus augmentait sa production et ses exportations qui passent de 8 milliards d'euros en 1998 à 11 milliards d'euros en 2000.

Figure 5.7. Frontière de possibilités de production en autarcie et équilibre de la production

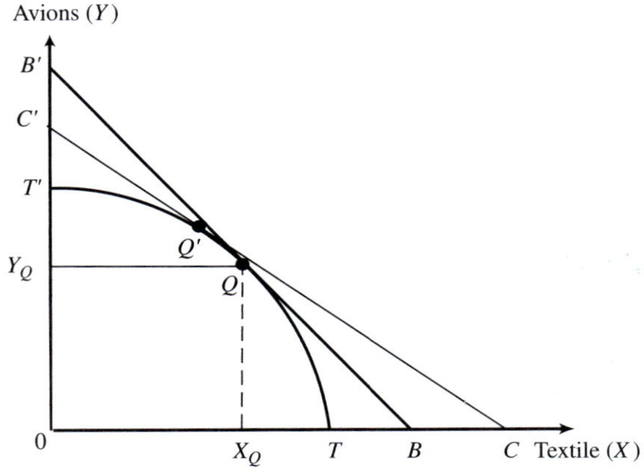

B. Les conditions de demande en autarcie

45 Après avoir décrit l'aspect offre de l'économie, représenté par la courbe des possibilités de production, abordons l'économie du côté de la demande au travers des *courbes d'indifférence*[Q]. Les goûts des consommateurs peuvent être représentés par une série de courbes d'indifférence. Chacune d'elle retrace les différentes combinaisons d'un panier de biens (ici avion et textile) permettant aux consommateurs d'atteindre un niveau équivalent de satisfaction. Les courbes d'indifférence ont les propriétés remarquables suivantes :

1) elles sont décroissantes en tous points,
2) une courbe plus élevée qu'une autre représente un niveau de bien-être supérieur,
3) le *taux marginal de substitution*[Q] (TMS) entre les deux biens est décroissant ; ceci signifie que pour conserver le même niveau de satisfaction la suppression de chaque unité supplémentaire d'un des deux biens devra être remplacée par une quantité de plus en plus grande d'unités de l'autre bien. Ceci fait référence à la loi de la décroissance de l'utilité marginale.

Les consommateurs font face à une contrainte budgétaire, représentée par le revenu national. La droite de prix BB' représente donc également la contrainte budgétaire pour les consommateurs, dans la mesure où elle représente le revenu national. On a donc la relation suivante : PIB = $p_X X_c + p_Y Y_c$ où X_c et Y_c représentent respectivement la demande de textile et d'avions. En équilibre autarcique où l'offre globale est égale à la demande globale, l'égalité suivante est vérifiée : PIB = $p_X X_c + p_Y Y_c = p_X X_p + p_Y Y_p$, où X_p et Y_p représentent respectivement la production de textile et d'avions.

C. L'équilibre autarcique

46 L'équilibre général de l'économie peut à présent être caractérisé. Généralement, les conditions d'équilibre d'une économie en concurrence parfaite en situation *autarcique* sont :

1) À l'équilibre, les producteurs doivent réaliser leur comportement optimal : pour un prix relatif des biens donné, le TMT doit être égal au rapport des prix des biens, $p_X/p_Y = TMT$.
2) Les consommateurs doivent, toujours pour des prix des biens donnés, déterminer leur consommation de telle sorte que le TMS soit égal au rapport des prix des biens. En supposant que les prix de production et de consommation sont les mêmes, on obtient donc $p_X/p_Y = TMS$.
3) Enfin, le marché des biens doit être équilibré, c'est-à-dire que la quantité produite de chaque bien doit être égale à la quantité consommée de ce même bien, puisqu'en autarcie, on ne peut pas consommer de biens en provenance de l'étranger : $X_c = X_p$ et $Y_c = Y_p$.

Représentons cet équilibre en économie fermée en reprenant dans un schéma intégré les deux principales caractéristiques du côté de l'offre et du côté de la demande. Dans la figure 5.8, la frontière des possibilités de production et la courbe d'indifférence sont tangentes l'une à l'autre en un point A qui représente à la fois les productions et les consommations des deux biens. On trouve ce point en cherchant la courbe d'indifférence la plus élevée compatible avec la FPP. Ce point est *optimal* car il assure la plus grande consommation possible pour laquelle la production est possible et efficace. Le point de tangence, c'est-à-dire l'intersection des conditions d'offre et de demande, définit la pente des prix relatifs p_X/p_Y.

Figure 5.8. Équilibre autarcique

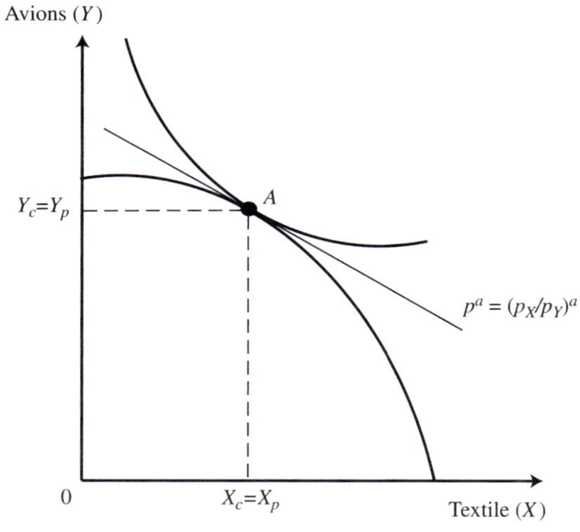

§ 2 L'équilibre en économie ouverte

Supposons maintenant que l'économie soit ouverte et qu'elle puisse commercer avec d'autres nations. L'économie considérée est supposée trop petite pour pouvoir influencer les prix mondiaux et l'on s'intéresse donc à la situation où le pays fait face à un prix relatif mondial donné $p^* = p_X^*/p_Y^*$. Le prix mondial sera en général différent du prix autarcique et les producteurs comme les consommateurs considèrent ce prix relatif comme donné dans leurs décisions de production et de consommation.

47 La grande différence survenant avec l'ouverture à l'échange est la condition d'équilibre sur le marché des biens. En effet, le pays peut maintenant importer des biens d'autres pays et exporter vers ces pays pour payer ses importations. La source du gain à l'échange vient de ce changement : l'économie n'est plus obligée de restreindre sa consommation à ce qu'elle peut produire. La dernière condition d'équilibre devient une condition d'équilibre de la balance commerciale (il n'y a que des biens dans cette économie, et donc cela revient à une condition d'équilibre de la balance des paiements). Cette condition revient à dire que la valeur des importations doit être égale à la valeur des exportations ou encore que la somme des valeurs des demandes excédentaires du pays doit être nulle :

$$p_X^*(X_c - X_p) + p_Y^*(Y_c - Y_p) = 0$$

Pour qu'un bien soit importé, il faut que l'autre soit exporté. On peut noter que cette condition implique qu'au niveau mondial, la valeur de la production soit égale à la valeur de la consommation :

$$p_X^* X_p + p_Y^* Y_p = p_X^* X_c + p_Y^* Y_c$$

On peut montrer un exemple d'équilibre de libre échange dans cette économie avec le nouveau prix international. Dans cet exemple, le pays va importer du bien X (textile) et exporter du bien Y (avions) de telle sorte que les trois conditions suivantes soient vérifiées :

1) $p_X^*/p_Y^* = TMT$.
2) $p_X^*/p_Y^* = TMS$.
3) $p_X^*(X_c - X_p) + p_Y^*(Y_c - Y_p) = 0$.

On a donc les quantités produites au point de tangence entre la FPP et p^*, les quantités demandées définies par la recherche de la courbe d'indifférence la plus haute compatible avec p^*.

Le sens du déplacement de la pente des prix relatifs avec l'ouverture va déterminer la spécialisation du pays. Considérons dans la figure 5.9 une situation

Figure 5.9. Équilibre avec ouverture.

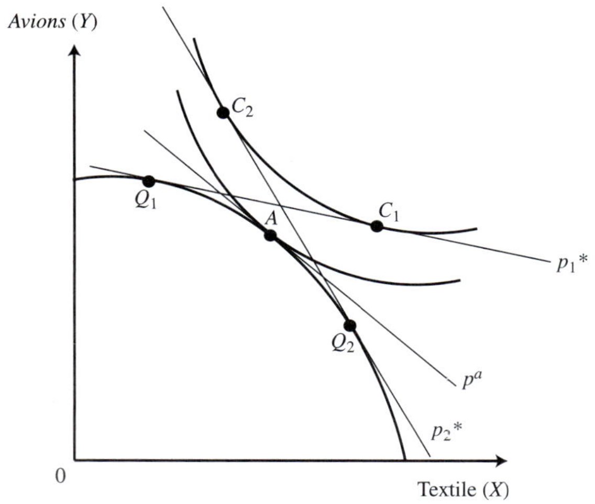

où le prix relatif du bien X (textile) baisse avec l'ouverture : $p_1^* < p^a$. On a donc une pente moins forte de la droite de prix relatifs et on voit sur le graphique que la France se met à importer du textile (bien X) et à exporter des avions (bien Y). Ce résultat est tout à fait logique puisque le textile est devenu relativement meilleur marché sur le marché mondial et les avions relativement plus chers. La France se spécialise dans la production d'avions qu'elle exporte en partie pour importer une partie de sa consommation de textile. Notons qu'on se trouverait exactement dans la situation inverse avec $p_2^* > p^a$, c'est-à-dire dans le cas où le prix relatif du bien X augmente après ouverture.

Dans notre cas de figure, lors de l'ouverture internationale, la France constate une demande importante pour ses avions, produits à un prix relativement avantageux. Les consommateurs étrangers sont d'ailleurs prêts à offrir un prix plus élevé que le prix d'autarcie français tant que ce prix reste inférieur à leur propre prix d'autarcie. La France va donc devoir produire plus d'avions pour exporter et satisfaire cette nouvelle demande. Ainsi l'ouverture à l'échange de la France va forcément engendrer une diminution de sa production dans les biens qui ont un fort coût d'opportunité par rapport aux autres (en fait ceux qu'elle sait le moins bien faire) et une augmentation de la production dans d'autres biens, notamment dans les avions. Il va y avoir de ce fait une réallocation des facteurs de production d'un secteur à un autre. Dans la réalité, cette réallocation peut prendre du temps et engendrer de sérieux problèmes d'ajustement.

§ 3 Les gains à l'ouverture

A. Le gain global

Si les pays échangent ou veulent s'ouvrir à l'échange international c'est qu'en principe ils escomptent des *gains à l'échange*[Q], c'est-à-dire l'augmentation du bien-être de l'économie. Nous posons ici des questions similaires à celles de notre analyse en équilibre partiel. Ces questions, faisant l'objet de débats publics importants, sont essentielles à la compréhension des mécanismes de l'échange :

1) Les pays gagnent-ils ou perdent-ils à s'ouvrir aux échanges avec d'autres pays ?
2) Comment ces gains ou ces pertes sont-ils répartis entre les individus à l'intérieur du pays ?

La réponse à ces questions peut être synthétisée par les points suivants. En 48
général, nous verrons que dans le modèle traditionnel du commerce international, *tous les pays gagnent à échanger*. Cela va à l'encontre de beaucoup d'idées répandues sur les gains liés au commerce international selon lesquelles l'échange serait un « jeu à somme nulle ». En réalité, nous montrerons que le jeu est souvent « à somme positive », les gains des uns n'étant pas forcément la conséquence de pertes des autres.

En revanche, tous les individus ne bénéficient pas forcément de l'ouverture au commerce à l'intérieur d'un pays. Ces gains peuvent être très inégalement répartis, et certains individus peuvent connaître une détérioration de leur situation à la suite de l'ouverture. La compréhension des mécanismes sous-jacents à l'existence de gains, de pertes et à leur répartition a donc des conséquences importantes en termes de politique économique et des différents soutiens que telle ou telle mesure de politique commerciale pourra recevoir.

Dans le cadre du modèle traditionnel, si les conditions d'équilibre sont respectées, *la possibilité pour un pays de commercer à un prix relatif différent de son prix d'autarcie améliore nécessairement son bien-être.* On peut représenter cela très simplement en faisant varier le prix mondial autour du prix d'autarcie du pays, comme dans la figure 5.9. Le pays ne sera indifférent entre l'autarcie et le libre échange que si le prix relatif mondial se trouve être le même que son prix d'autarcie. Rajoutons que, dans ces conditions, il existe *un gain mutuel à l'échange.* La section précédente a montré que l'équilibre en économie ouverte est assuré par un prix relatif mondial situé entre les deux prix d'autarcie. Cela assure que les deux pays gagnent à l'échange.

Ensuite, soulignons que *le sens des échanges ne compte pas dans l'ampleur du gain.* On peut réaliser exactement le même gain à l'échange en exportant du bien X (et en important du bien Y) ou en exportant du bien Y (et en important du bien X). Dans le cadre simple du modèle traditionnel où la concurrence est parfaite, où la recherche et développement par exemple n'est pas modélisée, il n'y a aucune raison pour qu'un pays préfère exporter des avions ou des ordinateurs plutôt que du blé ou du papier. Les gains à l'échange ne seront ici déterminés que par la différence entre le prix relatif à l'autarcie et le prix relatif après échange. Il n'y a *ici* aucune raison de préférer se spécialiser dans la production d'un bien plutôt qu'un autre, le tout étant de se spécialiser dans le bien qui permettra à l'ouverture la consommation la plus importante pour les habitants du pays.

Cela ne veut bien entendu pas dire qu'il n'existe pas des arguments en faveur de la spécialisation dans tel ou tel secteur plutôt que tel autre (dynamisme relatif de la demande, retombées positives sur d'autres secteurs...) mais l'argument de base du gain à l'échange incite à la prudence sur ce terrain, car l'argument fondateur de l'échange est neutre en terme de spécialisation.

B. Division entre gains d'échange et gains de spécialisation

■ 49 Le gain à l'ouverture au commerce peut être divisé en deux types de gains : le *gain résultant de la spécialisation* des pays dans la production du bien pour lequel ils sont relativement le plus efficace, et le *gain résultant de l'échange*. L'argument sous-tendant ce raisonnement est très simple. La spécialisation des pays dans ce qu'ils savent le mieux faire est efficace, dans le sens où la production mondiale totale sera supérieure. Cet argument fait appel aux notions d'avantages absolus et comparatifs, qui seront abordées dans le chapitre suivant. Ensuite, l'échange permet d'améliorer la consommation de tous les pays.

La figure 5.10 illustre précisément l'augmentation des quantités de textile et d'avions au niveau mondial lorsque les deux pays, la France et la Chine, se spécialisent dans la production du bien pour lequel ils sont relativement le plus efficace. Lorsque la France se spécialise dans la production d'avions, et la Chine dans la production de textile, les quantités mondiales de textile et d'avions produites sont supérieures à celles produites lorsque les deux pays sont en autarcie.

Le gain résultant de la spécialisation dans la production d'un bien au détriment de la production d'autres biens n'est pas du tout spécifique à la théorie du commerce international. Cette idée paraît aller de soi pour ce qui est de la spécialisation des tâches entre individus. Il paraît clair qu'il n'est pas efficace pour les individus de chercher à être auto-suffisant : cultiver ses propres aliments, fabriquer ses propres vêtements, construire son habitation. Répondre à tous ces besoins paraît absurde si ce n'est impossible. Il en va de même pour les pays. Il existe un gain très important à concentrer les capacités productrices d'un pays dans un certain nombre restreint d'activités dont une partie de la production sera exportée pour se procurer le reste des biens. Pourtant ce constat relativement simple semble beaucoup moins bien largement accepté.

Figure 5.10. Gains à l'échange et ouverture au marché mondial.

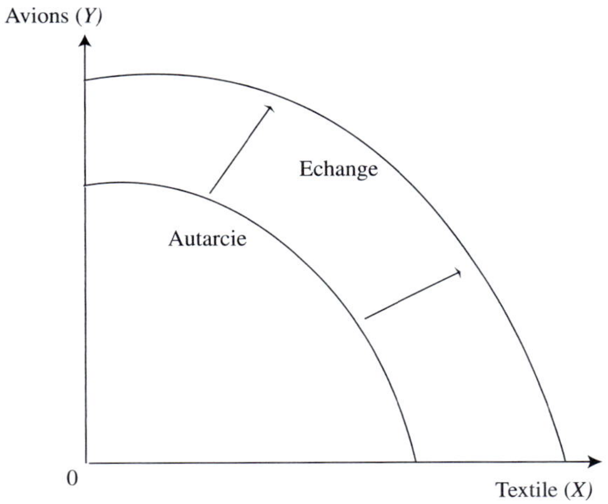

On peut résumer graphiquement les deux types de gains en reprenant l'analyse en termes de FPP et de courbes d'indifférence. Le gain à l'échange résulte d'un échange de biens à production fixée. Au point A sur la figure 5.11, on est à l'autarcie

Figure 5.11. Distinction entre gains à l'échange et gains à la spécialisation

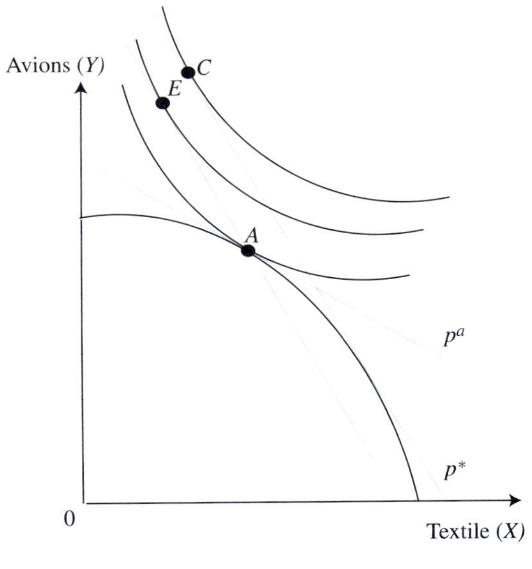

et la production reflète exactement la consommation. Maintenant supposons que le pays puisse commercer au nouveau prix p^* sans changer sa production. On fait donc passer le nouveau vecteur de prix internationaux par le point de la production d'autarcie pour assurer l'équilibre de la balance commerciale mais il est maintenant possible de se situer sur une courbe d'indifférence plus haute pour les consommateurs reflétée par le point E. Ce point représente donc le gain à l'échange. Supposons désormais que les producteurs puissent ajuster leur production de telle sorte qu'ils se spécialisent dans la production du bien *X*. Cela revient à satisfaire la condition d'efficacité de la production dans le pays de telle sorte que la droite des prix relatifs soit tangente à la FPP. Cela permet aux consommateurs de se situer sur une courbe d'indifférence plus élevée et de consommer au point C. Le passage du point E au point C représente le gain de spécialisation.

§ 4 Échange et différences

Ainsi, ce sont les différences de prix relatifs en autarcie entre les deux pays qui sont à l'origine de l'intérêt à l'échange. Ces différences de prix relatifs proviennent des différences d'efficacité relatives des deux pays dans la production des deux biens, elles-mêmes générées par l'existence d'éléments hétérogènes entre les deux pays.

50 De ce fait, notons que *si les deux pays ont des prix relatifs d'autarcie identiques, ils ne seront pas incités à commercer*. Sous quelles conditions cela peut-il se produire ? Il faut pour cela que les pays aient les mêmes conditions d'offre et de demande. C'est-à-dire, il faut qu'ils aient la même FPP et les mêmes courbes d'indifférence, assurant que la tangence de ces deux courbes donne le même prix d'équilibre. Du côté de l'offre, une même FPP peut être assurée en supposant que les deux pays ont la même technologie à rendements d'échelle constants et donc la même fonction de production ainsi que les mêmes dotations factorielles. Du coté de la demande, il suffit de supposer que tous les individus ont la même fonction d'utilité. Une dernière hypothèse qui permet d'assurer que dans chacun des pays le prix d'équilibre est déterminé par la condition de tangence des courbes d'indifférence et des FPP est de supposer des conditions de concurrence parfaite, c'est-à-dire qu'aucune distorsion ne vienne perturber cet équilibre. Les distorsions comprennent l'imperfection de la concurrence, les impôts et subventions, c'est-à-dire les interventions de l'État venant modifier les incitations des consommateurs et des producteurs.

On peut donc résumer les *conditions d'existence du commerce*[Q] par la vérification d'au moins une des hypothèses suivantes :

1) Différences de fonctions de production entre pays.
2) Différences de dotations factorielles entre pays.
3) Rendements d'échelle croissants.
4) Goûts hétérogènes dans les deux pays.
5) Existence de distorsions (impôts, subventions, concurrence imparfaite).

Si aucune de ces cinq conditions n'est vérifiée, on aura alors identité des prix relatifs d'autarcie et les pays ne seront pas incités à commercer. Par conséquent, la vérification de chacune de ces conditions donnera une raison aux nations pour échanger. Nous verrons dans les deux chapitres suivants comment précisément les différences technologiques et les différences de dotations donnent lieu à un commerce profitable aux deux pays. Les conditions seront étudiées une à une, c'est-à-dire que lorsque l'on étudie les différences de technologie ou de dotations factorielles, on suppose en général que les autres « causes de commerce » sont absentes. Seront également étudiées en détail les conséquences d'imperfection de la concurrence sur les flux commerciaux. Cette analyse suppose en général que les pays sont en tout point identiques. La logique est la suivante : pour étudier si l'imperfection de la concurrence *per se* crée des incitations au commerce, il faut neutraliser les autres différences dont nous savons qu'elles créent du commerce entre les pays.

Mémo

Les modèles traditionnels de commerce international sont basés sur le principe suivant : un pays a intérêt à acheter les biens produits moins chers à l'étranger, ainsi qu'à se spécialiser et vendre sur les marchés internationaux les biens qu'il produit à un prix avantageux. L'origine de ces différences de prix à l'autarcie sera abordée dans les chapitres suivants, le principal à retenir de ce chapitre étant qu'il existe un gain à l'échange et à la spécialisation lorsque les prix relatifs des biens des pays en autarcie sont différents. Cet argument peut tout d'abord être démontré dans le cadre d'une analyse en équilibre partiel : le prix relatif d'équilibre est alors obtenu à travers la confrontation des courbes d'importation (demande) et d'exportation (offre) mondiales. Notons qu'un grand pays aura la capacité d'influencer les prix mondiaux, alors qu'un petit pays est confronté à une courbe d'offre mondiale infiniment élastique puisqu'il ne peut influencer le prix international. Toutefois, les effets de la spécialisation se répercutant sur l'ensemble de l'économie, il est intéressant de raisonner en termes d'équilibre général. Les conditions d'offre d'une économie nationale sont représentées par la frontière de possibilités de production (FPP) qui indique les combinaisons de biens que l'économie peut produire, étant données les contraintes de production. Les conditions de demande sont décrites par les courbes d'indifférence, qui résument l'ensemble des combinaisons de biens que les individus peuvent consommer, en atteignant un niveau d'utilité donné. L'équilibre, en autarcie comme en économie ouverte, est donné par le point de tangence entre le prix relatif des produits, la FPP et la plus haute courbe d'indifférence, à condition que le marché des biens soit équilibré en autarcie et que la balance des paiements soit équilibrée en économie ouverte.

En ce point, la production est efficace et la consommation est la plus élevée possible. Toute modification du prix relatif des biens, notamment suite à l'ouverture aux échanges, va alors entraîner une réallocation des facteurs de production vers le secteur le plus productif relativement à l'autre pays. Lorsque les conditions d'équilibre sont respectées, les modèles traditionnels de commerce prédisent que la possibilité de commercer à un prix relatif différent de son prix d'autarcie améliore nécessairement le bien-être du pays. On montre donc que le commerce est un jeu à somme positive : il existe un gain mutuel à l'ouverture au commerce, résultant de l'échange et de la spécialisation de chaque pays dans ce qu'il sait le mieux faire. Néanmoins, à l'intérieur d'un même pays tous les individus ne bénéficient pas forcément de l'ouverture, lorsque les gains du commerce sont inégalement répartis entre les différents facteurs de production. Les modèles traditionnels de commerce sont donc des théories de la différence, expliquant l'hétérogénéité des prix relatifs à partir de différences intrinsèques aux pays participant à l'échange. Relâcher les hypothèses de similarité des pays revient donc à étudier les conditions d'existence du commerce international.

Quid

- Équilibre partiel n° 42
- Offre et demande d'exportations (et d'importation) n° 40
- Équilibre général n° 42
- Frontière des possibilités de production n° 43
- Coût d'opportunité n° 44
- Taux marginal de transformation n° 44
- Courbe d'indifférence n° 45
- Taux marginal desubstitution n° 45
- Gains de l'échange n° 48
- Gain de l'échange et gain de spécialisation n° 49
- Conditions d'existence du commerce n° 50

Quiz

Questions

1. Quels produits la France et la Chine échangent-elles ? (n° 39)
2. Selon la théorie traditionnelle du commerce, certains pays ont-ils intérêt à ne pas échanger ? (n° 48)
3. Montrez que plus le prix relatif d'équilibre international s'éloigne du prix relatif d'équilibre autarcique d'un pays, plus le gain au commerce de ce pays augmente. (n°s 47, 48)
4. Expliquez pourquoi, lorsqu'il n'existe aucune différence de prix relatifs entre deux pays, ceux-ci ne gagnent rien à se spécialiser. (n°s 40, 47, 48)

Biblio

- Chapitres 5 et 6 de Markusen, J.R., Melvin, J. R., Kaempfer, W.H., et Maskus, K.E, 1995, *International Trade, Theory and Evidence*, McGraw-Hill.
- Chapitre 2 de Caves, R., J. Frankel et R. Jones, 2003, *Commerce et paiements internationaux*, de Boeck, Louvain.

chapitre 6

Différences de technologie et spécialisation

Plan analytique

section 1
Le modèle ricardien

§ **1** **De l'avantage absolu à l'avantage comparatif**

§ **2** **Équilibre en autarcie**

A. Hypothèses et frontière des possibilités de production

B. L'équilibre autarcique

§ **3** **Équilibre et répartition des gains en économie ouverte**

A. Les prix

B. Les salaires

§ **4** **La répartition des gains à l'échange**

section 2
Les prolongements du modèle ricardien

§ **1** **Échanges avec de nombreux biens et pays**

A. Deux biens, plusieurs pays

B. Deux pays, plusieurs biens

§ **2** **Coûts de transport et détermination des biens non échangeables**

section 3
Les extensions néo-technologiques

§ **1** **Écart technologique et cycle du produit**

A. L'écart technologique

B. Le cycle du produit

§ **2** **Les tests empiriques**

A. Les hypothèses

B. Les résultats

section 1

Le modèle ricardien

§ 1 De l'avantage absolu à l'avantage comparatif

La représentation la plus simple du mécanisme du gain à l'échange est due à Adam Smith, qui explique l'existence du commerce par les *avantages absolus* des pays. 51

Tableau 6.1. L'avantage absolu : production mensuelle d'un travailleur (unités de biens)

	Chine	Union européenne
Chemises	200	50
Voitures	5	10

Le tableau 6.1 illustre le gain à la spécialisation dans le cas de l'avantage absolu. On suppose deux pays ou groupes de pays, la Chine et l'Union européenne. Le tableau représente les productions mensuelles respectives d'un travailleur dans chacun des deux secteurs, la confection de chemises et l'assemblage d'automobiles. Les travailleurs européens sont plus efficaces que leurs homologues dans la production d'automobiles et vice-versa. La Chine a donc un avantage absolu dans la production de chemises et l'Europe dans la production d'automobiles : en autarcie, le prix des chemises est plus faible en Chine qu'en Europe, et de la même manière les voitures sont moins chères lorsqu'elles sont produites en Europe qu'en Chine. On retrouve donc bien la notion d'intérêt à l'échange, selon laquelle chaque pays a intérêt à se spécialiser dans le bien pour lequel il est le plus efficace, vendre ce bien sur les marchés internationaux afin de pouvoir importer à un prix avantageux les biens pour lesquels le pays est le moins efficace. Supposons que chaque pays décide de réallouer un travailleur vers le secteur dans lequel il a un avantage absolu. La production mondiale des deux biens va s'en trouver augmentée de 5 voitures (10-5) et de 150 chemises (200-50). Ce surplus de production représente le gain à la spécialisation. Il sera consommé par les habitants des deux pays grâce à l'échange.

Que se passe-t-il lorsqu'un des deux pays n'a pas d'avantage absolu ? Supposons par exemple que la productivité des travailleurs chinois soit doublée dans le secteur des chemises et quadruplée dans le secteur des voitures. Smith concluait dans ce cas qu'il existe une ambiguïté en termes de gains à l'échange car si l'on procède à la même réallocation d'un travailleur dans chaque pays, on obtient 10 voitures de moins (10-20) et 350 (400-50) chemises de plus. La difficulté vient du fait qu'il paraît difficile d'évaluer la perte de Y par rapport au gain de X pour savoir si le gain compense la perte.

David Ricardo a développé la théorie des *avantages comparatifs*^Q pour expliquer qu'il existe tout de même un gain à la spécialisation dans ce cas. Il faut pour bien comprendre la source de ce gain raisonner en termes de coûts d'opportunités. Le coût d'opportunité d'un bien exprime le nombre d'unités de l'autre bien auquel il faut renoncer pour pouvoir consommer une unité du bien en question.

Tableau 6.2. L'avantage comparatif : production mensuelle d'un travailleur (unités de biens)

	Chine	Europe
Chemises	400	50
Voitures	20	10

Le coût d'opportunité des voitures est moindre en Europe qu'en Chine : 5 contre 20. Réciproquement, le coût d'opportunité des chemises est plus important en Europe qu'en Chine : 1/5 contre 1/20. On dit alors que l'Europe a un avantage comparatif dans la production de voitures car elle est relativement plus efficace dans la production de ce bien. Il n'est pas nécessaire d'avoir un avantage absolu pour avoir un avantage comparatif dans un bien, il suffit que le coût d'opportunité de la production du bien soit différent de celui de l'autre pays. Dans l'exemple du tableau 6.1, l'Europe avait déjà un avantage comparatif dans les voitures.

52 On retrouve ici la notion d'*intérêt à l'échange*^Q : il existe un gain lié à la spécialisation lorsque les deux pays se spécialisent selon leur avantage comparatif. Comment savoir quel est l'avantage comparatif de chaque pays ? Il suffit pour cela de comparer les coûts d'opportunité de la production de chaque bien dans les deux pays. Après avoir déterminé que la Chine a un avantage comparatif dans la production de chemises et l'Europe dans la production de voitures, on peut montrer l'existence d'un gain de spécialisation. Supposons par exemple que l'on réalloue trois travailleurs européens vers le secteur automobile et un travailleur chinois vers le secteur des chemises. La production mondiale d'automobiles augmente de 10 (30-20) et la production de chemises augmente de 250 (400-150).

Le modèle ricardien du commerce international, et la théorie des avantages comparatifs en général est l'un des concepts les plus novateurs et les plus importants en économie. C'est également une notion relativement contre-intuitive, ce qui la rend sujette à beaucoup de controverses même si près de deux siècles se sont écoulés depuis la parution du livre de David Ricardo en 1817.

§ 2 Équilibre en autarcie

En référence aux cinq conditions d'existence du commerce exposées dans le chapitre
53 précédent, on retient ici exclusivement la première hypothèse : le cadre est donc simplifié de telle sorte que les pays diffèrent uniquement au travers de leur technologies. On se focalise sur l'influence des différences technologiques sur les flux commerciaux.

A. Hypothèses et frontière des possibilités de production

Les hypothèses sont :

1) Deux pays, notés H et F.
2) Deux biens, X et Y.
3) Un seul facteur de production, le travail, noté L.
4) Une technologie différente entre les deux pays. On résume cette différence très simplement : les quantités respectives des deux biens produites par une unité de travail diffèrent entre pays.
5) Pas de différence de dotations factorielles relatives puisqu'il n'y a qu'un seul facteur de production.
6) Rendements d'échelle constants.
7) Aucune distorsion de type droits de douane, taxes, subvention ou imperfection de la concurrence.
8) Préférences identiques et homogènes.
9) Le travail est supposé parfaitement mobile entre les deux secteurs et parfaitement immobile entre les deux pays.

Décrivons à présent les caractéristiques de l'offre ainsi que les conditions
d'équilibre autarcique d'un pays. On utilise pour cela un indicateur qui décrit 54
complètement la technologie dans le modèle de Ricardo : le coefficient technique, a_{Li}, qui représente la quantité de travail nécessaire pour la production d'une unité de bien X ou Y, $i = (X,Y)$. Avec un seul facteur de production et des rendements d'échelle constants, ces *coefficients techniques*[Q] sont constants. On peut donc écrire les fonctions de production des deux biens comme suit :

$$X = \frac{1}{a_{LX}} L_X,$$

et

$$Y = \frac{1}{a_{LY}} L_Y,$$

avec

$$a_{LX} = \frac{L_X}{X} \quad a_{LY} = \frac{L_Y}{Y}.$$

Notons que le coefficient technique représente également une mesure inverse de la productivité du travail dans chacun des secteurs.

Le travail étant parfaitement mobile entre les deux secteurs il y aura ainsi un taux de salaire unique, w, dans le pays et une condition de plein emploi (ou d'emploi fixe) du facteur de production :

$$\bar{L} = L_X + L_Y = a_{LX}X + a_{LY}Y$$

La FPP est simple à trouver dans ce cas. En utilisant la condition de plein emploi des facteurs, on obtient :

$$Y = \frac{\bar{L}}{a_{LY}} - \frac{a_{LX}}{a_{LY}}X.$$

La FPP dans ce modèle est donc une droite de pente $-\frac{a_{LX}}{a_{LY}}$ avec une production maximale de $\frac{\bar{L}}{a_{LY}}$ du bien Y et $\frac{\bar{L}}{a_{LX}}$ du bien X. Les technologies de production étant différentes entre les pays ($a^h_{Li} \neq a^f_{Li}$, $i = (X,Y)$), chaque pays possède sa propre FPP.

La figure 6.1 représente les FPP des deux pays, *H* et *F*. Les possibilités de production de chaque pays sont déterminées par le rapport des coefficients techniques et par la taille du pays, c'est-à-dire le nombre de travailleurs disponibles dans l'économie.

Figure 6.1. FPP en autarcie dans le modèle de Ricardo

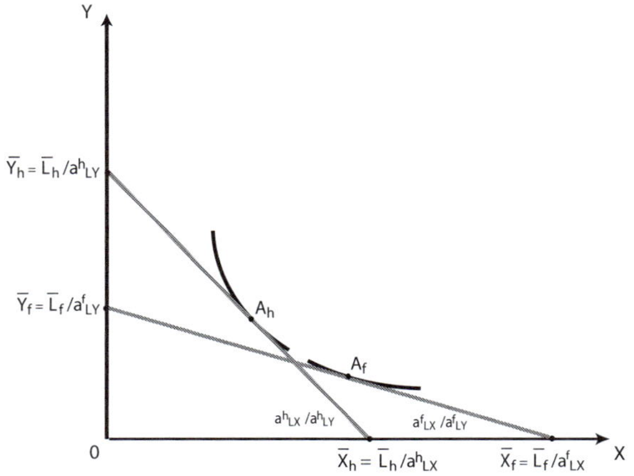

Comme précédemment, pour un pays donné la pente de la FPP est égale au taux marginal de transformation, qui reflète le rapport des productivités marginales du facteur travail dans les deux secteurs.

$$TMT \equiv -\frac{\partial Y}{\partial X} = \frac{a_{LX}}{a_{LY}}$$

55 Le TMT est ici constant. En effet, il n'y a qu'un seul facteur de production, la productivité du travail dans chacun des secteurs est donc constante dans ce modèle. Soulignons que *la pente de la FPP reflète également l'avantage comparatif du pays*, c'est-à-dire son niveau de prix relatif à l'autarcie. En revanche, *l'éloignement de la FPP de l'origine reflète l'avantage absolu du pays* : en effet, plus les coefficients techniques sont faibles (et donc la productivité du travail dans les deux secteurs élevée), plus $\bar{L}/a_{LX}$ et $\bar{L}/a_{LY}$ augmentent et plus la FPP est éloignée de l'origine.

À l'équilibre de production, on retrouve la relation d'égalité entre le TMT et le prix relatif à l'intérieur du pays. En concurrence parfaite, les producteurs font des profits nuls à long terme lorsqu'il y a libre entrée des firmes. Les facteurs de production sont alors rémunérés à leur productivité marginale. En réarrangeant, on trouve :

$$p_X = wa_{LX}$$

$$p_Y = wa_{LY},$$

wa_{LX} étant le coût marginal de production du bien *X*. L'équilibre de la production est assuré lorsque le prix relatif est égal au taux marginal de transformation, c'est-à-dire lorsque le prix relatif de *X* reflète le *coût d'opportunité*[Q] de *X* en termes de *Y* (c'est-à-dire combien d'unités de *Y* il faut sacrifier pour obtenir une unité supplémentaire de *X*).

$$TMT \equiv -\frac{\partial Y}{\partial X} = \frac{a_{LX}}{a_{LY}} = \frac{p_X}{p_Y} = p^a$$

B. L'équilibre autarcique

Comme nous venons de le voir, à l'équilibre le prix relatif en autarcie, p_h^a, est égal au rapport des productivités marginales dans les deux secteurs, le *TMT*. Les conditions d'équilibre de la production sont satisfaites, avec des profits nuls dans les deux secteurs. Que se passerait-il si le prix relatif était différent du *TMT*, par exemple $p^1 > TMT$? 56

Pour tout prix différent de p_h^a, le pays se spécialise entièrement dans la production du bien dont le prix relatif s'apprécie. En effet, la condition d'équilibre de la production veut que le TMT soit égal au rapport des productivités marginales. Dans le cas présent, on a donc $TMT \equiv -\frac{\partial Y}{\partial X} = \frac{a_{LX}}{a_{LY}}$. Dès lors, si la pente des prix relatifs est supérieure à la pente de la FPP, on a :

$$\frac{p_X^1}{p_Y^1} > TMT \equiv -\frac{\partial Y}{\partial X} = \frac{a_{LX}}{a_{LY}} \Rightarrow \frac{p_X^1}{a_{LX}} > \frac{p_Y^1}{a_{LY}}$$

Aucun taux de salaire commun aux deux secteurs ne peut donc être égal aux deux valeurs des productivités du travail, $\frac{p_X^*}{a_{LX}}$ et $\frac{p_Y^*}{a_{LY}}$. Le travail va donc être réalloué vers le secteur *X* jusqu'à ce que :

$$\frac{p_X^1}{a_{LX}} = w^1 = \frac{p_Y^1}{a_{LY}} \Rightarrow X = \bar{X} \text{ et } Y = 0$$

À l'équilibre, le pays H ne peut pas être spécialisé dans la production de *Y* car cela assurerait que les profits soient positifs dans le secteur *X*, entraînant des entrées de firmes. L'ensemble des facteurs de production est donc alloué à la production du bien *X*.

Figure 6.2. L'équilibre de production dans le modèle de Ricardo

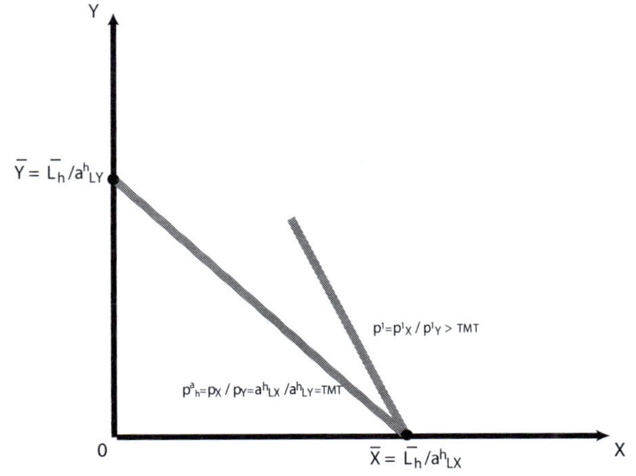

§ 3 Équilibre et répartition des gains en économie ouverte

A. Les prix

57 Pour tout prix relatif différent du prix d'autarcie, les firmes du pays H ne produisent qu'un seul bien (celui dont le prix relatif est supérieur au rapport des coefficients techniques). Par contre, lorsque le prix relatif d'équilibre est égal au prix autarcique d'équilibre du pays, les producteurs peuvent produire indifféremment n'importe quelle combinaison des deux biens le long de la FPP, c'est-à-dire satisfaisant la condition de plein emploi du facteur travail. La figure 6.2 montre que, pour le prix d'autarcie p_h^a, le pays H peut aussi bien produire 0 unité du bien X que la quantité maximale $\bar{X}$. Cela permet de représenter la courbe d'offre du pays. Une représentation commode consiste à tracer cette courbe en termes relatifs X/Y, comme illustré dans la figure 6.3. L'offre relative de bien X, O_X/O_Y, est une droite horizontale d'ordonnée a_{LX}/a_{LY} puisque pour tout prix inférieur (supérieur) au *TMT*, la production de X (de Y) est nulle. La demande en termes relatifs lorsque les demandes sont homothétiques est une fonction monotone décroissante du prix relatif, l'équilibre du marché des biens est donc atteint à l'intersection de ces deux courbes.

Figure 6.3. L'équilibre sur le marché des biens dans le modèle de Ricardo

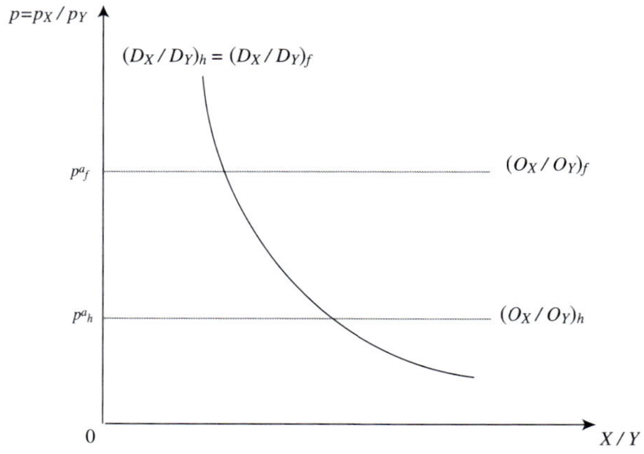

On peut rajouter dans la figure 6.3, la courbe d'offre du pays F à l'autarcie représentée par la même droite horizontale avec une ordonnée égale au rapport des coefficients techniques du pays F et reflétant donc l'avantage comparatif de F. La courbe de demande relative est la même pour ce pays, puisque l'on suppose que les deux pays ont des préférences identiques. On suppose ici que le pays H a un avantage comparatif dans la production du bien X puisque son prix relatif d'autarcie pour ce bien est inférieur.

Il est dès lors très simple d'analyser ce qui se passe lors de l'ouverture à l'échange. On procède à cette analyse en raisonnant, comme précédemment, en termes de demande relative et de production relative mondiales. La courbe de demande relative est inchangée puisque les deux pays ont les mêmes préférences. La courbe d'offre mondiale, par contre, présente à présent une forme « *courbe d'offre* *en escalier*[Q] » caractéristique de ce modèle, illustrée dans la figure 6.4. Si le prix international est inférieur au prix d'autarcie de H, $p^* < p_h^a$, les deux pays veulent se spécialiser totalement dans la production de Y, entraînant une production relative X/Y nulle et l'absence d'équilibre car les deux pays ne peuvent pas exporter le même bien. Lorsque $p^* = p_h^a$, le pays H, celui qui a l'avantage comparatif dans la production de X, peut commencer à produire et la production relative mondiale présente une section horizontale entre 0 et $\frac{\bar{X}^*}{\bar{Y}^*} = \frac{\bar{L}_h/a_{LX}^h}{\bar{L}_f/a_{LY}^f}$. En ce point, le pays H est totalement spécialisé dans la production de X et F totalement spécialisé dans la production de bien Y, chaque pays produisant selon son avantage comparatif lorsque $p_f^a > p^* > p_h^a$. Enfin, lorsque $p^* = p_f^a$, le pays F peut commencer à produire lui aussi du bien X, entraînant une nouvelle section horizontale. Si la courbe de demande coupe la courbe d'offre au point E^* dans la figure 6.4, on se situe dans le cas traditionnel du modèle ricardien où les deux pays sont spécialisés totalement selon leur avantage comparatif. Les deux pays gagnent à l'échange puisque les termes de l'échange, c'est-à-dire le prix relatif mondial, se situe entre les deux prix relatifs d'autarcie.

Figure 6.4. L'équilibre sur le marché des biens dans le modèle de Ricardo

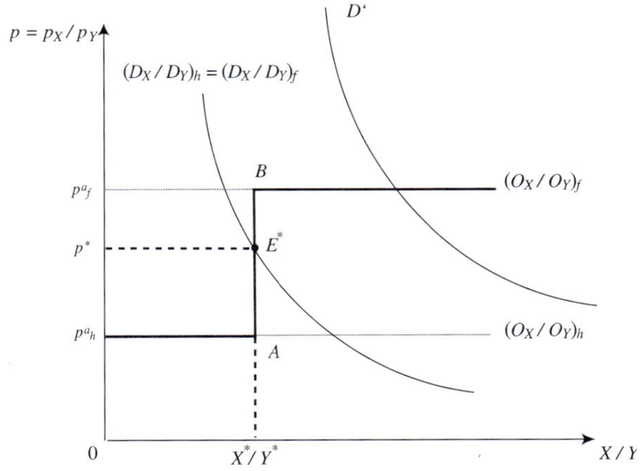

Ce n'est pourtant pas le seul ensemble de solutions possibles (prix relatif entre A et B). En effet , le pays national (H) peut être tellement petit (en termes de main d'œuvre disponible) que sa spécialisation totale dans la production du bien pour lequel il a un avantage comparatif ne suffit pas à satisfaire la demande relative mondiale de ce bien (nouvelle demande en D'). Dès lors, le pays étranger (F) devra aussi fabriquer une partie de ce bien pour lequel il n'a pas d'avantage comparatif. Le prix mondial s'établira alors au niveau du prix autarcique de ce dernier pays relativement le moins efficace dans la production de ce bien.

À l'inverse, on peut, comme illustré sur la figure 6.5, augmenter la taille du pays H de telle sorte que la nouvelle dotation en travail de ce pays soit égale à $\bar{L}_h^1 > \bar{L}_h$. Le point de spécialisation totale de H est donc déplacé en $X^{*1}/Y^{*1} > X^*/Y^*$. Ceci nous donne un nouveau point d'équilibre en E^{*1}, où le pays H est incomplètement spécialisé et le nouveau prix d'équilibre est $p^{*1} = p^a$. On peut également interpréter la situation de la figure 6.5 en disant que le pays F est si petit qu'il n'influence pas

Figure 6.5. L'équilibre sur le marché des biens dans le modèle de Ricardo, cas d'un grand pays

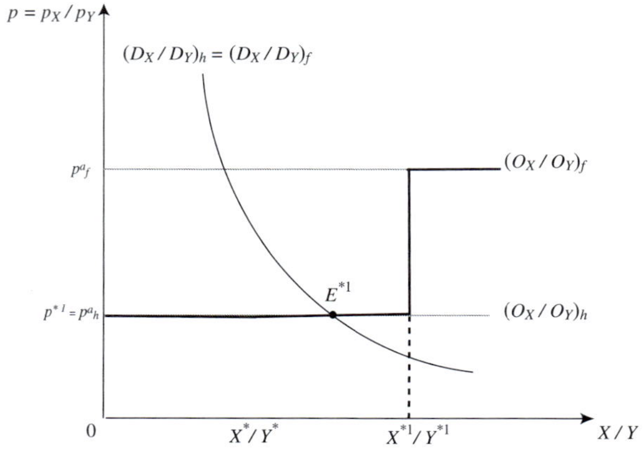

les termes de l'échange d'autarcie de son partenaire lors de l'ouverture à l'échange. Par conséquent, les consommateurs de H ne réalisent aucun gain à l'échange et l'intégralité du gain est réalisé par le pays F.

58 Comment met-on en évidence le gain à l'échange des pays dans ce modèle? Tout d'abord, lorsque le prix d'équilibre international diffère du prix d'autarcie du pays, les consommateurs peuvent se situer sur une courbe d'indifférence supérieure par rapport à la situation d'autarcie. Il y a donc un gain à l'échange quel que soit le sens de la déviation du prix international par rapport au prix d'autarcie, un résultat que nous connaissons déjà depuis la section 3. Ensuite, le gain à l'échange en termes de production mondiale peut être représenté en traçant la FPP mondiale.

Figure 6.6. FPP mondiale dans le modèle de Ricardo

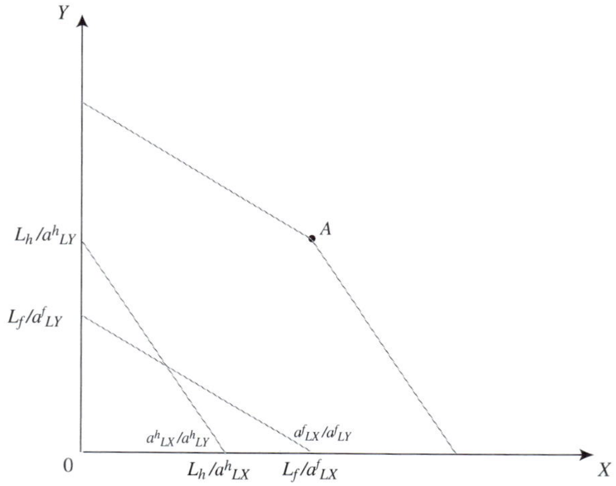

Il suffit pour cela de se demander, compte tenu des avantages comparatifs des deux pays, quelles sont les combinaisons maximales de production des deux biens qu'il est possible d'atteindre. Pour cela, on prend les FPP de chaque pays, le pays H disposant toujours d'un avantage comparatif dans la production du bien X. La production mondiale maximale du bien Y est atteinte en additionnant les ressources des deux pays concentrées dans la production de ce bien. Ensuite, pour « commencer » la production de bien X, on fait appel aux travailleurs du pays H, car ils sont relativement plus efficaces dans la production de ce bien, au sens où chaque unité de X produite se fait en renonçant à moins d'unités de Y. On a donc une FPP mondiale qui revient à tracer des droites parallèles aux FPP des deux pays en partant des points de spécialisation complète des deux pays dans un seul bien. Le *point de Ricardo* est atteint en A lorsque les pays sont entièrement spécialisés dans la production du bien pour lequel ils ont un avantage comparatif.

B. Les salaires

Dans ce modèle, les avantages comparatifs des deux pays sont donc déterminés par 59
les productivités relatives des pays dans la production des deux biens ou de manière équivalente par les différences de technologie entre les deux pays. L'ouverture à l'échange se traduit par un gain pour chacun des deux pays. Il paraît surprenant que les salaires relatifs des deux pays n'entrent pas dans la discussion pour déterminer s'il est profitable d'échanger. En effet, les prix relatifs d'autarcie qui déterminent l'avantage comparatif ne dépendent pas du salaire en vigueur dans le pays, et les différences de salaires n'interviennent donc pas dans la structure des avantages comparatifs et de gain au commerce.

Que peut révéler ce modèle s'agissant des craintes de « concurrence déloyale » ou de « dumping social » que les pays développés subiraient de la part des pays à très faible salaire ? Pour répondre à cette question, il faut s'intéresser à la détermination des salaires dans le modèle de Ricardo.

En concurrence parfaite, la condition de maximisation du profit assure que le travail est rémunéré en fonction de sa productivité. Ainsi, à l'autarcie, le salaire relatif d'un pays est égal à la productivité du travail dans le secteur considéré :

$$p_X^h = w_h a_{LX}^h \text{ et } p_Y^h = w_h a_{LY}^h \Rightarrow w_h/p_X^h = 1/a_{LX}^h \text{ et } w_h/p_Y^h = 1/a_{LY}^h$$

Quel est l'impact de l'ouverture à l'échange ? Supposons que les conditions d'offre et de demande mondiale sont telles que le nouveau prix se situe entre les deux prix d'autarcie ($p_h^a < p^* < p_f^a$), entraînant donc une spécialisation totale des économies. Le pays H produit donc uniquement du bien X et F uniquement du bien Y. Comme nous l'avons vu dans le cadre général, le changement de prix relatif des biens entraîne une réallocation du facteur vers le secteur relativement le plus productif. Ceci change donc la rémunération du facteur de production à l'équilibre, puisque le salaire est fonction de la productivité marginale du travail. Les nouvelles conditions d'équilibre sont :

$$p_X^* = w_h a_{LX}^h \text{ et } p_Y^* = w_f a_{LY}^f,$$

ce qui donne un salaire nominal relatif appelé aussi *termes de l'échange factoriel*[Q] :

$$\omega = \frac{w_h}{w_f} = \frac{a_{LY}^f}{a_{LX}^h}\frac{p_X^*}{p_Y^*}. \qquad (6.1)$$

Le salaire relatif du pays H par rapport à celui du pays F est donc déterminé par les termes de l'échange international et les rapports des productivités. Aux termes de l'échange fixés, une hausse de la productivité dans le pays H augmente le salaire nominal relatif. De même, plus le prix relatif de libre échange du bien exporté par H est élevé, pour des productivités relatives fixées, plus le salaire relatif de H est élevé.

On sait d'autre part que la spécialisation totale est possible tant que le prix international est situé entre les deux prix autarciques $p_h^a < p^* < p_f^a$. On obtient un salaire relatif compris entre les valeurs suivantes :

$$\frac{a_{LY}^f}{a_{LY}^h} \leqslant \frac{w_h}{w_f} \leqslant \frac{a_{LX}^f}{a_{LX}^h} \tag{6.2}$$

En représentant le salaire relatif en fonction du prix relatif, on constate que *ce sont les productivités relatives (p_h^a par rapport à p_f^a) qui déterminent l'avantage à commercer, mais ce sont les productivités absolues ($\frac{a_{LY}^f}{a_{LY}^h}$ et $\frac{a_{LX}^f}{a_{LX}^h}$) qui déterminent les pouvoirs d'achat relatifs.*

Figure 6.7. Termes de l'échange factoriels dans le modèle de Ricardo

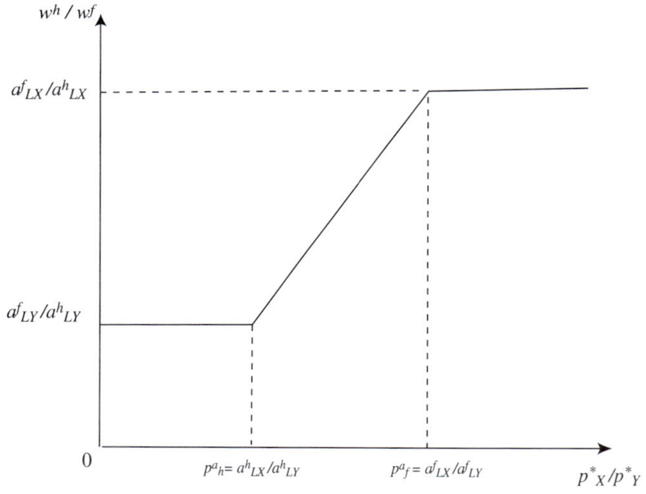

On notera enfin que si le pays H a un avantage absolu dans les deux biens, il aura forcément un salaire nominal supérieur au pays F. En effet, si la productivité de H est supérieure dans les deux biens, on aura :

$$1 < \frac{a_{LY}^f}{a_{LY}^h} \leqslant \frac{w_h}{w_f} \leqslant \frac{a_{LX}^f}{a_{LX}^h}.$$

Ainsi, le modèle ricardien fournit un argument fort contre une première idée reçue concernant le commerce international, selon laquelle les pays riches ne peuvent pas être compétitifs face aux pays à bas salaires.

En effet, *ce sont les différences de productivités relatives des pays qui sont reflétées dans les salaires et non les salaires qui déterminent la compétitivité des pays.* Tant qu'il existe des différences de productivité relative, l'échange est profitable entre les deux pays, quel que soit le niveau atteint à l'équilibre par les salaires.

§ 4 La répartition des gains à l'échange

Revenons en conclusion sur la répartition des gains à l'échange entre les deux pays. On sait qu'il y a un gain global et que les deux pays gagnent à l'échange. La section 3 ayant introduit l'effet d'une augmentation de la taille du pays sur les courbes d'offre, poursuivons l'analyse de l'effet de la taille des pays sur la répartition du gain.

La « taille » d'un pays dans ce modèle peut être appréhendée soit par le nombre de travailleurs dans l'économie, soit par la productivité de cette économie, les deux éléments se traduisant en un éloignement de la FPP par rapport à l'origine. Un accroissement de la taille du pays peut donc être vu comme une croissance des facteurs de production ou comme une amélioration de la productivité de ces facteurs. On suppose que les deux pays sont dans le cadre d'un échange avec spécialisation complète au prix international p^*. La figure 6.8 illustre la FPP du pays H, avec comme prix autarcique $p^a = a^h_{LX}/a^h_{LY}$. À l'ouverture, l'équilibre s'établit au point E. 60

Supposons pour l'instant que le rapport des prix internationaux p^* reste inchangé à la suite d'un accroissement de la taille du pays H. Ce pays va maintenant se situer sur une courbe d'indifférence supérieure (point C sur la figure 6.8) et donc souhaiter consommer davantage de bien Y, qui est produit entièrement par F. Le premier effet de la croissance est donc normalement d'augmenter le bien-être du pays qui croît (à prix constants).

Figure 6.8. Croissance d'un pays dans le modèle de Ricardo

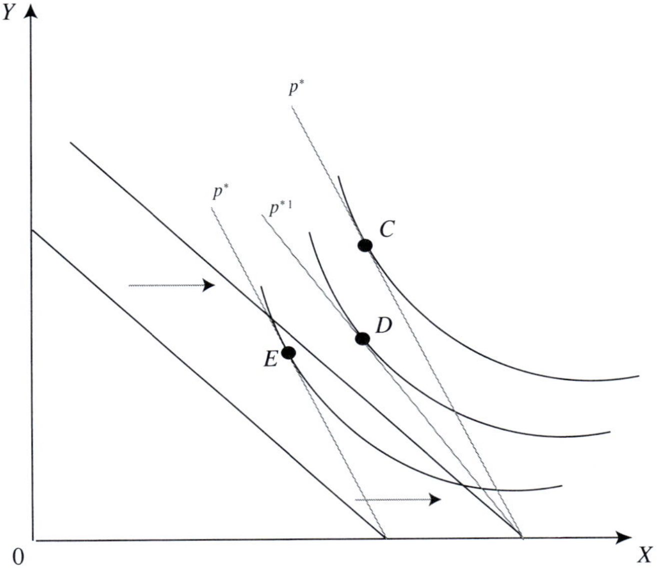

Quel que soit le prix relatif initial, l'expansion d'un des pays entraîne toujours un besoin de commerce supérieur puisque le pays H devra alors exporter plus de bien X pour couvrir ses nouvelles importations. Si l'on suppose que rien n'a changé dans le pays F, le prix mondial p^* ne peut plus être un équilibre dans cette configuration. La demande de bien X par F reste inchangée mais le pays H désire augmenter ses exportations de X. Il y a donc une offre excédentaire de X et une demande excédentaire de Y, le prix relatif doit donc s'ajuster à la baisse. On passe de p^* à $p^{*1} < p^*$ (du point C au point D sur la figure), ce qui signifie que le prix relatif du bien exporté par le pays H baisse : les termes de l'échange du pays H se dégradent à la suite de sa croissance. Réciproquement, les termes de l'échange du pays F s'améliorent à la suite de la croissance de H et F bénéficie donc d'une partie de l'amélioration de la productivité ou de la plus forte consommation de son partenaire commercial. Pour le pays dont la taille augmente, on a donc :

1) Un effet positif dû à l'augmentation de ses capacités productives qui permet une augmentation de ses échanges et donc de sa consommation.
2) Un effet négatif dû à la baisse du prix relatif du bien exporté par le pays en croissance. Cet effet négatif peut à la limite aller jusqu'à annuler les gains liés à la croissance. Il est même possible que le pays H, après croissance se retrouve sur une courbe d'indifférence inférieure à celle atteinte en libre échange avant croissance. Cela se produit si les termes de l'échange de H se dégradent à tel point que p^{*1} se rapproche du prix d'autarcie après croissance p^{a1}, ce qui peut correspondre à une courbe d'indifférence inférieure à la situation avec p^*. H gagne néanmoins toujours à l'échange par rapport à la situation autarcique.

61 Ces résultats viennent contredire une seconde idée reçue à propos du commerce international, selon laquelle les petits pays seraient désavantagés dans l'échange avec des grands partenaires, en particulier en raison de leur faible pouvoir de fixation des prix. En réalité, ce modèle enseigne que les petits pays sont les plus susceptibles de s'accaparer une part importante du gain à l'échange. Cela ne veut pas dire pour autant que les grands pays n'ont rien à gagner à l'échange, il existe une multitude de pays et de biens dans la réalité et donc même un pays aussi important que les États-Unis ne peut pas être « le grand pays » sur tous les marchés. Les pays ayant d'autant plus à gagner qu'ils sont petits sur les marchés considérés, ce modèle fournit une bonne explication au constat empirique que les pays ayant une population faible ont un commerce qui représente en moyenne une partie plus importante de leur PIB et sont plus spécialisés dans leur production.

Un deuxième enseignement de ce modèle est que les gains en productivité d'un pays bénéficient en fait largement à ses partenaires commerciaux sous la forme de baisses des prix relatifs des importations. Un exemple actuel de ce phénomène concerne les technologies de l'information. Ce secteur a connu des hausses de productivité très importantes aux États-Unis qui ont entraîné des baisses de prix massives des matériels informatiques et des logiciels, dont les partenaires commerciaux des États-Unis ont très largement bénéficié. De la même manière, les hausses de productivité de l'industrie automobile japonaise durant les dernières décennies par exemple, ont également contribué à améliorer le bien-être des consommateurs de ces voitures à l'étranger aux travers de baisses importantes des prix relatifs.

section 2

Les prolongements du modèle ricardien

§ 1 Échanges avec de nombreux biens et pays

A. Deux biens, plusieurs pays

Les prédictions de ce modèle sont-elles robustes à la dimension du modèle, 62
c'est-à-dire au nombre de pays et de biens que l'on suppose dans le modèle? Nous commençons par modifier le nombre de pays pour l'amener à trois afin de voir quelles modifications cela entraîne dans les spécialisations et la structure des échanges.

Tableau 6.3. Avantage comparatif avec deux biens et trois pays

	H	G	F
X	8	3	2
Y	16	9	12

Le tableau 6.3 donne les productivités de trois pays, H, G et F dans la production des biens *X* et *Y*. On obtient les prix relatifs d'autarcie dans chacun des trois pays pour le bien *X* : $p_h^a < p_g^a < p_f^a$ (2 < 3 < 6). Le pays G est donc dans une situation intermédiaire, disposant d'un désavantage comparatif en *X* par rapport à H mais d'un avantage comparatif pour ce même bien par rapport à F.

On peut donc retracer la FPP mondiale et le graphique d'équilibre sur le marché des biens. La FPP mondiale est obtenue en calculant la quantité maximale de bien *Y* qui peut être produite puis en commençant la production du bien *X* par ordre décroissant d'efficacité relative. La courbe d'offre mondiale relative comporte maintenant « deux marches ». Il est donc beaucoup plus probable que la courbe de demande relative croise la courbe d'offre relative sur une de ses parties horizontales, entraînant une spécialisation incomplète de l'un des pays « intermédiaires ». Il est donc beaucoup plus probable que le prix relatif de libre échange soit déterminé du coté de l'offre (c'est-à-dire suivant le niveau du rapport des coefficients techniques du pays intermédiaire plutôt que par le niveau de la demande relative comme cela était le cas dans le cas ricardien en général avec spécialisation complète et deux pays) .

B. Deux pays, plusieurs biens

Supposons maintenant qu'il n'y a que deux pays mais qu'ils peuvent chacun produire *n* biens. Chaque pays a un coefficient technique pour chacun des biens et l'on peut classer les biens par ordre croissant d'avantage comparatif pour le pays H :

$$\frac{a_{L1}^f}{a_{L1}^h} < \frac{a_{L2}^f}{a_{L2}^h} < \ldots < \frac{a_{Ln}^f}{a_{Ln}^h},$$

le pays H ayant un désavantage comparatif dans la production du bien 1 et un avantage comparatif dans la production du bien *n*. Pour savoir quel pays produit quel bien, il suffit alors d'utiliser l'expression que nous avons obtenu plus haut selon laquelle X est produit en H et Y en F si :

$$\frac{a^f_{LY}}{a^h_{LY}} \leqslant \frac{w_h}{w_f} \leqslant \frac{a^f_{LX}}{a^h_{LX}}.$$

Tous les biens situés « à droite » du salaire relatif dans la chaîne d'avantages comparatifs seront donc produits en H et les autres produits en F. En d'autres termes, le pays H exportera les biens pour lesquels son avantage en termes de productivité relative ($\frac{a^f_{LX}}{a^h_{LX}} = \frac{A^h_{LX}}{A^f_{LX}}$) est supérieur à son désavantage en termes de salaire relatif. Le salaire relatif sera quant à lui déterminé par l'équilibre sur le marché du travail. Sur ce marché, l'offre relative de travail est constante par la contrainte de plein emploi des ressources de chacun des deux pays et la demande de travail relative entre les deux pays est une demande dérivée de la demande relative des deux biens.

On peut représenter la structure de l'échange sous la forme d'une chaîne d'avantage comparatif que vient couper le rapport des salaires entre les deux pays. Si l'on se place dans la perspective du pays H, on peut considérer que F est le reste du monde, et le pays H importera donc les biens i pour lesquels $p^h_i > p^*_i$ et importera les autres. Le salaire relatif d'équilibre et in fine, les demandes relatives sur le marché des biens déterminent la structure de l'échange dans ce cadre.

Taux de change et chaîne d'avantages comparatifs

63 Toute l'analyse du modèle de Ricardo est faite sans tenir compte du taux de change entre les différentes monnaies des deux pays : en fait, tout se passe comme si les deux pays avaient la même monnaie. Que se passe-t-il si l'on introduit un taux de change dans ce modèle ?

On note e, *le taux de change nominal coté à l'incertain*, c'est-à-dire le nombre d'unités de monnaie nationales contre une unité de monnaie étrangère. Reprenons les équations de prix en monnaie locale pour un bien i dans ce modèle en notant avec une astérisque le reste du monde :

$$\begin{cases} p_i &= a_{Li}w \\ p^*_i &= a^*_{Li}w^* \end{cases}$$

Le bien X sera exporté et le bien Y sera importé si :

$$\begin{cases} p_X &< p^*_X e \\ p_Y &> p^*_Y e \end{cases}$$

Chaque bien est importé si le prix d'équilibre national à l'autarcie est supérieur au prix qu'il est possible d'obtenir dans le reste du monde exprimé dans une même monnaie : la monnaie nationale. On appelle le rapport

$$\frac{p_X}{p^*_X e},$$

la *compétitivité prix* des exportations du pays domestique pour le secteur X. Si tous les secteurs ont le même niveau de prix dans le pays, on appelle également cette expression le *taux de change réel* du pays domestique.

Les conditions d'arbitrage qui définissent les biens exportés et importés reviennent donc maintenant à :

$$\begin{cases} \dfrac{a_{LX}}{a^*_{LX}} < \dfrac{w^*}{w}e \\ \dfrac{a_{LY}}{a^*_{LY}} > \dfrac{w^*}{w}e, \end{cases}$$

c'est-à-dire :

$$\frac{a_{LY}}{a^*_{LY}} > \frac{w^*}{w}e > \frac{a_{LX}}{a^*_{LX}}.$$

On retrouve donc la *chaîne d'avantage comparatif*[Q] rompue toujours par le rapport des salaires mais également maintenant par le taux de change. On représente cette chaîne dans la première partie de la figure 6.9, où les biens sont ordonnés par ordre d'avantage comparatif du pays domestique de la gauche vers la droite. Le salaire relatif multiplié par le taux de change nominal vient rompre cette chaîne pour déterminer les biens exportés et les biens importés. Soulignons plusieurs éléments intéressant de la figure :

1) Une hausse des coûts relatifs du pays domestique (baisse de w^*/w) entraîne une réduction du spectre des exportables à taux de change donné.
2) Une dépréciation de la monnaie nationale (hausse de e ici) élargit le spectre des exportables en réduisant mécaniquement le prix des biens nationaux par rapport au reste du monde.
3) Toutes les branches ne sont pas touchées de la même manière par une variation des salaires relatifs et/ou du taux de change. Les secteurs exportateurs situés près de la frontière sont ceux qui sont le plus sensibles à la concurrence étrangère et donc à une dégradation de la compétitivité prix par une hausse des coûts de production relatifs ou du taux de change
4) Une dévaluation peut venir compenser une augmentation trop rapide des coûts salariaux par rapport à l'étranger afin de sauvegarder la compétitivité prix des secteurs les plus sensibles à la concurrence internationale.
5) Les coûts de production ne comprennent ici que du facteur travail et aucun bien intermédiaire importé par le pays pour sa production. Ces biens intermédiaires constituent une part importante du commerce international et la dévaluation augmente leur prix ce qui augmente le coût de production.

§ 2 Coûts de transport et détermination des biens non échangeables

Que se passe-t-il lorsqu'il existe des coûts de transport dans ce modèle ? Le coût 64
de transport est une barrière au commerce qui réduit la profitabilité de l'échange. Illustrons cela grâce à une formulation très simple du coût de transport due à Samuelson (1954[1]) : le coût de transport *iceberg*. Celui-ci stipule que pour qu'une unité du bien i transporté arrive à destination, il faut en réalité transporter une quantité $\tau_i > 1$ de ce bien. Supposons pour simplifier que tous les secteurs aient le

1. Samuelson P., 1954, « The Transfer Problem and Transport Costs, II : an Analysis of Effects of Trade Impediments », *The Economic Journal*, juin, p. 264-89.

même coût de transport et que ce soit le consommateur qui supporte l'intégralité du coût de transport. Le bien i sera alors exporté par H si $\tau p_i^h < p_i^*$ ou encore $1 > 1/\tau > p_i^h/p_i^*$. Réciproquement, le bien j sera alors importé par H si $p_j^h > \tau p_j^*$ ou encore $1 < \tau < p_j^h/p_j^*$.

Figure 6.9. Détermination des biens échangés

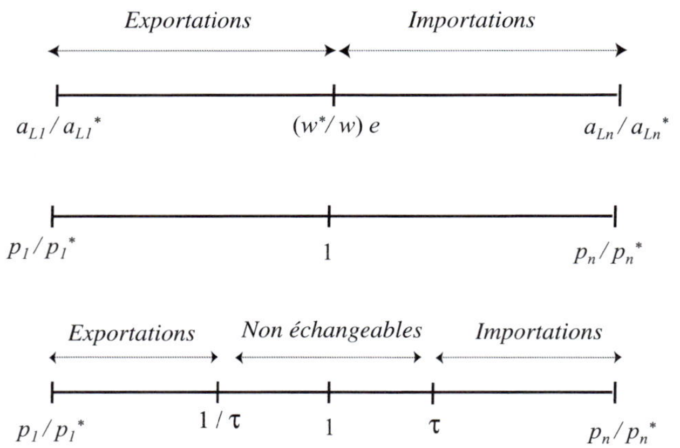

section 3

Les extensions néo-technologiques

§ 1 Écart technologique et cycle du produit

A. L'écart technologique

65 Une des premières analyses pour expliquer la nature des échanges internationaux en termes d'évolution technologique est celle de Posner (1961)[1]. Posner observe que de nouveaux produits et de nouveaux processus sont développés en permanence. Le pays dans lequel ces innovations interviennent bénéficie alors d'un avantage absolu sur ses partenaires pendant un certain temps sur ce type de produits ; il pourra les exporter. Ces nouveaux produits sont ensuite imités, à cause de la diffusion de la technologie, mais le processus continue du fait de l'apparition de nouvelles innovations. Le déterminant du commerce international réside donc dans l'écart technologique entre les pays. Les pays en avance exportent des biens intensifs en nouvelles technologies et les autres des produits banalisés. L'analyse de Posner peut être vue comme une généralisation et une dynamisation du modèle de Ricardo (Deardoff, 1984[2]).

1. Posner M., 1961, « International Trade and Technical Change », *Oxford Economic Papers*, p.323-41.
2. Deardoff A., 1984, « Testing Trade Theories and Predicting Trade Flows », chap. 10 in Jones R. et P.B. Kenen, *Handbook of International Economics*, vol.1, North Holland, Amsterdam.

Ces intuitions ont été approfondies (Hufbauer, 1970[1]), puis plus récemment formalisées par Krugman (1979b[2]). Krugman, dans son modèle, considère deux pays ou zones : les pays du Nord et les pays du Sud. Contrairement au Sud, le Nord innove. L'innovation prend la forme de nouveaux produits fabriqués immédiatement au Nord et seulement après un certain temps au Sud. L'auteur montre alors comment de nouvelles industries doivent émerger en permanence au Nord, dans le but de maintenir le niveau de revenu de cette zone, les industries nouvelles déclinant et disparaissant tôt ou tard face à la compétition des bas salaires des pays du Sud. Les hauts salaires du Nord reflètent alors la rente de monopole pour les nouvelles technologies. Pour Krugman, le monopole technologique du Nord est continuellement érodé par les transferts technologiques et ne peut être maintenu que par des innovations constantes dans de nouveaux produits.

B. Le cycle du produit

Vernon (1966)[3] met l'accent sur le nouveau produit lui-même et sur son cycle de 66
vie. Il relie l'évolution de la nature du produit tout au long de son cycle de vie avec la place de ce produit dans la structure du commerce international. Le produit peut connaître trois ou quatre phases : une phase d'émergence, de croissance, de maturité et de déclin. Dans sa première phase le produit est intensif en technologie, puis sa croissance et sa production de masse nécessitent une forte intensité en capital (investissement), enfin les phases de maturité et de déclin caractérisent un produit banalisé et intensif en main d'œuvre. Si le produit est d'abord fabriqué pour son marché intérieur (1re phase), il est ensuite exporté (2e phase), la firme et le pays innovateurs profitant à l'étranger de leur monopole technologique temporaire. Enfin les exportations se ralentissent du fait des imitations à l'étranger, puis s'arrêtent. Le produit devenu complètement banalisé peut même être alors importé en provenance d'un pays moins développé. Au cycle de vie du produit correspond ainsi un cycle du commerce international, les produits en début de cycle seront exportés par les pays en avance technologique, les produits en fin de cycle seront exportés par les pays abondants en travail peu qualifié. Trois groupes de pays peuvent être considérés : le pays innovateur, les pays développés suiveurs et les pays en voie de développement. Le cycle du produit étant décalé dans le temps, pour ces différents pays en fonction de leur niveau respectif de développement, on obtiendra ainsi une dynamique des échanges internationaux, qui peut faire penser à un vol d'oies sauvages, pour reprendre l'expression d'Akamatsu (1962)[4]. Les nombreuses vérifications empiriques de l'approche néo-technologique (Soete, 1987)[5]

1. Hufbauer G.C., 1970, « The Impact of National Characteristics and technology on the Commodity Composition of Trade in Manufactured Goods », in Vernon R. ed., *The Technology Factor in International Trade*, Columbia University Press, New -York.
2. Krugman P., 1979b, « A Model of Innovation, Technology Transfer, and the World Distribution of Income », *Journal of political Economy*, 2, p.253-266.
3. Vernon R., 1966, « International Investment and International Trade in the Product Cycle », *Quarterly Journal of Economics*, p.190-207.
4. Akamatsu K., 1962, « A Historical Pattern of Economic Growth in Developing Countries », *Developing Economies*, n° 1, p.2-25.
5. Soete L., 1987, « The Impact of Technological Innovation on International Trade patterns : the Evidence Reconsidered », *Research Policy*, p.101-130.

trouvèrent une forte corrélation entre les performances à l'exportation des États-Unis et l'importance de la Recherche et Développement ou des dépôts de brevets dans ce pays. D'une manière générale, plus les pays ont un niveau industriel important et plus ils auront tendance à exporter des produits nouveaux et différenciés.

§ 2 Les tests empiriques

A. Les hypothèses

67 MacDougal (1951[1]) fut le premier à entreprendre de tester la théorie de Ricardo. Il utilisa les données de productivité du travail et d'exportations des États-Unis et de la Grande-Bretagne pour 25 industries et pour l'année 1937. Les taux de salaire étant globalement deux fois plus élevés aux États-Unis qu'en Angleterre, MacDougal fit l'hypothèse que les coûts de production devaient être plus faibles aux États-Unis, dans les industries où le travail américain était plus de deux fois plus productif que le travail anglais. Les États-Unis doivent alors avoir un avantage comparatif dans ces industries, et leurs exportations vers les pays tiers doivent dépasser celles de la Grande-Bretagne. Inversement, la Grande-Bretagne devait obtenir un avantage comparatif dans les industries où la productivité du travail anglais était plus d'une demie fois plus grande que celle des États-Unis, leurs exportations, vers les pays tiers, devant alors dépasser celles des États-Unis. La relation testée est alors la suivante :

$$\frac{\text{Production par travailleur U.S.}}{\text{Production par travailleur G.B.}} \Rightarrow \frac{\text{Exportations U.S.}}{\text{Exportations G.B.}}$$

B. Les résultats

L'analyse empirique de MacDougal montre clairement l'existence d'une relation positive entre la productivité et les exportations pour 20 industries sur 25. Les industries connaissant une productivité relativement élevée aux États-Unis sont celles pour lesquelles ce pays a les exportations les plus élevées comparativement à celles de l'Angleterre. Et si les États-Unis ne capturent pas tout le marché d'exportation lorsque leur productivité est plus du double de celle de la Grande-Bretagne, c'est, comme l'indique MacDougal, que les produits d'une même industrie sont différenciés et donc qu'ils ne sont pas totalement substituables. La relation positive de ce test empirique est confirmée par les études ultérieures, notamment celle de Balassa pour les années 1950 et 1959. Des tests plus récents (en France, Guinchard 1984[2] ; Mathis, Mazier et Rivaud-Danset 1988[3]) soulignent également le rôle des coûts comparatifs sur les spécialisations relatives en indiquant toutefois la forte différence de cette relation selon les pays ainsi que l'importance relative d'avantages hors-coûts comparatifs dans les spécialisations.

---

1. MacDougal G., 1951, 1952, « British and American Exports : a Study Suggested by the Theory of Comparative Costs », *The Economic Journal*, 1ère partie décembre 1951, 2ème partie septembre 1952.
2. Guinchard P., 1984, « Productivité et compétitivité comparées des grands pays industriels », *Économie et Statistique*, janvier.
3. Mathis J., J. Mazier et D. Rivaud-Danset, 1988, *La competitivité industrielle*, Paris, Dunod.

Mémo

Pour tirer bénéfice du gain à l'échange, un avantage absolu dans la production d'un bien n'est pas nécessaire, un avantage comparatif suffit. Un pays a un avantage comparatif dans la production d'un bien s'il est relativement plus efficace dans la production de ce bien que son partenaire. Ainsi, un pays aura un avantage comparatif si le coût d'opportunité d'un bien, c'est-à-dire le nombre d'unités de l'autre bien auquel il faut renoncer pour pouvoir produire une unité du bien en question, est moindre que dans l'autre pays.

Dans le modèle de Ricardo, la structure des avantages comparatifs est donnée par les différences de productivité relative du travail dans les deux pays. Les possibilités de production de chaque pays sont représentées par le rapport des coefficients techniques ainsi que par la taille du pays en terme de nombre de travailleurs. À l'équilibre autarcique, le rapport des prix des biens est égal à la pente de la frontière des possibilités de production, c'est-à-dire au coût d'opportunité de la production d'un des biens. À l'ouverture, pour tout prix relatif international différent du prix autarcique, les pays se spécialisent complètement dans la production du bien dont le prix est supérieur à son coût d'opportunité. Chaque pays gagnera à l'échange lorsque les termes de l'échange se situent entre les deux prix relatifs d'autarcie. Au niveau mondial, la production est maximisée, et les consommateurs des deux pays se situent alors sur une courbe d'indifférence supérieure à celle de la situation d'autarcie. Dans le cas où l'un des pays n'a pas la taille suffisante pour satisfaire les besoins mondiaux du bien dans lequel il a un avantage comparatif, l'excès de demande mondiale par rapport à l'offre mondiale poussera le prix mondial vers le prix d'autarcie du pays relativement le moins efficace. L'intégralité du gain reviendra alors au petit pays.

Les salaires dans le modèle de Ricardo ne rentrent pas en compte dans la détermination des avantages comparatifs. En effet, le salaire d'un pays reflète le niveau absolu de productivité du pays et donc l'avantage absolu de ce pays par rapport à son partenaire.

Dans le modèle ricardien, l'augmentation de la taille d'un pays a un impact sur la répartition des gains au commerce. On observe deux effets. Un effet positif : la croissance du nombre de travailleurs permet une augmentation de la production du pays, donc de ses échanges et de sa consommation, et un effet négatif, engendré par la baisse du prix relatif du bien exporté. Il arrive que le bien-être du pays se détériore suite à sa croissance. Un petit pays sera alors plus à même de tirer partie des gains de l'échange car il bénéficiera des gains de productivité de ses partenaires et aura moins tendance à influencer les termes de l'échange.

Les extensions du modèle sont multiples. Dans le cas de plus de deux biens, la spécialisation se fera selon une chaîne d'avantages comparatifs. L'introduction du taux de change et des coûts de transport peuvent également influencer la spécialisation du commerce. Enfin, les prolongements dits néo-technologiques mettent en avant que ce sont la capacité des pays à innover et le niveau technologique du produit qui déterminent la structure du commerce international. Empiriquement, il semble bien exister une relation entre productivité relative et exportations.

Quid

- Avantage absolu / Avantage comparatif n° 51
- Intérêt à l'échange n° 52
- Coefficient technique n° 54
- Coût d'opportunité constant n° 55
- Courbe d'offre en escalier n° 57
- Termes de l'échange factoriels n° 60
- Chaîne d'avantages comparatifs n°s 63, 64

Quiz

Exercice type

Soit un monde composé de deux pays ; A et B.
Chaque pays produit les biens 1 et 2 avec un facteur de production L.
Les quantités de travail nécessaires pour produire une unité de bien dans chaque pays sont notées dans le tableau ci-dessous.

	Bien 1	Bien 2
Pays A	3	2
Pays B	5	1

Le travail est parfaitement mobile d'un secteur à l'autre mais internationalement immobile. Les dotations en facteurs sont : $L_A = 1\,200$ et $L_B = 800$.
Il y a plein emploi des ressources et la concurrence est parfaite.

1. Donnez, pour chaque pays, les prix relatifs du bien 2 en autarcie. Que peut-on dire du prix relatif à l'échange (désormais noté p).
2. Tracez dans le plan des productions les courbes d'offre potentielle des deux pays en autarcie ainsi que la courbe d'offre potentielle mondiale à l'échange.
3. Les deux pays s'ouvrent au commerce. La demande relative mondiale est de la forme $\frac{D_1}{D_2} = \frac{P_2}{P_1}$ où p_1 et p_2 sont les prix mondiaux des deux biens.
   (a) Calculez le prix relatif p_2/p_1.
   (b) Déterminez les volumes des échanges commerciaux.
   (c) Montrez que les pays gagnent à l'échange.
4. On suppose (pour cette question seulement) que sous l'effet de la croissance, le pays A voit sa dotation en facteur augmenter jusqu'à 2 400 unités de travail.
   (a) Trouvez le nouveau prix d'équilibre
   (b) Décrivez la nouvelle répartition des gains à l'échange.

Biblio

- MacDougal G., 1951, 1952, « British and American Exports : a Study Suggested by the Theory of Comparative Costs », *The Economic Journal*, 1ère partie décembre 1951, 2ème partie septembre 1952
- Samuelson P., 1954, « The Transfer Problem and Transport Costs, II : an Analysis of Effects of Trade Impediments », *The Economic Journal*, juin, p. 264-89
- Posner M., 1961, « International Trade and Technical Change », *Oxford Economic Papers*, p.323-41.
- Akamatsu K., 1962, « A Historical Pattern of Economic Growth in Developing Countries », *Developing Economies*, n° 1, p.2-25.
- Vernon R., 1966, « International Investment and International Trade in the Product Cycle », *Quarterly Journal of Economics*, p.190-207
- Hufbauer G.C., 1970, « The Impact of National Characteristics and technology on the Commodity Composition of Trade in Manufactured Goods », in Vernon R. ed., *The Technology Factor in International Trade*, Columbia University Press, New -York.
- Krugman P., 1979b, « A Model of Innovation, Technology Transfer, and the World Distribution of Income », *Journal of political Economy*, 2, p.253-266
- Deardoff A., 1984, « Testing Trade Theories and Predicting Trade Flows », chap. 10 in Jones R. et P.B. Kenen, *Handbook of International Economics*, vol.1, North Holland, Amsterdam.
- Guinchard P., 1984, « Productivité et compétitivité comparées des grands pays industriels », *Économie et Statistique*, janvier
- Mathis J., J. Mazier et D. Rivaud-Danset, 1988, *La competitivité industrielle*, Paris, Dunod.
- Mucchielli J.L., 1987, *Principes d'économie internationale*, Economica, Paris.
- Soete L., 1987, « The Impact of Technological Innovation on International Trade patterns : the Evidence Reconsidered », *Research Policy*, p.101-130
- Markusen, J.R., Melvin, J. R., Kaempfer, W.H., et Maskus, K.E, 1995, *International Trade, Theory and Evidence*, McGraw-Hill.
- De Melo J. et J-M. Grether (1997), « *Commerce International* », de Boeck : Louvain.
- Chapitre 6 de Caves, R., J. Frankel et R. Jones, 2003, *Commerce et paiements internationaux*, de Boeck, Louvain.

chapitre 7

Différences de dotations factorielles et spécialisations

Le modèle ricardien a fourni une première explication aux différences de prix d'autarcie donnant lieu à un commerce mutuellement profitable entre les deux pays. Les conclusions de ce modèle concernant les causes et les gains liés au commerce international sont extrêmement importantes. À part dans le cas où un des pays participant à l'échange est beaucoup plus grand que l'autre et ne peut se spécialiser entièrement, l'ensemble des consommateurs des deux pays voient leur bien-être augmenté du fait de l'ouverture au commerce, et donc de la spécialisation des pays et de l'échange. Le commerce permet ainsi d'exploiter les différences de productivité relative des travailleurs des deux pays.

Toutefois, le modèle de Ricardo comporte des hypothèses très restrictives qui empêchent de voir certains aspects importants du commerce. Principalement, le fait qu'il n'y ait qu'un seul facteur de production réduit la portée de l'analyse, et ce de deux points de vue. 68

Premièrement, l'existence d'un seul facteur de production implique que tous les individus gagnent à l'échange. Or, dans la réalité ce n'est pas le cas ; même si le commerce entraîne un gain global, *la répartition des effets du commerce peut être très inégalitaire*, certains individus perdant à l'ouverture et d'autres y gagnant. Cela se constate empiriquement par les différences radicales de prises de position de différents groupes de pression en ce qui concerne l'ouverture internationale.

Deuxièmement, avec un seul facteur, le coût d'opportunité de la production d'un bien est toujours constant, engendrant une FPP linéaire. De ce fait, le pays se spécialise complètement dès lors que le prix d'échange diffère du prix d'autarcie. *En réalité, les pays ne sont jamais spécialisés dans la production d'un seul bien*[1]. Il est donc important de s'assurer que le gain mutuel au commerce décrit dans le modèle de Ricardo ne tient pas à cette particularité mais peut émerger dans un modèle où les pays produisent plusieurs biens.

Le modèle d'Heckscher-Ohlin est donc plus général que le modèle de Ricardo, dans le sens où il utilise deux facteurs de production, ceux-ci étant substituables dans le processus de production en fonction des prix des facteurs, c'est-à-dire de leur abondance relative. L'existence de deux facteurs va permettre une analyse plus poussée de la redistribution des gains au commerce entre les facteurs rares

1. Et même lorsque cela s'en rapproche comme pour les pays producteurs de pétrole par exemple, l'explication tient plus à l'énorme dotation dans un facteur précis que dans une différence de productivité.

et abondants. Ensuite, avec la croissance du coût d'opportunité de production des biens, le changement de prix relatif entraîne à présent de manière générale une spécialisation moins drastique, les deux pays continuant à produire les deux biens à l'équilibre.

Parmi les conditions d'existence du commerce définies dans le chapitre 5, le modèle d'Heckscher-Ohlin retient la deuxième hypothèse, selon laquelle les pays diffèrent au travers de leurs dotations factorielles. L'analyse porte sur l'impact de cette différence sur les prix d'autarcie des biens et donc sur les spécialisations des pays.

Plan analytique

section 1

L'analyse d'Heckscher-Ohlin

§ 1 **Les hypothèses de base du modèle**

- **A.** Les hypothèses
- **B.** Dotations factorielles
- **C.** Intensités factorielles
- **D.** Équilibre autarcique

§ 2 **Ouverture à l'échange : le théorème d'Heckscher-Ohlin**

section 2

Les conséquences de l'ouverture internationale

§ 1 **Les conséquences sur le prix des facteurs**

- **A.** Le théorème Heckscher-Ohlin-Samuelson (HOS)
- **B.** Les limites du théorème

§ 2 **Les conséquences sur le revenu réel des facteurs**

- **A.** Le théorème Stolper-Samuelson
- **B.** Les implications du théorème

§ 3 **Les conséquences de la croissance d'un facteur de production**

- **A.** Le théorème de Rybczynski
- **B.** Les risques d'une croissance appauvrissante

section 3

Les extensions du modèle Heckscher-Ohlin

§ 1 **Le paradoxe de Leontief**

§ 2 **Les modèles néo-factoriels**

- **A.** Capital humain et capital physique
- **B.** Qualification du travail
- **C.** Qualification du travail et commerce Nord-Sud

§ 3 **Le modèle Heckscher-Ohlin-Vanek (HOV) et ses tentatives de tests**

- **A.** Généralisation du modèle
- **B.** L'écriture matricielle du modèle

section 1

L'analyse d'Heckscher-Ohlin

§ 1 Les hypothèses de base du modèle

A. Les hypothèses

On suppose le cadre suivant :

1) Deux pays, notés H et F.
2) Deux biens, X et Y.
3) Deux facteurs de production, le travail L et le capital K.
4) Une technologie identique entre les deux pays pour chacun des biens. Néanmoins la production des deux biens utilise les facteurs dans des proportions différentes. Un bien sera toujours plus intensif en capital et l'autre en travail.
5) Rendements d'échelle constants.
6) Aucune distorsion de type droits de douane, taxes, subvention ou imperfection de la concurrence, ce qui implique que les facteurs sont pleinement employés.
7) Les facteurs sont supposés homogènes, parfaitement mobiles entre les deux secteurs et parfaitement immobiles entre les deux pays.
8) Préférences identiques et homogènes.
9) Des dotations factorielles relatives différentes entre les deux pays.

La dernière hypothèse est donc la seule différence importante entre les deux pays et c'est la seule qui va permettre un échange profitable.

B. Dotations factorielles

L'abondance factorielle relative entre les deux pays est définie comme le rapport entre les stocks de capital et de travail des deux pays à un moment donné. Si le pays H dispose de plus de capital par travailleur que le pays F, on dit que le pays H est abondamment doté en capital : 69

$$\left(\frac{K}{L}\right)_h > \left(\frac{K}{L}\right)_f$$

C'est la dotation relative qui va être importante dans ce modèle car la dotation relative des facteurs à l'autarcie va déterminer l'offre relative des facteurs et donc leur prix relatif à l'équilibre, dans ce modèle où les demandes sont identiques. À l'autarcie, le pays H sera relativement abondant en capital ce qui impliquera une rémunération relative plus faible de ce facteur.

C. Intensités factorielles

70 Dans ce modèle, il y a deux types de différences. Une différence de *dotations factorielles*[Q] entre les pays déjà indiquée, et une autre différence qui permet aux pays de tirer avantage de leur différence d'abondance factorielle : la différence d'*intensité factorielle*[Q] entre les secteurs. Les biens utilisent les facteurs dans des proportions différentes, ce qui donne une incitation aux pays d'utiliser les ressources qu'ils ont en abondance pour produire le bien qui en demande beaucoup, c'est-à-dire se spécialiser dans la production du bien intensif dans le facteur relativement abondant donc relativement bon marché.

La production du bien X est relativement intensive en capital si le ratio capital sur travail utilisé dans la production de ce bien est supérieur au même ratio dans l'autre secteur :

$$\left(\frac{K}{L}\right)_X > \left(\frac{K}{L}\right)_Y$$

Ces intensités factorielles sont déterminées à l'équilibre dans chaque secteur par le choix optimal des producteurs qui choisissent les quantités de facteurs à utiliser afin de minimiser les coûts pour un rapport w/r donné.

Cela signifie que dans le modèle factoriel, contrairement au modèle technologique des échanges, les coefficients techniques sont variables. En effet le rapport $a_{LX} = L_x/X$ par exemple sera déterminé par le rapport des prix des facteurs puisqu'il est maintenant possible de substituer entre les deux facteurs selon leur prix relatif afin de minimiser le coût de production.

En théorie, il est possible que l'ordre des intensités factorielles soit inversé pour différents rapports de prix des facteurs. On aurait alors $\left(\frac{K}{L}\right)_Y > \left(\frac{K}{L}\right)_X$ pour un certain w/r et $\left(\frac{K}{L}\right)_Y < \left(\frac{K}{L}\right)_X$ pour un autre rapport des rémunérations. Cette possibilité pose des problèmes pour le théorème d'Heckscher-Ohlin et on suppose en général une *irréversibilité des intensités factorielles.* Cela signifie que quel que soit le rapport des prix des rémunérations, la technologie de production dans un secteur implique *toujours* plus de capital par travailleur que dans l'autre secteur.

D. Équilibre autarcique

71 Établissons à présent les conditions d'équilibre de la production en autarcie. La figure 7.1 retrace les isoquantes des deux biens dans chacun des pays, le bien X étant relativement intensif en capital (puisque pour un même rapport w/r, la pente de ces isoquantes, le bien X a un rapport K/L plus élevé). Supposons donc que le pays H soit relativement bien doté en capital, de telle sorte que ses dotations soient représentées par le point E_h alors que celles du pays F sont représentées par le point E_f.

On voit à l'aide des isoquantes que les quantités maximales de chacun des biens qui peuvent être produites par chacun des pays sont telles que $\bar{Y}_f > \bar{Y}_h$ et $\bar{X}_h > \bar{X}_f$. Nous savons depuis le chapitre 5 que les FPP sont concaves, ce qui nous permet de tracer les FPP de chacun de ces deux pays. La *FPP du pays H est « biaisée »*[Q] en faveur du bien X et la FPP du pays F est biaisée en faveur du bien Y, ce qui est logique puisque le bien X est intensif en capital et que le pays H est abondamment doté en capital.

Notons que cette caractéristique « biaisée » des FPP est indépendante de la taille des pays. À partir du moment où les dotations relatives de chacun des pays ne

Figure 7.1. Dotations factorielles relatives et frontières de production des deux pays

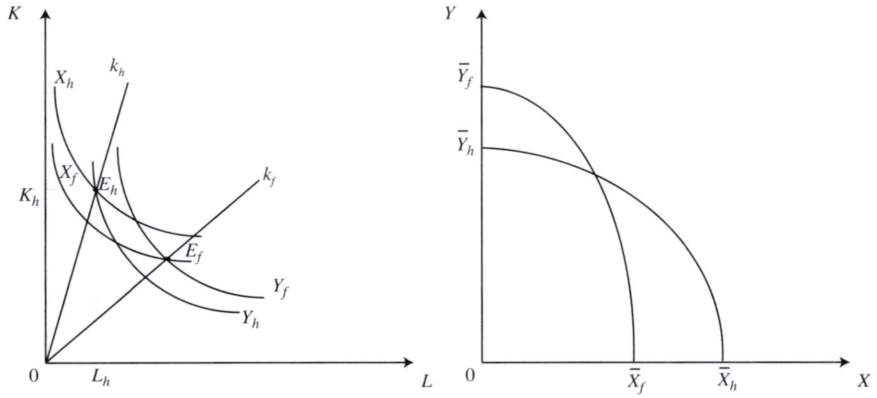

sont pas modifiées, les dotations du pays H se situent sur la droite k_h, le pays étant d'autant plus « grand » que le point est éloigné de l'origine. Nous avons vu qu'avec une fonction de production à rendements d'échelle constants, la quantité produite se réduit proportionnellement au facteur de réduction des inputs. Si l'on suppose que le pays H est maintenant plus petit que sa taille initiale avec une dotation au point E_h', les nouvelles isoquantes de production maximales des deux secteurs coupant k_h en E_h' correspondront à des quantités moitiés moindres que les quantités initiales et la FPP est simplement déplacée de manière parallèle, gardant son biais.

Il ne reste plus qu'à réintroduire les courbes d'indifférence pour obtenir les *prix* 72
d'équilibre à l'autarcie résultant de l'équilibre offre et demande interne de chacun des pays. Les préférences étant supposées identiques et homothétiques entre les deux pays, les courbes d'indifférence sont parallèles pour les deux pays et on cherche la courbe d'indifférence tangente à la FPP de chaque pays.

En raison du « biais » que nous venons de définir et qui résulte des dotations factorielles relatives différentes des deux pays, on aura des prix relatifs d'autarcie $p = p_X/p_Y$ (la pente de la FPP et de la courbe d'indifférence au point de tangence) différents dans les deux pays.

Sur la figure 7.2, on a $p_h < p_f$: le prix relatif du bien X est donc plus faible dans le pays H. En effet, le pays H étant abondamment doté en capital, et le bien X étant intensif en capital, le coût d'opportunité de la production du bien X est plus faible dans le pays H que dans le pays F. Le pays *H* a donc un avantage comparatif dans la production du bien X, et le pays *F* un désavantage comparatif. À l'inverse, le pays *F* étant relativement mieux doté en travail, il a un avantage comparatif dans la production du bien qui est intensif en travail (le bien Y), car le coût d'opportunité de Y est plus faible dans le pays F que dans le pays H.

Notons que les *tailles absolues des pays sont absolument sans effet sur la détermination de l'avantage comparatif*. Le prix d'autarcie des pays sera inchangé selon la taille absolue à partir du moment où les dotations relatives restent les mêmes, c'est-à-dire le long des droites OA_h et OA_f. En effet, si l'on augmente la taille du pays H par exemple, sa FPP est déplacée parallèlement vers le haut ce qui permet

Figure 7.2. Équilibre autarcique dans le modèle HO

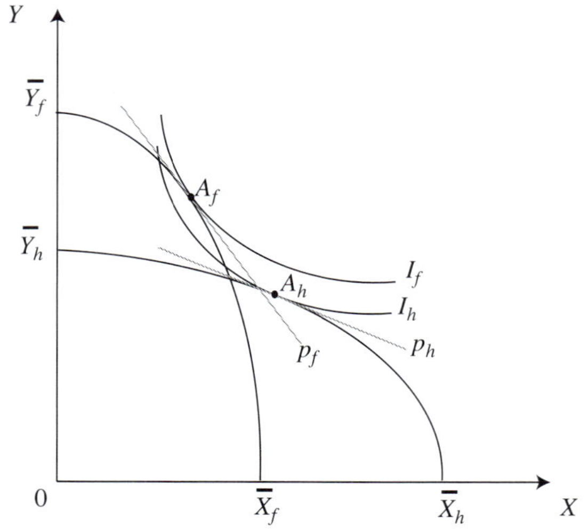

un déplacement, lui aussi parallèle de la courbe d'indifférence pour atteindre un nouveau point de tangence, qui se situe lui aussi sur la droite OA_h. Comme on sait que sur une même droite passant par l'origine tous les points d'intersection avec des courbes d'indifférence (satisfaisant les conditions d'identité et d'homotécité des préférences) traduisent la même pente de la courbe d'indifférence, on aura un même prix d'autarcie p_h.

Dans ce modèle, seules les dotations factorielles relatives des pays et les intensités factorielles des biens déterminent la structure de l'avantage comparatif.

§ 2 Ouverture à l'échange : le théorème d'Heckscher-Ohlin

73 Une version graphique du *théorème d'Heckscher-Ohlin* [Q] est retenue ici. Ce théorème s'intéresse à la détermination des échanges commerciaux après ouverture dans la situation où les prix d'autarcie diffèrent. À l'autarcie, le prix relatif du bien X est plus faible dans le pays H que dans le pays F. Le premier effet de l'ouverture va donc être une réorientation de la demande de chacun des deux pays en fonction du différentiel de prix. Les consommateurs du pays H vont avoir intérêt à acheter une partie de leur consommation du bien Y en F et les consommateurs de F voudront acheter une partie de leur consommation de X en H. Tant que le prix relatif d'un bien sera différent entre les deux pays, les consommateurs continueront à substituer en faveur du pays le moins cher.

Les producteurs vont alors modifier leur production en réponse à ces changements de demande de telle sorte que le pays H va augmenter sa production de X et réduire sa production de Y en réponse à la chute de la demande intérieure de Y et à l'accroissement de la demande de X en provenance de F. Ce déplacement le long de la FPP du pays H peut être représenté comme le passage de A_h sur la figure 7.2 à Q_h sur la figure 7.3. Ceci implique une augmentation du prix relatif du bien X dans le pays H. Dans le pays F, on assiste à un mouvement symétrique, la demande de bien X chute puisqu'il est plus avantageux d'aller acheter ce bien en H, la demande de bien Y augmente à la suite de la demande provenant des consommateurs de H. La production se déplace le long de la FPP de F de A_f sur la figure 7.2 à Q_f sur la figure 7.3, et par conséquent le prix relatif du bien Y augmente dans le pays F. *Chaque pays se spécialise donc dans la production et l'exportation du bien qui utilise intensément le facteur dont il est relativement abondamment doté : X pour le pays H, Y pour le pays F.*

Figure 7.3. Le théorème Heckscher-Ohlin

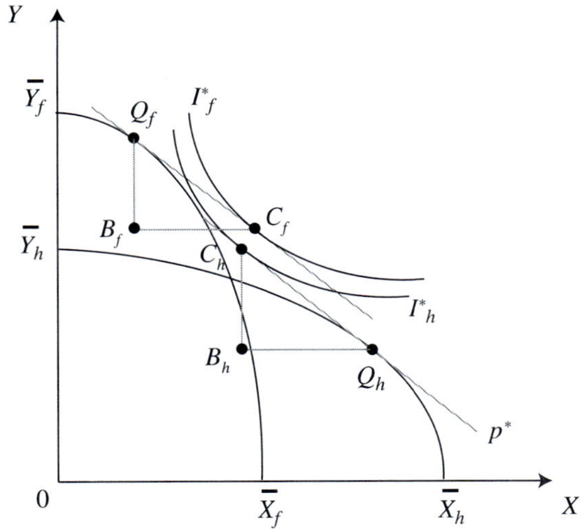

Puisqu'à l'autarcie on a $p_h < p_f$ et que l'ouverture entraîne une hausse de p_h et une baisse de p_f, *ce processus se poursuivra jusqu'à ce que 1) le prix relatif soit égalisé dans les deux pays et 2) que ce prix relatif assure l'équilibre sur le marché des biens au niveau mondial, c'est-à-dire l'équilibre entre les offres et les demandes excédentaires.* Cette condition d'équilibre est traduite par l'égalité des triangles d'échange dans la figure 7.3 et ce prix est trouvé en utilisant la même méthode des courbes de demande réciproques que dans l'annexe du chapitre 5.

Résumons les caractéristiques importantes de l'ouverture au commerce dans le modèle d'Heckscher-Ohlin, illustrées dans la figure 7.3 :

1) L'ouverture résulte dans une *égalisation des prix relatifs des biens.*
2) En général, avec la substituabilité des facteurs de production, *les deux pays continuent à produire des deux biens à l'ouverture.*
3) Enfin, les deux pays se situent sur des courbes d'indifférence à l'extérieur des FPP, ce qui signifie que *les deux pays gagnent à l'échange.*

Soit la formulation suivante du théorème :

Le théorème Heckscher-Ohlin

Sous les hypothèses mentionnées du modèle, un pays exporte le bien utilisant intensément le facteur dont il est relativement bien doté.

La caractéristique exogène fondamentale (donnée au départ sans être déterminée par le modèle) distinguant les deux pays est leur dotation relative en facteurs de production. En exportant le bien dont la production est intensive en capital et en important le bien dont la production est intensive en travail, *le pays H exporte implicitement des services du facteur capital et importe implicitement les services du facteur travail. Le commerce international de biens dans ce modèle permet en fait d'échanger les « surplus » de services de facteurs entre les nations.* Ceci va donc avoir des conséquences importantes sur les revenus des facteurs : si une nation exporte les services du facteur dont elle est abondamment dotée, cela va avoir tendance à élever la demande pour ce facteur et donc également son prix. C'est à ce type de phénomène que nous nous intéressons maintenant.

section 2

Les conséquences de l'ouverture internationale

§ 1 Les conséquences sur le prix des facteurs

A. Le théorème Heckscher-Ohlin-Samuelson (HOS)

■ 74 On a démontré que le commerce international égalise le prix relatif des biens entre les deux pays. Qu'en est-il des prix relatifs des facteurs, sont-ils également égalisés par l'ouverture ? La concurrence internationale a-t-elle tendance à exercer une pression sur les rémunérations de facteurs telle que ces rémunérations soient identiques dans tous les pays ?

Afin de répondre à cette question, il faut étudier la relation entre le prix des biens et le prix des facteurs. Intuitivement cette relation est très simple : une hausse du prix relatif du bien X par exemple a tendance à faire augmenter la production de ce bien au détriment de la production du bien Y. Pour augmenter cette production, les producteurs de X vont demander plus de facteurs, ces facteurs étant « libérés » par le secteur Y. Nous avons fait l'hypothèse que le bien X est intensif en capital et Y en travail, *le secteur Y libère donc du capital et du travail dans une proportion K/L inférieure à celle choisie par les producteurs de X aux prix des facteurs w/r initiaux.* Si le prix relatif des facteurs devait rester inchangé, on aurait donc une demande excessive de capital et une offre excessive de travail, entraînant une baisse de la rémunération relative du capital w/r de telle sorte que l'intensité en capital de X baisse (ainsi que celle de Y) pour rétablir l'équilibre.

Une augmentation du prix relatif d'un bien augmente la rémunération relative du facteur utilisé intensément dans la production de ce bien.

Il existe donc une fonction croissante qui fait correspondre un prix relatif des facteurs à chaque prix relatif des biens. Cette relation est décrite dans le diagramme de la partie droite de la figure 7.4, reprenant la méthodologie de construction des FPP présentée dans l'annexe du chapitre 7.

Figure 7.4. Le théorème HOS - I

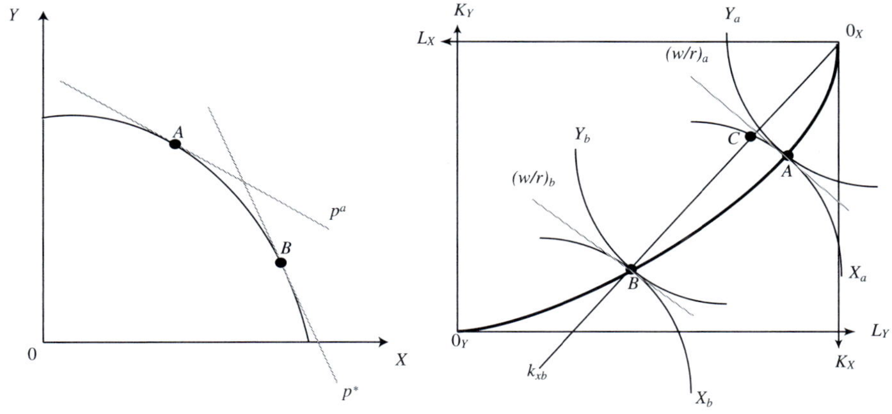

L'ouverture entraîne une hausse du prix relatif du bien X qui passe de p^a à p^*. En conséquence la production du pays se spécialise vers le bien X en passant du point A au point B.

Au point B dans la partie droite de la figure, l'intensité factorielle est notée k_{xb} et la pente de la droite de prix relatifs de facteurs est notée $(w/r)_b$. Par définition des isoquantes d'une technologie à rendements d'échelle constants, la pente en B de l'isoquante X_b (égale à $(w/r)_b$) est égale à la pente en C de l'isoquante X_a. On voit donc que $(w/r)_a$ a une pente inférieure à $(w/r)_b$. Après ouverture et hausse du prix relatif du bien intensif en capital, la rémunération relative du facteur capital est augmentée.

Il apparaît ainsi une relation entre prix relatif des biens et prix relatifs des facteurs qui définit une valeur unique de w/r pour chaque valeur de p. Cette relation est définie par la fonction de production : la pente w/r définie par le point de tangence entre les isoquantes des deux biens. Comme cette technologie (les isoquantes) est commune aux deux pays, on aura pour un même p, des productions relatives X/Y différentes mais un même rapport de rémunération relatives w/r et donc une même intensité capitalistique dans chaque secteur K/L. Une égalisation des prix relatifs des biens grâce à l'échange entraîne donc une égalisation des prix des facteurs dans les deux pays tant que ce rapport K/L peut s'égaliser pour un même bien.

Cette relation sera rompue quand, pour un prix relatif des biens donné, le rapport des rémunérations factorielles implique une intensité capitalistique impossible à atteindre pour l'économie en raison de ses dotations factorielles. Cela arrive lorsque le rapport des prix des biens entraîne une spécialisation totale d'une économie dans un des deux biens.

Relation entre prix des facteurs et intensité capitalistique

La condition pour que l'égalisation des prix des biens égalise les revenus des facteurs est que les pays restent diversifiés dans leur production. Cela tient au fait que les intensités capitalistiques puissent s'égaliser pour un même bien entre les deux pays. On démontre cela graphiquement grâce aux isoquantes de valeur unitaire.

On trace, pour un pays, dans la figure 7.5 une isoquante pour chaque secteur telle que :

$$X_0 p_X = Y_0 p_Y = 1$$

Figure 7.5. Le théorème HOS - II

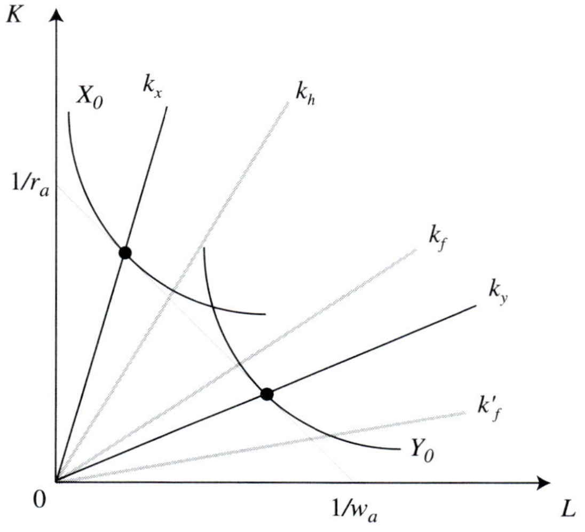

Pour un niveau de prix relatif des biens donné, on choisit les quantités de chaque biens telles que les valeurs des productions soient unitaires. On trace également une droite d'isocoût unitaire $1 = w_a L + r_a K$. À l'équilibre, les conditions de profit nuls et de minimisation des coûts impliquent donc que la production des deux biens se fasse aux points où les deux isoquantes sont tangentes à la droite d'isocoût. C'est-à-dire que les deux secteurs emploient capital et travail de telle sorte que le profit soit nul dans les deux secteurs (à un point où l'isoquante touche la contrainte budgétaire) et que la production soit maximale pour un niveau de coût unitaire (isoquante le plus haut possible). Cette condition de tangence est nécessaire pour que les deux biens soient produits. Si l'isoquante est supérieure à la droite d'isocoût, il existe des profits. Si elle est inférieure, le secteur fait des pertes et aucune firme ne produit le bien.

Dès lors, les deux pays ayant la même technologie, ils ont les mêmes isoquantes. Le commerce international égalisant les prix des biens dans les deux pays, ils ont les mêmes isoquantes unitaires. Par conséquent les points de tangence avec la courbe d'isocoût sont les mêmes, ce qui signifie que le rapport w/r est également le même.

Le point de tangence détermine les intensités capitalistiques pour chaque secteur. Au niveau de salaire relatif w_a/r_a donné, les firmes choisissent une proportion k_X et k_Y correspondante dans chaque secteur.

Soit k_h la dotation relative du pays H. Au prix relatif des facteurs w_a/r_a, le pays H ne pourra produire les deux biens que si $k_X > k_h > k_Y$. En effet, si $k_h = k_Y$ par exemple, le pays H ne pourra, pour ce prix relatif des facteurs, produire que du bien Y. L'économie continue à produire les deux biens si sa dotation factorielle relative du pays est comprise entre les intensités factorielles des deux biens pour un prix relatif des facteurs donné. La région entre ces deux intensités factorielles est donc appelée *le cône de diversification. La condition d'égalisation des rémunérations de facteurs à la suite de l'ouverture est donc que les dotations factorielles des deux pays se situent à l'intérieur du cône de diversification.* L'égalisation des revenus de facteurs est donc d'autant plus probable que les pays ont des dotations factorielles similaires et que les biens ont des intensités capitalistiques différentes, c'est-à-dire en fait des technologies de production différentes.

Le théorème Heckscher-Ohlin-Samuelson

Sous les hypothèses mentionnées du modèle, le commerce sans entrave des biens égalise les revenus relatifs des facteurs entre les pays au travers de l'égalisation des prix relatifs des biens. Cette égalisation a lieu tant que les deux pays produisent les deux biens.

B. Les limites du théorème

Dans la réalité bien entendu, les revenus relatifs des facteurs ne sont pas égalisés 75
entre les pays. Cela signifie que les nombreuses hypothèses restrictives amenant au théorème *Heckscher-Ohlin-Samuelson*[Q] doivent être fausses.

1) Les coûts de transport des biens sont importants dans de nombreux secteurs, signifiant que l'ouverture au commerce n'égalisera pas le prix des biens.
2) Les barrières au commerce comme les droits de douane et les quotas participent également à la non égalisation des prix des biens et donc des prix des facteurs.
3) Il existe de nombreuses distorsions comme l'imperfection de la concurrence et les rigidités sur le marché des facteurs qui participent à ce que les revenus des facteurs ne soient pas égaux à leur productivité marginale et qui peuvent maintenir des différences de prix entre pays.
4) Une des hypothèses les plus fortes du modèle tient à l'identité des technologies entre pays. En principe, dans le monde moderne, le savoir peut circuler assez vite, ce qui fait qu'il n'est pas trop improbable d'imaginer que tous les pays ont accès rapidement au même « grand livre » des technologies de production pour un même bien. Dans la réalité, le passage à la production à partir de la technologie est fonction de *la qualité des inputs*. C'est là-dessus que porte la principale source des différences de technologie entre pays : les facteurs n'ont pas du tout la même efficacité selon les pays.

Nous pouvons donc souligner les situations dans lesquelles les conséquences de l'ouverture au commerce, selon le théorème HOS, sont susceptibles d'être observées. Selon ce théorème, l'ouverture au commerce entre pays ayant des dotations factorielles différentes aura tendance à exercer une pression sur les rémunérations de facteurs telle que ces rémunérations tendront vers l'égalisation. Ceci sera particulièrement vrai dans les situations caractérisées par un commerce de type HO : échange de biens relativement homogènes entre pays à dotations factorielles très différentes (échanges Nord Sud).

Enfin, notons également que les barrières aux échanges tendent à empêcher l'égalisation des revenus de facteurs en protégeant par exemple les revenus des travailleurs non qualifiés d'une égalisation de leur revenu avec ceux des pays pauvres. Le différentiel de rémunération va donc entraîner une incitation à la migration des populations non qualifiées en direction du pays où ce type de travail est le mieux rémunéré. Si cette migration a réellement lieu (malgré les coûts très forts à la migration internationale), elle tendra à égaliser les revenus des facteurs entre pays et à annuler les effets désirés de la protection commerciale.Les deux politiques de restriction aux échanges (de biens et de facteurs) sont donc complémentaires.

§ 2 Les conséquences sur le revenu réel des facteurs

A. Le théorème Stolper-Samuelson

76 La section précédente a permis d'établir un rapport entre prix relatifs des biens et prix relatifs des facteurs. Le *théorème Stolper Samuelson*♀ établit un résultat encore plus important concernant *les rémunérations réelles des facteurs* : à l'ouverture la rémunération réelle d'un des deux facteurs sera améliorée et la rémunération réelle de l'autre sera dégradée, traduisant un *conflit redistributif*♀ dans l'ouverture au commerce[1].

Ce théorème établit plusieurs résultats fondamentaux concernant les effets de l'ouverture sur la redistribution des revenus entre facteurs de production :

1) Une hausse de prix relatif du bien intensif en capital (par exemple) entraîne une hausse de la rémunération relative du capital.
2) Un effet d'amplification : la hausse du prix relatif du capital est supérieure à la hausse du prix relatif du bien intensif en capital. Cela signifie que même dans un cas où l'ouverture se fait entre pays « proches », les effets redistributifs peuvent être importants.
3) Une hausse du prix relatif du bien intensif en capital entraîne une hausse de la rémunération réelle du capital et une baisse de la rémunération réelle du travail.

Le théorème Stolper-Samuelson
Sous les hypothèses mentionnées du modèle, une augmentation du prix relatif d'un bien augmente le revenu réel du facteur utilisé intensément dans la production de ce bien, et diminue le revenu réel de l'autre facteur.

B. Les implications du théorème

77 *Le conflit de redistribution des gains au commerce . . .*

Si les conditions du théorème Heckscher-Ohlin sont vérifiées, le libre échange, comparé à l'autarcie, engendre l'augmentation de la rémunération réelle du facteur abondant et la baisse de la rémunération réelle du facteur rare. Il y a donc un *conflit d'intérêt entre les facteurs* dans la politique commerciale menée par le pays. La protection aura des effets importants sur la distribution des revenus en dégradant la situation du facteur abondant (utilisé intensément dans le secteur exportateur) et en améliorant la situation du facteur rare (utilisé intensément dans le secteur importateur).

. . . entre facteurs rares et abondants . . .

L'impact de la variation des prix des biens sur les prix des facteurs dépend fortement du degré de mobilité intersectorielle des facteurs. Imaginons que les

1. La démonstration formelle des propriétés redistributives du modèle factoriel est donnée dans l'annexe B.

facteurs soient spécifiques à un secteur. À la suite d'une augmentation du prix du bien, la production de ce bien est inchangée puisque les facteurs sont fixes et donc les productivités marginales sont inchangées. En conséquence, la rémunération du facteur spécifique au secteur dont le prix a augmenté croît et inversement.

Quand les facteurs sont parfaitement mobiles intersectoriellement comme dans le modèle Heckscher-Ohlin, le sort du facteur ne dépend pas du secteur dans lequel il est employé mais du fait qu'il soit employé intensément ou non dans la production du bien dont le prix a augmenté. Le modèle à facteurs spécifiques explique donc mieux les situations de coalition de facteurs dans un secteur particulier en faveur d'une mesure de protection. Le modèle HO, par contre, explique mieux les affrontements entre facteurs rares et abondants indépendamment de leur secteur d'appartenance.

... lorsque les pays sont incomplètement spécialisés.

Ce résultat est valide tant que les pays sont incomplètement spécialisés. À l'équilibre, la condition de maximisation du profit du producteur implique que les facteurs ont une rémunération réelle égale à leur productivité marginale (voir chapitre 5) :

$$\frac{w}{p_X} = \frac{\partial X}{\partial L_X} \qquad \frac{r}{p_X} = \frac{\partial X}{\partial K_X}$$

$$\frac{w}{p_Y} = \frac{\partial Y}{\partial L_Y} \qquad \frac{r}{p_Y} = \frac{\partial Y}{\partial K_Y}.$$

Les rémunérations réelles des facteurs ne pourront donc varier que si les productivités marginales varient elles aussi à la suite de la variation de la production de chaque bien entraînée par la variation du prix de ce bien. Si la production ne peut pas bouger car le pays est totalement spécialisé dans la production d'un bien, les rémunérations réelles sont elles aussi fixes.

§ 3 Les conséquences de la croissance d'un facteur de production

A. Le théorème de Rybczynski

Le *théorème de Rybczynski*[Q] décrit une relation d'équilibre fondamentale concernant 78 ■
une économie ouverte au commerce, qui connaît un accroissement de l'un de ses facteurs de production. On aborde ainsi le phénomène de croissance et de développement d'un pays : que deviennent les avantages comparatifs et les spécialisations d'un pays lorsque celui-ci voit son stock de capital ou sa main d'œuvre augmenter ? On s'intéresse donc aux effets de phénomènes tels que l'investissement, l'afflux de capitaux étrangers dans une économie, la croissance de la population, ou l'immigration à travers la mobilité des facteurs, sur la dynamique des avantages comparatifs d'un pays.

Ainsi, alors que le théorème de Stolper-Samuelson s'intéresse à l'effet d'une variation du prix des biens en tenant les dotations factorielles fixées, le théorème de Rybczynski s'intéresse à la variation de la dotation d'une économie dans un facteur donné, à prix relatifs fixés.

La première chose à noter est que l'accroissement de la quantité disponible d'un des deux facteurs de production déplace la frontière de production de l'économie : celle-ci se déplace, d'une part, vers le haut, et d'autre part de manière biaisée en faveur du bien qui utilise intensément le facteur dont la dotation augmente. On pourrait s'attendre à ce que la production d'équilibre des deux biens augmente à la suite de ce mouvement mais le théorème de Rybczynski démontre précisément le contraire : la production du bien intensif dans le facteur en croissance augmente, celle de l'autre bien diminue. Ce raisonnement est valable quel que soit le prix relatif des biens que l'on considère c'est-à-dire où que l'on se trouve sur la FPP d'origine. La figure 7.6 illustre ce phénomène : avec la croissance de la quantité de capital dans l'économie, la nouvelle FPP du pays est « biaisée » en faveur du bien X intensif en capital.

Figure 7.6. Le théorème de Rybczynski

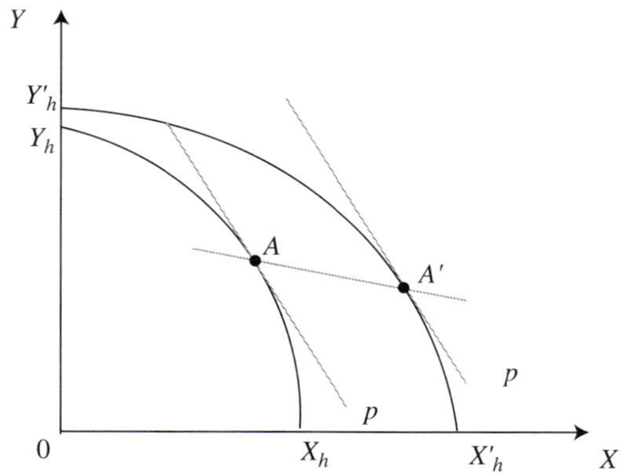

Le théorème de Rybczynski
Si le prix relatif des biens est constant et que les deux biens continuent d'être produits, l'augmentation de la dotation d'un facteur entraînera une augmentation de la production du bien utilisant intensément ce facteur et une réduction de la production de l'autre bien.

Il est possible en utilisant la même méthode que pour le théorème de Stolper-Samuelson mais avec cette fois les conditions de plein emploi des facteurs à prix relatifs des biens fixés, de montrer que le théorème de Rybczynski comporte également un effet d'amplification :

$$\bar{L} = a_{LX}X + a_{LY}Y$$
$$\bar{K} = a_{KX}X + a_{KY}Y$$
$$\hat{X} > \hat{L} > \hat{K} > \hat{Y}.$$

C'est dans ce sens qu'on dit souvent que les deux théorèmes sont des relations duales.

B. Les risques d'une croissance appauvrissante

Le théorème de Rybczynski engendre un déplacement de la FPP des pays (biaisée en faveur du bien utilisant intensément le facteur qui croit le plus) à la suite d'un phénomène de croissance. Néanmoins, une de ses limites est de *raisonner à prix relatifs des biens fixés*. En effet, tout comme dans le modèle ricardien, en réalité on peut s'attendre à ce que la croissance altère les demandes d'importations et les offres d'exportations du pays qui croit.

Si cette croissance est biaisée en faveur du secteur des exportations, le pays va offrir une quantité plus importante de son bien exporté sur le marché et, à prix relatif des biens constant, pouvoir demander plus de biens importés grâce à ces nouvelles exportations. Comme les capacités de production de l'autre pays restent constantes, on aura une offre excédentaire du bien exporté et une demande excédentaire du bien importé sur le marché mondial. Pour rétablir l'équilibre, il faut que le prix relatif du bien exporté baisse. Par conséquent :

> *Une croissance biaisée à l'exportation tend à détériorer les termes de l'échange du pays en croissance en faveur du reste du monde.*
>
> *Une croissance biaisée à l'importation tend à améliorer les termes de l'échange du pays en croissance au détriment du reste du monde.*

L'impact de la croissance sur le prix mondial peut toutefois dépendre de la taille du pays.

Croissance d'un petit pays : changement des avantages comparatifs

Si la taille du pays en question est négligeable à l'échelle mondiale, l'effet sur les 79
prix relatifs sera également négligeable. Une conséquence directe du théorème de Rybczynski dans ce cas est que la croissance est nécessairement bénéfique pour le pays en question, qui peut consommer davantage quel que soit le biais de cette croissance.

Dans le cas où les prix relatifs mondiaux ne changent pas, il est tout à fait possible que ce petit pays subisse un changement d'avantage comparatif à la suite de la croissance. Si les prix relatifs des biens sont stables dans le temps, un effort continu d'accumulation du capital dans un pays initialement abondant en travail va déformer la FPP en faveur du bien intensif en capital et peut à la limite la déformer tellement qu'elle inverse l'avantage comparatif du pays qui devient exportateur de bien intensif en capital au bout d'un certain temps.

C'est un argument souvent évoqué pour expliquer l'évolution de la spécialisation des pays comme le Japon et les NPI asiatiques. Jusqu'au début des années 1960, le Japon était un exportateur de produits utilisant intensément la main d'œuvre non qualifiée abondante dans ce pays. Ce pays a connu au cours des dernières décennies des taux d'épargne et d'investissement beaucoup plus importants que la plupart des pays industrialisés qui lui ont permis de devenir un exportateur net de biens intensifs en capital comme les machines outils ou les matériels de transport. Un processus similaire a eu lieu dans des pays comme la Corée du Sud et des pays du Sud Est asiatique.

Croissance d'un grand pays : la croissance appauvrissante

Supposons au contraire que le pays a une taille suffisamment importante pour que 80
son offre et sa demande influencent le prix mondial relatif des biens. La croissance biaisée à l'exportation détériore alors les termes de l'échange, ce qui conduit à annuler une partie des effets bénéfiques de l'accroissement des capacités de production. Cet effet peut en théorie être tellement important qu'il peut détériorer

le bien-être du pays par rapport à la situation avant croissance, provoquant une *croissance dite appauvrissante.*

Deux points méritent dès maintenant d'être soulignés concernant cet argument, même s'ils seront examinés plus en détail dans l'analyse des politiques commerciales :

1) La possibilité théorique d'une croissance appauvrissante est souvent considérée par certains économistes comme un fondement aux *politiques de substitution aux importations* : en incitant le pays à investir dans le facteur utilisé intensément dans le secteur d'importation, le gouvernement peut participer à une amélioration des termes de l'échange du pays. La démonstration de la croissance appauvrissante amène même certains à dénoncer les méfaits de la croissance pour les pays en développement, qui détériorerait leur bien-être par une croissance systématique des facteurs de production du secteur d'exportation.
2) Une question reliée porte sur l'adoption par le pays de taille suffisamment importante d'un *tarif optimal* lui permettant d'influencer en sa faveur les termes de l'échange mondiaux. En effet, le pays peut toujours utiliser un droit de douane ou une taxe à l'exportation afin que la croissance ne se traduise pas par une offre accrue d'exportations et une demande accrue d'importations, annulant l'effet négatif de détérioration des termes de l'échange.

Ces arguments offrent donc une possibilité aux États d'influencer les évolutions de spécialisation de leur économie en améliorant le bien-être par rapport à une situation de laisser-faire. De nombreux économistes ont appelés à une industrialisation des pays pauvres sous l'impulsion de l'État pour éviter la détérioration des termes de l'échange de ces pays. Les économistes des pays du Sud comme Émmanuel (théorie de « l'échange inégal ») à partir des années 1950 (et d'autant plus avec la chute des cours des matières premières après la Guerre de Corée) craignaient de voir les termes de l'échange des pays pauvres se détériorer continuellement au profit des pays du Nord pour plusieurs raisons :

1) Faible élasticité revenu de la demande d'importations du Nord et forte élasticité revenu de la demande d'importations du Sud.
2) Progrès technique concentré dans les secteurs d'exportations mais progrès technique générateur de plus d'externalités positives dans le Nord.
3) Le progrès technique dans le Nord se traduit par des baisses de prix faibles car les structures de marchés sont moins concurrentielles que dans le Sud.
4) Élasticité prix de la demande d'exportations plus faible pour les biens agricoles que pour les biens manufacturés.

Si toutes ces hypothèses sont vérifiées, le sentier de croissance du Sud sera davantage biaisé en faveur du commerce que celui du Nord et ses termes de l'échange se détérioreront.

Toutefois, ces analyses ne prennent pas en compte les coûts engendrés par la protection, que nous aborderons par la suite : l'imposition d'un droit de douane va réduire la spécialisation du pays et donc réduire les gains à l'échange qui pourraient être obtenus d'une exploitation complète de l'avantage comparatif du pays. Il existe également un argument invoquant les économies d'échelle : la politique de substitution aux importations peut avoir pour effet de diminuer la taille des usines dans tous les secteurs par rapport à la taille efficace, en « forçant » une diversification excessive de l'économie. Les pertes de revenus statiques dues à la mauvaise exploitation des avantages comparatifs et des économies d'échelle peut se traduire par un niveau d'épargne et d'investissement plus bas dans le pays, handicapant la croissance future. De plus s'il existe des économies d'échelle dynamiques de type « *learning by doing* », le manque de concentration de moyens de production dans le secteur à avantage comparatif peut également nuire à la progression de la productivité des facteurs et donc à la croissance.

section 3

Les extensions du modèle Heckscher-Ohlin

§ 1 Le paradoxe de Leontief

Le premier test du modèle d'Heckscher-Ohlin fut effectué par Léontief en 1953, en 81
utilisant les données de l'année 1947 pour le commerce américain. Dans la mesure où l'on pouvait raisonnablement penser que les États-Unis étaient un pays abondant en capital, dans son étude Léontief tente de démontrer que les exportations américaines étaient intensives en capital et les importations intensives en travail. Pour son test, Léontief utilise le tableau input-output de l'économie américaine. Il agrège les différents produits en 50 secteurs et les facteurs en deux : le capital et le travail. Les secteurs, en fonction de leur solde extérieur, sont classés secteurs exportateurs ou secteurs importateurs. Les importations sont en effet appréhendées au travers des productions nationales substituts, car il n'était pas possible à l'époque de réaliser des tableaux input-output pour les pays étrangers. Cependant, d'après Léontief, même si ces productions substituts étaient plus intensives en capital que les importations elles-mêmes, elles devaient tout de même, être moins intensives en capital que les exportations.

L'auteur calcule alors les inputs totaux (directs et indirects) requis dans la fabrication d'une unité de produits (1 million de dollars) des secteurs exportateurs et d'une unité de produits des secteurs importateurs substituts aux importations, afin d'obtenir le ratio

$$a = \frac{K_m/L_m}{K_x/L_x}$$

Le ratio obtenu pour les États-Unis dans l'étude de Léontief est égal à 1,3 (voir tableau 7.1) ; or pour que le théorème d'Heckscher-Ohlin soit respecté, il faut que le ratio a soit inférieur à 1. Le résultat du test de Léontief indique donc que les substituts d'importations ont une intensité relative en capital supérieure à celle des exportations. Ce résultat est appelé le *paradoxe de Léontief*, puisqu'il est l'opposé de ce que le modèle d'Heckscher et Ohlin était censé prévoir.

Suite aux résultats de Léontief, de nombreux travaux empiriques ont été effectués sur différents pays. Les résultats montrent alors, tantôt un paradoxe, tantôt une conformité avec le modèle d'Heckscher-Ohlin. Stolper et Roskamp (1961) trouvent une conformité avec le modèle dans l'analyse des exportations de l'Allemagne de l'Est, de même pour Hood (1967) pour le commerce de la Grande-Bretagne. Par contre Prouteau (1967) trouve un paradoxe dans le commerce de la France, de même

Tableau 7.1. Capital et travail requis pour la fabrication d'un million de dollars d'exportations et de substituts d'importations américaines.

	Capital (Dollars 1947)	Travail (hommes-années)	K/L
Exportations	2 550 780	182 313	13,991
Substituts d'imports	3 091 339	170 004	18,184

Bharadwaj (1962) pour le commerce de l'Inde avec les États-Unis. Stern et Maskus (1981) trouvent un paradoxe pour les États-Unis en utilisant le tableau d'input-output de 1958, mais pour celui de 1972, le paradoxe disparaît. Plus récemment encore, Clifton et Marxsen (1984) montrent que les échanges de certains pays sont conformes au modèle (Australie, Irlande, Japon, Corée, Nouvelle-Zélande, États-Unis) et que d'autres présentent un paradoxe (Israël, Kenya, Grande-Bretagne). Selon la méthode de Léontief et en fonction des résultats empiriques, il devient alors impossible d'infirmer ou de confirmer le modèle d'Heckscher-Ohlin.[1]

Les premières réponses au paradoxe de Léontief

82 Les réponses au paradoxe ont porté sur plusieurs aspects, notamment sur les limites de l'analyse empirique, qui ne permettaient pas d'invalider la théorie d'Heckscher-Ohlin, et sur les critiques de la théorie elle-même prétextant des piètres résultats statistiques. Abordons tout d'abord les critiques de l'analyse empirique.

Une plus forte productivité du travail aux États-Unis ?

Léontief, lui-même indiqua que la productivité du travail américain était meilleure que celle du reste du monde et « qu'un travailleur américain valait trois travailleurs étrangers ». La quantité de travail américain multipliée par trois, les États-Unis devenaient ainsi plus abondants en travail qu'en capital par rapport au reste du monde ; il était alors logique que les exportations soient intensives en main d'œuvre. Léontief explique cette supériorité par l'existence d'une meilleure organisation du travail et par la présence d'entrepreneurs.

Cependant, cette argumentation ne peut pas être retenue telle quelle. Outre le fait que le chiffre de trois est arbitraire et que parler en termes de productivité nous ramène vers une explication à la Ricardo, les éléments d'amélioration de la productivité, cités par Léontief, sont tout aussi valables pour l'amélioration de la

1. Références citées dans ce paragraphe :

Bharadwaj R., 1962, « Factor Proportions and the Structure of Indo-U.S. Trade », *Indian Economic Journal*, octobre.

Clifton jr. D.S, W. S. Marxsen, 1984, « An Empirical Investigation of the Heckscher-Ohlin Theorem », *Canadian Journal of Economics*, p.32-38.

Hood M., 1967, « An Empirical Investigation of the Heckscher-Ohlin Theory », *Economica*, février.

Prouteau R., 1967, *Recherches sur la loi des proportions de facteurs en commerce international*, thèse ès sciences économiques, Poitiers.

Stern R.M. , K.E. Maskus, 1984, « Determinant of the Structure of US Foreign Trade 1958-76 », *Journal of International Economics*, mai, p.207-224.

Stolper W., K. Roskamp, 1961, « Input-Output Table for East Germany with Applications to the Foreign Trade », *Bulletin of the Oxford University Institute of Statistics*, novembre.

productivité du capital. Et si l'on multiplie les deux facteurs de production, le travail et le capital, par trois, on retrouve le paradoxe.

Insuffisances des données biaisant les résultats

D'autres insuffisances ont été mises en évidence : comme l'impossibilité de considérer les importations qui n'ont pas de substituts nationaux (une grande partie des matières premières) ou l'incapacité de prendre en compte la terre et les ressources naturelles comme autre facteur de production. Les tarifs douaniers américains peuvent également biaiser les résultats : les industries les plus fortement protégées étaient intensives en travail, ce qui limitait les importations de ce type de produits et altérait les calculs. L'année 1947 apparaissait comme une année atypique, car trop proche de la fin de la guerre. Le déséquilibre de la balance des paiements pouvait également fausser les résultats.

Un test loin du modèle d'Heckscher-Ohlin ?

On a pu également reprocher à Léontief de ne pas tester le modèle d'Heckscher-Ohlin. Ce modèle met en évidence les relations entre trois variables : les abondances de facteurs, les intensités factorielles et le commerce. Léontief ne mesure pas les dotations de facteurs, il oublie ainsi une des trois variables citées.

D'autre part, le test du modèle d'Heckscher-Ohlin devrait, sans doute, s'effectuer sur des bases bilatérales. Hilton (1981)[1] estime qu'un pays ayant une abondance relative en capital « intermédiaire », est susceptible d'exporter des biens avec une intensité relative en capital intermédiaire et d'importer à la fois des biens très intensifs en capital, de pays au-dessus de lui et des biens intensifs en travail de pays au-dessous de lui.

Ce résultat fut en effet trouvé par Tatemoto et Ichimura (1956)[2] dans leur étude sur le commerce du Japon. Partant du principe qu'en 1950, le Japon était un pays relativement abondant en travail, ils trouvèrent avec les méthodes de Léontief, un paradoxe; les exportations japonaises étaient plus intensives en capital que les importations. Dans le cas du Japon, en 1950, la décomposition de son commerce en deux zones partenaires, les pays développés et les pays en voie de développement, permet de répondre au *paradoxe de Léontief*. Le Japon exportait des biens intensifs en capital vers les pays en développement et intensifs en travail vers les pays développés. Le fait que les trois quarts de son commerce aient été orientés vers les pays en développement et que son abondance factorielle ait été évaluée par rapport aux pays développés suffisait à créer une situation apparemment paradoxale. Le Japon apparaissait alors comme un pays intermédiaire. Cette situation de pays intermédiaire fut repérée, par la suite, pour la Grèce, puis pour la France (Lassudrie-Duchêne, Mucchielli, 1979), elle implique alors une hiérarchisation des avantages comparatifs.

Les critiques sur la théorie elle-même portèrent principalement sur trois points concernant les hypothèses du modèle : la demande, les intensités factorielles, la nature des produits et des facteurs. En particulier, le caractère hétérogène des facteurs et le caractère nouveau de certains produits furent soulignés. Ces derniers

1. Hilton R.S., 1981, *An Estimable Model of the Commodity Version of Trade*, Ph.D. dissertation, University of Wisconsin.
2. Tatemoto M. , Ichimura S., 1959, « Factor Proportions and Foreign Trade : the Case of Japan », *Review of Economics and Statistics*, novembre.

éléments ont donné naissance aux courants néo-factoriel et néo-technologique tels qu'ils ont été dénommés par Hufbauer (1970)[1].

§ 2 Les modèles néo-factoriels

Leontief (1964)[2] reconnaissait lui-même que les industries exportatrices américaines employaient plus de travailleurs qualifiés que les industries substituts aux importations. Kravis (1956)[3] observait également ce phénomène en remarquant que les salaires dans les premières industries étaient plus élevés que dans les secondes. Le capital humain et par là même, les fondements de la qualification du travail allaient devenir une des bases majeures des avantages comparatifs.

A. Capital humain et capital physique

83 Une des sources importantes du biais introduit dans les calculs de Leontief peut, en effet, provenir de la non prise en compte du capital humain. Ce capital humain est créé en investissant en éducation et il permet d'obtenir du travail qualifié qui augmentera la productivité de la main d'œuvre. Pour Kenen (1965)[4], le travail qualifié peut être considéré comme le résultat - l'output - de la combinaison de deux facteurs primaires : le travail et le capital.

Il estime alors la valeur du capital humain contenu dans les industries exportatrices et importatrices en capitalisant l'excès de revenu des travailleurs qualifiés, par rapport aux travailleurs non qualifiés. En utilisant un taux de rendement de 9 % pour cette capitalisation, il renverse le paradoxe de Leontief. Le capital humain, issu des travailleurs qualifiés rend ainsi plus intensives en capital les exportations que les importations. Cependant, pour d'autres taux de rendement, il n'y a pas renversement du paradoxe.

Findlay et Kierzkowski (1983)[5] ont modélisé ce type d'approche. On suppose une économie avec N individus naissant à un instant t et ayant une espérance de vie de T. La population est considérée comme stationnaire à chaque instant, avec une apparition et une disparition égale d'individus. Chaque individu peut être travailleur non qualifié en travaillant immédiatement ou bien devenir un travailleur qualifié et obtenir un salaire supérieur, lié à cette qualification. Il ne peut pas alors travailler tout de suite, mais il doit acquérir un certain niveau d'éducation pendant un laps de temps θ. Si dans une population de N individus, une quantité E choisit d'acquérir une qualification, $U = (N - E)$ individus choisiront de travailler tout de suite. À un moment donné du temps, la population totale NT se partagera entre les travailleurs non qualifiés UT, les étudiants en train d'acquérir une qualification $E\theta$ et les travailleurs qualifiés $E(T - \theta)$, soit :

$$NT = UT + E\theta + E(T - \theta)$$

1. op. cit.
2. Leontief W., 1964, « An International Comparaison of Factor Costs and Factor Use : a Review Article », *The American Economic Review*, juin.
3. Kravis I., 1956, « Wages and Foreign Trade », *Review of Economics and Statistics*, février.
4. Kenen P.B., 1965, « Nature, Capital and Trade », *Journal of Political Economy*, octobre, p.437-460.
5. Findlay R., Kierzkowski H., 1983, « International Trade and Human Capital : a General Equilibrium Model », *Journal of Political Economy*, décembre, p.957-78.

L'activité d'éducation, transformant les travailleurs non qualifiés en travailleurs qualifiés après un laps de temps θ, utilise un facteur appelé capital éducatif, qui peut être assimilé au capital en général K. La production obtenue par ces travailleurs sera une fonction Q telle que :

$$Q = F(K,E,\theta)$$

Le modèle de Findlay et Kierzkowski considère alors, dans un cadre d'Heckscher-Ohlin, deux biens (1, 2). Le bien 1 est plus intensif en travail qualifié (θ) et le bien 2 plus intensif en travail non qualifié (n), tel que :

$$\frac{L_{\theta 1}}{L_{n1}} > \frac{L_{\theta 2}}{L_{n2}}$$

On considère également deux pays , le pays national étant relativement plus abondant en capital que le pays étranger, tel que :

$$\frac{K}{N} > \frac{K^*}{N^*}$$

Le capital servant à la formation des travailleurs qualifiés, on peut aisément trouver que le prix relatif du produit intensif en travail qualifié sera moins élevé dans le pays national qu'à l'étranger.

Le résultat général est le suivant : *un pays relativement abondant en capital exportera des biens intensifs en travail qualifié et un pays relativement peu abondant en capital exportera des biens intensifs en travail non qualifié.*

B. Qualification du travail

Keesing (1966)[1] aborde d'une autre manière les liens entre la qualification du travail et les avantages comparatifs : il décompose le travail en plusieurs types de qualifications. Les tests s'effectuent en général en termes de pourcentages des qualifications les plus élevées ou les moins élevées, détenus par les exportations et les importations. 84

Keesing distingue huit classes de qualifications attachées à huit types d'activités : 1/ les scientifiques et les ingénieurs, 2/ les techniciens et les dessinateurs industriels, 3/ autres cadres, 4/ les dirigeants, 5/ les machinistes, électriciens et mécaniciens, 6/ les autres travailleurs manuels qualifiés, 7/ les employés de bureau et 8/ les travailleurs non qualifiés ou semi-qualifiés.

Pour certains tests, Keesing calcule le pourcentage de chaque catégorie de travail dans les exportations des pays, en prenant comme référence les données industrielles américaines, pour analyser le contenu en qualifications des exportations et importations des différents pays. Ainsi pour les exportations de 1962, avec 46 secteurs et 14 pays étudiés, les États-Unis ont le plus fort pourcentage des catégories 1/, 2/ et 3/ dans leurs exportations et le plus faible pour la catégorie 8/. Pour d'autres tests, l'auteur construit un indicateur de qualification. En admettant que les catégories de travail 4/, 6/ et 7/ ont peu de poids dans les spécialisations au contraire des catégories 1/, 2/ et 3/, cet indicateur s'écrit de la manière suivante :

$$a = \frac{(2 \cdot \{1/ + 2/ + 3/\} + 5/)}{8/}$$

1. Keesing D.B., 1966, « Labor Skills and Comparative Advantage », *The American Economic Review*, mai, p.249-258.

Le tableau 7.2 retrace, pour l'année 1962, les résultats relatifs à l'intensité en travail qualifié contenu dans les exportations par rapport aux importations de 13 pays et pour 46 industries. Les États-Unis ont les exportations les plus intensives en travail qualifié. Ceci correspond au développement général des différents pays et permet de renverser le paradoxe de Leontief. Les travaux de Keesing suggèrent alors que le modèle d'Heckscher-Ohlin peut prédire la nature des échanges, en se basant sur les dotations factorielles à condition que le travail soit décomposé en plusieurs sous catégories plus homogènes.

D'autres travaux ont été réalisés dans la lignée de ceux de Keesing. Vellas (1981)[1], par exemple, étudie le commerce français, en mêlant la démarche de Keesing avec celle de Tatemoto et Ichimura. Il trouve que la France exporte des produits intensifs en travail qualifié vers les pays moins développés et qu'elle exporte des produits intensifs en travail peu qualifié vers des pays plus développés.

Tableau 7.2. Intensité en travail qualifié des exportations par rapport aux importations pour 1962 (ratio a), 46 industries.

États-Unis	2,22	Pays-Bas	0,93	Belgique	0,73
R.F.A	1,57	Canada	0,91	Italie	0,53
G.B	1,31	France	0,79	Japon	0,38
Suède	1,27	Autriche	0,77	Inde	0,15
Suisse	1,10				

Source : d'après Keesing (1966), op. cit.

C. Qualification du travail et commerce Nord-Sud

85 Wood (1994)[2] montre l'importance de ces différences de qualifications, au travers de l'étude du commerce de biens manufacturés entre le Nord (pays développés) et le Sud (pays en développement). Pour lui, les critiques faites à l'encontre du théorème Heckscher-Ohlin sont exagérées. Il démontre que la théorie des proportions de facteurs fournit une description correcte de la structure du commerce international. Ce cadre d'analyse est parfaitement approprié à un test de HO puisque les deux groupes de pays considérés ont des dotations factorielles très différentes. L'échec de la plupart des tests provient d'une mauvaise spécification du modèle. En l'occurrence, les auteurs traitent en général le capital de la même manière que la terre. Or le capital est mobile internationalement. Les échanges internationaux de biens d'équipement et de flux financiers illustrent cette situation. Dans ces conditions, le capital n'agit pas sur la composition des échanges internationaux. Une bonne spécification du modèle doit donc exclure le capital. La structure du commerce international est déterminée par les facteurs qui sont immobiles internationalement : la terre et le travail. Notamment les dotations en travail qualifié et non qualifié se révèlent fortement déterminantes pour expliquer le commerce de biens manufacturés Nord-Sud.

1. Vellas F., 1981, *Echange international et qualification du travail*, Economica, Paris.
2. Wood A., 1994, « Give Heckscher and Ohlin a Chance ! », Weltwirtschaftliches Archiv, vol 130, p.20-49.

§ 3 Le modèle Heckscher-Ohlin-Vanek (HOV) et ses tentatives de tests

Le modèle à n facteurs et m produits a été développé par Vanek (1968)[1]. Pour pouvoir étendre le modèle des proportions de facteurs dans un cadre multi-facteurs et multi-produits, il est nécessaire de le formuler sous forme matricielle. 86

A. Généralisation du modèle

L'extension du théorème d'Heckscher-Ohlin à un cadre n pays $\cdot$ m biens nécessite le recours à la notion de service de facteur. En effet, le concept d'intensité factorielle étant difficilement définissable au-delà de deux facteurs de production, une reformulation du théorème s'impose donc, afin de le rendre plus facilement généralisable. Vanek a ainsi développé une version du théorème appuyée sur le contenu en facteur de la production de chaque bien. On y fait référence aux facteurs qui sont incorporés dans les biens échangés plutôt qu'aux biens eux-mêmes. Le pays relativement mieux doté en un facteur de production sera exportateur net des services de ce facteur et sera importateur net des services des autres facteurs. La généralisation du théorème nécessite une hypothèse supplémentaire à celles déjà posées : la spécialisation dans un monde à deux pays ne s'effectue pas sur plus de $m - n$ produits, avec n représentant les facteurs de production. En utilisant F_i l'offre nationale et f_i l'offre étrangère de facteurs si la relation suivante est observée :

$$\frac{F_1}{f_1} \geqslant \frac{F_2}{f_2} \geqslant \ldots \frac{F_n}{f_n}$$

Alors on peut conclure que si le commerce est libre, l'économie nationale sera exportatrice nette des services de $F_1, F_2 \ldots F_j$ et importatrice nette de $F_{j+1}, F_{j+2} \ldots F_n$ où $j \neq n$. On peut déterminer exactement j, si on connaît le prix des facteurs. De plus, sachant le prix des facteurs, on peut également calculer précisément le montant des échanges internationaux.

B. L'écriture matricielle du modèle

Avec la forme 2x2x2, le modèle factoriel peut être réécrit de manière matricielle suivante :

Soient X_1, X_2 les quantités produites de bien 1 et de bien 2 et K,L les dotations factorielles d'une économie nationale donnée.

$$K = a_{K1}X_1 + a_{K2}X_2$$
$$L = a_{L1}X_1 + a_{L2}X_2$$

Si on pose $\mathbf{V}$ le vecteur des dotations factorielles (K,L), $\mathbf{X}$ le vecteur des productions (X_1,X_2) et $\mathbf{A}$ la matrice des contenus en facteurs alors ce système d'équations peut être écrit sous la forme : $\mathbf{V} = \mathbf{A} \cdot \mathbf{X}$. On peut exprimer les productions en fonction des dotations factorielles[2] et on a alors :

$$\mathbf{X} = \mathbf{A}^{-1} \cdot \mathbf{V}$$

1. Vanek J. (1968), « The Factor Proportions Theory : The n Factor Case », *Kyklos*, vol 21, p 749-756.
2. La matrice inverse $\mathbf{A}^{-1}$ existe puisque les intensités factorielles relatives sont différentes : $a_{K1}/a_{L1} \neq a_{K2}/a_{L2}$.

Tout comme on vient d'exprimer la production d'un pays, on peut exprimer la production mondiale $\mathbf{X}_W$ en fonction des dotations factorielles mondiales $\mathbf{V}_W$:

$$\mathbf{X}_W = \mathbf{A}^{-1} \cdot \mathbf{V}_W$$

Suivant les hypothèses du modèle HO, les deux pays sont identiques et seules les dotations factorielles sont différentes. Les prix relatifs des biens étant donnés sur le marché mondial, ils sont donc égaux pour tous les pays. Chaque pays consomme donc chaque marchandise dans les mêmes proportions :

$$\mathbf{C} = s \cdot \mathbf{X}_W,$$

avec $\mathbf{C}$ le vecteur de consommation de l'économie nationale et s la part de la consommation nationale dans la production mondiale. La condition d'équilibre de la balance commerciale implique que la valeur de la production soit égale à la valeur de la consommation.

$$p'\mathbf{X} = p'\mathbf{C} = sp'\mathbf{X}_W,$$

où p est le vecteur de prix (p_1,p_2)[1]. Si le commerce est équilibré alors on déduit de cette relation que la part de la consommation nationale s est égale au ratio PIB national sur PIB mondial.

$$s = p'\mathbf{X}/p'\mathbf{X}_W.$$

La différence entre la production et la consommation nationales donne le vecteur d'exportation $\mathbf{T}$:

$$\mathbf{T} = \mathbf{X} - \mathbf{C} \Leftrightarrow \mathbf{T} = \mathbf{A}^{-1}\mathbf{V} - s\mathbf{A}^{-1}\mathbf{V}W$$

$$\Leftrightarrow \mathbf{T} = \mathbf{A}^{-1}(\mathbf{V} - s\mathbf{V}_W).$$

Les exportations sont donc une fonction du vecteur $\mathbf{V} - s\mathbf{V}_W$ qui représente l'excès d'offre de facteur de l'économie nationale.

$$\mathbf{V} - s\mathbf{V}_W = \begin{bmatrix} K - sK_W \\ L - sL_W \end{bmatrix} = \begin{bmatrix} K_W(K/K_W - s) \\ L_W(L/L_W - s) \end{bmatrix}$$

où K/K_W et L/L_W représentent respectivement l'abondance factorielle de l'économie nationale en K et en L. Si l'économie domestique est relativement mieux dotée en capital $(K/K_W > L/L_W)$ alors on démontre que le vecteur d'excès d'offre de facteurs aura la structure de signe [+;−]. Pour déterminer le signe du vecteur d'exportation $\mathbf{T}$ de l'économie nationale, on doit déterminer l'effet provoqué par la multiplication d'un vecteur [+;−] par l'inverse de la matrice $\mathbf{A}$.

$$\mathbf{A}^{-1} = \begin{bmatrix} a_{K1} & a_{K2} \\ a_{L1} & a_{L2} \end{bmatrix}^{-1} = \begin{bmatrix} a_{L2} & -a_{K2} \\ -a_{L1} & a_{K1} \end{bmatrix} / |\mathbf{A}|,$$

où le déterminant est :

$$|\mathbf{A}| = (a_{K1}a_{L2} - a_{L1}a_{K2}) = a_{L1} \cdot a_{L2} \left(\frac{a_{K1}}{a_{L1}} - \frac{a_{K2}}{a_{L2}} \right).$$

1. Le $'$ symbolise la matrice ou le vecteur transposé. Exemple pour le vecteur $a = \begin{bmatrix} a_1 \\ a_2 \\ a_3 \end{bmatrix}, a' = [a_1, a_2, \ldots a_n]$

Si X_1 est l'industrie intensive en capital alors $|\mathbf{A}| > 0$ et $\mathbf{A}^{-1}$ a la structure de signe suivante :

$$\mathbf{A}^{-1} = \begin{bmatrix} + & - \\ - & + \end{bmatrix}$$

Si le pays est abondant en capital, le vecteur d'excès d'offre a le signe [+;−], par conséquent le commerce a la répartition de signes suivante :

$$\mathbf{T}\begin{bmatrix} + & - \\ - & + \end{bmatrix}\begin{bmatrix} + \\ - \end{bmatrix} = \begin{bmatrix} + \\ - \end{bmatrix}$$

Ceci signifie que le pays abondant en capital exporte le bien X_1 intense en capital et importe le bien X_2 intensif en travail.

C. Tentative de test de HOV

Une des premières analyses empiriques approfondies sur le modèle HOV a été entreprise par Leamer en 1984.[1] Cet auteur a systématiquement cherché à mettre en évidence la corrélation qui pouvait exister entre la structure des flux commerciaux et les dotations de facteurs de production pour plusieurs années entre 1958 et 1975 et ce pour un très grand nombre de pays. Leamer a regroupé 61 produits de la nomenclature internationale du commerce extérieur en 10 catégories relativement homogènes, dont deux groupes de produits primaires (PETRO et MAT), quatre de cultures commerciales (FOR, TROP, ANL, CER) et quatre agrégats de biens manufacturés (LAB,CAP,MACH,CHEM). Leamer distingue également onze ressources ou types de facteurs de production. Il s'agit du capital, de trois catégories de travail différenciées par degré de scolarité, de quatre catégories de terre différenciées par grandes zones climatiques et enfin de trois catégories de ressources naturelles.

L'auteur par la suite classifie les pays selon leur statut d'exportateur net ($T_{hj} = X_{hj} - M_{hj}$ étant le flux net pour le bien de catégorie j dans le pays h) pour deux années extrêmes 1958 et 1975. Il classe les pays selon une échelle de développement, et montre qu'un pays commencera par exporter des biens manufacturés intensifs en travail et ensuite intensifs en capital et enfin intensifs en main d'œuvre qualifiée. Ces résultats permettent d'indiquer que les profils de commerce sont relativement bien expliqués par les profils des ressources. L'avantage comparatif dans les catégories de produits qui dépendent de matières premières (pétrole, produits minéraux)est positivement corrélé avec les dotations de pétrole et de matières premières. Une ou plusieurs catégories de terre sont une source d'avantage comparatif pour les produits forestiers, les céréales , les produits tropicaux et les produits animaliers. De même, une abondance de terre est une source de désavantage comparatif pour tous les produits manufacturés, et le capital et la main d'œuvre qualifiée sont des sources de désavantage comparatif pour les produits dérivés de ressources naturelles. En ce qui concerne les États-Unis, il est clair que c'est un des pays les mieux doté en ressources naturelles et presque abondant en terres arables non tropicales. Les tests de Leamer montrent pour ce pays une forte corrélation entre ses exportations de produits céréaliers et sa dotation de terre ainsi que son changement d'exportateur net à importateur net de biens intensifs en capital alors même que sa dotation relative de capital diminuait.

1. Leamer E., (1984), *Sources of International Comparative Advantage - Theory and Evidence*, Chapitres 1 et 2, The MIT Press, Cambridge, Massachussetts, London, England.

Bowen, Leamer et Sveikauskas (1987)[1] ont proposé la première étude testant rigoureusement le modèle HOV. Il est utile de revenir un instant sur les prédictions de ce modèle. L'équation fondamentale est :

$$\mathbf{AT} = \mathbf{V} - s\mathbf{V}_w$$

Vanek proposait ainsi une nouvelle définition de l'abondance factorielle, redéfinissant la prédiction du modèle factoriel. *Un pays exporte les services d'un facteur quand sa part mondiale de dotation du facteur est supérieure à sa part du PIB mondial.*

Le passage à la vérification empirique nécessite un ajustement pour tenir compte des déséquilibres des balances commerciales dans le monde réel. L'équation devient :

$$\mathbf{AT} = \mathbf{V} - (e - b)\mathbf{V}_w,$$

avec e, la part du pays dans le PIB mondial et b, la balance commerciale en pourcentage du PIB mondial. Les prédictions du modèle sont alors les suivantes : pour chacun des facteurs,

- Le *signe* des exportations nettes de services de facteurs doit être le même que celui de l'abondance factorielle.
- Le *classement* des exportations nettes de services de facteurs doit être le même que celui des abondances factorielles.
- Enfin, les deux vecteurs devraient avoir une *corrélation* parfaite.

Bowen, Leamer et Sveikauskas (1987) utilisent le tableau entrée-sortie des États-Unis pour calculer **A** et trouvent des résultats très décevants aussi bien pour la prédiction de signe que pour la prédiction de classement : très rarement plus de la moitié des prédictions sont vérifiées.

Face à cet échec empirique du modèle, Daniel Trefler[2] proposera une réponse simple : dans sa forme originelle, le modèle HOV est trop restrictif et le simple aménagement en termes de différentiels de productivité proposé initialement par Léontief suffit à améliorer substantiellement les résultats. Il réintroduit donc des différences technologiques « à la Leontief ». Pour chaque facteur f et pays c : $V^*_{fc} = \pi_{fc}V_{fc}$, où π_{fc} est un paramètre de productivité du facteur en question dans le pays concerné. Les équations testées deviennent :

$$\mathbf{A}^*_c\mathbf{T}_c = \mathbf{V}^*_c - (e_c - b_c)\mathbf{V}^*_w$$

$$\frac{w_{fc}}{\pi_{fc}} = \frac{w_{fc'}}{\pi_{fc'}}$$

En effet, les rémunérations de chaque facteur f vont être fonction croissante de leur productivité dans les différents pays. L'auteur calcule un vecteur de productivités Π_f, tel que la première équation tient parfaitement, puis vérifie la seconde équation économétriquement. Pour le travail par exemple, le résultat est extrêmement probant :

$$\ln(w_{Lc}) = -0.180 + 0.678\ln(\pi_{Lc}) \quad R^2 = 0.90.$$

1. Bowen H., Leamer E., et L. Sveikauskas (1987), « Multicountry, Multifactor Tests of the Factor Abundance Theory » ; *American Economic Review*, 77(5) : pp. 791-809.
2. Trefler, D., (1993), « International Factor Price Differences : Leontief Was Right ! » *Journal of Political Economy*, 101(6) : pp. 961-987

Dans un deuxième article, Daniel Trefler[1] détaille les problèmes de l'estimation du modèle HOV et approfondit sa compréhension. Dans son échantillon utilisant 9 inputs, pour 33 pays en 1983, il trouve que le test de signe ne marche que dans 50 % des cas. Le test de corrélation entre $\mathbf{AT}$ et $\mathbf{V} - (e - b)\mathbf{V}_W$ est de seulement 0.28.

Il s'intéresse alors à la distribution des écarts entre la prédiction théorique et la réalité : $\epsilon = \mathbf{AT} - \mathbf{V}(e - b)\mathbf{V}_W$. La théorie prédit $\epsilon = 0$ pour toutes les combinaisons de facteurs / pays. En réalité $\epsilon \simeq -\mathbf{V}(e - b)\mathbf{V}_W \Rightarrow \mathbf{AT} \simeq 0$. Une des explications majeures de la mauvaise performance empirique du modèle HOV est qu'il « manque du commerce » : il y a beaucoup moins d'échange de services de facteurs que ce que le modèle prédit. Une explication possible est la présence d'un biais domestique dans les préférences des consommateurs.

En amendant le modèle théorique pour permettre à la fois un biais domestique des consommateurs et des différences technologiques entre pays, les résultats s'améliorent très largement : la corrélation passe de 0.28 à 0.67. La réussite de la prédiction de signe passe de 0.5 à 0.72.

Le dernier test en date testant rigoureusement les prédictions HOV a été construit par Davis et Weinstein[2]. Ces auteurs utilisent les vrais tableaux entrées-sorties des différents pays qui sont maintenant disponibles et plus comparables. Ils font également la nécessaire prise en compte des différentiels de productivité et enfin modélisent des coûts de transport en les liant à la prédiction gravitaire, c'est-à-dire à la distance séparant les pays. Au final, la corrélation entre commerce prédit et commerce réel monte à 0.82.

On peut conclure de ces études que le cadre HOV dans sa version initiale est sans doute trop strict pour être vérifié. Moyennant des corrections importantes et notamment l'introduction de différences technologiques ricardiennes, ce modèle fournit néanmoins une bonne description des spécialisations internationales.

§ 4 Conclusion sur le paradoxe de Léontief

Le paradoxe de Léontief a reposé le problème des déterminants des échanges et 88
des spécialisations internationales à un moment où les schémas théoriques étaient dominés par la théorie des dotations de facteurs. L'avènement de ce paradoxe a favorisé une remise en cause des premiers modèles et a permis de les prolonger en les enrichissant, en particulier à l'aide de la prise en compte de la qualification du travail humain et en général avec la multiplication des types de facteurs de production et des types de caractéristiques de produits. Il a permis également l'éclosion d'un autre courant de réflexion basé sur l'importance de la technologie dans les courants d'échanges internationaux. Le paradoxe, s'il a pu être dépassé, n'en a pas moins validé l'impression de la grande relativité de modèle unique explicatif de tous les courants d'échanges. L'apparition dès les années 1960, puis le développement dans les années 1980 des analyses sur le commerce entre des pays relativement semblables (échange Nord-Nord) et pour des produits appartenant aux mêmes industries à l'exportation comme à l'importation (échanges intra-industriels)

1. Trefler, D., (1995), « The Case of the Missing Trade and Other Mysteries », *American Economic Review*, 85(5) : pp. 1029-46.
2. Davis D. et D. Weinstein, (2001), « An Account of Global Factor Trade », *American Economic Review*, 91(5) : pp. 1423-53.

a accentué cette relativité. Le modèle des dotations de facteurs, très mal armé pour expliquer ce type de commerce, a alors été « concurrencé » par les nouveaux modèles de concurrence imparfaite en économie internationale qui attribuent les échanges intra-industriels à la concurrence oligopolistique ou monopolistique entre entreprises, qui se livrent a des luttes pour les parts de marchés à l'international.

§ 5 Les facteurs spécifiques comme extension du modèle

89 Développé par Samuelson (1971)[1] et Jones (1971)[2], ce modèle reprend des idées anciennes déjà émises par Ricardo et Viner, d'où son nom parfois de modèle de Ricardo-Viner. Le *modèle à facteurs spécifiques*[Q] considère dans une économie, deux types de facteurs : les facteurs spécifiques et les facteurs génériques. Les premiers sont immobiles et appartiennent en propre à un secteur, les seconds sont mobiles et peuvent être réalloués entre les secteurs. Dans sa forme la plus simple, le modèle peut comporter deux secteurs et trois facteurs. Par exemple, pour les secteurs l'agriculture (1) et l'industrie (2) et trois facteurs, dont deux spécifiques : la terre (T) à l'agriculture, le capital (K) à l'industrie et un facteur générique : le travail (L). Dans chaque secteur, la production se réalise avec un facteur fixe et un facteur mobile. Cette situation particulière met en évidence la loi des rendements décroissants. Cette loi signifie que l'accroissement de la production diminue à mesure que l'on alloue plus de travail à une terre donnée (dans l'agriculture) ou à un capital donné (dans l'industrie). Cette situation change nombre de relations analysées dans le modèle d'Heckscher et Ohlin, car à des caractéristiques de dotations de facteurs se mêlent des caractéristiques de spécificité. Du point de vue des rémunérations des facteurs, le travail va se répartir entre les secteurs, de telle manière que le taux de salaire w soit égal dans tous les secteurs. Mais la rente foncière f (rémunération de la terre) et le taux d'intérêt r (rémunération du capital) n'ont aucune raison de connaître cette même égalité. Si maintenant le prix du produit agricole baisse (du fait de l'ouverture à l'échange par exemple), celui du produit industriel comparativement va augmenter. L'industrie va alors augmenter sa production et sa demande de travail, ce qui fera augmenter les salaires dans ce secteur et attirera des travailleurs en provenance du secteur agricole. Ce transfert de travailleurs va en réduire le nombre dans l'agriculture et ainsi accroître la productivité du travail agricole et diminuer celle de la terre (rendements décroissants). Les rémunérations étant liées à la productivité marginale, la rente va baisser et le salaire agricole augmenter. Un phénomène inverse se produit dans l'industrie. Les taux de salaire s'égaliseront à nouveau, mais la rémunération de la terre aura baissé et celle du capital augmenté. On peut ainsi réinterpréter le théorème de Stolper-Samuelson en indiquant que les antagonismes d'intérêts se situeront entre les détenteurs des facteurs spécifiques, tel que :

$$\text{si} \quad \hat{p}_1 < 0 \quad \text{et} \quad \hat{p}_2 = 0 \Rightarrow \hat{f} < \hat{p}_1 < \hat{w} < \hat{p}_2 < \hat{r}$$

On retrouve ainsi l'effet d'amplification de Jones, modifié par les rémunérations des facteurs spécifiques. Jones (1971) a réinterprété, de cette manière, les débats en

1. Samuelson P., 1971, « Ohlin was Right », *Swedish Journal of Economics*, p. 365-384.
2. Jones R., 1971, « A Three-Factor Model in Theory, Trade and History », in Bhagwati J.N., R.W. Jones, R.A. Mundell, et J. Vanek, eds., *Trade, Balance of Payments and Growth : Essays in Honor of C. P. Kindleberger*, Amsterdam, North-Holland., p. 3-21.

Angleterre sur les « Corn Laws » à la Chambre des Lords où les propriétaires terriens (majoritaires jusqu'en 1832) s'opposèrent à l'abaissement des tarifs douaniers anglais sur le blé étranger, dans la mesure où cela allait engendrer une chute de leur rémunération. En 1846, la Chambre des Lords adopta toutefois, l'abolition des lois sur le blé, aidée en cela par une représentation des industriels qui avait augmenté. D'autres développements sont possibles, notamment une réinterprétation du théorème de Rybczynski, appliqué aux découvertes de gaz et de pétrole en mer du Nord et interprétées comme une augmentation de la dotation d'un facteur spécifique (analyse connue sous le nom de « syndrome hollandais »).

Un article récent[1] tente d'identifier lequel des deux cadres, le modèle factoriel ou le modèle à facteurs spécifiques, trouvait le plus de support empirique. Les auteurs se servent pour cela des prédictions concernant les effets redistributifs du commerce et de données tout à fait originales. Il s'agit d'une enquête (*International Social Survey Programme, ISSP*) portant sur des individus de 23 pays différents en 1995, et contenant des détails sur l'âge, le niveau d'éducation et autres caractéristiques individuelles des personnes interrogées. Une des questions posées est : *« Pensez-vous que votre pays devrait limiter les importations de produits étrangers pour protéger l'économie nationale ? »*. Mayda et Rodrick (2002) montrent dans un premier temps que le sentiment protectionniste est très répandu : dans l'ensemble de l'échantillon, 55 % des personnes interrogées pensent qu'il faudrait restreindre le commerce alors que seulement 22 % pensent le contraire. Les Pays-Bas semblent être le pays le plus en faveur de l'ouverture (34 %) et la Bulgarie le plus protectionniste dans cet échantillon (8 %).

La partie la plus intéressante concerne les différences de réponses entre individus selon les pays. Le modèle factoriel prédit que les travailleurs qualifiés devraient être en faveur de l'ouverture dans les pays abondamment dotés en travail qualifié (les États-Unis et l'Allemagne par exemple dans cet échantillon) et opposés à l'ouverture dans les pays faiblement dotés en travail qualifié comme les Philippines et le Bangladesh. C'est précisément ce qui ressort des résultats de l'enquête. Les résultats montrent également une certaine pertinence du modèle à facteurs spécifiques : le degré d'ouverture du secteur du travailleur est en effet également important. Les individus ont tendance à être favorable à l'ouverture dans les secteurs non échangeables de l'économie et en défaveur de l'ouverture dans les secteurs à désavantage comparatif. Les travailleurs des secteurs à avantage comparatif sont en moyenne moins défavorables à l'ouverture que dans les secteurs en concurrence avec les importations, même s'ils restent en faveur de protection. Enfin, il apparaît que les déterminants économiques ne forment qu'une partie de l'explication des attitudes vis à vis de l'ouverture. Une composante importante d'une opinion protectionniste résulte de déterminants tels que le fait d'avoir un revenu inférieur à la moyenne nationale, de forts sentiments patriotiques, le sentiment d'appartenir à une classe défavorisée ou encore d'avoir peu confiance dans les institutions politiques et les réussites économiques de leur pays.

1. Mayda A. et D. Rodrick (2004), « Why Are Some Individuals (and Countries) More Protectionist than Others ? », à paraître dans la *European Economic Review*.

section 4

Commerce et marché du travail : un débat récurrent

90 Une controverse récente, faisant écho aux débats publics sur la mondialisation et ses effets, est apparue concernant l'ampleur de l'impact du commerce international sur le marché du travail en général, sur le développement du chômage et des inégalités dans les pays riches en particulier. Cette controverse s'appuie sur les faits suivants :

1) La demande de travail non qualifié (TNQ) en termes relatifs par rapport à la demande de travail qualifié (TQ) a chuté de manière très substantielle ces vingt dernières années dans les pays du Nord, entraînant :
   a) un accroissement des inégalités entre TNQ et TQ en termes de salaires dans les pays où la rémunération du travail est relativement flexible comme aux États-Unis.
   b) un accroissement des inégalités plus faible, mais une forte hausse du taux de chômage des non qualifiés, dans les pays où les rigidités à la baisse du salaire sont plus fortes comme en Europe continentale.
2) La part de l'emploi du secteur manufacturier, principal employeur des TNQ, a connu une forte accélération de son mouvement de baisse dans les pays riches, faisant naître des craintes concernant les conséquences d'une désindustrialisation.
3) Les mouvements ci-dessus ont coïncidé avec une expansion importante des importations de biens manufacturés intensifs en TNQ en provenance des PVD.
4) Ces mouvements ont également coïncidé avec une augmentation importante de la diffusion des nouvelles technologies de l'information dans tous les secteurs des économies riches.

Cette coïncidence de faits récents appelle deux explications potentielles qui sont en général considérées comme concurrentes. La première consiste à dire que la forte détérioration de la situation des TNQ dans le Nord n'est que la traduction de nos théories traditionnelles de l'échange international et de *l'effet Stolper-Samuelson* en particulier. La seconde vision est plus prudente sur l'explication par l'extension de l'ouverture internationale. Cette prudence tient essentiellement à l'ampleur du commerce Nord-Sud. Les importations de biens manufacturés de l'OCDE en provenance du Sud ne représentent encore qu'une part très faible du PIB des pays riches. Krugman (2000)[1] souligne que des flux ne représentant que 2 % du PIB peuvent difficilement expliquer l'augmentation de 20 à 30 % sur 20 ans de la prime salariale associée au fait d'être allé à l'université. L'accroissement des inégalités proviendrait donc essentiellement d'un *progrès technique biaisé en faveur des qualifiés.*

1. Krugman, P., 2000, « Technology, trade and factor prices », *Journal of International Economics*, 50(1) :51-71.

§ 1 Enjeux, faits stylisés et différentes explications

Soulignons que l'enjeu de ce débat est extrêmement important et a largement dépassé les frontières académiques des chercheurs en économie. En effet, comme le soulignent O'Rourke (2001)[1] et Baldwin et Martin (1999)[2], la concordance entre montée des échanges et inégalités rappelle d'autres périodes historiques comme la fin du 19ème siècle. Les tensions qui suivirent ce mouvement entraînèrent de fortes restrictions aux échanges internationaux et l'on voit aujourd'hui que la pression pour ces restrictions est également en forte augmentation.

A. Évolution des inégalités

Tous les analystes s'accordent pour constater une augmentation des inégalités entre travailleurs qualifiés et non qualifiés. Ceci se traduit par une augmentation du différentiel de salaire réel dans des économies ou le salaire est relativement flexible comme aux États-Unis et par une augmentation du chômage des travailleurs les moins qualifiés en Europe. En ce qui concerne les États-Unis, on peut mesurer le phénomène de différentes manières, selon la façon dont on identifie la qualification des travailleurs. La manière la plus simple est la traditionnelle col blanc / col bleu, c'est-à-dire une distinction entre ouvriers et autres. La figure 7.7 montre clairement une hausse constante de la part du travail non ouvrier dans l'emploi total depuis 1960 et une augmentation très sensible de l'écart salarial entre les deux catégories depuis la fin des années 1970. La deuxième méthode d'évaluation des inégalités salariales consiste à considérer les travailleurs par niveau d'éducation et de regarder l'évolution de leur salaire réel au cours du temps. Baldwin et Cain (2000)[3] soulignent ainsi un creusement important des inégalités sur le marché du travail américain avec une tendance très nette à la détérioration relative et absolue des travailleurs non qualifiés. Ce creusement a commencé à se manifester à partir du début des années 1980, succédant à une période où les inégalités avaient au contraire tendance à se résorber assez rapidement. Notons dès lors un paradoxe. La période récente aux États-Unis s'est traduite par une augmentation constante de l'offre de travail qualifié (le nombre et la qualification des nouveaux diplomés arrivant sur le marché du travail), mais le prix relatif de ce travail a néanmoins connu une augmentation marquée depuis plus de deux décennies. Il faut donc que la demande de travail qualifié ait augmenté encore plus vite depuis la fin des années 1970 pour expliquer ce phénomène. Toute la question est alors de savoir quelle est la source de cette augmentation de la demande de travail qualifié, et si le commerce international y tient un rôle important.

La figure 7.8 illustre également le parallélisme entre creusement des inégalités salariales et évolutions du chômage dans différents pays industrialisés. Il semble

1. O'Rourke, K., 2001, « Globalization and Inequality : Historical Trends », NBER Working Paper No. 8339.
2. Baldwin R. et P. Martin, 1999, « Two Waves of Globalisation : Superficial Similarities, Fundamental Differences », NBER working paper 6904. Publié dans *Globalization and Labor*, edited by H. Siebert, 1999, p. 3-58.
3. Baldwin R. et G. Cain, 2000, « Shifts in Relative U.S. Wages : The Role of Trade, Technology and Factor Endowments », *Review of Economics and Statistics*, 82(4) :580-595.

Figure 7.7. Inégalités salariales aux États-Unis

Notes: Skill premium is measured as the ratio of average annual wages of non-production workers to average annual wages of production workers in U.S. manufacturing.
Source: d'après National Bureau of Economic Research Manufacturing Productivity Database.

Notes: Relative employment is measured as the ratio total manufacturing employment of non-production workers to total manufacturing employment production workers.
Source: d'après National Bureau of Economic Research Manufacturing Productivity Database.

Figure 7.8. Évolution dispersion des revenus

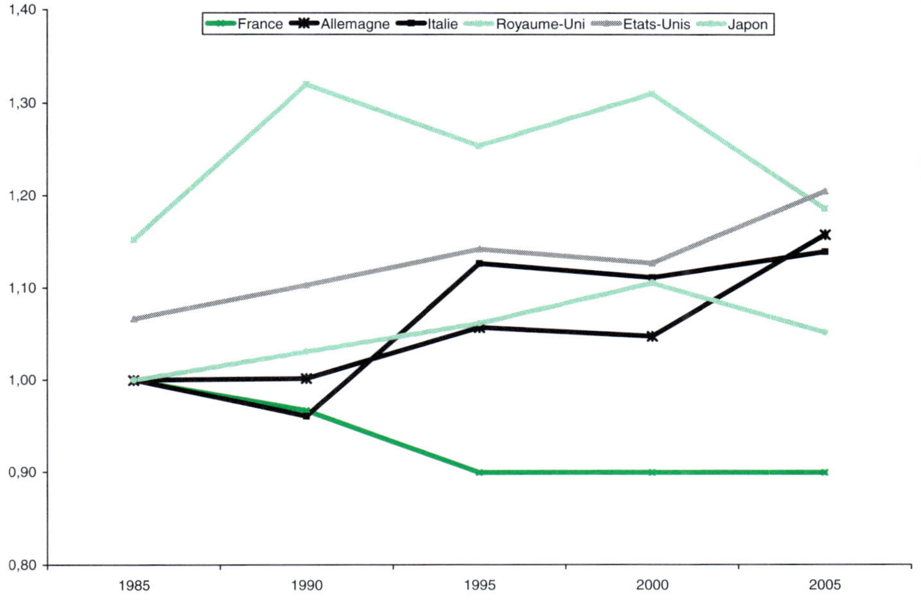

Figure 7.9. Évolution taux de chômage

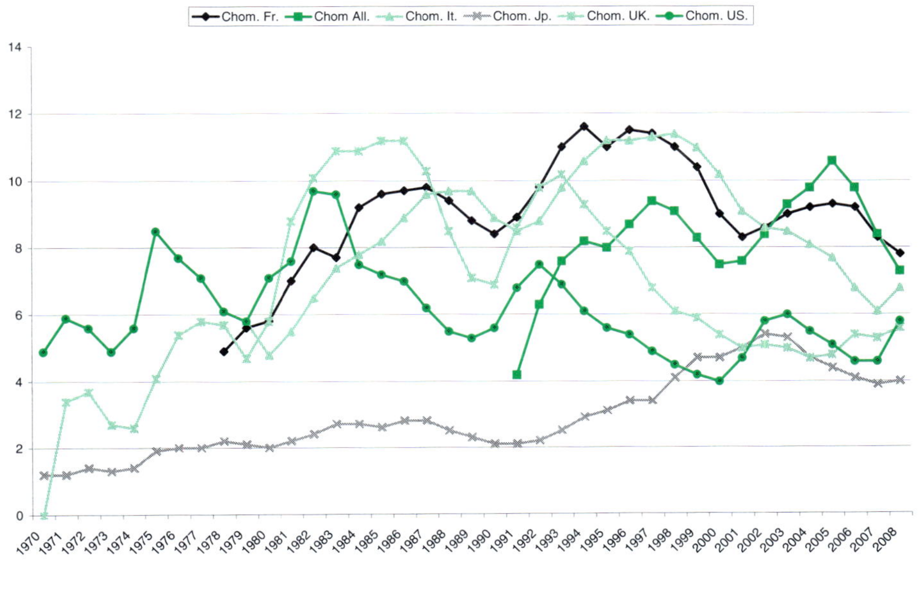

que les pays ayant connu une augmentation des inégalités salariales marquée aient eu une évolution du taux de chômage plus favorable que les pays pour lesquels les inégalités sont restées relativement stables (comme l'Italie, la France ou l'Allemagne). Un dernier graphique illustre bien ce parallélisme. La figure 7.10 représente l'évolution des taux de chômage parmi les deux groupes extrêmes de qualification (les moins et les plus qualifiés des actifs français) sur une période 1975-1997. Le creusement des inégalités est là encore flagrant avec un rapport des taux de chômage qui passe de 1,9 à 2,6 sur l'ensemble de la période avec une pointe à 4,8 en 1989.

Figure 7.10. Inégalités salariales et chômage

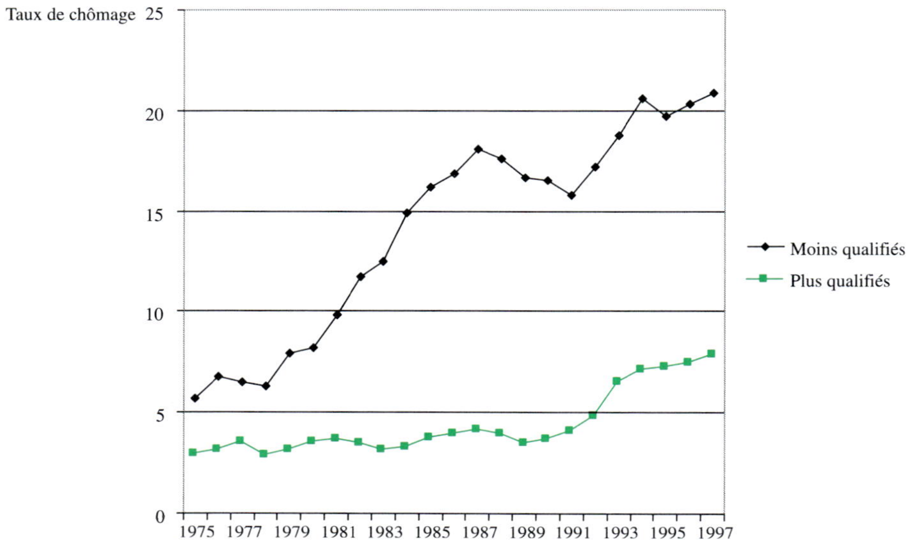

B. Évolution du commerce

La figure 7.11 illustre l'évolution du commerce Nord-Sud au cours de la période qui nous intéresse. Plusieurs réalités apparaissent assez clairement. Tout d'abord le commerce avec les pays du Sud reste un phénomène relativement marginal par rapport au PIB des grands pays industrialisé. Les pays de l'OCDE avaient, selon la Banque Mondiale un PIB de 17320 milliards de dollars en 1990 et 24323 milliards de dollars en 1999. Pour ces deux mêmes années, l'ensemble de leurs importations en provenance des pays du Sud ne représentaient que 2.7 % et 4 % de leur PIB pour ces deux années.

Si ces importations représentent une part encore faible de ces économies, on peut en revanche constater que cette part croit rapidement avec une accélération récente et un changement de structure extrêmement important. On remarque en particulier que la part des biens agricoles et miniers est en chute libre au profit des importations de produits manufacturés. Ceci est particulièrement sensible au cours des dernières années pour les importations en provenance des pays les moins

Figure 7.11. Faits stylisés sur le commerce Nord-Sud - I

Importations en provenance des pays à revenu faible et intermédiaire

	High Income OECD countries		European Union		Japan		United States	
	1990	1999	1990	1999	1990	1999	1990	1999
$ billions								
Food	64.2	94.1	34.6	44.5	10.7	19.4	15.5	24.7
Cereals	1.3	2.4	0.5	1.0	0.5	0.5	0.2	0.7
Agricultural raw materials	17.3	22.1	9.5	12.5	5.0	4.2	2.3	4.5
Ores and nonferrous metals	30.1	42.7	14.9	19.6	9.1	9.9	5.1	10.3
Fuels	144.2	139.8	58.3	56.4	33.5	26.4	48.8	50.8
Crude petroleum	107.5	100.7	46.6	40.0	20.8	14.5	37.3	40.8
Petroleum products	23.5	21.9	6.1	8.2	5.9	4.0	10.8	9.2
Manufactured goods	208.3	667.8	83.1	237.8	24.5	73.0	85.5	315.6
Chemical products	14.0	30.6	7.5	14.2	2.3	4.1	3.0	9.7
Mach. and transport equip.	59.1	292.0	18.2	92.9	3.7	27.0	32.1	153.7
Other	135.2	345.1	57.4	130.7	18.5	41.9	50.3	152.2
Miscellaneous goods	5.5	12.5	2.0	0.6	0.5	1.4	2.6	10.3
Total	469.7	979.0	202.4	371.4	83.4	134.3	159.8	416.3
% of total imports								
Food	13.7	9.6	17.1	12.0	12.8	14.4	9.7	5.9
Cereals	0.3	0.2	0.2	0.3	0.6	0.4	0.1	0.2
Agricultural raw materials	3.7	2.3	4.7	3.4	6.0	3.1	1.5	1.1
Ores and nonferrous metals	6.4	4.4	7.4	5.3	10.9	7.4	3.2	2.5
Fuels	30.7	14.3	28.8	15.2	40.2	19.6	30.5	12.2
Crude petroleum	22.9	10.3	23.0	10.8	24.9	10.8	23.3	9.8
Petroleum products	5.0	2.2	3.0	2.2	7.0	3.0	6.8	2.2
Manufactured goods	44.4	68.2	41.1	64.0	29.4	54.4	53.5	75.8
Chemical products	3.0	3.1	3.7	3.8	2.8	3.1	1.9	2.3
Mach. and transport equip.	12.6	29.8	9.0	25.0	4.5	20.1	20.1	36.9
Other	28.8	35.2	28.4	35.2	22.2	31.2	31.5	36.6
Miscellaneous goods	1.2	1.3	1.0	0.2	0.7	1.1	1.6	2.5
Total	100.0	100.0	100.0	100.0	100.0	100.0	100.0	100.0

Source : d'après Banque Mondiale, WDI (2001)

Importations des marchandises de certaines régions et économies en provenance des pays les moins avancés, 1980-1999

(En millions de dollars et en pourcentage)

	Valeur				Part dans les importations de la région en provenance des PMA			Part dans les importations totales de la région		
	1980	1990	1998	1999	1980	1990	1999	1980	1990	1999
Amérique du Nord										
Total des marchandises	2625	4807	6613	7208	100,0	100,0	100,0	0,8	0,7	0,6
Produits agricoles	870	399	477	487	33,1	8,3	6,8	2,6	0,8	0,6
Produits des industries extractives	1319	3148	2960	3001	50,3	65,5	41,6	1,2	3,3	2,6
Produits manufacturés	422	1180	3142	3693	16,1	24,5	51,2	0,2	0,2	0,4
Europe occidentale										
Total des marchandises	8510	10629	10284	9884	100,0	100,0	100,0	0,9	0,6	0,4
Produits agricoles	3052	2472	2973	2623	35,9	23,3	26,5	2,2	1,1	1,0
Produits des industries extractives	3194	4384	1365	1308	37,5	41,2	13,2	1,2	2,0	0,7
Produits manufacturés	1557	3597	5788	5903	18,3	33,8	59,7	0,3	0,3	0,3

Source : d'après OMC (2000)

Figure 7.12. Faits stylisés sur le commerce Nord-Sud - II

$ billions	1985	1990	1996	1999
Food	45,3	64,2	93,9	94,1
Cereals	1,4	1,3	2,1	2,4
Agricultural raw mat.	12,6	17,3	27,2	22,1
Ores and nonferrous metals	19,3	30,1	43	42,7
Fuels	140,2	144,2	169,5	139,8
Crude petroleum	104	107,5	120,2	100,7
Petroleum products	22,9	23,5	23,7	21,9
Manufactured goods	60,7	208,3	459,1	667,8
Chemical products	7,4	14	28,5	30,6
Mach. And tranp. Equip.	17,5	59,1	159,1	292
Other	35,8	135,2	271,6	345,1
Misc. goods	2,3	5,5	11,5	12,5
Total	280,4	469,7	804,3	979
% of total imports				
Food	16,2	13,7	11,7	9,6
Cereals	0,5	0,3	0,3	0,2
Agricultural raw mat.	4,5	3,7	3,4	2,3
Ores and nonferrous metals	6,9	6,4	5,3	4,4
Fuels	50,0	30,7	21,1	14,3
Crude petroleum	37,1	22,9	14,9	10,3
Petroleum products	8,2	5,0	2,9	2,2
Manufactured goods	21,6	44,3	57,1	68,2
Chemical products	2,6	3,0	3,5	3,1
Mach. And tranp. Equip.	6,2	12,6	19,8	29,8
Other	12,8	28,8	33,8	35,3
Misc. goods	0,8	1,2	1,4	1,3
Total	100,0	100,0	100,0	100,0
GDP OECD	9146	17320	22146	24323
Part imp manuf / PIB	0,7	1,2	2,1	2,7

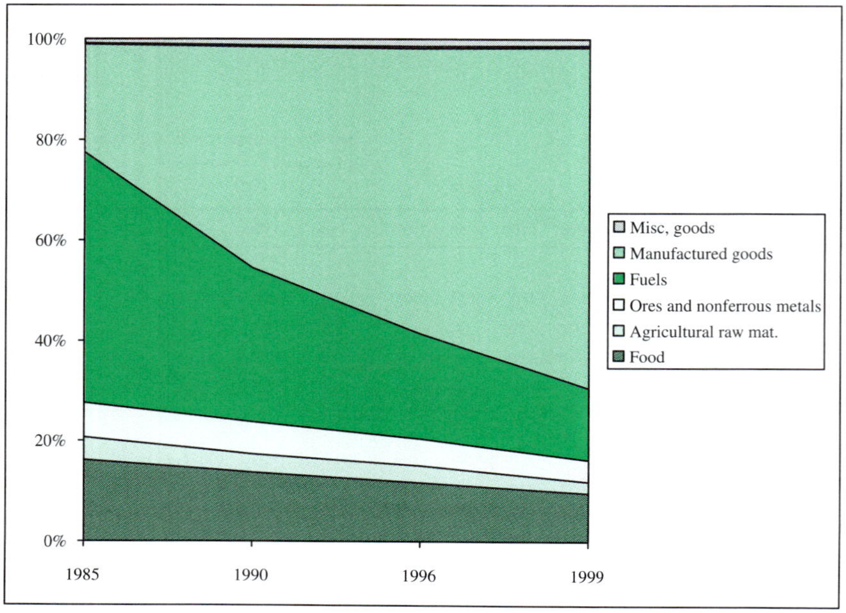

avancées qui fournissent aujourd'hui principalement des produits manufacturés aux pays de l'OCDE alors qu'il y a 20 ans, ce type d'importations était relativement marginal (la Banque Mondiale indique pour l'année 1985 une part de 21.7 % des produits manufacturés, 50 % pour les produits pétroliers et 16.2 % pour la nourriture). On assiste donc bien à une transformation rapide en ce qui concerne la structure du commerce avec ces pays.

On peut mettre en parallèle cette transformation avec la désindustrialisation des pays du Nord. C'est ce qui est fait par Wood (1995)[1] qui présente un graphique montrant une relation apparemment claire entre l'ouverture au commerce avec les pays du Sud et le recul de la part du secteur manufacturier dans les pays du Nord.

§ 2 Résultats empiriques et controverses

L'approche la plus fréquemment utilisée pour calculer l'impact de l'ouverture sur les inégalités est le *contenu factoriel du commerce.* Le commerce de biens peut en effet être reformulé (cf modèle de Heckscher-Ohlin-Vanek) comme le commerce de services de facteurs de production utilisés pour produire ces biens. Selon cette définition, un pays sera importateur net des services de facteurs dont il ne dispose pas en abondance. Les pays industrialisés seront donc importateurs nets des services du travail non qualifié au travers des biens utilisant intensivement ce facteur. L'idée est donc d'inférer la baisse de demande locale pour ce facteur provenant de l'importation implicite par le canal du commerce avec les pays en développement. 92

Cette méthodologie consiste à calculer les quantités de travail qualifié et de travail non qualifié qui auraient été nécessaires pour produire localement les biens qui sont importés. Il faut donc construire un « antimonde » sans commerce (où à structure de commerce inchangée par rapport à une année de référence) où la demande pour les biens d'un pays riche serait satisfaite entièrement par la production locale. Deux exemples connus de tels calculs sont reportés dans le tableau 7.3.

Tableau 7.3. Impact du commerce Nord-Sud sur la demande de travail au Nord.
(% d'écart par rapport à une situation sans commerce)

	Sachs et Shatz (1994)	Wood (1995)
Tous travailleurs	-5,7	-10,8
Travailleurs qualifiés	-4,3	0,3
Travailleurs non qualifiés	-6,2	-21,5
Écart	-1,9	-21,8

Source : d'après Wood (1995)

1. Wood A., 1995, « How Trade Hurts Unskilled Workers », *Journal of Economic Perspectives*, 9(3) :57-80.

Le contenu factoriel du commerce selon Sachs et Shatz (1994)

Sachs et Shatz (1994)[1] considèrent le cadre suivant :

- L'impact est calculé uniquement pour les États-Unis en tant que pays d'accueil.
- Les TQ sont les travailleurs ne travaillant pas dans la production.
- L'antimonde considéré est une constance du ratio exportations nettes sur valeur ajoutée entre 1978 et 1990.
- Les coefficients techniques considérés sont ceux de l'économie américaine.

Sachs et Shatz (1994) concluent que le différentiel d'environ deux points entre la dégradation de la demande de travail pour les deux catégories de travailleurs ne peut constituer une explication complète du différentiel de salaire entre les deux groupes. Comme de nombreux auteurs, ils soulignent que même si l'ampleur de ce différentiel de demande était bien plus important, l'effet sur l'inégalité globale resterait faible en raison de la faiblesse des effectifs de TNQ dans le secteur manufacturé concurrent des importations en provenance des PVD par rapport à l'ensemble du TNQ de l'économie.

Le contenu factoriel du commerce selon Wood (1995)

Wood (1995) considère le cadre suivant :

- L'impact est calculé pour l'ensemble des pays de l'OCDE en tant que pays d'accueil.
- Les TQ sont les travailleurs ayant eu une éducation supérieure à l'éducation élémentaire.
- L'antimonde considéré est une situation sans commerce avec les PVD.
- Les coefficients techniques considérés sont ceux des pays du Sud.

Wood (1995) trouve des résultats bien supérieurs à ceux de Sachs et Shatz en raison de son choix de matrice des coefficients techniques. *L'idée est que la plupart des produits manufacturés importés des PVD ne sont plus produits au Nord, les producteurs ayant décidé de se spécialiser dans des produits plus sophistiqués et utilisant beaucoup plus intensément le travail qualifié.* Utiliser les coefficients techniques des États-Unis pour calculer le nombre d'emplois non qualifiés qui seraient créés par un arrêt des importations de produits d'habillements en provenance de la Chine par exemple, constitue une sous-estimation. En effet, l'habillement produit aux États-Unis utilise beaucoup moins de TNQ que celui importé de Chine. Plusieurs effets doivent alors être pris en compte :

1) Produire une unité localement plutôt que de l'importer demande davantage de TNQ que ce que Sachs et Shatz ne l'ont imaginé.
2) Il faut néanmoins tenir compte du prix du TNQ, bien plus élevé au Nord, qui augmentera l'intensité en TQ, même pour les biens initialement très intensif en TNQ.
3) Ces biens seraient en outre beaucoup plus coûteux pour le consommateur et la demande serait donc moindre.

1. Sachs, J. D. et H. J. Shatz (1994), « Trade and jobs in U.S. manufacturing », *Brookings Papers on Economic Activity* 1, 1–84.

4) Un dernier ajustement pourrait être de tenir compte des différences de productivité à même qualification entre travailleurs du Nord et du Sud.

Le premier point tend à faire augmenter l'effet destructeur de TNQ du commerce international, les trois derniers à le faire baisser. L'effet net, comme on peut le voir dans les résultats est très largement positif. Wood argumente alors que cet ordre de grandeur du différentiel pourrait bien expliquer une augmentation substantielle des inégalités. Wood soutient même que ce chiffre pourrait être multiplié par 2, 3 ou 4 en tenant compte du *commerce international de services* et du phénomène *d'innovation défensive*. Le premier effet est très difficile à vérifier en raison de la faiblesse persistante des statistiques de commerce international de services. Le deuxième point repose sur l'hypothèse selon laquelle, confrontés à une nouvelle concurrence étrangère, les firmes du Nord ont été forcées d'adopter des technologies plus efficaces et utilisant plus intensément le TQ. Il est néanmoins difficile alors d'expliquer pourquoi de telles innovations n'avaient pas été faites avant si elles étaient possibles.

Débats sur les résultats de Sachs et Shatz (94) et Wood (95)

Le débat sur l'ampleur du phénomène est loin d'être clos pour un grand nombre de raisons :

1) Comme on l'a vu, il existe des problèmes méthodologiques importants de l'approche par le contenu factoriel. Les résultats peuvent être fortement dépendants des hypothèses simplificatrices qui sont faites. Il faut disposer d'une matrice de coefficients techniques pour effectuer ce type de calcul, et il est souvent difficile de tenir compte des différences de productivité entre pays qui sont pourtant cruciales. Les phénomènes dynamiques comme l'innovation défensive sont très difficiles à mesurer, les préférences des consommateurs peuvent être différentes entre pays et au cours du temps... autant de problèmes qui rendent les résultats sujets à des controverses importantes.[1]

2) D'autre part, un certain nombre de résultats empiriques sont en contradiction avec le modèle factoriel qui sert de base à l'analyse :
   - Dans ce modèle, l'effet Stolper-Samuelson passe intégralement par une variation du prix relatif des biens. Pour être convaincante, toute explication de la détérioration de la situation relative du TNQ doit donc s'accompagner d'une réduction des prix relatifs des biens importés des pays du Sud. Les résultats empiriques sont sur ce point très peu clairs : il semble difficile de montrer que les prix relatifs des biens importés intensifs en travail peu qualifié ont fortement baissé[2].
   - Contrairement à ce que prédit le modèle HO, les inégalités augmentent également au Sud. Zhu et Trefler (2004) soulignent que le nombre de pays en développement où les inégalités s'accroissent est aussi important que celui

1. Le numéro spécial de février 2000 du *Journal of International Economics* contient de nombreux articles consacrés à cette question.
2. Lawrence, R. et M. Slaughter, 1993, « International trade and American wages in the 1980s : giant sucking sound or small hiccup ?, » *Brookings Papers on EconomicActivity*, (2), pp. 161-225, ont fourni des résultats concluant à l'absence de mouvements de prix importants qui ont par la suite été fortement contesté.

pour lesquels les inégalités régressent.[1] Plusieurs explications sont possibles pour ce phénomène, qui reviennent à amender le modèle factoriel simple. Une première explication a été avancée par Feenstra et Hanson (1996)[2], et tient à la fragmentation internationale du processus de production par les firmes des pays riches. Confrontées à la concurrence des pays du Sud, les firmes délocalisent la partie la moins intensive en travail qualifié de leurs activités vers les pays en développement. Néanmoins, ce type d'activité reste relativement qualifié par rapport aux activités traditionnelles des pays du Sud, créant un surplus de demande pour le travail qualifié dans les pays pauvres qui vient compenser l'effet Stolper-Samuelson et peut entraîner une augmentation des inégalités au Nord et au Sud. Zhu et Trefler (2004) présentent un modèle combinant les déterminants factoriels et technologiques des avantages comparatifs, où le rattrapage des pays pauvres en termes de productivité change leur avantage comparatif et leur spécialisation en faveur de biens plus intensifs en travail qualifié, ce qui entraîne également une augmentation des inégalités au Sud et au Nord.

– Des études montrent que l'intensité en TQ s'est accrue dans *tous* les secteurs manufacturés américains malgré la hausse de leur salaires relatifs. Ceci semble bien traduire un biais du progrès technique en défaveur du TNQ. Dans la même lignée, Berman et al. (1994)[3] ont montré que plus de la moitié de l'augmentation des inégalités salariales provient en fait d'une montée des inégalités à l'intérieur des secteurs, et non pas entre les secteurs, comme on s'y attendrait dans le modèle factoriel.

Au total, même si les débats entre spécialistes continuent, un consensus dit « des 20 % » semble se dégager : l'ouverture internationale semble pouvoir expliquer un maximum de 20 % des évolutions récentes des inégalités sur le marché du travail des pays riches. Voir à ce sujet Zhu et Trefler (2004), ainsi que Cline (1999)[4], qui fournit une excellente synthèse des méthodes et différents résultats de cette littérature.

§ 3 Implications de politique économique

93 Un point important de ce débat entre économistes concerne les implications tirés par les uns et les autres en termes de politiques économiques à suivre. Le débat porte en effet beaucoup plus sur l'étendue empirique du phénomène que sur les mesures qu'il faut prendre pour y répondre. Même Adrian Wood (1995), qui est l'un des plus ardents défenseurs de l'argument selon lequel *c'est le commerce international qui accroît les inégalités*[Q], écrit que *le protectionnisme n'est pas la bonne solution.*

1. Zhu et Trefler, 2004, « Trade and Inequality in Developing Countries : A General Equilibrium Analysis », *Journal of International Economics.*
2. Feenstra R. et G. Hanson, 1996, « Foreign Investment, Outsourcing, and Relative Wages », in Robert C. Feenstra, Gene M. Grossman, and Douglas A. Irwin, eds., *The Political Economy of Trade Policy : Papers in Honor of Jagdish Bhagwati*, Cambridge MA : MIT Press.
3. Berman, E., J. Bound and Z. Griliches, 1994, « Changes in the Demand for Skilled Labor Within U.S. Manufacturing : Evidence from the Annual Survey of Manufactures. » *The Quarterly Journal of Economics* 59 : 367-397.
4. Cline, W., 1999, « Trade and Income Distribution : The Debate and New Evidence », Institute for International Economics, Policy Brief 99-7 : Washington. http://www.iie.com/publications/pb/pb.cfm?ResearchID=94

Son argument principal est qu'il semble paradoxal de tenir un discours selon lequel le commerce international n'aurait aucun impact sur le marché du travail alors qu'il aurait un grand impact sur le bien-être. Une attitude qu'Adrian Wood juge plus constructive est de reconnaître les effets négatifs de l'ouverture sur le travail non qualifié, mais d'*expliquer au public pourquoi le protectionnisme n'est pas la bonne manière de compenser les perdants à l'ouverture.* Y a-t-il de meilleures solutions et quelles sont-elles ?

- Face à la baisse de la demande de TNQ dans les pays riches, il faut faire baisser l'offre de TNQ. Une partie de l'ajustement devrait se faire automatiquement car le creusement des inégalités augmente l'incitation à investir en capital humain chez les individus. L'État a également un rôle fondamental à jouer sur ce plan en menant des politiques visant à améliorer la qualification des travailleurs.
- Le point précédent est bien sûr une solution de long terme. Entre temps, l'État doit aider à surmonter les coûts d'ajustement en subventionnant le TNQ. Cette subvention peut prendre une forme directe dans le cas où les salaires sont très flexibles comme aux États-Unis. La chute de pouvoir d'achat des travailleurs forcés d'accepter des salaires très faibles peut être compensée par divers instruments de redistribution. Dans le cas où les salaires sont rigides à la baisse comme en Europe par exemple, la recommandation est souvent de subventionner la demande de TNQ par un abaissement de son coût, au travers de baisses de cotisations sociales à la charge de l'employeur pour le travail non qualifié.

  Certains soulignent que ces subventions réduisent les incitations à acquérir des nouvelles compétences et ne font que retarder l'ajustement, mais un salaire très faible ou une situation de chômage constituent également un obstacle important à l'acquisition de ces compétences. Il est probable que l'effet net des subventions soit positif.

Mémo

Le modèle d'Hecksher-Ohlin se situe dans le prolongement de l'approche ricardienne dans son explication du commerce international au travers des différences entre pays. Toutefois, dans le modèle d'Heckscher-Ohlin, les pays se différencient uniquement au travers de leurs dotations en facteurs de production. Ensuite, le modèle comprend deux facteurs de production, autorisant l'observation de la distribution des gains du commerce entre les individus. Enfin, il réintroduit une possibilité de substitution entre facteurs dans le processus de production selon les prix des facteurs, c'est-à-dire selon leur abondance relative.

Un pays est dit relativement abondant dans un facteur si le rapport entre les stocks des deux facteurs de production est supérieure à celui de son partenaire. Un bien est relativement intensif dans un facteur, si le ratio des deux facteurs de production est supérieur au même ratio dans l'autre secteur. La structure de l'avantage comparatif va alors dépendre des dotations factorielles relatives des pays et des intensités factorielles des biens. L'approche en termes de ratios implique que les tailles absolues des pays n'ont aucun effet sur la détermination de l'avantage comparatif.

Le théorème d'Hecksher-Ohlin énonce que chaque pays se spécialise dans la production et l'exportation du bien qui utilise intensément le facteur dont il est relativement abondamment doté. Le théorème d'Hecksher-Ohlin-Samuelson souligne que le commerce sans entrave des biens égalise les revenus relatifs des facteurs entre les pays au travers de l'égalisation des prix relatifs des biens. Toutefois, cette égalisation a lieu tant que les deux pays produisent les deux biens, et tant que les hypothèses (restrictives) du modèle sont respectées. Dans la réalité, suite à l'existence de coûts de transport, ou de distorsions comme l'imperfection de la concurrence, l'égalisation des rémunérations de facteurs est rarement observée.

Le théorème Stolper-Samuelson énonce qu'une augmentation du prix relatif d'un bien suite à l'ouverture au commerce augmente le revenu réel du facteur utilisé intensément dans la production de ce bien, et diminue le revenu réel de l'autre facteur. De ce fait, le modèle intègre la notion de conflit de redistribution des gains à l'échange entre facteurs de production, suite à l'ouverture commerciale.

Le théorème de Rybczynski s'intéresse ensuite aux conséquences de la croissance d'un pays. Si le prix relatif des biens est constant et que les deux biens continuent d'être produits, l'augmentation de la dotation d'un facteur entraînera une augmentation de la production d'un bien utilisant intensément ce facteur, et une réduction de la production de l'autre bien. Dans le cas où l'hypothèse de constance des prix relatifs est relâchée, il est possible que la dégradation des termes de l'échanges, suite à une offre accrue d'exportations, entraîne une croissance dite appauvrissante.

Les extensions du modèle d'Heckscher-Ohlin sont à la fois théoriques et empiriques. Le résultat principal du modèle est mis en doute par le fameux paradoxe de Leontieff, selon lequel l'intensité relative en capital des importations des États-Unis est supérieure à celle de leurs exportations. Suite à ces résultats, des prolongements théoriques du modèle d'Heckscher-Ohlin sont apparus, dont font partie entre autres les modèles néo-factoriels, utilisant le capital humain comme base des avantages comparatifs. Le modèle Heckscher-Ohlin-Vanek se propose, lui, d'étendre le modèle de base à n facteurs et m biens. Le résultat est le suivant : le pays relativement mieux doté en un facteur de production sera exportateur net des services de ce facteur et importateur net des services des autres facteurs. Enfin, Samuelson et Jones reprennent dans leur modèle la notion de facteurs spécifiques. Le conflit redistributif lors de l'ouverture au commerce est à nouveau présent, mais cette fois entre les détenteurs des facteurs spécifiques.

Quid

- Dotation factorielle / Intensité factorielle n°s 70, 71
- Frontière des possibilités de production (FPP) biaisée n° 72
- Théorèmes Heckscher-Ohlin/Heckscher-Ohlin-Samuelson n°s 74, 75
- Théorème Stolper-Samuelson/ Conflit redistributif n° 77
- Théorème Rybczynski/ Croissance appauvrissante n° 79
- Paradoxe de Léontieff n°s 82, 83
- Modèle à facteurs spécifiques n° 90
- Est-ce le commerce international qui accroît les inégalités ? n° 94

Quiz

Question type

On se place dans le cadre du modèle H-O :

2 pays (A et B), 2 biens (1 et 2), et 2 facteurs (K et L).

Le bien 1 est choisi comme numéraire. p est le prix du bien 2, Y_j le revenu national du pays j, w_j le taux de salaire en j et r_j le taux de rémunération du capital en j.
Fonctions de production :

$$y_1 = K_1^{0.25} L_1^{0.75} \text{ et } y_2 = K_2^{0.75} L_2^{0.25}$$

Dotations en facteur : $K_A = 80$, $L_A = 80$, $K_B = 30$, $L_B = 70$.

1. Établir la relation d'équilibre entre p et w/r.
2. On suppose ici que les conditions de demande sont identiques : $D_{1j} = 0{,}5Y_j$ et $D_{2j} = 0{,}5Y_j$ j = A,B. Quel est alors, en libre échange, le bien exporté par le pays A ? Ces spécialisations sont-elles conformes à la loi des proportions de facteurs ?
3. Si les demandes exprimées dans chaque pays sont : $D_{1A} = 0{,}25Y_A$ et $D_{1B} = 0{,}9Y_B$. Quel est alors le bien exporté par le pays A ? La loi des proportions de facteurs est-elle vérifiée ? Cet exemple remet-il en cause le modèle H-O ?

Biblio

- Chapitre 8 (partie empirique) de Bowen et al., 1998, *Applied International Trade Analysis*, UK : MacMillan Press.
- Cline, W., 1999, « *Trade and Income Distribution : The Debate and New Evidence* », Institute for International Economics, Policy Brief 99-7 : Washington (`http://www.iie.com/publications/pb/pb99-7.htm`).
- De Melo J. et Grether, 1997, « *Commerce International* », de Boeck, Louvain.
- Feenstra R., 2003, *Advanced International Trade : Theory and Evidence*, Princeton : Princeton University Press.
- Pour ouverture et marché du travail, chapitre 3 de Irwin D., 2002, *Free Trade Under Fire*, Princeton University Press.
- Mucchielli J.L., 1987, *Principes d'économie internationale*, Economica, Paris.

chapitre 8

Structures de marchés imparfaites et spécialisations

La raison centrale poussant à l'échange international dans les théories de l'avantage comparatif consiste en l'exploitation des différences entre pays. Le commerce est entièrement fondé sur ces différences dans l'analyse classique et néo-classique du commerce international : les pays se spécialisent dans les produits qu'ils fabriquent relativement mieux. Les chapitres 6 et 7 ont montré que les sources de cet avantage comparatif peuvent avoir deux origines :

1) Différence de technologie dans les modèles de type Ricardien.
2) Différence de dotation factorielle dans les modèles de type Heckscher-Ohlin.

Ce chapitre est consacré à l'étude des explications au commerce qui ne se 94
basent pas sur l'existence d'hétérogénéités entre pays. Nous considérons ici d'autres sources importantes des échanges internationaux provenant de *l'imperfection de la concurrence*[Q].

L'imperfection de la concurrence est associée dans la plupart des cas à l'existence de rendements croissants au niveau de chaque producteur, qui permettent des comportements non concurrentiels. Dans les Sections 1 et 2 sont abordées les conséquences de ces rendements croissants en termes de commerce international. En effet, lorsque les rendements d'échelle sont croissants, il devient intéressant de concentrer la production d'un bien en un seul site et donc dans un seul pays. Celui-ci se spécialisera dans la production du bien, qui sera produit à une échelle plus efficace qu'avant la spécialisation du pays.

Lorsqu'un second facteur, l'existence de barrières à l'entrée dans le secteur, est associé aux rendements d'échelle croissants, on observe des profits positifs pour les producteurs de ce secteur à l'équilibre : ceux-ci sont capables de tirer des rentes liées aux caractéristiques du marché qui rendent la concurrence imparfaite. L'existence de telles rentes peut donner lieu à du commerce international lors de l'ouverture des frontières, chaque producteur souhaitant profiter des rentes disponibles sur les différents marchés. Ce type de situation est traité dans la Section 3.

Cet ensemble d'explications du commerce a fait l'objet d'un intérêt croissant, essentiellement depuis la fin des années 1970. C'est à cette époque qu'ont été appliqués à l'économie internationale les modèles de *concurrence imparfaite* principalement issus de l'économie industrielle et fournissant un nouveau cadre analytique pour traiter ces questions. L'imperfection de la concurrence, le fait que les firmes disposent d'un certain pouvoir de marché qu'elles vont pouvoir utiliser pour maximiser leur profit, est en effet le corollaire important de l'existence de rendements croissants et rend la modélisation plus complexe.

De nouveaux gains à l'échange

95 Le recours à ces nouveaux modèles permet de faire apparaître de nouvelles sources de gains résultant de l'échange entre pays :

1) *L'effet pro-compétitif* du commerce en concurrence imparfaite. Avec l'ouverture, les producteurs sont confrontés à un nombre de concurrents plus importants et voient donc leur pouvoir de marché se réduire, ce qui bénéficie au consommateur.
2) L'ouverture permet aux firmes d'avoir accès à un plus grand nombre de consommateurs. Comme les rendements sont croissants, il y a un *effet d'échelle*[Q] lié au commerce international qui est bénéfique puisque les firmes abaissent leur coût de production moyen.
3) Certaines firmes vont être forcées de fermer, amenant un *effet de rationalisation*[Q], bénéfique puisque la production de certaines firmes va être remplacée par une production de firmes plus efficaces.
4) Enfin, pour les produits différenciés, l'ouverture au commerce international va permettre de créer un *effet de variété*[Q]. Si les consommateurs ont tendance à aimer consommer de nombreuses variétés d'un même bien, avoir accès à de nouvelles variétés produites à l'étranger leur sera bénéfique. Si les consommateurs ont une variété idéale, ils auront d'autant plus de chances de s'en rapprocher que les sources d'approvisionnement seront nombreuses.

Pourquoi de nouvelles théories ?

96 Les modèles de commerce international en *concurrence imparfaite*[Q] analysés dans les sections suivantes permettent d'expliquer des phénomènes largement observés dans la réalité et pour lesquels les modèles de type avantage comparatif semblent ne pas fournir d'explication.

1) D'abord l'importance des échanges entre pays qui en apparence sont très similaires. Le fait qu'une partie très importante des flux mondiaux ait lieu entre pays développés dont le niveau de technologie et les dotations factorielles sont assez proches semble entrer en contradiction directe avec les explications traditionnelles de l'échange international.
2) De plus, la majeure partie de ces flux entre pays du Nord sont des flux *intra-branches*, c'est-à-dire des échanges croisés de produits appartenant à des mêmes branches industrielles. Une partie importante des échanges entre pays consiste en des échanges de voitures contre voitures plutôt que d'échanges de type bois contre machines-outils. Or, les théories traditionnelles seraient alors mal adaptées pour expliquer ce type de phénomène, qui ne semble pas reposer sur les différences structurelles sous-jacentes des pays.
3) Par construction, les théories traditionnelles ne traitent pas des questions de stratégies de firmes. Le cadre de concurrence parfaite évacue les problèmes de comportement des firmes et rend difficile l'analyse des questions liées à l'existence et aux actions des firmes multinationales.
4) De nombreuses questions liées aux effets de l'ouverture, comme l'augmentation du degré de concurrence et les effets de rationalisation de l'ouverture ne peuvent être envisagées que dans un cadre de concurrence imparfaite.

Plan analytique

section 1

Économies d'échelle et structure de marché

§ 1 Économies d'échelle et commerce international

Afin de caractériser les phénomènes cités ci-dessus, nous supposons à présent une industrie dans laquelle le coût de production d'un bien diminue avec la quantité produite. À ce stade, il est inutile de préciser si ces économies d'échelle sont propres à chaque producteur ou à l'ensemble de l'industrie. 97

Nous allons montrer que les économies d'échelle peuvent être source d'existence de commerce international même si les pays partenaires sont identiques en tous points. Il suffit pour cela qu'un des pays produise la totalité du bien soumis à des économies d'échelle et que l'autre se spécialise dans la production du bien « ordinaire » pour que la production globale des deux biens augmente. Voyons cela à travers un exemple numérique.

Soit deux pays N et E et deux biens X et Y. N et E sont identiques en tous points. La production du bien X est soumise à des économies d'échelle. Le coefficient technique de X est : $a_{LX} = \frac{L_X}{X}$. Supposons que a_{LX} diminue quand X augmente : $a_{LX} = 1$ pour $X = 50$ et $a_{LX} = 0{,}5$ pour $X = 150$. Le coefficient technique de Y est constant à $a_{LY} = 1{,}25$.

Chaque pays dispose d'une quantité fixe de 100 travailleurs. En autarcie, les deux pays produisent 50 unités de X et 40 unités de Y. À l'ouverture, N se spécialise dans la production de X et décide d'en produire 150, ce qui requiert $(150 \times 0{,}5) = 75$ travailleurs et produit donc $(100 - 75)/1{,}25 = 20$ unités de Y. E se spécialise dans la production de Y et produit donc $(100/1{,}25) = 80$ unités de Y. Suite à l'ouverture, la production mondiale de X augmente de $(150 - 100) = 50$ unités tandis que la production mondiale de Y augmente de $(120 - 80) = 40$ unités.

Avec l'ouverture, grâce à l'exploitation des économies d'échelle dans la production du bien X et au travers d'une réallocation du facteur travail, la production mondiale des deux biens augmente, ce qui équivaut à une hausse de l'efficience productive mondiale. Le bien-être de chaque pays s'améliore puisque si par exemple E exporte 75 unités de X et importe 30 unités de Y, chaque pays consomme 10 unités de plus de chaque bien par rapport à la situation d'autarcie. Notons que le commerce dû à l'existence de *rendements d'échelle croissants* est du commerce inter-branche, dans cet exemple : les deux pays se spécialisent et exportent des biens différents.

Nous avons ici parlé de rendements d'échelle en termes généraux. Il existe en fait deux cas bien distincts. Dans le cas le plus simple, le coût marginal de production baisse avec la production globale du secteur alors que pour chacune des firmes les rendements sont constants. Par exemple, on peut imaginer que le coût marginal d'un producteur de vêtements baisse avec l'augmentation du nombre total de producteurs dans le pays : chacun des producteurs apprend des expériences diverses des firmes qui l'entourent dans le même secteur, même si aucune firme n'a en réalité investi pour engendrer cette baisse du coût de production. On parle alors d'économies d'échelle externes. Dans le deuxième cas, plus une firme produit, plus le coût de production unitaire baisse. On parle alors d'économies d'échelle internes, car l'augmentation de productivité vient de ses propres décisions.

L'existence d'économies d'échelle externes permet d'expliquer pourquoi un commerce inter-branche est possible entre deux pays similaires, tout en conservant un cadre de concurrence pure et parfaite. En revanche, le recours à des modèles de concurrence imparfaite, où les économies d'échelle sont internes à la firme, est nécessaire lorsque l'on souhaite analyser le commerce intra-branche. Le commerce intra-branche représentant aujourd'hui la partie dominante des échanges internationaux pour de nombreux pays, la théorie du commerce international s'est logiquement concentrée sur les modèles de concurrence imparfaite depuis la fin des années 1970.

§ 2 Économies d'échelle internes et structure de marché

98 Lorsque l'on introduit des *rendements d'échelle croissants*[Q] au niveau de la firme, un changement s'impose dans la structure de marché utilisée pour décrire le comportement des firmes. En effet, nous allons voir que l'existence de *rendements d'échelle croissants*[Q] est généralement incompatible avec la concurrence parfaite et l'équilibre concurrentiel.

La forme la plus couramment utilisée de fonction de coût à rendements croissants est celle avec un coût fixe. Supposons que les firmes doivent, pour commencer la production, supporter un coût fixe important et que la production puisse ensuite être assurée à rendements constants, ou à coût marginal constant. Le coût total (TC) et le coût moyen (AC) de la firme s'écrivent alors

$$TC = F + cX, \quad AC = F/X + c.$$

TC est le coût total pour produire X unités, F le coût fixe et c le coût marginal de production. La figure 8.1 représente les courbes de coût marginal et coût moyen de la firme. Avec cette technologie de production, nous voyons que le coût moyen est toujours supérieur au coût marginal : en effet, le coût fixe est réparti sur une production de plus en plus importante, ce qui fait tendre le coût moyen vers le coût marginal de production.

En concurrence parfaite, nous avons égalité du prix et du coût marginal : $p = c$. Or, si l'on trace une courbe de demande standard, on s'aperçoit graphiquement que les firmes feront des pertes puisque sur chacune des X_c unités produites, *les firmes font une perte égale à la différence entre le prix et le coût unitaire qui est ici égal au coût moyen en raison du coût fixe* ($p - AC$). La perte totale si le secteur pratique des prix égaux au coût marginal est donc représentée par l'aire hachurée de taille $X_c(p - AC)$.

Le profit de la firme représentative confirme qu'en situation d'équilibre concurrentiel, la firme fait une perte équivalente au coût fixe :

$$\Pi = pX - TC = (p - c)X - F = (p - AC)X,$$

Figure 8.1. Équilibre avec rendements d'échelle croissants

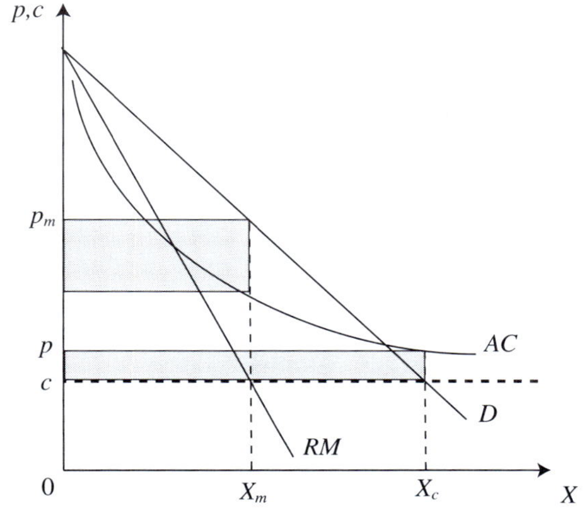

À l'extrême inverse, une firme peut être en situation de monopole. Dans ce cas, la maximisation du profit par ce monopoleur implique que le revenu marginal soit égal au coût marginal :

$$\Pi = pX - TC$$

$$\frac{\partial \Pi}{\partial X} = p + \frac{\partial p}{\partial X}X - \frac{\partial TC}{\partial X} = 0 \Rightarrow \frac{\partial pX}{\partial X} = \frac{\partial TC}{\partial X}$$

Le revenu marginal est d'autre part égal à :

$$\frac{\partial pX}{\partial X} = p\left[1 + \frac{\partial p}{\partial X}\frac{X}{p}\right] = p\left[1 + \frac{\frac{\partial p}{p}}{\frac{\partial X}{X}}\right]$$

En notant l'élasticité prix de la demande (de telle sorte qu'elle soit exprimée en termes positifs) :

$$e_X = -\frac{\frac{\partial X}{X}}{\frac{\partial p}{p}}$$

on obtient

$$\frac{\partial pX}{\partial X} = p\left[1 - \frac{1}{e_X}\right]$$

Le revenu marginal est donc strictement inférieur au prix tant que la quantité vendue n'est pas nulle, auquel cas le revenu marginal est égal au prix.

Les profits sont alors positifs et maximaux de taille $(p_m - AC)X_m$.

Nous avons donc deux cas polaires, la concurrence parfaite et la concurrence la plus imparfaite possible, le monopole. Nous venons de démontrer que la concurrence parfaite est incompatible avec des rendements croissants internes à la firme, pour autant le monopole n'est pas la seule configuration possible à l'équilibre. Une structure de marché intermédiaire et compatible avec l'existence de rendements d'échelle croissants occupe une place prépondérante dans la théorie du commerce international. Il s'agit de la concurrence monopolistique. Ces termes, en apparence contradictoires, traduisent la coexistence de comportements de type monopolistique tout en maintenant une certaine concurrence entre les producteurs.

Reprenons la situation du monopole. Cette firme fait un profit positif important. En l'absence de barrières à l'entrée, cela incitera des entrepreneurs à investir dans le secteur pour s'accaparer une part de ce profit. S'il est facile de créer une firme sur ce marché, il y aura des entrées. Chaque nouvel entrant capture une partie de la demande adressée aux firmes en place. En conséquence, sur la figure 8.1, la demande adressée à chaque firme se déplace vers la gauche jusqu'à être tangente à la courbe AC et assurer des profits nuls. C'est la solution de la *concurrence monopolistique* analysée plus en détails dans la section suivante. En tout état de cause, tout équilibre en situation de rendements d'échelle croissants devra assurer que le prix se situe au-dessus du coût marginal pour qu'il y ait production.

Un deuxième élément essentiel du modèle de concurrence monopolistique se situe du côté de la demande. Jusqu'à présent, nous avons considéré des biens homogènes. Il pouvait exister différents biens, mais chacun de ces biens avait des caractéristiques strictement identiques quelles que soient l'identité et la localisation de son producteur. Dans la réalité, les biens sont la plupart du temps différenciés. Une des motivations majeures de l'échange international (mais aussi intranational) est de pouvoir consommer de nouvelles *variétés* d'un même bien. Le modèle de concurrence monopolistique combine donc une différenciation des produits et l'existence de rendements d'échelle croissants.

section 2

Commerce et concurrence monopolistique

■ 99 On cherche ici à étudier les déterminants et la nature du commerce en *concurrence monopolistique*[Q]. Cette structure de marché provient de l'exploitation de deux éléments : les rendements croissants et de la différenciation des produits. Toutes les raisons de commercer ayant trait à la différence entre les pays évoquées dans les deux chapitres précédents sont neutralisées : on suppose *que les deux pays sont strictement identiques en tous points*, et en particulier en termes de technologie, de dotations factorielles et de taille. Il n'y a, *a priori*, aucune raison « traditionnelle » de commercer dans ce contexte. Avant d'exposer le modèle général de commerce en concurrence monopolistique, passons en revue les hypothèses principales qui permettent l'existence de commerce intra-branche dans ce modèle.

§ 1 Principes de base

Les producteurs différencient leur produit

Le modèle de concurrence monopolistique est un modèle de concurrence imparfaite dans lequel les firmes ont le comportement suivant :

1) On suppose que toutes les variétés sont symétriques. Cela signifie que les consommateurs leur accordent la même préférence et que leur production implique les mêmes coûts. Les firmes peuvent donc différencier leur produit afin d'être en monopole sur la production de leur variété.
2) Traiter les prix des firmes rivales (autres variétés) comme donnés, ce qui suppose que l'impact que les firmes ont sur le marché dans son ensemble est négligeable et donc que le nombre de firmes est très important.

On suppose la libre entrée des producteurs, ce qui mène à une situation de long terme où les profits sont nuls. Chaque entreprise se comporte en monopoleur alors qu'en réalité elle est confrontée à la concurrence d'autres entreprises : d'où le nom de concurrence monopolistique donné par Chamberlin. La première caractéristique importante de ce modèle est donc que chaque firme va chercher à se différencier pour être en monopole sur sa variété et que donc chaque variété ne sera produite que par une firme et avec l'ouverture, un pays.

Les consommateurs demandent l'ensemble des variétés disponibles

Deux approches principales sont employées pour la concurrence monopolistique en univers international, celle inspirée de Chamberlin (1933)[1] et celle issue de l'analyse de Hotelling (1929)[2]. La différence repose principalement sur l'hypothèse faite sur les goûts des consommateurs en termes de variété de leur consommation.

L'approche à la néo-Chamberlin du commerce international est fondée sur l'analyse de Dixit et Stiglitz (1977)[3] de la concurrence monopolistique et a été développée par Krugman (1979a et 1980)[4]. Les consommateurs ont un *goût pour la variété* au sens où ils souhaitent consommer toutes les variétés disponibles d'un certain bien. Helpman et Krugman (1985)[5] donnent comme exemple le choix de type de restauration par les individus. Beaucoup de personnes aiment un certain changement dans le type de nourriture qu'ils consomment au restaurant.

L'approche à la néo-Hotelling a été développée par Lancaster (1980) et Helpman (1981)[6]. Ici, la notion de variété est construite sur l'analyse de Lancaster en termes de caractéristiques de consommation ; chaque produit est un ensemble de caractéristiques. Les variétés différentes d'un produit sont le résultat de combinaisons différentes de caractéristiques. Chaque consommateur a une variété préférée qui est sa variété « idéale ». C'est un modèle de *variété des goûts*. Helpman et Krugman (1985) évoquent la coupe de cheveux désirée pour illustrer ce type de fonction d'utilité.

1. Chamberlin E., 1933, *The Theory of Monopolistic Competition*, Harvard U.P., Cambridge, traduction française, *La théorie de la concurrence monopolistique*, PUF, Paris, 1953.
2. Hotelling H. 1929, « Stability in Competition », *The Economic Journal*, mars, p.41-57.
3. Dixit A., Stiglitz J.E., 1977, « Monopolistic Competition and Optimum Product Diversity », *The American Economic Review*, juin, p.297-308.
4. Krugman P., 1979a, « Increasing returns, Monopolistic Competition and International Trade », *Journal of International Economics*, novembre, p.469-479. Krugman, P., 1980, « Scale Economies, Product Differentiation, and the Pattern of Trade », *American Economic Review*, 70 : 950-959.
5. Helpman, E. et P. Krugman, 1985, *Market Structure and Foreign Trade* (MIT Press, Cambridge).
6. Lancaster K., 1980, « Intra-Industry Trade under Perfect Monopolistic Competition », *Journal of International Economics*, 10, 151-175. Helpman E., 1981, « International Trade in the Presence of Product Differentiation, Economies of Scale and Monopolistic Competition : a Chamberlin-Heckscher-Ohlin Approach », *Journal of International Economics*, p.305-340.

En réalité, les deux types d'attitudes des consommateurs gênèrent un goût pour la variété assez proche au niveau agrégé, à partir du moment où les variétés idéales sont réparties suffisamment uniformément dans la population. Cette demande de variété agrégée au niveau du pays se conjugue avec les rendements croissants du coté de l'offre pour donner le résultat suivant :

Principe général de l'existence de commerce intra-branche en concurrence monopolistique

Lorsque, au niveau agrégé, les pays expriment un goût pour la variété, cela entraîne du commerce intra-branche de biens similaires si ces biens sont produits à rendements croissants. En effet, la structure de marché de concurrence monopolistique assure que chaque pays produit des variétés différentes ; chaque pays demandant de toutes les variétés disponibles, il y a alors une explication simple de l'existence de commerce intra-branche.

§ 2 Un modèle général de concurrence monopolistique

100 Krugman et Obstfeld (1996)[1] ont proposé un modèle général simplifié de concurrence monopolistique. On considère un marché avec n firmes symétriques (les firmes font face aux mêmes fonctions de coût et aux mêmes fonctions de demande). Cette simplification permet de considérer le comportement d'une firme représentative et de généraliser ce comportement aux n firmes existantes. Les deux variables clés du modèle pour analyser l'impact de l'ouverture aux échanges sont ici le nombre de firmes n à l'équilibre et le prix p pratiqué par la firme représentative.

A. Hypothèses

En concurrence imparfaite, une firme vendra d'autant plus que la demande totale est élevée et que ses concurrents pratiquent des prix élevés. Elle vendra d'autant moins qu'elle pratique elle-même un prix élevé et que le nombre de concurrents est élevé. Supposons une fonction de demande adressée à la firme représentative et présentant ces caractéristiques :

$$X = S\left[\frac{1}{n} - b(p - \bar{p})\right], b \geqslant 0,$$

avec X les ventes de la firme, S les ventes totales du secteur, n le nombre de firmes, p le prix de la firme représentative , $\bar{p}$ le prix moyen du secteur et b un paramètre positif représentant la sensibilité de la demande par rapport au prix. Intuitivement, cette fonction de demande a des caractéristiques très simples : si toutes les firmes adoptent le même prix, elles se partagent une part $1/n$ du marché . Le paramètre b mesure le degré de différenciation de la variété produite par la firme avec les variétés produites par les firmes concurrentes. Plus la valeur de b est élevée, plus l'élasticité-prix croisée de la demande des consommateurs pour la variété de la firme est forte.

Le coût total de production (C), le coût moyen (AC) et le profit de la firme s'écrivent :

$$C = F + cX, \quad AC = F/X + c$$

1. Voir Biblio.

$$\Pi = pX - C,$$

avec F le coût fixe et c le coût marginal de production pour X unités. On fait l'hypothèse importante que les ventes totales du secteur sont constantes, ce qui est une approximation irréaliste mais pratique pour ne se concentrer que sur la rivalité entre firmes. La deuxième hypothèse importante dont il faut tenir compte dans l'étape suivante est que les firmes se considèrent trop petites pour influencer le prix moyen du marché par leur propre prix. Formellement, elles ne prennent pas en compte l'impact de la variation de $\bar{p}$ sur leur profit ($\bar{p}$ est considéré comme constant).

Dans ce modèle, les effets de l'ouverture sur l'économie se manifestent sur trois variables : le prix pratiqué par les firmes à l'équilibre, la quantité produite par firme à l'équilibre, ainsi que le nombre de firmes et donc de variétés. Avant d'analyser les effets de l'ouverture, explicitons les trois étapes nécessaires à la détermination de ces variables d'équilibre du modèle.

B. L'équilibre

1. *Le prix pratiqué à l'équilibre et le nombre de firmes*

Le prix est déterminé à l'équilibre par le comportement de maximisation des profits de la firme représentative :

$$\frac{\partial \Pi}{\partial X} = p + \frac{\partial p}{\partial X}X - c = 0$$

Il est pratique d'exprimer la demande de manière inversée :

$$p = \frac{C}{X} = \frac{1}{bn} - \frac{X}{bS} + \bar{p}(CourbePP, figure\ 8.2)$$

Lorsque la firme considère, comme ici, que ses rivales ne réagiront pas à une modification de son prix, le prix moyen $\bar{p}$ est constant et la condition de premier ordre donne par conséquent :

$$p - \frac{X}{bS} - c = 0$$

$$pbS - X - cbS = 0$$

Or, toutes les firmes étant symétriques, elles feront face aux mêmes incitations et fixeront le même prix ce qui donne des ventes individuelles $X = S/n$ et donc :

$$p = c + \frac{1}{bn}$$

Le prix fixé est donc bien supérieur au coût marginal mais le prix et donc la marge faite par les firmes est une fonction décroissante du nombre de concurrents (et de la sensibilité des consommateurs au différentiel de prix). *On a donc une relation négative entre p et n* traduite par une courbe PP sur la figure 8.2.

2. *Le nombre de firmes et le coût moyen*

Il existe un rapport entre le coût moyen de production d'une entreprise et le nombre de firmes présentes sur le marché. En considérant toujours le fait que les firmes sont symétriques et auront donc toutes des ventes $X = S/n$:

$$AC = F/X + c = n\frac{F}{S} + c(CourbeCC,figure\ 8.2)$$

Ainsi, pour une taille de marché donnée, plus il y a de firmes symétriques dans cette économie, plus le coût moyen de production de chaque firme est élevé, traduisant bien le fait qu'il existe des rendements d'échelle croissants. Cette relation positive entre le coût moyen AC et le nombre de firmes n est représentée par la droite CC.

3. Le nombre de firmes à l'équilibre

Les deux relations d'équilibres sont satisfaites simultanément au point E, c'est-à-dire à l'endroit où le prix est égal au coût unitaire. Le point E traduit le nombre d'entreprises n_e pour lequel les profits du secteur sont nuls. En dessous de ce nombre de firmes, les entreprises font des profits, ce qui suscite des entrées et donc une baisse du prix et une hausse du coût moyen, jusqu'à ce que l'entrée d'une nouvelle firme ne soit pas rentable. Inversement, si le nombre de firmes est supérieur à n_e, les firmes font des pertes et un certain nombre de firmes sortent jusqu'à ce que les profits soient nuls.

4. Relations d'équilibre

Le point E est caractérisé par les égalités suivantes. On peut y faire ressortir l'effet d'une augmentation de la taille du marché, que l'on peut assimiler à l'ouverture au commerce, puisque la demande totale est maintenant égale à la somme des demandes des deux pays :

$$1/bn + c = Fn/S + c$$

soit

$$n = \sqrt{S/bF}$$

En raison des rendements croissants, une augmentation de la taille du marché entraînera une augmentation du nombre de firmes moins que proportionnelle.

À l'équilibre, le prix est égal à

$$p = 1/bn + c = c + \sqrt{F/Sb}$$

Le prix pratiqué par chaque firme est fonction décroissante de la taille du marché.

Enfin, les ventes par firme sont :

$$X = S/n = \sqrt{SbF}$$

À mesure que la taille du marché augmente, l'échelle de production augmente.

C. Ouverture et gain à l'échange

1. Équilibre et ouverture à l'échange

Dans le modèle, le nombre de variétés disponibles est contraint par la taille du marché. La principale source de gain à l'échange provient du fait que la taille du marché est accrue à la suite de l'ouverture et que les pays peuvent se spécialiser dans la production d'une partie des variétés produites. Chaque variété est produite à plus grande échelle pour laisser d'autres variétés à l'autre pays, pendant que les consommateurs consomment l'ensemble des variétés grâce à l'échange.

À l'ouverture, la courbe PP ne change pas, puisque l'équation de prix est indépendante de la taille de la demande. En revanche, toutes les firmes produisent à une plus grande échelle, ce qui fait que la courbe CC effectue une rotation sur la droite :

$$AC = F/X + c = n\frac{F}{S} + c$$

Quand $n = 0$, le coût moyen est égal au coût marginal, ensuite pour chaque nombre de firmes le coût moyen est inférieur avec ouverture.

Figure 8.2. Équilibre dans un modèle général de concurrence monopolistique

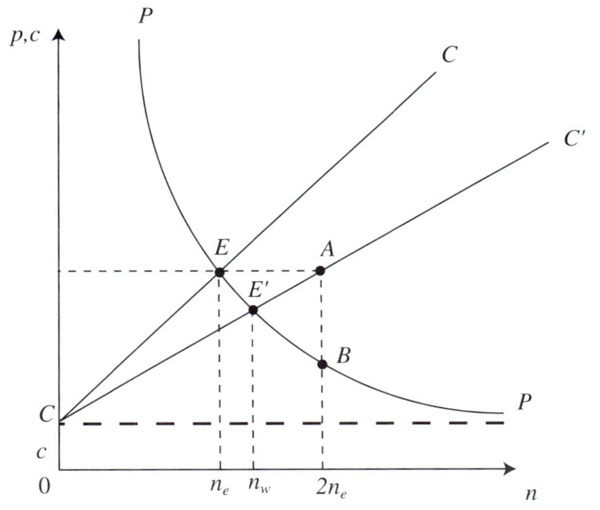

Le premier effet à court-terme de l'ouverture est que la taille du marché et le nombre de firmes sont doublés : on passe de *E* à *A*. La réaction des firmes face à cet accroissement de la concurrence passe d'abord par l'effet pro-compétitif, qui induit une chute des prix et des marges, c'est-à-dire le passage de *A* à *B*. Mais *B* ne peut constituer un équilibre de long terme, car les firmes font des pertes dans cette configuration où les prix sont inférieurs au coût moyen. Il faut donc qu'il y ait un effet de modification de la structure de marché avec l'ouverture, qui entraîne une réduction du nombre de firmes actives et un point d'équilibre de long terme *E'*. Ce point peut être atteint par la fermeture d'unités de production dans ce secteur, mais également par ce que Baldwin et Wyplosz (2003)[1] appellent la « merger mania ». En effet, la réduction du nombre de concurrents peut se faire par fusion et acquisition (F & A) plutôt que par faillites, les firmes tentant de compenser l'intensification de la concurrence liée à l'ouverture par une consolidation du secteur. Il semble que ce

1. Baldwin R., et C. Wyplosz, 2003, *The Economics of European Integration*, Mcgraw-hill.

mouvement ait été très fort lors du passage au marché unique en Europe. En 1987, la part des firmes de l'UE en tant que cible dans les F & A internationales se situait en dessous de 20 % du total des pays développés. En 1992, cette part était de 65 % et est restée autour de 50 % depuis lors. Une grande partie de ce mouvement est dû à des opérations intra-communautaires (UNCTAD, 2000).

102
2. Décomposition des gains à l'échange

Au nouvel équilibre, le prix a baissé de p_a à p_0 :

$$p_0 = 1/bn + c = c + \sqrt{F/Sb}$$

L' *effet pro-compétitif* apparaît du fait de l'ouverture, avec une marge qui baisse dans les deux pays en supposant qu'ils aient le même coût de production.

À ce nouvel équilibre, il y a également une *exploitation des économies d'échelle* interne puisque la quantité produite par chaque firme restante augmente et que le coût moyen est par conséquent réduit :

$$X = S/n = \sqrt{SbF}$$

Il y a aussi *un gain de rationalisation* :

$$n = \sqrt{S/bF}$$

Le nombre de firmes total après ouverture, est inférieur au nombre cumulé avant ouverture, les variétés qui étaient produites en commun sont rationalisées, c'est-à-dire produites dans un seul pays à une échelle plus efficace. En supposant que les pays soient symétriques, l'ouverture augmente le nombre de firmes dans le secteur mais réduit le nombre de firmes dans chaque pays.

Il y a enfin un gain lié à *l'augmentation du nombre de variétés*, visible dans la figure dès lors que la taille du marché total augmente. Pour analyser précisément ce gain lié à l'augmentation du nombre de variétés, il faut distinguer un peu plus précisément entre les deux grands types de modèles : celui de goût pour la variété (le modèle SDSK) et celui de variété des goûts.

§ 3 Le modèle de Spence-Dixit-Stiglitz-Krugman (SDSK)

103 Le modèle de Krugman (1979a)[1] est le premier traitement complet analysant l'émergence de commerce international dans un contexte de concurrence monopolistique où les consommateurs ont un goût pour la variété.

A. Le goût pour la variété

Tous les individus ont la même fonction d'utilité U. Le produit consommé est différencié horizontalement entre de nombreuses variétés et toutes ces variétés

1. op. cit.

entrent de façon symétrique dans cette fonction d'utilité sous la forme :

$$U = \sum_i^n v(c_i),$$

avec $v' > 0$ et $v'' < 0$. c_i est la consommation de la variété i d'un individu représentatif. Le niveau d'utilité augmente avec le nombre de variétés consommées. Supposons une forme particulière à cette fonction d'utilité :

$$U = \sum_i^n c_i^\theta,$$

avec $0 < \theta < 1$.

Le coefficient θ doit être inférieur à 1 pour respecter $v'' < 0$. Supposons (cela sera la solution d'équilibre en fait) que les n variétés sont proposées par les firmes à un prix unique p. Le consommateur représentatif a un revenu monétaire Y et une contrainte budgétaire $Y = \sum_i^n c_i p_i$. Il consomme donc la même quantité de chaque bien $\bar{c} = Y/np$ puisque, les variétés étant symétriques, il va répartir son revenu également entre chacune d'entre elles. Le niveau d'utilité atteint est :

$$U = n\bar{c}^\theta = n\left(\frac{Y}{np}\right)^\theta = n^{(1-\theta)}\left(\frac{Y}{p}\right)^\theta .$$

$$\frac{\partial U}{\partial n} = (1-\theta)\left(\frac{Y}{p}\right)^\theta n^{-\theta} > 0$$

En consommant moins d'unités de chaque variété $\bar{c} = (Y/np)$ mais plus de variétés (hausse de n), le niveau d'utilité s'élève même si le revenu et les prix sont inchangés. Plus le nombre de variétés disponibles s'accroît plus le bien-être s'améliore : il existe un « goût de la variété » chez les consommateurs. Ils vont donc systématiquement consommer l'ensemble des variétés disponibles. On notera que la même caractéristique est présente pour une forme très fréquemment utilisée de fonction d'utilité dans ce type de modèle, la fonction CES :

$$U = \left[\sum_i^n c_i^\theta\right]^{1/\theta} .$$

B. Équilibre autarcique

Il existe un seul facteur de production : le travail. Les rendements sont croissants, représentés par la fonction suivante décrivant la quantité totale de travail utilisée par une firme i :

$$l_i = a + bx_i .$$

La force de travail totale du pays est notée $L = \sum_i^n l_i$. Tous les individus travaillent et sont aussi les consommateurs de cette économie, donc la condition d'équilibre sur le marché de chaque variété s'écrit :

$$x_i = Lc_i,$$

puisque chaque individu demande c_i.

Le profit de la firme est noté :

$$\pi_i = p_i x_i - w(a + bx_i),$$

avec w le taux de salaire des travailleurs. La condition de premier ordre de maximisation du profit pour un monopole est :

$$\frac{\partial \pi}{\partial x_i} = p_i \left[1 - \frac{1}{e_i}\right] - wb = 0$$

L'élasticité prix e_i est une fonction de la quantité produite de la variété et donc de sa demande $c_i = x_i/L$:

$$e_i = -\frac{\frac{\partial x_i}{x_i}}{\frac{\partial p_i}{p_i}}.$$

Krugman suppose que cette élasticité prix est fonction décroissante de la consommation de la variété. Pour chaque variété :

$$\frac{p}{w} = \left(\frac{e}{e-1}\right) b.$$

Cette relation est représentée par la courbe *PP* de la figure 8.3 : *PP* relie positivement le prix de chaque variété (divisé par le salaire) à la demande pour cette variété. Le prix est toujours supérieur au coût marginal de production (wb) et la pente de *PP* tend vers 1 au fur et à mesure que e et donc c augmente : cette courbe est convexe.

La deuxième relation fondamentale est obtenue à partir de la condition de libre entrée qui assure que les profits soient nuls :

$$p_i x_i = w(a + bx_i) \Rightarrow \frac{p}{w} = b + \frac{a}{x} = b + \frac{a}{Lc}.$$

Cette relation nous donne une deuxième courbe, ZZ, qui relie négativement p/w à c. Le prix tend vers l'infini lorsque la consommation est très faible et vers b lorsque la consommation est très importante. Plus le prix de chaque variété tend vers le coût marginal, plus sa consommation est importante.

L'équilibre est atteint à l'intersection de ces deux courbes qui détermine la consommation et le prix de chaque variété ainsi que le taux de marge de la firme.

Il ne reste plus qu'à déterminer *le nombre de firmes* et donc de variétés à l'équilibre autarcique. Le nombre de firmes est déterminé par la contrainte de plein emploi du facteur et donc l'équilibre sur le marché du travail :

$$L = \sum_{i}^{n} l_i = n(a + bx_i) = n(a + bcL) \Rightarrow n = \frac{L}{a + bcL}$$

Cette expression définit une courbe *NN* qui tend vers 0 lorsque c est très grand et vers L/a lorsque c est nul, c'est-à-dire que les firmes se répartissent dans ce cas équitablement les travailleurs pour couvrir leur coût fixe.

Figure 8.3. Équilibre dans le modèle SDSK de concurrence monopolistique

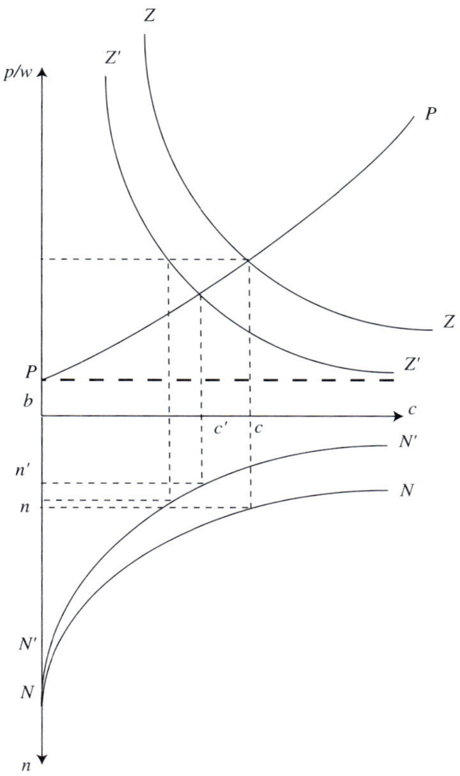

C. Ouverture

Krugman (1979a) applique le modèle de Dixit et Stiglitz en économie ouverte et montre comment le commerce intra-branche peut avoir lieu entre deux pays parfaitement identiques. Après avoir déterminé le prix, la consommation, la production et le nombre de variétés à l'équilibre en économie fermée, on s'intéresse maintenant à l'ouverture à l'échange avec un autre pays de population L^*. L'économie étrangère est supposée en tous points identique à l'économie nationale. Dans ces conditions, aucun des pays n'a d'avantage comparatif. D'après les modèles traditionnels, il n'y a par conséquent aucune raison pour qu'un commerce international mutuellement avantageux s'établisse puisqu'il n'existe aucune différence de technologie ou de dotations factorielles. Krugman a démontré, dans ce contexte, qu'un échange croisé de produits similaires se développe malgré tout. La base du commerce international est la demande de variétés. L'ouverture signifie simplement que le nombre de consommateurs passe de L à $L + L^*$. Chaque variété du produit sera maintenant consommée à la fois sur le marché domestique et sur le marché étranger. L'échange international intra-branche résulte de la demande de variété supposée chez les consommateurs, combinée aux rendements croissants. En raison des rendements croissants, chaque variété ne sera produite que par une seule firme. À l'ouverture on a donc, pour les variétés produites dans les deux pays à l'autarcie, une élimination de la firme la moins efficace. La demande adressée à la firme restante sera augmentée, sans que l'on puisse préciser dans quel pays cette firme se trouvera.

Le premier effet de l'ouverture est d'augmenter le nombre de variétés disponibles pour les consommateurs qui vont réduire leur consommation individuelle de chaque variété pour consommer les variétés étrangères. Ceci correspond à un déplacement vers la gauche de la courbe ZZ en ZZ' :

$$\frac{p}{w} = b + \frac{a}{x} = b + \frac{a}{(L + L^*)c}$$

Avec l'augmentation du nombre de consommateurs, un même niveau de p/w doit correspondre à une consommation individuelle c plus basse. Comme la courbe PP n'est pas affectée par l'ouverture, le nouvel équilibre est atteint en E'. L'interprétation de ce nouveau point est très simple : pour limiter la chute de la demande qui leur est adressée, les producteurs réduisent leur marge, ce qui correspond à un niveau de p/w plus bas à l'équilibre. C'est l'*effet pro-compétitif*.

La production de la firme représentative dans le pays est égale à :

$$x = \frac{a}{\frac{p}{w} - b}$$

La baisse de la marge de chaque firme lui permet donc d'augmenter sa production et de réaliser un *gain d'exploitation des économies d'échelles* puisque le coût moyen baissera. Même si chaque consommateur demande moins de chaque variété, le fait de s'addresser maintenant au marché mondial permet aux firmes de mieux exploiter les rendements croissants.

Il est très facile de voir que le nombre de firmes actives dans chaque pays décroît avec l'ouverture à l'échange, *c'est l'effet de rationalisation*. La nouvelle condition de plein emploi des ressources est donnée par :

$$L = \sum_{i}^{n} l_i = n(a + bx_i) = n(a + bc(L + L^*)) \Rightarrow n = \frac{L}{a + bc(L + L^*)}$$

La courbe NN est déplacée vers la gauche : avec plus de consommateurs, il faut, pour un même nombre de firmes, réduire la quantité demandée pour chaque variété afin de respecter la contrainte de plein emploi.

Il existe enfin *un gain de variété* pour les consommateurs des deux pays : la population du pays, L ne changeant pas, on a dans le pays en question :

$$L = n(a + bcL) = n'(a + bc'(L + L^*)) = n'(a + 2bc'L)$$

Les deux économies étant symétriques, elles auront le même nombre de firmes à l'équilibre et on doit donc comparer n à $2n'$:

$$\frac{2n'}{n} = \frac{2(a + bcL)}{(a + 2bc'L)} > 1$$

Avec l'effet pro-compétitif, la consommation de chaque variété baisse ($c' < c$), et on a donc plus de variétés disponibles pour chaque consommateur dans chaque pays après ouverture ce qui procure un gain de bien-être puisque l'on a supposé qu'il y a un goût pour la variété. Ce résultat est valable quelle que soit la taille des pays.

D. Structure et volume des échanges

Toutes les variétés étant strictement identiques dans ce modèle, et les deux pays étant similaires, il n'y a aucun moyen de savoir a priori quel pays produira quelle variété précise. Par conséquent, on ne peut pas non plus prédire le sens et la structure du commerce (intrabranche) dans ce modèle. On peut en revanche tout à fait déterminer le volume du commerce entre les deux économies : nous avons vu qu'à l'équilibre, toutes les firmes pratiquent le même prix. Les préférences étant symétriques chez les consommateurs qui présentent un goût pour la variété, leur revenu sera réparti équitablement entre toutes les variétés : au niveau national, le revenu (égal à wL puisqu'il n'y a qu'un facteur et pas de profits) est égal à la somme des dépenses individuelles des L travailleurs :

$$Y = wL = L(n + n^*)cp \Rightarrow c = \frac{Y}{L(n + n^*)p}$$

La valeur des importations d'un pays $M = Lpn^*c$ est égale à :

$$M = Lpn^*c = \frac{Lpn^*Y}{L(n + n^*)p} = \frac{n^*}{n + n^*}wL.$$

Nous avons donc dans ce modèle de l'échange croisé de produits similaires. Les deux pays demandent l'intégralité des variétés disponibles et chacune de ces variétés est produite dans un seul des deux pays : on observe donc des échanges de variétés d'un même produit, l'échange intrabranche. Les importations en provenance d'un pays particulier sont fonction de la part de ce pays dans le nombre de variétés mondiales. On comprend bien dès lors pourquoi les grands pays comme les États-Unis importent relativement peu en proportion de leur PIB. Les Etats-Unis sont de loin le pays ayant la plus grande proportion des variétés mondiales qui sont des variétés domestiques. Ce pays a donc « moins besoin » d'importer. Or en reprenant les valeurs d'équilibres des nombres de firmes :

$$n = \frac{L}{a + bc(L + L^*)} \qquad n^* = \frac{L^*}{a + bc(L + L^*)}$$

on obtient

$$M = \frac{LL^*}{L + L^*}w \quad \text{et} \quad M^* = \frac{LL^*}{L + L^*}w^*.$$

et donc (en utilisant $Y = wL$ et si les rémunérations du travail sont égalisées entre les pays, $w = w^*$),

$$M = \frac{YY^*}{Y + Y^*} \quad \text{et} \quad M^* = \frac{YY^*}{Y + Y^*}.$$

Le volume de commerce est une fonction croissante de la taille des deux pays avec un volume d'échange bilatéral maximisé lorsque les deux pays sont de taille identique : on obtient une équation proche de *l'équation de gravité*, que nous aborderons dans le chapitre 9. Dans un article paru un an plus tard, Krugman (1980)[1] donnera un fondement théorique complet de cette relation comprenant la distance entre les pays comme déterminant additionnel du volume de commerce.

1. op.cit.

104
§ 4 Le modèle néo-Hotelling

A. Répartition des préférences

Dans les modèles néo-chamberliniens de concurrence monopolistique, chaque consommateur désire consommer l'ensemble des variétés disponibles. Cette hypothèse, peu réaliste, se justifie par le fait qu'au niveau global, tous les consommateurs ayant les mêmes goûts, la société « demande de la variété ». Cette dernière supposition au niveau agrégé semble beaucoup plus vraisemblable, et Lancaster (1979)[1] a démontré que pour trouver une demande de variété au niveau macro-économique, il n'est pas nécessaire de la supposer au niveau micro-économique. Si les consommateurs ont des goûts différents : *variété des goûts*[Q] et ont chacun une variété préférée du produit, une demande de variété émergera au niveau de l'ensemble de l'économie.

Dans cette approche, le produit est vu comme un panier de caractéristiques demandées en tant que telles par le consommateur. *Chaque consommateur a un produit idéal qu'il désire consommer mais seul un nombre fini de biens est produit en raison de rendements croissants.* Les individus seront donc en général forcés de consommer le produit le plus proche de leur produit idéal. Pour déterminer quelle est la variété exacte consommée, il faut définir la *substituabilité aux yeux du consommateur entre la variété idéale et les variétés qui ne possèdent pas exactement les mêmes caractéristiques.* On peut représenter la répartition des variétés idéales des différents consommateurs en utilisant une analogie spatiale : les différentes variétés sont représentées par des points sur un cercle.

Les i variétés disponibles sont notées m_i et les variétés idéales des j consommateurs c_j répartis uniformément sur l'ensemble de la ligne ou du cercle. Sur la figure 8.4, c^* représente la variété idéale d'un consommateur comprise entre deux variétés disponibles. Ce consommateur devra choisir entre m_2 et m_3 compte tenu de sa préférence pour l'une ou l'autre des deux variétés et de leurs prix respectifs. Une fonction de compensation $h(v)$ est définie telle que le consommateur soit indifférent entre x unités de la variété idéale et $h(v)x$ unités d'une variété située à une « distance » v de la variété idéale.

Dès lors, plus les caractéristiques d'une variété sont éloignées de celles de la variété idéale, plus la quantité nécessaire pour rendre le consommateur indifférent entre cette variété et sa variété idéale sera importante. La compensation marginale doit également être croissante.

Supposons que quatre variétés soient produites en autarcie. Les consommateurs dont les variétés idéales correspondent aux points c_1, c_2, c_3 et c_4 sont alors privilégiés puisqu'ils obtiennent exactement leur variété idéale. Tous les consommateurs intermédiaires doivent payer le même prix pour une variété différente de leur variété idéale. Il existe un c^* critique, pour des prix donnés, tel que tous les consommateurs dont la variété idéale se situe à gauche de c^* choisissent m_2 et , inversement, ceux dont la variété idéale se situe à droite de c^* choisissent m_3. Si l'on suppose que toutes les firmes ont des fonctions de coûts identiques et étant donnée la répartition uniforme des consommateurs, ce point d'indifférence des consommateurs se situe à équidistance des variétés disponibles tout au long du spectre.

1. Lancaster K., 1979, *Variety, equity and efficiency*, Columbia University Press, New York.

Figure 8.4. Représentation de la répartition des préférences.

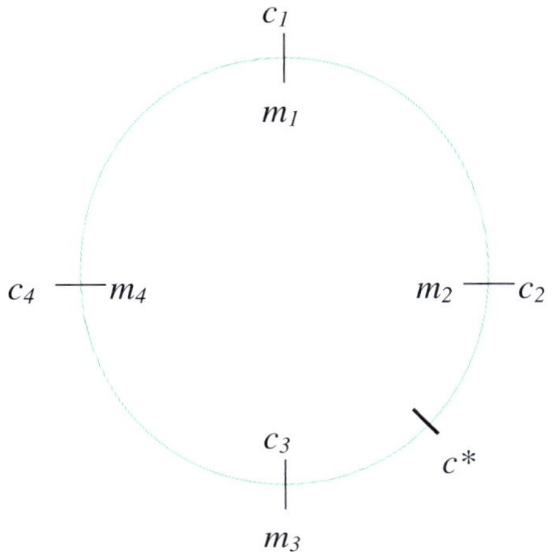

B. L'ouverture à l'échange

L'introduction de l'échange international dans ce cadre d'analyse va générer un gain assez facile à comprendre intuitivement. *L'ouverture à l'échange va permettre aux consommateurs nationaux d'accéder à de nouvelles variétés produites à l'étranger.* Supposons que ces nouvelles variétés se situent entre les variétés domestiques, que le nombre de variétés en situation de libre échange soit égal à la somme des variétés d'autarcie et que les productions et les prix restent identiques. L'ouverture à l'échange sera alors bénéfique pour tous les consommateurs qui pourront accéder à une de ces nouvelles variétés plus proche de leur variété idéale et ne sera néfaste pour aucun consommateur. Il s'établit donc un échange intra-branche dont le gain est lié, comme dans le modèle Dixit-Stiglitz-Krugman, à l'augmentation du nombre de variétés disponibles.

Ces deux modèles montrent comment, avec la présence de rendements croissants associée à une différenciation horizontale des produits, le commerce international se développe sous forme d'échanges intra-branche, entre des pays parfaitement identiques.

§ 5 Les limites du modèle de concurrence monopolistique

Le principal intérêt du modèle de *concurrence monopolistique*[Q] est d'avoir « le 105
goût » de la concurrence imparfaite en gardant une grande simplicité dans les hypothèses sur le comportement des firmes. Les principaux éléments y sont présents et permettent de cerner des phénomènes liés à l'existence de rendements croissants, comme les effets d'échelle ou les effets de variété.

En revanche, d'autres phénomènes qui découlent de l'existence d'un pouvoir de marché sont impossibles à analyser dans un modèle de concurrence monopolistique en raison de l'hypothèse faite que les firmes ne sont pas stratégiques.

Dans la littérature récente du commerce international intégrant des éléments de *théorie des jeux*, l'oligopole se caractérise par ce que l'on appelle des *interactions stratégiques* entre les acteurs : chaque firme (joueur) ne s'intéresse pas uniquement aux conséquences de son action mais également à celles de la firme (du joueur) adverse et à leurs influences mutuelles. Chaque firme cherche, en fixant par exemple un niveau de production, à maximiser son profit en tenant compte de la réaction de la firme rivale et de l'influence de cette réaction sur son profit.

Le principe même de l'existence de pouvoir de marché réduit le nombre de firmes actives sur le marché : quelques entreprises seulement de taille importante se livrent concurrence sur le marché. Chaque firme a conscience que ses actions influencent les actions des firmes rivales et elle en tiendra compte dans ses choix. Il n'y a que dans ce cas que des *comportements de type collusifs ou prédateurs* par exemple peuvent être compris. La décision de maintenir des prix élevés dans un cartel par exemple doit tenir compte des réactions anticipées des concurrents. De même, il peut être intéressant pour une firme de maintenir un concurrent hors du marché par une politique de surcapacité, un comportement incompréhensible dans un modèle où les firmes ne tiennent pas compte du comportent des concurrents.

section 3

Commerce et concurrence oligopolistique

106 Dans les modèles de concurrence oligopolistique, d'une part les entreprises ont la possibilité de se comporter de manière stratégique, et d'autre part il existe à l'équilibre des profits garantissant des rentes de monopole. On considère des firmes en situation de monopole en autarcie. Lorsque les pays s'ouvrent au commerce, les firmes, qui produisent le même bien, se comportent de manière stratégique afin de s'accaparer une partie de la rente de monopole des marchés nouvellement accessibles. On explique ainsi l'existence de commerce intra-branche en biens homogènes.

§ 1 La segmentation des marchés : l'exemple du marché automobile européen

107 Cette section s'intéresse aux comportements stratégiques des firmes dans leur stratégie d'exportation. Une des caractéristiques les plus marquantes de ces comportements est *la segmentation des marchés associée à la discrimination en prix*, c'est-à-dire la pratique de prix différents pour un même produit entre les différents marchés géographiques, rendue possible par les difficultés d'arbitrage de la part des consommateurs. Le secteur sans doute le plus connu pour ce genre de pratiques est le secteur automobile qui se caractérise par de grandes différences de prix pour un même modèle entre les différents marchés, comme l'illustre le tableau 8.1.

Les différences de prix peuvent atteindre des niveaux considérables, et ce pour un même modèle, des années récentes et entre pays membres d'un marché unique, avec une libre circulation totale des biens et partageant une même monnaie. Il

Tableau 8.1. Différentiels de prix dans le secteur automobile en Europe.

Small segment				
	1/5/2003	1/11/2002	1/11/2000	1/11/1999
Opel Corsa	16.8 %	13.3 %	24.6 %	19.2 %
Ford Fiesta	19.7 %	25.8 %	20.5 %	22.9 %
Renault Clio	14.0 %	13.8 %	23.0 %	19.9 %
Peugeot 106	29.8 %	26.8 %	11.4 %	15.0 %
VW Polo	17.8 %	18.0 %	29.1 %	31.7 %
Medium segment				
VW Golf	29.3 %	32.2 %	32.9 %	33.2 %
Opel Astra	16.2 %	25.6 %	27.6 %	23.0 %
Ford Focus	24.4 %	26.6 %	18.1 %	14.1 %
Renault Mégane	19.7 %	11.5 %	18.5 %	19.4 %
Peugeot 306	18.3 %	23.1 %	18.9 %	17.2 %
Large segment				
BMW 318I	15.8 %	10.4 %	13.9 %	15.1 %
Audi A4	10.4 %	13.2 %	21.0 %	15.5 %
Ford Mondeo	22.6 %	22.7 %	29.9 %	25.0 %
Opel Vectra	14.4 %	22.7 %	25.2 %	20.6 %
VW Passat	36.4 %	26.9 %	22.1 %	24.2 %

Note : Différence de prix en pourcentage entre le prix le plus élevé et le plus faible pour le modèle en Eurozone. Source : d'après Commission européenne

n'apparaît pas de tendance claire à la réduction des écarts de prix dans le temps. Ainsi, même si le fait d'adopter la même monnaie peut en théorie être une source de dé-segmentation des marchés et donc de convergence des prix, il reste suffisamment de barrières aux échanges à l'intérieur de la zone euro pour que de telles différences de prix persistent. Les coûts de transaction liés aux formalités administratives d'immatriculation et d'homologation (aujourd'hui en théorie harmonisées dans l'Union) peuvent constituer de telles barrières.[1]

Les constructeurs européens ont par ailleurs été fréquemment condamnés pour entrave à la concurrence, en raison de pratiques visant à assurer la segmentation des marchés et à limiter les possibilités d'arbitrage. Il existe donc très clairement un intérêt pour ces firmes à pratiquer des prix différents entre les différents marchés et à s'assurer que les différents marchés restent « étanches ». Voici l'exemple d'une condamnation de Volkswagen par la Commission en 1995 :

1. Goldberg et Verboven (2004, voir Biblio) fournissent une très bonne synthèse de l'analyse empirique des différentiels de prix dans ce secteur en Europe.

« Dans sa décision, la Commission a constaté que Volkswagen, sa filiale italienne Autogerma, et Audi avaient mis au point avec leurs concessionnaires italiens une stratégie visant à empêcher, ou du moins à limiter substantiellement les ventes en provenance d'Italie vers d'autres États membres, en particulier l'Allemagne et l'Autriche. Cette stratégie portait sur les ventes aux consommateurs finals mais également sur les ventes aux intermédiaires agissant pour le compte d'un acheteur et aux concessionnaires Volkswagen ou Audi d'autres États membres. »

Certaines des pratiques illégales décelées étaient les suivantes :

1) des menaces de résiliation de leurs contrats de concession en cas de vente à des clients étrangers adressées à une cinquantaine de concessionnaires et résiliation effective pour une douzaine de concessionnaires ;
2) une réduction systématique des marges bénéficiaires et des primes de concessionnaires vendant en dehors de leur territoire ;
3) un rationnement des livraisons aux concessionnaires italiens : ainsi, pour la seule année 1995, Audi a refusé de livrer environ 8 000 véhicules à des concessionnaires italiens qui avaient obtenu la confirmation de ces livraisons auprès d'Autogerma ;
4) un contrôle d'Autogerma sur les concessionnaires italiens avec des mises en garde claires à l'adresse de ceux qui vendaient à des clients non italiens ; elle surveillait également les listes de clients étrangers ;
5) Volkswagen/Audi recommandaient à leurs concessionnaires italiens de ne pas communiquer aux clients étrangers les véritables raisons de leur refus de vente, d'essayer plutôt de les décourager en invoquant des différences de spécifications et des difficultés de garantie, et de ne pas révéler aux clients que ces instructions émanaient du groupe Volkswagen.

Opel a également été condamné pour des motifs équivalents encore plus récemment :

« Les instructions données directement par les directeurs régionaux responsables de Opel Nederland B.V. à un certain nombre de concessionnaires exportateurs, et les engagements ultérieurs reçus d'un certain nombre de ces distributeurs stipulant qu'ils cessaient toute vente à l'exportation, indiquent que l'importateur pouvait être assuré d'une réduction sensible des exportations. Presque tous les concessionnaires exportateurs sont situés dans des régions frontalières, où l'activité d'exportation joue traditionnellement un rôle important.

Les concessionnaires avaient également été informés que les voitures qu'ils devraient vendre sur la base de leur contrat de concessionnaire devraient avant tout être écoulées aux Pays-Bas. Opel Nederland B.V. voulait, de cette manière, limiter l'importance des ventes à l'exportation. Enfin, entre octobre 1996 et janvier 1998, Opel Nederland B.V. a lancé de nombreuses de campagnes de vente, qui chacune prévoyait que les primes seraient refusées aux concessionnaires qui vendraient leurs véhicules à des consommateurs finals résidant à l'étranger. Ces primes représentent généralement une part importante du bénéfice réalisé par un concessionnaire sur la vente de voitures neuves.

Enfin, on peut également remarquer que les différences de prix entre les différents marchés se font selon un certain schéma : les firmes semblent vendre plus cher sur leur marché domestique et moins cher sur les marchés étrangers. Sur 72 modèles vendus en Europe au dernier semestre 1999, trente pratiquaient sur leur marché domestique l'un des trois prix les plus élevés en Europe pour ce modèle. Ils semblerait donc qu'il y ait une politique de discrimination des prix qui garantisse des profits domestiques élevés et des profits d'exportations relativement plus faibles. Nous rapprocherons ce résultat du modèle théorique de dumping réciproque.

§ 2 Le duopole de Cournot 108

A. Les bases du modèle

Dans La littérature récente du commerce international intégrant des éléments de théorie des jeux, l'oligopole se caractérise par ce que l'on appelle des interactions stratégiques entre les acteurs : chaque firme (joueur) ne s'intéresse pas uniquement aux conséquences de son action mais également à celles de la firme (du joueur) adverse et à leurs influences mutuelles. Chaque firme cherche, en fixant un niveau de production, à maximiser son profit en tenant compte de l'influence de la production de la firme rivale. Pour illustrer ce modèle, on suppose un marché à deux firmes (notées 1 et 2), produisant *un bien homogène*. L'un des principaux intérêts de ce modèle en économie internationale est lié à l'homogénéité des biens : on obtiendra du commerce international croisé de biens identiques sans que l'accroissement du nombre de variétés ne viennent expliquer le gain à l'échange.

Ces firmes ont des coûts marginaux constants, respectivement c_1 et c_2, et la demande du marché est linéaire telle que : $p = 1 - Q$, avec p le prix du marché, Q étant la production du marché ($Q = q_1 + q_2$). On note $p(q1,q2)$ le prix, fonction des quantités fournies par les deux firmes.

La firme 1 va maximiser son profit :

$$\pi_1(q_1,q_2) = q_1 p(q_1,q_2) - c_1(q_1)$$

On note :

$$\frac{\partial \pi_1}{\partial q_1} = \pi_1^1 \qquad et \frac{\partial \pi_1}{\partial q_2} = \pi_2^1$$

La condition de premier ordre de maximisation du profit s'écrit :

$$\frac{\partial \pi^1}{\partial q_1} = \pi_1^1 = p(q_1,q_2) + q_1 p'(q_1,q_2) - c'(q_1) = 0$$

Dans le modèle de Cournot la condition de premier ordre fournit la production optimale de la firme 1 en fonction de ce qu'elle pense être la production de la firme 2.

On peut ainsi définir une fonction de réaction

$$q_1 = R_1(q_2) \qquad \text{avec} \qquad \pi_1^1(R_1(q_2),q_2) = 0$$

$$q_1 = R_1(q_2) = \frac{1 - q_2 - c_1}{2},$$

et

$$q_2 = R_2(q_1) = \frac{1 - q_1 - c_2}{2}.$$

Les fonctions de réaction représentées dans la figure 8.5 sont donc décroissantes et l'équilibre de Cournot se trouve à leur intersection, c'est-à-dire au point E. Ce point est un *équilibre au sens de Nash* : chaque joueur maximise son profit par rapport à sa propre variable stratégique compte tenu des choix des autres joueurs. *Aucun joueur ne peut améliorer son profit en changeant unilatéralement de stratégie.*

Bien que le modèle de Cournot soit un jeu qui se joue en une fois, sans possibilité d'ajustement des stratégies, l'illustration de la figure 8.5 suggérant un processus dynamique d'ajustement permet de se représenter les conditions de stabilité de l'équilibre. Soit initialement la production de la firme 2 égale à zéro et celle de la firme 1 égale à q_1'. La firme 2, qui anticipe que la production de la firme 1 va rester en q_1', va produire elle-même en q_2' comme l'indique sa fonction de réaction R_2. La firme 1 va alors répondre en prenant la production de sa rivale q_2' comme donnée et en réduisant elle-même sa production en q_1''. La firme 2 répond à son tour en augmentant sa production en q_2'' ; le processus continue, jusqu'à atteindre le point E. À chaque étape du processus, chacune des firmes cherche à maximiser son profit en prenant la production de l'autre comme donnée, mais à chacune de ces étapes jusqu'au point d'équilibre, cette hypothèse de comportement s'avère fausse.

Figure 8.5. Fonctions de réaction dans le modèle de Cournot

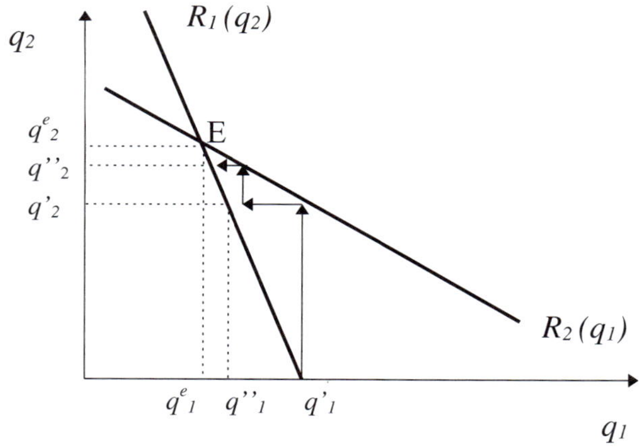

B. L'équilibre

Les valeurs d'équilibre définies par le point E sont obtenues très facilement en se servant des deux fonctions de réaction :

$$q_1^e = \frac{1 - 2c_1 + c_2}{3}$$

$$q_2^e = \frac{1 - 2c_2 + c_1}{3}$$

En introduisant ces valeurs d'équilibre dans l'équation de profit, on obtient

$$\pi_1^e = (q_1^e)^2 = \frac{(1 - 2c_1 + c_2)^2}{9}$$

$$\pi_2^e = (q_2^e)^2 = \frac{(1 - 2c_2 + c_1)^2}{9}.$$

De manière générale dans un modèle de Cournot avec demande linéaire, le profit d'équilibre est toujours lié à la quantité d'équilibre au carré. En effet, écrivons une forme plus générale des fonctions de profit et de demande :

$$\pi_1 = p(Q)q_1 - c_1(q_1)$$

$$p(Q) = a - bQ = a - b\sum_{i=1}^{n} q_1$$

$$c_1(q_1) = c_1 q_1 + F$$

La condition de premier ordre de la firme 1 assure que

$$\frac{\partial \pi_1}{\partial q_1} = p + q_1 \frac{\partial p}{\partial q_1} - \frac{\partial c_1}{\partial q_1} = 0 \Rightarrow p = c_1 + bq_1$$

$$\pi_1^e = (c_1 + bq_1)q_1 - (c_1 q_1 + F)$$

$$\pi_1^e = bq_1^2 - F$$

La production et le profit de la firme 1 sont donc des fonctions décroissantes de son coût marginal et des fonctions croissantes du coût marginal de la firme 2. On peut comparer les quantités fournies par ce duopole avec les quantités fournies dans le cas d'un monopole et d'un marché à n firmes. Pour cela on s'intéresse, dans chacun des trois cas, à la valeur de Q qui déterminera également les prix et les profits de la branche. On suppose désormais un coût marginal identique $c = c_1 = c_2$.

La production globale d'un duopole est ici :

$$Q_d = \frac{2(1 - c)}{3}$$

Un monopole maximise $\pi_m = Q_m P(Q_m) - c(Q_m)$, ce qui donne facilement la quantité produite par un monopole :

$$Q_d = \frac{(1 - c)}{2}$$

Dans le cas d'un marché à n firmes semblables produisant chacune q, en isolant une firme j, on a :

$$Q_c = \sum_{i=1}^{n} q_i = q_j + \sum_{i \neq j} q_i$$

$$\pi_j = q_j(1 - Q_c) - c(q_j) = q_j - q_j^2 - q_j \sum_{i \neq j} q_i - cq_j$$

La condition de premier ordre pour la firme j est :

$$\frac{\partial \pi_j}{\partial q_j} = 1 - 2q_j - \sum_{i \neq j} q_i - c = 0$$

$$1 - 2q_j - (n - 1)qj - c = 0$$

Ce qui donne les valeurs d'équilibre :

$$q_j = \frac{1 - c}{n + 1}$$

et

$$Q_c = nq \Rightarrow Q_c = \frac{1 - c}{1 + 1/n} \quad \text{et} \quad p = 1 - nq = c + \frac{1 - c}{n + 1}.$$

Quand le nombre de firmes n tend vers l'infini, on atteint un équilibre concurrentiel puisque le prix tend vers le coût marginal c, et la quantité de ce marché concurrentiel est $Q_c = 1 - c$.

Ainsi, un monopoleur produit la moitié de la production du marché de concurrence afin de maximiser son profit, les duopoleurs de Cournot en produisent les deux-tiers. Ne réussissant pas non plus à augmenter le prix dans les mêmes proportions que le monopoleur, leur profit joint est donc plus faible qu'en situation de monopole.

§ 3 Le modèle de Cournot appliqué au cas international

109 L'application du modèle de Cournot à l'échange international a été réalisée notamment par Brander (1981) et Brander et Krugman (1983)[1]. Dans ces modèles on suppose que la firme a la possibilité d'exporter sur un marché étranger, il en résulte alors un échange croisé de produits homogènes.

A. Les bases du modèle

On considère deux pays. En autarcie, chaque pays ne possède qu'une seule firme qui a le monopole de production sur un bien internationalement homogène. À l'ouverture de l'échange, les firmes 1 et 2 forment un duopole et vont chercher à exploiter à la fois le marché étranger et leur marché national. Les hypothèses de base sont les suivantes :

1) Les deux pays ont des caractéristiques identiques
2) Les deux pays ont des fonctions de coût identiques
3) Les deux pays ont des fonctions de demande identiques
4) Il n'existe aucun coût de transport
5) La production est la variable stratégique des firmes
6) Les firmes supposent une variation conjecturale nulle
7) Les deux marchés sont segmentés, il existe des fonctions de demande séparées sur chacun des deux pays.

La fonction de coût pour les deux producteurs est la même que précédemment, les firmes produisent respectivement :

Firme domestique : q_1 pour le marché domestique
q_1^* pour le marché étranger
Firme étrangère : q_2 pour le marché domestique
q_2^* pour le marché étranger

avec

$$Q = (q_1 + q_2) \qquad \text{et} \qquad Q^* = (q_1^* + q_2^*)$$

et

$$p = 1 - Q \qquad \text{et} \qquad p^* = 1 - Q^*.$$

1. Brander J., 1981, « Intra-Industry Trade in Identical Commodities », *Journal of International Economics*, p.1-14. Brander J., et P. Krugman, 1983, « A Reciprocal Dumping Model of International Trade », *Journal of International Economics*, p.313-321.

À partir des équations précédentes, les fonctions de profits sont :

$$\pi_1 = q_1 p(q_1,q_2) + q_1^* p^*(q_1^*,q_2^*) - c(q_1 + q_1^*)$$

$$\pi_2 = q_2 p(q_1,q_2) + q_2^* p^*(q_1^*,q_2^*) - c(q_2 + q_2^*)$$

On peut considérer que les problèmes de maximisation sur les deux marchés sont traités de manière distincte par les firmes grâce à deux hypothèses. Premièrement, avec l'hypothèse de segmentation des marchés, la demande sur un des deux marchés n'influence pas la demande adressée à l'autre marché (les fonctions de demande sont indépendantes). Deuxièmement, grâce à l'hypothèse de coût marginal constant, le coût de production à destination d'un marché est indépendant de la production sur l'autre marché. Si, par exemple, le coût marginal était une fonction décroissante de la production, une hausse de production dans un pays ferait baisser le coût marginal et augmenterait donc la production destinée à l'autre pays. Ceci nous permet de ne considérer le jeu que pour un seul pays, la solution étant exactement symétrique dans l'autre pays. On considère les conditions de premier ordre sur le marché domestique :

$$\frac{\partial \pi^1}{\partial q_1} = p(q_1,q_2) + q_1 p'(q_1,q_2) - c'(q_1) = 0$$

$$\frac{\partial \pi^2}{\partial q_2} = p(q_1,q_2) + q_2 p'(q_1,q_2) - c'(q_2) = 0$$

B. L'échange intra-branche

La configuration est ici exactement la même que dans le modèle de Cournot. Afin de déterminer les conditions pour que les deux firmes aient une vente positive sur le marché domestique, on peut réécrire les fonctions de réaction pour chaque firme en exprimant le prix en fonction de la part de marché de la firme étrangère sur le marché domestique $\phi = q_2/Q$:

$$p = c - (1 - \phi)Qp'(q_1,q_2) \tag{8.1}$$

$$p = c - \phi Q p'(q_1,q_2) \tag{8.2}$$

Si p' est une constante égale à -1 (ce qui est le cas ici avec la demande linéaire), (8.1) décroît avec ϕ et (8.2) croît avec ϕ. Il existe donc un équilibre avec des quantités positives si l'ordonnée de (8.1) en $\phi = 0$ est supérieure à l'ordonnée de (8.2), comme on le voit dans la figure 8.6. Cette condition équivaut ici à ce que $c + Q > c$ lorsque $q_2 = 0$. Cela signifie qu'il y a échange (intra-branche puisque les produits sont homogènes) dès lors qu'il existe une rente de monopole en situation d'autarcie. Les valeurs d'équilibre q_e et p_e sont alors les mêmes pour chaque firme que dans le duopole de Cournot en économie fermée, à savoir :

$$q_e = \frac{1 - c}{3} \quad \text{et} \quad p_e = 1 - Q = c + q_e = c + \frac{1 - c}{3}$$

Tout en gardant à l'esprit que le modèle de Cournot n'est pas un modèle dynamique, on peut ramener le problème à celui d'une firme étrangère désirant entrer sur le marché domestique. En autarcie, la firme domestique réalise le profit

Figure 8.6. Duopole de Cournot et échange intra-branche

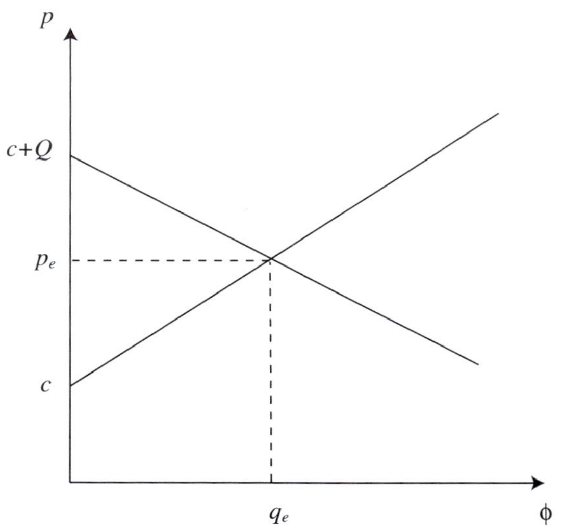

de monopole. La firme étrangère commence à exporter puisque le revenu marginal de la première unité de production exportée est égal au prix domestique, lui-même supérieur au coût marginal.

L'échange international est donc un processus pro-concurrentiel qui se poursuit jusqu'à ce que les quantités d'équilibre soient atteintes. Si les conditions d'existence et de stabilité de l'équilibre sont vérifiées, on constate aisément à l'aide des conditions de premier ordre que $q_1 = q_2$ (symétriquement $q_1^* = q_2^*$). Chaque firme produit donc à la fois pour son marché intérieur et pour l'exportation. Ce modèle fait apparaître un commerce intra-branche de produits homogènes. L'ouverture à l'échange permet un gain représenté dans la figure 8.7.

Figure 8.7. Gain à l'échange

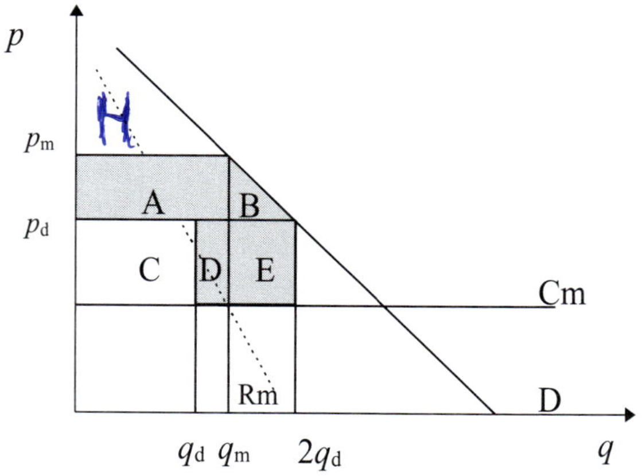

Avec l'ouverture, la situation passe du monopole à un duopole de Cournot : le prix baisse, les quantités offertes augmentent et le surplus des ménages croît.

En l'absence de coût de transport, chacune des deux firmes réalise la moitié de son chiffre d'affaire et de son profit sur le marché étranger. Les exportations de chaque pays viennent augmenter la quantité disponible sur le marché étranger (de *qm* à 2*qd*). Cet accroissement provoque une baisse du prix (de *Pm* à *Pd*), et une augmentation du bien-être : c'est l'effet pro concurrentiel. Une partie des importations vient se substituer à la production domestique ; les ventes de l'entreprise domestique ont baissé de *qm* à *qd*. En autarcie, le profit de la firme est A+C+D. En libre échange, le profit se décompose en deux parties : C, le profit réalisé sur les ventes intérieures et E, le profit réalisé sur les exportations (symétrique pour la firme domestique de la firme étrangère). La comparaison fait apparaître un gain de l'ouverture égal à la surface E et une perte égale à la surface A+D. En autarcie, le surplus des consommateurs est donné par la surface H, alors qu'en libre-échange, il est égal à H+A+B. L'ouverture se traduit par une augmentation du surplus des consommateurs égale à A+B. Pour la firme, la surface A est une perte. La firme domestique gagne l'aire E sur le marché étranger et fait face à une perte égale à A+C+D sur son marché. Le gain à l'échange est égal à B+E. Il représente une moindre distorsion entre le prix et le coût marginal engendré par l'échange.

§ 4 Le dumping réciproque

110

Le modèle de dumping réciproque (Brander et Krugman, 1983) ajoute au modèle précédent des coûts de transport. Les producteurs sont alors tentés d'absorber ces coûts en vendant moins cher aux consommateurs étrangers qu'aux consommateurs nationaux.

A. Les bases du modèle

Brander et Krugman intègrent à la fonction de profit des firmes un coût de transport de type « Iceberg », qui suppose qu'une proportion fixe des exportations est absorbée par les coûts de transport. Ainsi, lorsqu'une quantité q_2 est exportée par la firme étrangère vers l'économie nationale, seule la quantité gq_2 (avec $0 < g < 1$) arrive effectivement à destination, l'autre partie ayant été consommée par les services de transport. Le coût marginal de production d'une firme est donc c sur son marché domestique et c/g pour l'exportation. Le coût marginal de production pour le marché étranger est donc plus élevé que le coût marginal pour le marché domestique.

Les fonctions de réactions des firmes sur leur propre marché sont inchangées. Par contre les fonctions de réaction des firmes à l'étranger sont modifiées. La présence de coûts de transport désavantage chaque firme par rapport à sa rivale sur le marché étranger. Les fonctions de profit deviennent :

$$\pi_1 = q_1 p(Q) + q_1^* p^*(Q^*) - c(q_1) - c/g(q_1^*)$$

$$\pi_2 = q_2 p(Q) + q_2^* p^*(Q^*) - c/g(q_2) - c(q_2^*)$$

Pour les mêmes raisons que précédemment nous ne nous intéressons qu'à l'économie nationale. Les conditions de premier ordre sur ce marché sont :

$$\frac{\partial \pi_1}{\partial q_1} = p(Q) + q_1 p'(Q) - c = 0$$

$$\frac{\partial \pi_2}{\partial q_2} = p(Q) + q_2 p'(Q) - c/g = 0$$

Dès lors, en suivant le même raisonnement qu'en l'absence de coûts de transport, la condition d'existence d'un équilibre avec des productions positives devient $c+q_1 > c/g$. Cela signifie qu'il y a échange intra-branche dès lors que la rente de monopole est supérieure au coût marginal de l'exportation (le coût marginal de production augmenté du coût de transport).

B. L'équilibre du modèle

Les fonctions de réaction des firmes peuvent être exprimées sous la forme :

$$q_1 = R_1(q_2) = \frac{1 - q_2 - c}{2} \qquad \text{et} \qquad q_2 = R_2(q_1) = \frac{1 - q_1 - c/g}{2}$$

À l'équilibre on a donc les quantités suivantes :

$$q_1^e = \frac{1 - c(2 - 1/g)}{3} \qquad \text{et} \qquad q_2^e = \frac{1 - c(2/g - 1)}{3}$$

Il s'en suit que, dès lors qu'il existe un coût de transport ($0 < g < 1$ par hypothèse), la part de marché de la firme étrangère est inférieure à celle de la firme nationale sur le marché domestique. Il en va de même pour les profits :

$$\pi_1^e = \left[\frac{1 - c(2 - 1/g)}{3}\right]^2 \qquad \text{et} \qquad \pi_2^e = \left[\frac{1 - c(2/g - 1)}{3}\right]^2$$

Comme dans le duopole de Cournot en économie fermée, la production et le profit d'une firme sont fonction décroissante du niveau de ses coûts. Pour avoir le même prix que sa concurrente sur le marché de cette dernière, et comme le coût à l'exportation est plus élevé que le coût national (à cause du coût de transport), la firme étrangère sera obligé d'abaisser son prix sur le marché intérieur de sa concurrente par rapport à celui qu'elle pratique sur son propre marché local. La marge de profit à l'exportation est réduite d'un montant égal au coût de transport. Le prix Free on Board (FOB), c'est-à-dire hors coût de transport est donc inférieur au prix sur le marché local de la firme. Chaque entreprise des deux pays pratique ainsi un "dumping à l'exportation". Remarquons qu'il s'agit d'un dumping où le prix Free on Board reste supérieur au coût de production. Ce n'est pas un dumping discriminatoire classique, car le dumping discriminatoire classique se fonde, sur l'exploitation de différences entre les élasticités-prix des biens. Or cette élasticité est ici la même sur les deux marchés. Ce dumping qui n'est pas prédateur ni discriminatoire a donc été qualifié de dumping "réciproque".

Le gain à l'échange est ici moins sûr que dans le modèle sans coûts de transport. Avec l'ouverture, l'équilibre passe de (Q_m, p_m) à (Q_d, p_d). On constate donc une perte à l'échange due au fait qu'à la suite de l'ouverture, une partie de la production de la firme domestique est remplacée par une importation plus coûteuse en raison des frais de transport (aire A). La firme domestique gagne en revanche l'équivalent de l'aire C en exportant sur le marché étranger. Le gain des consommateurs correspond, avec la baisse des prix, à l'aire B. *Le gain à l'échange pour le pays va donc dépendre du niveau des coûts de transport.* Avec des coûts de transports faibles, l'effet pro-concurrentiel domine le coût de l'échange intra-branche, et il y a un gain à l'échange. À l'inverse, on peut démontrer qu'avec des coûts de transport prohibitifs au départ, une faible baisse de ces coûts entraîne un échange désavantageux pour le pays.

Figure 8.8. Gain à l'échange dans le modèle de dumping réciproque

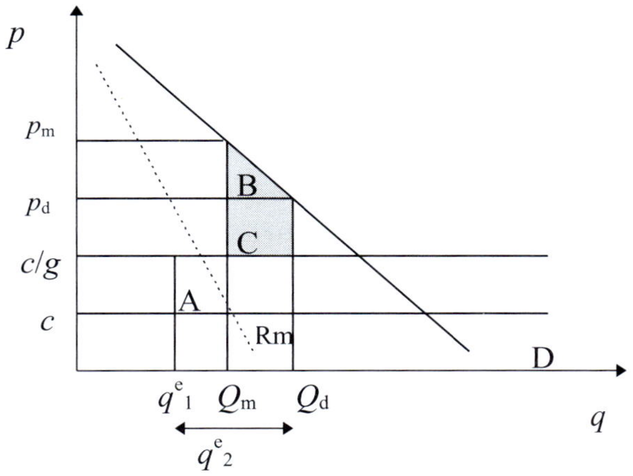

section 4

Explications éclectiques et intra-branche

§ 1 L'électisme de l'approche de Grubel et Lloyd

Grubel et Loyd, à la différence des auteurs précédents, ont emprunté au niveau théorique une approche que l'on pourrait qualifier d'éclectique dans la mesure où des explications multiples de l'intra-branche sont considérées. Les déterminants sont alors distingués selon la nature des produits échangés qui peuvent apparaître comme des produits semblables et homogènes, différenciés ou bien technologiques et/ou décomposables. 111

Le premier cas est celui d'échanges de produits fonctionnellement homogènes[1]. Grubel et Lloyd indiquent que ces biens peuvent toutefois être différenciés par trois éléments :

1) leur localisation, les coûts de transports internationaux peuvent être localement inférieurs aux coûts de transport inter-régionaux ; il y a alors un commerce intra-branche frontalier (par exemple, le commerce entre le Sud de la France et le Nord de l'Italie) ;
2) par le temps pendant lequel les biens sont économiquement utiles ; l'échange intra-branche est inter-saisonnier (par exemple, importation de fraises ou de

1. Grubel et Lloyd (1975, op. cit.) appellent biens « fonctionnellement homogènes » deux biens X_A et X_B qui, mis sur une étagère l'un à côté de l'autre, peuvent être indifféremment consommés par les consommateurs (p.72).

tomates en hiver et exportation en été, les biens considérés ont des productions cycliques) ;

3) par leur emballage de présentation, un même produit peut être conditionné dans des emballages différents en fonction des firmes différentes qui le produisent.

Le commerce croisé des deux premiers groupes de produits peut, d'après les auteurs, être expliqué par l'approche factorielle à condition de relâcher les hypothèses d'information parfaite et de coût de transport nul (Grubel et Lloyd, 1975, p.77 et p.83).

Le second cas est celui d'échanges de produits fonctionnellement différenciés. les auteurs distinguent également trois types de produits :

1) les produits différenciés dans leurs inputs mais substituables dans leur utilisation, comme le bois ou l'acier pour les meubles, le nylon et la laine pour les vêtements ;
2) les produits similaires dans leurs inputs et substituables dans leur consommation comme différentes marques de cigarettes.

Les échanges dans le premier groupe de produits sont expliqués par l'approche des proportions de facteurs : « les besoins en inputs pour les différents types de meubles sont si différents que le principe de l'avantage comparatif peut être appliqué dans sa forme la plus simple expliquant ainsi pourquoi des pays se retrouvent simultanément importateurs et exportateurs de deux produits appartenant au même groupe » (p.87).

Le second groupe de produit est hétérogène. Il peut comporter des produits joints pour lesquels l'approche en termes de proportions de facteurs est également pertinente, et des produits dont la production fera l'objet d'économies d'échelle.

Enfin, le troisième groupe de produits met en évidence des échanges basés sur la différenciation du fait de la qualité, du style, et est lié en partie à des phénomènes de concurrence oligopolistique entre firmes.

Le troisième cas concerne des échanges de produits technologiques et/ou décomposables : le commerce intra-branche est occasionné par l'innovation et l'écart technologique.

Cette situation est illustrée par Grubel et Lloyd dans le cas d'un pays importateur effectuant une innovation sur un produit substituable du bien importé. À la suite de cette innovation, les importations vont progressivement se réduire et les exportations du nouveau produit se développer. Les deux biens appartenant à la même industrie, il y a, pendant une certaine période liée à la dynamique technologique des avantages comparatifs, un flux commercial croisé entre les deux produits (p.110). Le croisement des échanges peut tout aussi bien s'effectuer sur un même produit dans la mesure où le premier pays, en mutation d'avantages comparatifs vers le haut, se désengage dans le produit considéré tout en continuant à l'exporter, mais de moins en moins et à l'importer de plus en plus.

Le pays partenaire, moins développé que le premier, va connaître dans sa dynamique de spécialisation un phénomène inverse. Il s'engage dans ce produit, l'exporte de plus en plus et l'importe de moins en moins. Le cycle du produit peut apparaître alors selon les auteurs comme une explication « rivale » de celle des économies d'échelle. L'analyse devient alors néo-technologique. Par ailleurs, la décompostion dans les processus productifs des biens, permet un commerce international d'exportation et de réimportation lié à l'assemblage à l'étranger, à la fabrication de certaines pièces, au stockage... Tous ces éléments amplifient les échanges intra-branches et s'expliquent souvent par des avantages comparatifs de type dotations de facteurs.

L'approche de Grubel et Loyd est vraiment éclectique, elle s'appuie à la fois sur les analyses en termes de demande, de différenciation des biens et d'économies d'échelle, mais également sur les analyses néo-technologique, néo-factorielle ou simplement factorielle. Elle insiste fortement sur les aspects statistiques du commerce intra-branche et intra-produit. La notion de hiérarchisation des avantages comparés peut alors lui être utilement associée.

§ 2 Hiérarchisation des avantages comparés et échanges intra-branche

Les résultats pour la France qui peuvent être étendus à d'autres pays développés permettent d'établir deux constatations :

1) La décompostion en zone géographique est essentielle : cette décompostion a déjà montré sa pertinence dans l'explication de la hiérarchisation des avantages comparatifs aussi bien dans les études sur le Japon (Tatemoto, Ichimura), la Grèce (Moussouris) ou bien celle sur la France (Vellas).
   Ce concept a d'ailleurs déjà été introduit dans l'analyse de l'intra-branche (Lassudrie-Duchêne et Mucchielli, 1979)[1]. On ne peut plus appréhender la réalité des échanges intra-branche sans passer par une décomposition géographique des courants commerciaux. Cette décomposition montre que le commerce intra-branche bilatéral est faible en proportion du commerce total. C'est sur cette nouvelle base que les réflexions sur les déterminants des échanges internationaux doivent s'appuyer.
2) Les analyses en termes d'offre restent pertinentes : elle sont le propre des approches plus traditionnelles de l'avantage comparatif ou bien celui des approches en termes d'offre ou d'avantages compétitifs des firmes.
   Les analyses du commerce franco-allemand (Mucchielli, Mazerolle, 1988)[2] montrent que la concentration des échanges intra-branche se réalise dans des secteurs de biens intermédiaires ou de production. Ceci indique la part importante que les facteurs d'offre doivent jouer dans les explications. Par ailleurs, dans la mesure où une très grande partie des échanges intra-branche est multilatérale et non pas bilatérale, le phénomène de hiérarchisation des échanges entre pays partenaires doit être mis en avant. C'est dans le cadre de cette hiérarchisation que la dynamique des avantages comparatifs à un rôle explicatif majeur.

1. Lassudrie-Duchêne B., et J-L. Mucchielli, 1979, « Les échanges intra-branche et la hiérarchisation des avantages comparés dans le commerce international », *Revue Économique*, mai, p.442-484.
2. Mucchielli J-L., et F. Mazerolle, 1988, « Commerce intra-branche et intra-produit dans la spécialisation internationale de la France : 1960-1985 », *Revue Économique*, novembre.

Mémo

Alors que les théories traditionnelles du commerce expliquent les échanges internationaux par l'existence d'hétérogénéités entre pays, depuis la fin des années 1970 les théoriciens du commerce international proposent de nouvelles explications aux échanges, basées sur l'imperfection de la concurrence. Les nouveaux modèles permettent d'expliquer des phénomènes largement observés dans la réalité et pourtant non traités par les modèles de commerce basés sur les avantages comparatifs : l'importance des échanges entre pays similaires, le commerce intra-branche, ainsi que les comportements stratégiques de firmes dans certains secteurs en sont des exemples. De nouveaux gains au commerce apparaissent : quatre types d'effets sont mis en évidence. Un effet procompétitif bénéficiant au consommateur, résultant de la baisse de pouvoir de marché des firmes autarciques, un effet d'échelle lié au plus grand marché auquel les firmes ont accès, un effet de rationalisation, car la production de certaines firmes est remplacée par celle de firmes plus efficaces, et enfin un effet de variété, car davantage de variétés sont disponibles pour le consommateur après l'ouverture au commerce.

La concurrence imparfaite est introduite dans les modèles de commerce à travers l'existence de rendements d'échelle croissants : on suppose que les firmes ont une fonction de coût comprenant un coût fixe de production et un coût marginal constant. Deux types de modèles avec structure de marché de concurrence imparfaite sont utilisés.

Les modèles de concurrence monopolistique expliquent l'existence de commerce intra-branche entre pays grâce à deux éléments : les rendements d'échelle croissants et la différenciation des produits. L'ensemble des variétés d'un même bien étant symétriques, chaque firme différencie son produit afin d'avoir un certain pouvoir de monopole sur sa variété, sans pour autant avoir un impact sur le prix fixé sur le marché. Ainsi, chaque firme et donc chaque pays produit des variétés différentes du même bien. Les consommateurs ont un goût pour la variété : ils demandent donc l'ensemble des variétés disponibles. On explique ainsi le commerce intra-branche de produits différenciés. Deux types de goût pour la variété sont traités dans la littérature : dans l'approche à la néo-Chamberlin, chaque consommateur souhaite consommer toutes les variétés disponibles d'un même bien. À l'inverse, dans l'approche à la néo-Hotelling, chaque consommateur a une variété préférée. Au niveau agrégé, les deux types de comportement des consommateurs sont assez proches et génèrent une demande de variété agrégée au niveau du pays, ce qui est important pour pouvoir expliquer le commerce intra-branche.

Dans les modèles de concurrence oligopolistique, d'une part les entreprises sont autorisées à se comporter de manière stratégique, et d'autre part il existe à l'équilibre des profits garantissant des rentes de monopole. Le modèle du duopole de Cournot est utilisé pour décrire le comportement de deux firmes confrontées chacune à l'existence d'une rente de monopole dans le marché de l'autre. Appliqué au commerce international, le modèle considère deux firmes en situation de monopole en autarcie. Lorsque les pays s'ouvrent au commerce, les firmes, qui produisent le même bien, se comportent de manière stratégique afin de s'accaparer une partie de la rente de monopole des marchés nouvellement accessibles. On explique ainsi l'existence de commerce inter-branche en biens homogènes. Lorsque des coûts de transport sont ajoutés au cadre théorique, la firme étrangère a un désavantage par rapport à la firme domestique pour accéder au nouveau marché. On observe des comportements très présents dans la réalité : les firmes compensent le surcoût lié au coût de transport en produisant moins et donc en faisant moins de profits sur le marché lointain. Cette situation est qualifiée de dumping réciproque, car le prix f.o.b. des exportations d'une firme est inférieure au prix auquel elle vend son produit sur le marché domestique.

Quid

- Concurrence imparfaite n° 94, 97
- Rendements d'échelle croissants n° 98, 99
- Effets pro-compétitif/ d'échelle/ de rationalisation/ de variété n° 96
- Concurrence monopolistique n° 99-105
- Variété des goûts n° 104
- Goût pour la variété / Variété des goûts n° 103, 104
- Concurrence oligopolistique n° 106-110
- Interactions stratégiques n° 106-110
- Dumping réciproque n° 110

Quiz

Exercice 1 : Commerce et concurrence monopolistique

On considère l'industrie automobile du pays A composée de n firmes symétriques et dont les ventes annuelles sont de 900 000 voitures. La demande confrontant tout producteur quelconque est donnée par :

$$X = S[1/n - (P - P^*)/30\,000],$$

où X est le nombre de voitures vendues par l'entreprise, S les ventes totales de l'industrie, P le prix demandé par le producteur et P^* le prix moyen des autres entreprises.

Les entreprises sont supposées considérer les prix de chacune d'entre elles comme donnés. On suppose également que le coût total est $C = 750\,000\,000 + 5\,000X$.

1. Quelle est la structure de ce marché ? (Montrez que les entreprises présentes sur ce marché réalisent des économies d'échelle).
2. Montrez que plus il y a d'entreprises et plus le coût par unité produite est faible. Tracez la courbe de coût moyen en fonction de n.
3. Exprimez la fonction de demande sous forme inverse et déduisez le revenu marginal de la firme (représentative). Quelle est la condition de maximisation du profit ? Donnez l'expression du prix à l'équilibre et représentez celui-ci sur le graphique précédent (ou : Montrez que plus il y a de firmes et plus le prix demandé sera faible).

4. Quel est le nombre d'entreprises et le prix à l'équilibre de long terme ?
5. On considère le pays B où les ventes annuelles de voitures atteignent 1,6 million d'automobiles. De la même façon que pour le pays A, donnez le nombre d'entreprises et le prix à l'équilibre de long terme de l'industrie automobile dans le pays B.
6. On suppose maintenant que les pays A et B peuvent échanger des voitures sans coût entre eux, créant ainsi un nouveau marché, intégré, avec des ventes totales de 2,5 millions d'unités. Quels sont les effets de la création de ce marché intégré ? (Synthétisez-les en termes de nombre de firmes et de prix dans un tableau comparant chaque marché individuel avec le marché intégré).

Exercice 2 : Commerce et concurrence oligopolistique

On considère 2 firmes (*A* et *B*) de deux pays distincts (resp. 1 et 2) produisant un bien homogène. Dans le pays 1, la fonction de demande inverse est $p(Y) = 5 - Y$ (Y est la consommation totale). La firme du pays 1 est caractérisée par la fonction de coût suivante : $C_A(y_A) = 1 + y_A$. La fonction de coût de la firme concurrente est : $C_B(y_B) = 1 + y_B/2$.

Concurrence sur un marché local

Le coût de transport unitaire (proportionnel à la quantité transportée) du pays 1 vers le pays 2 est τ ($\tau > 0$).
Les deux firmes sont en concurrence à la Cournot sur le marché 1 (la firme *A* n'exporte pas).

1. Lorsque la firme *B* vend sur les deux marchés, les prix qu'elle pratique sont-ils les mêmes ? Pourquoi ?
2. Qui supporte la charge financière du coût de transport ?
3. Déterminez et tracez les fonctions de réaction des deux entreprises.
4. Caractérisez l'équilibre de Cournot du marché du pays 1.
5. Existe-t-il une valeur limite de τ éliminant l'entreprise B du marché 1 ?
6. Dans le cas où les échanges commerciaux ne sont pas nuls, y a-t-il gain où perte à l'échange pour l'économie 1 ?
7. Si les deux biens étaient différenciés, en quoi cela influencerait-il l'équilibre ?

Concurrence sur un marché tiers

On suppose maintenant que les deux firmes *A* et *B* sont deux firmes exportatrices en concurrence sur un marché tiers (cadre d'hypothèse de Brander & Spencer).
Les deux firmes supportent le même coût de transport τ. La fonction de demande inverse dans le pays tiers est $p(Y) = 5 - Y$.

1. Déterminez et représentez les fonctions de réaction des deux firmes. Déterminez les conditions d'équilibre.
2. Montrez l'effet de l'instauration d'une subvention du gouvernement du pays 1 sur la part de marché de la firme *A* et sur son profit.

3. Montrez l'effet de la mise en place d'un accord commercial entre le pays 1 et le pays tiers (accord revenant à réduire les coûts du commerce de τ à $\tau^* < \tau$ pour la firme A).
4. Montrez l'effet d'un progrès technique venant réduire le coût de production de la firme A (noter le coût de cette firme : $C_A(y_A) = 1 + y_A/\delta$ et analyser l'impact d'une variation de δ).
5. Discutez les conséquences d'une subvention à la production, d'une politique commerciale et d'une subvention de R&D.

Biblio

- Bowen, H., A. Hollander, J-M Viaene, 1998, *Applied International Trade Analysis*, UK : MacMillan Press.
- Chapitre 7 de de Melo, J. et J-M. Grether, 1997, *Commerce international, Théories et applications*, De Boeck Université.
- Chapitre 5 de Feenstra, R., 2003, *Advanced International Trade : Theory and Evidence*, Princeton University
- Goldberg, P. et F. Verboven, 2004, « *Cross-country price dispersion and the Euro* », mimeo, Université de Louvain.
- Krugman et Obstfeld, 1996, *Économie Internationale*, Louvain : de Boeck Université.
- Laussel D. et C. Montet eds., 1989, *Commerce international en concurrence imparfaite*, Economica, Paris.
- Phan D.L, 1993, *Économie mondiale : entre le libre-échange et le protectionnisme*, Cujas, Paris.
- Varian H., 1995, *Analyse Microéconomique*, De Boeck & Larcier s.a., Bruxelles.
- Vousden N., 1990, *The Economics of Trade Protection*, Cambridge University Press.

partie 3

Nouvelle économie géographique, firmes multinationales et commerce

L'espace et la géographie en économie internationale.

La théorie traditionnelle du commerce international fait presque entièrement abstraction des coûts de transaction pouvant exister dans le commerce international. Les nations sont vues comme des points sans dimension spatiale avec l'hypothèse implicite étrange soulignée par Leamer et Levinsohn (1995)[1] que les pays sont à la fois infiniment éloignés les uns des autres (immobilité des facteurs de production) et infiniment près les uns des autres (le commerce des biens se fait sans aucun coût de transport). Les seules barrières au commerce considérées sont les entraves formelles aux échanges (tarifaires et non tarifaires) et l'on se limite donc aux barrières se rapportant aux frontières, et non à la distance séparant les pays. Ce manque d'intérêt correspond :

1) À la question étudiée : les analyses traditionnelles se concentrent sur le *sens du commerce,* en particulier sur la nature de la spécialisation et sur l'impact de cette spécialisation en termes de bien-être des pays et de revenus des facteurs. Les analyses récentes se sont intéressées de manière plus approfondie au *volume du commerce*, qui rend indispensable la prise en compte des frictions au commerce.
2) À la *structure de marché* supposée et aux outils à la disposition des économistes. L'introduction de l'espace au travers des coûts de transport rend presque indispensable de considérer une structure de marché de type concurrence imparfaite pour laquelle les économistes ont développé des outils analytiques à partir de la fin des années 1970.

Les théories plus récentes axées sur l'introduction de la concurrence imparfaite dans le commerce international se sont intéressées de beaucoup plus près aux conséquences de l'existence de coûts de transport. La raison en est simple : *les coûts de transaction créent des barrières au commerce et protègent donc les firmes de la concurrence des firmes étrangères. Dans un monde où la concurrence est parfaite, cela ne change pas le comportement des firmes.* En revanche, dans un monde où les firmes peuvent fixer un prix supérieur à leur coût marginal et avoir des profits positifs à l'équilibre, les coûts de transaction vont avoir un impact déterminant.

1. Leamer, E. et J. Levinsohn (1995), « International Trade Theory : The Evidence » in : G. Grossman and K. Rogoff, eds., *Handbook of International Economics* vol. 3 (North-Holland, Amsterdam) 1339–1394.

Les conséquences sont importantes en termes des stratégies de prix des firmes[1] et de flux commerciaux mais également en termes de *localisation* optimale des firmes. En effet dès lors qu'un marché est difficile à atteindre par les exportations, une stratégie efficace peut être d'implanter un site de production sur place. L'introduction des coûts au commerce renouvelle totalement l'analyse en économie internationale, car elle impose de s'intéresser aux choix des firmes concernant le nombre et la localisation géographique de leurs sites de production. La géographie physique (mais aussi les barrières protectionnistes) déterminent donc en partie la géographie économique d'un secteur d'activité à rendements croissants et concurrence imparfaite. La production n'est plus uniquement déterminée par les dotations ou l'avantage technologique d'un pays, la distribution spatiale de la demande pour le bien en question et l'accessibilité à cette demande devient prédominante.

Cette partie commence par traiter de l'outil privilégié de l'économiste pour mesurer le degré d'intégration des économies, le modèle de gravité, qui montre que les barrières aux échanges sont multiformes et restent très importantes. On traite ensuite des stratégies de localisation des firmes dans un monde caractérisé par de telles barrières. D'abord du choix concernant la production dans le pays d'origine ou l'investissement direct à l'étranger, puis, de manière plus générale, des conséquences de ce type d'analyse en termes de concentration spatiale de l'activité.

1. On l'a déjà vu dans les modèles de concurrence oligopolistique, où l'existence de barrières au commerce engendre des comportements de discrimination en prix lorsque les firmes évoluent en concurrence imparfaite.

chapitre 9

Modélisation des volumes de commerce, l'introduction de l'espace dans l'analyse

Le fait que les coûts de transaction (à la fois ceux dus aux politiques publiques et les barrières dites « naturelles », comme les coûts liés à l'éloignement géographique) baissent dans le monde est l'un des thèmes récurrents des débats publics sur la mondialisation. La *mondialisation*[Q], terme englobant des notions très diverses et souvent assez vagues dans le débat public, peut être ramenée, du point de vue de l'économiste, à une baisse des coûts de transaction de manière générale et donc à une baisse de l'importance de la distance et des frontières sur les flux de biens et services et de facteurs. C'est sans doute là une vision réductrice, d'autres dimensions peuvent être abordées (et le sont) par l'analyse économique comme la tendance potentielle à l'uniformisation des goûts et des caractéristiques culturelles, le développement des centres de décisions supra-nationaux... L'analyse de l'impact de la réduction des difficultés aux échanges internationaux offre néanmoins déjà de nombreux résultats importants et permet une analyse rigoureuse de questions qui soulèvent de nombreuses inquiétudes comme la localisation des firmes multinationales, ou la polarisation des activités. 113

Selon cette définition des économistes, la mondialisation se mesure à l'aune du degré *d'intégration économique*[Q] atteint par l'économie mondiale. Quel est le niveau d'intégration atteint à l'heure actuelle ? Une manière de répondre à cette question est de se demander à quoi ressemblerait un monde totalement intégré. Dans un tel monde, les frontières politiques et administratives n'auraient clairement plus aucun rôle économique à jouer. Certains affirment qu'une telle ère est déjà réalisée :

> « ...national borders have effectively disappeared and, along with them, the economic logic that made them useful lines of demarcation in the first place ».
> Omae (1990).

Les frontières sont l'une des manifestations de la fragmentation de l'économie mondiale, mais il y en a bien d'autres : dans un monde totalement intégré la proximité géographique, culturelle, politique ou autres ne devraient pas non plus avoir d'impact économique. Quels arguments solides peut-on apporter pour soutenir ou au contraire invalider ce type d'affirmation ? C'est ce que les économistes tentent de faire en utilisant un certain nombre d'outils et en particulier le modèle de gravité.

Plan analytique

section 1

Commerce international et proximité géographique

§ 1 Pourquoi la distance réduit-elle les volumes d'échange ?

§ 2 La baisse historique des coûts de transport

section 2

Les fondements théoriques de l'équation de gravité

§ 1 Fondements théoriques dans le modèle de concurrence monopolistique

§ 2 Autres cadres théoriques

section 3

Les applications du modèle de gravité

§ 1 L'intégration économique

A. L'impact des accords régionaux sur le commerce

B. La mesure du degré de fragmentation par les effets frontières

§ 2 Les potentiels de commerce

A. Unions monétaires

B. Le commerce des pays en transition

section 1

Commerce international et proximité géographique

On va le voir, la proximité géographique est un déterminant fondamental des volumes de marchandises que s'échangent les pays. Cela peut paraître au premier abord surprenant car on pense immédiatement que cette relation est due aux coûts de transport et l'on sait que ces coûts de transport des marchandises ont baissé de manière importante au cours du dernier siècle.

§ 1 Pourquoi la distance réduit-elle les volumes d'échange ?

Le commerce entre deux pays est négativement lié à la distance séparant ces deux pays. Dans une revue des travaux empiriques en économie internationale, Leamer et Levinshon (1995) expliquent que c'est là l'une des relations les plus robustes en économie appliquée : il existe une relation négative très claire entre l'intensité des flux commerciaux et la *distance séparant les différents pays partenaires*[Q]. C'est une des variables du modèle de gravité évoqué au chapitre 2. Cet impact de la distance sur les échanges est valable entre pays, mais de manière peut-être plus surprenante, il est également très prononcé à l'intérieur d'un pays comme les États-Unis ou la France. La figure 9.1 considère pour l'année 1997 la relation entre les flux commerciaux (T_{ij}) entre États américains et la distance les séparant. Les flux sont pondérés par le produit des PIB, ce qui constitue une sorte de normalisation naturelle par la taille des différents partenaires à l'échange. La relation négative est très claire dans cette illustration : la distance géographique est un déterminant important des volumes de commerce bilatéraux. 114

Les coûts de transport

La première explication évidente de l'impact de la distance sur les flux tient aux coûts de transport. Leur mesure est loin d'être évidente. L'indicateur le plus utilisé est le rapport CAF / FAB des valeurs des importations d'un pays, La valeur CAF prend en compte les coûts d'assurance et de fret et la valeur FAB les exclut. Le rapport des deux permet alors de calculer (en théorie) le pourcentage imputable au frais d'assurance et au coût de transport dans le flux. Plusieurs constatations au vu des résultats :

1) La variabilité de ces ratios est importante entre pays, allant pour une importation américaine en 1994 de 1.7 % pour le Mexique à 25.8 % pour la Guinée, ce

Figure 9.1. Impact de la distance bilatérale sur le volume de commerce aux États-Unis

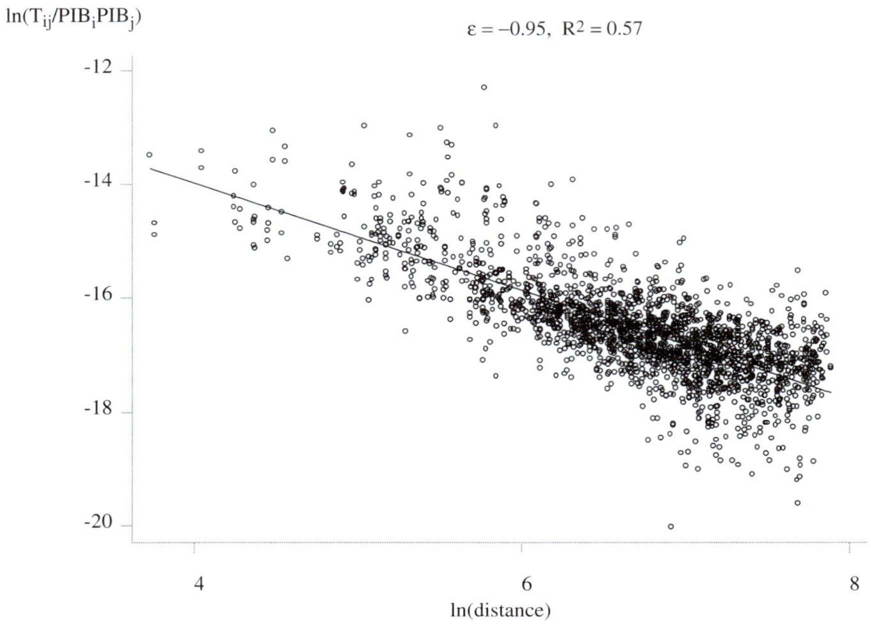

qui semble suggérer la relation attendue entre coûts de transport et distance[1]. Cet indicateur pose néanmoins de sérieux problèmes liés à la composition du commerce car deux pays situés très loin l'un de l'autre vont avoir tendance à échanger des biens facilement transportables et donc à abaisser cet indicateur[2].

2) La variabilité entre produits est encore plus importante : 0.7 % pour les perles (valeur) et 0.8 % pour les avions (auto-transport) contre 20.9 % pour les paniers en osier (volume) et 25.1 % pour les matériaux de construction (poids).

3) Le rapport CAF/FAB a baissé fortement depuis la seconde guerre mondiale. La partie haute du graphique 9.2 montre l'évolution de ce rapport dans le temps, avec une tendance marquée à la baisse qui semble correspondre à l'évolution du commerce mondial en pourcentage du PIB dans la partie basse du graphique.

La vision d'ensemble proposée par le graphique 9.2 suggère que les coûts de transport ont fortement chuté au cours des cinquante dernières années et que cette chute explique la très forte augmentation du rapport commerce / PIB. Ces deux interprétations sont en fait largement discutables. La première à cause des effets de composition. Si la proportion de biens industriels (comportant un rapport valeur sur poids plus important) dans le commerce total augmente au cours du temps, ce qui est le cas, on a un effet de composition plutôt qu'une baisse du coût de transport à strictement parler. Deuxièmement, il existe d'autres explications au développement du

1. Frankel (1997) op cit.
2. Hummels (1999b) « Toward a Geography of Trade Costs » mimeo Purdue University.

Figure 9.2. Croissance du commerce et coûts de transport

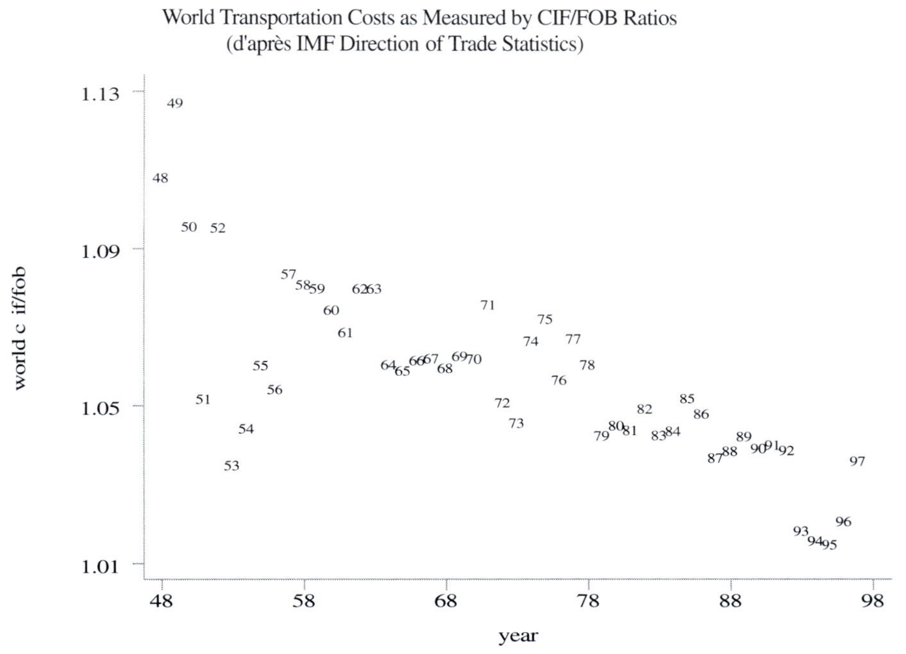

Source : d'après Hummels (1999)

commerce comme la baisse des barrières protectionnistes qui ont eut lieu au même moment que la baisse supposée des coûts de transport. Une étude récente a montré que si la baisse des coûts de transport et celle des mesures de protection étaient toutes les deux des explications significatives de la forte augmentation du commerce mondial, la libéralisation du commerce au travers des négociations multilatérales et régionales avait eu un impact plus important que la chute des coûts de transport[1].

Le temps de transport

La deuxième raison expliquant l'impact de la distance tient au temps de transport qu'elle implique. Le temps de transport implique des problèmes pour les produits périssables, des intérêts plus importants en raison des délais de paiements, une perte de certains marchés lorsque les goûts des consommateurs ou les contraintes techniques changent rapidement. Cette explication ouvre en outre des possibilités intéressantes en termes d'explication de la persistence historique de l'impact de la distance. Si, pour des raisons d'évolution des goûts et de progrès techniques, la dimension temporelle de l'approvisionnement devient de plus en plus importante (par exemple parce que les consommateurs veulent changer de variété dans leur consommation de plus en plus rapidement, ou que les firmes adoptent la production en « juste-à-temps » à une large échelle), l'éloignement géographique devient de plus en plus désavantageux et cette évolution peut venir compenser les avancées technologiques éventuelles en termes de coûts de fret.

Communication et distances culturelles

L'éloignement géographique traduit également une augmentation des coûts de communication, qui rendent l'échange entre individus plus difficile. Même si les coûts des communication sur longue distance ont connu une chute très importante, il reste plus compliqué et plus cher de communiquer avec un fournisseur situé dans un pays comportant douze heures de décalage horaire qu'avec un fournisseur local. Un résultat très intéressant à cet égard a été proposé par Jacques Mélitz (2001)[2]. Il distingue entre deux composantes dans l'impact de la distance, la composante Est-Ouest et la composante Nord-Sud. Seule la première composante (sur laquelle agit le décalage horaire) a en fait un impact négatif sur le commerce.

Enfin, la distance est également corrélée aux différences culturelles entre les populations des pays. Ces différences augmentent de manière très générale le coût d'adaptation du produit aux besoins locaux, rendant le commerce moins facile. Les caractéristiques de ce type les plus évidentes sont la proximité de la langue ou les habitudes et traditions des consommateurs et producteurs. Il a par exemple été très largement établi que deux pays parlant la même langue ou ayant une migration bilatérale importante voyaient leur commerce bilatéral fortement augmenter (Rauch, 2001 fournit un bon *survey* de ces « effets de réseaux » dans le commerce international)[3].

1. Baier S. et J. Bergstrand, (2001), « The growth of world trade : tariffs, transport costs, and income similarity », *Journal of International Economics*, 53(1) :1-27.
2. Mélitz, J., 2001, « Geography, Trade and Currency Union », CEPR Discussion Paper n°2987.
3. Rauch, J., 2001, « Business and Social Networks in International Trade », *Journal of Economic Literature*, 39 : 1177-1203.

§ 2 La baisse historique des coûts de transport

Les coûts de transport ont baissé de manière très importante dans la période récente 115
à la suite de nombreux progrès techniques dans les moyens de transport. Ceux-ci ont permis de réduire le coût du transport mais aussi d'améliorer son efficacité (augmentation de la capacité des bateaux, généralisation du transport par container, amélioration du fret aérien ou des infrastructures routières...). Plusieurs exemples sont cités dans Frankel (1997)[1] :

1) Entre 1920 et 1990, le coût moyen du fret maritime pour le commerce américain est passé de 95 dollars à 29 dollars par tonne de marchandise (dollars de 1990).
2) En 1988, sur les 200 dollars que coûtait un magnétoscope importé du Japon par un consommateur américain, moins de 1 % relevait du coût de transport.
3) La baisse de prix du transport aérien et la possibilité de transport réfrigéré rendent possible le transport intercontinental de marchandises périssables comme les fleurs, les homards vivants... De manière générale, la chute du prix relatif du fret aérien a été importante et a eu un impact important sur le mode de transport des marchandises choisi. Hummels (1999a)[2] montre que la part de l'aérien dans les importations américaines (en valeur) est passée de 6.2 % à 24.7 % entre 1965 et 1998, alors que la part du transport maritime passait dans le même temps de 69.9 % à 45.5 %.
4) La baisse des coûts de communication a été encore plus spectaculaire, une minute de communication téléphonique entre New-York et Londres passant de 244.65 dollars en 1930 à 3.32 dollars en 1990. Le développement de réseaux de télécommunications comme l'internet continue à abaisser les coûts de transaction entre les pays.

Pour autant, il serait totalement excessif de conclure que les *coûts de transaction*[Q] 116
ont complètement disparu dans l'économie moderne. De nombreux faits fournissent en effet des indications contraires :

Une bonne indication du fait que l'éloignement géographique continue de compter, et qu'il reste des obstacles à l'intégration économique peut être résumée dans la difficulté d'égalisation des prix internationaux par l'arbitrage. Un des exemples les plus fréquemment cités en Europe est l'exemple du secteur automobile, pour lequel on peut avoir des différentiels de prix très importants : par exemple, en mai 2003, acheter une Volkswagen Golf coûtait, avant les taxes, 9.917 euros en Finlande, et 12.824 euros en Allemagne : un écart de 29,3 % entre les deux prix extrêmes avant impôt à l'intérieur de l'Union européenne[3]. Une étude récente a comparé les prix entre pays européens de produits vendus par la chaîne d'ameublement IKEA[4]. Sur

1. Frankel, J., 1997, *Regional Trading Blocs* Washington : Institute for International Economics.
2. Hummels (1999a) « Have International Transportation Costs Declined ? » mimeo Purdue University.
3. On peut noter que ces deux pays font partie de la zone euro. Contrairement à une idée répandue, on constate donc que la monnaie unique ne suffit pas, loin s'en faut, à annuler les différentiels de prix entre pays pour un bien identique. Les comportements de discrimination en prix pratiqués par les entreprises restent profitables tant que les consommateurs de pays différents ont des sensibilités au prix différentes, ce qui reste le cas pour une multitude de raison en Europe (voir le chapitre 8).
4. Haskel, J., and Wolf, H., (2001), « The Law of One Price : A Case Study », *Scandinavian Journal of Economics*, Volume. 103, No. 4, December, pp. 545-558.

un même miroir, les différences de prix peuvent aller jusqu'à 60 %. Là encore, la non vérification de la loi du prix unique semble davantage provenir de comportements stratégiques de fixation des prix par IKEA en fonction de la sensibilité aux prix des consommateurs que de différences de composantes locales des coûts de production (certains miroirs de gamme standard sont plus chers en Autriche qu'au Danemark, alors que la hiérarchie des prix est inversée pour un miroir de gamme supérieure).

Une autre indication du chemin restant à parcourir pour obtenir un monde totalement intégré réside dans le degré d'ouverture des trois grands blocs mondiaux. Si l'on était dans un monde totalement « globalisé », les consommateurs pourraient acheter des produits aussi facilement à l'étranger que dans leur pays et les producteurs pourraient de la même manière vendre à l'étranger aussi facilement que sur leur marché national. Or c'est très loin d'être le cas : selon la Banque Mondiale, les États-Unis représentaient en 1998, 28.6 % du PIB courant mondial, le Japon, 13.1 % et l'Europe à peu près 30 %. Si la géographie ne comptait pas et que les flux commerciaux se faisaient dans un monde totalement intégré selon les productions et les revenus des différentes entités, la part du commerce international de ces entités dans leur PIB devraient être au minimum de 70 %. Or c'est très loin d'être le cas, les chiffres se situant aux alentours de 25 % pour les États-Unis, autour de 20 % pour le Japon et pour l'Europe dont une grande partie du commerce a lieu entre pays européens.

Enfin, dans un monde totalement intégré, la géographie physique ne devrait avoir aucun impact sur le commerce international. L'éloignement entre producteur et consommateur par exemple ne devrait pas nuire à leur capacité d'échange. Or, on observe exactement l'inverse : la distance géographique influence les volumes de commerce entre deux pays de manière importante. À titre d'exemple, la France a importé en 2003, 55.9 milliards d'euros en provenance d'Allemagne contre 10.3 milliards d'euros de marchandises en provenance du Japon[1]. Ce rapport de 1 à 5 dans les importations françaises entre les deux pays est à comparer au rapport entre la taille de leurs économies. L'économie japonaise est pourtant beaucoup plus grande que l'économie allemande (le PIB japonais est égal à 1.8 fois le PIB allemand en 2003 selon l'OCDE) et devrait donc exporter plus que l'Allemagne en direction de la France dans un monde sans coûts de transport. Toutefois, comme la section A l'a suggéré, cet impact de la distance n'est pourtant pas forcément intégralement imputable aux coûts de transport.

section 2

Les fondements théoriques de l'équation de gravité

Le modèle de gravité est une relation empirique reliant le volume de commerce entre deux pays à la taille des deux pays et à la distance les séparant. Cette relation est extrêmement robuste au sens où elle permet de prédire très précisément le

1. http://www.dree.org/economie/

volume de commerce international entre deux pays à partir de variables très simples à obtenir : le PIB des deux partenaires et la distance. C'est devenu l'outil « standard » de tout économiste cherchant à étudier les volumes de commerce entre nations. De nombreuses applications en ont été faites et ce modèle a en particulier été utilisé pour étudier les effets des accords d'intégration économique entre États.

§ 1 Fondements théoriques dans le modèle de concurrence monopolistique

117

Paul Krugman propose en 1980, un an après son analyse du commerce international en concurrence monopolistique (cf chapitre 8), une analyse de l'incidence des coûts de transport dans ce même cadre[1]. L'accent est mis sur deux points : l'étude des volumes de commerce en présence de coûts de transport et la répartition internationale de la production. Le premier point constitue le fondement théorique solide qui manquait à l'*équation de gravité*[Q] et le second point donnera naissance aux analyses de la nouvelle économie géographique traitées dans le chapitre 11.

Pour bien comprendre pourquoi ce modèle fournit une prédiction des flux bilatéraux de commerce de type gravitaire, il faut en rappeler les caractéristiques.[2] Le modèle de commerce en concurrence monopolistique repose sur une différenciation des produits dans le secteur à rendements croissants, chaque producteur étant en monopole sur sa variété avec une condition de libre entrée déterminant le nombre de firmes à l'équilibre. Les consommateurs ont un goût pour la variété, ce qui constitue la raison d'être du commerce intra-branche dans ce secteur. On introduit dans ce cadre un coût de transport supposé de type iceberg de telle sorte qu'il faille transporter τq (avec $\tau > 1$) unités de bien pour que q unités arrivent. Quels sont alors les déterminants du flux d'exportations d'un pays i vers le pays j (X_{ij}) ?

1) X_{ij} est également le volume importé par j en provenance de i. Une fonction d'importation est une fonction de demande des biens produits en i par les consommateurs localisés en j. Le premier terme rentrant en compte est donc le revenu des consommateurs en j. En supposant que tous les consommateurs en j sont identiques et ont le même comportement, les importations globales de j en provenance de i seront donc fonction croissante du revenu global de j, c'est-à-dire son PIB, Y_j.
2) Du fait de leur goût pour la variété, les consommateurs en j veulent chacun consommer toutes les variétés produites en i. Leur demande globale s'adressant à i sera donc proportionnelle au nombre de variétés produites en i et donc au nombre de firmes en i. Dans ce modèle très simple, le nombre de firmes d'un pays est proportionnel à la valeur de la production de ce pays, et on obtient donc que les importations de j en provenance de i doivent croître avec le PIB de i, Y_i.
3) Une fonction de demande doit également comporter une influence des prix des différents biens, or dans le cas du commerce international, une composante importante du prix des biens est le coût de transport que le consommateur doit payer pour consommer un bien produit à l'étranger. En faisant l'hypothèse

1. Krugman, P., 1980, « Scale Economies, Product Differentiation, and the Pattern of Trade », *American Economic Review*, 70 : 950-959.
2. L'annexe D donne plus de détails sur la formalisation de ce modèle et les différentes spécifications empiriques de l'équation de gravité.

raisonnable que les coûts de transport sont liés à la distance séparant i et j, une augmentation de la distance d_{ij} réduira les flux commerciaux entre les deux partenaires.

On a donc une prédiction de type gravitaire où les flux bilatéraux sont positivement liés à la taille de chacun des partenaires et négativement au coût de transport (et donc à la distance).

$$X_{ij} = f(Y_i, Y_j, d_{ij})$$

On notera que ce modèle théorique[1] voudrait également que l'équation de gravité comprenne des données de prix, ce qui pose des problèmes complexes à la fois en termes de disponibilité des données et de spécification économétrique. Les études empiriques essayent en général d'éviter d'y avoir recours. À première vue, la forme usuelle de l'équation de gravité,

$$\ln X_{ij} = \alpha + \beta_1 \ln Y_i + \beta_2 \ln Y_j + \beta_3 \ln d_{ij},$$

apparaît comme une approximation assez grossière de l'équation théorique de flux bilatéral du modèle de Krugman (1980). Cette approximation est raisonnable pour certaines applications empiriques, moins pour d'autres où les termes de prix de production – omis dans l'équation de gravité simple – sont une partie cruciale du phénomène à l'œuvre. Les recherches récentes ont montré qu'une solution existait permettant de concilier la rigueur du lien avec la théorie et la simplicité d'utilisation. Les termes de prix de l'équation théorique de commerce sont en fait spécifiques à chacun des pays partenaires de l'échange (ils dépendent de i et de j mais pas de la paire ij). On peut donc estimer une équation à effets fixes,

$$\ln X_{ij} = \alpha + \beta_1 \mathrm{IMP}_i + \beta_2 \mathrm{EXP}_j + \beta_3 \ln d_{ij},$$

où chaque pays importateur et exportateur dispose d'un impact spécifique au travers des variables IMP et EXP. Feenstra (2003) fournit une description détaillée des avancées dans ce domaine[2].

118 § 2 Autres cadres théoriques

Le modèle de concurrence monopolistique représente sans doute le fondement théorique le plus solide de l'équation de gravité mais la généralité de cette relation autorise en fait plusieurs interprétations théoriques. Au sens large, les conditions pour que les flux de commerce bilatéraux correspondent à une équation de type gravitaire sont :

1) Que les pays soient spécialisés.

2) Que les préférences soient relativement homogènes dans les différents pays.

3) Qu'il existe des coûts de transaction reliés à la distance séparant les pays.

Les deux premières conditions font référence aux termes de taille et la dernière à la distance. Supposons un cas extrême sans coûts de transport, où l'on suppose que les pays sont entièrement spécialisés dans la production d'un bien qui n'est produit par aucun autre pays. Supposons également que tous les biens ont le même prix et que les préférences sont identiques et homothétiques. Dans ce cas, les

1. Une présentation détaillée en est fournie dans l'annexe D.

2. Feenstra, R., 2003, *Advanced International Trade : Theory and Evidence*, Princeton University Press.

consommateurs de tous les pays dépenseront une fraction θ_i de leur revenu sur le bien produit en i. On peut alors écrire le flux bilatéral entre i et j :

$$X_{ij} = \theta_i Y_j$$

La production totale du pays i doit être égale à la somme de ses exportations et de ses ventes domestiques :

$$Y_i = \sum_j X_{ij} = \theta_i \sum_j Y_j = \theta_i Y_w$$

avec Y_w le PIB mondial.

$$\theta_i = \frac{Y_i}{Y_w}$$

et donc

$$X_{ij} = AY_iY_j,$$

avec $A = 1/Y_w$. Si l'on rajoute un coût de transport iceberg tel que pour qu'une quantité X_{ij} arrive en j, il faille transporter $\tau_{ij}X_{ij}^{fob} = X_{ij}^{caf}$, on obtient :

$$X_{ij}^{fob} = A\frac{Y_iY_j}{\tau_{ij}}.$$

Deardorff (1998) utilise ce cadre pour expliquer que l'équation de gravité est compatible avec un modèle de commerce traditionnel dans lequel les pays sont entièrement spécialisés dans la production d'un bien unique.[1]

section 3

Les applications du modèle de gravité

Le modèle de gravité a été utilisé dans de très nombreuses applications que l'on peut 119
séparer en deux grands ensembles, et qui seront traitées dans les deux prochaines sous-sections :

1) Le modèle de gravité définissant une *norme de commerce*, on peut s'intéresser aux déviations par rapport à cette norme qui proviennent de mouvements d'intégration commerciale par exemple.
2) De nombreux économistes se servent également de l'équation de gravité pour estimer une relation théorique sous-jacente (et obtenir des estimations théoriques des élasticités de substitution ou du rapport entre distance et coûts de transport par exemple) ou encore essayer de discriminer entre différentes explications théoriques selon les coefficients estimés.

1. Deardorff A., 1998, « Determinants of Bilateral Trade : Does Gravity Work in a Neoclassical World ? » in Jeffrey A. Frankel, ed., *The Regionalization of the World Economy*, University of Chicago Press.

§ 1 L'intégration économique

A. L'impact des accords régionaux sur le commerce

120 La méthode empirique d'estimation de l'impact des accords régionaux (et du degré d'intégration économique de manière générale) est extrêmement simple. On commence par une équation que l'on peut appeler *le cœur* de l'équation de gravité empirique :

$$\ln X_{ij} = \alpha + \beta_1 \ln Y_i + \beta_2 \ln Y_j + \beta_3 \ln d_{ij} + \epsilon_{ij},$$

où α est une constante et ϵ le terme d'erreur habituel. Les trois variables indépendantes $\ln Y_i, \ln Y_j, \ln d_{ij}$ expliquent en général à elles seules une grande partie de la variance des flux commerciaux.

Dans un deuxième temps, on rajoute en général un ensemble de variables explicatives qui « raffinent » l'analyse. Cet ensemble de variables, qualifiées de *variables de contrôle*, ont souvent pour but de mieux spécifier les coûts de transaction. Les variables les plus fréquentes sont : l'existence d'une langue commune, d'une frontière commune ou de liens historiques ou culturels (les liens coloniaux notamment) entre i et j. Le PIB par tête des deux partenaires est également souvent rajouté à l'analyse pour prendre en compte les différences de dotations dans l'équation. Notons cet ensemble C_{ij} pour simplifier.

$$\begin{aligned} \ln X_{ij} &= \alpha + \beta_1 \ln Y_i + \beta_2 \ln Y_j + \beta_3 \ln d_{ij} \\ &\quad + \beta_4 C_{ij} + \epsilon_{ij}, \end{aligned} \tag{9.1}$$

Dans un troisième temps, on rajoute une variable indicatrice (dummy variable en anglais) signalant la présence d'un accord régional entre i et j. Cette *variable d'intérêt* prend la valeur de 1 quand les deux pays appartiennent à l'Union européenne (par exemple) et 0 sinon. Notons la UE_{ij} :

$$\begin{aligned} \ln X_{ij} &= \alpha + \beta_1 \ln Y_i + \beta_2 \ln Y_j + \beta_3 \ln d_{ij} \\ &\quad + \beta_4 C_{ij} + \beta_5 \mathrm{UE}_{ij} + \epsilon_{ij}, \end{aligned} \tag{9.2}$$

Le coefficient sur cette variable nous permet donc de calculer l'impact de l'Union européenne sur le commerce entre pays membres. Plus précisément, l'exponentielle de β_5 nous donne – toutes choses égales par ailleurs – le surplus de commerce entre deux pays membres par rapport aux échanges entre deux pays dont l'un n'est pas membre de l'UE[1].

Frankel et al. (1995)[2] et Frankel (1997) ont étudié de manière précise l'impact de chacun des accords régionaux dans ce cadre. Ils estiment une équation de gravité « standard » menée sur de nombreuses années (1965 à 1992) et 63 pays

1. Supposons que i et $j \in$ UE, mais que k n'est pas membre de l'UE. On s'intéresse à l'effet « pur » de la variable UE, c'est-à-dire qu'on compare j et k qui ne diffèrent que par leur appartenance à l'UE ($d_{ij} = d_{ik}$, $Y_j = Y_k$ et $C_{ij} = C_{ik}$). En faisant abstraction du terme d'erreur, on obtient alors

$$\beta_5 = \ln X_{ij} - \ln X_{ik} \Rightarrow \exp(\beta_5) = \frac{X_{ij}}{X_{ik}}.$$

Toutes choses égales par ailleurs, l'exponentielle du coefficient sur la dummy UE est égale au facteur multiplicatif du commerce.

2. Frankel, J., E. Stein et S-J. Wei, 1995, « Trading Blocs and the Americas : The Natural, the Unnatural, and the Supernatural. » *Journal of Development Economics* 47(1) : 61-95.

pour tenter d'identifier et de mesurer l'effet positif de différents accords régionaux de libéralisation commerciale.

Les résultats concernant l'impact de l'intégration européenne sur les flux commerciaux ne paraissent pas très importants à première vue. Les coefficients commencent à être significativement différents de 0 au milieu des années 1980 et un coefficient typique en 1990 se situe autour de 0.5, signifiant que deux pays membres de l'Union ne commerçaient cette année là « que » 65 % plus (exp (.5) = 1.65) que si l'un des deux pays n'avait pas été un pays membre (résultats basés sur une matrice des flux bilatéraux totaux représentant 88.7 % du commerce mondial en 1992). Pire, lorsque l'influence de la langue est prise en compte, le coefficient sur l'Union européenne est deux fois plus faible. Il devient même non significatif lorsque le degré général d'ouverture des pays est pris en compte. Comment expliquer que tant d'années d'efforts d'intégration en Europe ne semblent pas faire de l'Union une zone où les flux commerciaux sont significativement supérieurs à la normale ? Comment concilier ce résultat avec l'observation de l'augmentation forte depuis 1957 du commerce intra-UE ?

Une explication simple peut être avancée à partir des éléments de base du modèle de gravité : les pays européens sont des sources et des destinations importantes de flux commerciaux en raison de leur proximité géographique et de leur poids important dans l'économie mondiale. La hausse du commerce intra-européen proviendrait donc d'un accroissement de ce poids au cours des années 1960 et 1970 et dans une légère mesure du mouvement d'intégration commerciale à la fin de la période.

Une autre explication tient dans une faiblesse de la méthode employée pour évaluer l'impact du processus d'intégration par le modèle de gravité. Un inconvénient important de cette méthode est qu'elle ne nous informe pas si la croissance du commerce intra-européen des pays membres est due à un détournement des importations au détriment des exportateurs des pays tiers ou à une baisse de la propension des consommateurs de chaque pays membres à acheter aux producteurs domestiques. La section suivante étudie cette question grâce à la méthodologie des effets frontières.

B. La mesure du degré de fragmentation par les effets frontières

Une approche nouvelle concernant l'intégration européenne consiste à comparer le commerce international (avec des pays membres de l'Union et avec des pays tiers) au commerce *interne* d'un pays. Pour cela encore, le modèle de gravité est utile. Il n'y a en effet aucune raison a priori pour que la relation gravitaire ne fonctionne pas à l'intérieur des frontières nationales de la même manière qu'entre les pays. Dès lors, si l'on parvient à mesurer le commerce à l'intérieur d'un pays, on obtient une sorte de niveau de référence de ce que le commerce doit être dans une économie (supposément) parfaitement intégrée : un pays. 121

Supposons que l'on puisse observer des données de commerce entre régions, certaines appartenant au même pays et d'autres appartenant à des pays différents. Une simple application du principe de gravité nous dit que le volume de commerce devrait être le même entre n'importe quelles régions ayant le même produit des PIB et distances bilatérales, indépendamment du fait que les biens traversent un frontière nationale ou non. McCallum (1995) a montré que l'on était en réalité très loin de cette prédiction à partir de l'exemple du commerce entre provinces canadiennes et États américains[1]. Les régions commercent beaucoup plus (à peu près 20 fois plus à la fin des années 1980) entre elles lorsqu'elles appartiennent au même pays que lorsqu'elles appartiennent à deux pays différents, un résultat connu sous le nom *d'effet frontière*[Q], dont une représentation graphique tirée de McCallum (1995) est donnée dans la figure 9.3. Le Texas a un PIB de 50 % supérieur à celui de l'Ontario et ces deux régions sont situées à une distance sensiblement équivalente de la Colombie Britannique. Selon le modèle de gravité, les exportations de la Colombie Britannique vers le Texas devraient donc être sensiblement supérieures (de 50 %) aux flux allant de la Colombie Britannique vers l'Ontario. Dans cet exemple les flux réels sont plus de 13 fois inférieurs à la prédiction gravitaire, ce qui traduit un impact (négatif) très important de la frontière séparant les deux pays.

Figure 9.3. Illustration de l'effet frontière

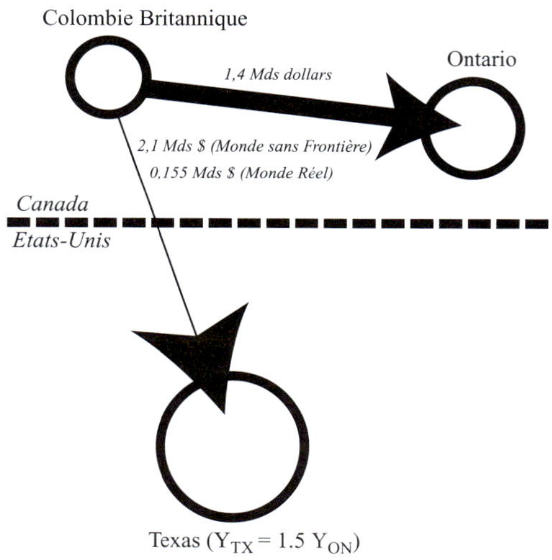

Le marché américain est donc fragmenté, beaucoup plus largement que ce à quoi l'on pourrait s'attendre. Plusieurs questions apparaissent alors.

Quelles peuvent être les explications de ce degré de fragmentation important ?

122 Plusieurs hypothèses ont été évoquées, à commencer par les barrières protectionnistes bien entendu (tarifaires et non tarifaires). Cette explication semble toutefois peu convaincante car le degré de protection entre ces deux pays est très faible. Le biais domestique des consommateurs et des administrations publiques dans leurs achats est également une explication plausible. Les différences institutionnelles au sens large entre les deux pays rendent les contrats et donc le commerce plus difficile quand les parties prenantes appartiennent à des pays différents. Certains ont également évoqué les coûts de transaction liés à l'utilisation de monnaies differentes, ou les stratégies de segmentation de marchés par les firmes comme explications de

1. McCallum, J., 1995, « National Borders Matter : Canada-US Regional Trade Patterns », *American Economic Review*, 85 : 615-23.

l'effet frontière. La pertinence et le poids de chacune de ces explications dépend du cas précis de l'étude[1].

Comparaison de l'effet frontière entre différentes zones géographiques

Le degré de fragmentation du marché européen est-il plus faible que celui du marché nord-américain ? Où se situent les États européens en termes d'intégration commerciale par rapport aux États-Unis d'Amérique ? Répondre à ces questions implique d'appliquer cette méthodologie au cas européen. Or dans ce cas, nous ne disposons pas de statistiques de commerce inter-régional. Wei (1996) a proposé la méthode suivante[2] : même si l'on n'observe pas chacun des échanges entre les régions d'un pays, on peut calculer la somme de ces échanges, c'est-à-dire son commerce interne. En effet, pour obtenir le commerce interne d'un pays, il suffit d'additionner l'ensemble de ses exportations vers le reste du monde et de les soustraire à sa production totale. On obtient ainsi par exemple une observation des importations de la France en provenance... de la France. Il ne reste plus qu'à incorporer ces observations de commerce domestique à un échantillon « classique » de flux internationaux et de mettre une variable indicatrice (DOM_{ij}) signalant les flux internes aux nations :

$$\begin{aligned} \ln X_{ij} &= \alpha + \beta_1 \ln Y_i + \beta_2 \ln Y_j + \beta_3 \ln d_{ij} \\ &\quad + \beta_4 C_{ij} + \beta_5 \text{UE}_{ij} + \beta_6 \text{DOM}_{ij} + \epsilon_{ij}, \qquad (9.3) \end{aligned}$$

Le coefficient sur cette variable ($\exp(\beta_6)$) nous indique combien de fois plus (ou moins) un pays commerce avec lui même qu'avec un pays de taille et de distance similaire[3]. *Ce coefficient nous indique donc le degré de fragmentation persistant dans le commerce des pays considérés.* Cela peut être le degré de fragmentation du marché européen si l'on considère le commerce entre pays membres de l'Union, mais également le degré de fragmentation vis-à-vis des pays tiers. La différence entre les deux nous donne le degré d'intégration de l'Europe par rapport aux pays non membres.

La figure 9.4 (tirée de Head et Mayer, 2002) présente des résultats pour un pays européen « moyen » selon les pays d'origine de ses importations et l'année considérée. Le graphique représente l'effet frontière (l'équivalent de $\exp(\beta_6)$) pour le commerce intra-européen, les importations en provenance des États-Unis et celles en provenance du Japon. On constate d'abord que le niveau de fragmentation décroît de manière relativement importante pour le commerce intra-européen (les pays européens commerçaient à peu près 30 fois plus avec eux mêmes qu'avec un pays membre comparable à la fin des années 1970, seulement 15 fois au milieu des années 1990). C'est bien le signe d'un succès de l'intégration européenne en termes de création de commerce, c'est-à-dire de substitution de commerce domestique par du commerce international européen. On peut également trouver quelques signes

1. Pour une synthèse des différentes explications et leur tests empiriques, voir Mayer T., 2001, « Les frontières nationales comptent... mais de moins en moins. » *La Lettre du CEPII*, décembre.

2. Wei, S-J., 1996, « Intra-National Versus International Trade : How Stubborn Are Nations in Global Integration ? », NBER Working Paper 5531.

3. Il reste également à traiter la question de la distance interne des nations qui n'est pas une question simple, voir Head et Mayer, 2002, « Effet frontière, intégration économique et "Forteresse Europe". », *Économie et prévision*, 152-513 : 71-92.

Figure 9.4. Effets frontières et forteresse Europe (1975-1995)

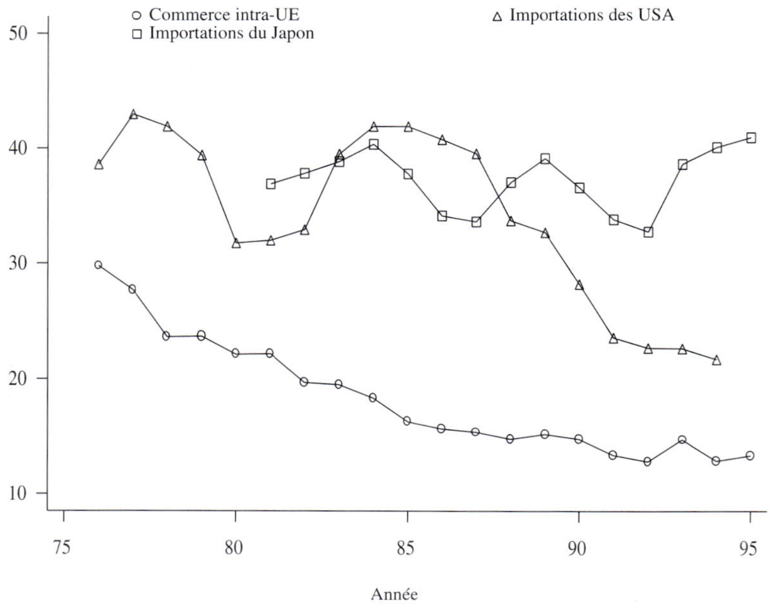

de ce que l'on a appelé la « Forteresse Europe » durant les années 1980, c'est-à-dire un degré de préférence domestique croissant vis-à-vis des pays tiers alors qu'il baissait par rapport aux pays membres.

Mesurer l'impact des frontières qui ne devraient pas en avoir : les frontières administratives à l'intérieur d'un pays

124 La figure 9.5 reprend la représentation graphique de l'équation de gravité du graphique 9.1 pour deux cas : les échanges de marchandises entre États américains, et les échanges de marchandises entre départements français. Les flux internes aux régions sont représentés par des triangles et les flux entre régions par des ronds. Les triangles sont majoritairement largement au-dessus de la droite de régression, ce qui signifie qu'à distance et PIB égal, les flux internes aux régions sont significativement supérieurs aux flux entre régions. Il existe un *effet de la frontière*[Q] administrative : même à l'intérieur de pays comme les États-Unis ou la France, l'intégration commerciale n'est pas parfaite, *les États américains ou les départements français commerçant à peu près trois fois plus avec eux mêmes* qu'avec un autre État ou un autre département de taille et distance identique. Une conséquence importante de ce résultat est que *le degré de fragmentation que l'on mesure grâce aux effets frontières n'est pas le résultat unique de mesures de protection de type tarifaires ou non tarifaires car ces mesures n'existent pas à l'intérieur des pays.* Un autre enseignement est que le marché intérieur américain (même s'il n'est pas encore parfaitement intégré) reste largement plus intégré que le marché intérieur européen, et l'on peut estimer à l'heure actuelle que les États-Unis d'Amérique sont environ trois fois plus intégrés que les États européens.

Figure 9.5. L'effet des frontières administratives

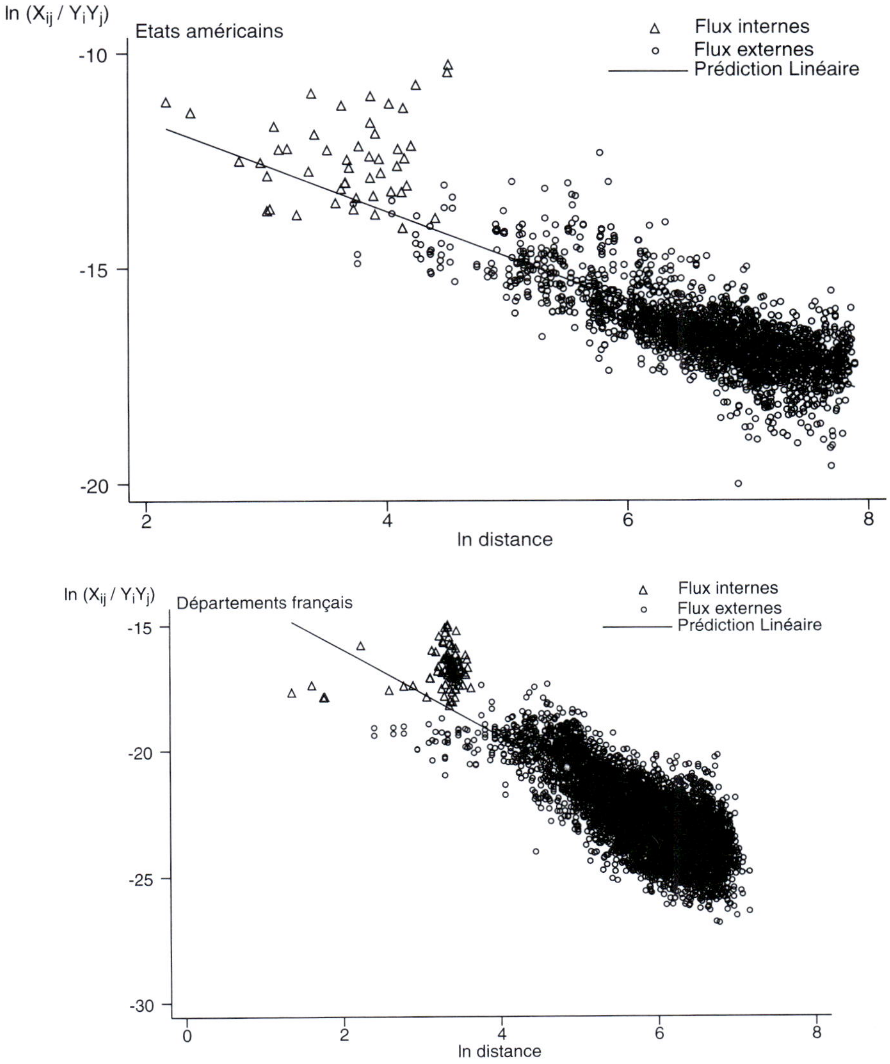

§ 2 Les potentiels de commerce

Une application récente de l'équation de gravité a consisté à estimer des *potentiels de commerce*[Q]. *Au sens général, le potentiel de commerce est l'accroissement ou la baisse du volume de commerce attendu en raison d'une déviation par rapport à la norme gravitaire.* Cette méthode peut également fournir une prédiction de changements de flux commerciaux bilatéraux à la suite d'un changement institutionnel. 125

A. Unions monétaires

126 Une des applications qui a récemment été l'objet d'une attention soutenue à la fois des économistes et des décideurs politiques est l'étude de l'impact des unions monétaires sur les flux commerciaux.

Andrew Rose (2000)[1] a récemment trouvé un impact très important de l'Union monétaire sur les volumes de commerce qui fournit une nouvelle justification à l'intégration monétaire fondée sur les gains au commerce traditionnels. En effet, en intégrant une variable indicatrice des combinaisons de pays ayant adopté la même monnaie dans un modèle de gravité, Rose (2000) montre que le commerce entre ces pays est entre deux et trois fois supérieur à la norme, c'est-à-dire au commerce entre pays similaires n'ayant pas la même monnaie. Les répercussions de ces résultats sont importantes, car s'ils s'avèrent robustes ils fournissent un argument empirique fondamental en faveur de l'Union monétaire. Les gains de bien-être liés à une augmentation de commerce d'une telle ampleur semblent alors largement justifier le renoncement à l'instrument de politique économique qu'est le taux de change lors du passage à la monnaie unique.

Frankel et Rose (2002) tirent même des conclusions précises de ce résultat en termes de croissance économique[2]. En utilisant le fait que l'augmentation du commerce international est généralement générateur de croissance économique, ils chiffrent les gains attendus pour différents pays qui adopteraient l'euro ou le dollar comme monnaie. Pour certains pays, ils sont extrêmement importants : pour la Pologne par exemple, adopter l'euro ferait augmenter de 60 points son commerce rapporté au PIB et de 20 % son PIB par tête à échéance de 20 ans. Ces estimations apparaissent à beaucoup comme excessives, et Andrew Rose souligne lui même qu'un grand nombre d'observations de son échantillon sont des observations de territoires d'outre-mer de pays industrialisés ou des ex-colonies (zone franc...), et qu'il peut donc être hasardeux d'en extrapoler des conclusions sur des pays plus importants économiquement et sur l'UEM européenne en particulier. On peut néanmoins noter que ses résultats sont assez robustes à l'échantillon retenu. Une étude très récente a tenté d'utiliser les dernières données disponibles pour mener le même exercice spécifiquement appliqué à l'impact de l'euro[3]. Les résultats sont moins spectaculaires, mais restent importants, le surplus de commerce attribuable au passage à l'euro étant situé entre 4 et 16 % alors que l'échantillon ne comporte que très peu d'années pour évaluer le passage à la monnaie unique.

Ces conclusions, utilisant principalement le modèle de gravité, ont des implications concrètes et déterminantes dans les débats que connaissent les pays qui hésitent à adopter la monnaie unique (Royaume-Uni et Suède notamment, mais également les nouveaux entrants de l'élargissement de 2004), car elles fournissent une quantification précise et rigoureuse des gains à attendre en termes de création de commerce avec l'UEM, à comparer aux coûts de l'abandon de la monnaie nationale.

---

1. Rose, A.K., 2000, « One money, One market : the Effect of Common Currencies on Trade », *Economic Policy*, 15(30) : 7-46.
2. Frankel, J. et A. Rose, 2002, « An Estimate of the Effect of Currency Unions on Trade and Growth », Quarterly Journal of Economics
3. Micco, A., E. Stein et G. Ordoñez, 2003, « The currency union effect on trade : early evidence from EMU », *Economic Poliy*, 37 : 317-356.

B. Le commerce des pays en transition

Dans la perspective de l'élargissement de l'Union européenne aux pays en transition, 127
il était important de s'intéresser aux conséquences pour ces pays de la transition vers l'économie de marché et de l'intégration progressive avec les pays de l'Ouest européen. Les décideurs et les économistes voulaient en particulier savoir si le commerce en direction et en provenance des pays en transition allait se développer, avec quel pays de l'Union européenne plus particulièrement... Ici encore, le modèle de gravité permet de donner des réponses.

Impact des changements institutionnels et politiques.

Ces pays ont connu au cours de la période récente des mouvements d'intégration et de désintégration qui en font des « expériences naturelles » permettant d'analyser l'impact des processus d'intégration (avec la réunification de l'Allemagne) et de désintégration (l'URSS, la Yougoslavie et la Tchécoslovaquie) sur les flux commerciaux. Ces mouvements peuvent nous donner un premier aperçu de l'effet de l'élargissement. Frankel (1997)[1] montre par exemple que la part du commerce intra-allemand de l'ex RDA a été multiplié par quatre entre 1989 et 1994. Fidrmuc et Fidrmuc (2003)[2] analysent les effets de la désintégration de pays, en utilisant la méthodologie des effets frontières. Ils trouvent que l'intensité de commerce se réduit fortement après la désintégration de l'URSS, de la Tchécoslovaquie ou de la Yougoslavie.

Évaluation du déficit de commerce entre les pays de l'Est et l'UE.

Un certain nombre d'économistes ont tenté d'évaluer le déficit de commerce entre les pays de l'Est et l'Union européenne tout au long du processus de transition. La méthodologie consiste à estimer des *potentiels de commerce* entre les pays européens et donc les augmentations d'échanges auquel on devrait assister avec un « retour à la normale » du commerce des pays de l'Est en particulier avec l'élargissement.

La première étape consiste à estimer une *équation de gravité* sur un échantillon de pays (souvent les pays membres de l'OCDE) qui incorpore certaines observations de flux intra-UE. On obtient alors des coefficients de différentes variables comme le PIB, le PIB par tête, la distance, l'appartenance à l'UE, la langue ou la frontière commune...

La seconde étape consiste à utiliser ces coefficients en prenant les variables correspondantes de PIB, populations, distances... pour *des pays hors échantillon*, par exemple les pays de l'Est candidats à l'intégration européenne (cette méthodologie a aussi été utilisée pour les pays du Maghreb dans leurs échanges avec l'UE). Cette étape fournit les flux de commerce bilatéraux *prédits* pour ces pays.

La dernière étape consiste à comparer ces prédictions aux flux réels, la différence entre les deux (positive ou négative) constituant le potentiel de commerce.

Richard Baldwin en 1994, a été le premier à mener ce type d'analyse pour les pays de l'Est et pour l'année 1989, c'est-à-dire le tout début du processus de transition[3]. Les résultats les plus remarquables font état d'une prédiction de commerce qui est dans

1. op. cité, page 122
2. Fidrmuc et Fidrmuc, 2003, « Disintegration and Trade », *Review of International Economics*, 11(5)
3. Baldwin, R., 1994, *Towards an Integrated Europe*, CEPR, Londres.

la plupart des cas deux fois plus grande que le commerce réel pour l'année 1989. On s'attend donc une augmentation très importante des flux commerciaux au fur et à mesure que ces pays redirigent leurs importations et leurs exportations en faveur de l'Europe de l'Ouest, et que le degré d'intégration Est-Ouest en Europe se rapproche de celui atteint à l'intérieur du groupe des pays de l'Ouest. Baldwin montre également que la hausse attendue du commerce est réciproque car les exportations comme les importations des pays de l'Est vers l'UE étaient très inférieures à la prédiction de la norme de commerce. Les résultats de Baldwin portaient sur l'année 1989. Une question particulièrement intéressante est celle des progrès accomplis depuis lors et ce qui reste à accomplir dans la perspective d'un éventuel élargissement de l'Union à ces pays. Fontagné et al. (1999) fournissent la réponse suivante : ils trouvent que le potentiel de commerce de court terme était déjà rempli pour plusieurs pays en 1996[1]. Il est fortement probable selon leurs résultats que l'élargissement de mai 2004 ait un effet limité et asymétrique sur les échanges, au détriment des pays en transition, contrairement à ce que les craintes qui s'expriment dans les pays riches donnent à penser. L'élargissement aurait surtout pour effet de modifier le type de commerce de ces pays, qui devraient voir leurs échanges inter-branche se réduire au bénéfice des échanges intra-branche de produits de qualités et de gammes différentes. Nilsson (2000) arrive à la même conclusion. En réactualisant les données de Richard Baldwin pour les années 1995-1996, il trouve que le potentiel de commerce avec les PECO est en fait largement épuisé[2].

1. Fontagné L., Freudenberg M., Pajot M., 1999, « Le potentiel d'échanges entre l'Union européenne et les PECO : un réexamen », *Revue Économique*, 50, (6) : 1139-1168.
2. Nilson, Lars, « Trade Integration and the EU Economic Membership Criteria. » *Eur. J. Political Econ.* 16(4) : 807-27.

Mémo

Les « coûts de transaction » regroupent au sens général diverses barrières entravant les flux de commerce. Citons notamment la distance (car plus les nations qui échangent sont éloignées, plus le coût du transport sera élevé, et plus le temps de parcours sera long), les tarifs et quotas, et enfin, les différences culturelles et linguistiques, et les barrières institutionnelles et administratives. Les économistes, dans leurs travaux empiriques, tentent de définir la nature exacte des éléments qui entravent les flux de commerce, de mesurer leur ampleur, et de quantifier la réduction des échanges engendrée par ces coûts au commerce. Certains sont plus facilement mesurables que d'autres (la distance par rapport aux différences culturelles...). Ainsi, la pratique veut que les économistes utilisent souvent la distance, comme facteur représentant le mieux possible l'ensemble des barrières au commerce. En effet, la distance géographique se révèle être un déterminant important des flux de commerce bilatéraux.

Un des thèmes sur lesquels travaillent les économistes réside précisément dans la vérification empirique de l'affirmation selon laquelle les coûts de transaction auraient fortement diminué, voire totalement disparu, phénomène à l'origine de la « mondialisation ». Du point de vue de l'économiste, la mondialisation peut être ramenée à une baisse de l'importance des barrières entravant les flux de commerce. Si les résultats montrent que, récemment, les coûts de transport et de communication ont baissé de manière très importante suite à d'importants progrès techniques, d'autres éléments soulignent que les coûts de transaction n'ont pas totalement disparu, comme le fait que l'éloignement entre producteur et consommateur influence fortement leur capacité d'échange, ou encore que les stratégies de tarification des firmes diffèrent en fonction des territoires nationaux.

L'équation de gravité est une relation empirique reliant le volume de commerce entre deux pays à la taille des deux pays et à la distance les séparant. Cette équation se fonde théoriquement sur le modèle de commerce en concurrence monopolistique de Krugman avec coûts de transport, mais plusieurs autres interprétations théoriques sont possibles. Les applications de l'équation de gravité sont nombreuses. Premièrement, elle permet de d'estimer l'impact de mouvements d'intégration commerciale sur le volume de commerce entre nations. Une variable indicatrice signalant la présence d'un accord commercial entre deux pays est rajoutée à la régression du volume de commerce bilatéral. Le coefficient sur cette variable permet alors de calculer l'impact de l'accord sur le commerce entre pays membres. La deuxième application importante de l'équation de gravité porte sur les effets frontières : en comparant le volume de commerce d'une région avec deux regions de même taille et à même distance, l'une appartenant au pays et l'autre étant située en dehors de frontières nationales, on peut estimer l'impact des frontières sur le volume du commerce. Les résultats sont conséquents, montrant un degré de fragmentation important des pays et même des régions. Un dernière application importante de l'équation de gravité porte sur l'estimation des potentiels de commerce, c'est-à-dire de l'accroissement ou la baisse du volume de commerce attendu en raison d'une déviation par rapport à la norme prédite par l'équation de gravité. Les économistes ont utilisé par exemple la méthode des potentiels de commerce pour estimer l'augmentation des échanges à laquelle on devrait assister avec un retour à la normale des échanges entre les pays de l'Est et les pays membres de l'UE-15 après la période de transition.

Quid

- Mondialisation n° 113
- Intégration économique n° 113
- Coûts de transaction n° 116
- Distance entre partenaires commerciaux n° 114
- Équation de gravité n°s 117-127
- Effets frontières n°s 121-124
- Potentiels de commerce n°s 125-127

Quiz

Questions

- Pourquoi la distance réduit-elle les volumes de commerce ? (n° 114)
- Comment se définit la mondialisation du point de vue d'un économiste ? (n° 113)
- Quelles sont les applications empiriques de l'équation de gravité ? (n° 119)
- L'effet frontière s'applique-t-il aux flux de commerce entre pays ou entre régions ? (n°s 121-124)

Biblio

- Chapitres 3, 4 et 5 de Frankel, J.A., 1997, *Regional Trading Blocs* Washington : Institute for International Economics
- Chapitre 5 de Feenstra, R., 2003, *Advanced International Trade : Theory and Evidence*, Princeton University Press.
- L'introduction de Keith Head aux modèles de gravité, *Gravity for beginners* :
`http://unescap.org/tid/artnet/mtg/granty10_reading1.pdf`
- Le site de Andrew Rose est une mine de données pour les modèles de gravité.
`http://faculty.haas.berkeley.edu/arose/`
- Jon Haveman fournit de très nombreuses données utiles pour estimer des modèles de gravité sur le site `http://www.eiit.org/`
- Le site Web de l'International Trade Centre (CNUCED/OMC) comprend de nombreuses données, y compris des estimations de potentiels de commerce :
`http://www.intracen.org/menus/countries.htm`

chapitre **10**

Entreprises multinationales et mondialisation

L'investissement international et les firmes multinationales font et ont fait l'objet de débats importants quant à leur impact tant sur les économies d'accueil que sur celles d'origine, en particulier vis-à-vis de l'emploi (ou du chômage) et des exportations ou importations qu'ils peuvent provoquer. Les débats publics et les inquiétudes des pays riches concernant les délocalisations de sites de production sont très proches des débats concernant l'ouverture des frontières au commerce international. Les deux types de débats connaissent des « cycles » qui correspondent souvent à des épisodes d'intégration importants, comme en témoignent les inquiétudes actuelles soulevées par l'élargissement aux pays de l'Est de l'Union européenne en mai 2004 ou les conséquences de l'entrée de la Chine à l'OMC depuis 2001.

La réponse aux inquiétudes concernant les délocalisations suppose de bien comprendre les mécanismes de l'investissement international, de sa naissance, de sa distribution internationale et de ses conséquences sur les marchés nationaux. Or, malgré de nombreux travaux tout au long des décennies qui ont suivi la seconde guerre mondiale, les études d'impacts des investissements étrangers n'ont pas encore donné entière satisfaction, les déterminants de ces investissements et de la multinationalisation des firmes n'ayant pas encore tous été explorés.

La compréhension des déterminants apparaissant nécessaire aux analyses d'impact, les développements qui suivent seront particulièrement axés sur cette première voie de recherche. Nous étudierons les déterminants de l'investissement international au travers de trois grandes questions : « pourquoi », « où » et « comment ». Pourquoi y a-t-il des investissements à l'étranger et des firmes multinationales ? Où ces investissements et firmes se localisent-ils lorsqu'ils s'implantent à l'étranger ? Et comment, c'est-à-dire quelles formes les processus d'internationalisation et de multinationalisation prennent-ils ? Ces trois questions et leurs réponses formeront la trame de ce chapitre. Nous allons faire le tour des connaissances théoriques et empiriques dans ce domaine, en notant que ces connaissances ont tendance à très largement nuancer les propos alarmistes que l'on entend souvent pour des raisons différentes dans les pays riches comme dans les pays pauvres à propos des firmes multinationales.

Plan analytique

section 1

Les flux de capitaux internationaux : définition et faits stylisés

§ 1 Définition

§ 2 Faits stylisés

section 2

Approches théoriques des investissements directs

§ 1 L'approche traditionnelle des mouvements internationaux de facteurs de production dans la théorie économique

§ 2 Pourquoi les entreprises multinationales existent-elles ?

A. L'avantage spécifique

B. Multinationales horizontales et verticales

C. L'hétérogénéité des firmes

D. Le paradigme OLI

§ 3 Le choix entre IDE et exportations

A. L'arbitrage coût fixe / coûts de transport pour une firme en monopole

B. Comportements stratégiques et multinationales

C. Le modèle d'IDE stratégique de Smith

D. Tentatives de synthèse avec les théories traditionnelles du commerce

section 3

Impact de l'investissement direct

§ 1 Investissement direct et commerce

§ 2 Les tests sur le « tarif jumping »

§ 3 Investissement direct et emploi

A. Impact sur l'emploi du pays hôte

B. Impact de l'IDE sortant sur l'emploi domestique

section 1

Les flux de capitaux internationaux : définition et faits stylisés

§ 1 Définition

L'*investissement direct à l'étranger*^Q (IDE) est défini comme une prise de participation significative dans le capital d'une entreprise étrangère lui donnant un certain contrôle sur les décisions de la firme : « un droit de regard dans la gestion de l'entreprise étrangère investie ». Cette notion est opposée à celle d'investissement de portefeuille. Le critère concret utilisé par les instances officielles pour séparer les deux types de flux est un critère de taux de participation : 10 % en France et dans de nombreux pays, 25 % dans d'autres. On s'intéresse ici uniquement aux investissements directs.[1] 128

Un investissement à l'étranger peut se faire selon deux principales modalités, la construction d'un site de production ex nihilo (on parle alors d'investissement « greenfield ») ou par le rachat d'un site existant (on parle alors d'une fusion et acquisition internationale). Dans les deux cas on dit que la firme à l'origine de la prise de participation se « multinationalise ». Les firmes étrangères ayant été l'objet de l'investissement sont appelées les *filiales* de la firme multinationale, celle-ci possédant de fait plusieurs sites de production.

Enfin, on distingue entre multinationales horizontales et verticales. Une multinationale *horizontale* produit le même bien dans plusieurs pays, alors qu'une multinationale *verticale* produit un bien intermédiaire et un bien final dans des pays différents.

§ 2 Faits stylisés

Le phénomène de l'IDE est une des caractéristiques majeures du mouvement d'intégration des économies que l'on observe actuellement : le tableau 10.1 donne

1. La distinction entre investissement direct et investissement de portefeuille au niveau des statistiques nationales se retrouve au niveau théorique dans l'étude des mouvements de capitaux : dans la théorie traditionnelle du commerce international les mouvements du capital et du travail sont *motivés par des différences internationales de rémunération de facteurs*. Pour le capital, il s'agit donc plus d'investissement de portefeuille. La théorie moderne du commerce international s'est elle intéressée à l'existence de firmes multinationales, c'est-à-dire disposant de sites de production dans plusieurs nations, et traite donc plus des déterminants et impacts des investissements directs.

quelques statistiques descriptives du phénomène tirées du World Investment Report de la CNUCED, fournissant les statistiques sur la plus large échelle possible au niveau géographique[1].

Tableau 10.1. Évolutions comparées du PIB, du commerce international et des investissements directs dans le monde

	Évolution annuelle en %				
	1986-1990	1991-1995	1996-2000	2004-2007	
PIB (prix des facteurs)	10.8	5.6	1.3	10.2	
Exportations de biens et services	15.6	5.4	3.4	16.2	
Ventes des filiales étrangères	16.0	10.1	10.9	15	
FBCF	13.4	4.2	1.0	13	
Flux d'IDE entrants	23.1	21.1	40.2	34.7	
Fusions & Acquisitions internationales	25.9	24.0	51.5	42.1	
Stock d'IDE entrants	14.7	9.3	17.2	17	
Ratio des stocks d'IDE entrants et sortants par rapport au PIB (en %).					
	1980	1985	1990	2000	2007
Monde					
Entrant	6.7	8.4	9.1	18.1	27.9
Sortant	5.8	6.6	8.5	19.4	28.9
Pays développés					
Entrant	4.9	6.2	8.1	16.2	27.2
Sortant	6.2	7.3	9.5	21.3	33.9
Union Européenne					
Entrant	6.1	9.3	10.6	25.9	40.9
Sortant	6.1	10.5	11.3	36.1	48.1
États-Unis					
Entrant	3.0	4.4	6.8	12.8	15.1
Sortant	7.8	5.7	7.4	13.4	20.2
Japon					
Entrant	0.3	0.3	0.3	1.1	3
Sortant	1.8	3.2	6.7	6	12.4

1. Le rapport complet est disponible chaque année sur `http://www.unctad.org`. L'annexe fournit en particulier des données très détaillées pour chaque pays du monde en termes d'IDE.

PVD					
Entrant	12.6	16.4	13.6	25.2	29.8
Sortant	3.8	3.8	4	12.9	16.5
Chine					
Entrant	3.1	3.4	5.1	16.2	10.1
Sortant	..	0	1.1	2.3	3
PMA					
Entrant	3.1	4.1	7	21.8	24.1
Sortant	0.6	2.6	0.9	2.6	2.2

Source : d'après CNUCED (World Investment Report 2009)

Importance du phénomène 129

Le première chose à noter est que l'IDE connaît tout au long de la période une croissance plus rapide que les autres indicateurs majeurs de l'économie mondiale : les investissements à l'étranger ont connu une croissance plus élevée que la production mondiale et que l'investissement intérieur des pays (la FBCF), mais ce n'est pas le fait le plus notable car les échanges de biens et de services ont également connu une croissance plus rapide que le PIB et la FBCF. Le fait intéressant, caractérisant ce que l'on appelle aujourd'hui la mondialisation, réside dans la croissance comparée des IDE et des flux commerciaux. Non seulement les flux entrants et sortants d'IDE ont été beaucoup plus importants que les flux de biens et services, mais les ventes locales des filiales de multinationales, en général, dépassent en croissance les flux commerciaux. En fait, depuis quelques années, la CNUCED estime que les ventes de filiales de multinationales[1] dépassent largement les exportations mondiales de biens et services (2395 milliards de dollars d'exportations mondiales en 1982 contre 2741 milliards de dollars pour les ventes des filiales mais 19 990 milliards de dollars d'exportations contre 30 311 milliards de dollars de ventes des filiales en 2008)[2].

L'ampleur du phénomène des investissements directs nous amènera à soulever une question qui remet en cause l'hypothèse implicite que nous avons faite depuis le début, en univers de concurrence parfaite comme de concurrence imparfaite : le fait que les firmes n'aient qu'un seul site de production. Au cours des trente dernières années, le nombre des multinationales a fortement augmenté, passant de 7 000 FMN au début des années soixante, 82 000 en 2008. La multinationalisation a ainsi gagné en intensité principalement à partir des années 1980, puisqu'elle s'est étendue à tous les secteurs économiques ainsi qu'à tous les pays de la triade y compris les pays émergents.

Commerce intra-firme 130

1. Le nombre de filiales aurait atteint les 500 000 en 1998 dans le monde et 810 000 en 2008 (CNUCED, World Investment Report 1999 et 2009).
2. Ces montants doivent néanmoins être interprétés sous réserve des phénomènes des prix de transfert, lesquels par définition sont difficilement chiffrables.

Ensuite, une partie très importante du commerce mondial est en réalité du *commerce intrafirme*[Q], c'est-à-dire ayant lieu entre filiales d'une firme multinationale. Le tableau 10.2 donne pour plusieurs pays la part de l'intrafirme dans les exportations et les importations de différents pays. Cette part est loin d'être négligeable.

Pour bien comprendre le phénomène actuel d'internationalisation des économies, il faut donc analyser les flux commerciaux comme nous l'avons fait jusqu'à présent, mais également comprendre ce qui motive cette vague massive d'investissements à l'étranger. En effet, les firmes multinationales décident directement d'une part importante des flux commerciaux mondiaux, dont une grande partie se fait même entre leurs établissements.

Tableau 10.2. Commerce intrafirme en pourcentage du commerce total

Pays (année)	Part des exports	Part des imports
USA (1993)	36	43
UK (1984)	29	51
France (1993)	34	18
Japon (1993)	25	14
Suède (1994)	38	9
Belgique (1976)	53	48

Source : CNUCED (World Investment Report 1996)

131 *Origine et destination des flux*

La deuxième partie du tableau 10.1 nous indique que ce sont principalement les pays riches qui ont connu la plus forte croissance de la part de l'IDE dans la richesse produite, à la fois pour les flux entrants et les flux sortants. Ceci est particulièrement vrai pour l'Union européenne. Même si les PVD connaissent depuis quelques années un afflux important de capitaux étrangers sous forme d'IDE, les investissements sont très concentrés dans un certain nombre de pays asiatiques comme la Chine et les NPI du Sud-Est asiatique.

En fait la majorité des flux d'investissement direct a la même caractéristique que les flux de commerce bilatéraux : il s'agit principalement de flux croisés d'investissement entre pays riches et proches. La similarité des pays influence de manière très importante la taille des flux bilatéraux d'IDE qui obéissent aux mêmes lois gravitaires que les flux de biens entre pays, comme nous l'avons vu au chapitre précédent. La figure 10.1 illustre ce résultat : à l'exception de la Chine, les principaux pays receveurs d'investissements directs sont des pays riches. Notons que la France semble très attractive en termes d'investissements directs avec la troisième place mondiale en 2007. La place de la France n'a pas tendance à se dégrader dans les années récentes, contrairement à des craintes souvent entendues. Comme on peut le voir dans le tableau 10.3, la part de la France en tant que pays de destination des IDE a même plutôt eu tendance à augmenter depuis les années 1980.

132 *Part élevée des fusions et acquisitions*

Figure 10.1. Stocks d'investissements directs de l'étranger 1990-2000-2007 (en valeur comptable)

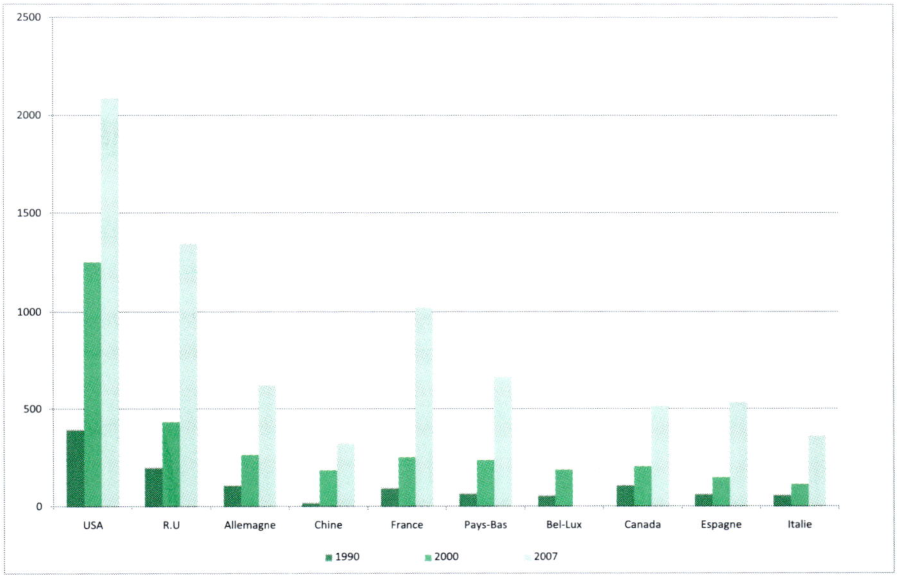

Tableau 10.3. Stocks d'IDE entrants, la taille de la France, en milliards de USD

Région/pays d'accueil	1980	1985	1990	1995	2000	2007
Monde	699	978	1954	3002	6147	15210
Pays développés	392	571	1400	2041	3988	10458
Union Européenne	217	268	749	1136	2241	6881
France	26	37	87	191	260	1026
Part Monde	3,7 %	3,8 %	4,5 %	6,4 %	4,2 %	6,7 %
Part pays développés	6,6 %	6,5 %	6,2 %	9,4 %	6,5 %	9,8 %
Part UE	12 %	13,8 %	11,6 %	16,8 %	11,6 %	15 %

Source : d'après CNUCED (World Investment Report 2003)

Comme souligné précédemment, un investissement à l'étranger peut se faire selon deux principales modalités, la construction d'un site de production *ex nihilo* (investissement « *greenfield* ») ou par le rachat d'un site existant (fusion et acquisition internationale). Un trait majeur de l'investissement direct mondial est qu'une part dominante des flux est désormais constitué par des fusions et acquisitions internationales, en particulier pour les flux entre pays riches. Deux grandes vagues de fusions acquisitions internationales ont eu lieu dans les années 2000, celle des années 1999-2000 et celle des années 2006-2007. Avec des “méga fusions” en particulier dans les secteurs bancaires et des services comme les télécommunications. En

2007, avant la décrue de 2008, due à la crise, le montant des fusions acquisitions internationales représentant un total de 1 637 milliards de dollars USD alors que le total des flux entrants d'IDE dans le monde s'élevait à 1 833 milliards de dollars USD (à noter que les chiffres ne sont pas directement comparables).

133 *Secteurs visés*

Enfin, le dernier fait marquant de l'évolution récente de l'investissement international est que les investissements se font de moins en moins dans les secteurs primaires, de plus en plus dans les secteurs de services, avec une part du secteur manufacturé qui décline fortement pour les pays de l'OCDE. Les services représentent en 2007, plus de 64% du stock des investissements directs entrants dans le monde, contre 7 % pour les produits primaires et autour de 26 % pour l'industrie (WIR, 2009).

section 2

Approches théoriques des investissements directs

134 § 1 L'approche traditionnelle des mouvements internationaux de facteurs de production dans la théorie économique

Le modèle d'Heckscher-Ohlin du commerce international a servi de base de départ aux premières analyses d'investissements internationaux. Dans celles-ci, le déterminant de ces mouvements ne peut résider que dans une différence de rémunération du capital entre des pays abondants en capital où celui-ci est faiblement rémunéré et des pays faiblement dotés en capital où, au contraire, il sera fortement rémunéré du fait même de sa rareté. Les mouvements de capitaux doivent alors aller du Nord vers le Sud. Mais, dans le modèle de base, les pays échangent des produits (en fonction de leurs avantages comparatifs liés aux différences de dotations factorielles entre les deux pays) parce qu'initialement les facteurs de production sont considérés comme immobiles internationalement. De plus l'échange de produits doit amener l'égalisation des revenus de facteurs et donc faire disparaître le déterminant des mouvements éventuels de facteurs. Pour dépasser ces hypothèses et cette conclusion très restrictive, il suffit alors de considérer l'hypothèse inverse selon laquelle les facteurs sont mobiles internationalement et le commerce de produits n'engendre pas l'égalisation des revenus de facteurs. Cette non-égalisation des revenus de facteurs du fait de l'échange de produits peut être engendrée par des dotations en facteurs de production très éloignées les unes des autres (exemple les pays du Nord et ceux du Sud), par la réversibilité des intensités factorielles, par l'introduction de différences de technologie dans un modèle heckscher-ohlinien, par l'introduction de facteurs spécifiques à une industrie ou encore par l'établissement de barrières douanières empêchant le commerce de produits.

Mundell (1957)[1] est l'un des premiers à avoir étudié les déterminants des mouvements internationaux de capitaux dans le cadre de la théorie de l'échange international. Son hypothèse de départ consiste à prendre, dans un modèle heckscher-ohlinien, une situation dans laquelle l'échange de produits est fortement limité, sinon empêché, par des barrières douanières. Les investissements apparaissent comme des substituts au commerce de marchandises. La rémunération relative du capital étant en principe plus élevée dans le pays faiblement doté en capital que dans l'autre pays, il va s'opérer un mouvement de capitaux du pays abondant vers le pays où le capital est rare. Ce dernier va produire alors plus de biens intensifs en capital, ceux-là même qu'il importait auparavant. Les investissements se substituent ainsi aux importations et les dotations relatives se rapprochent les unes des autres. Avec ce transfert de capital, les avantages comparatifs peuvent être amenés à disparaître, entraînant alors l'arrêt du commerce. L'investissement apparaît comme destructeur du commerce international. La plupart des autres travaux à partir du modèle d'Heckscher-Ohlin sur les mouvements de capitaux se sont par la suite intéressés à des problèmes soit de politique économique comme la recherche d'une taxe optimale à imposer sur les capitaux entrants, soit à des problèmes de bien-être comme les effets d'un flux de capitaux entrant sur l'économie d'accueil.

Les critiques de l'approche traditionnelle 135

Une première critique fondamentale porte sur les contradictions existant entre les prédictions du modèle de Mundell (1957) et la réalité empirique des investissements directs à l'étranger. Les prédictions du modèle traditionnel de mouvement des capitaux en concurrence parfaite sont doubles. Premièrement, des flux de capitaux émanant des pays riches en direction des pays en développement. Deuxièmement, une réduction des volumes d'échanges de biens entre pays. Celle-ci provient du rapprochement des prix relatifs des biens entre pays, c'est-à-dire des avantages comparatifs des pays, qui diminuent les incitations au commerce. Or, ces deux prédictions sont assez largement démenties par les faits. Les investissements directs concernent en premier lieu des pays du Nord entre eux, il n'y a pas d'afflux massif de capitaux dans les pays en développement en provenance des pays riches. De plus, au niveau global, les investissements directs et les échanges apparaissent davantage complémentaires que substituables.

Ensuite, dans la théorie traditionnelle du commerce international, les investissements directs internationaux apparaissent essentiellement comme des mouvements de capitaux engendrés par des arbitrages financiers internationaux. Cette première approche a été rejetée par d'autres chercheurs jugeant les hypothèses des modèles trop contraignantes, en particulier celle de la concurrence pure et parfaite sur les marchés ainsi que l'aspect quelque peu « désincarné » des mouvements internationaux de facteurs. Par ailleurs l'analyse traditionnelle explique difficilement pourquoi les investissements en provenance de l'étranger sont réalisés par des firmes étrangères et non pas par les firmes locales empruntant sur les marchés internationaux. De ce fait, les travaux alternatifs ont davantage reposé sur les comportements des firmes et sur les évolutions des structures de marchés. Avec les analyses en termes de concurrence imparfaite et en particulier de concurrence

1. Mundell R., (1957) « International Trade and Factor Mobility », *American Economic Review*, 47 : 321-335.

oligopolistique, on passe résolument d'une notion de mouvements de facteurs de production, transferts financiers entre deux pays, à une notion de firme multinationale multi-usines, multi-sites et opérant des intégrations verticales ou horizontales sur le plan international.

136 Les modèles récents d'IDE tentent de modéliser les éléments suivants : premièrement, l'existence de firmes multinationales et de flux d'investissement, deuxièmement la forme que prend le processus d'internationalisation des entreprises, troisièmement les déterminants des choix de localisation géographique des investissements, et enfin l'impact des flux d'IDE sur les économies hôtes.

§ 2 Pourquoi les entreprises multinationales existent-elles ?

Nous nous intéressons dans cette section à l'existence des firmes multinationales : pourquoi la production dans un pays est-elle contrôlée par une entité localisée dans un autre pays ? La question est loin d'être triviale car il est raisonnable de penser que si une activité de production est profitable dans un pays elle pourrait être menée plus facilement par une firme locale qui connaît mieux les goûts locaux des consommateurs, les pratiques commerciales... De plus, les firmes étrangères doivent gérer une filiale à partir d'un siège social éloigné, ce qui suppose également des coûts supplémentaires en termes de coûts de communication et de coordination.

Dès lors, pour exister, la firme multinationale doit disposer de ce que l'on appelle un *avantage spécifique* sur les concurrents locaux, c'est-à-dire une caractéristique qui lui est propre et qui vient compenser sa méconnaissance des pays étrangers par rapport aux firmes locales. Ces avantages peuvent prendre en particulier la forme d'une technologie supérieure, de brevets ou d'une image de marque meilleure que les firmes locales...

A. L'avantage spécifique

Notons tout d'abord que tous les secteurs ne se caractérisent pas par la même proportion de firmes multinationales dans la production totale. Il a été montré que les secteurs se caractérisant par une présence importante de multinationales sont les secteurs pour lesquels les dépenses de R&D et de marketing, le nombre de chercheurs et d'ingénieurs par rapport au nombre d'employés total, le degré de renouvellement, de différenciation et de complexité des produits sont les plus importants (voir Navaretti et Venables, 2004 pour une synthèse de ces résultats).

Ces caractéristiques créent des conditions propices à la multinationalisation des firmes car elles représentent des *actifs spécifiques aux firmes basés sur la connaissance.* Ils appartiennent à chaque firme et sont « incarnés » par des actifs non tangibles comme les brevets, les marques, le capital humain des employés de la firme, la réputation...

Deux caractéristiques de ce type d'actifs sont très importantes : 1/ ils sont relativement *facilement transférables à l'étranger* (beaucoup plus que des actifs physiques), 2/ Ce sont des *biens publics à l'intérieur de la firme multinationale.* Un savoir faire technique pour un processus de production par exemple, peut se matérialiser sous la forme d'un plan d'ingénieur qu'il est très facile d'envoyer dans une usine localisée dans un pays étranger. D'autre part, l'utilisation de ce plan par l'usine étrangère ne réduit pas l'utilité que les usines domestiques peuvent retirer de ce même plan.

L'existence d'actifs spécifiques à chaque firme a des implications importantes sur l'efficacité des firmes et la structure de marché. En effet, l'existence de ce type d'actifs donne lieu à des *économies liées aux firmes multi-usines.* Si l'actif spécifique doit faire l'objet d'une dépense en R&D par exemple, une firme disposant de deux usines disposera d'un avantage de coûts par rapport à deux firmes ne possédant qu'une seule usine. En effet, les deux firmes doivent effectuer toutes les deux cette dépense en R&D alors que la multinationale ne doit l'effectuer qu'une seule fois et peut amortir cette dépense sur l'ensemble de ses filiales. Dès lors, dans les secteurs comme l'industrie pharmaceutique par exemple où les actifs spécifiques liés à la connaissance sont importants, on observe qu'une grande part de la production est réalisée par des multinationales. Une étude du *Bureau of Economic Analysis*[1] décrit la répartition de l'emploi des filiales de firmes américaines en fonction des secteurs. En 2000, sur les 9,6 millions de personnes travaillant dans les filiales de multinationales américaines, un peu plus de 5 millions travaillaient dans l'industrie. Les premiers secteurs d'activités des filiales américaines sont le matériel de transport (982 000 employés dont 935 000 pour les automobiles et pièces automobiles), les ordinateurs et autres produits électroniques (817 000 employés), les produits chimiques (620 000 employés). À l'extrême inverse, le secteur du bois n'a que 22 400 employés dans des filiales à l'étranger, les textiles et habillement 149 100 et l'alimentation 406 200.

B. Multinationales horizontales et verticales

Dans une économie où l'innovation et la connaissance sont importantes, les entreprises sont incitées à multiplier leurs sites de production afin de répartir le coût fixe des dépenses de recherche et développement, et deviennent de plus en plus efficaces par rapport aux firmes locales, mono-établissement. Disposer de plusieurs sites de production dans le monde offre pour une entreprise deux autres avantages qui constituent la base d'une distinction entre ce que l'on appelle *multinationales horizontales et multinationales verticales*[Q]. D'une part, à partir du moment où le transport des biens est coûteux, il est avantageux d'approvisionner les consommateurs dans différents pays à partir d'une usine de production locale qui minimise les coûts de transport[2]. Ce déterminant donne lieu à des multinationales horizontales, qui choisissent de produire le même bien final dans différents pays[3]. D'autre part, lorsque les firmes disposent de filiales dans plusieurs pays, elles peuvent exploiter les différences entre ces pays en choisissant par exemple de produire un bien intermédiaire et leur bien final dans des pays différents afin de profiter des avantages comparatifs des différents pays pour ces différents biens. Par exemple, le dessin et la conception d'une chaussure de sport sera faite dans un pays riche, et son

1. Mataloni R., 2002, *Survey of Current Business, U.S. Multinational Companies : Operations in 2000*, Bureau of Economic Analysis.
2. On retrouvera ce même argument dans le chapitre suivant, qui analyse les décisions de localisation des entreprises de manière plus générale. Il s'agit là d'un mécanisme fondamental de l'économie spatiale, dont la théorie de l'investissement est très proche conceptuellement, même si les deux théories se sont très largement ignorées jusqu'à récemment.
3. La première référence ayant exposé rigoureusement cet argument est Markusen, J. R. (1983), « Factor movements and commodity trade as complements", Journal of International Economics, 13, 341-356.

assemblage dans une filiale d'un pays en développement, ce qui correspond à une division du travail à l'intérieur de la FMN correspondant aux avantages comparatifs des pays partenaires à l'échange au travers du commerce intra-firme[1]. On parle alors de multinationale de type vertical.

Si disposer de plusieurs sites de production comporte autant d'avantages, pourquoi reste-t-il des firmes ne comportant qu'une seule unité de production ? Plusieurs raisons à cela. Il existe d'abord une force contraire liée au capital physique : si les économies d'échelle liées au capital physique sont importantes (lorsque les rendements sont fortement croissants), les firmes sont incitées à concentrer la production dans un seul site de production, *c'est-à-dire à ne pas investir à l'étranger mais plutôt à exporter.* Il y a donc un arbitrage entre ces deux forces qui se résume à un arbitrage entre deux types de rendements d'échelle croissants et donc deux types de coûts fixes : 1/ un coût fixe spécifique à la firme, qui génère un actif spécifique lié à la connaissance qui peut être donné gratuitement aux éventuelles filiales de la firme, 2/ un coût fixe spécifique à chaque usine, qui doit être payé pour chaque nouveau site de production construit.

Brainard (1997)[2] a estimé la présence d'un arbitrage entre la concentration de la production et la proximité au marché dans le choix entre les stratégies d'exportation et d'investissement direct des firmes américaines. Elle utilise des indicateurs d'économies d'échelle propres à la firme d'une part et propres au site de production d'autre part pour expliquer la propension des firmes américaines à exporter plutôt qu'à investir localement dans chacun des 27 pays et 63 secteurs de son échantillon. Les résultats montrent que les secteurs caractérisés par les plus fortes dépenses en R&D et publicité ont une plus forte tendance à pénétrer les marchés étrangers par l'investissement direct, alors que les secteurs avec des rendements fortement croissants au niveau de l'usine de production, privilégient les exportations.

C. L'hétérogénéité des firmes

Une deuxième explication à la co-existence de firmes multinationales avec d'autres firmes qui ne disposent que d'un seul site de production tient à l'hétérogénéité des entreprises. En effet, contrairement aux simplifications souvent faites jusqu'à présent, toutes les firmes ne sont pas identiques, en particulier au niveau de l'efficacité de leur processus de production. Pour une même activité, certaines entreprises sont plus efficaces que d'autres et cela a des conséquences sur leur comportement en termes de ventes sur les marchés étrangers.

Helpman et al. (2004)[3] ont modélisé cette hétérogénéité dans un modèle où les entrepreneurs doivent employer du travail pour produire et où ce travail peut avoir différents niveaux de productivité marginale. La vente sur les marchés internationaux nécessite de payer un coût fixe. Cette caractéristique correspond à une constatation empirique : pour exporter, il faut par exemple établir un réseau de

1. Helpman, E. (1984), « Simple theory of international trade with multinational corporations", Journal of Political Economy, 92, 451-471.
2. Brainard, L., 1997, « An Empirical Assessment of the Proximity-Concentration Trade-off between Multinational Sales and Trade, » *American Economic Review*, 87(4) :520-544.
3. Helpman, E., M. Mélitz et S. Yeaple, 2004, « Export Versus FDI with Heterogeneous Firms », *American Economic Review*, 94(1) :300-316.

distribution et de service après vente dans le pays étranger. Pour vendre à l'étranger à partir d'une filiale implantée localement, les mêmes réseaux doivent être établis, mais la construction du site de production doit en plus être menée à bien. Le coût fixe de l'IDE est donc supérieur au coût fixe de l'exportation, lui même supérieur au coût fixe de production de la firme ayant des ventes strictement domestiques. Dès lors, une firme ayant une productivité marginale très faible sera cantonnée au marché local, car elle ne réalisera pas des profits d'exploitation suffisants pour couvrir les frais fixes de son expansion internationale[1]. Les firmes les plus productives du pays font des profits et vendent des volumes suffisants pour couvrir les frais d'implantation à l'étranger, et deviennent multinationales. Entre ces deux extrêmes, les firmes à productivité intermédiaire exportent vers les marchés étrangers en plus des ventes domestiques. Helpman et al. (2004) confirment empiriquement ce résultat : en 1996 sur une série de pays occidentaux, les firmes qui exportent sans faire d'IDE sont en moyenne 40 % plus productives que les firmes se cantonnant au marché domestique, et 15 % moins productives que les firmes multinationales.

D. Le paradigme OLI

Avant les développements récents qui viennent d'être évoqués, John Dunning (1988) avait développé de manière plus informelle une analyse d'ensemble des conditions d'existence des firmes multinationales appellée *le paradigme O.L.I.*, restée centrale dans la théorie de l'investissement direct moderne. Le terme O.L.I. reprend les initiales de trois grands types d'avantages à la multinationalisation qui sont :

1) L'avantage spécifique de la firme (O. comme *Ownership advantages*). Il s'agit des actifs spécifiques à la firme qui lui permettent de surpasser le désavantage lié au maintien d'une activité à l'étranger. Ces avantages lui sont évidemment propres et ne peuvent être accaparés par les concurrents locaux, en revanche toutes les filiales de la FMN en bénéficient.
2) L'avantage à la localisation à l'étranger (L. comme *Location advantages*) a trait à *l'avantage comparatif* du pays d'accueil, principalement en termes de coûts de production, de transport et de distribution. Toute barrière à l'échange pour atteindre les consommateurs étrangers fournit un avantage à la localisation à l'étranger.
3) L'avantage à l'internalisation (I. comme *Internalization advantages*) se rapporte au comportement *organisationnel* de la firme qui choisira d'intégrer ou non (faire ou faire faire) les différentes phases de son processus de production.

Dunning étudie ainsi les trois voies principales et alternatives de pénétration des marchés étrangers. *Le choix en faveur de l'investissement direct sera effectué lorsque la firme réunira simultanément les trois types d'avantage O, L et I.* Par contre, s'il n'y a pas d'avantage à la localisation, mais que la firme possède un avantage spécifique et un avantage à l'internalisation, elle gardera la maîtrise de la pénétration du marché étranger en y exportant et en établissant même son propre réseau de vente. Si la firme ne possède qu'un avantage spécifique, elle effectuera une vente de licence auprès d'une entreprise locale et lui laissera le soin d'exploiter le marché de son pays.

1. Il y a également toute une frange d'entreprises potentielles qui ne peuvent pas produire du tout, car leur productivité marginale est trop faible pour rendre même les ventes locales profitables.

§ 3 Le choix entre IDE et exportations

Abordons à présent la deuxième question, à savoir la forme que prend le proces-
137 sus d'internationalisation d'une firme. La modélisation de l'investissement direct présente le choix pour l'entreprise entre investissement et exportations, l'analyse portant sur les coûts respectifs d'une stratégie d'exportation et d'une stratégie d'implantation locale. L'exportation est une stratégie minimisant les coûts fixes d'implantation (*G* pour chaque usine construite), alors que l'IDE est une stratégie minimisant les coûts variables.

Notons que le coût variable comporte deux éléments importants : le coût unitaire de production d'une unité du bien, *c*, et le coût de transport (au sens large comprenant les barrières aux échanges de toutes sortes) qu'il faut payer pour acheminer son produit à l'étranger si l'on choisit la stratégie d'exportation : *t*. En ce qui concerne les coûts fixes, il est plus simple et assez raisonnable de considérer que les coûts fixes liés à l'acquisition d'actifs spécifiques sont les mêmes dans les deux pays : *F* est presque par définition effectué dans le marché d'origine. On va également supposer que le coût de construction d'une usine *G* est le même dans les deux pays (certains composants doivent en effet être relativement similaire entre les deux pays, comme les achats de machines...).

Dès lors, la décision entre IDE et exportations sera le résultat d'un arbitrage entre les différents coûts impliqués par les deux stratégies : l'IDE permet d'économiser sur les coûts de transports et peut amener une baisse du coût marginal de production, mais entraîne un coût fixe supplémentaire lié à la nouvelle implantation. En revanche, le nouveau site de production disposera d'un avantage sur les firmes locales mono-usines car la dépense en R&D est déjà effectuée dans le pays d'origine, alors que la firme locale doit l'effectuer. On commence par évaluer les termes de l'*arbitrage coûts fixes/coûts de transport*[Q] pour une firme en monopole, puis on considérera la décision d'IDE lorsque des concurrents sont présents.

A. L'arbitrage coût fixe / coûts de transport pour une firme en monopole

Plaçons-nous du point de vue d'une entreprise en monopole confrontée au choix entre différentes stratégies d'internationalisation. Les critères de choix sont les différences de coûts de production, les coûts de transport et la taille des marchés. Cette approche simplifie énormément la question, car l'entreprise en monopole n'a, par définition, pas à se préoccuper des caractéristiques et des stratégies de ses concurrents.

1) Supposons deux pays qui peuvent être de taille différente, c'est-à-dire héberger un nombre de consommateurs différent : le pays domestique comprend L consommateurs et le pays étranger comprend L^* consommateurs.
2) Tous les consommateurs ont les mêmes préférences que l'on peut résumer par les fonctions de demande linéaires classiques suivantes, décrivant la demande agrégée de chacun des pays :

$$Q = L(1 - p) \qquad \text{et} \qquad Q^* = L^*(1 - p^*)$$

3) Il existe un coût au commerce, noté t, pour chaque unité du bien qui est échangé entre les deux pays.
4) Les coûts unitaires de production sont constants et noté c dans le pays domestique et c^* dans le pays étranger.
5) Le coût fixe de construction d'une usine est G dans le pays domestique et G^* dans le pays étranger. Pour commencer la production, il faut également faire la dépense F (égale dans les deux pays) permettant de disposer d'un actif spécifique. Ici encore on fait une hypothèse qui permet de de simplifier les calculs tout en conservant l'intuition des résultats : on fait porter la différence de coût de production non pas sur la partie qui varie avec le montant de la production, mais sur la partie fixe.
6) Les marchés sont segmentés comme dans le modèle de dumping réciproque de Brander et Krugman (1983) vu plus haut. Ce qui permet à la firme de maximiser son profit séparément sur chacun des marchés, car ses décisions sur un marché n'affectent pas sa stratégie optimale sur l'autre.

Trois stratégies sont envisageables pour la firme en monopole. Elle peut choisir de produire dans le pays d'origine et exporter vers le pays étranger. Au contraire, elle peut décider de « délocaliser » son site de production vers le pays étranger et servir les deux pays à partir de cette implantation. Enfin, elle peut décider de construire une usine dans chacun des pays afin de vendre ses produits à partir de la production locale dans chacun des marchés.

Exportation

Les exportations depuis le pays d'origine, stratégie notée H, donne le profit d'équilibre suivant :

$$\pi^H = \frac{(1-c)^2 L}{4} + \frac{(1-c-t)^2 L^*}{4} - G - F$$

Délocalisation

La stratégie de délocalisation dans le pays étranger, notée F, donne le profit d'équilibre :

$$\pi^F = \frac{(1-c-t)^2 L}{4} + \frac{(1-c)^2 L^*}{4} - G^* - F$$

Multinationale

Enfin, lorsque la firme construit une unité de production dans chacun des pays, stratégie Multinationale notée M :

$$\pi^M = \frac{(1-c)^2 (L+L^*)}{4} - G - G^* - F$$

On suppose bien sûr que $1-c-t > 0$ pour que les exportations soient possibles dans ce modèle. Il est alors très simple de calculer les valeurs critiques à partir desquelles la firme choisit l'une ou l'autre des trois stratégies.

- La firme choisit la stratégie multinationale (M) par rapport à la stratégie locale (H) si :

$$L^* > \frac{4G^*}{t[2(1-c)-t]}$$

- La firme choisit la stratégie multinationale (M) par rapport à la stratégie de délocalisation (F) si :

$$L > \frac{4G}{t[2(1-c)-t]}$$

- La firme choisit la stratégie locale (H) par rapport à la stratégie de délocalisation (F) si :

$$L^* < L + \frac{4(G^* - G)}{t[2(1-c)-t]}$$

On peut alors tracer ces trois conditions pour étudier les conditions sous lesquelles une firme en monopole souhaite investir à l'étranger. La figure 10.2 illustre cet arbitrage, dans le cas où l'on suppose que le coût de production dans le pays domestique G est supérieur à celui du pays étranger, G^*. On voit que *la similarité de taille des pays pousse à la multinationalisation*. On voit également qu'une hausse des coûts fixes de type G réduit la probabilité de la multinationale, car la stratégie de coût variable impliquant du commerce international est alors plus avantageuse. Une augmentation des coûts de transport rapproche le point d'intersection B de l'origine, rendant la multinationale plus probable. En effet, la dérivée de $t[2(1-c)-t]$ par rapport à t donne $2(1-c-t) > 0$. Une augmentation du coût de transport agrandit l'espace des tailles de pays pour lesquelles la multinationale est choisie. Enfin, on voit clairement l'arbitrage entre taille des marchés et coûts de production dans le choix entre les deux pays en termes de localisation. En effet, le pays domestique est choisi si

$$\pi^H - \pi^F = (L - L^*)[(1-c)^2 - (1-c-t)^2] - 4(G - G^*) > 0$$

c'est-à-dire si le pays domestique a un avantage de demande suffisamment important pour compenser son désavantage en termes de coûts de production. Considérons les

Figure 10.2. Arbitrages dans le choix IDE / exports

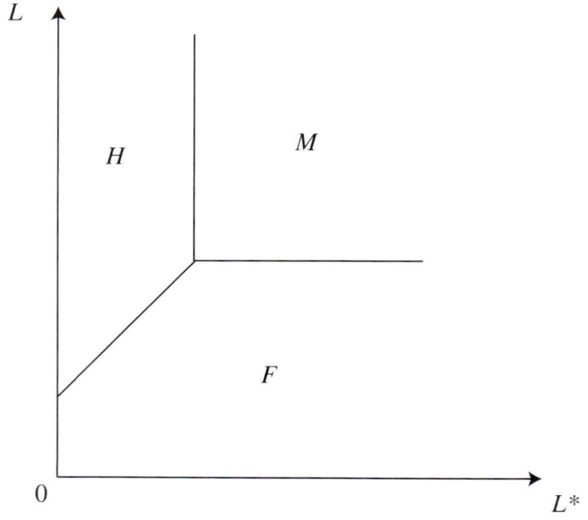

deux cas extrêmes. Si ces coûts de production sont égaux, $G = G^*$ et le choix de pays se fait très simplement en faveur du plus grand pays. Si au contraire la taille des pays est la même, $L = L^*$, le pays domestique est choisi dès lors que le coût de production y est plus faible. Il y a donc bien un arbitrage entre ces deux déterminants et les firmes peuvent choisir de rester dans un pays à coût de production élevé si son marché est suffisamment important. De plus, le pouvoir d'attraction du grand pays est croissant avec le coût de transport t, car il est alors plus difficile à atteindre à partir du pays étranger. Les différences en terme de taille de marché ne sont d'ailleurs pertinentes que s'il existe des coûts au commerce (pour voir cela, supposez que $t = 0$ dans l'équation précédente), et plus ces coûts sont importants, moins les coûts de production sont importants dans le choix de localisation.

B. Comportements stratégiques et multinationales

Des auteurs comme Smith (1987)[1], Horstmann et Markusen (1992)[2], et Motta (1992)[3] 138 ■
considèrent qu'une implantation dans un pays étranger va inévitablement transformer la structure de marché du secteur considéré. On peut difficilement supposer que les FMN n'ont pas conscience de cet effet résultant de leur investissement. Ainsi, elles vont tenter d'utiliser l'IDE pour que la modification de structure de marché se fasse à leur avantage, par exemple en effectuant un IDE préemptif pour empêcher la firme locale d'entrer. C'est la raison pour laquelle on regroupe souvent cette littérature sous la dénomination d'*investissement stratégique*[Q]. Ces modèles reposent sur une mise en perspective stratégique du choix de mode d'internationalisation , en particulier sur les forces concurrentielles qui peuvent pousser une firme à opter pour l'investissement direct plutôt que pour l'exportation.

Dans les modèles d'investissement direct stratégique, on considère la stratégie d'une firme potentiellement multinationale qui dispose de l'avantage spécifique suivant : disposant d'une unité de production dans son pays d'origine, elle a déjà effectué l'investissement initial en R&D. Pour investir à l'étranger, elle n'aura donc plus qu'à subir le coût fixe propre à l'implantation G. Tout entrant potentiel ne disposant pas encore d'une usine subit donc un désavantage lié à son retard, son coût fixe de début d'activité sera $F + G$. La structure de coût de ces modèles est :

- F : coût fixe propre à chaque firme,
- G : coût fixe propre à chaque implantation,
- c : coût marginal de production constant,
- s : coût de transport unitaire,
- t : droit de douane

Tous les modèles d'IDE stratégique n'utilisent pas *toutes* ces composantes du coût de production, mais tous reposent sur les implications concurrentielles d'une asymétrie de coût entre les firmes. Ceci est particulièrement important dans l'explication

1. Smith A., 1987, « Strategic Investment, Multinational Corporations and Trade Policy », *European Economic Review* 31, p. 89-96.
2. Horstmann I. J. et J. R. Markusen (1992), « Endogenous Market Structures in International Trade (Natura Facit Saltum) », *Journal of International Economics* 32, p.109-129.
3. Motta M., 1992, « Multinational Firms and the Tariff-jumping argument : A game theoretic analysis with some unconventional conclusions », *European Economic Review* 36, p. 1557-1571.

du caractère multinational de l'investissement. Pour expliquer pourquoi un secteur comportera des firmes multinationales venant remplacer des firmes locales, il est impératif de supposer que les firmes ont une structure de coûts différente et en particulier que les multinationales disposent d'un certain avantage. Cet avantage peut provenir du fait que la FMN, déjà implantée dans son pays domestique est en concurrence avec des entrants potentiels ; il peut également venir d'une position de leader dans le jeu qui lui permet de choisir la taille de son implantation avant ses concurrents.

C. Le modèle d'IDE stratégique de Smith

139 Smith (1987) présente la version la plus simple d'investissement direct stratégique. On considère deux pays : le pays d'origine et le pays hôte. Dans le pays d'origine, une firme potentiellement multinationale (multinationale par la suite) doit choisir entre l'exportation et l'IDE[1] alors qu'une firme du pays hôte (locale par la suite) peut décider d'entrer ou de ne pas entrer sur son propre marché.

On se situe dans un jeu à deux étapes où les firmes déterminent leur entrée dans la première étape et les quantités dans un deuxième temps. Si les deux firmes décident de vendre leur produit sur le marché du pays hôte, elles forment un duopole de Cournot où l'on désigne la firme locale (multinationale) par l'indice 1 (2).

Le modèle de base

On note $\pi^i(n_1,n_2)$ le profit de la firme i (i = 1 ou 2) dans la situation où la firme 1 (2) a choisi d'implanter n_1 (n_2) usines sur le pays hôte. On note également q_i^e (q_i^d) la quantité choisie par la firme i quand la FMN exporte (investit).

Dans le cas où la firme locale décide d'entrer, les fonctions de profits *variables* sont :

$$\pi^1(1,0) = P(q_1^e;q_2^e)q_1^e - cq_1^e \qquad \pi^2(1,0) = P(q_1^e;q_2^e)q_2^e - (c+s+t)q_2^e$$

$$\pi^1(1,1) = P(q_1^d;q_2^d)q_1^d - cq_1^d \quad (=) \quad \pi^2(1,1) = P(q_1^d;q_2^d)q_2^d - cq_2^d$$

Dans le cas où la firme locale est dissuadée d'entrer, les fonctions de profits sont :

$$\pi^1(0,1) = 0 \qquad \pi^2(0,0) = P(q_2^e)q_2^e - (c+s+t)q_2^e$$

$$\pi^1(0,0) = 0 \qquad \pi^2(0,1) = P(q_2^d)q_2^d - cq_2^d$$

En résolvant le jeu en quantité de la dernière période, on aboutit facilement aux inégalités suivantes :

$$\pi^2(0,1) > \pi^2(0,0) > \pi^2(1,0) > 0$$

et

$$\pi^2(0,1) > \pi^1(1,0) > \pi^1(1,1)[= \pi^2(1,1)] > \pi^2(1,0) > 0$$

Le centre de l'intérêt réside dans la possibilité pour chacun des deux concurrents de dissuader l'entrée de l'autre au travers d'un investissement préemptif. Par

1. L'auteur fait l'hypothèse que la firme doit s'internationaliser : elle trouve toujours avantageux de vendre ses produits sur le pays hôte. On retrouve cette hypothèse dans pratiquement toutes les approches. De même que l'impossibilité de réexporter vers le pays domestique après l'implantation ou encore l'hypothèse selon laquelle la FMN cesse d'exporter après s'être implantée sur le pays hôte. Il s'agit donc fondamentalement d'un modèle d'IDE horizontal.

exemple, on cherche à voir dans quelle mesure la firme multinationale peut empêcher la firme locale d'entrer en s'implantant sur le marché du pays hôte, et en rendant ainsi l'activité de la firme locale non rentable. Une autre question importante en termes de structure de marché concerne la possibilité pour la firme locale de s'engager de manière crédible à produire sur son territoire national et la crédibilité de cet engagement pour dissuader l'implantation de la firme multinationale. L'ordre dans lequel chacune des deux firmes peut faire ses choix est bien sûr alors fondamental dans le résultat final. Si la firme multinationale dispose d'un avantage lui permettant de prendre sa décision avant la firme locale, l'arbre du jeu est représenté par l'arbre A dans la figure 10.3. Si, au contraire, la firme locale peut jouer en premier, le jeu peut être représenté par l'arbre B dans la figure 10.3. Étudions ces deux cas.

Figure 10.3. Arbres du jeu dans le modèle de Smith (1987)

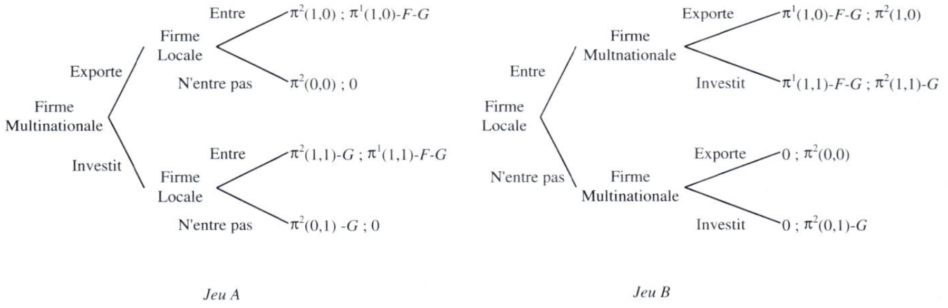

Préemption par la firme multinationale

On voit immédiatement, d'après les inégalités de la précédente, le premier effet stratégique de l'IDE. Celui-ci réduit les coûts à l'exportation, il est donc préférable si la firme multinationale reste en monopole[1]. Il permet surtout d'améliorer la position concurrentielle de la multinationale dans le duopole. Dans ce cas la FMN augmente ses profits variables et réduit ceux de la firme locale en investissant.

Dissuader l'entrée est *possible* si la firme locale ne fait de profits positifs que dans la situation où la firme multinationale reste exportatrice : cette situation peut être formalisée par la condition $\pi^1(1{,}0) > F + G > \pi^1(1{,}1)$ lorsque la FMN joue en premier. Celle-ci peut alors dissuader l'entrée de la firme locale en s'implantant dans le pays hôte. Il faut d'autre part que cette stratégie soit *crédible*, c'est-à-dire que la firme multinationale préfère investir plutôt que d'exporter compte tenu de la réponse de la firme locale. Il est donc crédible pour la FMN de chercher à empêcher l'entrée si la situation de monopole avec un coût fixe d'investissement

1. Si $F + G > \pi^1(1{,}0)[> \pi^1(1{,}1)]$, la firme locale fait des pertes en entrant quelle que soit la stratégie de la FMN : ne pas entrer est une stratégie dominante pour la firme locale. Dès lors l'IDE n'est pas réellement stratégique puisque la décision d'investir n'influence pas le comportement de la firme locale et résulte simplement d'un arbitrage entre le coût fixe d'implantation G, et le gain sur les coûts à l'exportation $(s + t)$.

direct est préférable au duopole avec exportation [$\pi^2(0,1) - G > \pi^2(1,0)$]. D'après les hypothèses retenues, cette condition est toujours vérifiée puisque le profit de monopole est supérieur à la somme des profits de duopole [$\pi^2(0,1) > \pi^2(1,0)+\pi^1(1,0)$] et puisque, d'après la condition de possibilité, le profit de duopole de la firme locale est positif [$\pi^1(1,0) > F + G > G$].

Préemption par la firme locale

De même, lorsque la firme locale bénéficie de la position de leader dans le jeu, elle peut trouver profitable de dissuader l'IDE. Cela est possible dans l'hypothèse où la firme multinationale trouve profitable d'investir uniquement lorsqu'elle est en monopole et cette stratégie est crédible si la firme locale préfère entrer[1]. Dans ce type de jeu, on a donc une détermination endogène de la structure de marché qui dépend de manière cruciale des relations entre les différents types de coût, en particulier de l'avantage de la firme étrangère qui a déjà effectué l'investissement en R&D dans son pays d'origine.

Les extensions du modèle stratégique

Les variations sur ce modèle initial ont été nombreuses. Une extension intéressante consiste à étudier l'influence de la taille du marché sur le choix exportation / IDE[2]. Motta (1992) montre que l'introduction de la taille du marché est également importante dans un cadre oligopolistique, car celle-ci détermine le nombre de firmes à l'équilibre pour un niveau de coûts fixes donné. Il met alors en évidence la complexité des déterminants de l'IDE dès lors que les firmes adoptent une attitude stratégique.

Considérons une variation de la taille du marché. Toutes choses égales par ailleurs, un raisonnement « non stratégique » dicterait qu'une croissance du marché d'accueil augmente l'incitation à choisir l'investissement direct plutôt que l'exportation car cela permet d'amortir les coûts fixes d'implantation et d'information sur des ventes plus importantes. C'était exactement la prédiction du cas du monopole, représenté dans la figure 10.2. La prise en compte de l'interaction de la firme multinationale avec le concurrent local réduit la portée de cette intuition.

Soit, par exemple, un équilibre initial où la taille du marché est si faible que la firme multinationale est en monopole et exporte. En gardant à l'esprit que la firme multinationale a toujours l'avantage spécifique dû à son investissement initial en R&D (F) dans son pays d'origine, on cherche à connaître l'impact d'une hausse de la taille du marché d'accueil, L. Une première augmentation aboutit effectivement à un monopole de la FMN tant que le marché ne peut supporter qu'une seule firme (qui sera forcément celle disposant de l'avantage de ne pas avoir à dépenser F). Dès que le marché autorise également l'entrée de la firme nationale, deux équilibres sont possibles : un monopole de la FMN ou de la firme nationale selon la firme qui prend sa décision d'implantation en premier. Si L croît toujours, il existe un intervalle où le duopole devient profitable pour la multinationale mais pas encore pour la firme

1. La condition de possibilité est alors $\pi^2(0,1) - G > \pi^2(0,0) > \pi^2(1,0) > \pi^2(1,1) - G$. La condition de crédibilité est $\pi^1(1,0) > F + G$.

2. La taille du marché est modélisée, comme dans le cas du monopole vu plus haut, dans la fonction de demande du pays hôte : $Q = L(1-p)$, L représente le nombre de consommateurs dans le pays hôte, ayant chacun une fonction de demande linéaire inverse de type $q = 1 - p$.

locale. L'IDE est alors une stratégie dominante pour la firme multinationale : quelle que soit la stratégie de la firme locale, la FMN investit, ce qui dissuade l'entrée de tout concurrent ramenant à un équilibre où la FMN est en monopole après implantation.

Enfin, quand la taille du marché est suffisante pour que les deux firmes puissent entrer et réaliser des profits positifs, on assiste à un duopole avec implantation locale de la multinationale. La relation entre la taille du marché et la décision d'investir à l'étranger n'est donc pas monotone comme le prévoyaient les premières théories de la multinationalisation. L'impact des coûts d'exportation sur la structure de marché est également de nature discontinue et l'on peut conclure que l'introduction des interactions stratégiques remet en cause les conclusions simples de la littérature non stratégique sur les IDE.

Horstmann et Markusen (1992) poussent plus loin l'analyse en permettant aux deux firmes d'être multinationales. Apparaissent ainsi des possibilités plus réalistes de structure de marché avec possibilité de pénétration croisée des marchés via l'exportation ou des investissements croisés. Les auteurs considèrent un jeu à deux étapes où les firmes doivent dans un premier temps choisir simultanément le nombre d'usines (0 si elles n'entrent pas, 1 si elles se contentent d'exporter ou 2 si elles deviennent multinationales) et ensuite déterminer les quantités produites.

En adoptant la même notation que précédemment (*e* signifie que le marché en question est servi par des exportations, et *d* par une unité de production locale) et en notant avec une * les ventes et les fonctions de demande du pays étranger (celui de la firme 2) on peut écrire les fonctions de profit de la firme 1 dans les deux cas extrêmes où les deux firmes sont respectivement multinationales ou exportatrices :

$$\Pi^1(2,2) = \pi^1(2,2) - 2G - F = P(q_1^d;q_2^d)q_1^d + P^*(q_1^{d*};q_2^{d*})q_1^{d*} - c(q_1^d + q_1^{d*}) - 2G - F$$

$$\Pi^1(1,1) = \pi^1(1,1) - G - F = P(q_1^d;q_2^d)q_1^d + P^*(q_1^{e*};q_2^{d*})q_1^{e*} - cq_1^d + (c+s+t)q_1^{e*} - G - F$$

Des équations similaires sont définies pour la firme 2 et pour les combinaisons intermédiaires de structure de marché. Les situations d'équilibre dépendent encore fondamentalement des rapports entre les composantes de coût. À coût de transport et protection tarifaire donnés, une hausse du coût fixe spécifique à chaque firme (*F*) par rapport au coût fixe d'implantation (*G*) pousse à la multinationalisation et inversement une hausse de *G* par rapport à *F* incite les firmes à exporter.

Selon les valeurs prises par ces paramètres, il y a alors quatre situations possibles : deux équilibres asymétriques et deux équilibres symétriques. D'une manière générale, lorsque les deux coûts fixes sont simultanément élevés, deux équilibres asymétriques dans lequel l'une des deux firmes sera en monopole sont envisageables[1] (le duopole entraînant des profits négatifs).

1) Si *F* est spécialement élevé, une des deux firmes se retrouve en situation de monopole avec une usine dans chaque pays
2) Si, au contraire, *G* est particulièrement important, une firme sert les deux marchés à partir d'une seule usine localisée dans son pays d'origine.

1. Il y a en réalité pour chaque équilibre asymétrique (dans lequel une des deux firmes est en monopole) une indétermination sur la nationalité de la firme en monopole. Dans cette situation où les coûts fixes sont trop élevés, il est certain qu'une seule firme pourra produire à l'équilibre mais on ne peut déterminer laquelle car les deux firmes choisissent leur nombre d'usines simultanément.

Si le niveau des coûts fixes est suffisamment faible pour autoriser l'entrée des deux firmes, il y a alors deux équilibres symétriques possibles :

1) Le « duopole exportateur » où les deux firmes ont une seule usine et exportent vers l'autre marché (situation où G est élevé par rapport à F et s).
2) Le « duopole multinational » où les deux firmes ont chacune deux usines (cas où G est suffisamment faible par rapport à F et à $s + t$ pour que cette structure soit profitable par rapport tant aux solutions asymétriques qu'au duopole exportateur).

D. Tentatives de synthèse avec les théories traditionnelles du commerce

140 Markusen et Venables (1998)[1] proposent un modèle intégrant deux secteurs et deux facteurs aux analyses stratégiques vues plus haut, permettant d'étudier l'intensité des flux d'investissements directs dans un *cadre d'équilibre général* qui mêle investissement direct horizontal et vertical. Une des conclusions particulièrement intéressante traite de la part des multinationales dans la production en fonction de la similarité des nations en termes de dotations factorielles : est-il possible d'expliquer pourquoi les flux bilatéraux d'IDE se concentrent entre régions riches à partir de ce type de modèle ? Une autre interrogation concerne l'augmentation récente des flux d'investissement direct. Quel type d'explication théorique peut être avancé pour expliquer ce phénomène ?

Leur approche pour répondre à ces questions est la suivante : supposons qu'à l'origine, les deux pays soient strictement identiques, nous aurons alors des prix, des salaires et des revenus identiques dans les deux pays. Une analyse des déterminants des multinationales peut alors être menée en supposant des changements des variables structurelles des deux pays.

1) *Lorsque le revenu mondial augmente, la part des multinationales augmente.* L'intuition derrière ce résultat est très simple : un investissement direct est une stratégie avec un coût fixe important alors que l'exportation est une stratégie avec un coût variable important. Plus le marché mondial est important, plus les firmes auront une échelle de production importante et pourront donc rentabiliser le coût fixe associé aux nouvelles filiales.
2) *Quel est l'effet d'un changement de la distribution internationale des revenus ?* Supposons un changement tel qu'une partie du revenu du pays H soit transférée au pays F. Pour les multinationales, ce changement n'a aucun impact sur leur profit d'ensemble puisqu'elles servent les consommateurs à partir de filiales locales. En revanche les firmes nationales du pays F gagnent à ce changement et celles du pays H perdent. Dans les pays en croissance, la part des multinationales va diminuer au profit des firmes locales. Une autre manière de voir les choses est de renverser l'argument pour dire que *la part des multinationales augmente lorsque les pays sont de taille similaire.* Cette conclusion est donc en accord avec l'observation empirique de flux d'IDE importants entre pays similaires.

1. Markusen J. et A. Venables, 1998, « Multinational Firms and the New Trade Theory », *Journal of International Economics*, 46(2) : 183-203.

3) Supposons maintenant que le pays F connaisse une augmentation du salaire exactement équivalente à une baisse du salaire du pays H. Les firmes locales du pays H sont les plus avantagées après ce changement car leurs coûts baissent. Ensuite viennent les multinationales dont le siège social est localisé en H : celles-ci voient leur coût fixe et variable baisser pour leurs ventes en H mais ces mêmes coûts augmentent pour leurs ventes en F. Les firmes multinationales basées en F perdent davantage que celles basées en H car elles doivent effectuer leur dépense *F* en travail dans le pays F. Enfin, les firmes locales en F sont celles qui perdent le plus à ce changement de revenu de facteurs. Ce résultat peut s'interpréter de la manière suivante : *plus les pays auront des dotations similaires, plus les revenus des facteurs auront de chance d'être égalisés*. Dès lors, la similarité des dotations factorielles dégrade la situation des firmes locales au profit des firmes multinationales et la *part des multinationales est croissante avec la similarité des dotations.*

4) Les deux derniers résultats concernant les coûts sont relativement évidents : *une augmentation des coûts fixes F par rapport au coûts fixes G a tendance à fournir un avantage compétitif aux firmes multinationales* et donc accroît leur part.

5) Enfin, une *augmentation des coûts au commerce (transport et/ou protectionnisme) rend les firmes multinationales plus profitables* car elles n'ont pas à subir ce coût.

De nombreux travaux empiriques ont tenté de vérifier certaines de ces prédictions. En particulier, des économistes ont essayé de quantifier la part de l'investissement direct de type horizontal (motivé par l'accès au marché) et vertical (principalement attiré par des considérations concernant les coûts de production). Toutes les études montrent que la partie horizontale est très largement dominante, même si la partie verticale est en progression assez forte sur la période récente[1].

section **3**

Impact de l'investissement direct

L'émergence de l'investissement direct a des incidences multiples, aussi bien sur l'économie du pays hôte, que sur le pays d'origine des investisseurs. Ce sujet est souvent dominé par les craintes des effets négatifs liés aux délocalisations. Les pays industrialisés redoutent les incidences que peut avoir l'expansion des IDE, notamment avec les pays émergents et à bas coûts salariaux relatifs. Ce phénomène est souvent perçu comme une menace pour l'emploi et plus particulièrement pour les emplois non qualifiés. En effet, les entreprises multinationales qui investissent à l'étranger pourraient priver la maison mère dans le pays d'origine de ses marchés d'exportation et stimuler de nouvelles importations eu égard aux bas coûts de

1. Hanson, Mataloni et Slaughter, 2004, « Vertical Production Networks in Multinational Firms » utilisent en particulier des données de commerce intra-firme américaines pour montrer que les firmes américaines ont à la fois des stratégies de type horizontal et vertical, la distinction dépendant en particulier des caractéristiques et des politiques des pays de destination de l'investissement direct.

la main d'œuvre étrangère. De ce fait, ces importations se substitueraient à la production nationale et indirectement à une partie de l'emploi du pays investisseur. Ces inquiétudes ont été d'autant plus fortes que certains pays industrialisés (Allemagne, France, Japon) ont connu une évolution positive et concomitante du chômage et des IDE. Ainsi, ces craintes renvoient inévitablement au sujet plus général de la substitution-complémentarité entre les investissements directs et les échanges internationaux. Les ventes sur place des filiales pourraient se substituer aux exportations autrefois effectuées depuis le pays d'origine et ainsi avoir un impact sur l'accroissement du chômage. La littérature a communément traité la relation IDE-emploi comme une résultante de la relation IDE-échanges.

141 § 1 Investissement direct et commerce

Complémentarité ou substitution ?

Les premières études empiriques dans ce domaine, en dehors des études de cas statistiques, datent de la fin des années 1970. Les travaux empiriques sur la *relation IDE–commerce* se réfèrent aux modèles gravitationnels, et se sont notamment concentrés sur le *caractère de complémentarité ou de substitution entre ces deux types de flux*. Il existe en effet des arguments théoriques qui soutiennent une relation de substitution (sur l'output dans le modèle de multinationale horizontale en particulier) et d'autres qui suggèrent une relation de complémentarité (en particulier au travers d'exportations de biens intermédiaires vers les filiales d'assemblage à l'étranger). De manière générale, la littérature empirique conclut à une relation de *complémentarité* entre les IDE et le commerce global, et ce quels que soient les pays étudiés.

Ainsi, Fontagné et Pajot (1999)[1] ont testé les relations de substitution-complémentarité à partir d'une base de données sectorielles et bilatérales pour la France et les États-Unis et 21 pays de l'OCDE. Leurs résultats montrent des relations de complémentarité pour les deux pays y compris au niveau des secteurs. Pour tenter d'expliquer ces relations de complémentarité observées au niveau macroéconomique, les auteurs ont estimé les effets d'entraînement possibles entre les firmes au sein des secteurs, voire même entre les secteurs[2]. Ils montrent que pour un dollar investi à l'étranger, l'ampleur des effets d'entraînement pour les industries est de 58 cents pour les flux d'exportations additionnelles dans l'industrie, et de 50 cents dans les autres industries. Les effets d'entraînement sont sensiblement moins élevés pour les importations, soit 28 cents d'importations supplémentaires dans l'industrie qui a investi un dollar à l'étranger et de 50 cents dans les autres industries.

Blonigen (2001)[3] a mené un travail très détaillé qui remet en cause le résultat de complémentarité. Il s'intéresse au niveau de désagrégation sectoriel le plus fin

1. Fontagné L., Pajot M. (1999), « Investissement direct à l'étranger et échanges extérieurs : un impact plus fort aux États-Unis qu'en France », Économie et Statistique, (326-327) : 31-52.

2. Pour ce faire, les auteurs ont comparé les résultats de différentes régressions selon plusieurs niveaux. Ils expliquent les échanges industrie par industrie par les IDE dans les industries correspondantes, pour ensuite agréger la régression au niveau de l'ensemble du secteur manufacturier.

3. Blonigen, B., 2001, « In Search of Substitution between Foreign Production and Exports », *Journal of International Economics*, 53(1) :81-104.

possible, celui des produits et trouve une substitution entre investissement et exportations dans le cas des produits destinés à la consommation finale entre le Japon et les États-Unis. Il semble donc qu'au moins une partie de l'effet de complémentarité vienne tout simplement d'un problème d'agrégation sectoriel, trop imprécise pour capturer les phénomènes sous-jacents. De même, il trouve une complémentarité dans le cas des investissements du secteur automobile et des exportations de pièces, confirmant le principal canal théorique de la complémentarité.

Données individuelles

Disposer de données fines est donc important dans ce domaine, et l'on peut aller encore plus loin en étudiant la relation entre investissement et exportations pour chacune des firmes. À ce jour, peu d'études ont été réalisées au niveau de données de firmes individuelles (excepté pour la Suède, le Japon, les États-Unis et la France). Pourtant, il apparaît important d'observer cette relation au niveau de la firme : c'est l'entreprise qui se trouve au cœur de ce débat, puisque c'est elle qui gère ses flux d'exportation et d'investissements directs. Les résultats empiriques concluent pour la plupart à une relation de complémentarité basée sur l'examen des flux d'investissements et d'échanges globaux, lesquels comprennent à la fois les échanges intra-firme et inter-firmes (c'est-à-dire les flux entre une FMN et des non affiliées). Il se peut que la relation positive observée au niveau global soit influencée par l'une des deux composantes des échanges, en l'occurrence les flux intra-firme. Mucchielli et al. (2000)[1], en distinguant entre échanges intra-firme et inter-firmes, montrent que la complémentarité entre les investissements directs et le commerce total des entreprises multinationales françaises s'explique par une forte complémentarité du commerce intra-firme et par une substitution inter-firmes. Ainsi la complémentarité souvent observée au niveau macro-économique n'est sans doute pas uniquement le fait des effets d'entraînement d'un secteur à l'autre ou d'effets de report d'une firme à l'autre mais elle s'explique aussi en grande partie par les phénomènes d'échanges intra-firme. Head et Ries (2001)[2] fournissent des résultats sur données individuelles de firmes japonaises qui semblent confirmer le fait qu'une partie importante de l'effet de complémentarité entre investissement direct et exportation provient des exportations de biens intermédiaires par la maison mère.

§ 2 Les tests sur le « tarif jumping »

En ce qui concerne le protectionnisme, il apparaît qu'en réalité de nombreux investissements peuvent avoir comme première motivation celle de contourner les barrières à l'échange comme les tarifs douaniers (*tarif jumping*[Q]) ou les barrières non tarifaires. Les investissements américains en Europe au cours des années 1960 et 1970, peuvent traduire la volonté de contourner les barrières douanières communes et de prendre pied sur un grand marché européen unifié. Aujourd'hui, les mêmes explications peuvent être données pour les investissements japonais, 142

1. Mucchielli J.L., S. Chédor et I. Soubaya, 2000, « Investissements directs a l'etranger des multinationales francaises et relations commerciales avec leurs filiales : une analyse sur donnees individuelles d'entreprises. » *Revue Économique*, mai, pp. 747-760.
2. Head, Keith and John Ries, 2001, « Overseas Investment and Firm Exports, » *Review of International Economics*.

ou coréens en Europe. Ils sont sans doute fortement influencés par le spectre de la « Forteresse Europe » qui risque d'augmenter les entraves aux importations de produits japonais destinés à lutter contre les déficits commerciaux. Belderbos et Sleuwaegen (1998)[1] ont récemment montré empiriquement que les investissements japonais en Europe dans le secteur électronique avaient été fortement influencés par les diverses mesures protectionnistes prises au cours des années 1980. Un débat s'est d'ailleurs engagé au Japon durant cette décennie, pour savoir si ces investissements ne vont pas se substituer à leur tour aux exportations japonaises vers l'Occident et ainsi affaiblir le potentiel industriel du Japon lui-même.

De nombreux tests économétriques rendent compte de l'influence des barrières tarifaires et non tarifaires sur les investissements entrants. Cependant la difficulté réside souvent dans l'impossibilité de séparer l'effet du protectionnisme de celui de la demande anticipée par un grand marché comme le marché européen. Ainsi, les travaux économétriques sur les investissements américains dans la CEE, réalisés dans les années 1970 et 1980 montrent des résultats parfois contradictoires tels que : 1/ la formation de la CEE affecte l'évolution des investissements américains en Europe.(Schmitz et Bieri, 1972), 2/ la formation de la CEE n'affecte pas l'évolution des investissements américains en Europe (Scarperlanda et Mauer, 1969), 3/ la taille du marché européen affecte l'attraction des investissements américains en Europe (Scaperlanda et Mauer), 4/ la taille du marché, sa croissance et les tarifs douaniers influencent tous trois les investissements américains en Europe (Lunn, 1980, 1983).

§ 3 Investissement direct et emploi

A. Impact sur l'emploi du pays hôte

143 Quel est l'impact global d'une entrée de firmes multinationales sur le niveau d'activité du secteur du pays hôte ? Plusieurs effets sont à prendre en compte selon le type de concurrence qui prévaut sur le secteur considéré et selon l'insertion de ces nouvelles firmes dans l'économie locale. Markusen et Venables (1999)[2] soulignent deux impacts majeurs : l'effet pro-concurrentiel et les liens amont avec les producteurs de biens intermédiaires. L'implantation de firmes multinationales a pour effet direct d'accroître le degré de concurrence du secteur local. C'est d'ailleurs là l'une des principales motivations de l'investissement direct en concurrence oligopolistique ; les firmes étrangères investissent dans le pays hôte afin d'améliorer leur part de marché ou même d'évincer totalement les firmes locales (voir le modèle de Smith, 1987 exposé plus haut). Cet effet a d'ailleurs souvent été invoqué par les tenants de la limitation des implantations de firmes étrangères : si l'arrivée de multinationales dans un pays se traduit par une contraction de l'activité ou même par la fermeture de firmes locales, l'effet bénéfique net en termes d'emploi paraît incertain. Cet effet pro-concurrentiel peut même s'avérer négatif pour l'emploi si les entreprises étrangères disposent d'une technologie moins intensive en main d'œuvre que les firmes locales. Néanmoins l'entrée de firmes multinationales ne

1. Belderbos R. et L. Sleuwaegen, 1998, « Tariff Jumping DFI and Export Substitution : Japanese Electronics Firms in Europe » *International Journal of Industrial Organization*, 16(5) :601-638.
2. Markusen J. et A. Venables, 1999, « Foreign direct investment as a catalyst for industrial development », European Economic Review 43(2), p. 335-356.

se limite pas à changer la structure de marché du secteur des biens finals. Ces nouvelles firmes vont également augmenter la demande de biens intermédiaires du pays hôte (un phénomène appelé « liens amont » et que nous reverrons plus en détail dans le chapitre 11). Si la production de ces biens intermédiaires présente des économies d'échelles, la hausse de la production dans ce secteur va en retour profiter au secteur des biens finals (par la baisse des prix qui en découle) et augmenter sa production (liens aval). L'impact total de l'implantation des firmes multinationales va donc dépendre de l'ampleur de ces deux effets. Autrement dit, l'impact global dépendra du degré d'utilisation des biens intermédiaires locaux par les firmes locales. Si les firmes multinationales qui remplacent les firmes locales utilisent proportionnellement moins d'intrants locaux, l'effet de contraction de l'activité sera renforcé. En revanche, si les firmes étrangères utilisent plus de biens intermédiaires cet effet peut compenser l'intensification de la concurrence. Dans le cas extrême, l'implantation de firmes multinationales peut même créer les conditions favorables à l'émergence de producteurs locaux. Un afflux de firmes étrangères dans un pays où il n'existe pas de producteurs locaux initie la production de biens intermédiaires et, si l'entrée de firmes étrangères continue, il arrive un point où le secteur des biens intermédiaires est suffisamment développé (le prix de ces biens est suffisamment bas) pour que l'émergence de producteurs de biens finals locaux devienne possible. Un processus cumulatif se met alors en œuvre avec une hausse du nombre de producteurs locaux de biens finals qui augmente la production de biens intermédiaires qui, à son tour, accroît le nombre de firmes rentables dans le secteur des biens finals. L'investissement direct a ici servi de catalyseur au développement[1]. Barrios et al. (2004)[2] confirme empiriquement ce mécanisme sur le cas irlandais. Ils montrent que l'impact de l'investissement direct a été initialement négatif sur l'entrée des firmes locales en Irlande, les effets de concurrence dominant les effets d'entraînement. Néanmoins, cet effet négatif est ensuite largement dominé par les effets positifs, et les auteurs situent aux alentours de 20 % de part des multinationales dans l'emploi sectoriel le point de retournement d'un impact négatif à un impact positif sur le taux d'entrée des firmes locales.

B. Impact de l'IDE sortant sur l'emploi domestique

Le contenu en emploi 144 ■

En ce qui concerne l'impact des IDE sur l'emploi du pays d'origine du pays investisseur, celui-ci est souvent appréhendé indirectement à partir des échanges engendrés par le transfert d'activité à l'étranger : il existe d'un côté des effets de déplacement d'emplois compte tenu des importations qui auraient pu être produites dans le pays émetteur, et de l'autre des effets de création ou destruction liés à la stimulation ou au contraire à la diminution des exportations à la suite de l'implantation.

Il s'agit alors de calculer un « *contenu en emploi*[Q] » des flux commerciaux nets engendrés par les implantations à l'étranger des firmes multinationales. Une étude

1. Pour une analyse descriptive du rôle des multinationales dans les économies de l'OCDE, voir OECD (2001), *Measuring Globalisation. The Role of Multinationals in OECD Economies*. Manufacturing and services., Paris : OECD.

2. Barrios, S., H. Gorg et E. Strobl, 2004, « Foreign Direct Investment, competition and industrial development in the host country », *European Economic Review*.

récente sur le cas des investissements français en Europe de l'Est montre que la France a des excédents commerciaux avec ces pays depuis le début de la transition et de manière continue. Aussilloux et Pajot, (2003)[1] trouvent par conséquent un solde en emplois des échanges qui fait apparaître une balance positive de 18500 emplois en 2000 par exemple. Rappelons également que la France est l'un des pays au monde accueillant le plus d'investissement en provenance de l'étranger. L'AFII (Agence Française pour les investissements internationaux) chiffre à 27335, les emplois créés par l'IDE en France en 2003.

D'autres études confirment ce constat pour d'autres pays riches comparables. Marin (2004)[2] utilise une base de données très détaillée sur les firmes allemandes et autrichiennes pour tenter d'évaluer l'ampleur de l'impact des délocalisations en Europe de l'Est sur l'emploi dans ces deux pays d'origine. L'enquête porte sur l'ensemble des firmes allemandes ayant investi dans les nouveaux pays membres, et il est demandé aux entreprises si l'investissement correspondait à un déplacement de site de production en provenance du pays d'origine, ou à une création de nouvelles capacités de production. Il est de plus demandé si la principale motivation de l'investissement était la réduction des coûts, et le nombre d'emplois créés dans la filiale étrangère. L'auteur prend en compte que la productivité moyenne des travailleurs des pays de l'Est est 60 % plus faible que celle des travailleurs allemands, et que des emplois ont été créés pour fournir les biens intermédiaires exportés vers les implantations étrangères. Au total, le nombre d'emplois détruits par les délocalisations entre 1990 et 2001 en Allemagne est évalué à 90 000. Ce chiffre est à mettre en rapport avec les créations/destructions journalières d'emplois dans une économie de marché moderne. Cahuc et Zilberberg (2004)[3] rappellent que ce processus de création/destruction emplois est extrêmement intense, de l'ordre de 10 000 créations et destructions de poste de travail tous les jours.

Ces méthodes de « chiffrage » de l'impact des délocalisations sur le marché du travail concluent donc à un phénomène trop faible pour pouvoir expliquer les difficultés du marché du travail que l'on connaît en particulier dans les pays d'Europe continentale depuis une trentaine d'années. Deux remarques importantes à ce stade :

1) Ces calculs sont toujours soumis à des problèmes de mesure importants en raison des hypothèses simplificatrices qui doivent être faites pour imaginer quelle serait la situation du marché du travail si les investissements des multinationales n'avaient pas eu lieu, en prenant par exemple en compte les différences de productivité entre travailleurs de différents pays pour une même activité. Il s'agit donc de construire un « anti-monde » dans lequel l'entreprise n'aurait pas délocalisé, ce qui est intrinsèquement complexe. Un travail récent d'économistes italiens[4] a ouvert une voie prometteuse en proposant une méthode plus convaincante et rigoureuse de construction de cet anti-monde (et confirme largement

1. Aussilloux et Pajot, 2003, « Enjeux commerciaux de l'élargissement de l'Union européenne », *Économie et Statistiques*.
2. Marin, 2004, « A Nation of Poets and Thinkers, less so with Eastern Enlargement? Austria and Germany », CEPR discussion paper n°4358.
3. Cahuc P. et A. Zilberberg, 2004, *Le chômage, fatalité ou nécessité ?*, Flammarion.
4. Barba Navaretti, G. et D. Castellani, 2003, « Investments Abroad and Performance at Home Evidence from Italian Multinationals », Centro studi Luca D'Aglino development studies working papers n. 180.

les résultats des méthodes comptables). L'idée consiste à trouver une « sœur jumelle » à chaque firme ayant investi à l'étranger, c'est-à-dire une firme qui lui ressemble le plus possible sur le plan de ses caractéristiques observables (taille, productivité, composition de la main d'œuvre...), mais qui n'a pas investi à l'étranger. La méthode consiste ensuite à comparer les trajectoires de ces deux firmes avant et après l'implantation de la filiale étrangère. Les résultats des auteurs montrent que pour l'Italie, la multinationalisation se traduit par une augmentation significative de la productivité et de la production par rapport au groupe de référence, alors que la trajectoire en termes d'emploi domestique n'est pas différente entre les deux types de firmes.

2) Le fait que l'investissement direct à l'étranger ne semble pas être la source du chômage dans les pays développés ne signifie pas que les décisions de délocalisation n'ont aucun impact sur le marché du travail. Comme pour l'impact du commerce international, l'impact de l'investissement à l'étranger se situe davantage sur la distribution des revenus à l'intérieur de chaque pays que sur des variables comme le niveau de l'emploi. Comme nous le verrons, les entreprises qui délocalisent ont une demande de personnel qualifié qui croît, notamment dans les tâches d'administration, de commercialisation, de gestion d'unités de production dispersées entre différents pays... Cet effet vient renforcer l'effet Stolper-Samuelson de l'ouverture au commerce des biens, et renforce les inégalités entre travailleurs qualifiés et travailleurs non qualifiés. De plus, si l'impact national est certainement négligeable quantitativement, l'impact local sur un bassin d'emploi touché par les délocalisations peut être très important. Tout ceci suggère des coûts d'ajustement importants pour certaines catégories de la population et certains territoires, et souligne la nécessité de mécanismes de redistribution entre ceux qui bénéficient des implantations à l'étranger, et ceux qui en souffrent.

La division internationale du travail 145

Une autre façon de traiter la relation entre IDE et emploi est d'envisager ce lien comme une résultante de la division internationale du travail mise en place par la maison mère au sein de son réseau de filiales, la maison mère pouvant se spécialiser dans quelques segments productifs et abandonner certaines tâches au profit de ses filiales à l'étranger. Alors que les travaux sur les délocalisations traitent du choix de localisation du site de production entre le pays domestique et un pays étranger, on s'intéresse maintenant à la question de la répartition du travail entre les différentes unités de production existantes de la firme multinationale. Deux types d'analyse traitent de l'impact de la division internationale du travail au sein de la firme multinationale : celles qui intègrent la notion de prix des facteurs de production afin d'évaluer les relations de substitution ou de complémentarité entre les travailleurs domestiques et étrangers ; un deuxième type d'analyse se concentre davantage sur l'impact des IDE sur la qualification des emplois au sein de la maison mère.

– Substitution ou complémentarité entre les travailleurs domestiques et étrangers ?

Des travaux récents s'interrogent sur l'existence d'une liaison entre la demande de travail domestique d'une firme multinationale et son activité à l'étranger. Ce lien peut provenir de la synergie technologique entre la maison mère et ses filiales dans le cadre d'une division verticale ou horizontale de la production entre les différentes unités du groupe multinational. Ainsi, en présence de coûts plus faibles des inputs à l'étranger, la maison mère peut être tentée de délocaliser une partie de sa production à l'étranger et ainsi de substituer des travailleurs étrangers localisés dans les filiales à une partie de la main d'œuvre domestique.

Pour répondre à cette question, Slaughter (1995)[1] et Brainard et Riker (1997a)[2] examinent la distribution des emplois des FMN par rapport à leurs coûts relatifs globaux. Pour cela, des élasticités de substitution de la demande de travail de la maison mère sont estimées en fonction des différentes localisations des filiales à l'étranger. Le scénario le plus élevé en termes de substituabilité est tel qu'une baisse de 6 % du prix des facteurs de production à l'étranger entraînerait une baisse de la demande de travailleurs non qualifiés de 1 % aux États-Unis alors que ces firmes n'y emploient que 40 à 50 % des travailleurs non qualifiés. Slaughter (1995) en déduit que les implantations à l'étranger n'ont pas été motivées par les différences de prix des facteurs et qu'elles ont alors très peu contribué à l'accroissement des inégalités de revenu entre les travailleurs dans le pays d'origine. Par ailleurs comme le souligne l'auteur, il devrait être observé une croissance de l'emploi au sein des filiales tant en termes absolus que relatifs par rapport à la maison mère. Or, Slaughter remarque que l'emploi manufacturier diminue autant, et même plus dans les filiales que dans les maisons mères. De même, il n'observe pas dans les pays étrangers une croissance de l'emploi non qualifié dans les filiales.

En faisant appel à la même méthodologie, Brainard et Riker (1997a) utilisent un panel de FMN américaines de 1983 à 1992. Les auteurs examinent dans quelle mesure les firmes multinationales réduisent la demande de travail dans leur pays d'origine suite à leur implantation à l'étranger. Les résultats indiquent que l'emploi des filiales étrangères se substitue modestement aux emplois de la maison mère. La substitution apparaît en revanche plus élevée entre les travailleurs de filiales localisées dans différents pays à bas salaires. Par exemple, quand les salaires au Mexique baissent de 10 %, les emplois de la maison mère diminuent de 0.17 %, alors que les filiales dans d'autres pays en développement, comme la Malaisie, sont susceptibles de réduire leur main d'œuvre jusqu'à 1.6 %. Au contraire, les filiales situées dans une région proche mais dans des pays de niveau de développement différent semblent davantage se compléter. Ce résultat suggère une division verticale des activités dans les pays ayant différents niveaux de qualification du travail.

Dans une autre étude[3], les mêmes auteurs utilisent une fonction de demande plus traditionnelle avec laquelle ils tentent de déterminer s'il y a une éventuelle concurrence entre les travailleurs des différentes filiales selon leur localisation. Cette fois, la demande de travail de chacune des filiales est liée aux conditions de coûts et de demande des autres filiales possédées par une même entreprise. Les résultats montrent à nouveau une complémentarité entre les filiales situées dans des pays de niveaux de développement différents, en revanche il semble qu'il y ait une relation de substitution entre les filiales situées dans les pays en développement. Konings et

1. Slaughter M. J. (1995), "Multinational Corporations, Outsourcing, and American Wage Divergence", NBER Working Paper 5253.
2. Brainard, L. et D. Riker, (1997a), « Are U.S. Multinationals Exporting U.S. Jobs ? » NBER Working Paper No. 5958.
3. Brainard, L. et D. Riker, (1997b), « Multinationals and Competition from Low Wage Countries », NBER Working Paper # 5959.

Murphy (2003)[1] trouvent des résultats très proches pour les firmes multinationales européennes. L'emploi dans le pays d'origine de la firme multinationale ne baisse que lorsque les coûts du travail chutent dans les autres pays riches de l'Europe. La relation n'est pas significative avec les pays à bas salaires du Sud de l'Europe, ni avec les pays de l'Est, ce qui suggère que la concurrence entre unités de production d'une même entreprise se fait pour l'essentiel à niveau de développement comparable et non entre pays riches et pays pauvres.

– Impact des IDE sur l'intensité factorielle de la maison mère

Blömstrom, Fors et Lipsey (1997)[2] ont analysé les effets de la production à l'étranger sur l'intensité factorielle des maisons mères. Ils cherchent à savoir si la production à l'étranger tend à augmenter ou diminuer l'intensité en travail de la maison mère ou ses dotations en capital humain. Leurs résultats montrent que la production des filiales à l'étranger est associée, dans le cas des firmes américaines, à moins d'emplois au sein de la maison mère. Plus exactement, alors que l'investissement suédois à l'étranger aurait des effets limités ou du moins positifs sur les emplois qualifiés, chaque million de dollars de ventes nettes des filiales américaines à l'étranger supprimerait en moyenne un emploi aux États-Unis, alors que le même montant vendu par la maison mère en créerait six. L'interprétation possible selon les auteurs est que la production des filiales correspond aux produits ou aux segments de produits les plus intensifs en main d'œuvre.

Afin de prouver cette interprétation, les auteurs ont distingué les filiales localisées dans les pays en développement de celles situées dans les pays industrialisés. Les résultats montrent que l'impact négatif sur l'emploi de la maison mère dû à la production à l'étranger provient essentiellement des fabrications dans les pays en développement. Les auteurs en déduisent que la production dans les pays en développement implique un changement dans les intensités factorielles des maisons mères concernées. Que ce soit sur l'emploi en général ou sur l'emploi par qualification, les études convergent à montrer que l'effet de l'IDE sortant ne serait pas négatif. Au contraire, il tendrait même à être positif dans certaines configurations.

Slaughter (2000)[3] s'intéresse au cas des multinationales américaines sur les années 1977-1994. Il utilise des données sectorielles et tente de mesurer l'impact de transferts de production en faveur des filiales à l'étranger sur la qualification du travail dans la maison mère. Il fait l'hypothèse que le transfert d'activité vers des pays étrangers au sein de la firme multinationale augmente le besoin en travail qualifié dans le pays domestique, comme l'ouverture au commerce lorsque celle-ci se fait avec des pays abondamment dotés en travail non qualifié. Il mesure le transfert de production au travers de différentes parts d'activité à l'étranger des secteurs américains, mais ne trouve pas d'augmentation significative de la demande de travail qualifié à la suite de l'augmentation de l'internationalisation des firmes américaines.

1. Konings J. and A. Murphy, 2003, « Do Multinational Enterprises Relocate Employment to Low Wage Regions ? Evidence from European Multinationals », LICOS Discussion Paper 131/2003.
2. « Foreign Direct Investment and Employment : Home Country Experience in the United States and Sweden » Magnus Blomstrom , Gunnar Fors and Robert E. Lipsey
3. Slaughter M., (2000), "Production Transfer Within Multinational Enterprises and American Wages", *Journal of International Economics*, 50 :449-490.

Head et Ries (2002)[1] trouvent des résultats plus intéressants là encore grâce à l'utilisation de données individuelles (de firmes japonaises). Cela leur permet d'étudier directement la demande de travail qualifié de chacune des firmes ayant investi à l'étranger entre 1971 et 1989. Ils commencent par agréger les données au niveau sectoriel pour comparer leurs résultats à ceux de Slaughter (2000), et comme lui, trouvent que la production à l'étranger n'a pas d'impact significatif sur l'intensité factorielle dans la maison mère. Ils utilisent ensuite la richesse des données individuelles et trouvent des résultats radicalement différents. La demande de travailleurs qualifiés dans la firme japonaise augmente fortement avec la part de l'emploi total localisé à l'étranger, conformément aux attentes. De plus, ils trouvent que cet effet est d'autant plus important que l'emploi à l'étranger se situe dans des pays pauvres. Au total, ils trouvent que l'implantation de filiales à l'étranger explique autour de 10 % de l'augmentation de la demande de travail qualifié dans la maison-mère japonaise, soit une fraction non négligeable, mais limitée du phénomène. Ce résultat peut être rapproché des éléments statistiques tentant d'évaluer l'importance de l'ouverture internationale sur l'augmentation des inégalités au Nord, qui trouvent un impact significatif, mais qui ne représente certainement pas la majorité de l'explication du phénomène.

1. Head K., et J. Ries (2002), "Offshore production and skill upgrading by Japanese manufacturing firms", *Journal of International Economics*, 58 :81-105.

Mémo

Un investissement direct à l'étranger (IDE) est une prise de participation significative d'une firme dans le capital d'une entreprise étrangère, donnant à la première un certain contrôle sur les décisions de la seconde. Un investissement à l'étranger peut se faire selon deux principales modalités, la construction d'un site de production ex nihilo (on parle alors d'investissement « greenfield ») ou par le rachat d'un site existant (on parle alors d'une fusion et acquisition internationale). Dans les deux cas on dit que la firme à l'origine de la prise de participation se « multinationalise ». Enfin, on distingue entre multinationales horizontales (elles produisent le même bien dans plusieurs pays) et verticales (elles produisent un bien intermédiaire et un bien final dans des pays différents).

Les premières tentatives de modélisation théorique de l'investissement international (Mundell, 1957, notamment) se basent sur le modèle traditionnel d'Heckscher-Ohlin. Dans ces modèles, l'échange de produits est fortement limité (par des barrières douanières par exemple) et l'investissement apparaît comme un substitut au commerce de marchandises, engendré par un arbitrage financier au niveau international. Les critiques de cette approche ainsi que les travaux ultérieurs sont davantage centrés sur le sujet à l'origine de ces mouvements de capitaux, c'est-à-dire la firme multinationale. Les nouvelles analyses utilisent un cadre théorique de concurrence imparfaite, ce qui reflète mieux la réalité empirique des investissements internationaux et des firmes multinationales.

La réalité empirique peut être caractérisée par les faits stylisés suivants. La croissance des flux d'IDE (entrants et sortants) a été très forte durant les vingt dernières années, et surtout beaucoup plus forte que celle du commerce de biens depuis 1996. Ensuite, une partie très importante du commerce mondial est du commerce intrafirme, c'est-à-dire ayant lieu entre filiales d'une firme multinationale. Ainsi, respectivement 34 et 53 % des exportations de la France et de la Belgique est du commerce intrafirme.

L'économiste John Dunning résume à travers le paradigme « O.L.I » les caractéristiques expliquant pourquoi la firme multinationale existe, par rapport à d'autres moyens d'internationalisation. Ces trois avantages sont : tout d'abord l'avantage spécifique de la firme sur ses concurrents locaux. Celui-ci est un bien public à l'intérieur de la firme, est basé sur la connaissance (R%D, brevets...), et facilement transférable à l'étranger. Ensuite, l'avantage de la localisation à l'étranger en termes de coûts de production, de transport et de distribution, et enfin, l'avantage en termes de choix d'organisation. D'autres caractéristiques seront rajoutées dans des travaux plus récents, comme le fait qu'une multinationale possède souvent plusieurs sites de production, donnant lieu à l'existence de multinationales horizontales (produisant un même bien dans plusieurs pays) ou verticales (produisant différentes parties d'un bien dans différents pays).

La modélisation de l'investissement direct dans les travaux théoriques prend la forme du choix pour une entreprise entre investissement et exportations. La décision entre IDE et exportations est le résultat d'un arbitrage entre les différents coûts impliqués par les deux stratégies, et en particulier entre coûts fixes (liés à la construction d'un nouvelle usine et à la recherche et développement des produits) et coûts variables (de production et de transport).

Quid

Biblio

- Mucchielli J-L., 1998, *Multinationales et mondialisation*, Paris, Seuil.
- Chapitre 11 de Bowen et al., 1998, *Applied International Trade Analysis*, UK, MacMillan Press.
- Markusen J., 2002, *Multinational Firms and the Theory of International Trade.*, Cambridge, MIT Press.
- Barba Navaretti, G. et A. Venables, 2004, *Multinational Firms in the World Economy*, Princeton, Princeton University Press.
- Mucchielli J-L., 2008, *Mondialisation, chocs et mesures*, Paris, Hachette.

chapitre 11

Nouvelle économie géographique et commerce international

En 1933, Bertil Ohlin concluait son livre *Interregional and International Trade* en 146
soulignant que *la théorie du commerce international n'était rien de plus qu'une théorie de la localisation internationale.* Pourtant ces deux corpus théoriques, dont les fondements remontent d'ailleurs à la même époque, le début du 19è siècle, se sont très largement ignorés jusqu'à une époque très récente et l'émergence de ce que l'on appelle la nouvelle économie géographique (NEG).

La nouvelle économie géographique s'intéresse à la question des *déterminants endogènes* de la concentration spatiale des activités. Par endogène, il faut comprendre que l'on s'intéresse aux cas qui ne relèvent *pas* des déterminants traditionnels de la localisation des activités en économie internationale : les avantages comparatifs (souvent appelés avantages de première nature en économie urbaine et régionale). Nous allons donc dans ce chapitre nous intéresser à la mesure de la polarisation des activités, aux différents cadres explicatifs possibles et à ceux qui semblent les plus pertinents. Enfin, une partie importante du propos concerne l'attractivité des territoires et donc les mesures de politique économique qui peuvent être mises en place pour tenter d'influencer les décisions de localisation et souvent d'aboutir à un équilibre moins polarisé que celui dicté par les décisions individuelles des firmes. La fin du chapitre traite des justifications des politiques de ce type et de leur efficacité.

Plan analytique

section 1

Commerce international et localisation des activités

§ 1 **L'agglomération des activités dans l'espace**

- **A.** Des exemples de polarisation des activités
- **B.** Comment mesurer l'agglomération ?

§ 2 **Les conditions d'émergence de l'agglomération**

- **A.** Structure de marché et agglomération
- **B.** Forces centripètes et forces centrifuges
- **C.** Rendements d'échelle et coûts au commerce

section 2

La nouvelle économie géographique

§ 1 **Les relations fondamentales et leurs vérifications empiriques**

- **A.** Les déterminants du choix de localisation
- **B.** La répartition spatiale des firmes à l'équilibre
- **C.** Potentiel marchand, inégalités internationales et migrations

§ 2 **Le modèle Centre-Périphérie**

section 3

Extension des modèles d'économie géographique

§ 1 **Économie géographique et mobilité des travailleurs**

§ 2 **Une autre source d'agglomération**

section 4

Localisation et politiques publiques

§ 1 **Impact des politiques d'attractivité**

§ 2 **Économie géographique et politiques régionales**

section 1

Commerce international et localisation des activités

§ 1 L'agglomération des activités dans l'espace

A. Des exemples de polarisation des activités

De nombreux observateurs s'accordent pour constater que l'agglomération des activités industrielles est importante : la production industrielle ne se répartit pas du tout équitablement entre les pays, ni même à l'intérieur des pays, et cela a des conséquences importantes sur la richesse relative des territoires et le bien-être des individus qui y résident. Fujita et Thisse (2002)[1] fournissent un bon exemple de ce phénomène de concentration internationale des activités pour le cas de l'Asie de l'Est : 147

« In 1990, the total population of East Asia [Japan, South Korea, Taiwan, Hong Kong, Singapore, Philippines, Thailand, Malaysia, Indonesia and China] was approximately 1.6 billion. With only 3.5 % of the total area and 7.9 % of the total population, Japan accounted for 72 % of the GDP and 67 % of the manufacturing GDP of East Asia...Hence for the whole East Asia, the Japanese core regions [Tokyo, Kaganawa, Aichi (Nagoya), Osaka and Hyogo prefectures] with a mere 0.18 % of the total area accounted for 29 % of GDP of East Asia. »

Ce à quoi nous allons nous intéresser précisément est le degré de concentration spatiale de certains secteurs industriels, en regardant en particulier si certains types de secteurs apparaissent plus concentrés que d'autres, ce qui tendrait à valider certaines explications par rapport à d'autres. On fait en particulier la distinction entre les secteurs à rendements croissants et concurrence imparfaite par opposition aux secteurs de type concurrence parfaite et rendements constants. Krugman et Venables (1996)[2] fournissent une indication du degré de concentration relatif de certains secteurs aux États-Unis et en Europe respectivement.

Ce tableau montre de manière très simple que les activités de ces secteurs sont plus concentrées à l'intérieur des États-Unis qu'en Europe, car la répartition y est plus inégalitaire entre les différentes parties du territoire. Il semble donc exister des forces d'agglomération moins importantes en Europe, phénomène sûrement relié à l'existence de frontières politiques, dont on a vu qu'elles constituaient encore un

1. Voir Biblio.
2. Krugman, P. et A. Venables, 1996, « Integration, Specialization and Adjustment," *European Economic Review* 40 :959-967

Tableau 11.1. Part de l'emploi du secteur dans la zone (Source : Krugman et Venables 1996)

	États-Unis (1990)				Europe (1989)			
	Northeast	Midwest	South	West	France	Allemagne	Italie	R.U.
Acier	13.4	51.8	24.5	10.4	18.9	20.2	18.7	15.8
Automobiles	7.9	65.6	23.4	7.0	25.3	34.7	9.5	13.0
Textiles	14.2	3.2	79.6	3.9	15.8	13.2	17.4	18.6

facteur de fragmentation important du territoire européen. Mais ce type de mesure est sans conteste trop frustre pour pouvoir dire quels sont les secteurs pour lesquels ces phénomènes d'agglomération sont les plus importants aux États-Unis ou en Europe. Il existe de nombreux moyens et indicateurs pour évaluer le degré relatif de concentration spatiale des secteurs, que nous présentons maintenant.

B. Comment mesurer l'agglomération ?

148 Les économistes ont développé un certain nombre d'outils pour mesurer de manière rigoureuse la concentration spatiale d'un secteur. Rappelons d'abord la différence entre *concentration* géographique d'un secteur (qui est une mesure de la distribution d'une activité précise entre différents pays), et la *spécialisation* d'un pays (qui est une mesure de la distribution des activités à l'intérieur d'un pays). On traitera ici uniquement des *indicateurs de concentration*[Q].

Duranton et Overman (2002)[1] ont défini 5 critères que devrait idéalement remplir un indicateur de concentration : 1/ être comparable entre secteurs, 2/ tenir compte du niveau général de concentration de l'économie (c'est-à-dire définir une « norme » de référence pour juger chacun des secteurs), 3/ tenir compte du nombre de firmes dans le secteur et du nombre de sites d'accueil possibles, 4/ être invariant par rapport au choix de l'unité géographique, 5/ comporter une mesure de la significativité statistique de la concentration (c'est-à-dire de la déviation par rapport à la norme). Peuvent être rajoutés à cette liste la disponibilité des données et la facilité de manipulation, qui rendent tout indicateur plus attractif. Listons à présent les principaux indicateurs utilisés.

Les indices de concentration « bruts »

Un premier type d'indicateur étudie la distribution spatiale de l'activité dans chaque secteur, en s'intéressant simplement à la forme de cette distribution, sans la comparer à une situation de référence.

Considérons X_r^s, une mesure de l'activité (emploi, production, valeur ajoutée...) dans un secteur $s \in \{1,...,S\}$ et une zone (pays, région, ville...) $r \in \{1,...,n\}$. Un indicateur fréquemment utilisé est l'indice d'*Herfindhal de concentration spatiale :*

$$HS^s = \sum_r (s_r^s)^2,$$

avec $s_r^s = X_r^s / X^s$, la part de l'activité du secteur s présent dans la région r ($X^s = \sum_r X_r^s$).

1. Duranton G. et H. Overman, 2002, « Testing for Localisation Using Micro Geographic Data », CEPR discussion paper 3379.

Cet indicateur, traduction directe de l'indice de concentration industrielle le plus usité pour juger du degré de concentration d'un secteur particulier a la propriété suivante : $1/n \leqslant HS^s \leqslant 1$. En effet, l'indicateur est égal à 1 lorsque toute l'activité du secteur s est concentrée dans une seule zone et à $1/n$ lorsque l'on observe une répartition équitable de l'activité du secteur s entre les n zones. Notons que cet indicateur ne remplit que la première de nos 5 caractéristiques souhaitables, et souffre en particulier du défaut important de ne pas comporter de norme de référence du niveau de concentration spatiale dans l'ensemble de l'économie.

Les indices de concentration introduisant une norme de référence

La plupart des indicateurs de concentration impliquent une première étape où l'on mesure l'activité dans les différentes unités géographiques. Mais ces unités géographiques (les différentes régions ou pays) ont des tailles différentes. Par exemple, il semble raisonnable lorsque l'on mesure le degré de concentration spatiale de n'importe quel secteur entre les régions françaises de prendre en compte le fait que l'Ile-de France représente 28,52 % du PIB français alors que cette part n'est que de 0,96 % pour le Limousin.

La répartition spatiale de l'activité de chacun des secteurs peut tout simplement refléter ces différences et pour rétablir l'équivalence entre observations, il faut comparer la part de l'activité de s en r au poids de r dans l'économie. Il n'y a concentration *réelle* que si les deux répartitions diffèrent significativement.

Le type d'indicateur le plus utilisé et ayant cette caractéristique désirable de comparaison à une norme est *l'indice de Gini spatial*. Pour le calculer, on commence par construire un *indice de spécificité* du secteur s dans la région r.

$$\text{spe}_r^s = \frac{X_r^s/X^s}{X_r/X} = \frac{s_r^s}{x_r},$$

avec $x_r = X_r/X$, la part de l'activité totale localisée en r. Cet indice de spécificité nous indique à quel point le secteur est sur-représenté dans la région r par rapport au poids global de cette région dans l'économie. Il nous permet de tracer une *courbe de Lorenz* pour chaque secteur s.

La courbe de Lorenz d'un secteur est la fonction représentant la proportionnalité de la distribution géographique du secteur. Si X représente l'emploi, classons dans un ordre croissant, respectivement sur l'axe des abscisses le pourcentage cumulé de l'emploi total régional et sur l'axe des ordonnées le pourcentage cumulé de l'emploi sectoriel régional. La courbe de Lorenz donne, pour chaque pourcentage cumulé de l'emploi total d'une région, le pourcentage cumulé correspondant de l'emploi sectoriel. La courbe de Lorenz joint le point de coordonnées (0,0) au point de coordonnées (1,1), est partout inférieure à la bissectrice, est uniformément croissante et a une dérivée en tous points croissante. De plus, et c'est le principal intérêt de cette courbe, plus la répartition est inégalitaire, plus la courbe s'éloigne de la bissectrice. On peut donc mesurer l'inégalité de la distribution de l'activité dans chaque secteur, au travers de la surface comprise entre la courbe de Lorenz et la bissectrice.

Cette mesure est synthétisée par l'indice de Gini. Appelons $S_r^s = \sum_r s_r^s$ la part cumulée de l'emploi sectoriel régional et $V_r = \sum_r x_r$ la part cumulée de l'emploi total régional. L'indice de Gini est alors défini comme :

$$Gini^s = 1 - \sum_{r=1}^{R} (V_r - V_{r-1})(S_r^s + S_{r-1}^s)$$

L'indice de Gini compare donc la répartition effective de l'activité d'un secteur entre les régions à une répartition qui serait conforme à celle de l'activité totale entre les régions. Cet indice mesure l'inégalité dans la distribution de l'activité d'un secteur relativement à celle de l'activité totale sur le territoire et constitue donc un indice relatif. Notons que $0 \leqslant \text{Gini} \leqslant 1$: Gini = 0 indique une dispersion maximale de l'activité et Gini = 1 représente une dispersion minimale de l'activité (i.e. toute l'activité du secteur est concentrée dans une seule région).

De nombreux auteurs ont proposé des mesures de la concentration de la production (surtout pour l'Europe) à partir de l'indice de Gini. Brülhart (1998)[1] par exemple étudie 18 secteurs industriels pour 11 pays de l'Union Européenne entre 1980 et 1990. Il trouve que l'indice de Gini dans l'ensemble de l'industrie augmente de 21 % entre 1980 et 1990 et que l'augmentation touche 14 secteurs sur 18 (77.3 % de la production industrielle en 1990). D'autres études trouvent des degrés d'augmentation plus faibles de la concentration spatiale en Europe, en utilisant des données et des indicateurs un peu différents. Les résultats deviennent très intéressants lorsque l'on regarde les secteurs ayant connu la plus forte hausse de concentration : Textile, Habillement et Cuirs sont les trois premiers, ce qui semble plaider pour une explication de type traditionnel à l'augmentation de concentration des activités qui reposerait plus sur les différences de dotations que sur les rendements croissants. En revanche, lorsque l'on regarde les secteurs les plus concentrés en niveau, on trouve les automobiles, les machines outils, les instruments de précision et les machines de bureau, qui semblent plus correspondre aux prédictions de type économie géographique, même si la distinction entre ces deux paradigmes explicatifs soulèvent des questions méthodologiques qui dépassent cette simple comparaison.

Les indices de concentration prenant en compte la structure de marché

L'indice de Gini remplit les deux premières conditions de Duranton et Overman (2002), mais comporte un problème de taille révélé par Ellison et Glaeser (1997)[2]. Si le secteur comprend un petit nombre d'établissements et un grand nombre de localisations, l'indice de Gini sera forcément élevé même s'il n'existe en réalité aucune force d'agglomération.

Ellison et Glaeser (1997) illustrent ce problème de manière simple et proposent un nouvel indicateur de concentration correspondant à une *situation où les activités sont plus agglomérées que lorsque les firmes choisissent leur localisation de manière aléatoire.*

Si la localisation est aléatoire, on peut voir chaque investissement comme une fléchette, les pays ou régions d'accueil étant le tableau recevant ces fléchettes et les régions ayant des aires d'autant plus grandes qu'elles représentent une grande part de l'activité économique d'ensemble. On retrouve donc l'idée de la déviation par rapport à une norme de référence qui serait la répartition d'ensemble des activités. En notant x_r la part de la zone r dans l'ensemble des activités et s_r^s la part d'un certain secteur d'investissements localisés dans la zone r, Ellison et Glaeser définissent un

1. Brülhart M., 1998, « Economic Geography, Industry Location and Trade : The Evidence", *The World Economy*, 21(6) :775-801.

2. Ellison, G. et E. Glaeser, 1997, « Geographic Concentration in U.S. Manufacturing Industries : a Dartboard Approach », *Journal of Political Economy* 105(5) :889–927.

premier indicateur de concentration qui ressemble à un indice de Gini :

$$G^s = \sum_r (s_r^s - x_r)^2$$

Si la localisation est aléatoire et que le nombre d'investisseurs est important, (un grand nombre de fléchettes), la part des firmes reçue par une zone devrait être égale à la part de son aire sur le tableau, et l'on s'attend à ce que $G = 0$. Les valeurs positives refléteraient alors une concentration géographique.

Dès que le nombre de fléchette est trop faible, pourtant, G sera supérieur à 0, même en situation de localisation aléatoire. Prenons l'exemple le plus simple de deux firmes (fléchettes) qui choisissent aléatoirement entre deux pays de taille identique. La probabilité qu'elles choisissent deux pays différents est de 1/2, G est alors égal à 0, car $s_r^s = x_r$ dans les deux régions r. Les deux firmes choisissent le même pays avec une probabilité d'un quart pour chacun des deux pays. G est alors égal à 1/4 pour chaque cas où l'un des deux pays est choisi par les deux firmes. Dès lors, dans ce cas de localisation aléatoire avec deux firmes et deux régions, l'espérance de la valeur de l'indice de concentration G est

$$E[G] = (1/2)(0) + (1/4)(1/2) + (1/4)(1/2) = 1/4 > 0.$$

Ainsi, lorsqu'il y a relativement peu d'entreprises et beaucoup d' endroits possibles, même une localisation aléatoire peut engendrer une « illusion statistique » de concentration spatiale avec les indicateurs standards comme l'indice de Gini. Imaginons à l'extrême qu'il n'y ait qu'une firme dans le secteur et 10 localisations possibles. Quel que soit le choix de la firme, la valeur de l'indice de Gini sera élevée. À l'inverse si un secteur comporte 100 firmes confrontées aux mêmes choix, l'indice de Gini sera plus faible. La comparaison des indices de Gini entre les deux secteurs ne nous informe donc pas sur la concentration spatiale mais davantage sur le nombre de firmes dans chaque secteur. Il faut par conséquent un nouvel indicateur qui prenne en compte ce problème. Ellison et Glaeser (1997) ont développé un indicateur de ce type. En poursuivant leur idée de localisation aléatoire des investisseurs, ils commencent par démontrer que, de manière générale, l'espérance de l'indice de concentration G, dans le cas de N firmes choisissant aléatoirement leur localisation parmi R régions est égale à :

$$E[G^s] = DH^s, \qquad H^s \equiv \sum_{k \in s} z_k^2, \qquad D \equiv 1 - \sum x_r^2.$$

Comme on l'a vu, la concentration spatiale est donc mécaniquement influencée par la concentration industrielle du secteur s, H^s. H^s est un simple indice d'Herfindhal fonction des parts de marché z_k^s de chaque firme k dans le secteur s. Lorsqu'il n'y a qu'une seule firme dans le secteur s, $H^s = 1$, à l'extrême inverse, lorsque toutes les N^s firmes du secteur ont la même part de marché, $H^s = 1/N^s$. La concentration spatiale est également influencée par la dispersion de l'activité économique d'ensemble, D. Pour mesurer la « vraie » concentration spatiale, il faut donc s'intéresser aux niveaux de concentration supérieurs à ce niveau (qui lui serait atteint même avec une localisation aléatoire). C'est ce que réalise l'indicateur

$$\gamma^s = \frac{G^s - DH^s}{D(1 - H^s)}.$$

La construction de cet indicateur est guidée par un ensemble de propriétés simples. D'abord, lorsque le degré de concentration est très faible, (quand $H^s \to 0$), l'indicateur γ tend vers G/D. Si en plus le choix comporte beaucoup de localisations identiques ($D \to 1$), et alors $\gamma \to G$.

En cas de répartition aléatoire et indépendante des établissements, on aura $\gamma^s = 0$. À l'inverse, une valeur positive de l'indice signifie une concentration spatiale observée supérieure à celle attendue lorsque les choix de localisation des établissements sont aléatoires et indépendants. L'indice peut également prendre des valeurs négatives lorsque les établissements sont moins concentrés que dans un processus aléatoire. En réalité, toutes les études utilisant ce type d'indicateur trouvent que les activités sont très concentrées (80 % des secteurs aux États-Unis pour Ellison et Glaeser, 1997). Maurel et Sédillot (1999)[1] fournissent un tableau intéressant permettant de comparer le degré de concentration des différents secteurs à l'intérieur de deux pays, les États-Unis et la France. Les résultats sont repris dans le tableau 11.2 et montrent une certaine convergence dans les secteurs les plus concentrés dans les deux pays. Les secteurs textile et habillement, cuirs, ameublement, bois sont plus concentrés que les secteurs des instruments de précision, du matériel de transport, ou de l'électronique. Dès lors, les résultats de Brülhart (1998) calculés à partir d'indices de Gini doivent être relativisés. Il semble que les secteurs du matériel de transport, instruments, machines... apparaissent les plus concentrés en niveau selon l'indice de Gini en partie parce que ces secteurs comportent peu de firmes.

Les problèmes liés à l'échelle géographique

Ellison et Glaeser (1997) incorporent 4 des 5 propriétés listées par Duranton et Overman (2002), mais le problème de la sensibilité des résultats à l'échelle géographique persiste. Les firmes restent allouées dans des « boites » (pays, régions...) lors de la construction de l'indice de concentration, ce qui pose un problème important. Prenons un exemple simple pour illustrer ce problème, celui de la distribution spatiale du secteur de l'horlogerie en France. En 1995, il existait 76 établissements producteurs en France dans l'horlogerie, qui employaient 5406 personnes (source : Enquête Annuelle Entreprise). Le premier département producteur comprenait 45 de ces firmes (59 % des firmes, 64 % de l'emploi national contre 1 % du PIB français et 1 % de la surface). Ce secteur a l'un des indices EG les plus élevés de l'industrie française dans Maurel et Sédillot (1999), mais cet indice ne tient pas compte des caractéristiques suivantes : le premier département en question est le Doubs (limitrophe de la Suisse). Les deux départements suivants sont la Haute-Savoie et le Jura (7.1 % et 3.3 % de l'emploi du secteur respectivement), aussi limitrophe de la Suisse et très proche du Doubs. Il est donc très probable que l'indice EG, comme l'indice de Gini, sous estime le degré d'agglomération car ils considèrent les départements comme des entités séparées, sans tenir compte de leur proximité : si le Jura était déplacé en Bretagne, cela n'aurait rigoureusement aucun impact sur le calcul de ces indices pour le secteur de l'horlogerie. L'échelle géographique à laquelle on mesure la localisation et la concentration est donc primordiale. Dans l'exemple de l'horlogerie, l'échelle régionale aurait certainement fourni une image

1. Maurel, F. et Sédillot, B. (1999) « A measure of the geographic concentration in French manufacturing industries », *Regional Science and Urban Economics*, 29(5) :575-604.

Tableau 11.2. Concentration géographique aux États-Unis et en France - Indice de Ellison et Glaeser

Industries 2-digit (définition US)	États-Unis		France	
	γ	Rang	γ	Rang
Textile	0.127	1	0.036	2
Cuir	0.029	2	0.039	1
Meubles	0.019	3	0.008	10
Produits du bois	0.018	4	0.012	8
Industries du métal	0.018	5	0.010	9
Instruments	0.018	6	0.018	5
Matériel de transport	0.016	7	0.00	17
Vêtements	0.016	8	0.020	4
Autres industries	0.012	9	0.014	6
Produits de la chimie	0.009	10	0.012	7
Papier	0.006	11	0.007	11
Matériel électrique et électronique	0.005	12	0.004	13
Édition et impression	0.005	13	0.032	3
Produits finis en métal	0.005	14	0.003	14
Plastique	0.004	15	0.006	12
Produits de la pierre et du verre	0.004	16	0.003	15
Matériel industriel lourd	0.003	17	0.002	16

plus fidèle de l'agglomération réelle. La manière dont on découpe le territoire affecte donc le calcul, alors que bien souvent ce découpage n'a aucun sens économique.

Pour résoudre ce type de problème, il faut changer encore plus radicalement de type d'indicateur pour pouvoir prendre en compte la distance séparant les sites alternatifs de localisation. L'idéal est même de prendre en considération les distances entre toutes les firmes du secteur et de construire un indicateur basé sur ces distances bilatérales. C'est ce que font Duranton et Overman (2002), qui est sans doute la contribution la plus avancée dans ce domaine à ce jour.

§ 2 Les conditions d'émergence de l'agglomération

La concentration géographique des activités peut survenir pour de nombreuses raisons. Ces explications multiples proviennent de différentes modélisations théoriques du commerce international et du comportement de localisation des firmes. Savoir quelle est l'explication la plus pertinente est important car les différentes explications ont des implications différentes. Par exemple, une certain nombre de cadres théoriques prédisent que l'agglomération est un phénomène cumulatif, qui ne s'arrête que lorsque les activités sont totalement polarisées. D'autres ont des conclusions plus nuancées. Certains modèles soulignent que l'intégration commerciale a tendance à concentrer la production dans un nombre réduit de pays, alors que d'autres ont la conclusion opposée. Les implications en termes de mesures de politiques économiques sont dès lors très différentes selon le cadre dans lequel l'économie mondiale se trouve *réellement*. C'est pourquoi, ici encore, il importe de bien comprendre quelles peuvent être les différents cadres explicatifs du phénomène que nous observons et de se tourner ensuite vers les données empiriques pour tenter de valider tel cadre plutôt que tel autre. Commençons par définir un certain nombre de conditions propices à l'agglomération.

A. Structure de marché et agglomération

149 Fujita et Thisse (2000) identifient les différents cadres dans lesquels on peut observer une certaine agglomération des activités :

1) *Les modèles d'avantage comparatif.* Le commerce et la spécialisation peuvent apparaître au travers d'hétérogénéités spatiales, notamment en termes de *technologie ou de dotations factorielles*, qui fournissent des avantages comparatifs de type 'première nature' à certaines localisations pour certains biens. Dans un cadre simple à deux pays et deux biens, la spécialisation des économies est synonyme de concentration spatiale des secteurs. Ce cadre permet de conserver la concurrence parfaite et les rendements non croissants. Les forces fondamentales de l'agglomération sont exogènes, liées aux différences structurelles entre les pays à l'origine des avantages comparatifs.
2) *Les modèles à externalités.* Dans les modèles usuels d'économie urbaine, il existe un certain nombre d'effets externes positifs liés à la concentration spatiale des agents. Les forces fondamentales de l'agglomération y sont endogènes et déterminées par des *interactions non pécuniaires* entre agents. Ces externalités peuvent prendre la forme de « spillovers technologiques », les firmes voyant leur savoir-faire technique augmenter avec la concentration spatiales des firmes. Des externalités de capital humain ont également été évoquées comme une conséquence de la concentration urbaine des individus qualifiés. Ce cadre permet également de conserver le paradigme de concurrence parfaite et rendements non croissants.
3) *Modèles de concurrence imparfaite.* Les rendements croissants au niveau de la firme rendent impossible le comportement de tarification au coût marginal. Les firmes fixent leur propre prix en fonction de la localisation des concurrents et des ménages. Dès lors, elles peuvent aussi décider de changer de localisation en fonction de la répartition spatiale des consommateurs et des producteurs. Ces interactions directes peuvent donner lieu à un processus d'agglomération endogène. Deux cadres de concurrence imparfaite existent pour ce type d'analyse (les mêmes que pour le commerce intra-branche) :
   - *Modèles de concurrence monopolistique.* Le modèle de loin le plus utilisé en économie géographique : il permet de considérer un cadre de concurrence imparfaite tout en évitant des complications importantes, grâce à l'hypothèse sous-jacente que les firmes sont suffisamment nombreuses pour avoir un impact négligeable sur le marché dans son ensemble.
   - *Modèles de concurrence oligopolistique.* Les firmes sont ici suffisamment importantes et peu nombreuses : elles ont un impact sur le marché *dont elles sont conscientes.* Elles prennent donc en compte les impacts de leurs actions sur chacun des autres agents de l'économie : il existe des *interactions stratégiques*. Il est donc important de savoir où se trouve chaque agent, ce qui complique évidemment fortement le problème.

Trois explications de l'agglomération existent donc : 1/ l'*hétérogénéité de l'espace*[Q], 2/ les externalités pures au niveau de la production et/ou de la consommation, 3/ les imperfections de la concurrence combinées aux coûts de transport. Bien entendu, ces trois composantes peuvent exister simultanément dans la réalité, mais il est, comme dans toute théorie économique, beaucoup plus facile et clair d'analyser ces composantes une à une en neutralisant les autres. Ainsi, nous pouvons isoler les différents effets.

La première explication est une conséquence directe de la spécialisation internationale qui est un phénomène bien compris sur le plan théorique depuis longtemps. On supposera donc par la suite que nous sommes dans un cadre où aucune des raisons traditionnelles de se spécialiser selon la loi des avantages comparatifs n'existe. Nous cherchons alors à expliquer pourquoi les agents s'agglomèrent dans un espace homogène au niveau de ses caractéristiques exogènes. Intuitivement, ce phénomène doit être le résultat d'un *arbitrage entre forces d'agglomération (centripètes) et forces de dispersion (centrifuges).*[Q]

B. Forces centripètes et forces centrifuges

Le tableau 11.3 donne les principales forces de dispersion et d'agglomération que 150
l'on peut identifier dans ce type d'économie. Supposons dans un premier temps que l'on se situe dans un cadre de concurrence imparfaite sur le marché des biens et des facteurs. On comprend bien que la trop grande proximité spatiale des firmes a deux impacts négatifs sur le niveau des profits. D'abord, il s'exerce une grande concurrence sur le prix de vente du produit, car le consommateur confronté à la multiplicité des sources d'approvisionnement peut plus facilement faire jouer la concurrence. D'autre part, les firmes quand elles se concentrent toutes dans un endroit particulier ont tendance à faire monter le prix des facteurs dont elles ont besoin pour produire (pensez au salaire des informaticiens dans la Silicon Valley par exemple). Il existe néanmoins également des effets positifs de la concentration, résultant de deux types d'externalités (pécuniaires et non pécuniaires).[1]

La distinction entre externalités pécuniaires et non pécuniaires (transitant ou non par un mécanisme de prix sur un marché) remonte à Scitovsky (1954). On cite également souvent Marshall (1920)[2], qui fut le premier à exposer les différents types d'externalités susceptibles d'entraîner de l'agglomération . Les externalités marshalliennes reposent essentiellement sur trois mécanismes explicatifs de la concentration géographique intra-industrielle :

1) La concentration de l'activité permet de créer un marché du travail spécialisé et « partagé ». Les entreprises aussi bien que les travailleurs bénéficient de la

1. Des externalités pécuniaires nées des relations amont-aval peuvent être à l'origine l'agglomération des activités. En effet, le développement de l'industrie aval, en élargissant les débouchés des producteurs de biens intermédiaires, stimule le développement de l'industrie amont, (backward linkage), ce sera une externalité de demande. En retour, le développement de l'industrie amont, de par des effets concurrentiels s'accompagnent d'une diminution du prix des biens intermédiaires, ce qui constitue pour les firmes de l'industrie aval une baisse de leurs coûts de production (forward linkage), d'où une externalité de coût.
2. Marshall, A. (1920), *Principles of Economics* (Macmillan, London).

Tableau 11.3. Forces centripètes et forces centrifuges dans un espace homogène

Forces de dispersion (Forces centrifuges)	Forces d'agglomération (Forces centripétes)
Concurrence sur le marché des biens Concurrence sur le marché des facteurs	*Externalités pécuniaires* Externalité de demande : backward linkage (vers l'industrie amont) Externalité de coût : forward linkage (vers l'industrie aval)
	Externalités non-pécuniaires Spillovers technologiques Externalités informationnelles

concentration du marché essentiellement pour des raisons de disponibilité des facteurs et de minimisation des coûts associés aux fluctuations de l'activité.

2) Il existe la possibilité pour un site de développer des inputs spécialisés qui améliorent la productivité des entreprises et augmentent ainsi l'attractivité. Les biens intermédiaires sont disponibles en plus grande variété et à un moindre coût là où sont localisés les producteurs de bien final car leur concentration permet d'amortir plus facilement les coûts fixes sur un grand nombre de clients etc. La concentration permet donc d'améliorer les conditions de fourniture de biens et services intermédiaires, ce qui renforce l'attractivité de l'agglomération.

3) La concentration géographique d'un secteur permet d'entraîner des effets de retombées technologiques qui, comme le souligne Krugman (1991a)[1], ne s'appliquent pas seulement aux secteurs de pointe. Marshall utilise la célèbre description suivante de ces *spillovers* technologiques :

> « The mysteries of trade become no mystery ; but are as if it were in the air. » Marshall (1920). Dans un endroit où se concentre un secteur, le savoir-faire des différentes entreprises serait ainsi librement accessible aux firmes concurrentes, au travers de réunions informelles, de mobilité des ingénieurs...

Ces trois mécanismes mélangent bien entendu des externalités pécuniaires et non pécuniaires. Les modèles d'économie géographique s'intéressent davantage au premier type d'externalités car elles sont endogènes et plus familières. Elles permettent d'obtenir des équilibres de localisation résultant de comportements micro-économiques sous-jacents « classiques », sans avoir à supposer qu'il existe une externalité *ad hoc*. En effet cette dernière reviendrait à proposer que les activités s'agglomèrent... car il existe des effets d'agglomération ! Avec les progrès des outils dont disposent les économistes pour traiter des problèmes de concurrence imparfaite de manière satisfaisante, l'explication de l'intégration par l'existence d'externalités pécuniaires dans un contexte de concurrence imparfaite est devenue

1. Krugman, P. (1991a), *Geography and Trade* (MIT Press, Cambridge).

le centre de l'intérêt théorique.[1] Nous nous concentrons dans ce chapitre sur ce type d'explication, que l'on nomme *nouvelle économie géographique* (NEG) à la suite des travaux précurseurs de Paul Krugman (1991b) dans le domaine[2]. Le mécanisme d'agglomération envisagé par Krugman résulte de l'interaction entre producteurs et consommateurs qui souhaitent se localiser au même endroit afin de minimiser les coûts au commerce. En effet, les firmes ont un intérêt à produire près des grands centres de demande afin de maximiser leur part de marché et leurs profits, alors que les consommateurs voient leur coût d'approvisionnement baisser lorsqu'ils sont près des producteurs.

Comment s'effectue l'arbitrage entre les forces d'agglomération et de dispersion qui détermine *in fine* le degré de concentration dans un modèle de ce type ? On va le voir, *le degré d'intégration commerciale* est crucial dans la détermination du degré de concentration spatiale des firmes. C'est pourquoi l'économie géographique s'intéresse de très près aux questions d'accords régionaux, de négociations multilatérales pour la libéralisation commerciale, de baisse des coûts de transport et de dépenses en infrastructures publiques. L'intégration européenne est souvent le terrain d'application privilégié, et cette littérature propose des conclusions nouvelles et importantes sur les conséquences de ce mouvement d'intégration en termes de concentration spatiale des activités, de convergence / divergence des régions et de politiques régionales associées.

C. Rendements d'échelle et coûts au commerce

Tout modèle s'intéressant aux comportements de localisation et de concentration des activités dans un espace relativement homogène (sans avantages comparatifs) et sans externalités pures doit comporter deux composantes importantes : *des coûts de transport et des rendements d'échelle croissants.* 151

1) Le premier élément est absolument évident, sans coût de transport, l'espace – c'est-à-dire la localisation des différents agents de l'économie – ne compte pas : il n'est pas avantageux d'être près de la demande ou loin des concurrents car l'espace n'engendre pas de coût de déplacement que ce soit des biens, des consommateurs ou des facteurs. Par conséquent, dans un cadre où les différentes localisations (villes, régions, pays) *n'ont pas d'avantage comparatif exogène*, la localisation est indifférente.

2) Le deuxième élément est également très important et surtout connu par les économistes issus de l'économie urbaine ou de la théorie de la localisation. Si les ressources sont réparties équitablement entre les différentes localisations, s'il existe des coûts de transport et que les rendements ne sont pas croissants, alors l'économie va être du type « Robinson Crusoé ». Comme les activités sont parfaitement divisibles dans ce cas, chaque agent produira sa propre consommation sans qu'aucun échange n'ait lieu puisque ces échanges sont coûteux et que la

1. Il n'est pas du tout certain que les mécanismes mis en avant par l'économie géographique soient les mécanismes dominants au niveau empirique, d'où l'intérêt de confronter les prédictions des différents modèles à la validation des données.

2. Krugman P., 1991b, « Increasing Returns and Economic Geography », *Journal of Political Economy* 99 : 483–499.

concentration spatiale des activités n'engendre aucun gain venant compenser ce coût[1]. Pour observer autre chose que des économies autarciques où la répartition des activités est l'exact reflet de la répartition de la consommation, il faut donc qu'il existe des rendements croissants.

On peut dès lors établir que dans ce cadre, il existe un *arbitrage fondamental entre rendements d'échelle et coûts de transport* : les rendements croissants fournissent une incitation à concentrer la production dans une seule usine et donc sur un seul site. À l'inverse, les coûts de transport fournissent une incitation à localiser la production là où se trouve la demande. Lorsque cette demande est relativement dispersée (comme c'est en général le cas), l'existence de coûts de transport a donc tendance à disperser la production.

section 2

La nouvelle économie géographique

Passons maintenant aux prédictions de la NEG à proprement parler. Ce type de modèle utilise de manière centrale tous les apports de la théorie du commerce en concurrence monopolistique du chapitre 8 et intègre les coûts au commerce comme dans le chapitre 9. L'annexe E donne quelques développements formalisés.

§ 1 Les relations fondamentales et leurs vérifications empiriques

A. Les déterminants du choix de localisation

152 L'économie géographique s'intéresse principalement aux déterminants des choix de localisation des entreprises et à la configuration d'équilibre de la distribution spatiale des activités. Comment une entreprise décide-t-elle de se localiser dans tel pays plutôt que dans tel autre ? Habituellement, on modélise son choix de la manière la plus simple : la firme choisit la localisation i si celle-ci procure le profit le plus élevé. Il faut donc s'intéresser à la fonction de profit de la firme suivant sa localisation. Celle-ci sera fonction des ventes que la firme peut faire sur chacun des pays (son marché compris), et donc de la *qualité de l'accès* aux différents marchés j à partir de i. Il est donc d'abord intéressant pour une firme d'être localisée dans une « place centrale », à proximité des zones de forte demande. On appelle ce déterminant le *potentiel marchand* du pays d'accueil (noté PM_i) ; il consiste en une somme pondérée des demandes s'exprimant pour un produit dans les différents pays, la pondération exprimant la facilité ou la difficulté d'accès aux consommateurs à partir de i. Le deuxième déterminant de l'attractivité du pays i est le coût de production en vigueur

1. Fujita , M., et J-F Thisse, 2002, *Economics of Agglomeration ; Cities, Industrial Location and Regional Growth* (Cambridge University Press, Cambridge), fournissent une démonstration simple de ce résultat.

dans ce pays au sens large (noté c_i). Exprimé en logarithmes, le profit en i s'écrit :

$$\ln(\Pi_i + F) = \alpha_0 - \alpha_1 \ln c_i + \alpha_2 \ln \mathrm{PM}_i \tag{11.1}$$

où les coefficients α_0,α_1 et α_2 sont tous positifs et F représente le coût fixe de production. En théorie, PM_i est un terme assez complexe qui doit tenir compte de la demande dans chaque pays et de *tous* les coûts au commerce existants entre i et j. De plus, il faut également considérer l'influence du nombre et de la localisation des firmes concurrentes. En effet, un marché, même s'il est proche, permettra d'autant moins de générer des profits que le nombre de firmes locales y est important (l'annexe E détaille les différents composants du potentiel marchand). Une simplification de ce terme (notée PMH_i) souvent utilisée s'inspire du travail du géographe Chauncy Harris (1954)[1] :

$$\mathrm{PMH}_i = \sum_j \frac{\mathrm{PIB}_j}{d_{ij}},$$

et permet de prendre en compte l'accessibilité de chacun des marchés au travers de la distance bilatérale, qui semble à première vue une approximation raisonnable des coûts de transports. Au niveau des coûts de production, la liste peut s'avérer assez longue, comprenant bien entendu le coût du travail en i (mais aussi sa productivité dans ce pays), ainsi que le prix d'autres facteurs de production comme le prix du foncier ou des biens intermédiaires, ainsi que les conditions fiscales d'exercice de l'activité, etc.

Comment vérifier la pertinence de l'équation (11.1) et surtout mesurer l'importance relative des différents déterminants ? L'application empirique de ce modèle permet de répondre à des questions importantes comme la place du coût salarial dans le choix de localisation ou encore l'existence et la vigueur de la concurrence fiscale entre États. On n'observe bien entendu pas le profit que ferait chaque firme dans chacun des pays du monde, mais on peut observer les choix de localisation des firmes (en particulier des firmes multinationales). En supposant que les firmes choisissent i si $\ln \Pi_i > \ln \Pi_j$, $\forall j$, on peut obtenir une équation économétrique qui relie les choix de localisation aux termes de coûts de production et de potentiel marchand.

Les résultats contredisent bien des craintes souvent entendues autour des déterminants de la mobilité internationale des firmes. En effet, il s'avère que dans l'essentiel des études, les déterminants ayant trait aux coûts de production ont une influence beaucoup plus faible que le potentiel marchand ou d'autres mesures de la taille du marché du pays d'accueil.[2] Les coûts salariaux sont en particulier rarement déterminants dans la décision de localisation. Peu d'auteurs trouvent un impact significativement négatif, et lorsque c'est le cas, l'impact du coût salarial est économiquement marginal par rapport aux autres déterminants.[3] L'impact des

1. Harris, C., 1954, « The Market as a Factor in the Localization of Industry in the United States », *Annals of the Association of American Geographers* 64 :315–348.
2. Head, K. et T. Mayer, 2004, « Market Potential and the Location of Japanese Firms in the European Union. » *Review of Economics and Statistics* 86(4).
3. Navaretti G. et A. Venables, 2004, *Multinational Firms in the World Economy*, Princeton University Press, fournissent une bonne synthèse des travaux récents sur ce thème dans leur chapitre 6.

différences de taxation des bénéfices sur la localisation des investisseurs semble avoir un impact assez robuste, mais limité en ampleur. Une synthèse très large des résultats[1] montre que l'augmentation d'un point de pourcentage du taux d'imposition des profits réduit, toutes choses égales par ailleurs, en moyenne le montant d'investissement étrangers reçus de 4 à 5 %. La réduction drastique de ce taux d'imposition pourrait dès lors sembler une bonne solution pour augmenter l'attractivité d'un pays. Il existe pourtant d'autres solutions beaucoup plus efficaces. Wei (2000)[2] a ainsi montré que la réduction du taux de corruption dans le pays d'accueil était certainement beaucoup plus efficace pour attirer des investisseurs. Son étude montre par exemple que si le Mexique réduisait son niveau de corruption pour atteindre celui de Singapour, cela aurait le même effet sur les montants d'investissements directs reçus qu'une baisse de 50 points de pourcentage de son taux de taxation des profits !

B. La répartition spatiale des firmes à l'équilibre

153 Les firmes choisissent donc leur pays de localisation en grande partie selon le potentiel marchand et – dans une moindre mesure – selon les coûts de production. Au fur et à mesure qu'elles se localisent dans un pays qui amène des profits élevés et délaissent les pays à profitabilité faible, les entreprises ont tendance à faire converger le taux de profit entre pays, qui à l'équilibre sera partout le même. À ce moment là la part des firmes localisées dans chaque pays est telle qu'aucune d'entre elle n'a intérêt à changer de localisation. Prenons le cas de deux pays, *i* et *j*. On définit la situation d'équilibre quand s_N, la part de l'activité localisée en *i*, est telle que :

$$\Pi_i - \Pi_j = 0$$

Dans le cas le plus simple où les coûts de production sont les mêmes entre les deux pays, on obtient une relation appellée *home market effect*[Q], qui lie de manière linéaire la part de la production d'un pays (s_N) à sa part de la demande mondiale (s_D) :

$$s_N = 1/2 + \beta(s_D - 1/2) \tag{11.2}$$

De plus, on peut démontrer que β est nécessairement supérieur à un, ce qui signifie que *l'inégalité de la distribution de la production amplifie les inégalités de distribution de la demande* dans ce modèle (cf annexe E pour les détails). C'est là une prédiction spécifique à ce type de modèle. En effet, dans des modèles à rendements constants sans coûts de transport comme le modèle technologique, la part de la production est déterminée entièrement par les dotations factorielles et la part de la demande n'a aucun impact. En situation de coûts de transport positifs, un modèle à rendements constants prédit certes une relation, mais toujours inférieure à un. Les différentes prédictions sont représentées dans la figure 11.1.

On voit également dans cette figure que dans le cas qui nous intéresse, les « petits pays » ne recevront aucune firme de ce type de secteur, alors que le grand pays recevra l'intégralité, s'il est suffisamment important en termes de demande.

---

1. Mooij R. et S. Ederveen, 2001, « Taxation and foreign direct investment A synthesis of empirical research," CPB Discussion Paper No. 003.
2. Wei S-J., 2000, « How taxing is corruption on internal investors ? » *Review of Economics and Statistics* 82(1) :1-11.

Figure 11.1. Le Home market effect

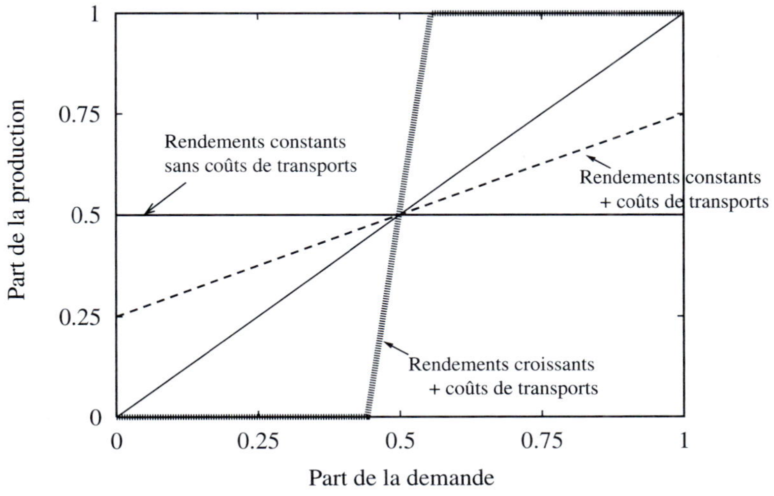

Ce décalage entre production et demande est une mesure en soi de l'agglomération de l'activité et l'on peut également montrer que dans ce modèle, l'intégration commerciale renforce cette tendance à l'agglomération.

Ici encore la vérification empirique va pouvoir éclairer des questions importantes. En estimant l'équation 11.2, on peut en déduire que si la pente obtenue, β, est supérieure à un, on valide plutôt le cadre à rendements croissants, qui prédit une agglomération croissante dans les pays qui sont déjà importants avec l'intégration économique de la zone. Au contraire, si le coefficient est inférieur à un, on valide plutôt le cadre à rendements constants, qui a des prédictions très différentes et en particulier qui prédit une importance de plus en plus faible de la demande locale dans la localisation de la production au fur et à mesure de la baisse des coûts au commerce. Les résultats empiriques sont très mitigés, et l'on peut dire qu'il existe au moins autant de signes faisant état de relations plus que proportionnelles entre production et demande que du contraire.[1]

C. Potentiel marchand, inégalités internationales et migrations

Dans ce qui précède, on a supposé que les différences de profit entre pays provenant de la différence initiale de potentiel marchand étaient réduites par le mouvement des firmes. C'est l'un des processus d'ajustement possible, mais pas le seul. Il est également possible que les pays initialement les plus attractifs connaissent une augmentation des rémunérations plus importante que les autres, ce qui aura également tendance à ramener les profits vers un même niveau. Supposons donc que les profits soient annulés partout à l'équilibre. On obtient à partir de l'équation (11.1) 154

1. Head, K. et T. Mayer, 2004, « The Empirics of Agglomeration and Trade. » chapitre 59 dans le *Handbook of Regional and Urban Economics* Volume 4 edité par V. Henderson and J.F. Thisse, Amsterdam : Elsevier, synthétisent les résultats de cette littérature.

la relation suivante :

$$\ln c_i = \alpha_3 + \alpha_4 \ln \mathrm{PM}_i,$$

où $\alpha_3 = (\alpha_0 - \ln F)/\alpha_1$ et $\alpha_4 = \alpha_2/\alpha_1$. Dès lors que les profits sont nuls (car ils sont transférés aux détenteurs des facteurs de production), on obtient une relation positive entre les rémunérations de facteurs dans un pays et son potentiel marchand. Redding et Venables (2004)[1] ont estimé cette relation en prenant comme approximation de c_i le PIB par tête du pays i. Leurs résultats sont bien meilleurs que ceux sur le home market effect pour l'économie géographique. Le terme de potentiel marchand seul explique entre 35 et 75 % de la variance du PIB par tête dans le monde (101 pays) en 1996. Empiriquement, l'attractivité initiale d'un pays semble donc se traduire davantage par une augmentation de la rémunération de ses facteurs de production que par une augmentation massive de sa part de la production mondiale, alors que les deux effets étaient des canaux possibles du même phénomène en économie géographique.

Une conséquence importante du résultat de Redding et Venables (2004) est que les individus devraient avoir intérêt à migrer vers les zones à fort potentiel marchand. Cet intérêt est en fait double. D'abord, comme on vient de le voir, les travailleurs toucheront un salaire nominal plus élevé dans ces zones. Un avantage supplémentaire vient de l'indice de prix : une zone à fort potentiel marchand attire les firmes, ce qui augmente le nombre de variétés sur lesquelles les consommateurs locaux n'ont pas de coût de transport à payer. Le salaire réel est donc supérieur pour ces deux raisons dans les zones à fort potentiel qui attirent effectivement des travailleurs comme l'a constaté Matthieu Crozet (2004)[2].

§ 2 Le modèle Centre-Périphérie

Nous avons dès lors dans ce qui précède tous les éléments théoriques (avec des
155 confirmations empiriques) constitutifs du modèle centre-périphérie de Paul Krugman (1991b). Les zones de consommation importante sont plus profitables que les autres. Cela attire les entreprises et fait monter les rémunérations du travail dans ces zones. Les deux effets combinés ont tendance à y faire augmenter le salaire réel, et donc à déclencher des migrations. Cet afflux de travailleurs vient renforcer la taille de la demande locale et donc l'attractivité du site pour les firmes... on voit bien la possibilité dans ce cadre d'un phénomène circulaire d'agglomération étudié par Krugman.

Posons d'abord les hypothèses d'ensemble du modèle fondateur de Krugman (1991b) : ce modèle est un modèle 2-2-2 (pays, facteurs, secteurs) avec facteurs spécifiques. Chaque secteur (un à rendement croissants, l'autre à rendements constants) emploie un facteur (un type de travailleur ici) et uniquement ce facteur. Imaginez par exemple un secteur moderne employant de la main d'œuvre qualifiée et un secteur traditionnel employant la main d'œuvre non qualifiée. Le modèle reprend la structure de concurrence monopolistique de type Dixit-Stiglitz-Krugman

1. Redding S. et A. Venables, 2004, « Economic geography and International Inequality," *Journal of International Economics* 62(1) :53–82.

2. Crozet M., 2004. « Do Migrants Follow Market Potentials? An Estimation of a New Economic Geography Model". *Journal of Economic Geography* 4(4).

(exposée formellement dans l'annexe D) pour le secteur à rendement croissants. La caractéristique fondamentalement nouvelle est que les consommateurs / travailleurs du secteur à rendements croissants peuvent migrer entre les différents pays et le font selon les différentiels de salaires réels qu'offrent les deux pays. Le modèle centre-périphérie est détaillé dans l'annexe E, nous présentons ici une version stylisée des mécanismes et des résultats principaux.

On considère dans un premier temps deux pays identiques en tous points. Aussi bien sur le plan des caractéristiques exogènes (les technologies de production sont les mêmes, les dotations en travail non qualifié sont les mêmes, etc.), que sur le plan des variables endogènes du modèle (les deux pays ont au départ le même nombre de firmes et de travailleurs dans le secteur moderne). Rappelons que 1/ les firmes se localisent en fonction des profits offerts par les différents pays et changeront de pays en fonction du différentiel de profit entre les deux pays : $\Delta\pi = \Pi_i - \Pi_j$. 2/ Les individus cherchent à maximiser leur revenu réel et émigreront donc en fonction du différentiel de salaire réel : $\Delta(w/P) = (w/P)_i - (w/P)_j$.

Tant que les deux pays restent parfaitement identiques, aucun agent n'a intérêt à bouger. En effet, on a vu que le différentiel de profit comme celui du salaire réel était dû à des différences de potentiel marchand entre pays. Si la population de consommateurs et de firmes est équitablement répartie entre les deux pays, il n'existe donc pas d'incitation à la mobilité car les potentiels marchands sont les mêmes.

Supposons que, par un « hasard historique » (c'est-à-dire un événement aléatoire non lié directement au modèle), une firme change de localisation (se déplace du pays j vers le pays i). Quels sont les effets de cette petite perturbation de l'équilibre initial ?

1) En ce qui concerne les firmes, le changement de localisation va avoir tendance à augmenter le degré de concurrence en i à la fois sur le marché des biens et des facteurs. Au contraire, la concurrence devient moins dure sur ces deux marchés en j. Dès lors, $\Delta\pi = \Pi_i - \Pi_j$ a tendance à devenir négatif, et la firme est incitée à retourner en j.

2) Pour les travailleurs, l'arrivée d'une nouvelle firme fait augmenter la demande de travail qualifié. Par conséquent, le salaire nominal de ce facteur augmente. Un deuxième effet positif pour les travailleurs en i provient de l'augmentation de la part des variétés locales dans le panier de consommation, ce qui réduit l'indice de prix de la consommation en i. Par conséquent, le différentiel de salaire réel $\Delta(w/P) = (w/P)_i - (w/P)_j$ devient positif en faveur de i, ce qui déclenche un mouvement migratoire j vers i.

3) À la suite de cette migration, la demande totale en i augmente et celle en j baisse. Il y a maintenant une asymétrie de taille de marché entre les deux pays, et le potentiel marchand de i est supérieur à celui de j. De plus, la migration de travail qualifié réduit la concurrence sur le marché du travail en i et donc le coût du travail, ce qui a également pour effet d'augmenter l'attractivité de ce pays pour les producteurs.

L'effet initialement négatif sur l'attractivité de i peut donc être compensé par l'augmentation du potentiel marchand issu des migrations de travailleurs / consommateurs. Si le premier effet domine, on restera dans la situation équilibrée entre les deux pays. Au contraire, si c'est le deuxième qui domine, i devient de plus en plus attractif au fur et à mesure des mouvements de firmes et de travailleurs.

Il peut donc s'enclencher une dynamique cumulative d'agglomération. L'effet final est ambigü : un des grands apports du modèle de Krugman a été de montrer que le résultat final dépend du degré d'intégration commerciale entre i et j :

- À l'autarcie ou pour des valeurs de coûts au commerce très élevées, le secteur moderne est équitablement réparti entre les deux pays car il faut servir les consommateurs locaux et il est impossible de le faire grâce au commerce. *La dispersion domine.*
- Pour des coûts au commerce légèrement plus faible, l'effet de concurrence domine dans la décision de localisation. Intuitivement, les rentes de monopole issues de l'isolement géographique sont très importantes dans ce cas, car la concurrence est très difficile à mettre en œuvre avec le commerce. Les firmes cherchent donc à s'éloigner du plus grand nombre possible de concurrents et restent réparties équitablement.
- Pour des baisses plus importantes des coûts au commerce, les firmes peuvent s'agglomérer pour profiter de l'externalité de demande, tout en conservant une part de marché conséquente sur le « petit » marché. Le commerce est central dans ce cadre d'analyse, car c'est la facilité avec laquelle on peut exporter vers le petit pays (la périphérie) qui rend la concentration dans le grand pays (le centre) profitable.

Cet enchaînement est repris de manière plus générale dans la figure 11.2. En abscisse, figure l'intensité des coûts au commerce, normée entre 0 pour le libre échange et 1 pour l'autarcie. En ordonnée, on trouve la part de l'activité localisée dans chacun des deux pays, et s_N comme précédemment représente la part des firmes en i. Les lignes grisées représentent les équilibres stables et l'on retrouve un équilibre initialement symétrique, qui bifurque lors de la phase d'intégration, avec dans notre exemple, le pays i qui devient le centre et j la périphérie. Lorsque le degré d'intégration est suffisamment élevé, on a donc dans ce modèle une relation de *causalité circulaire* entraînant une agglomération totale dans l'un des deux pays, c'est-à-dire, une *structure centre-périphérie* de l'activité économique. De plus, *l'histoire compte* dans la localisation des activités. En effet, dans notre exemple, c'est i qui bénéficie du choc initial, mais cela aurait tout aussi bien pu être j.

Notons également que le passage de la dispersion à l'agglomération est brutal dans ce modèle. On parle de *changement catastrophique d'équilibre*, car pour une très faible variation des coûts au commerce, il existe un point où le changement d'équilibre de localisation est drastique. On peut aussi noter que les possibilités d'équilibres multiples sont nombreuses dans ce cadre. La dispersion est stable jusqu'à un degré d'intégration qu'on appelle le *break point*, mais l'agglomération (en i ou en j) devient stable en un point appelé le *sustain point*, précédant le break point. Dans cette zone où l'on peut observer des configurations dispersées en même temps qu'agglomérées, des changements marginaux de coûts au commerce ou de localisation d'agents peuvent avoir des conséquences très importantes en faisant basculer l'équilibre d'un extrême à l'autre. Enfin, on note que le sustain point et le break point se déplacent vers la droite avec le degré de croissance des rendements. Plus les rendements sont croissants, plus la tendance à l'agglomération sera forte.

Les conséquences de ces résultats en termes de politique publique sont fondamentales. L'intégration économique n'aura pas seulement tendance à favoriser le commerce, accroître la spécialisation des pays, et renforcer la concurrence

Figure 11.2. Bifurcation de type Centre périphérie dans le modèle de Krugman (1991b)

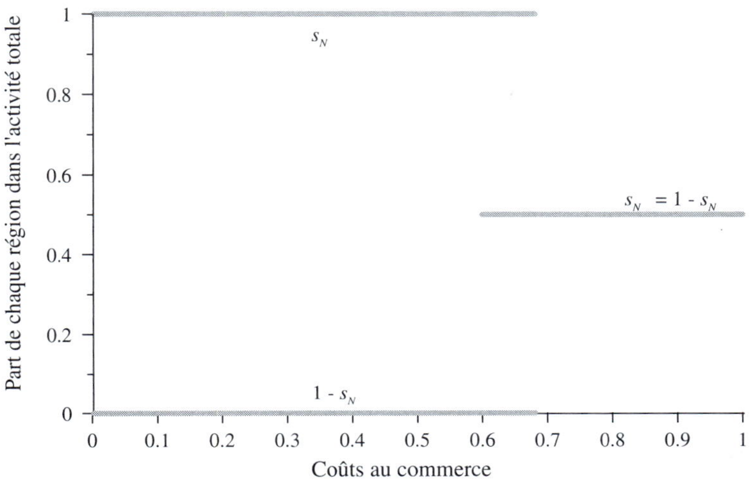

entre producteurs en concurrence imparfaite. Krugman nous apprend aussi que l'interaction de rendements croissants et de coûts de transport peut entraîner un schéma de concentration spatiale extrême de l'activité au fur et à mesure de l'intégration économique, l'un des deux pays se trouvant cantonné à la production de biens traditionnels alors que l'autre monopolise la production et l'exportation de biens modernes. Quelle est la robustesse de cette prédiction ? Il est important de s'intéresser à cette question, car elles peuvent nous éclairer sur les implications en termes de répartition spatiale des activités de l'intégration européenne par exemple.

section 3

Extension des modèles d'économie géographique

§ 1 Économie géographique et mobilité des travailleurs

Le modèle centre-périphérie est de toute évidence basé sur un comportement de migration relativement souple de la population. Les individus sont supposés avoir un degré de mobilité spatiale suffisamment élevé pour répondre rapidement aux différences de salaire réel. Or dans certaines régions du globe, cette mobilité est en réalité très faible. De nombreuses études ont montré en particulier que la mobilité des travailleurs était beaucoup plus faible en Europe qu'en Amérique du Nord, non seulement pour les migrations entre les différents pays mais également à l'intérieur 156 d'un même pays[1]. À titre d'exemple, Puga (2002) rapporte que seulement 1.5 % des citoyens européens vivent dans un pays différent de leur pays de naissance[2]. Sur la mobilité intra-nationale, un rapport de l'OCDE de 1990 montre que durant l'année 1986, 3 % des citoyens américains ont changé de région de résidence, contre 1.5 % des canadiens et seulement 1.1 % des anglais et 0.6 % des italiens.

Il est également intéressant de s'intéresser aux *migrations nettes* traduisant des déplacements de populations à l'intérieur du pays susceptibles de répondre à des différentiels de salaire ou de taux de chômage. Ici encore, l'Europe est caractérisée par une mobilité du travail très faible. Eichengreen (1993)[3] estime par exemple que l'élasticité des migrations inter-régionales par rapport à la différence entre le salaire local et la moyenne nationale est 25 fois supérieure aux États-Unis qu'en Angleterre. La différence avec l'Italie est encore plus importante.

Enfin, l'évolution des migrations par rapport à l'évolution des différentiels de salaire ou de taux de chômage est parfois totalement « perturbante » : Faini et al. (1997)[4] constatent une corrélation forte au cours du temps entre le taux de migration du Sud vers le Nord de l'Italie et le creusement de l'écart de taux de chômage entre ces deux régions. Le problème est que cette corrélation est négative : plus l'écart se creuse, moins les italiens du Sud semblent migrer vers le Nord du pays.

Les explications de cette faiblesse des migrations sur le territoire européen peuvent être de plusieurs ordres. On peut évoquer la fragmentation linguistique et culturelle qui augmente les coûts de migration. Mais dans ce cas pourquoi d'autres périodes comme les années 1960 ont-elles connu des taux de mobilité plus importants et pourquoi la mobilité est-elle aussi faible à l'intérieur des pays ? Les spécialistes de ces questions évoquent souvent des imperfections sur le marché du travail pour expliquer ce phénomène. Les personnes au chômage réussissent souvent à retrouver un emploi par l'intermédiaire de leur entourage et de leur réseau social. Ce réseau est composé d'individus qui résident dans la même région pour la plupart des gens, et qui sont très difficiles à mobiliser lorsque l'on a soi-même changé de région. Dès lors, un fort niveau de chômage moyen en Europe, combiné à ce type d'imperfection de marché peut expliquer une partie du phénomène. Les imperfections sur le marché de l'immobilier dans certains pays européens peuvent également contribuer à la faible mobilité, si cela entraîne des difficultés importantes à trouver un logement à un prix abordable dans les régions en croissance.

En tout état de cause, il s'avère donc très compliqué d'avancer les arguments du modèle de Krugman (1991b), fondés sur l'existence de flux migratoires importants pour expliquer d'éventuels phénomènes de concentration spatiale en Europe.

---

1. Obsfeldt M. et G. Peri, 1998, « Regional Nonadjustment and Fiscal Policy : Lessons for EMU Economic Policy », 26 :205-259, NBER # 6431 montrent en particulier que lors de chocs régionaux asymétriques, les pays européens ont beaucoup plus recours aux transferts entre régions et beaucoup moins aux migrations que les États-Unis et le Canada.
2. Puga, D., 2002, « European regional policy in light of recent location theories », *Journal of Economic Geography* 2(4) : 372-406.
3. Eichengreen, B. ,1993, « Labor markets and European monetary unification. » in Paul R. Masson and Mark P. Taylor (eds.). Policy Issues in the Operation of Currency Unions. (Cambridge, Cambridge University Press) : 130-162.
4. Faini, R., G. Galli, P. Gennari et F. Rossi, 1997, « An empirical puzzle : Falling migration and growing unemployment differentials among Italian regions », *European Economic Review*, 41(3-5) :571-579.

§ 2 Une autre source d'agglomération

Toute la dynamique d'agglomération du modèle de Krugman (1991b) repose sur la migration des consommateurs. Sans déplacement, il ne peut y avoir d'externalité de demande qui se mette en place puisque les consommateurs ne suivent pas les firmes pour se localiser là où l'indice de prix (le niveau de vie) a baissé. Il existe néanmoins une autre manière de modéliser l'externalité de demande : les liens amont-aval, c'est-à-dire *les liens entre producteurs de biens finals et producteurs de biens intermédiaires.*

En effet, lorsque des liens amont-aval existent entre les différents producteurs, il y a une externalité de demande liée au fait que les producteurs de biens intermédiaires veulent être près de la source de la demande : là où sont les producteurs de bien final. L'externalité de coût provient du fait que les producteurs de bien final souhaitent économiser sur les coûts de transport de leurs inputs en se localisant dans les endroits où les producteurs de bien intermédiaires dont nombreux.

Alors qu'une véritable structure input-output complexifie le modèle en rajoutant un secteur à l'économie, la manière la plus simple d'obtenir le type de linkage désiré sans rajouter trop de complexité au modèle est de supposer que *les firmes du secteur industriel consomment un partie de leur propre output comme input.* C'est l'approche choisie par Krugman et Venables (1995)[1]. Illustrons les mécanismes présents dans le modèle.

Considérons une main d'œuvre entièrement immobile entre les deux pays. Reprenons notre exemple de deux pays strictement identiques à l'origine, et d'un déplacement initial d'une firme de j vers i. En ce qui concerne les profits, on a le même effet de concurrence que précédemment, qui a tendance à réduire les profits en i. On a également un effet en sens inverse provenant du surplus de demande pour des biens intermédiaires en i après le déplacement de la première firme. En ce qui concerne les travailleurs, ils ne se déplacent pas entre les pays, et les firmes doivent donc maintenant les attirer du secteur traditionnel avec des salaires plus élevés lorsqu'elles se déplacent en i. Soulignons donc une première caractéristique du modèle de Krugman et Venables : avec l'absence de mobilité internationale, l'agglomération se fait à la fois plus tard et moins brutalement car les écarts salariaux entre pays n'attirent pas de flux internationaux de travailleurs.

Une seconde caractéristique fondamentale du modèle de Krugman et Venables concerne la situation d'équilibre, et ce pour des niveaux d'intégration proches du libre-échange. En effet, lorsque les coûts au commerce deviennent très faibles, il n'est plus si intéressant de minimiser les coûts de transport puisqu'ils sont si faibles entre les deux régions. Et, comme les travailleurs sont immobiles, il subsiste un différentiel de salaire interrégional donnant lieu à des coûts de production plus faibles en périphérie. Dès lors, les producteurs trouveront profitable de se relocaliser en périphérie dans les phases poussées d'intégration, pour profiter des faibles coûts salariaux.

La relation entre intégration et concentration n'est plus monotone : on assiste dans un premier temps à une répartition égalitaire des activités en fonction

1. Krugman, P. and A. Venables (1995), « Globalization and the Inequality of Nations », *Quarterly Journal of Economics* 110(4) :857–880.

des populations, due à la quasi-impossibilité de commercer. Ensuite, l'intégration entraîne une polarisation graduelle entre un centre industrialisé et riche et une périphérie spécialisée dans les activités traditionnelles et avec un revenu plus faible. Une troisième phase de la relation apparaît néanmoins dans les stades ultimes de l'intégration commerciale, avec une re-localisation du secteur moderne dans le pays périphérique et un retour à une certaine symétrie de la localisation. Puga (1999)[1] a présenté la version la plus complète de cette prédiction que l'on appelle la *courbe en cloche*[Q], représentée dans la figure 11.3.

Figure 11.3. Bifurcation de type Centre périphérie dans le modèle de Puga (1999)

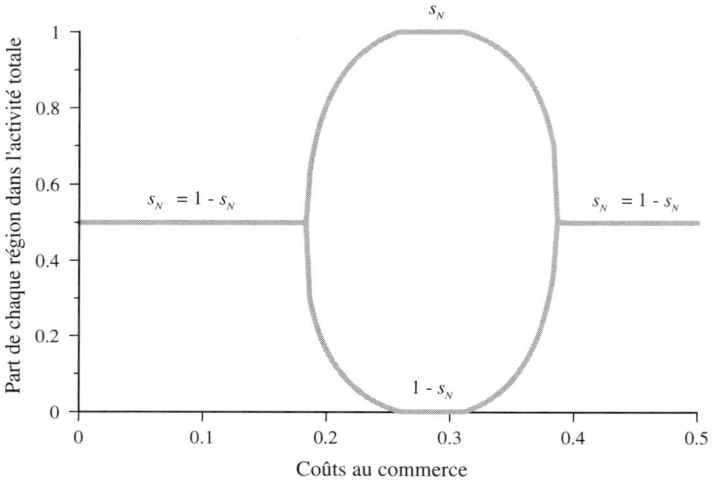

Les implications de ce modèle sont beaucoup plus optimistes que celles du modèle de base de Krugman, car l'intégration économique n'aboutit à une polarisation économique que dans un premier temps, pour ensuite favoriser un retour à une certaine équité spatiale de la répartition des activités à rendements croissants.

section **4**

Localisation et politiques publiques

On l'a vu, les prédictions de l'économie géographique peuvent être extrêmes, avec dans certains cas une agglomération complète et brutale des activités dans un des pays de la zone. De plus, il existe souvent des équilibres multiples de localisation, c'est-à-dire que le pays qui devient le centre peut le devenir par le fait d'un accident historique initial, qui a des conséquences fondamentales de long terme en termes de prospérité relative des pays. Face à ce type de phénomène, les États ne peuvent

1. Puga, D., 1999, « The rise and fall of regional inequalities », *European Economic Review* 43(2) :303–334.

pas rester inactifs et vont employer des outils de politique économique pour tenter en particulier de maintenir leur attractivité.

§ 1 Impact des politiques d'attractivité

Les États ont à leur disposition des moyens importants et variés qu'ils peuvent mettre en 158
œuvre pour tenter d'attirer des firmes étrangères sur leur territoire.

1) Le niveau de taxation des profits constitue une première différence de politique économique importante entre pays d'implantation. Pour que cette différence soit susceptible d'influencer le choix de localisation d'une firme multinationale, il faut considérer pour chaque firme le taux d'imposition effectif des profits. Ce taux effectif a de nombreuses composantes :
   - Le taux statutaire en vigueur dans le pays hôte,
   - Une retenue supplémentaire sur le rapatriement des profits (*witholding tax*),
   - Pour certains pays, il existe un troisième prélèvement si le taux d'imposition étranger est inférieur au taux national (le Japon par exemple pratique ce système de crédit d'impôt).

   Comme on l'a vu plus haut, les résultats montrent que les firmes sont effectivement attirées par une taxation des profits mesurée, même si l'ampleur de l'effet est toujours modeste par rapport à d'autres déterminants et que l'on obtient parfois un effet inverse aux attentes. Il faut garder en tête que les recettes fiscales peuvent être utilisées pour financer des biens publics auxquels les investisseurs sont sensibles. Si le taux d'imposition est lié au développement des infrastructures de communication ou de transport par exemple, les investisseurs peuvent considérer que cet effet compense le niveau plus élevé d'imposition et ne pas être repoussés par l'impôt. L'efficacité de la dépense publique est donc importante : à niveau de taxation égal, les investisseurs choisiront le pays fournissant le meilleur niveau de biens publics qui influencent leur coût de production, comme les infrastructures de transport par exemple.

2) Les aides directes.
   Les diverses aides financières fournies par les États ou les régions pour inciter les entreprises à s'implanter sur un territoire constituent un deuxième ensemble d'instruments d'attractivité important. Des travaux ont également montré un certain impact des mesures spécifiquement destinées à attirer les investisseurs. Les aides à la création d'emploi et l'existence de zones franches dans un État américain attirent les firmes japonaises[1]. Head et al. (1999) montrent d'autre part que si l'effet positif des aides est faible en termes d'attractivité, un État américain qui déciderait d'arrêter ses aides alors que les autres États les conservent perdrait un nombre très important d'investissements. Il y aurait donc une sorte de dilemme du prisonnier qui aboutit à des tournois de localisation. Cette situation est très profitable aux investisseurs, mais très coûteuse pour les autorités locales et donc pour les contribuables qui financent ces aides. Dans ce cas, il paraît

1. Head, K., J. Ries et D. Swenson, 1999, « The Attraction of Foreign Manufacturing Investments : Investment Promotion and Agglomeration Economies, » *Regional Science and Urban Economics*, 29(2) :197-218.

possible d'améliorer la situation en assurant plus de coordination entre les intervenants publics. C'est l'objet des politiques concertées.

3) Les politiques concertées.
Elles visent à aboutir à une répartition spatiale plus efficace des investissements en limitant les phénomènes de concurrence entre autorités locales et cherchent à conduire des politiques d'aménagement du territoire. Au niveau national, la DATAR en France ou le *Invest in Britain Bureau* au Royaume Uni par exemple ont ce rôle. Au niveau européen, le FEDER distribue des aides (les fonds structurels) censées aider au rattrapage des régions les plus en retard de l'Union. Ces aides ne sont pas directement destinées à attirer les investissements mais doivent contribuer à améliorer l'attractivité de ces régions et une grande partie des fonds sont dirigés vers le développement des infrastructures. L'influence de ces aides sur la localisation des firmes est très ambiguë. Dans un test sur la localisation des firmes françaises dans les différentes régions européennes, Ferrer (1998) montre que les aides nationales comme les aides européennes influent *négativement* sur les flux d'IDE. Crozet et al. (2004) montrent que les diverses mesures de politique régionale (nationales et européennes) n'ont strictement aucun impact sur les décisions de localisation des firmes multinationales en France[1].

§ 2 Économie géographique et politiques régionales

La nouvelle économie géographique apporte un nouvel éclairage sur les effets secondaires possibles des *politiques régionales* de l'Union Européenne ou de ses pays membres. Des effets qui dépassent l'impact immédiat sur la répartition spatiale des investissements directs et qui sont susceptibles d'avoir des conséquences beaucoup plus importantes à long terme.

Prenons le cas des fonds structurels européens, qui sont aujourd'hui l'instrument essentiel de la politique régionale en Europe. Les autorités européennes donnent des fonds aux régions périphériques de l'Europe. Les critères d'éligibilité des régions se regroupent en différents objectifs :

- Le développement des régions les plus défavorisées, c'est-à-dire ayant un PIB / tête inférieur à 75 % de la moyenne européenne (Objectif 1).
- La reconversion des régions en difficulté (Objectif 2).
- La coopération entre régions (Interreg III).
- Le développement durable de villes ou quartiers en crise (Urban II).
- L'émergence de stratégies innovatrices en faveur de la compétitivité régionale (actions innovatrices).

Le budget total pour la période 2000-2006 a été fixé à 195 milliards d'euros dont 69.7 % pour l'objectif 1. Viennent se rajouter 18 milliards d'euros de fonds de cohésion (donnés par pays) pour la même période. Ces fonds représentent une partie tout à fait marginale du PIB européen dans son ensemble (aux alentours de 0,5 %), mais à l'échelle des pays aidés, ils peuvent constituer une aide considérable (tableau 11.4).

1. Crozet, M., T. Mayer et J.L. Mucchielli, 2004, « How do firms Agglomerate? A Study of FDI in France », *Regional Science and Urban Economics*, 34(1) :27-54.

Figure 11.4. Dépenses annuelles de fonds structurels.

Tableau A.45 Additionalité dans les régions d'objectif 1: population éligible et dépenses annuelles, à l'exclusion des fonds de l'Union européenne, 1989-2006

Millions d' euros aux prix de 1999 tout du long

	Période de programmation 1989-1993				Période de programmation 1994-1999				Période de programmation 2000-2006 [1]			
	Dépense totale annuelle moyenne	Population éligible 1989 (millions)	Euros par habitant	% du PIB 1991	Dépense totale annuelle moyenne	Population éligible[2] 1994 (millions)	Euros par habitant	% du PIB 1997	Dépense totale annuelle moyenne	Population éligible 1999 (millions)	Euros par habitant	% du PIB 2001
B	942	1,3	736	0,5	906	1,3	709	0,4	939	1,3	731	0,4
DK	0	0	0	0,0	0	0	0	0,0	0	0	0	0,0
D	41060	16,4	2496	2,6	27146	16,4	1651	1,4	24623	15,5	1593	1,2
EL	5286	10,1	526	5,9	6884	10,2	674	6,2	8952	10,5	855	7,0
E	11979	22,4	534	2,2	12687	23,3	545	2,5	13916	23,7	586	2,3
F[3]	2260	2,5	888	0,2	2260	2,5	888	0,2	2325	2,8	843	0,7
IRL	1344	3,5	382	2,8	2261	3,5	646	3,2	4656	3,6	1284	4,6
I	19104	20,6	926	1,7	16150	21,1	764	1,5	19592	19,3	1015	1,7
L	0	0	0	0,0	0	0	0	0,0	0	0	0	0,0
NL	127	0,2	584	0,0	373	0,2	1719	0,1	410	0,3	1479	0,1
A[4]	138	0,3	513	0,1	138	0,3	513	0,1	138	0,3	502	0,1
P	4733	10,3	459	5,9	4497	9,9	456	4,7	5110	9,8	520	4,5
FIN[4]	893	0,8	1062	0,7	893	0,8	1062	0,8	899	1,1	836	0,7
S[4]	2774	0,5	6151	1,1	2774	0,5	6151	1,3	2645	0,5	5852	1,1
UK	1829	1,6	1143	0,2	5,261	3,4	1541	0,4	5548	7,1	780	0,4
UE	92468	90,6	1021	1,3	82230	92,2	892	1,1	89753	95,7	938	1,1

[1] *Y compris sortie progressive (phasing-out).*
[2] *La population éligible correspond aux régions couvertes par les objectifs 1 et 6 pendant la période 1994-1999.*
[3] *Les chiffres sont notionnels et sont tirés de la période 1994-1999 afin de préserver la comparabilité à la suite d'un changement de méthodologie.*
[4] *Données provisoires.*
Source: d'après Calculs DG REGIO. Les données ne sont pas strictement comparables entre pays.

159 *Objectifs*

Les fonds structurels avaient comme objectif originel de compenser la possible spécialisation des pays européens à la suite du processus d'intégration économique. *Ce raisonnement était fondé sur la théorie traditionnelle du commerce international* et ne prenait pas en compte les problèmes de localisation / polarisation des activités.

L'objectif des politiques régionales européennes est clairement *d'augmenter l'équité de la répartition des activités entre régions.* Cet objectif peut être motivé par une réflexion en termes d'efficacité s'il existe des échec de marché dans la localisation des agents. Cela revient à supposer que les forces d'agglomération du marché sont trop importantes d'un point de vue social. En effet, cela est possible car les firmes et les individus, en prenant leurs décisions de localisation ne prennent pas en compte l'influence négative qu'ils peuvent avoir sur les régions qui voient l'activité décliner. Il est néanmoins également possible que le marché aboutisse à un équilibre où il n'y aurait pas assez d'agglomération car les mouvements motivés par l'intérêt individuel ne prennent pas en compte les bénéfices sociaux qui peuvent être retirés de la concentration spatiale des activités. La politique à mener en termes d'efficacité est donc ambiguë du point de vue de la théorie économique.

Une motivation différente peut exister pour ce type de politique en termes de redistribution des revenus des agents les plus riches de l'économie vers les agents les plus pauvres. Même pour des motifs de redistribution des revenus entre individus, il n'est pas certain que l'État doive chercher à disperser les activités. En effet, si l'on introduit de la croissance dans un modèle d'économie géographique, on s'aperçoit que l'agglomération des activités a en général tendance à accroître le taux de croissance global de l'économie. Il est possible que les habitants de la périphérie voient en fait leur bien-être augmenter avec la polarisation des activités au centre à cause de cette hausse du taux de croissance. La concentration des activités a également tendance à réduire les prix pratiqués par les firmes, ce dont les habitants de la périphérie peuvent également bénéficier. De plus si l'objectif est redistributif, il n'est pas du tout certain que ce type de redistribution basé sur le lieu de résidence soit plus efficace qu'une redistribution classique basée sur des critères de revenu.

Moyens

La majeure partie des fonds structurels est dépensée en formation, subventions aux entreprises et infrastructures. Les dépenses en formation ont plus à voir avec le cadre de commerce international traditionnel visant à améliorer la mobilité intersectorielle des individus pour réduire les coûts d'ajustements. Les subventions aux entreprises peuvent se comprendre aisément comme moyen d'inciter les firmes à rester ou à venir dans une région périphérique. La Commission Européenne souhaite coordonner ce type de mesures pour éviter les tournois de localisation, particulièrement importants dans un cadre où l'agglomération est un processus cumulatif et auto-entretenu.

Le type de politiques le plus intéressant pour notre propos est le financement des dépenses d'infrastructure. Une grande partie de ces fonds sert à financer des infrastructures de transport avec pour conséquence de réduire les coûts de transport, en particulier entre les régions riches et les régions pauvres. La Commission Européenne a mis en avant en 1994 la promotion du réseau trans-européen des transports (TEN-T) comprenant 14 projets prioritaires pour un coût total estimé de 300 milliards d'euros, financé par les États membres et des aides de l'Union.

Effets 160

Quels sont les effets de ce type de politiques ?

1) Les infrastructures de transport sont un input du processus de production de la majorité des biens. Augmenter le stock d'infrastructures de transport aide donc à améliorer la croissance de la région comme l'augmentation de n'importe quel autre stock d'input. Les résultats font en général état d'un effet positif non négligeable des dépenses d'infrastructures publiques sur la croissance.
2) Étant donné les coûts associés aux dépenses d'infrastructure, l'effet sur la demande régionale est lui aussi loin d'être négligeable. Rappelons que les modèles d'économie géographique accordent une grande importance à la demande régionale dans le processus d'agglomération. Cet effet est donc stabilisateur, puisque la dépense publique a alors tendance à augmenter la demande locale en périphérie, ce qui réduit la tendance à la concentration spatiale au centre.
3) Ces dépenses réduisent les coûts de transport entre régions et / ou à l'intérieur des régions. En règle générale, les régions concernées sont des régions périphériques. L'effet est alors plus indirect, mais potentiellement très important.

L'effet de la réduction des coûts de transaction par les investissements en infrastructure de transport sera différent selon le type d'investissement. Les lignes ferroviaires (en particulier les lignes à haute vitesse) vont vraisemblablement avoir un impact relativement faible pour l'industrie, mais un impact important sur la répartition des activités de services. On peut par exemple imaginer que l'existence d'un TGV va avoir tendance à concentrer les activités de type siège social, recherche et développement, services aux entreprises dans les grandes capitales économiques puisque les services associés sont plus facilement « transportables » au travers du travail qualifié.

Les infrastructures routières auront certainement un impact beaucoup plus important au niveau de la localisation de la production industrielle. L'idée de la Commission européenne est que les infrastructures reliant centre et périphérie permettrait de désenclaver la périphérie en lui donnant un meilleur accès aux marchés et aux inputs du centre, ce qui augmenterait l'attractivité de la périphérie. Comme le souligne Puga (2002), il ne faut cependant pas oublier que les routes ont généralement une voie dans chaque sens, et que de nouvelles infrastructures routières permettent également aux firmes du centre d'avoir un meilleur accès à la périphérie. Ce que nous enseigne la nouvelle économie géographique, c'est qu'il existe des externalités positives pour les agents à se regrouper et que si les coûts de production ne montent pas trop fortement dans le centre à la suite de cette concentration, une réduction des coûts de transaction peut avoir tendance à renforcer l'attractivité du centre. *L'effet de ces politiques pourrait donc être l'exact inverse du but recherché : une accélération de l'agglomération des activités au lieu d'un renforcement de la cohésion et de l'équité.*

L'effet inverse est également possible. On a vu plus haut que, dans les cas où la mobilité des travailleurs est difficile, la relation entre coûts au commerce et agglomération au centre était en courbe en cloche. En réduisant les coûts de transport sur les marchandises, le décideur public a donc un impact très incertain sur la concentration de long terme que l'on observera sur le territoire. Le sens même de l'impact dépendra de la place de l'économie dans la courbe en cloche. Si le processus d'intégration est suffisamment avancé, la politique réduira la concentration spatiale, sinon ce sera l'inverse. De plus, le type d'infrastructure de transport est fondamental. Favoriser les réseaux de transport à l'intérieur de la périphérie devrait avoir un impact beaucoup moins risqué que de favoriser les liaisons centre-périphérie. En effet, une réduction des coûts de transport intra-régionaux a un effet similaire à l'augmentation de la demande de cette région sans avoir aucun effet sur l'accessibilité de cette demande à partir du centre. La forme même du réseau de transport est très importante car une structure très centralisée aura tendance à augmenter les forces d'agglomération : le centre aura un bon accès à toutes les autres régions. L'information nécessaire pour prendre la bonne décision paraît alors considérable et même si certains outils existent qui intègrent beaucoup de ces ingrédients théoriques pour fournir une prédiction précise au décideur[1], leur manipulation pour des cas précis reste encore ardue.

1. Combes, P-P. et M. Lafourcade, 2000, « Distribution spatiale des activités et politiques d'infrastructures de transport : l'économie géographique, un nouvel outil d'évaluation ? » in *Aménagement du territoire*, Conseil d'Analyse Économique, Documentation Française, Paris, 2000.

Mémo

La polarisation des activités économiques, et plus précisément de la production industrielle dans l'espace est importante, et ce à plusieurs niveaux géographiques différents : à l'intérieur des villes, des régions, et des pays. De nombreux indicateurs permettent de préciser cette observation, en analysant et comparant le degré de concentration géographique de plusieurs secteurs. Du plus simple au plus élaboré, citons tout d'abord l'indice Herfindhal, indice de base de concentration spatiale. Vient ensuite l'indice de Gini spatial, puis l'indice d'Ellison et Glaeser et enfin celui de Duranton et Puga.

Pourquoi parler d'agglomération de la production industrielle ? Car il existe un lien entre commerce international et répartition spatiale des activités économiques. Ce lien peut être abordé au travers de trois cadres théoriques distincts : les modèles d'avantage comparatifs, basés sur l'hétérogénéité de l'espace, les modèles à externalités, et les modèles de concurrence imparfaite intégrant des coûts de transport. La nouvelle économie géographique se place dans la dernière catégorie, cherchant à expliquer pourquoi les agents s'agglomèrent à l'intérieur d'un espace homogène. Le phénomène d'agglomération est basé sur l'existence d'un arbitrage entre rendements croissants, favorisant la concentration de la production dans un seul lieu, et de coûts de transport, incitant à localiser la production là où se trouve la demande. Ces deux éléments forment les forces centripètes (d'agglomération) et centrifuges (de dispersion) qui façonnent la répartition des activités à l'équilibre.

Trois des prédictions des modèles de la nouvelle économie géographique sont centrales non seulement dans l'analyse théorique mais aussi dans les travaux empiriques. Premièrement, l'étude des déterminants des choix de localisation des firmes. Selon le modèle d'économie géographique, une firme se localise dans la région qui offre le potentiel marchand le plus élevé (variable centrale aux modèles d'économie géographique représentant l'attractivité d'une region) et les coûts de production les plus faibles. Les résultats empiriques corroborent les prédictions du modèle et montrent de plus que les déterminants ayant trait aux coûts salariaux ont une influence beaucoup plus faible que le potentiel marchand. La deuxième relation est appelée le Home Market Effect et relie de manière linéaire la part de la production d'un pays à sa part de la demande mondiale. La pente de la relation étant supérieure à 1, on montre que l'inégalité de la distribution de la production amplifie les inégalités de distribution de la demande. Les résultats empirique sont cette fois mitigés, faisant état d'autant de relations plus que proportionnelles entre production et demande que du contraire. La troisième relation importante de ces modèles relie la rémunération des facteurs entre pays à leur potentiel marchand. Les vérifications empiriques corroborent cette prédiction : l'attractivité d'un pays semble se traduire par une augmentation de la rémunération de ses facteurs de production.

Le modèle centre-périphérie de Krugman (1991b) est basé sur les relations clefs citées ci-dessus. Il s'agit d'un modèle de commerce en concurrence monopolistique dans lequel les consommateurs peuvent migrer entre les pays en fonction du différentiel de salaire réel. Étant donné que les firmes peuvent changer de région en fonction des différences de profitabilité, un premier mouvement d'une région à l'autre est susceptible d'engendrer un processus cumulatif au cours duquel l'ensemble de l'activité à rendements croissants se retrouve concentrée dans une des deux régions. Le passage d'un équilibre symétrique (où l'activité est répartie de manière homogène) à un équilibre polarisé dépend du niveau d'intégration régionale. En particulier, le modèle de Krugman montre que lorsque les coûts de transport sont très faibles, une structure centre-périphérie de l'activité économique est susceptible d'émerger.

Le résultat principal du modèle de Krugman étant basé sur l'hypothèse de mobilité des agents, plusieurs travaux se sont penchés sur l'analyse empirique d'un tel phénomène, et ont souligné la faiblesse des migrations, en particulier sur le territoire européen. Le modèle de Krugman et Venables palie à ce problème en proposant d'inclure des liens amont-aval. Ceci permet de garder la possibilité d'un phénomène d'agglomération, et rajoute un nouvel élément : à présent, pour des niveaux d'intégration économique très avancés, le modèle permet un retour à un équilibre dispersé. La relation entre intégration et agglomération n'est plus monotone.

Les prédictions de l'économie géographique peuvent être extrêmes, et face à ce type de phénomènes, les États possèdent plusieurs outils de politique économique ayant pour objectif de maintenir leur attractivité. Citons le niveau de taxation, les aides directes, et les politiques concertées. Un des apport de la nouvelle économie géographique réside dans son éclairage quant aux effets des politiques publiques et régionales des pays ou de l'Union européenne. Alors que l'objectif des politiques régionales est d'augmenter l'équité de la répartition des activités entre régions, l'analyse théorique montre qu'en fonction des données initiales, l'effet de ces politiques peut être l'exact inverse du but recherché : une accélération de l'agglomération des activités au lieu d'un renforcement de la cohésion. Toutefois, l'effet inverse n'est pas à exclure. Le niveau d'information nécessaire à une bonne prise de décision est élevé, il faut donc rester prudent quant à la manipulation d'outils théoriques pour fournir une prédiction dans des cas précis.

Quid

- Déterminant endogène n° 146
- Indices de concentration n° 148
- Hétérogénéité de l'espace n° 149
- Forces centripètes / centrifuges n°s 149, 150
- Rendements d'échelle croissants / coûts de transport (arbitrage) n° 151
- Potentiel marchand n° 152
- Home market effect n° 153
- Structure centre-périphérie n° 155
- Courbe en cloche n° 157
- Politiques d'attractivité des États n° 158
- Politique régionale n°s 159, 160

Biblio

- Jayet H., (1993), *Analyse Spatiale Quantitative*, Economica.
- Fujita , M., P. Krugman et A. Venables (1999), *The Spatial Economy : Cities, Regions, and International Trade*, MIT Press, Cambridge.
- Maurel F. , L. Fontagné, E-M Mouhoud et P. Petit, 1999, *Scenario pour une nouvelle géographie économique de l'Europe*, Rapport du Commissariat Général du Plan, publié par Economica, Paris.
- Brakman, S., H. Garretsen and C. van Marrewijk (2001), *An Introduction to Geographical Economics*, Cambridge University Press, Cambridge.
- Fujita , M., et J-F Thisse (2002), *Economics of Agglomeration ; Cities, Industrial Location and Regional Growth*, Cambridge University Press, Cambridge.
- Combes P-P., Mayer T. et J. Thisse, 2006, Économie Géographique, Paris : Economica.
- Combes P-P., Mayer T. et J. Thisse, 2008, Economic Geography, Princeton : Princeton University Press.

partie **4**

Politiques commerciales et négociations internationales

Les modèles théoriques de commerce international en concurrence parfaite, développés dans la deuxième partie, indiquent qu'en règle générale, le commerce international est bénéfique à tous les partenaires à l'échange. Il permet de relâcher les contraintes imposées à un pays en autarcie, du fait de ses limites technologiques ou factorielles. Nous avons également vu dans la troisième partie, traitant des modèles de commerce international en concurrence imparfaite, que lorsque les firmes disposent d'un certain pouvoir de marché, l'ouverture engendre des économies d'échelle, une concurrence accrue entre les firmes et une plus grande diversité de produits offerts aux consommateurs.

Pourtant *le libre échange existe bien peu dans la réalité*. Au contraire, les pays imposent le plus souvent des entraves à l'échange sous forme de tarifs douaniers ou de barrières non tarifaires. Dans la plupart des pays, des groupes de producteurs ou des partis et organisations politiques demandent plus de protection, les événements récents autour de chaque réunion de l'OMC ou de l'Union européenne traitant des échanges internationaux en sont le meilleur exemple. Comment comprendre cette apparente contradiction ? Si le libre échange semble être la solution optimale d'un point de vue mondial, ce n'est pas toujours le cas d'un point de vue national. *Sous certaines conditions, le protectionnisme peut même s'avérer plus profitable que le libre-échange. Mais surtout, le libre-échange entraîne des modifications dans la répartition nationale des revenus et des richesses, au détriment des secteurs ou des facteurs de production les moins compétitifs.* Ceux-ci vont alors être amenés à réagir. L'analyse théorique du protectionnisme va répertorier l'ensemble des effets engendrés par l'application de barrières tarifaires ou non tarifaires. Cette analyse sera d'abord menée en concurrence parfaite (chapitre 13) puis en concurrence imparfaite (chapitre 14), les déterminants et les effets du protectionnisme et de la politique commerciale des Etats étant assez différents. Enfin l'étude des mouvements de libéralisation des échanges multilatéraux et régionaux sera menée dans le chapitre 15.

chapitre 12

Politiques commerciales et gouvernance mondiale

Plan analytique

section 1

Les différents types de protectionnisme

§ **1** **Le protectionnisme tarifaire**

§ **2** **Le protectionnisme non tarifaire**

section 2

La mesure du protectionnisme

§ **1** **La protection tarifaire**

§ **2** **La protection non-tarifaire**

§ **3** **La protection effective**

section 3

Le marché politique de la protection

§ **1** **Les arguments traditionnels en faveur du protectionnisme**

- **A.** Les motifs internationaux
- **B.** Les motifs internes

§ **2** **Formation endogène des politiques de protection**

- **A.** La demande de protection
- **B.** L'offre de protection

section 4

Les politiques internationales d'ouverture

§ **1** **Du GATT à l'OMC**

- **A.** Historique
- **B.** Principes
- **C.** Exceptions
- **D.** Les rounds de négociation

§ **2** **Succès et échecs**

- **A.** Les succès
- **B.** Les échecs

section 1

Les différents types de protectionnisme

Le protectionnisme est un phénomène complexe dans ses causes et effets, mais également dans sa mesure. Contrairement à ce qu'on pourrait penser, il est difficile de mesurer le niveau de protection d'une économie et de résumer ce niveau à l'aide d'une statistique simple. Il est également difficile de comparer les pays entre eux à cet égard. La principale raison est que le protectionnisme prend des formes très diverses et surtout changeantes, s'adaptant aux différentes contraintes institutionnelles en vigueur.

§ 1 Le protectionnisme tarifaire

La première mesure protectionniste est *le droit de douane*, un impôt que doit acquitter l'importateur du produit soumis à protection. Le droit de douane le plus courant est dit *ad-valorem*, c'est-à-dire exprimé comme une fraction du prix du bien. Cette mesure de *protection tarifaire*[Q] est la plus simple et la plus transparente, car elle est directement interprétable et comparable entre pays. 162

Les statistiques et le processus de négociation multilatérale font référence à deux types de droit : 1) le droit appliqué à la *Nation la Plus Favorisé (NPF)*, qui selon les principes du GATT ou de l'OMC que nous verrons plus loin doit être appliqué à l'ensemble des partenaires, hors accord préférentiels signalé au GATT/OMC, 2) le droit consolidé, qui est en fait un taux plafond que le pays déclare à l'OMC et qu'il s'engage à ne pas dépasser. C'est sur ce dernier type de taux que les négociations de libéralisation du commerce se déroulent au GATT, et depuis 1995 à l'OMC. L'écart entre droit NPF et droit consolidé rend compte de la flexibilité qu'un pays peut vouloir s'octroyer pour remonter ses droits de douane si la besoin s'en fait sentir. Bouët (2000)[1] cite l'exemple du produit « autres céréales » (SH 100890) auquel la Corée applique un taux NPF de 3 % lors que le taux consolidé du même pays est de 800 %.

Il existe d'autres types de droits de douane. Le premier est appelé *droit spécifique*, et définit un montant monétaire à payer par unité physique du produit (par exemple, 100 euros par tonne de sucre importée). Le taux de protection varie alors avec le prix du produit importé et il faut calculer des *équivalents ad valorem* pour pouvoir comparer les taux entre pays. Ces droits sont relativement peu utilisés

1. Bouët, 2000, « La mesure des protections commerciales nationales », Document de travail CEPII, n° 00-15.

de manière générale, mais les États-Unis, l'UE, la Norvège et la Suisse ont recouru exclusivement à des droits spécifiques pour convertir leurs mesures quantitatives lors de l'application de l'accord sur les produits agricoles de l'Uruguay Round, conclu en 1994, et ceci afin de disposer de protection très importante. Dans la négociation de ce même accord, face aux difficultés pour abandonner les quotas, une formule mélant l'aspect quantitatif et l'aspect tarifaire, appelé *quota tarifaire* a été instaurée. Il s'agit d'appliquer deux taux de droit de douane différents selon que le volume d'importation est inférieur ou supérieur au quota annuel. Le premier taux est le plus faible et appelé Inside Quota Tariff Rate, le second est plus élevé et s'appelle le Outside Quota Tariff Rate.

Il existe enfin un autre type de droit de douane qui s'est surtout développé depuis le début des années 1980, appelé *droit anti-dumping*. Le GATT autorise le recours à ce type de protection pour contrer des stratégies de prix prédateurs de la part d'un pays étranger. Il s'agit du maintien de prix délibérément et artificiellement faibles visant à faire sortir les producteurs du secteur dans le pays importateur et assurer une concurrence plus faible dans le futur, permettant le retour à des prix plus élevés. Les accords de Marrakech établissant l'OMC, en 1995, tendent à encourager le recours à ce type de protectionnisme en incitant les pays membres à adopter des législations anti-dumping nationales.

§ 2 Le protectionnisme non tarifaire

163 Les *protections non tarifaires*[Q] représentent la deuxième catégorie de barrières au commerce. Il s'agit de barrières autres que les tarifs destinées à protéger la production d'un pays.

Citons en premier lieu *le quota*, qui est un plafond quantitatif pour les importations d'un produit donné pendant une période donnée. Ce plafond peut être défini de plusieurs manières différentes : en volume, en valeur, en part de marché. Dans ce dernier cas, des licences d'importation sont distribuées. Lorsque la restriction est directement négociée avec l'étranger (soit le gouvernement, soit les producteurs), elle se dénomme Restriction Volontaire des Exportations (RVE).

Un deuxième ensemble de barrières non tarifaires vise directement la fixation des prix des biens importés, à la hausse bien entendu. Celle-ci peut être obtenue au travers de diverses *mesures ou règlements administratifs* visant à élever le prix des produits étrangers ou à éventuellement empêcher l'accès au marché national de certains types de produits étrangers : normes sanitaires, techniques, environnementales, de conception du produit ou d'emballage, d'étiquetage.

Enfin, d'autres instruments ou réglementations visent spécifiquement à protéger les industries locales vis-à-vis de la concurrence extérieure. Les *normes de contenu local*, par exemple, imposent à des usines implantées sur le territoire national par investissement direct un certain montant d'achats de biens intermédiaires produits localement.

section 2

La mesure du protectionnisme

On distingue en général deux grandes méthodes de *mesure de la protection* Q. La première cherche à synthétiser les différentes mesures de protection observables, en recensant leur montant, leur couverture... Certaines mesures de protection sont néanmoins beaucoup moins facilement observables que d'autres, et même pour les droits de douane, il est difficile d'avoir une information complète pour un nombre significatif de pays et de produits pour la période précédant 1990. Il est alors utile d'utiliser une autre méthode, fondée sur l'impact de la protection, qui lui est (partiellement) observable. Les économistes s'intéressent en particulier à deux types d'impact, celui sur les volumes de commerce (un taux de protection élevé se traduit par un degré d'ouverture faible de l'économie), et celui sur les écarts de prix (les barrières protectionnistes réduisent les possibilités d'arbitrage et de convergence des prix entre pays). C'est alors une mesure de protection révélée, qui permet une plus grande couverture temporelle et spatiale, mais présente le risque d'attribuer à la protection des phénomènes en réalité expliqués par d'autres déterminants comme les coûts de transport ou les différences de préférence des consommateurs. Ces méthodes révélées font l'objet de développements plus approfondis dans le chapitre 9, et nous nous concentrons ici sur la mesure « directe » de la protection. 164

§ 1 La protection tarifaire

Idéalement, on aimerait pouvoir caractériser la protection tarifaire d'un pays avec un chiffre, et l'on pense souvent au droit de douane moyen du pays. Malheureusement, la question de la représentativité de ce chiffre est difficile. Bouët (2000)[1] et Anderson et van Wincoop (2004)[2] soulignent les nombreuses difficultés liées au calcul du droit de douane moyen : 165

1) La première difficulté tient à la disponibilité des statistiques. La base de données la plus complète s'appelle TRAINS et est construite par la CNUCED. Elle comporte des données de protection tarifaire et non tarifaire bilatérale au niveau six chiffres de la nomenclature SH (environ 5000 produits) pour 137 pays. Étonnament, elle ne remonte que jusqu'à 1989 et comporte une proportion de données manquantes impressionnante : pour l'année 1999, 43 % des pays fournissent leurs statistiques de droits de douane, 30 % leurs statistiques de barrières non tarifaires, 55 % leurs flux commerciaux et seulement 17.4 % fournissent l'ensemble.
2) Il y a ensuite un problème de conversion des différents types de droit de douane en équivalent ad valorem. Les valeurs unitaires des produits nécessaires à la transformation des droits spécifiques en droit ad valorem sont parfois peu disponibles ou peu fiables.

1. op. cit.
2. Anderson et van Wincoop, 2004, « Trade Costs » NBER Working Paper No. 10480.

3) Vient ensuite la question de la pondération des différents secteurs. Comme on le verra, les différents produits subissent des taux de protection radicalement différents. Certains produits ont des droits de douane extrêmement importants, ce qui a tendance à tirer la moyenne non pondérée vers le haut. Il convient donc de pondérer les taux de protection par l'importance du secteur dans l'activité économique. Une première possibilité est de pondérer les biens par les importations du pays, mais on se heurte alors à un problème de sous-estimation important de la protection. Si le droit de douane sur un bien est élevé, les importations seront faibles et donc la pondération des droits élevés sera sous-évaluée. À la limite, si les droits de douane sont prohibitifs, ils empêchent toute importation, ce qui rend leur pondération nulle, ce qui donne l'image d'un pays ouvert !
4) On peut imaginer une pondération des taux par les importations mondiales, mais là encore il s'agit d'une méthode imparfaite, car les pays ont des structures d'avantages comparatifs différentes par définition, ce qui va tendre à sur ou sous-pondérer les produits par rapport à leur potentiel d'importation réel. On peut alors définir un groupe de référence dont l'avantage comparatif est suffisamment similaire et donc les importations totales vont pouvoir servir de base à la pondération. Néanmoins cette pondération est encore imparfaite car si le groupe de référence a les mêmes avantages comparatifs, il aura certainement la même structure de protection des secteurs à désavantage comparatif et on peut dès lors être proche d'une pondération selon ses propres importations.

§ 2 La protection non-tarifaire

166 Les barrières non tarifaires (BNT) présentent des problèmes encore plus importants de mesure. Elles reposent en général sur des *indicateurs de fréquence* ou des *indices de couverture*. La base de données TRAINS est également une source importante de données à cet égard. Elle signale la présence ou l'absence d'une barrière non tarifaire pour chacun des 5000 produits au niveau le plus fin (6 chiffres). La base comporte 18 types de barrières différentes que l'on regroupe généralement en grandes catégories. Jon Haveman[1] propose une version plus facile à utiliser de TRAINS et un regroupement en barrières dures (les mesures touchant au prix et aux quantités importées), menaces (les mesures antidumping et les enquêtes concernées) et barrières portant sur la qualité des produits (les normes, etc.).

Dans l'indicateur de fréquence, on signale le nombre de lignes à six chiffres pour lequel une BNT est signalée dans un regroupement de produits. L'indice de couverture indique la part des importations du pays concernées par chaque type de BNT, au niveau de désagrégation sectorielle choisi. Les deux indicateurs ont des inconvénients. L'indice de fréquence ne prend en compte ni le poids de chacun des produits, ni le caractère plus ou moins restrictif de la BNT. L'indice de couverture a le même défaut de ne pas tenir compte de l'impact réel de la BNT considérée. De plus, comme la moyenne des droits de douane pondérés par les importations, cet indicateur a tendance à sous-estimer le caractère restrictif de la protection.

Au total, les problèmes méthodologiques de mesure des deux grands types de mesure protectionniste sont importants et complexes, ce qui rend nécessaire un

1. http://www.eiit.org/Protection

travail rigoureux avant de pouvoir conclure sur des questions aussi importantes que le degré de protectionnisme relatif des États-Unis et de l'Europe par exemple. Bouët et al. (2002)[1] présentent une base de données détaillée des mesures protectionnistes actuelles au niveau mondial ainsi qu'une analyse fouillée des problèmes méthodologiques liés à la construction de ce type de données. La fin de ce chapitre présente des estimations de niveau de protection pour différents secteurs et pays.

§ 3 La protection effective

Nous nous sommes pour l'instant seulement intéressés au cas des biens de consom- 167
mation finale, or la fabrication d'un produit final (par exemple un magnétoscope) nécessite non seulement l'utilisation de facteurs de production (travail et machines) mais aussi, celle de produits intermédiaires indispensables pour la production et provenant de la même industrie (électronique), ou d'autres industries : sidérurgie (acier, tôle), chimie (plastique) etc.

Le prix du produit final diminué du prix (coût) de ses produits intermédiaires, représente la valeur ajoutée qui servira notamment à rémunérer les facteurs de production. Si le pays importe des produits finis comme des produits intermédiaires, il n'est pas indifférent de connaître l'impact des tarifs douaniers appliqués à ces deux types d'importations. Il faut alors connaître les droits de douane sur le produit fini et sur tous les inputs pour pouvoir déterminer l'impact global de la politique commerciale sur la production et la consommation de magnétoscopes, par exemple. En effet, les incitations à la production sont davantage reliées à la valeur ajoutée unitaire qu'au prix dans un contexte de production avec consommation intermédiaire. La mesure ainsi calculée est la *protection effective*[Q] :

Le taux de protection effectif :

C'est le pourcentage d'augmentation de la valeur ajoutée du secteur, par unité de produit, qui est dû à l'ensemble des barrières tarifaires mises en place par le pays.

Le taux de protection effectif sera moins élevé que le taux nominal si les inputs sont plus fortement taxés que les produits finis et plus élevé dans le cas contraire. L'idée est assez simple : la protection du bien final vise à encourager la production domestique par rapport à la situation de libre échange en augmentant le prix perçu par le producteur. Un droit de douane sur les inputs peut contrebalancer cet effet en augmentant les coûts des producteurs. Si le taux de protection des inputs est plus fort que celui sur le bien final, la valeur ajoutée unitaire augmente moins fortement que le taux de protection nominal du bien final et inversement.

Considérons un exemple simple :

1) Les inputs comme le produit final connaissent le même taux de protection. Il n'y a pas d'impact sur la valeur ajoutée. Soit par exemple, un magnétoscope de 500 euros et des produits intermédiaires (circuits électroniques) de 200 euros, la valeur ajoutée est de 300 euros. Si les importations de magnétoscopes et de circuits électroniques connaissent un tarif douanier de 20 %, les prix respectifs

1. Bouët A., L. Fontagné, M. Mimouni, X. Pichot, 2002, « MAcMaps : une mesure bilatérale et désagrégée de l'accès au marché », *Économie internationale*, (89-90) : 39-64.

sur le marché national deviennent respectivement de 600 et de 240. La valeur ajoutée, égale maintenant à 360, a donc, elle aussi, connu une augmentation de 20 %.

2) Si les importations d'input sont plus fortement taxées que le produit fini, le poids de la valeur ajoutée va diminuer. Soit, par exemple, un tarif de 10 % sur les magnétoscopes (le prix passe de 500 à 550 euros) et un tarif de 20 % sur les circuits (le prix s'établit à 240 euros). La valeur ajoutée est maintenant de 310 euros, sa croissance est de 3,33 % et son poids dans le prix total passe de 60 % à 56,36 %.

3) Si les importations d'inputs sont libres ou moins taxées que les importations de produits finis, le poids de la valeur ajoutée va augmenter. Soit, un tarif de 20 % sur les magnétoscopes et de 10 % sur l'acier. Le prix des magnétoscopes devient égal à 600 euros, mais celui des circuits électroniques s'établit à 220 euros. La valeur ajoutée est alors de 380 euros, elle a augmenté de 26,66 %, son poids dans le prix total est passé de 60 % à 63,33 %.

Les producteurs de magnétoscopes et les détenteurs de facteurs de production dans le pays (travail, capital) tirent donc avantage de cette situation. Elle engendre une protection effective supérieure à la protection nominale sur les magnétoscopes. En effet, la fabrication de magnétoscopes est protégée de non pas 20 %, mais 26,66 %. La protection effective peut donc se calculer par l'intermédiaire des différences de valeurs ajoutées, soit :

$$T = \frac{v' - v}{v} \text{ , ici } \frac{380 - 300}{300} = 26{,}66\ \%.$$

Avec T, le taux de protection effective, v, la valeur ajoutée avant protection, et v', la valeur ajoutée après protection. À l'aide de quelques équations, dérivons la relation précise entre le taux de protection effective et les taux de protection nominaux pour un secteur donné.

Valeur ajoutée

On effectue d'abord le calcul de la valeur ajoutée. Le produit importé X est fabriqué en utilisant du travail L au salaire w et du capital K au taux de rémunération r, ainsi que des produits intermédiaires d'un montant y_i. Le prix mondial du produit est p et celui des produits intermédiaires p_i. Sous les hypothèses de concurrence parfaite on obtient :

$$pX = wL + rK + \sum_i p_i y_i.$$

La valeur ajoutée dans la production du bien X est définie par :

$$V = wL + rK = pX - \sum_i p_i y_i.$$

Le montant de produit intermédiaire y_i par unité de production finale peut être fixé à a_i de telle sorte que $a_i = y_i / X$ soit :

$$V = (p - \sum_i p_i a_i)X$$

La valeur ajoutée par unité de produit final s'écrit :

$$v = \frac{V}{X} = p - \sum_i p_i a_i.$$

Protection effective

Si on impose un tarif t sur le produit final et des tarifs t_i sur les produits intermédiaires, la valeur ajoutée par unité de produit final devient :

$$v' = (1+t)p - \sum_i (1+t_i)p_i a_i = v + (tp - \sum_i t_i p_i a_i).$$

Ainsi : $v' - v = tp - \sum_i t_i p_i a_i$. En divisant cette différence par v, on obtient le taux de protection effective :

$$T = \frac{v' - v}{v} = \frac{tp - \sum_i t_i p_i a_i}{p - \sum_i p_i a_i} = \frac{t - \sum_i t_i c_i}{1 - \sum_i c_i}$$

où $c_i = (p_i a_i / p)$, est la part du bien intermédiaire i dans le prix du bien final X. Avec un seul bien intermédiaire z, la formule se simplifie pour devenir :

$$T = \frac{t - t_z c_z}{1 - c_z}$$

Distinguons trois cas :

1) $T = t$ si $c_i = 0,\ \forall i$ ou $t_i = t,\ \forall i$. Le taux de protection effectif est donc identique au nominal s'il n'y a pas de consommation intermédiaire ou si tous les taux sont les mêmes dans l'économie.
2) $\frac{\partial T}{\partial t} = \frac{1}{1-\sum_i c_i} > 1$. Un accroissement du taux de protection nominal toutes choses égales par ailleurs, entraîne une augmentation plus que proportionnelle du taux de protection effectif.
3) $\frac{\partial T}{\partial t_i} = \frac{-c_i}{1-\sum_i c_i} > 1$. Un accroissement du taux de protection nominal sur un input, toutes choses égales par ailleurs, entraîne une diminution du taux de protection effectif. La protection effective peut aller jusqu'à devenir négative lorsque $t < \sum_i t_i c_i$.

section 3

Le marché politique de la protection

Nous avons à présent défini le protectionnisme et nous passerons en revue à la 168
fin de ce chapitre ses ordres de grandeur actuels. Il reste, pour continuer le tour d'horizon, à identifier les déterminants de la protection. L'impact des politiques protectionnistes étant abordé de manière détaillée dans les chapitres suivants, nous étudions ici rapidement les différents arguments invoqués en leur faveur ou défaveur.

Même si, nous le verrons dans les chapitres suivants, l'effet général de la protection semble largement négatif, il n'en demeure pas moins qu'une protection peut améliorer la position d'un pays, engendrer une redistribution des revenus, changer la rémunération des facteurs, avantager certains secteurs contre tels autres, etc. Pour toutes ces raisons, un pays, ou un gouvernement, va être amené à proposer des mesures de protection, fortement demandées par certains groupes sociaux. Un véritable marché de la protection va alors s'établir entre les offreurs et les demandeurs. Les différences d'impacts des diverses mesures protectionnistes inciteront les demandeurs à préférer telle mesure plutôt que telle autre.

Rappelons dans un premier temps les différents arguments en faveur ou en défaveur de la protection.

§ 1 Les arguments traditionnels en faveur du protectionnisme

169 ### A. Les motifs internationaux

L'argument des termes de l'échange

Comme cela a été démontré au chapitre 6, un tarif améliore les termes de l'échange du pays importateur si celui-ci est un grand pays et donc influence les prix internationaux. Sous réserve de cette hypothèse de grand pays, la protection est alors meilleure que le libre-échange, à condition toutefois qu'il n'y ait pas de représailles.

Les autres arguments

- *L'argument de la balance commerciale.* Un tarif augmente le prix des produits importés, et doit en principe en limiter les importations. La consommation des produits importés baisse au profit des produits nationaux substituts des premiers, en fonction de l'élasticité de la demande de produits importés. Si cette prévision se réalise le tarif améliore la balance commerciale. Comme on l'a vu dans la première partie du livre, les déficits de la balance courante dans son ensemble ont des causes macroéconomiques en termes de conjoncture des économies partenaires et de compétitivité qui sont bien différentes des questions de structure du commerce et d'avantage comparatif qui sous-tendent le protectionnisme. Les mesures protectionnistes sont utilisées pour changer la structure des échanges et la spécialisation du pays, et non son déficit ou son excédent courant d'ensemble.
- *L'argument des représailles.* Un tarif peut être pris en représailles de comportements protectionnistes (comme le dumping) de certains pays partenaires. On peut alors s'enfoncer dans un cercle vicieux de fermeture progressive des frontières.
- *L'argument de l'indépendance vis-à-vis de l'étranger*. Cet argument s'applique par exemple à l'énergie (volonté américaine d'imposer un tarif sur les importations de pétrole en provenance du Golfe en 1979), ou à la technologie (tarif sur les ordinateurs américains de la part du Brésil).
- *L'argument de la défense nationale.* Adam Smith défendait déjà « l'English Navigation Act », interdisant le transport maritime étranger pour le commerce de produits anglais afin de maintenir le pouvoir de la marine anglaise. De nos jours encore de nombreuses interdictions d'importer ou d'exporter (notamment des produits ayant un lien avec la défense nationale) sont encore en vigueur (cf. les règles d'interdiction d'exporter des technologies de pointe vers certains pays).

B. Les motifs internes

170

Les arguments liés à l'âge de l'industrie

- *L'argument de l'industrie naissante* : cet argument repose sur le fait qu'un pays pense avoir un avantage comparatif potentiel dans une industrie, mais que du fait d'un manque d'expérience, de faibles niveaux de fabrication (manque d'économies d'échelle) ou de retard dans la fabrication de ce produit par rapport aux autres pays, cet avantage comparatif ne pourra devenir effectif qu'après un certain temps. Durant cette « enfance », il conviendrait alors d'effectuer une protection provisoire.
Cet argument est fréquemment employé, d'une part, dans les pays en voie de développement. D'autre part, il a également été invoqué les siècles précédents par Hamilton, secrétaire au trésor de George Washington, pour la jeune république américaine puis par Friedrich List pour l'Allemagne. Stuart Mill en approuva l'idée. Au 18e siècle, le développement de l'industrie textile de la Grande-Bretagne se fit en se protégeant de la concurrence asiatique. de même, la croissance de l'industrie américaine et européenne s'effectua également à l'aide de fortes protections.
L'argument de l'industrie dans l'enfance est correct mais nécessite un certain nombre de mises en garde : 1/ les avantages comparatifs potentiels doivent pouvoir être discernés par l'État avant la protection sous peine de protéger une industrie qui peut ne jamais avoir d'avantages comparatifs réels ; 2/ il faut pouvoir discerner le moment où, l'industrie devenant compétitive, il est opportun d'arrêter la protection, 3/ il faut s'assurer que la protection, en pratiquant un soutien artificiel, n'empêche pas l'industrie de devenir réellement compétitive et que la protection provisoire ne devienne pas permanente ; 4/ l'avantage de l'industrie, une fois qu'elle est compétitive, doit pouvoir dépasser le coût subi par les consommateurs lors de la protection.
Le point essentiel de cet argument dépend des distorsions existant dans le pays. Une situation globale de concurrence ne devrait pas souffrir du fait qu'une seule industrie n'est pas encore concurrentielle. Le marché des capitaux devrait permettre aux entrepreneurs d'emprunter et de se financer jusqu'à ce qu'ils soient compétitifs. S'ils ne le peuvent pas, c'est que le secteur n'a peut être pas fondamentalement d'avantage comparatif potentiel. Pour justifier la protection, il faut alors mettre en évidence des distorsions internes, par exemple sur le marché des capitaux. Enfin, si un secteur a besoin de soutien dans ses premières phases de développement, afin d'atteindre une taille optimale par exemple, pourquoi utiliser la protection commerciale plutôt qu'un autre instrument de politique économique comme la subvention ? On verra dans le chapitre 13 que le protectionnisme est un instrument particulièrement inefficace à cet égard, car il impose une charge inutile au consommateur qui pourrait être évitée par l'utilisation de la subvention.
- *L'argument de l'industrie sénescente* : un argument opposé au précédent peut être avancé pour protéger temporairement les vieilles industries, ou vieux produits, dans lesquels le pays a perdu son avantage comparatif. L'objectif est alors de faciliter la réallocation des facteurs vers les autres secteurs compétitifs. L'État veut se protéger temporairement de la concurrence internationale dans ces produits

(acier, textile, construction navale ...). Les mêmes excès que ceux signalés dans le cas précédent peuvent se produire.

Les autres arguments

- *L'argument du revenu* : le tarif est une taxe qui engendre un revenu pour l'État. Il existe néanmoins une limite qui est celle d'un tarif prohibitif : ce dernier n'engendre plus aucun revenu, puisqu'il ne permet plus aucun échange. Le pays doit cependant s'assurer que les coûts d'utilisation du droit de douane pour lever les fonds publics sont moins importants que ceux engendrés par l'application d'une taxe interne, ce qui est loin d'être certain.
  L'argument du revenu n'est plus vraiment utilisable dans les pays développés : les revenus tarifaires représentent, par exemple, moins de 2 % des revenus fiscaux du gouvernement américain. Par contre pour les pays en voie de développement ce chiffre est parfois considérable. Le tableau 12.1 reprend quelques uns de ces pourcentages, dont certains tournent autour de 50 %.

Tableau 12.1. Droits de douane en % des recettes fiscales totales.

	1975	1980	1985	1990	1995
France	0,04	0,06	0,03	0,01	0,01
Allemagne	0,03	0,02	0,01	0	0
États-Unis	1,59	1,48	1,71	1,68	1,47
Canada	6,1	6,44	5,03	3,22	2,05
Brésil	..	9,09	2,44	2,46	..
Chili	11,76	5,42	13,36	..	..
Corée	14,37	17,19	16,11	12,99	7,45
Côte d'Ivoire	..	35,09	30,68	28,44	32,31
Éthiopie	26,74	17,43	16,37	17,97	..
Bangladesh	26,53	39,1	31,63	..	..
Gambie	63,69	63,18	66,63	45,56	..
Yemen	..	..	..	29,21	36,6
Swaziland	27,56	62,31	64,23	50,53	..
Rwanda	38,18	27,08	..	20,71	..
Tchad	43,52	..	..	..	..

Source : d'après Banque Mondiale (WDI 2001)

  L'argument du revenu semble également avoir été très important dans le maintien de quelques tarifs douaniers en Grande-Bretagne après les lois sur le blé de 1846.

- *L'argument de la distribution du revenu.* Le tarif douanier protège le revenu du facteur relativement rare dans le pays et baisse celui du facteur abondant (théorème de Stolper-Samuelson). Ou alors, il protège la rémunération du facteur spécifique du secteur qui n'a plus d'avantage comparatif (revenu agricole, par exemple, dans le modèle à facteurs spécifiques). C'est là sans doute la raison principle de l'existence du protectionnisme. L'ouverture internationale a des effets redistributifs potentiellement importants, et les gouvernements ont tendance à résoudre les tensions sociales liées à l'ouverture par le protectionnisme plutôt que d'utiliser des méthodes plus efficaces comme les transferts directs. Les difficultés de mise en place concrètes de mécanismes de redistribution pour palier aux effets de l'ouverture sont certainement plus importantes que les économistes ne le pensaient il y a encore peu de temps, ce qui explique la persistence de la protection.

– *L'argument de l'emploi.* Le tarif douanier est justifié parfois par le fait qu'il protège le travail domestique contre le travail étranger bon marché. Cet argument est fallacieux car, même si les salaires sont plus élevés dans l'économie nationale, la productivité peut également être plus importante et donc les coûts du travail concurrentiels. On a vu dans l'analyse du modèle ricardien que c'est en effet l'avantage en termes de productivité absolue qui engendre un salaire plus élevé, mais que ce sont les avantages relatifs qui expliquent quel bien est exporté et quel bien est importé. Si ce n'est pas le cas, le pays n'a pas d'avantage comparatif dans l'industrie considérée. Vouloir protéger de façon permanente cette industrie consiste à vouloir se spécialiser dans un produit pour lequel le pays n'est pas compétitif.
– *L'argument des distorsions internes.* Dans la mesure où le tarif affecte la structure interne des prix relatifs et l'allocation des ressources, on peut être tenté d'utiliser un tarif douanier pour corriger des distorsions internes existant avant même son introduction. Ces distorsions peuvent exister pour diverses raisons, monopole, syndicats, déséconomies externes, réglementations... L'idée est d'utiliser le tarif pour annuler partiellement ou totalement la distorsion. Ainsi par exemple, la production d'alcool artificiellement soutenue par l'État entraînerait une surconsommation et un accroissement des accidents. L'État décide alors d'imposer un tarif douanier sur les alcools étrangers afin de subventionner les hôpitaux. Dans ce cas le tarif ne peut être la mesure la plus appropriée car pour lutter contre la distorsion interne il faut trouver des politiques internes. C'est le cas également pour les autres arguments : emploi, revenu.

§ 2 Formation endogène des politiques de protection

Dans une démocratie, les agents économiques vont essayer de faire pression sur le gouvernement, notamment à travers leur vote, pour faire prévaloir leurs préférences en termes de protectionnisme ou de libre-échange. Il y a alors un véritable marché politique de la protection. La demande de protection est souvent plus forte que la demande de libre-échange dans la mesure où un certain nombre d'asymétries existent. L'offre de protection est le fait du gouvernement et de la bureaucratie qui cherche à se maintenir au pouvoir en satisfaisant les groupes majoritaires ou les plus puissants.

A. La demande de protection

Cinq phénomènes au moins peuvent renforcer la *demande de protection* [Q] et la faire prévaloir sur les options libre-échangistes.

1) *La concentration des agents favorables à la protection* : les perdants lors d'une réduction tarifaire sont les groupes d'individus producteurs (entrepreneurs et syndicats ouvriers, cf. le modèle à facteurs spécifiques), appartenant à des industries ou firmes en compétition avec des firmes étrangères sur le marché national et souvent moins efficaces que ces dernières (balance commerciale déficitaire) car n'ayant pas d'avantage comparatif. Ces industries dans les pays industrialisés sont celles à forte intensité de main d'oeuvre et peuvent être souvent régionalement concentrées (sidérurgie, textile, construction navale). Leur régression peut accroître la menace de chômage ou de désindustrialisation de certaines régions.
2) *L'effet diffus de la réduction tarifaire* : l'aspect positif de la réduction tarifaire, via la baisse des prix, est une sorte de bien public qui se diffuse sur l'ensemble de la population. Le produit considéré est un produit parmi l'ensemble de leur consommation, l'impact est donc faible. Par contre, les producteurs non compétitifs sont directement touchés par des pertes de marché et d'argent si le produit est celui qu'ils fabriquent. De ce fait, leur réaction est beaucoup plus intense.
3) *La sur-représentation des protectionnistes au parlement* : il peut y avoir une forte représentation au parlement des régions rurales vivant d'agriculture et d'industries faiblement compétitives (textile, sidérurgie), ou des secteurs dits « abrités ». Les positions protectionnistes sont ainsi sur-représentées.
4) *Le marchandage ou log rolling entre différents groupes protectionnistes* : ce phénomène peut renforcer le niveau général de la protection. En effet deux groupes politiques minoritaires défendant chacun un projet protectionniste pourront s'épauler, sous forme d'alliances occasionnelles, afin de se soutenir mutuellement et faire passer ainsi à la majorité les deux projets.
5) *L'intérêt de l'État* : l'État peut être lui-même, demandeur de protection pour s'assurer des ressources fiscales. C'est notamment le cas dans les pays où il est difficile d'obtenir des recettes fiscales par l'intermédiaire de l'imposition directe.

Les groupes organisés demandeurs de protection comparent le coût et le bénéfice de leur activité de pression (Baldwin, 1982[1]). La figure 12.1 indique la relation théorique entre la croissance de la protection obtenue et le bénéfice ou le coût en valeur monétaire des actions menées. OA est la courbe de coût du lobby, elle indique le coût croissant qu'il y a à exercer des pressions pour augmenter la protection et la possibilité de moins en moins grande qu'ont les hommes politiques à prendre en compte des demandes supplémentaires de protection. Le coût de la pression sera d'autant plus faible que : 1/ le groupe de pression est bien organisé, 2/ qu'il représente des intérêts politiques et économiques importants, 3/ que les autres demandeurs potentiels de protection sont mal organisés. Le cas des agriculteurs peut être pris en exemple ici. OBC représente la courbe de bénéfice du lobby, plus le tarif augmente plus le groupe de pression en bénéficie et peut être même plus que proportionnellement à la croissance du tarif. Au delà de B, on se trouve dans le cas d'un tarif prohibitif qui n'accroît plus le bénéfice du lobby.

1. Baldwin R.E., 1982, « The Political Economy of Protectionism » in J. N. Bhagwati ed., *Import Competition and Response*, Cambridge University Press.

Figure 12.1. Relation entre croissance de la protection et bénéfice net des activités de pression.

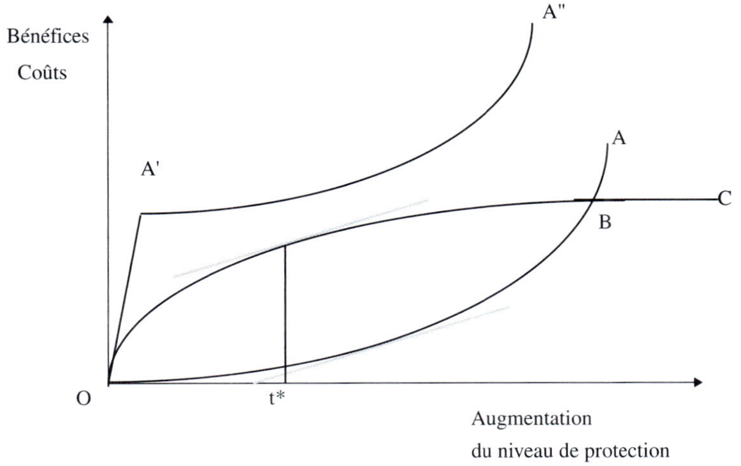

L'augmentation maximale du tarif sera représentée par la situation t^*, qui correspond à celle où l'écart entre les bénéfices et les coûts est maximal. La courbe OA'A" représente une situation dans laquelle les coûts initiaux d'organisation du lobby sont tellement importants que celui-ci ne peut jamais escompter obtenir un avantage net grâce à son action.

Un tarif entraînant l'encaissement d'un revenu fiscal par l'État, Bhagwati et Srinivasan (1980)[1] ont d'autre part mis en évidence la possibilité que ce tarif engendre une lutte parmi les groupes de producteurs pour accaparer une partie des revenus fiscaux, par exemple sous forme d'aides. Si un groupe d'industriels, ou une industrie toute entière, peut s'assurer une part significative du revenu fiscal, ils seront particulièrement favorables à l'introduction de la protection tarifaire et se constitueront même en « *lobbies* » afin de l'obtenir. Cette situation peut être rapprochée de celle de rentiers s'assurant la recherche, l'attribution et la pérennité d'une rente à travers un supplément de revenu.

B. L'offre de protection

Qu'en est-il de l'*offre de protection*[Q] ? La mise en place d'un tarif, comme son niveau, est le résultat d'une décision politique à laquelle prennent part les politiciens, en particulier le gouvernement et l'administration. On peut supposer que le gouvernement est mû par certaines grandes doctrines comme celle du libéralisme ou de l'interventionnisme, mais ces grandes directions sont soumises à des contraintes parmi lesquelles il peut y avoir le protectionnisme. Un gouvernement libéral 172

1. Bhagwati J. N. et T.N. Srinivasan, 1980, « Revenue-seeking : a Generalization of the Theory of Tariffs », *Journal of Political Economy*, décembre 1.

favorable au libre échange peut être poussé à une certaine dose de protectionnisme, si la pression des lobbies et des événements (détérioration conjoncturelle de la balance commerciale) se fait trop forte. En effet, une des priorités pour lui est d'être réélu. Or, autant les consommateurs favorables au libre-échange ne sont pas constitués en groupe de pression, autant les producteurs (patrons et salariés) vont, pour leur part, exercer des pressions. Un gouvernement qui n'est pas sûr de sa réélection va de ce fait être tenté de satisfaire les groupes de pression demandeurs de protection afin de se concilier leur vote et même parfois leur soutien financier dans la campagne électorale. Il va donc essayer de maximiser la probabilité de sa réélection (Brock et Magee, 1978[1]).

Le second groupe influençant l'offre de protection est l'administration. L'administration joue un rôle important sur l'offre de protection car elle prépare et formule les différents textes sur la protection suite aux décisions du gouvernement et elle est chargée de les appliquer. Les administrateurs sont supposés agir de façon à maximiser leur propre utilité, qui peut s'exprimer en termes de prestige, de pouvoir, d'influence ou de rémunération financière occulte. Un ministre de l'agriculture par exemple, ainsi que son administration, pourra recueillir un certain prestige auprès de sa clientèle, les agriculteurs, en prenant des mesures de restrictions à l'échange. D'autres pourront succomber aux pots de vin versés par certaines entreprises, afin de fausser la concurrence internationale.

173 *La protection obtenue est le résultat des offres et demandes de protection émises sur le marché politique de la protection.* L'équilibre va déterminer le niveau de protection (la quantité) et son prix qui peuvent être, par exemple, les ressources collectées par les parties pour défendre les intérêts des groupes de pression. La situation peut aussi être décrite, dans le cadre du modèle à facteurs spécifiques, en termes d'équilibre entre les groupes demandeurs de protection (les industries heurtées par la concurrence internationale) et ceux qui sont demandeurs d'ouverture à l'échange (les industries compétitives). Findlay et Wellisz (1983)[2] ont analysé ce type de situation à l'aide d'un équilibre de Cournot-Nash entre les deux courbes de réaction des pro et des anti tarif douanier. Feenstra et Bhagwati (1982)[3] ont mis en évidence, dans le cadre du théorème de Stolper-Samuelson, les relations entre les lobbies syndicaux demandeurs de protection et le gouvernement voulant optimiser le bien-être collectif, en se rapprochant le plus possible du libre-échange. Ce dernier impose un tarif pour répondre à la pression des syndicats. Ensuite, il leur retourne une partie du revenu du tarif douanier, pour diminuer la pression et compenser en partie la perte de revenu de la main d'oeuvre du fait de l'ouverture encore conséquente à l'échange. L'État établit alors un tarif dit « efficient », inférieur au tarif initial voulu par les lobbies.

1. Brock W.A. et S.P. Magee, 1978, « The Economics of Special Interest Politics : the Case of the Tariff », *American Economic Review*, mai.
2. Findlay R. et Wellisz S., 1983, « Some Aspects of the Political Economy of Trade Restrictions », *Kyklos*, fasc.3.
3. Feenstra R.C. et J.N. Bhagwati, 1982, « Tariff Seeking and the Efficient Tariff », chap. 9 in Bhagwati J.N. ed., op.cit.

section 4

Les politiques internationales d'ouverture

§ 1 Du GATT à l'OMC

A. Historique

Le « *General Agreement on Tarif and Trade*[Q] » (G.A.T.T) est le résultat de 174
négociations entre 23 pays à Genève en 1947. Les craintes de voir les guerres commerciales des années d'avant guerre se reproduire ont largement contribué à la conclusion de cet accord. L'élévation généralisée des barrières tarifaires avait aggravé la dépression au cours des années 1930 en propageant la crise au travers de la réduction des flux de commerce international. Le projet original comportait la création d'une organisation internationale du commerce (nommée *International Trade Organization*), qui aurait été placée sous l'égide des Nations Unies. La création de cette institution avait fait l'objet d'un accord au cours d'une conférence internationale à La Havane en 1948. À l'issue du refus du congrès américain de ratifier cette création, le GATT est devenu la principale institution de régulation des politiques commerciales internationales jusqu'à sa transformation en une réelle organisation internationale, l'Organisation Mondiale du Commerce (*OMC*) en 1995. Il y a actuellement (octobre 2004) 147 pays membres, soit l'essentiel des pays engagés dans les échanges internationaux.

B. Principes

Il y a en premier lieu un certain nombre d'obligations pour les pays membres : 175

1) Le principe de *non-discrimination* comprenant deux composantes : le *traitement national* (art. III : produits importés et produits domestiques doivent être traités sur un pied d'égalité) et la clause de la *nation la plus favorisée (NPF)* (art. I : une réduction de la protection doit immédiatement être appliquée à tous les pays partenaires membres de l'accord).
2) Le principe de *réciprocité* (art. XXVIII). Un pays acceptant une réduction des droits de douane d'un de ses partenaires doit en retour « offrir » une réduction. Un principe lié est le principe de *consolidation*, stipulant que chaque pays doit déclarer un droit de douane maximal sur chaque produit qu'il ne pourra plus relever. Le principe de réciprocité est de nature *mercantiliste* : il met l'accent sur le développement des exportations. Ce principe, contraire aux théories traditionnelles du commerce international, à l'avantage de rendre plus « acceptables » les réductions tarifaires sur le plan de la politique intérieure des pays membres.
3) Le principe de *transparence*. L'art. XI interdit l'usage des restrictions quantitatives comme les quotas d'importations. La protection tarifaire est en général moins dommageable pour le bien-être que les quotas (voir chapitre 13) et fournit une base de négociations plus claire.

Deux interdictions viennent se rajouter à ces principes :

- Le *dumping* (les exportations à un prix inférieur au prix domestique ou a fortiori au coût de production) est interdit. En réponse à cette pratique, le recours par les pays membres à des droits anti-dumping (art.VI) est considéré comme légitime.
- Les *subventions* qui maintiennent des prix artificiellement faibles sont également interdites, et peuvent donner lieu à des droits de douane compensatoires (art. VI).

C. Exceptions

176 Les exceptions sont nombreuses et de trois types :

1) *Exceptions aux principes :* L'exception sans doute la plus importante est contenue dans l'article XXIV qui autorise les *accords de libre échange et les unions douanières* et donc les violations du principe de nation la plus favorisée. D'autres exceptions au principe de non-discrimination sont contenues dans le *Système Généralisé de Préférences* : il s'agit de préférences tarifaires en faveur des PVD, les pays développés laissant certains produits manufacturés ou semi-manufacturés passer leurs frontières à un tarif moins élevé que les mêmes produits provenant de pays développés.
2) *Exceptions pour les pays en voie de développement :* les pays en développement sont autorisés à pratiquer certaines restrictions quantitatives en cas de problèmes graves de balance des paiements.
3) *Exceptions en pratique :* les exceptions les plus importantes qui n'étaient pas prévues au départ concernent deux industries « sensibles » : *l'agriculture et le textile.*

   Les biens agricoles avaient été exclus de l'agenda des premiers rounds de négociations suivant la volonté des États-Unis puis ont été réintégrés pour l'Uruguay Round par les États-Unis. La majeure partie des pays développés et en particulier les États-Unis, l'Europe et le Japon protègent très largement et de manière multiple leurs secteurs agricoles. Les négociations de libéralisation sur ce terrain sont particulièrement délicates en grande partie en raison de la puissance des groupes de pression de ce secteur dans les grands pays producteurs.

   Les secteurs liés au textile / habillement ont benéficié des *Accords Multifibres* : des accords entre pays développés (les grands importateurs de ce secteur) et pays en voie de développement (les grands exportateurs de ce secteur) qui visent à réguler et essentiellement à contingenter les quantités échangées. Ces accords ont été négociés sous les auspices du GATT comme une exception aux règles générales. Ce secteur a également été remis sur la table des négociations au cours de l'Uruguay Round.

D. Les rounds de négociation

L'objectif principal du GATT était d'amener ses membres à s'accorder sur des baisses multilatérales de droits de douane[1]. Le GATT peut être vu comme un forum de

1. Voir Rainelli, M., 2001, *L'Organisation Mondiale du Commerce*, La Découverte, Repères, pour une description très détaillée des résultats des différents rounds.

discussion permanent. Les négociations multilatérales proprement dites (appelées round) ont lieu à intervalles réguliers et jouent un rôle important dans le processus.

1. Avant l'Uruguay Round

1) Durant les quatre premiers rounds de négociations entre 1947 et 1961, l'objectif central des négociateurs était de parvenir à réduire de manière substantielle le niveau très élevé des droits de douane qui étaient en vigueur à la fin de la guerre. Durant cette période, le tarif moyen des États-Unis a par exemple baissé de 80 %. En 1947, le droit de douane moyen des pays développés s'élevait aux alentours de 40 %. Les quatre premiers rounds divisèrent ce niveau par trois environ. Ce mouvement de baisse de la protection s'est accompagné d'une croissance importante du commerce mondial (7.8 % par an pour les exportations mondiales entre 1950 et 1961 contre 5.2 % pour la production mondiale[1]). Des points importants sont peu touchés par les premiers rounds :
   - La distribution des droits de douane. Alors que les pays européens ont des droits de douane assez uniformes entre les produits, les États-Unis ont traditionnellement un grand nombre de pics tarifaires. Ils appliquent un protectionnisme sélectif, avec un tarif moyen assez faible mais des droits de douane très élevés sur certaines industries.
   - Les barrières non tarifaires ne sont pas concernées par ces premiers rounds.
2) *Le Kennedy Round (1964-1967).* Ce round est marqué par le début de la confrontation États-Unis / Europe dans les négociations commerciales. La Communauté européenne dépasse à cette époque les États-Unis en termes d'exportations mondiales et la position des négociateurs américains devient alors de tenter d'améliorer l'accès des exportateurs américains au marchés, en particulier européens. Ce changement d'optique de la négociation, qui devient plus offensive et d'inspiration mercantiliste a très largement persisté depuis lors. La chute des droits de douane est importante pendant ce round : 35 % sur les biens manufacturés, 20 % sur les biens agricoles. Le taux moyen pour les biens manufacturés atteint 8 % en Europe, 13.4 % aux États-Unis. Les progrès sur les barrières non tarifaires sont beaucoup plus modestes, se résumant à un accord sur l'antidumping, qui sera modifié dans le round suivant.
3) *Le Tokyo Round (1973-1979).* Ce round est bien plus ambitieux avec 99 nations participantes et de nouveaux objectifs en termes de produits et de sujets. On assiste à une nouvelle baisse importante des droits de douane moyens (33 % pour les produits manufacturés de 7.2 % à 4.9 %) avec une réduction des pics tarifaires. En parallèle de l'accord général émergèrent neuf accords et quatre arrangements distincts. Ces dispositions sont des traités séparés qui n'engagent que les pays qui les signent. Les 22 membres de l'accord sur les avions civils par exemple sont convenus de supprimer les droits de douane dans ce secteur.

Les résultats d'ensemble des rounds pre-Uruguay sont très positifs sur le plan des réductions tarifaires sur les produits industriels, beaucoup moins sur les biens agricoles. Le Tokyo round a lancé le débat sur les barrières non tarifaires qui avaient

1. D'après le rapport annuel de l'OMC (2000).

connu une recrudescence à l'époque, traduisant la volonté des États de compenser la baisse des droits de douane. Tels étaient les principaux objectifs du nouveau round : intégrer les secteurs jusqu'à présent négligés comme le textile et l'agriculture et traiter les nouvelles formes de protectionnisme.

2. L'Uruguay round et la création de l'OMC

178 L'« Acte final reprenant les résultats des négociations commerciales multilatérales de l'Uruguay Round » signé à Marrakech, le 15 avril 1994, compte 550 pages et contient l'acte instituant l'OMC ainsi que les textes juridiques qui exposent les résultats des négociations menées depuis que l'*Uruguay Round* avait été lancé à Punta del Este (Uruguay) en septembre 1986. On peut regrouper ces accords sous quatre grands thèmes :

1) *Réductions des barrières aux échanges*
   - Les tarifs des pays développés sur les biens manufacturés ont baissé de 38 %, le taux moyen passant de 6.3 % à 3.9 %.
   - L'accord prévoit l'élimination graduelle des restrictions quantitatives. En ce qui concerne l'agriculture, toutes les barrières non tarifaires doivent être transformées en équivalent tarifaire. Les droits de douane correspondants devaient baisser de 36 % en six ans. Tous les pays membres ont également accepté de réduire le montant des exportations subventionnées de 21 % sur la même période.
   - Les accords multifibres doivent être démantelés en dix ans (avec la possibilité de procéder à 49 % de la libéralisation le dernier jour).
   - Le nouvel accord sur les mesures de sauvegarde appelle à supprimer les mesures appartenant à la « zone grise » comme les restrictions volontaires aux exportations.
2) *Changement du rôle des PVD.* Jusqu'à l'Uruguay round, les PVD ne prenaient pas part aux négociations. En conséquence, le commerce des produits constituant des avantages comparatifs pour ces pays n'avait pas été libéralisé de manière significative. Les pays du Sud gardaient également un niveau de protection relativement élevé, ce qui était perçu comme de plus en plus déloyal par les pays développés car certains PVD commençaient à devenir des exportateurs importants de biens manufacturés. De manière générale, les PVD ont été nombreux à demander et à obtenir leur adhésion à l'*OMC* dans la période récente, traduisant l'intérêt grandissant de ces pays pour une participation active au processus de libéralisation multilatéral.
3) *Nouveaux sujets*
   - L'Uruguay round comporte un nouvel accord sur le commerce des services (*GATS, General agreement on trade in services*). Le commerce de services devient une composante importante du commerce international (20 % du commerce mondial en 1999 selon l'OMC) et avait été exclu des rounds précédents. Il y avait (et il y a toujours) dans ce type d'échange des barrières au commerce importantes, en particulier pour les services financiers et les services ayant trait à la communication (en particulier dans les PVD). Les négociations, sur ce terrain comme sur celui de l'agriculture, ont été difficiles, les oppositions

étant fortes entre les PVD et les pays développés d'une part, les États-Unis et l'Europe d'autre part (les services audiovisuels ayant par exemple été exclu des négociations suivant le souhait de l'Union européenne et de la France en particulier). Le progrès principal de cet accord vient de l'obligation de transparence dans les règles susceptibles d'affecter le commerce international de services (art. III). Le GATS constitue plus, dans sa forme actuelle, un cadre de négociations futures qu'un accord de libéralisation à proprement parler.

- Un nouvel accord sur les droits de propriété intellectuelle (*TRIPS, Trade Related aspects of Intellectual Property rights*). Il s'agit d'un ensemble de règles protégeant les brevets, les marques commerciales, les droits d'auteur... dans leurs aspects reliés aux échanges internationaux.
- Un nouvel accord sur les mesures relatives aux investissements (*TRIMS, Trade Related Investment Measures*). Les gouvernements considèrent souvent que le protectionnisme n'est pas suffisant pour protéger les firmes nationales de la concurrence internationale. En effet, la montée des firmes multinationales a poussé les États à prendre des mesures visant à imposer de nouvelles contraintes aux investisseurs étrangers : 1) *les règles de contenu local* sont l'instrument le plus répandu, surtout dans les accords régionaux. Elles permettent de limiter la pression concurrentielle qu'exercent les filiales étrangères sur leurs concurrentes locales, mais également de dynamiser le secteur amont local. 2) Les clauses de commerce équilibré, qui imposent que les exportations d'une filiales couvrent ses importations. 3) Les clauses de performances minimales à l'exportations, interdisant même parfois les ventes locales. Ces mesures ont été interdites par l'accord, avec un délai de deux ans pour les pays développés et de cinq ans pour les PVD.

4) *La création de l'OMC* 179

a) *La structure*

Voici le texte officiel de l'*OMC*[Q] concernant sa création :

> « L'accord instituant l'Organisation multilatérale du commerce (OMC) envisage un cadre institutionnel commun englobant l'Accord général tel qu'il a été modifié par l'Uruguay Round, tous les accords et arrangements conclus sous les auspices du GATT et les résultats complets des négociations de l'Uruguay Round. Au sommet de la structure de l'organisation se trouvera une Conférence ministérielle se réunissant au moins une fois tous les deux ans. Un Conseil général sera établi et chargé de superviser régulièrement le fonctionnement de l'accord et des décisions ministérielles. Le Conseil général servira lui-même d'Organe de règlement des différends et de Mécanisme d'examen des politiques commerciales, ayant compétence sur l'ensemble des questions commerciales visées par l'OMC, et il établira aussi des organes subsidiaires tels qu'un Conseil des marchandises, un Conseil des services et un Conseil des aspects des droits de propriété intellectuelle qui touchent au commerce. Le cadre fourni par l'OMC garantira une approche des résultats de l'Uruguay Round fondée sur un "engagement unique" : les membres de l'OMC devront accepter tous les résultats de l'Uruguay Round sans exception. »
>
> Source : Textes officiels sur le site de l'OMC.

Tableau 12.2. Un résumé de l'accord final de l'Uruguay Round

A. Multilateral agreement on merchandise trade
– Agreement Establishing the WTO – General Agreement on Tariffs and Trade 1994 – Uruguay Round Protocol GATT 1994 – Accord sur l'agriculture – Accord sur l'application des mesures sanitaires et phytosanitaires – Decision on Measures Concerning the Possible Negative Effects of the Reform Programme on Least-Developed and Net Food-Importing Developing Countries – Accord sur les textiles et les vêtements – Accord sur les obstacles techniques au commerce – Accord sur les mesures concernant les investissements et liées au commerce – Agreement on Implementation of Article VI (Anti-Dumping) – Agreement on Implementation of Article VII (Customs Valuation) – Agreement on Preshipment Inspection – Agreement on Rules of Origin – Agreement on Import Licensing Procedures – Agreement on Subsidies and Countervailing Measures – Agreement on Safeguards
B. General Agreement on Trade in Services (GATS)
C. Agreement on Trade-Related Aspects of Intellectual Property Rights, Including Trade in Counterfeit Goods (TRIPs)
D. Understanding on Rules and Procedures Governing the Settlement of Disputes
E. Plurilateral trade agreements
– Agreement on trade of Civil Aircrafts – Agreement on Government Procurement – International Dairy Agreement – International Bovine Meat Agreement

Note : Source : d'aprèsWTO Legal texts link.

Tous les membres de l'OMC, y compris les PVD, doivent signer tous les accords qui font partie de l'accord multilatéral sur le commerce de biens (partie A.), les accords GATS et TRIPS. Seuls les accords pluri-latéraux conservent le principe du volontariat négocié durant le Tokyo Round.

b) *La procédure de règlement des litiges*

La procédure de règlement des litiges introduite avec la création de l'OMC est une innovation importante par rapport au GATT. Sous l'ancien régime du GATT, un pays pouvait exercer un droit de veto contre un jugement qui lui était défavorable. Avec l'OMC, un pays membre ne peut plus négliger une condamnation : le pays doit suivre les recommandations du panel d'expert ou compenser le pays qui a porté plainte. S'il n'y a pas de compensation, le pays plaignant peu retirer ses concessions et obligations ci-à-vis du pays condamné. Cette modification s'applique à tous les accords de l'OMC. C'est une étape décisive vers un règlement multilatéral des litiges mais qui repose encore sur un mécanisme de représailles bilatérales. Le 13 juillet 2001, l'OMC avait connu 234 dépôts de plaintes depuis le 1er janvier 1995 correspondant à 180 affaires. Sur ces 180, 122 avaient été déposées par des pays développés et 56 par des PVD. Les États-Unis sont de loin le pays déposant le plus de plaintes et également le pays sujet du plus grand nombre de plaintes (dans les deux cas, les litiges ont souvent lieu avec des pays en voie de développement).

3. La prochaine étape : Doha et le round du développement 180

La quatrième conférence ministérielle de l'OMC s'est tenue à Doha, au Qatar du 9 au 14 novembre 2001. Deux événements majeurs ont marqué cette conférence :

1) Les pays membres ont finalement réussi à se mettre d'accord sur un « programme de travail » pour le prochain round de négociations. Cet accord contrastait avec la troisième conférence ministérielle de l'OMC à Seattle où la négociation avait échoué sur fond de contestation violente de l'institution.
2) La Chine et Taiwan ont accédé à l'OMC.

La déclaration de Doha met l'accent sur le fait que la libéralisation commerciale doit servir au développement des pays les plus pauvres : « La majorité des Membres de l'OMC sont des pays en développement. Nous visons à mettre leurs besoins et leurs intérêts au centre du Programme de travail adopté dans la présente déclaration. » Énumérons les principaux points de ce « programme de travail » :

- *Questions et préoccupations liées à la mise en œuvre* : Les PVD en particulier ont insisté sur le fait que de nombreux points censés être réglé par l'Uruguay Round ne l'avaient en fait jamais été, en particulier en termes d'accès aux marchés du Nord par les exportateurs du Sud. Ces pays demandent donc, avant de commencer à négocier sur de nouveaux sujets, de régler les questions de mise en oeuvre des décisions prises il y a maintenant dix ans.
- *Agriculture* : « Faisant fond sur les travaux accomplis à ce jour et *sans préjuger du résultat des négociations*, nous nous engageons à mener des négociations globales visant à : des améliorations substantielles de l'accès aux marchés ; des réductions de toutes les formes de subventions à l'exportation, *en vue de leur retrait progressif* ; et des réductions substantielles du soutien interne ayant des effets de distorsion des échanges. » La terminologie employée témoigne de la difficulté rencontrée pour se mettre d'accord sur ce sujet, et les réticences des pays comme les États-Unis ou les membres de l'UE a faire des concessions sur ce point.
- *Services* : Les pays s'engagent à continuer de mettre en oeuvre l'accord du GATS.
- *Accès aux marchés pour les produits non agricoles* : Les pays s'accordent pour négocier avec le but de « réduire ou, selon qu'il sera approprié, éliminer les droits de douane… en particulier pour les produits dont l'exportation présente un intérêt pour les pays en développement. »
- *Aspects des droits de propriété intellectuelle qui touchent au commerce :* Cette partie consiste à mettre en oeuvre et interpréter l'accord TRIPS « d'une manière favorable à la santé publique, en promouvant à la fois l'accès aux médicaments

existants et la recherche-développement concernant de nouveaux médicaments et, à cet égard, nous adoptons une Déclaration distincte. » Les pays riches s'engagent donc en particulier à faire avancer les négociations concernant la production et le commerce de médicaments génériques, en particulier les médicaments de lutte contre le SIDA.

- *Transparence des marchés publics* : « Les négociations seront limitées aux aspects relatifs à la transparence et ne restreindront donc pas la possibilité pour les pays d'accorder des préférences aux fournitures et fournisseurs nationaux. » Les ambitions sur ce dossier étaient d'emblée faibles et ont été depuis lors clairement abandonnées.
- *Facilitation des échanges* : « Reconnaissant les arguments en faveur de l'accélération accrue du mouvement, de la mainlevée et du dédouanement des marchandises, y compris les marchandises en transit, et la nécessité d'une assistance technique et d'un renforcement des capacités accrus dans ce domaine, nous convenons que des négociations auront lieu après la cinquième session de la Conférence ministérielle... Nous nous engageons à faire en sorte qu'une assistance technique et un soutien pour le renforcement des capacités adéquats soient fournis dans ce domaine. »
- *Pays les moins avancés* : « Nous reconnaissons la gravité des préoccupations exprimées par les pays les moins avancés (PMA) dans la Déclaration de Zanzibar adoptée par leurs ministres en juillet 2001. Nous reconnaissons que l'intégration des PMA dans le système commercial multilatéral exige un accès aux marchés véritable, un soutien pour la diversification de leur base de production et d'exportation, et une assistance technique liée au commerce et un renforcement des capacités. Nous convenons que la véritable intégration des PMA dans le système commercial et l'économie mondiale nécessitera des efforts de la part de tous les Membres de l'OMC. Nous nous engageons en faveur de l'objectif d'un accès aux marchés en franchise de droits et sans contingent pour les produits originaires des PMA. »
- *Organisation et gestion du programme de travail* : « Les négociations devant être menées aux termes de la présente déclaration seront conclues au plus tard le 1er janvier 2005. La cinquième session de la Conférence ministérielle fera le bilan des progrès accomplis dans les négociations, donnera toutes les orientations politiques nécessaires, et prendra des décisions selon qu'il sera nécessaire. Lorsque les résultats des négociations dans tous les domaines auront été établis, une session extraordinaire de la Conférence ministérielle se tiendra pour prendre des décisions concernant l'adoption et la mise en œuvre de ces résultats. »

  « La conduite globale des négociations sera supervisée par un Comité des négociations commerciales sous l'autorité du Conseil général. Le Comité des négociations commerciales tiendra sa première réunion au plus tard le 31 janvier 2002. Il établira des mécanismes de négociation appropriés selon qu'il sera nécessaire et supervisera les progrès des négociations. »

181 La cinquième Conférence ministérielle de l'OMC s'est tenue à Cancún, au Mexique, du 10 au 14 septembre 2003. Elle avait pour objectif principal de dresser un bilan de l'avancement des négociations et des autres travaux requis par le Programme de Doha pour le développement. La conférence a connu un échec

des négociations au bout de cinq jours, qui a bloqué le processus de négociation multilatérale jusqu'à un redémarrage timide à l'été 2004. La raison essentielle de l'échec de la conférence tient à l'opposition des pays riches et des pays en développement (regroupés pour l'occasion en un groupe de négociations comprenant notamment des pays comme le Brésil, la Chine et l'Inde) sur les dossiers les plus épineux. Les pays du Nord voulaient introduire des nouveaux sujets de négociation dits de Singapour (touchant à la protection des investissements directs et des droits de propriété intellectuelle, à la transparence des marchés publics et à la facilitation du commerce) et améliorer l'accès des produits industriels aux marchés des PVD. Les pays du Sud étaient essentiellement intéressés par la réalisation de progrès dans le domaine du protectionnisme et des subventions agricoles pratiqués par les pays riches. Cette opposition de fond, et les thématiques de blocage des négociations renvoient aux principaux succès et échecs que l'on peut identifier dans le processus de libéralisation du commerce depuis plus de 50 ans. C'est le sujet que nous évoquons maintenant.

§ 2 Succès et échecs

A. Les succès

Le point de réussite le plus marquant du GATT a été la chute importante des droits de douane depuis la fin de la guerre. La figure 12.2 représente le droit de douane moyen de 35 pays dans le monde sur très longue période[1] et l'on peut constater la chute importante du niveau de protection moyen depuis la fin de la seconde guerre mondiale, grâce aux négociations multilatérales. 182

Figure 12.2. Droit de douane moyen mondial (35 pays) non pondéré en pourcentage du prix

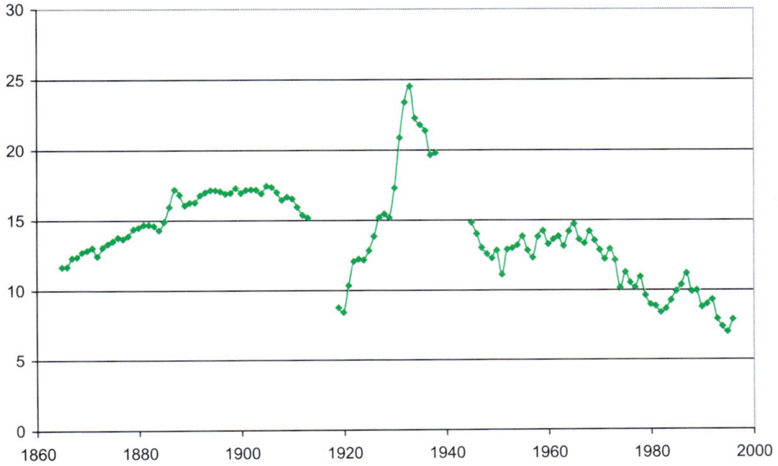

1. La source est le rapport *The Economics of Globalization* réalisé par des économistes du CEPR en 2003 pour la commission européenne.

La réduction des taux de protection a été substantielle depuis la fin de la seconde guerre mondiale et cette réduction a été relativement généralisée au niveau international. La Banque Mondiale fait état de droits de douane moyens pour les PVD et les pays industrialisés de respectivement 27,6 % et 9,8 % en 1980 et de 11,3 % et 4,0 % en 1999.

On peut également voir dans le tableau 12.3 que la proportion d'importations sans tarif douanier des pays développés est désormais très importante (44 % à la

Tableau 12.3. Profil de droits de douane pre- et post-Uruguay Round pour les produits industriels : les trois principaux groupes de pays.

(Billions of US dollars and percentages) [1]

	Imports from:[2]		Percentage distribution[2]					
			Tariff lines		Imports from all sources		Imports from developing economies	
	All sources	Developin g economies	Pre-UR	Post UR	Pre-UR	Post UR	Pre-UR	Post UR
Developed Economies								
Total	736.9	169.7	100	100	100	100	100	100
Duty-free[3]	149.5	37.3	21	32	20	44	22	44
0.1 - 5.0%	304.3	57.4	24	25	41	32	34	25
5.1 - 10.0%	176.8	38.2	22	20	24	15	23	16
10.1 - 15.0%	51.5	21.6	10	9	7	5	13	9
15.1 - 35.0%	45.1	13.7	16	13	6	4	8	5
Over 35%	9.8	1.5	7	2	1	1	1	0
Developing Economies								
Total	350.5	-	100	100	100	100	-	-
Duty-free[3]	137.3	-	11	10	39	42	-	-
0.1 - 5.0%	20.5	-	6	5	6	5	-	-
5.1 - 10.0%	28.1	-	7	5	8	10	-	-
10.1 - 15.0%	14.4	-	5	5	4	5	-	-
15.1 - 35.0%	96.6	-	30	55	28	30	-	-
Over 35%	53.6	-	42	20	15	8	-	-
Transition Economies								
Total	34.7	2.2	100	100	100	100	100	100
Duty-free[3]	4.6	0.5	7	10	13	16	22	31
0.1 - 5.0%	9.5	0.7	23	32	27	37	30	30
5.1 - 10.0%	9.5	0.5	33	46	27	35	22	26
10.1 - 15.0%	7.5	0.3	27	8	22	7	12	6
15.1 - 35.0%	3.4	0.3	10	4	10	4	14	7
Over 35%	0.2	0.0	0	0	0	0	0	0

[1] Excluding petroleum.
[2] The import value and total number of lines exclude tariff lines for which duties are not available in ad valorem terms since these lines cannot be distributed by duty ranges.
[3] Figures refer to tariff lines which were duty-free prior to the Uruguay Round, including those that were fully bound, partially bound or unbound.

Source : d'après GATT (1994)

sortie de l'Uruguay Round contre 20 % précédemment). Les PVD ont toujours une distribution de leurs droits de douane de type « *twin peaks* », avec une grande proportion d'importations entrant sans aucun tarif mais également une grande partie des importations subissant des droits très élevés (30 % des importations sont taxées à des taux entre 15 et 35 %). Néanmoins, la proportion des droits prohibitifs (supérieurs à 35 %) se réduit.

Enfin, un autre signe marquant le succès du GATT réside dans l'augmentation marquée du nombre de pays membres au cours du temps et dans le pourcentage des flux commerciaux couverts par la libéralisation.

B. Les échecs

Les échecs du GATT les plus visibles se situent dans les secteurs les plus sensibles : l'agriculture et le textile.

L'agriculture

Le soutien des pays à leur secteur agricole national par le biais du protectionnisme ou d'autres moyens est marqué par un paradoxe : les pays membres de l'OCDE ont généralement un niveau d'intervention élevé sur un secteur représentant 2.1 % de leur PIB en 1997, alors que les pays à bas revenus ont habituellement un niveau d'intervention faible (et souvent négatif au travers des mécanismes de taxation) sur un secteur représentant 26 % de leur PIB en 1997.

L'OCDE, dans son rapport annuel concernant les politiques agricoles[1], souligne que, malgré la baisse de l'intervention des pays riches, le soutien à ce secteur y reste extrêmement important. Selon les estimations de l'OCDE, les pays imposant le plus grand coût à leurs économies en l'an 2000 au travers de ces politiques agricoles sont la Corée du Sud (5.25 % du PIB), la Turquie (3.54 %), la Hongrie (2.34 %), la Suisse (2.06 %), le Japon (1.59 %), l'Union européenne (1.32 %) est légèrement au dessus de la moyenne de l'OCDE, les États-Unis légèrement en dessous (0.92 %). La protection est particulièrement prononcée pour certains produits comme les céréales, le sucre, les produits laitiers et la viande de boeuf.

Suivant la volonté des grands pays développés, le secteur agricole avait été très peu concerné par les premières étapes de la libéralisation commerciale sous l'égide du GATT. Des mesures de protection de toutes sortes, des subventions à la production, et/ou à l'exportation, des mesures de contrôles des prix... ont été utilisées et ont abouti aux résultats suivants (Boüet, 1998) :

- Entre 1970-1974 et 1985-1989, les prix des biens agricoles ont baissé de 30 % sur le marché mondial, mais de seulement 10 % au sein de l'UE et ont augmenté de 22 % au Japon.
- Le coût annuel de la protection est estimé à 86,4 milliards de US dollars pour les consommateurs européens et à 82,4 milliards de US dollars pour les consommateurs japonais, représentant des transferts respectifs de 1 130 et 2 290 US dollars des consommateurs aux agriculteurs.
- De plus, cette protection renforce les inégalités puisque ce sont les consommateurs les plus pauvres qui en souffrent le plus et que les transferts bénéficient en premier lieu aux grands producteurs (tout particulièrement au sein de l'UE).

1. OCDE, 2002, *Politiques agricoles des pays de l'OCDE : Panorama.*

Des progrès substantiels ont néanmoins été accomplis durant l'Uruguay Round, mais au prix de difficultés politiques importantes. L'OMC rappelle que les produits agricoles et textiles-habillement restent les plus protégés dans les pays les plus riches du monde, comme on peut le voir dans la figure 12.3 qui provient du rapport annuel 2003 de l'organisation mondiale du commerce.

■ **184** Textile - Habillement

Jusqu'à l'achèvement de l'Uruguay Round, les quotas concernant le textile et l'habillement étaient négociés de manière bilatérale et régis par les Accords Multifibre (AMF). Ces accords constituaient une déviation importante des règles de base du GATT, en particulier du principe de non-discrimination. Le premier janvier 1995, ils ont été remplacés par l'accord de l'OMC sur le textile et l'habillement qui met en place un processus de retrait graduel et complet de ces quotas. Ce processus est prévu pour s'étaler sur dix ans (1995-2004).

L'article 6 de cet accord comporte un mécanisme de sauvegarde transitoire visant à protéger les pays membres contre des hausses brutales et dommageables des importations au cours de la période de transition. Il existe un risque que les pays de l'OCDE utilisent ces mécanismes de sauvegarde à la place des AMF. Le résultat serait alors de transférer les rentes de la protection des PVD vers les pays riches (les premiers bénéficiant des rentes issus des quotas sous le régime des AMF et les seconds bénéficiant des revenus tarifaires des mécanismes de sauvegarde).

L'adhésion de la Chine est sur ce plan une question cruciale. Ce pays est en train de devenir un des plus grands exportateurs mondiaux de ce type de produits. Les statistiques du commerce international de l'OMC (la version 2003 est disponible en ligne à `www.wto.org`) font état d'une part de près de 25 % des exportations mondiales de vêtements pour la Chine et Hong-Kong. Le démantèlement des AMF conjugué à l'adhésion de la Chine produira sans aucun doute des bouleversements importants dans les flux commerciaux de ce secteur.

■ **185** Pics tarifaires et barrières non tarifaires

Les *pics tarifaires* [Q], c'est-à-dire les secteurs pour lesquels les tarifs sont extrêmement importants, restent un problème non négligeable. La réduction de ces pics était un objectif officiel de l'Uruguay Round, mais malgré cela ils ne furent pas réellement réduits comme le montre le tableau 12.4. À contraire, les droits de douane on baissé moins fortement dans les secteurs où ils étaient les plus importants.

La prolifération des barrières non tarifaires, moins « visibles » que les droits de douane ou les quotas, a souvent été la réponse à la réduction des droits de douane pour les pays souhaitant maintenir un certain niveau de protection. Une autre voie permettant aux pays de compenser les concessions tarifaires est l'utilisation de mesures de protection contingentes, qui présentent de nombreux « avantages », en particulier le fait d'être autorisées par l'OMC.

■ **186** La protection contingente

- *Les droits antidumping*
  Il existe deux définitions juridiques du dumping : 1) La pratique de prix à l'exportation inférieur au prix domestique. 2) La pratique de prix à l'exportation inférieur au coût moyen. Quelle sont le raisons qui peuvent pousser les firmes à pratiquer le dumping ? Mises à part les réactions aux baisses d'activité cycliques,

Figure 12.3. Répartition sectorielle des droits de douane de la « Quadrilatérale »

Graphique II.1

Moyenne simple des taux de droits NPF, par section du SH

Section du SH

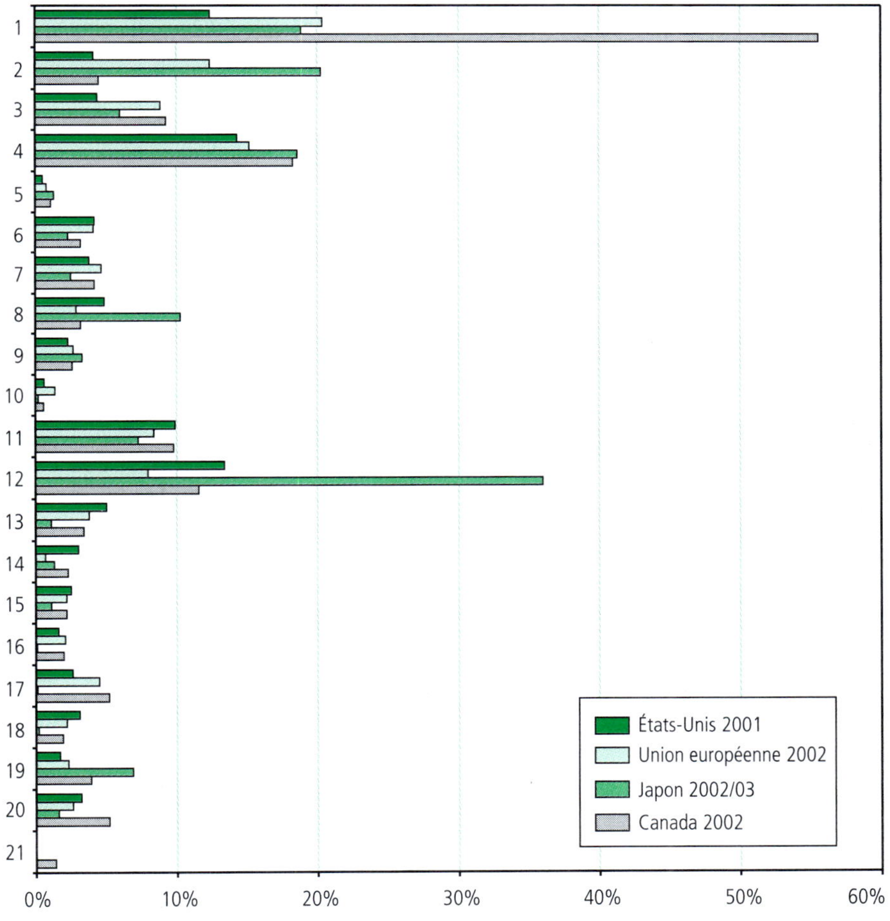

1 Animaux vivants et produits du règne animal
2 Produits du règne végétal
3 Graisses et huiles
4 Produits des industries alimentaire, etc.
5 Produits minéraux
6 Produits des industries chimiques
7 Matières plastiques et caoutchouc
8 Peaux
9 Bois et ouvrages en bois
10 Pâte de bois, papier, etc.
11 Matières textiles et ouvrages en ces matières
12 Chaussures, coiffures
13 Ouvrages en pierres
14 Pierres précieuses, etc.
15 Métaux communs et ouvrages en ces métaux
16 Machines
17 Matériel de transport
18 Instruments de précision
19 Armes et munitions
20 Marchandises et produits divers
21 Objets d'art, etc.

Note: Les équivalents *ad valorem* ont été prise en compte dans les calculs, quand ils étaient disponibles. Quand ils ne l'étaient pas, la partie *ad valorem* a été utilisée pour les droits alternatifs et les droits composites.
Source: Calculs du Secrétariat de l'OMC, sur la base des renseignements fournis par les Membres concernés.

Tableau 12.4. Réductions tarifaires des pays développés dans les principaux groupes de produits.

(Billion US dollars and percentages) [1]

Product category	Import value		Tariff averages weighted by:					
	All sources	Developin g economies	Imports from all sources			Imports from developing economies		
			Pre-UR	Post UR	% Red.	Pre-UR	Post UR	% Red.
All industrial products	736.9	169.7	6.3	3.8	40	6.8	4.3	37
Fish & fish products	18.5	10.6	6.1	4.5	26	6.6	4.8	27
Wood, pulp, paper & furniture	40.6	11.5	3.5	1.1	69	4.6	1.7	63
Textiles and clothing	66.4	33.2	15.5	12.1	22	14.6	11.3	23
Leather, rubber, footwear	31.7	12.2	8.9	7.3	18	8.1	6.6	19
Metals	69.4	24.4	3.7	1.4	62	2.7	0.9	67
Chemicals & photographic supplies	61.0	8.2	6.7	3.7	45	7.2	3.8	47
Transport equipment	96.3	7.6	7.5	5.8	23	3.8	3.1	18
Non-electric machinery	118.1	9.8	4.8	1.9	60	4.7	1.6	66
Electric machinery	86.0	19.2	6.6	3.5	47	6.3	3.3	48
Mineral products & precious stones	73.0	22.2	2.3	1.1	52	2.6	0.8	69
Manufactured articles n.e.s.	76.1	10.9	5.5	2.4	56	6.5	3.1	52
Industrial tropical products	32.8	14.4	4.2	2.0	52	4.2	1.9	55
Natural resource-based products[1]	80.2	33.4	3.2	2.1	34	4.0	2.7	33

[1] Excluding petroleum products.

Source : d'après GATT (1994)

la principale explication tient dans le *dumping prédateur*, c'est-à-dire la pratique de prix très bas pour empêcher l'entrée ou forcer la sortie de concurrents. Ce n'est néanmoins pas un comportement très crédible. En effet, aussitôt que la firme prédatrice revient à des « prix normaux », on peut penser que les concurrents recommenceront à entrer sur le marché (sauf dans des cas particuliers comme les secteurs sujets à des *externalités de réseaux* où la constitution rapide d'une large clientèle tend à constituer un avantage de long terme prédominant).

Ces définitions légales sont assez différentes du dumping provenant de *discrimination internationale des prix*. Dans le modèle de Brander et Krugman (1983) (présenté dans le chapitre 8) par exemple, la segmentation des marchés fournit une incitation aux firmes pour pratiquer des prix inférieurs sur les marchés étrangers parceque la demande y est plus sensible aux variations de prix (son élasticité prix est plus importante). Cela entraîne un niveau de prix à l'exportation (net des coûts de transport) inférieur aux prix domestiques. Ce différentiel, usuellement interdit par la loi, provient d'un comportement « normal » de maximisation du profit en situation de segmentation des marchés par une barrière au commerce.

Sous les règles habituelles de politique de la concurrence dans les pays développés, les procédures antidumping suivent deux étapes : 1) il faut d'abord établir la preuve de l'existence de dumping, en comparant les prix domestiques et les prix à l'exportation ou en comparant ces derniers à un prix « juste » fondé sur des estimations de coûts de production fournies par des experts, 2) il faut ensuite prouver qu'il y a eu un dommage chez les firmes domestiques en raison de la pratique de dumping. Si les deux conditions sont vérifiées, il s'ensuit l'établissement d'un droit de douane antidumping en théorie égal à la marge de dumping.

De nombreux problèmes entachent cette procédure et la rendent très fortement discutable. Le plus important des problèmes est que la procédure est vulnérable à l'action des groupes de pressions domestiques et risque de se transformer en un nouvel instrument (sophistiqué) du protectionnisme. Un exemple fréquemment mis en avant est le fait que les experts engagés pour prouver l'existence de la marge de dumping émanent très souvent de l'industrie domestique concurrente et sont donc très peu indépendants et indifférents à la décision prise.

– *Tarifs Compensatoires*
L'OMC (et le GATT avant lui) autorise les pays membres à utiliser des tarifs compensatoires afin de compenser les effets des subventions à l'exportation.
D'un point de vue théorique, et sous les conditions de concurrence parfaite, le tarif compensatoire permet de restaurer l'optimalité du libre échange au travers d'un changement des prix relatifs perçus par les consommateurs domestiques et les producteurs étrangers dans le sens inverse de la distorsion initialement introduite par la subvention. Un autre effet bénéfique de cette possibilité est de décourager la pratique de subventions à l'exportation.
En pratique, les tarifs compensatoires sont principalement utilisés par l'Union européenne et les États-Unis pour compenser les subventions à l'exportation dans le secteur agricole.

De manière générale, les subventions sont si répandues qu'elles constituent un sujet difficile et très conflictuel dans les négociations de l'OMC. Un des sujets sensibles est la question des subventions à la production, qui ne relèvent normalement pas des principes du GATT, mais ont des effets indirects sur les exportations. Les subventions à la R&D sont également susceptibles d'avoir des effets indirects sur les exportations mais ne sont pas interdites par les principes du GATT-OMC tant qu'elles ne touchent pas des firmes particulières.

– *Les clauses de sauvegarde*
L'article XIX du GATT permet aux pays membres de restreindre leurs importations si une hausse rapide de leur volume crée des dommages à l'économie domestique. Ces restrictions doivent être de durée limitée (moins de 5 ans) et non discriminatoires. Elles doivent également être compensées par des réductions parallèles de droits de douane dans d'autres secteurs ou l'autorisation de mesures de représailles. En raison de ces restrictions fortes, les clauses de sauvegarde ne sont pas utilisées très souvent.

– *Données chiffrées*
Les données statistiques montrent effectivement que la protection contingente a connu récemment un mouvement de hausse important. C'est particulièrement le cas pour l'Union européenne et les États-Unis dans les secteurs caractérisés par des structures de marchés oligopolistiques comme l'acier, les produits chimiques,

les machines outils, les machines électriques... La figure 12.4 montre l'évolution depuis la création de l'OMC des plaintes déposées pour dumping et des mesures de rétorsions prises dans ce cadre par les pays membres. On assiste à une augmentation importante.

Figure 12.4. La montée des plaintes anti-dumping.

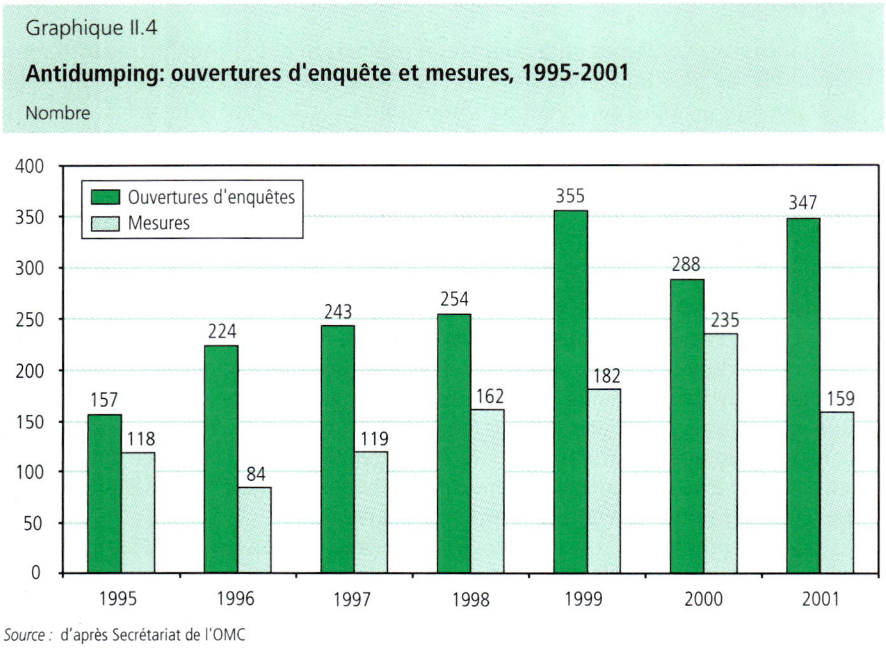

Source : Rapport annuel 2003 de l'OMC.

Figure 12.5. La montée de la protection contingente (total des mesures en vigueur).

	Anti-dumping					*Droits compensatoires*				
	1980	*1985*	*1990*	*1995*	*1997*	*1980*	*1985*	*1990*	*1995*	*1997*
Australie	0	167	20	86	45	0	1	1	13	7
Canada	92	132	103	91	91	0	3	9	6	5
Union européenne	6	146	151	178	137	0	4	0	1	3
Mexique	0	0	nd	42	81	0	nd	0	nd	8
États-Unis	90	112	196	305	302	48	86	86	103	52
Autres	0	0	11	119	224	0	0	0	4	12
Total	188	557	481	821	880	48	94	106	123	87

Source : Bouët (2000), op.cit.

De Melo et Grether (1997)[1] montrent également que les droits de douane antidumping ont en général un niveau très élevé : supérieur à 30 %, c'est-à-dire

1. op. cit.

plus de *trois fois* le tarif NPF moyen pour les produits correspondants. De manière générale, la plupart des spécialistes de cette question s'accordent à penser que les droits antidumping et les procédures qui les accompagnent sont plus dommageables pour le bien-être que les droits traditionnels faisant l'objet des négociations à l'OMC. Une des raisons importantes est que les firmes, dans certains secteurs, utilisent ces procédures de manière stratégique. Des travaux théoriques ont en particulier montré que certaines firmes utilisent ces procédures comme une *menace crédible afin de garantir la stabilité des accords (implicites ou explicites) de fixation des prix avec les firmes étrangères.* En effet, lorsque les capacités utilisées sont faibles dans le secteur et que les concurrents étrangers ont des parts de marché importantes, la notification aux autorités antidumping peut être utilisée comme menace pour parvenir à un accord sur les prix. Il semble que, dans les faits, de nombreuses procédures soient interrompues en raison des retraits de plaintes à la suite un changement de comportement de la firme étrangère ou de la conclusion d'un accord.

Unilatéralisme

Les pratiques que l'on associe à l'unilatéralisme sont principalement le fait des États-Unis, qui disposent de mesures officielles unilatérales en ce qui concerne la politique commerciale.

- Le *U.S. Trade Act* de 1974 dispose d'une fameuse *Section 301* (modifiée par la suite en « super 301 »). Cette section permet à des personnes privées de faire appel au gouvernement américain pour obtenir réparation si leurs intérêts commerciaux ont été lésés par des pratiques illégales ou injustes *émanant de gouvernements étrangers*.
- Le président des États-Unis peut alors commencer à négocier directement avec le gouvernement étranger incriminé afin d'obtenir une amélioration de l'accès des firmes américaines sur ce marché.
- Si les négociations échouent, le *US Trade Representative* peut décider de demander l'application de sanctions unilatérales par les États-Unis.
- Entre 1974 et 1992, à peu près 20 cas ont été instruits avec une demande d'action unilatérale dans environ 70 % des cas. Les requêtes des États-Unis étaient habituellement posées en des termes de baisse de barrières sous un schéma NPF. Ces cas portaient sur des domaines en dehors du champ de compétences des règles du GATT.

Un tel comportement n'est pas seulement dangereux en termes de déclenchements potentiels de représailles de la part des pays visés, il constitue également une violation ouverte de la plupart des principes du GATT et en cela constitue un effet d'annonce très dommageable pour le système de négociation multilatérale. De plus, ce type d'attitude favorise la prolifération d'accords commerciaux bilatéraux comme ceux concernant le commerce d'automobiles et de semi-conducteurs entre le Japon et les États-Unis. Ces accords sont en général de nature quantitative (quotas, RVE...) et ont par conséquent des effets négatifs considérés en général comme plus importants par la théorie économique (voir le chapitre 13 sur ce point).

188 Nouvelles thématiques de la protection

Une tendance récente a émergé dans les pays riches consistant à justifier des mesures de protection aux frontières sur des fondements de normes *techniques, environementales, sanitaires ou éthiques.* Le danger existe que les gouvernements utilisent ce type de critères très populaires dans l'opinion publique des pays développés pour instaurer un nouveau protectionnisme déguisé visant à remplacer les barrières « démodées » interdites par le GATT.

Fontagné et al. (2001)[1] utilisent la base de données TRAINS citée plus haut et observent qu'en 1999, les trois quarts des produits échangés, représentant 88 % du commerce mondial de biens, sont soumis à une mesure environnementale par au moins un pays. Les exportateurs des pays les moins avancés sont les plus touchés. La question essentielle est de savoir si de telles pratiques peuvent être qualifiées ou non de protectionnistes. On peut supposer que ces mesures auront de fortes chances d'être protectionnistes si très peu de pays considèrent le produit comme dangereux pour l'environnement ou la santé. Pour 1983 produits sur 4917, au plus cinq pays imposent une barrière environnementale, et ces mesures interprétées comme protectionnistes affectent potentiellement la moitié du commerce mondial en valeur !

1. Fontagné, L., F. von Kirchbach et M. Mimouni, 2001, « A First Assessment of Environment-Related Trade Barriers », document du travail du CEPII, n° 01-10.

Mémo

Le protectionnisme peut prendre deux formes : la protection tarifaire et la protection non-tarifaire. La première catégorie regroupe différents types de droits de douanes, c'est-à-dire d'impôts acquittés par les importateurs des produits en question. La deuxième catégorie comprend les barrières au commerce autres que les tarifs, destinées à protéger la production d'un pays dans un secteur donné. On citera le quota, ou encore les normes et règlements administratifs ou normes de contenu local.
Pour obtenir une mesure de la protection existant entre deux pays, il faudrait synthétiser les différentes mesures de protection observables et recenser leurs montants et couvertures. Néanmoins, ceci s'avère très difficile, non seulement pour les barrières tarifaires (disponibilité des données, conversion en équivalent ad-valorem, pondération des secteurs) mais encore davantage pour les barrières non-tarifaires (on a alors recours à ces indicateurs de fréquence et indices de couverture, signalant la présence d'une BNT pour chaque produit). Le taux de protection effectif concerne, quant à lui, la mesure de la protection sur la valeur ajoutée du produit.
La mise en place de mesures protectionnistes peut être analysée sous l'angle de l'économie politique. On parle alors du marché politique de la protection, sur lequel offre et demande cherchent à maximiser leur utilité. La demande de protection dépend des intérêts des agents favorables à la protection, c'est-à-dire les individus appartenant à des industrie en concurrence avec les firmes étrangères sur le marché national. L'offre de protection est une décision politique prise par le gouvernement et mise en oeuvre par l'administration, l'objectif de ces deux groupes étant de se maintenir au pouvoir. L'équilibre va déterminer le niveau de protection (la quantité) et son prix.
Une synthèse de l'état et de l'évolution des politiques internationales d'ouverture jusqu'à nos jours nécessite de revenir sur l'histoire, les succès et les échecs des deux institutions que sont le GATT et l'OMC. Le GATT est né en 1947 du refus des États-Unis de ratifier la création d'une organisation internationale du commerce au sortir de la guerre. L'OMC a été créée en 1995 pour succéder au GATT. Le principe de non-discrimination comprend deux obligations : le traitement national et la clause de la nation la plus favorisée (NPF), cette dernière stipulant qu'une réduction de la protection doit être appliquée à tous les membres de l'accord. Les autres obligations sont celle de réciprocité et de transparence. Enfin, deux interdictions : interdiction de pratiquer le dumping et d'instaurer des subventions. Les exceptions sont de trois types. Premièrement, l'exception aux principes. Celle-ci autorise la violation de la clause NPF et permet donc les accords de libre échange et les unions douanières. Ensuite, l'exception pour les pays en voie de développement, et enfin les exceptions en pratique, c'est-à-dire celles qui n'étaient pas prévues au départ sur l'agriculture et le textile.
Les négociations multilatérales sous l'égide du GATT et de l'OMC sont organisées à intervalles réguliers et sont appelées rounds. Les négociations de l'Uruguay round se terminent par la signature des accords de Marrakech en 1994. Quatre types d'accords en font partie : un accord pour une réduction des barrières aux échanges, le changement de rôle des pays en voie de développement vers davantage de participation aux négociations, l'instauration de nouveaux sujets (commerce de service - GATS, droits

de propriété intellectuelle - TRIPS, investissement - TRIMS) et la création de l'OMC. Les négociations actuelles ont lieu au sein du round de Doha. La déclaration de Doha soulignant que la libéralisation commerciale doit servir au développement des pays les plus pauvres, ce round est aussi appelé le round du développement.

Quid

- Protection tarifaire / non-tarifaire n°s 162, 163
- Mesure de la protection n° 164
- Protection effective n° 167
- Demande / Offre de protection n° 171
- GATT n° 174
- Uruguay round n° 178
- OMC n°s 178, 179
- Pics tarifaires n° 185

Quiz

- Comment mesure-t-on l'ampleur des barrières non-tarifaires ? (n° 166)
- Qu'est-ce que la protection effective ? (n° 167)
- Que représente la clause de la nation la plus favorisée et existe-t-il des exceptions ? (n°s 175, 176)
- Quels sont les points d'échecs enregistrés par les négociations au sein du GATT et de l'OMC ? (n° 183)
- Sur quels sujets les négociations multilatérales ont-elles fait avancer la libéralisation commerciale ? (n° 182)

Biblio

- Introduction, chapitre 1 et chapitre 4 de Bouët, A., 1998, *Le protectionnisme*, Paris : Vuibert.
- Chapitre 2 de Bowen et al., 1998, *Applied International Trade Analysis*, UK : MacMillan Press.
- GATT, 1994, « The results of the Uruguay Round of Multilateral Trade Negotiations - Market Access for Goods and Services : Overview of the Results »
- Guillochon, B., 2001, *Le protectionnisme*, Paris : Repères, la Découverte.
- Chapitre 5 et 6 de Irwin, D., 2002, *Free Trade Under Fire*, Princeton University Press.
- Rainelli, M. « L'Organisation Mondiale du Commerce », Paris : Repères, la Découverte.
- L'université d'Harvard dispose d'un site dédié aux questions de négociations commerciales : `http://www.cid.harvard.edu/cidtrade/`
- Le site de l'OMC propose beaucoup de statistiques concernant le protectionnisme et les négociations multilatérales en ligne (`www.wto.org`)

chapitre

13

Politique commerciale en concurrence parfaite

Le protectionnisme peut être décomposé en deux formes distinctes. Premièrement le tarif douanier, protectionnisme par les prix, consiste à taxer les importations, c'est-à-dire à en augmenter directement le prix sur le territoire national. Deuxièmement, le protectionnisme non tarifaire, qui revêt le plus souvent la forme de restrictions quantitatives, mais aussi celle de nombreuses taxations ou subventions en général indirectes. Ces deux formes seront successivement analysées. 189

Plan analytique

section 1

Les effets du tarif douanier

§ 1 **Les effets du tarif douanier pour un petit pays**

- **A.** Effet du tarif sur les gains à l'échange et à la spécialisation
- **B.** Effet redistributifs du tarif
- **C.** Équivalence des instruments de taxation

§ 2 **Les effets du tarif douanier pour un petit pays : analyse en équilibre partiel**

§ 3 **Les effets du tarif douanier pour un grand pays**

§ 4 **Élasticité de la demande d'importations et droit de douane**

section 2

Les effets du quota et autres barrières non tarifaires

§ 1 **Les effets du quota**

- **A.** Équilibre général
- **B.** Équilibre partiel

§ 2 **La non équivalence tarif-quota**

- **A.** La différence en termes de dynamique
- **B.** La différence en situation de concurrence imparfaite

section 3

Calcul du coût du protectionnisme

§ 1 **Approche théorique en équilibre partiel**

§ 2 **Évaluations empiriques du coût du protectionnisme**

13

Politique commerciale en concurrence parfaite

section 1

Les effets du tarif douanier

Deux raisons principales peuvent pousser un gouvernement à imposer un droit de 190
douane sur les importations d'un bien donné :

1) Le tarif douanier est essentiellement mis en oeuvre pour limiter les importations et ainsi favoriser les productions nationales de mêmes produits. Dans le cadre du modèle Heckscher-Ohlin que nous avons vu, l'ouverture au commerce entraîne une détérioration de la situation des détenteurs du facteur rare de l'économie. *Ces détenteurs peuvent donc exercer des pressions pour que les secteurs utilisant intensément le facteur en question soient protégés de la concurrence internationale* afin de limiter la chute de la rémunération réelle de leur facteur de production.
2) Le deuxième raison est que l'imposition de droits de douane fournit des revenus à l'État. La taxation du commerce international procure des revenus très marginaux pour les économies développées mais ces revenus sont parfois les seules sources de revenus possibles dans des économies en voie de développement, dans lesquelles il est beaucoup plus simple d'imposer un impôt à la frontière que d'imposer les revenus ou l'activité locale.

Il est très important de noter que les effets des droits de douane peuvent être différents selon que le pays protectionniste est un petit pays, n'influençant pas les prix internationaux, ou un grand pays dont la demande influence au contraire les prix mondiaux. Nous allons en particulier voir que l'imposition de droits de douane peut être préférable au libre échange lorsque le pays est un grand pays, c'est-à-dire qu'il dispose d'un pouvoir de marché important sur le marché mondial.

Le cas du petit pays sera analysé en équilibre général et en équilibre partiel.

§ 1 Les effets du tarif douanier pour un petit pays

Le petit pays n'influence pas les prix internationaux. L'offre mondiale est donc 191
infiniment élastique par rapport à la demande de ce pays. Cette demande est ainsi confrontée à un prix international fixe et l'offre mondiale est représentée par une droite horizontale, dont l'ordonnée représente le prix international. En d'autres termes, le pays peut échanger autant qu'il veut avec le reste du monde sans que le rapport des prix internationaux p^* ne soit modifié. Dès lors, *l'imposition d'un tarif affectera les prix perçus par les producteurs et les consommateurs nationaux mais pas le prix relatif international* p^*.

Supposons que ce petit pays ait un avantage comparatif dans la production de bien Y et soit donc un exportateur de Y et un importateur de X en situation de libre échange. Quel est l'effet de l'imposition d'un tarif *ad valorem*[1] sur le bien importé X ?

Comme les exportations ne sont pas taxées et que le prix relatif mondial n'est pas affecté par la taxation, on a une relation entre le prix domestique et le prix mondial telle que :

$$p = (1 + t)p^*$$

avec $p = \frac{p_X}{p_Y}$ et $p^* = \frac{p_X^*}{p_Y^*}$.

- Les *consommateurs et les producteurs nationaux* perçoivent p et non p^* et font donc leurs choix de consommation et de production optimaux (que nous avons vus dans la deuxième partie) en fonction du *prix subissant la distorsion* liée au droit de douane :

$$TMS = TMT = p = (1 + t)p^* > p^*$$

- En revanche, les *échanges commerciaux* du pays avec le reste du monde doivent continuer à être équilibrés et cet équilibre résulte d'échanges aux *prix mondiaux* et donc en fonction de p^* :

$$p_X^*(X_c - X_p) + p_Y^*(Y_c - Y_p) = 0$$

$$p^* = \frac{(Y_c - Y_p)}{(X_p - X_c)}$$

On a donc deux conditions d'équilibre :

1) En présence de droit de douane, les pentes de la courbe d'indifférence et de la FPP seront égales l'une à l'autre (toutes deux égales à p) mais supérieures à p^*.
2) L'équation d'équilibre commercial impose également que le point de production et le point de consommation se situent sur la même droite de pente p^* :

$$p^* = \frac{(Y_c - Y_p)}{(X_p - X_c)}$$

La figure 13.1 représente l'effet de l'imposition d'un tarif en équilibre général. Le point A représente la situation d'autarcie. Les points Q_f et C_f représentent la situation de libre échange où les conditions d'optimalité des consommateurs et des producteurs sont toutes les deux satisfaites pour le rapport des prix mondiaux p^*. Les points Q_t et C_t représentent la production et la consommation du pays après imposition du droit de douane. Ce tarif entraîne une augmentation du prix relatif du bien X perçu pour les producteurs et on observe donc une augmentation de la production de ce bien aux dépens de la production du bien Y dont la production diminue. Le point C_t satisfait deux contraintes. Les consommateurs font leur choix de consommation par rapport aux prix nationaux p et donc ce point correspond

1. rappelons qu'un tarif ad valorem définit un taux de taxation comme un pourcentage de la valeur du bien taxé. Le tarif ad valorem n'est pas le seul possible, il existe également des tarifs unitaires, c'est-à-dire prélevés pour chaque unité du bien importé

Figure 13.1. Instauration d'un un droit de douane en équilibre général : cas du petit pays

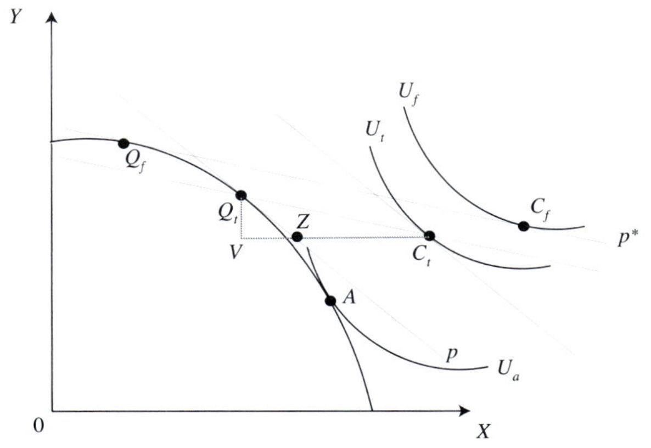

à une pente de la courbe d'indifférence égale à p. Il faut néanmoins également assurer l'équilibre de la balance commerciale aux prix mondiaux p^* et donc que le triangle de commerce Q_tVC_t soit défini par rapport à p^*.

Soulignons plusieurs caractéristiques de ce nouvel équilibre :

1) Premièrement, le niveau de bien-être de l'économie a baissé par rapport au libre échange : $U_f > U_t > U_a$. L'équilibre avec droit de douane amène à une situation intermédiaire entre libre échange et autarcie au niveau du bien-être des consommateurs.
2) Deuxièmement, la production passe de Q_f à un point Q_t situé plus près de la situation d'autarcie A.
3) Troisièmement, dans le cas du petit pays qui n'influence pas les prix mondiaux, la réduction des importations entraîne également une chute des exportations du pays : en effet, en regardant le triangle de commerce avant et après l'imposition de la mesure protectionniste, on s'aperçoit que les deux parties ont chuté. Moins d'exportations sont nécessaires puisque les importations ont diminué à la suite de l'imposition du droit de douane. Une autre manière de voir cela est de dire que la réallocation des facteurs en faveur du secteur des biens importables suite à la distorsion pénalise le secteur des biens exportables qui dispose de moins de ressources.
4) Enfin, évaluées aux termes de l'échange nationaux, les exportations VQ_t représentent l'équivalent de VZ en importations. VZ représenterait donc les importations du pays si les revenus tarifaires n'étaient pas redistribués aux consommateurs. En effet, ZC_t représente la recette de l'État liée aux droits de douane (évaluée en termes du bien X), c'est-à-dire la différence entre les importations aux prix mondiaux et les importations aux prix nationaux. Sans redistribution de ces recettes aux consommateurs, ceux-ci consommeraient en Z et la balance commerciale ne serait pas équilibrée.

A. Effet du tarif sur les gains à l'échange et à la spécialisation

192 La perte liée au tarif peut être décomposée exactement de la même manière que la décomposition des gains à l'ouverture entre gains à l'échange et gains à la spécialisation :

Supposons que la production ne change pas. Le nouveau prix après protection est p, et les conditions d'optimalité et d'équilibre de la balance commerciale font passer l'équilibre de U_f en U_t' dans la figure 13.2. Cette réduction de bien-être correspond à une baisse des gains de l'échange. Laissons maintenant s'ajuster la production : celle ci s'établit à Q_t, c'est à dire que le pays est moins spécialisé en Y (son avantage comparatif) que dans le cas du libre échange. L'utilité correspondante compatible avec les comportements de maximisation et l'équilibre commercial est atteint en U_t et la chute de bien-être correspond à la perte d'une partie des gains à la spécialisation que nous avions vus dans le chapitre 5.

Figure 13.2. Effet d'un droit de douane sur les gains à l'échange et les gains à la spécialisation.

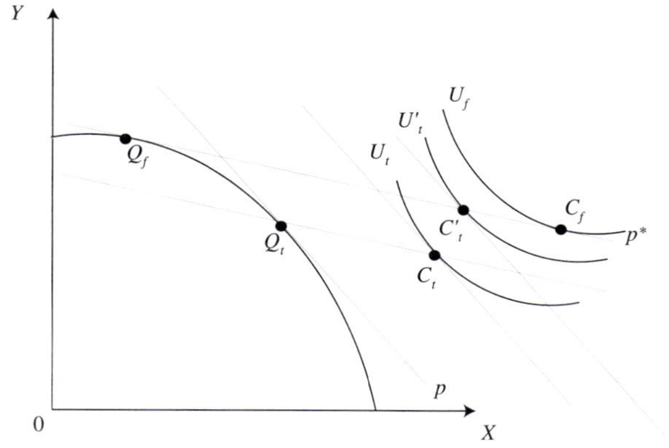

B. Effet redistributifs du tarif

193 Le fait d'adopter des mesures protectionnistes ne fait pas que réduire le bien-être global de l'économie (sinon pourquoi les gouvernements les adopteraient-ils ?), cela change également la distribution des revenus à l'intérieur du pays. Le droit de douane déplace la production en faveur du bien X et nous savons depuis notre analyse du modèle factoriel que le changement de prix relatif des biens aura un impact sur les rémunérations des facteurs au travers de cette modification des productions des deux biens : dans le modèle Heckscher-Ohlin la hausse du prix et de la production relative d'un bien entraînera une augmentation de la rémunération réelle du facteur utilisé intensément dans la production de ce bien et diminuera au contraire la rémunération réelle de l'autre facteur.

Dans le modèle Heckscher-Ohlin, le passage du libre échange à l'autarcie signifie que le pays connait une augmentation du prix relatif du bien pour lequel il a un avantage comparatif, c'est-à-dire celui utilisant intensément le facteur abondant de l'économie. Ce facteur abondant est donc gagnant à l'ouverture et le facteur rare perdant. La restriction des importations fait faire une partie du chemin inverse : le pays se « dé-spécialise » et le facteur abondant perd lors de l'imposition de la protection alors que le facteur rare gagne à l'instauration de cette protection. Ce phénomène nous amène à établir un parallèle entre l'inégalité du partage des coûts de la protection et l'inégalité du partage des gains à l'ouverture : cela explique pourquoi il existe des politiques commerciales protectionnistes sujettes aux intérêts des différents détenteurs de facteurs qui constituent différents groupes de pression en faveur de l'ouverture ou de la fermeture.

C. Équivalence des instruments de taxation

Subvention à la production et taxe à la consommation

Le droit de douane n'est qu'une forme particulière de taxation pour le pays qui l'impose. Comparons maintenant les effets respectifs des différentes forme de taxation. Notons d'abord que l'imposition du droit de douane a pour effet d'augmenter le prix pour les consommateurs comme pour les producteurs nationaux : cela aboutit donc à pénaliser les consommateurs de X tout en avantageant les producteurs. Montrons à présent que *l'on peut atteindre les mêmes effets à l'aide d'une taxe à la consommation couplée à une subvention à la production du bien X. Ces deux instruments appliqués au même taux que le droit de douane ont exactement le même effet que ce dernier.* En effet, les niveaux de production et de consommation d'une part et les recettes d'autre part resteront identiques. 194

Figure 13.3. Effets comparés d'un droit de douane et d'une subvention à la production.

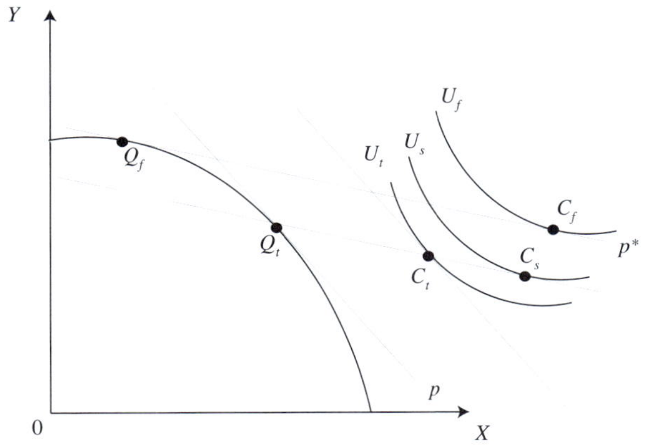

La figure 13.3 donne un exemple de cette *équivalence*[Q] : nous avons vu plus haut que l'imposition du droit de douane fait passer l'équilibre de (Q_f,C_f) à (Q_t,C_t). Supposons que le gouvernement choisisse à la place de la protection commerciale de donner une subvention de taux équivalent aux producteurs de X. Ces producteurs feront alors face au nouveau prix relatif p alors que les consommateurs peuvent toujours faire leur choix de consommation par rapport au prix mondial p^*. La production est alors également déplacé en Q_t mais la consommation est déplacée cette fois en C_s. On peut réinterpréter le mouvement à la suite de la subvention comme une perte de gains à la spécialisation, laissant les gains à l'échange inchangés. En imposant une distorsion uniquement sur le prix auquel font face les producteurs et en laissant le prix relatif auquel font face les consommateurs inchangé, l'État a changé la structure de production du pays (perte de gains à la spécialisation selon les avantages comparatifs). En revanche, la chute de la consommation du pays ne provient que de la contrainte d'équilibre de la balance commerciale et la partie de réaction au nouveau prix imposé par le droit de douane n'est pas présent ici. Une taxe à la consommation du bien X de même taux que le droit de douane ferait passer la consommation de C_s à C_t par la modification de consommation à la suite de la hausse du prix relatif du bien X pour les consommateurs. La figure 13.3 représente donc une équivalence entre tarif et *subvention à l'exportation puis taxe à la consommation* ($C_f \rightarrow C_s \rightarrow C_t$). La figure 13.2 représente, quant à elle, une équivalence entre tarif et *taxe à la consommation puis subvention à l'exportation* ($C_f \rightarrow C_t' \rightarrow C_t$).

Notons toutefois que les différents instruments ne sont pas équivalents pour un objectif particulier. Si l'objectif de l'État est de maintenir la production du secteur X à un certain niveau parce que ce bien est considéré comme sensible (agriculture, biens culturels...) ou stratégique (défense, électronique...), alors la subvention à la production est un bien meilleur instrument que le droit de douane : elle n'impose pas de distorsion supplémentaire sur la consommation. On retrouve l'argument général selon lequel l'instrument le plus efficace pour atteindre un objectif est celui qui s'attaque directement à cet objectif.

Taxes à l'exportation

195 Un droit de douane a pour effet d'augmenter le prix du bien importé, en laissant le prix de Y inchangé. Si X est le bien importé, on a : $p_X = (1+t)p_X^*$ et $p_Y = p_Y^*$ avec $p = (1+t)p^* > p^*$. Alternativement, une taxe à l'exportation sur le bien Y donne $p_Y = (1-t)p_Y^*$ et $p_X = p_X^*$ avec $p = p^*/(1-t) > p^*$. L'effet qualitatif d'un droit de douane et d'une taxe sur les exportations est donc *équivalent* [Q] : le rapport des prix des deux biens est supérieur au même rapport au niveau mondial et seul ce rapport compte dans les décisions de production et de consommation. Il est donc toujours possible de trouver un taux de taxation des exportations qui aurait un effet équivalent à l'imposition d'un droit de douane sur l'un des biens : ce résultat est connu sous le nom du *Théorème de symétrie de Lerner*. Le résultat général est que les deux types de mesures ont tendance à avoir le même effet de détournement (inefficace) des ressources des secteurs exportateurs vers le secteur importateur, dégradant le bien-être du pays.

Les recommandations (d'inspiration mercantiliste) de taxation des importations avec subvention simultanée des exportations sont donc dangereuses à deux égards : lorsque le pays considéré est petit, les deux mesures dégradent le bien-être par rapport au libre échange. De plus ces deux mesures ont des effets exactement inverses ce qui aura tendance à annuler l'effet désiré tout en imposant des distorsions sur la production et la consommation nationale.

Subventions aux exportations

196 Même si les subventions à l'exportation, autre *équivalence des instruments de taxation* [Q] sont strictement interdites dans le cadre des accords multilatéraux de libéralisation

commerciale, elles ont été très largement appliquées notamment par l'Union Européenne mais également par de très nombreux pays industrialisés et pays en développement dans les secteurs comme l'agriculture ou l'aéronautique...

Une subvention à l'exportation fixe $p_Y = (1+s)p_Y^*$ et $p_X = p_X^*$ avec $p = p^*/(1+s) < p^*$. Les conditions d'équilibre dans le pays H sont donc maintenant :

$$TMS = TMT = p = \frac{p^*}{(1+s)} < p^*$$

La condition d'équilibre de la balance des paiements est bien sûr toujours valable et doit être respectée. L'effet de la subvention aux exportations est exactement symétrique par rapport à l'effet du droit de douane : ici, l'effet est d'augmenter la production du secteur Y et de réduire celle de X, c'est-à-dire de « sur-spécialiser » le pays H par rapport à l'avantage comparatif hors intervention. Le pays échange maintenant davantage avec le reste du monde : les exportations *et* les importations augmentent à la suite de la subvention, mais le bien-être est réduit. *On notera qu'en général les subventions au exportations sont plus nuisibles que les droits de douane car elles sont financées par les consommateurs et ne rapportent pas de recettes.* La figure 13.4 illustre ces effets.

Figure 13.4. Effet d'une subvention aux exportations.

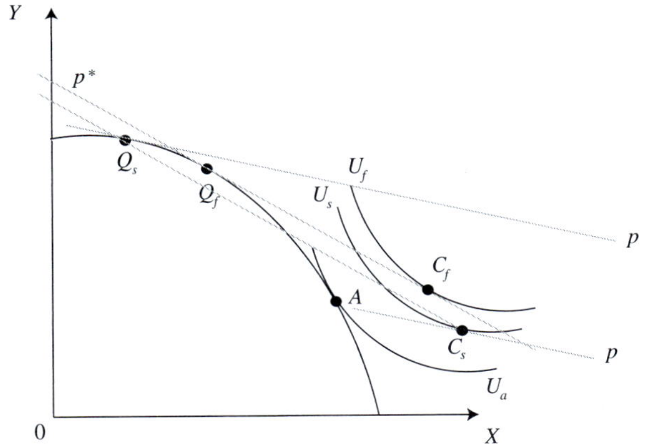

Il est même possible que la subvention aux exportations dégrade la situation par rapport à l'autarcie si l'effet sur la production est si grand que la droite de prix mondiaux p^* passant par Q_s passe en dessous de la courbe d'indifférence U_a.

§ 2 Les effets du tarif douanier pour un petit pays : analyse en équilibre partiel

De nombreux effets de l'imposition d'un droit de douane peuvent être mis en évidence en considérant un bien de manière isolée, c'est-à-dire en menant une analyse en équilibre partiel. On peut représenter très simplement cet équilibre international en considérant le marché du bien en question sur chacun des deux pays et l'équilibre international résultant de la différence des prix d'autarcie à l'équilibre entre les deux 197 économies. La figure 13.5 représente l'équilibre international dans le cas où le pays H (importateur du bien en question) est trop petit pour influencer le prix mondial. Dans ce cas, comme déjà illustré dans le chapitre 5, il peut importer davantage sans faire monter le prix mondial, ce qui signifie qu'il fait face à une courbe d'offre excédentaire mondiale horizontale, donc infiniment élastique.

Figure 13.5. Équilibre à l'échange international en équilibre partiel : cas du petit pays

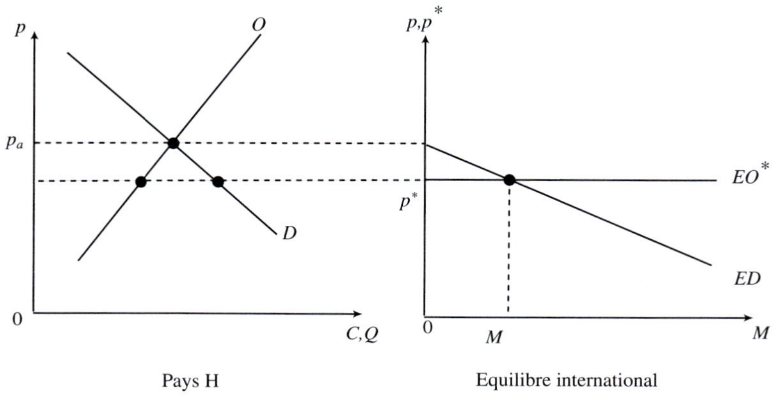

Considérons maintenant l'effet de l'imposition d'un droit de douane dans le pays H. La figure 13.6 permet de voir les effets de la mise en place du tarif. Le passage du prix P^* au prix P_t entraîne une baisse de la consommation (passage de C_f à C_t) et une hausse de la production (passage de Q_f à Q_t) dans le pays H. La différence entre la production et la consommation est donc réduite ce qui équivaut à une baisse de la demande d'importation du pays (passage de M_f à M_t).

La hausse du prix du bien perçu dans le pays H entraîne une détérioration de la situation des consommateurs : la perte de surplus du consommateur est représentée par les aires $T + Q + R + S$. Cette perte peut être décomposée en deux parties :

1) Une partie constituant des transferts de revenus $R + T$: d'une part, un transfert de revenus des consommateurs vers les producteurs du bien puisque le surplus des producteurs augmente de l'aire T. D'autre part, un transfert de revenus vers l'État représenté par l'aire R (en effet, cette aire représente les recettes douanières, importations multipliées par la différence entre le prix mondial et le prix national).
2) Une partie constituée de coûts d'efficience. L'aire Q représente un surplus dans le coût d'approvisionnement du marché H puisqu'il s'agit de la quantité produite localement et fournie au prix P_t, qui était auparavant importée au prix $P^* < P_t$. Enfin l'aire S représente le coût lié au fait que les consommateurs se détournent du bien en question en raison de la distorsion de prix imposée par le droit de douane.

Les aires Q et S représentent la perte nette de bien-être à la suite de l'imposition d'un tarif, le coût de la protection pour un petit pays[1]. Notons enfin que dans la partie droite du diagramme, l'aire A est exactement la même que l'aire R (les recettes tarifaires) et l'aire B représente la somme des aires Q et S[2]. On appelle l'aire B la *perte sèche*[Q] due à l'instauration d'un tarif qui traduit à la fois l'effet de détournement de la consommation et l'effet de surplus de coûts d'approvisionnement.

Le bien-être du pays est bien sûr inchangé pour ce qui concerne les effets de transferts de revenus, mais l

Figure 13.6. Instauration d'un droit de douane en équilibre partiel : cas du petit pays

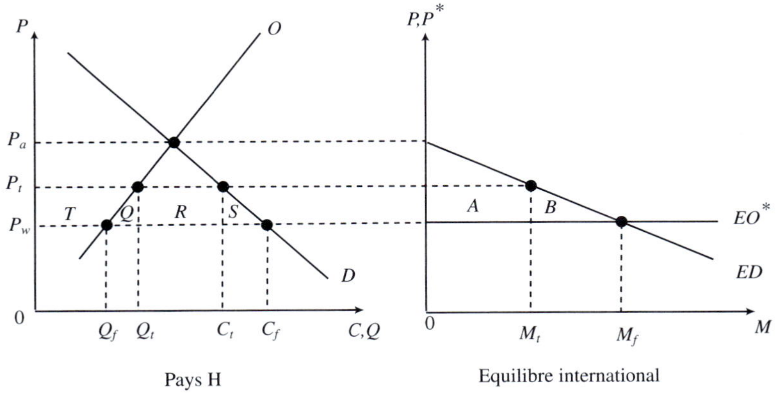

§ 3 Les effets du tarif douanier pour un grand pays

Dans le cas d'un grand pays, le prix mondial d'un produit est influencé par la 198 ■
demande de ce pays. Ainsi, l'offre mondiale n'est plus infiniment élastique mais au contraire, elle réagit comme une droite d'offre classique : le prix baisse quand les quantités demandées se réduisent et augmente dans le cas contraire.

De la même manière que précédemment, l'instauration du tarif fait augmenter le prix du bien importé, ce qui réduit la demande d'importation du pays H. La baisse de la demande nationale pour le produit importé fait ensuite baisser son prix international. Or, étant donné l'élasticité finie de la droite d'offre mondiale d'importations, la baisse des quantités demandées par H fait baisser le prix mondial du bien jusqu'à P'^*.

1. Le bien-être des différents agents du pays est affecté par les effets redistributifs des consommateurs vers les producteurs et l'État
2. En additionnant les aires Q et S, on obtient :

$$(1/2)(P_t - P^*)(Q_t - Q_f + C_f - C_t) = (1/2)(P_t - P^*)[C_f - Q_f - (C_t - Q_t)] = (1/2)(P_t - P^*)(M_f - M_t) = B$$

Deux effets sont à mettre en évidence :

- D'une part, la perte de surplus des consommateurs du pays H, qui équivaut aux aires $T + Q + R + S$ de la partie gauche de la figure 13.7.
- D'autre part, des recettes douanières plus élevées que dans le cas du petit pays du fait de la baisse du prix mondial du bien : en effet, le pays importateur obtient une amélioration de ses termes de l'échange lorsque le prix international est moins élevé après le tarif qu'avant. Même si le prix sur le marché intérieur après tarif est P_t, les produits arrivent à la frontière au prix P'^*. Cet effet sur le prix mondial est appelé *effet termes de l'échange*[Q] et les recettes supplémentaires sont égales à l'aire V.

Figure 13.7. Instauration d'un droit de douane en équilibre partiel : cas du grand pays.

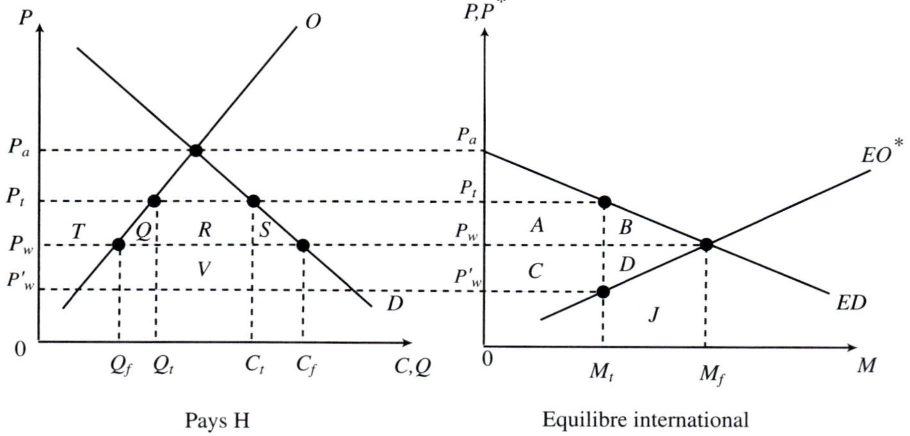

Retrouvons ces effets dans la partie droite de la figure 13.7 : le montant des recettes douanières supplémentaires est égal à la partie C, de même que l'aire B représente la perte de surplus des consommateurs, c'est-à-dire la somme des aires Q et S. Ainsi, du point de vue du grand pays, l'effet net est ambigu, et des politiques peuvent être mises en oeuvre afin de le rendre positif, c'est-à-dire de compenser les pertes sèches par le gain issu de l'évolution des termes de l'échange. C'est ce qu'on appelle le *tarif optimal*, analysé en détail dans la prochaine sous-section.

Du point de vue global, quel est l'effet net de l'instauration du tarif dans le pays H sur le bien-être des deux pays ?

Les producteurs étrangers voient leur surplus diminuer après l'instauration du tariff : les surfaces C et D correspondent à cette perte de bien-être. Néanmoins, C est récupérée par l'État du pays H sous forme de recettes douanières supplémentaires. Il reste que l'effet net du tarif au niveau mondial est négatif : il s'agit d'une perte sèche globale, équivalente aux aires $B + D$. Il existe une perte sèche mondiale à l'instauration d'une barrière tarifaire unilatérale même si le pays qui impose cette barrière voit son bien-être augmenter.

Le tarif optimal

199

Nous venons de voir que lorsqu'un pays est assez grand pour pouvoir influencer le niveau des prix au niveau mondial, l'introduction d'un tarif sur ses importations va générer à la fois des pertes sèches pour les consommateurs et des recettes douanières élevées dues à l'évolution des termes de l'échange en sa faveur. L'effet net du tarif peut être positif : pour cela il s'agit pour le pays d'instaurer un *tarif optimal*, qui maximise le gain net, c'est-à-dire la différence entre l'amélioration des termes de l'échange et la perte sèche.

Dans un contexte de droit de douane, l'utilisation du pouvoir de marché du pays importateur revient en fait à utiliser son pourvoir de monopsone, c'est à dire le fait qu'il a tendance à faire monter le prix mondial du bien (en sa défaveur) en accroissant sa demande d'importations. En suivant un raisonnement symétrique au raisonnement du cas du monopole, le monopsone doit à l'optimum demander des importations en quantité telle que le coût marginal de la dernière unité de X importée soit égale au bénéfice marginal de cette même unité, c'est-à-dire au prix intérieur de X, p_X. Le coût total des importations est :

$$C_X = p_X^* M_X; \qquad M_X = X_c - X_p$$

Le coût marginal est donc

$$\frac{\partial C_X}{\partial M_X} = p_X + M_X \frac{\partial p_X^*}{\partial M_X} = p_X^* \left[1 + \frac{M_X}{p_X^*} \frac{\partial p_X^*}{\partial M_X}\right]$$

En définissant e_X^f comme l'élasticité-prix des exportations du pays F, on obtient

$$\frac{\partial C_X}{\partial M_X} = p_X^* \left(1 + \frac{1}{e_X^f}\right); \qquad e_X^f = \frac{p_X^*}{M_X} \frac{\partial M_X}{\partial p_X^*}$$

On obtient donc :

$$p_X = p_X^*(1 + t) = \frac{\partial C_X}{\partial M_X} = p_X^* \left(1 + \frac{1}{e_X^f}\right); \qquad t = \frac{1}{e_X^f}$$

On obtient un résultat reliant l'élasticité de l'offre d'importations au droit de douane optimal. Lorsque le pays est petit (élasticité infinie de l'offre d'importations), le taux du droit de douane optimal est nul : l'effet net du tarif est toujours négatif. Ensuite, le tarif optimal est fonction décroissante de l'élasticité prix des exportations de F, c'est-à-dire de l'offre d'importations mondiale.

Une précision importante doit être apportée : le caractère optimal du tarif n'est valable qu'en l'absence de *représailles* de la part du pays F. Or le pays F a les incitations (puisque son bien-être s'est dégradé par rapport au libre échange), et les moyens (il peut à son tour améliorer sa situation en imposant un droit de douane ou en taxant ses exportations) de mener des représailles. Dans ce cas, les échanges mondiaux diminueront, avec des termes de l'échange qui se dégradent cette fois pour le pays H. En règle générale, ce mécanisme mène à un volume beaucoup plus faible de commerce sans pour autant l'annuler, le bien-être mondial étant dégradé, ainsi que la situation de chacun des pays partenaires à l'échange par rapport au libre échange.

§ 4 Élasticité de la demande d'importations et droit de douane

200 Si l'effet négatif de l'imposition de droits de douane sur le bien-être en situation de concurrence parfaite est avéré, deux questions concernant son ampleur subsistent :

1) L'impact d'un même taux de protection est-il identique quel que soit le secteur auquel on s'intéresse ?
2) Au niveau global est-il équivalent de protéger tous les secteurs de la même manière ou au contraire d'avoir des taux de protection différents selon les produits ?

Nous allons voir que la réponse est négative dans les deux cas. *D'une part, l'impact du taux de protection dépend crucialement de l'élasticité prix de la demande excédentaire d'importations. D'autre part, pour un même taux moyen de protection de l'économie, la perte de bien-être est d'autant plus importante que la variance des taux de protection est forte.*

Illustrons ces propos à l'aide de la figure 13.8, qui reprend le diagramme de l'impact du droit de douane en équilibre partiel dans le cas du petit pays. Supposons pour simplifier deux secteurs A et B dont l'équilibre de libre échange assure que les mêmes quantités (M_A et M_B) sont importées au même prix (p^*).

Élasticité prix différente, même tarif

Supposons d'abord un même droit de douane imposé aux deux secteurs mais une élasticité prix de la demande d'importations différente, plus prononcée pour le produit A. Il est alors clair dans la partie (a) de la figure 13.8 que la perte sèche est plus importante dans ce secteur que dans le secteur B. La raison en est simple : l'*élasticité de la demande d'importation* est élevée lorsque les *élasticités d'offre* et/ou de demande sont élevées (cf figure 13.6). Dès lors, la taxe entraîne une substitution dans la consommation et une ré-allocation dans la production fortes. Ces deux effets étant à la source de la perte sèche, cette perte est d'autant plus élevée.

Élasticité prix identique, tarif différent

Supposons maintenant, dans la partie (b) de la figure 13.8, le cas inverse, avec une élasticité prix identique entre les deux secteurs, mais un taux de protection différent. Si initialement le droit de douane est le même (t_0) entre les deux secteurs, la perte sèche totale est simplement la somme des deux pertes sèches : 2 fois l'aire abc. Supposons maintenant que le taux de protection moyen de l'économie reste le même mais que le secteur A ne subisse pas de droit de douane et que le secteur B subisse un droit de douane de $2t_0$. Avec un même taux moyen de protection, la perte de bien-être est plus importante que dans le cas de droit de douane uniforme (deux fois plus importante ici avec des fonctions de demande linéaires).

Ces considérations sont très importantes pour l'évaluation du coût de la protection lors des négociations bilatérales de libéralisation des échanges. Il est important d'une part de connaître avec le plus de précision possible les élasticités prix des demandes d'importations, et d'autre part d'avoir un bon degré de désagrégation des données de droits de douane, car plus les données sont agrégées, plus l'impact est sous-estimé.

Figure 13.8. Élasticité de la demande d'importations et droit de douane en équilibre partiel

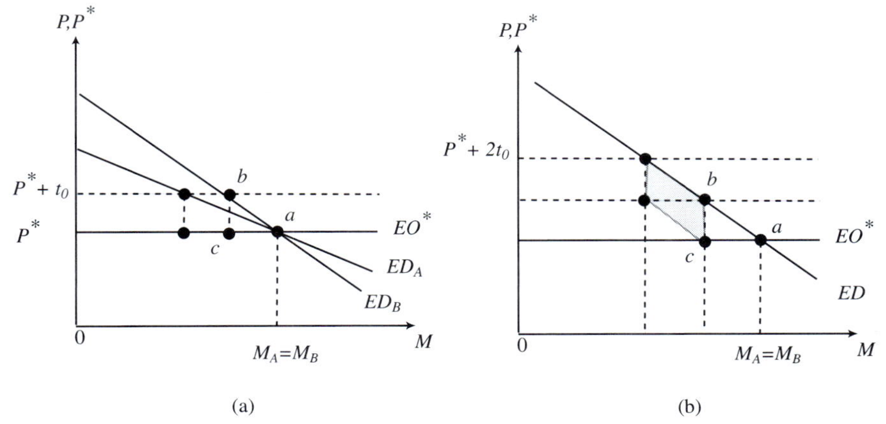

section 2

Les effets du quota et autres barrières non tarifaires

Depuis les années 1970, de nouvelles formes de protection apparaissent ou réapparaissent. Ces protections sont essentiellement quantitatives, comme par exemple le quota, et elles ont tendance à se substituer ou à s'additionner aux tarifs douaniers. Ces restrictions quantitatives sont particulièrement importantes sur les importations des secteurs agro-alimentaires ou textiles. Après une analyse des effets de ces formes de protection, on comparera essentiellement le tarif douanier et le quota.

§ 1 Les effets du quota

Dans un certain sens le quota est l'opposé du tarif puisqu'il n'influence qu'indirectement le prix des importations au travers d'une limitation des quantités alors que le droit de douane influence directement les prix et réduit indirectement les quantités importées. Les deux ont pour effet de réduire les quantités importées et d'en augmenter le prix mais les effets des deux mesures sur la nation importatrice sont en général assez différents. 201

A. Équilibre général

Supposons dans un premier temps que le pays est trop petit pour influencer les prix mondiaux. Au prix mondial le pays H est importateur du bien X (comme dans le cas du tarif) et importe la quantité Q_xC_x représentée sur la figure 13.9

Figure 13.9. Instauration d'un quota en équilibre général : cas du petit pays

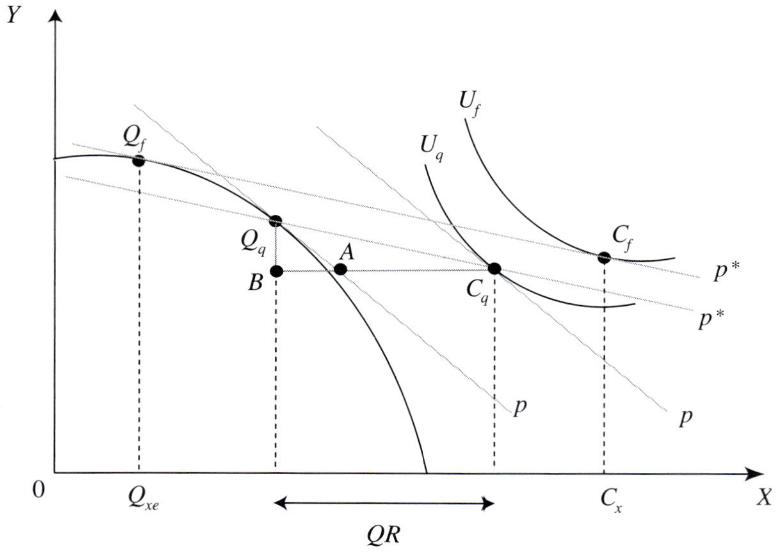

Le gouvernement décide d'imposer un quota tel que seule la quantité *QR* peut être importée par le pays H. Ce quota est donc *contraignant* car il se situe en dessous de la quantité que le pays désire importer en libre échange. Ce faisant, l'État crée en fait une rareté artificielle de ce bien dans le pays H qui va se traduire par une augmentation relative du prix du bien *X* pour les consommateurs et les producteurs du pays H.

Pour trouver le nouvel équilibre, on se sert des condition suivantes : les importations seront égales à *QR*, donc le triangle de commerce aura une base de longueur *QR*. Le nouveau point de production Q_q se situe sur la FPP et le nouveau point de consommation C_q sur une courbe d'indifférence. Ces deux points sont reliés par la droite des prix relatifs mondiaux afin d'assurer l'équilibre de la balance commerciale. De plus, le point de tangence des producteurs et des consommateurs doit se faire au nouveau prix $p = TMT = TMS$ puisque c'est le prix auquel les producteurs seront à l'équilibre (tangence avec la FPP) et auquel feront face les consommateurs. Le graphique qui en résulte est très proche du graphique 13.1, utilisé dans le cas du tarif :

1) Le bien-être des consommateurs est indéniablement réduit avec le passage de U_f à U_q.
2) Le facteur rare de cette économie, utilisé intensément par le secteur *X* bénéficiera de la protection en voyant sa rémunération réelle augmenter par un effet Stolper Samuelson, puisque le prix relatif du bien *X* a augmenté à la suite de l'imposition du quota.
3) La distance AC_q représente aussi la différence entre la valeur des importations aux prix mondiaux et aux prix nationaux.

Mais la principale différence ici est que la différence entre le prix mondial et le prix national pour les importations n'est pas accaparée par l'État, comme c'était le cas pour les tarifs. Au lieu de cela, dans le cas du quota certains agents sont autorisés par l'État à acheter du bien X à un prix p^* faible sur le marché mondial pour le revendre dans le pays H à un prix p supérieur. Il s'agit des agents qui approvisionnent le pays H, soit, selon les cas, les importateurs ou les exportateurs. Au quota contraignant est associé une certaine valeur résultant de la rareté créée par ce quota et qui génère un différentiel de prix. La valeur associée à ce quota est appelée *la rente de quota*, qui en réalité est une redistribution des consommateurs vers les producteurs. La figure suppose donc que cette rente est utilisée pour la consommation afin d'établir l'équilibre de la balance commerciale.

À qui et comment est distribuée la rente de quota ? 202

1) La première manière est de distribuer les permis d'importation aux firmes qui importaient le bien X dans l'équilibre de libre échange *au prorata de leur part de marché.* Ce mécanisme revient en quelque sorte à compenser les importateurs de la perte subie à la suite de la restriction de commerce.

2) Une deuxième procédure permet à l'État de récupérer la totalité de la rente de quota en procédant à une *mise aux enchères des droits d'importation.* Si les firmes importatrices sont en situation de concurrence parfaite, elles offriront la valeur maximale qu'elles retirent du droit d'importation : la différence entre le prix national et le prix mondial. L'avantage de cette procédure très peu utilisée dans les faits est que le gouvernement récupère l'intégralité de la rente qu'il peut redistribuer à son gré.

3) Une manière beaucoup plus fréquente d'attribuer ces rentes de quotas passe par le favoritisme accordé aux réseaux proches des autorités publiques et par la corruption. Le fait que l'État dispose de ces droits qui constituent une valeur économique importante fournit des incitations à la distribution partisane des droits à des fins électoralistes et parallèlement, cela fournit des incitations au différents agents à faire de la *recherche de rente.* La recherche de rente peut prendre de nombreuses formes allant du lobbying officiel auprès des instances régulatrices jusqu'à la corruption pure et simple. Quelque forme que cette recherche de rente prenne, elle constitue un détournement de ressources qui est souvent important et dont des travaux ont trouvé qu'il était plus important dans le cas des quotas que dans le cas des tarifs.

4) Un dernier mécanisme revient en fait à demander au pays exportateur de limiter ses exportations plutôt que d'imposer un quota. Cette pratique en forte croissance au cours des années 1980 est connue sous le nom de *restriction volontaire des exportations* (RVE). L'allocation de la rente de quota se fait alors bien sûr entre exportateurs du pays F plutôt qu'entre importateurs du pays H. La perte de bien-être est alors plus importante pour le pays H car la *rente de quota*[Q] est accaparée par le pays étranger et non plus par les producteurs nationaux.

B. Équilibre partiel 203

L'analyse en équilibre partiel permet de mettre en évidence d'autres effets de l'instauration des mesures de protection. Considérons le cas du petit pays en équilibre partiel. Le raisonnement est le même que pour le tarif en ce qui concerne la courbe de demande excédentaire et la première partie de la courbe d'offre excédentaire, qui est infiniment élastique. Le gouvernement impose maintenant un quota limitant les importations à un volume *QR*. Cela transforme la courbe d'offre qui devient totalement inélastique puisque les importations ne peuvent pas dépasser ce niveau, quelque soit le prix du bien.

Figure 13.10. Instauration d'un quota en équilibre partiel : cas du petit pays

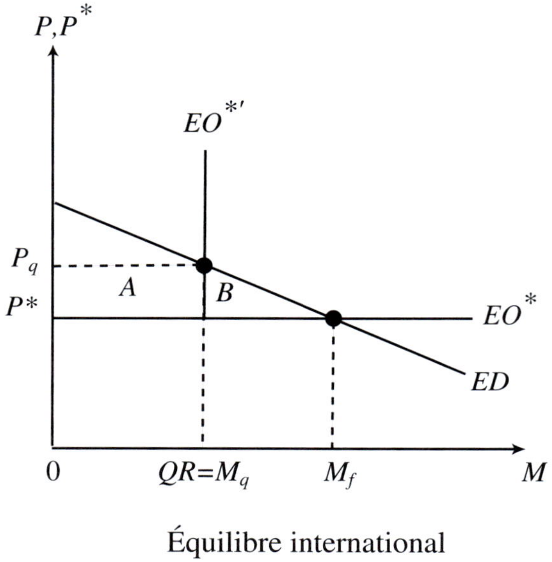

On voir dès lors dans la figure 13.10 que le nouveau prix d'équilibre s'établit à p_q au lieu de p^*. Le surplus des consommateurs est réduit des aires A+B. L'aire A correspond à l'exploitation par les détenteurs de licence d'importations du différentiel de prix entre le marché mondial et le marché national. Cette aire est un transfert direct des consommateurs vers les producteurs. L'aire B représente la perte sèche due à l'imposition de la mesure protectionniste.

Considérons maintenant le cas où le pays est assez grand pour influencer le prix mondial, illustré sur la figure 13.11. Comme dans le cas des tarifs, la baisse des importations du pays diminue le prix du bien *X* sur le marché mondial, ce qui entraîne une amélioration des termes de l'échange du pays H : c'est l'effet bénéfique de la protection. En effet, après l'imposition de la restriction du commerce à *QR*, le prix augmente dans le pays H mais baisse sur le marché mondial en raison de la chute de demande exprimée par le pays H. L'écart entre prix national et prix mondial est plus important que dans le cas du petit pays : la rente de quota passe de A à A+C dans le cas du grand pays, l'aire C provenant de l'amélioration de ses termes de l'échange.

À l'instar de l'analyse du tarif optimal, l'imposition de la mesure protectionniste peut donc améliorer le bien-être du pays H par rapport au libre échange si l'aire C est plus importante que la perte sèche B. Dans le cas du quota, l'analyse est néanmoins compliquée par le fait que la rente de quota n'est pas forcément incorporée dans le bien-être du pays H. Si le pays H garde la rente de quota pour attribuer les licences

Figure 13.11. Instauration d'un quota en équilibre partiel : cas du grand pays

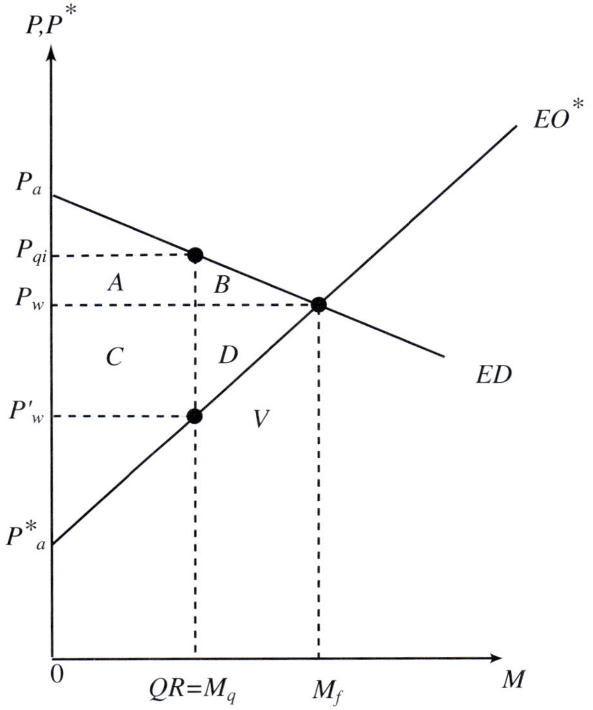

d'importations au travers d'enchères, l'argument du tarif optimal est applicable au cas du quota. À l'extrême inverse, si la restriction quantitative prend la forme d'une RVE, ce sont les exportateurs et donc les pays étrangers qui bénéficient de l'effet termes de l'échange : cela leur permet d'exploiter une plus grande différence de prix par rapport au marché mondial.

On peut alors se demander pourquoi les États utilisent les RVE comme mesure de protection de leur marché ? La raison en est relativement simple :

1) Parce qu'elles sont volontaires, les RVE sont des mesures de protection des intérêts de certains groupes (les détenteurs du facteur rare) de l'économie qui ne tombent pas sous le coup des interdictions de mesures protectionnistes de l'OMC.
2) La RVE permet de donner une « compensation » au pays touché par les restrictions protectionnistes sous la forme des rentes de quota. Dès lors, le pays est moins incité à répliquer à l'imposition des barrières aux échanges. Le but de la protection est donc atteint en déclenchant moins de réactions que dans le cas des droits de douane ou des quotas.

§ 2 La non équivalence tarif-quota

Afin de comparer les effets des deux grands types de mesures protectionnistes que sont les barrières tarifaires et non tarifaires, on calcule *l'équivalent tarifaire* de la mesure protectionniste de type quota. On obtient ainsi une valeur qui indique l'écart 204 entre prix interne et prix mondial pour la même structure de commerce. Pour calculer un équivalent tarifaire, on cherche le tarif ad valorem $t = p/p^* - 1$ tel que $p = p^*(1 + t)$, avec p le prix relatif du bien X atteint après l'imposition du quota QR. La seule différence entre les deux mesures est que le quota génère des rentes de quotas qui ne sont en général pas récupérées par l'État alors que le tarif rapporte des recettes fiscales à l'État.

La possibilité de comparer les deux mesures en calculant un équivalent tarifaire du quota ne doit néanmoins pas dissimuler les effets souvent différents du tarif et du quota. Deux situations font clairement apparaître cette différence : lorsque la dynamique de la demande est prise en compte, et lorsqu'il y a imperfection de la concurrence sur les marchés.

205 A. La différence en termes de dynamique

Considérons une augmentation de la demande d'importation nationale du produit analysé, liée à une augmentation du pouvoir d'achat, un changement de goût, ou autre[1]. Supposons qu'au départ il y ait deux instruments : un quota autorisant un montant d'importations QR et un équivalent tarifaire aboutissant au même prix $p_t = p_q$ et donc à la même structure de commerce. Analysons l'effet de la croissance de la demande d'importations dans les deux cas.

Figure 13.12. Non équivalence dans le cas de la croissance.

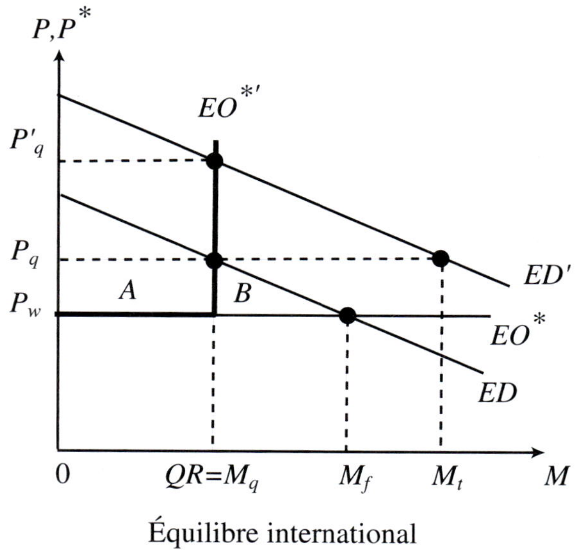

1. Dans un contexte d'équilibre général si le pays H est un petit pays, cette augmentation de la demande d'importation du pays H peut provenir d'une croissance du facteur abondant dans l'économie qui accentue l'avantage comparatif du pays H dans le bien Y au travers d'un effet Rybczynski et augmente donc son incitation au commerce en augmentant le prix relatif autarcique du bien X par rapport au prix mondial.

La croissance de la demande d'importations dans le cas du droit de douane augmente les importations jusqu'au niveau M_t. Le prix intérieur est inchangé, puisque le prix mondial n'a pas bougé et que le taux de taxation des importations est le même. Dans le cas du quota, ce sont les quantités qui restent inchangées : les importations ne peuvent dépasser la quantité QR. Après le croissance de la demande d'importations, le prix résulte de l'équilibre entre la courbe d'offre coudée $EO^{*\prime}$ et la nouvelle courbe de demande ED'. Le nouveau prix d'équilibre est atteint en p'_q, ce qui augmente le rente de quota d'autant.

On observe que les deux mesures protectionnistes n'ont pas les mêmes implications en situation de croissance : il y a *non équivalence*^Q, puisque les deux instruments impliquent un ajustement différent suite au déplacement des conditions de demande (ou d'offre), l'un par les quantités, l'autre par les prix.

Soulignons que cette non équivalence a des conséquences importantes en termes de bien-être. Au fur et à mesure de la croissance du pays importateur, le quota (si son montant est inchangé) devient de plus en plus contraignant et induit des pertes de bien-être de plus en plus importantes par rapport au libre échange, *le droit de douane est donc préférable dans ce contexte.*

À l'inverse, si la demande d'importations connaît une décroissance progressive (à la suite d'une croissance du facteur rare de l'économie par exemple), le quota devient de moins en moins contraignant et permet un ajustement progressif vers le prix mondial alors que le droit de douane ne permet pas au prix de s'ajuster. *La restriction quantitative est préférable dans ce contexte.*

B. La différence en situation de concurrence imparfaite 206

Une autre source de non équivalence importante tient à l'imperfection de la concurrence. Les mesures de protection fixant le niveau des prix (tarif) ou le niveau des quantités (quotas) ont des impacts très différents sur le comportement des firmes qui ont un certain pouvoir de marché sur le territoire national. Prenons le cas extrême d'un monopole local dans un petit pays H. Le fait que le pays soit petit signifie que la courbe d'offre mondiale est parfaitement inélastique au prix p^*, c'est-à-dire que les producteurs étrangers peuvent fournir n'importe quelle quantité au prix mondial. *Si le pays est ouvert, le monopole national est alors en situation de marché contestable* : malgré le fait qu'il soit le seul producteur en H, l'ouverture à l'échange assure qu'il pratique le prix p^*, car tout prix supérieur déclencherait l'arrivée d'importations au prix p^*. Le monopole vend donc Q_f au prix p^* et le pays importe Q_fC_f.

Supposons maintenant que le pays H protège cette firme. Analysons successivement l'effet de l'introduction des deux mesures de protection sur le comportement de la firme. Si cette protection prend la forme d'un tarif, comme illustré dans la figure 13.13, l'argument des marchés contestables reste valable, mais à un prix différent : $p_t = (1 + t)p^* > p^*$. Si le monopole pratique un prix plus élevé que p_t en réduisant la quantité disponible, des firmes étrangères compenseront en exportant vers le pays H au prix p_t. Le monopole vend donc Q_t au prix p_t et le pays importe Q_tC_t.

En revanche, si la protection prend la forme d'un quota contraignant (figure 13.14), le monopole national peut augmenter son prix en réduisant ses quantités car les importations qui pourraient ramener le prix à p_t sont maintenant interdites. Le monopoleur fait face à une nouvelle *courbe de demande résiduelle*, la droite DR,

Figure 13.13. Effets d'un tarif sur un monopole national.

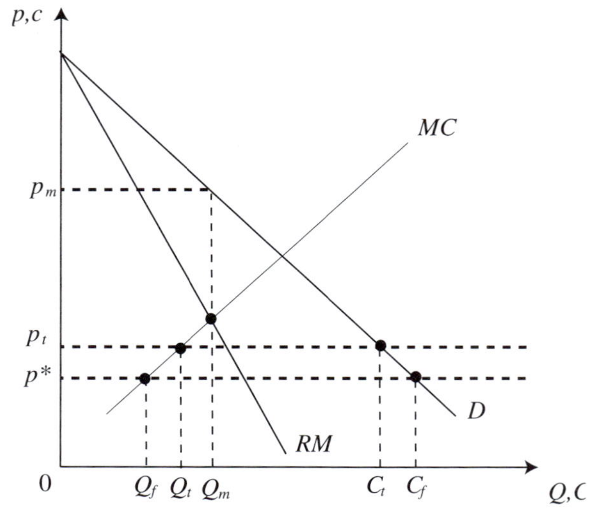

et le quota lui permet de maximiser son profit de monopole sur cette partie de la demande en l'isolant de la concurrence potentielle étrangère. Le nouveau prix d'équilibre s'établit donc à p_q (avec un rente de quota égale à $p_q - p^*$ pour les importateurs).

Figure 13.14. Effets d'un quota sur un monopole national.

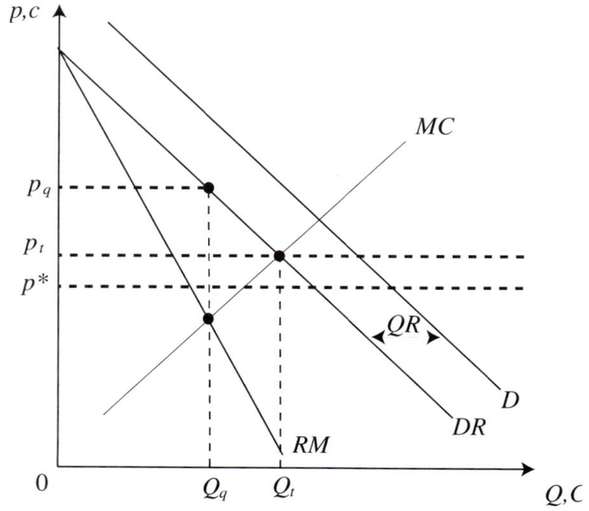

La non équivalence entre les deux mesures de protection s'exprime de la manière suivante : un équivalent tarifaire amenant au même niveau d'importations *QR* entraînerait un prix p_t et une production Q_t. On voit donc que le quota de montant *QR* n'a pas les mêmes effets, puisque les quantités consommées sont inférieures et les prix supérieurs. La raison en est simple : en situation de concurrence imparfaite, le quota fournit une protection absolue aux producteurs locaux qui leur permet de fixer leur prix aussi haut qu'ils le souhaitent. *Dans une situation où les producteurs locaux ont un certain pouvoir de marché, le tarif est donc préférable à la restriction quantitative.*

section **3**

Calcul du coût du protectionnisme

§ 1 Approche théorique en équilibre partiel

L'analyse en équilibre partiel permet une appréciation rapide du *coût de la* 207 ■
protection[Q] en termes de bien-être. De nombreuses études ont été menées sur ce sujet, en particulier dans le cadre des négociations multilatérales. Reprenons à cet effet le diagramme classique de l'effet d'un droit de douane dans la figure 13.15.

Figure 13.15. Instauration d'un droit de douane en équilibre partiel

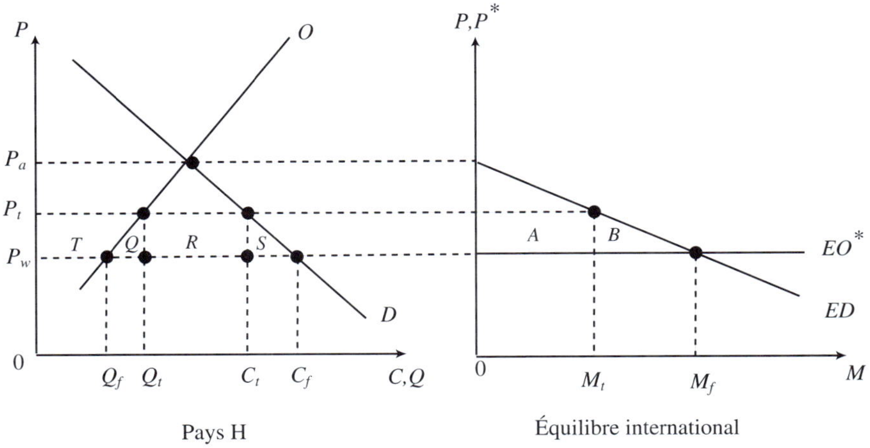

La perte sèche correspond aux deux triangles *Q* et *S* de la partie gauche de la figure 13.15. L'aire *B* dans la partie droite de la figure est égale à la somme de ces deux triangles. En effet,

$$Q = 1/2(P_t - P^*)(Q_t - Q_f)$$

et

$$S = 1/2(P_t - P^*)(C_f - C_t).$$

On a donc

$$\begin{aligned} Q + S &= 1/2(P_t - P^*)(Q_t - Q_f + C_f - C_t) \\ &= 1/2(P_t - P^*)(C_f - Q_f + Q_t - C_t) = 1/2(P_t - P^*)(M_f - M_t) \\ &= B \end{aligned}$$

La perte sèche (PS) est donc égale à : $PS = 1/2(P_t - P^*)(M_f - M_t)$.

On cherche en général à évaluer l'ampleur de la perte due à la protection en la ramenant aux ressources du pays, c'est-à-dire son PIB. En pourcentage du PIB (Y), la perte sèche s'exprime :

$$PS/Y = 1/2(P_t - P^*)(M_f - M_t)/Y.$$

Remanions cette équation afin de faire apparaître l'élasticité prix de la demande d'importation, $\frac{M_f - M_t}{M_f} \frac{p^*}{p_t - p^*} = e_m$:

$$PS/Y = 1/2(P_t - P^*)^2 e_m \frac{M_f}{P^* Y}.$$

En notant $(P_t - P^*) = tP^*$, on obtient :

$$\begin{aligned} PS/Y &= 1/2t^2 e_m \frac{p_w M_f}{Y} \\ &= 1/2t^2 e_m \alpha, \end{aligned} \qquad (13.1)$$

α représentant la fraction du PIB dépensée en importations : $\alpha = \frac{pM}{Y}$.

En concurrence parfaite, la protection est donc d'autant plus coûteuse que :

1) Le droit de douane est élevé.
2) Les importations en l'absence de protection représentent une part importante du PIB.
3) L'élasticité prix des importations est importante, c'est-à-dire l'ampleur avec laquelle les consommateurs réallouent leur consommation en faveur des producteurs domestiques.

Cette équation permet en outre de calculer le gain en termes de réduction de perte sèche que pourrait engendrer la baisse d'un tarif douanier. Considérons le cas d'un démantèlement total du tarif douanier. Il nous faut des estimations d'élasticités prix des importations, qui sont (relativement) facile à obtenir : supposons que la valeur à court terme de l'élasticité prix de la demande d'importation, e_m, soit entre −0,5 et −2, prenons ici pour simplifier une élasticité égale à −1. Supposons également que la part des importations est de 0,25 et que le taux du tarif douanier est de 0,33. La suppression du tarif douanier entraînerait alors un gain de 1,36 % du PIB. En longue période, l'élasticité e_m risque d'être plus élevée. Les calculs de Magee (1972) confirmés par des résultats plus récents qui permettent d'établir une élasticité de 8 engendrant alors un gain net de 10,8 % du PIB du fait de l'annulation du tarif.

§ 2 Évaluations empiriques du coût du protectionnisme

208 ■

De nombreux travaux ont tenté d'estimer à partir de ce cadre le coût global de la protection de certains grands pays ou ensembles de pays. On peut également calculer le coût de chaque emploi que l'instauration du protectionnisme permet de conserver, ce qui constitue l'essentiel de la motivation politique des mesures de protection. Il faut pour cela faire des hypothèses assez spéciales comme par exemple que le nombre d'emplois « sauvés » est proportionnel au volume de la production « conservée » sur le territoire national grâce à la protection..

1) Hufbauer et Elliott (1994)[1] estiment que le coût de la protection pour le consommateur américain s'élève aux alentours de 70 milliards de dollars en 1990 pour 21 secteurs étudiés (55 milliards d'euros au taux de change de l'époque) soit 1.3 % du PIB américain. Le coût par emploi s'élevant à 170 000 dollars américains.
2) Messerlin (2001)[2] estime que le coût de la protection pour le consommateur européen s'élève aux alentours de 90 milliards d'euros en 1990 pour 22 secteurs étudiés soit approximativement 6 % du PIB européen. Le coût par emploi s'élevant à 220 000 euros, soit 10 fois le salaire moyen des travailleurs de ces secteurs .

Ces deux études très comparables laissent percevoir que le *coût de la protection*[Q] est loin d'être négligeable. Il est probable que, si le but de la protection est de sauver des emplois, il existe des moyens de le faire bien plus efficacement. Soulignons de plus que ces estimations reposent sur un cadre d'équilibre partiel et de concurrence parfaite, ce qui sous-estime certainement le coût total. En effet, comme nous l'avons vu, de nombreux gains au commerce résultent de l'existence de rendements croissants : ces gains seront donc eux aussi affaiblis par la protection. Même s'il est difficile de quantifier cet effet, certaines études pour des petits pays qui bénéficieraient de manière importante de gains en termes d'échelle de production avec l'ouverture doublent ou triplent les mesures traditionnelles de pertes dues à la protection.

Enfin, les États-Unis, comme l'UE pratiquent des taux de protection relativement faibles et ont des importations en provenance du reste du monde relativement faibles en pourcentage de leur PIB. Il n'en est pas de même pour bon nombre de pays en développement par exemple. Un certain nombre de travaux cités par Krugman et Obstfeld (page 257) font apparaître des pertes pouvant s'élever jusqu'à 10 % du PIB avec une analyse classique en concurrence parfaite.

1. Hufbauer G. et A. Elliott, 1994, *Measuring the Costs of Protection in the United States*, Institute for International Economics, Washington.
2. Messerlin, P., 2001, *Measuring the Costs of Protection in Europe : European Commercial Policy in the 2000s*, Institute for International Economics, Washington.

Mémo

On distingue deux raisons principales pour lesquelles un tarif est mis en place à l'intérieur d'un pays : premièrement, la limitation des importations dans un secteur donné favorise la production nationale des biens concernés. Il s'agit souvent de secteurs utilisant le facteur rare de l'économie, dont la rémunération est affectée négativement par l'ouverture au commerce. Deuxièmement, les droits de douane fournissent des revenus à l'État, raison utilisée surtout dans les pays en développement.

Dans un petit pays, l'introduction d'un tarif affecte les prix perçus par les producteurs et les consommateurs nationaux, mais pas le prix relatif international. Au nouvel équilibre avec tarif, le bien-être de l'économie a baissé, le pays s'est dé-spécialisé, il y a une baisse des importations et des exportations, et le pays a perçu des recettes douanières. L'adoption de mesures protectionnistes ne fait donc pas que réduire le bien-être de l'économie. En effet, il y a aussi un changement de la distribution des revenus à l'intérieur du pays, en faveur du facteur rare. On explique ainsi que les politiques commerciales protectionnistes sont soutenues par les détenteurs de certains facteurs, qui ne bénéficient pas pleinement de l'ouverture au commerce.

D'autres instruments de taxation peuvent également être appliqués. Néanmoins, il faut connaître l'ensemble des effets spécifiques à chaque mesure, car les différents instruments ne sont pas équivalents pour un objectif particulier. Si l'objectif de l'État est de maintenir la production d'un secteur donné à un certain niveau, la subvention à la production est un bien meilleur instrument que le droit de douane car elle n'impose pas de distorsion supplémentaire sur la consommation. On retrouve un argument général selon lequel l'instrument le plus efficace pour atteindre un objectif est celui qui s'attaque directement à cet objectif. En général les subventions aux exportations sont plus nuisibles que les droits de douane car elles sont financées par les consommateurs et ne rapportent pas de recettes.

En analyse d'équilibre partiel, toujours dans le cas du petit pays, on montre que l'introduction du tarif engendre une perte de surplus du consommateur, une partie allant vers l'État, une autre vers les producteurs, et une troisième étant perdue en coûts d'efficience. Dans le cas d'un grand pays, à la perte de surplus du consommateur se rajoutent des recettes douanières supplémentaires provenant de l'effet 'termes de l'échange' : la baisse de la demande d'importations de la part du grand pays fait baisser le prix mondial du bien , ce qui améliore les termes de l'échange du pays. Dans ce cadre, le tarif optimal est défini comme le tarif qui maximise les recettes douanières supplémentaires en minimisant la perte de surplus des consommateurs. Après l'élasticité de l'offre d'importations, on montre que l'élasticité de la demande d'importations joue également un rôle dans l'ampleur de l'effet du tarif sur l'économie. Dans le cas d'une demande d'importation très élastique, le tarif entraîne une substitution dans la consommation et et réallocation dans la production qui augmentent la perte sèche.

Le quota est une mesure de protection alternative qui limite les quantités importées et en augmente donc le prix. L'analyse en équilibre général du quota est similaire à celle du tarif. La différence réside dans l'allocation de la différence entre le prix mondial et le prix national pour les importations. Dans le cas du tarif, il s'agit de recettes douanières qui vont à l'État. Dans le cas du quota, il s'agit d'une rente (la rente de quota), dans le sens où l'État autorise certains agents (importateurs ou exportateurs) à acheter le bien sur le marché mondial pour le revendre dans le pays H à un prix supérieur.

Le coût du protectionnisme peut être calculé en quantifiant la perte sèche occasionnée par l'introduction du tarif ou du quota. De nombreuses études estiment le coût global de la protection, ou encore le coût de chaque emploi conservé par la protection. Les calculs obtiennent des chiffres très élevés dans les deux cas.

Quid

- Équivalence (des instruments de taxation) n°s 194 à 196
- La perte sèche n°s 197, 198
- Le tarif optimal n° 199
- L'élasticité de la demande / de l'offre d'importations n° 200
- La rente de quota n°s 201, 202
- L'effet termes de l'échange n° 198
- La non équivalence tarif-quota n° 204
- Le coût du protectionnisme n°s 207, 208

Biblio

- Chapitre 1 de Bouët, A., 1998, *Le protectionnisme*, Paris : Vuibert.
- Chapitre 5 de Bowen et al., 1998, *Applied International Trade Analysis*, UK : MacMillan Press.
- Chapitre 2 de Irwin, D., 2002, *Free Trade Under Fire*, Princeton University Press.

chapitre 14

Politique commerciale en concurrence imparfaite

Les développements théoriques récents relatifs à l'échange international en concurrence imparfaite présentés dans le chapitre 8 ont conduit à un renouvellement de la vision des politiques commerciales. L'accent a porté en particulier sur la possibilité de capturer une partie du profit de la firme étrangère grâce à l'intervention de l'État. Cette intervention, visant à modifier l'équilibre du jeu entre les firmes, est appelée *politique commerciale stratégique*[Q]. Le terme « stratégique » est utilisé ici, comme dans la théorie des jeux, dans le sens où les agents économiques sont conscients de leurs interactions mutuelles et en tiennent compte dans leurs décisions. 209

Plan analytique

section 1
Intervention de l'État et transfert de rente

§ **1 L'impact du droit de douane**

§ **2 L'impact d'une subvention**

- **A.** Subvention et leadership dans l'oligopole
- **B.** Subvention et concurrence internationale

section 2
Approfondissements

§ **1 Politique commerciale stratégique et concurrence en prix**

- **A.** Le duopole de Bertrand
- **B.** Intervention de l'État et subvention optimale
- **C.** Les restrictions quantitatives

§ **2 Limites**

section 3
Politique commerciale stratégique et représailles

§ **1 Dilemme du prisonnier**

§ **2 Impact de la guerre des subventions**

section 1

Intervention de l'État et transfert de rente

Cette section fait principalement appel au duopole de Cournot présenté dans le chapitre 8 en étudiant la *possibilité pour l'État* d'intervenir pour modifier l'équilibre du jeu au profit de la firme nationale. Nous avons vu dans le modèle « standard » du duopole de Cournot que les firmes se répartissaient un profit en fixant leur production simultanément mais non-coopérativement. *L'État peut modifier cet équilibre du jeu concurrentiel des firmes en donnant un avantage à la firme nationale.* En fixant un droit de douane sur les importations ou une subvention à la production de la firme nationale, l'État peut déplacer une partie de la rente de la firme étrangère vers la firme domestique. 210

Fonctions de réaction et courbes d'isoprofit

Supposons dans un premier temps que les deux firmes sont concurrentes sur le marché domestique et fixent leur production avec des coûts identiques constants et une demande linéaire telle que $p = 1 - (q_1 + q_2)$. Sans intervention de l'État, les profits des deux firmes sont :

$$\pi_1 = q_1 p(q_1, q_2) - cq_1$$

$$\pi_2 = q_2 p(q_1, q_2) - cq_2$$

Les conditions de premier ordre fournissent des fonctions de réaction $q_1 = R_1(q_2)$ et $q_2 = R_2(q_1)$ que l'on représente dans l'espace des quantités sur la figure 14.1. Sur cette figure apparaissent également les courbes d'isoprofit de la firme 1 . Elles décrivent les niveaux respectifs de production des deux firmes qui assurent un même niveau de profit $\bar{\pi}_1$ pour la firme 1, tel que :

$$d\bar{\pi}_1 = \frac{\partial \bar{\pi}_1}{\partial q_1} dq_1 + \frac{\partial \bar{\pi}_1}{\partial q_2} dq_2 = 0$$

$$\Rightarrow \frac{dq_2}{dq_1} = -\frac{\dfrac{\partial \bar{\pi}_1}{\partial q_1}}{\dfrac{\partial \bar{\pi}_1}{\partial q_2}}$$

La hausse de la quantité de la firme 2 réduit le profit de la firme 1 :

$$\frac{\partial \bar{\pi}_1}{\partial q_2} = q_1 p' = -q_1$$

On a donc une courbe d'isoprofit croissante jusqu'à ce que la condition de premier ordre $\frac{\partial \bar{\pi}_1}{\partial q_1} = 0$ soit vérifiée (c'est-à-dire jusqu'au croisement avec la courbe de réaction) puis décroissante.

Ceci donne les courbes π_E, π_F et π_H sur la figure 14.1, correspondant à des niveaux de profit croissant pour la firme 1. On peut également aborder la construction des courbes d'isoprofit de manière intuitive : la fonction de réaction de la firme 1 représente la quantité q_1 maximisant le profit compte tenu de q_2. À gauche de $R_1(q_2)$, q_1 est inférieur à la valeur qui maximise π_1 et une hausse de la production de la firme domestique augmente le profit. Les quantités étant des substituts stratégiques, une augmentation de q_2 fait baisser le profit de la firme 1, et un profit constant nécessite donc une augmentation simultanée de q_1 et de q_2.

Figure 14.1. Fonctions de réaction et courbes d'isoprofit dans le modèle de Cournot.

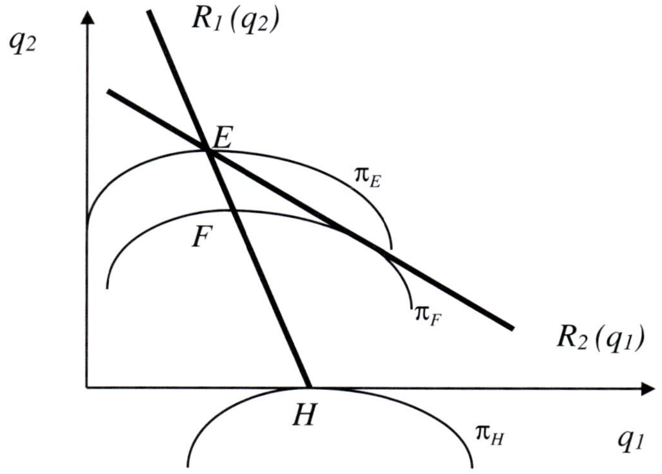

À contrario, sur la droite de $R_1(q_2)$, q_1 est supérieur à la valeur qui maximise π_1. Pour maintenir un profit constant, il faut donc que l'augmentation de q_1 s'accompagne d'une baisse de q_2. De plus, toujours à cause de la substituabilité stratégique des productions des deux firmes, un moindre niveau de q_2 pour toute valeur de q_1 augmente le profit de la firme 1. La courbe d'isoprofit π_F correspond à un profit supérieur à π_E, le profit maximal étant atteint en H, quand la production de la firme étrangère est nulle.

§ 1 L'impact du droit de douane

211 Supposons maintenant que l'État décide d'imposer un droit de douane sur les importations de la firme étrangère. La firme 2 subit donc une hausse directe d'un montant t de son coût marginal d'exportation vers le marché domestique. Les fonctions de profit deviennent donc :

$$\pi_1 = q_1 p(q_1, q_2) - cq_1$$

$$\pi_2 = q_2 p(q_1, q_2) - (c + t)q_2$$

À l'aide des conditions de premier ordre, on retrouve facilement des fonctions de réaction et des quantités d'équilibre très proches du duopole de Cournot sans intervention :

$$q_1 = R_1(q_2) = \frac{1 - q_2 - c}{2} \qquad q_2 = R_2^T(q_1) = \frac{1 - q_1 - c - t}{2}$$

À l'équilibre on a donc les quantités suivantes :

$$q_1^{eT} = \frac{1 - c + t}{3} \qquad q_2^{eT} = \frac{1 - c - 2t}{3}$$

La fonction de réaction de la firme 2 se déplace de $R_2(q_1)$ à $R_2^T(q_1)$, et la quantité produite par cette firme baisse tandis que la production et le profit de la firme 1 augmentent. Il existe un gain national après imposition du droit de douane lié au fait que l'on a *déplacé une partie de la rente de la firme étrangère vers la firme domestique.* Le changement d'équilibre, représenté dans la figure 14.2 par le passage du point E au point F, traduit ce transfert *des rentes*[Q] entre les deux firmes.

Figure 14.2. Imposition d'un droit de douane dans un duopole de Cournot.

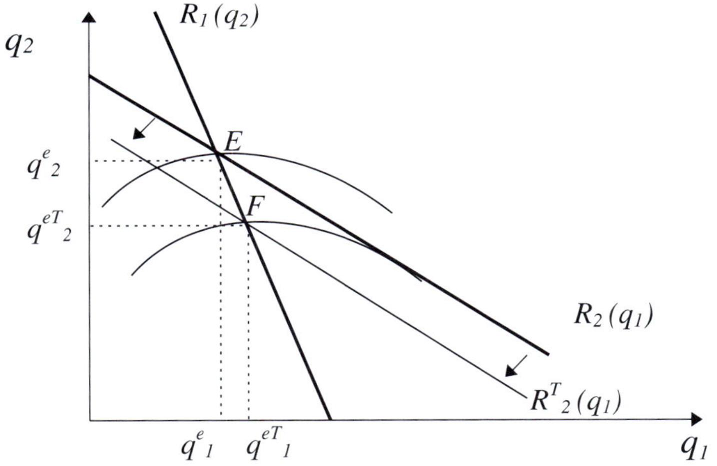

Il existe également un déplacement de la rente de la firme étrangère vers le contribuable domestique par le biais des recettes douanières. *L'imposition du droit de douane a néanmoins le coût domestique habituel en termes de distorsions.* Il est donc possible de déterminer un droit de douane optimal (qui ne sera pas obligatoirement positif) égalisant le revenu marginal de cette mesure à son coût marginal. L'arbitrage entre les deux effets compliquant l'analyse, on procède souvent en raisonnant sur un « marché tiers », c'est-à-dire que les deux firmes se font concurrence sur un troisième marché ce qui rend donc inutile toute analyse du surplus du consommateur pour pouvoir se concentrer sur l'argument du transfert de rente. L'instrument d'action des États pour améliorer la position concurrentielle de la firme nationale devient alors la subvention. Commençons par analyser l'effet de cette subvention sur le marché local.

212 § 2 L'impact d'une subvention

Sur ce marché, *l'État peut intervenir*[Q] en décidant de subventionner la production de la firme domestique. Cela revient à abaisser le coût marginal de production d'un montant s. Dès lors, les fonctions de profit des firmes deviennent :

$$\pi_1 = q_1 p(q_1,q_2) - (c - s)q_1$$

$$\pi_2 = q_2 p(q_1,q_2) - cq_2$$

De la même manière que précédemment, on obtient les quantités maximisant le profit pour tracer les fonctions de réaction :

$$q_1 = R_1^S(q_2) = \frac{1 - q_2 - c + s}{2} \qquad q_2 = R_2(q_1) = \frac{1 - q_1 - c}{2}$$

À l'équilibre on a donc les quantités suivantes :

$$q_1^{eS} = \frac{1 - c + 2s}{3} \qquad q_2^{eS} = \frac{1 - c - s}{3}$$

Dans le cas de la subvention, les équations $R_1^S(q_2)$ et $R_2(q_1)$ montrent que la courbe de réaction de la firme domestique s'est déplacée vers la droite par rapport au duopole de Cournot sans intervention. Pour tout niveau de q_2, la production maximisant le profit est supérieure lorsqu'il y a intervention de l'État.

Figure 14.3. Subvention à la production dans un duopole de Cournot.

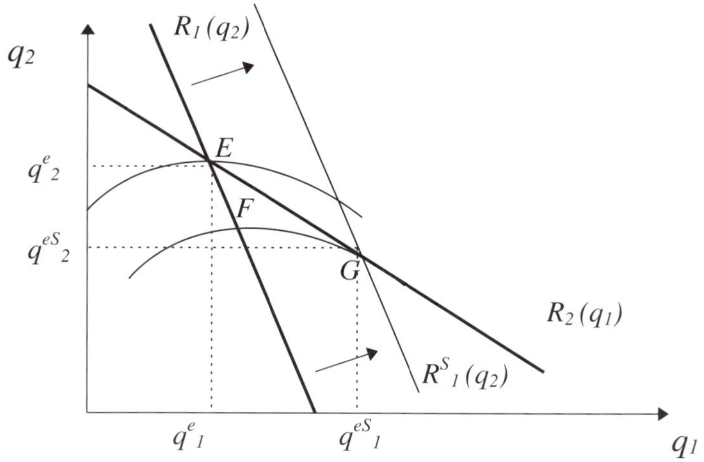

L'équilibre s'établit désormais en G. On peut voir que pour arriver à un gain équivalent (même courbe d'isoprofit), l'utilisation d'une subvention entraîne une production domestique supérieure à l'utilisation d'un droit de douane. Dès lors on en déduit que le prix est inférieur et la consommation supérieure dans le cas d'une subvention. La subvention permet d'obtenir le même déplacement de rente vers la firme domestique tout en s'assurant que ce transfert n'a pas un coût trop élevé pour le consommateur. Malgré cet argument il n'est pas possible de conclure à la supériorité de la politique de subvention. En effet, en dépit de son influence négative sur la consommation, le droit de douane peut se révéler préférable si les recettes douanières transférées au contribuable sont suffisamment importantes.

A. Subvention et leadership dans l'oligopole 213

L'intervention de l'État sous forme de subvention déplace l'équilibre du jeu entre les firmes à l'avantage de la firme domestique. Dès lors on peut se poser la question de savoir sous quelles conditions la firme domestique pourrait *elle-même* disposer d'un tel avantage sur son concurrent ? Nous allons voir que la subvention de la production revient à donner à la firme domestique un rôle de *leader de Stackelberg.* La solution du jeu avec intervention de l'État est équivalente à un jeu dans lequel la firme domestique aurait pu choisir sa production avant la firme étrangère. En effet, supposons désormais que le jeu comporte deux périodes. À la première période, la firme 1 fixe sa production q_1, à la seconde période la firme 2 observe q_1 et fixe à son tour sa production q_2. En reprenant les fonctions de profit du jeu sans intervention de l'État, on obtient la fonction de réaction issue de la maximisation du profit de la firme 2 :

$$q_2 = R_2(q_1) = \frac{1 - q_1 - c}{2}$$

La firme 1 qui joue à la période précédente peut dès lors utiliser cette fonction de réaction dans la maximisation de son profit :

$$\pi_1 = q_1(1 - q_1 - R_2(q_1)) - cq1$$

On aboutit facilement aux quantités d'équilibre suivantes :

$$q_1^e = \frac{1 - c}{2} \qquad q_2^e = \frac{1 - c}{4}$$

En rappelant que dans le duopole de Cournot, où les deux firmes jouaient simultanément, chaque firme produisait $(1 - c)/3$, on en conclut que l'asymétrie temporelle permet à la firme 1 d'influencer la décision de la firme 2 en produisant davantage à la première période que dans un équilibre de Cournot. Cette hausse de q_1 réduit le profit marginal d'une hausse de q_2. La firme 2 réduit donc sa production, ce qui augmente le profit de la firme domestique[1].

Cet équilibre est-il crédible ? Il n'est possible qu'à la condition d'une certaine dose d'irréversibilité dans la variable stratégique. En effet, on voit dans la figure 14.4 que, au point G, la firme 1 n'est pas sur sa fonction de réaction. Sa meilleure réponse à

$$q_2^e = \frac{1 - c}{4} \qquad \text{est} \qquad q_1^e = \frac{3(1 - c)}{8} < \frac{1 - c}{2}$$

Si la variable stratégique de la firme 1 ne comportait pas d'irréversibilité, l'équilibre convergerait de nouveau vers le point E comme dans le duopole de Cournot. Deux problèmes fondamentaux sont donc associés à cet équilibre : l'ordre dans lequel les firmes fixent leur production est exogène et la variable stratégique doit avoir une valeur d'engagement irréversible.

1) Une première solution consiste à considérer que la variable stratégique est un investissement en capacité plus que la production elle-même (sur ce point, voir Tirole (1988)[2], chap 8.2 ou Dixit (1980)[3]). Ainsi, on peut dire que l'avantage

1. Voir la partie du chapitre 3 sur les fonctions de réaction des firmes dans le duopole de Cournot.
2. Tirole J., 1988, *The Theory of Industrial Organization*, MIT Press, Cambridge.
3. Dixit A., 1980, « The Role of Investment in Entry Deterrence », Economic Journal, 90 : 95-106.

Figure 14.4. La crédibilité de l'équilibre de Stackelberg.

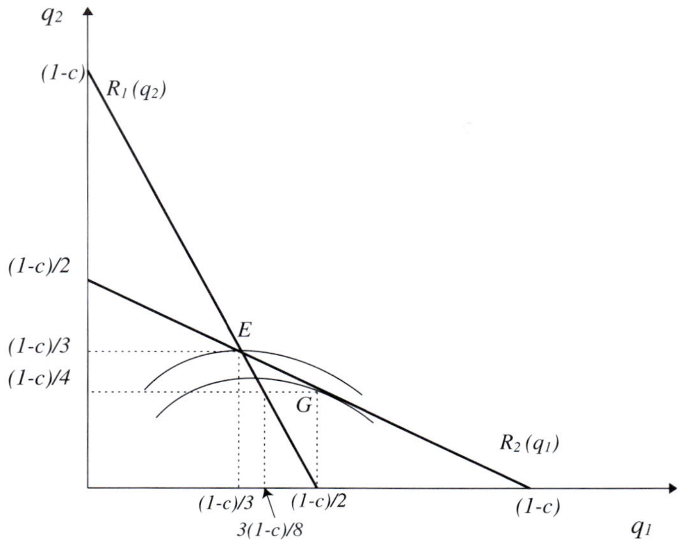

de jouer en premier provient du fait que l'une des deux firmes dispose d'un avantage technologique sur l'autre. De plus, un investissement en capacité de production peut être considéré comme irréversible dans la mesure où l'investissement est irrécupérable, ou du moins que sa revente est coûteuse.

2) Une deuxième solution consiste à introduire l'hypothèse de l'intervention de l'État. En effet il ne semble pas déraisonnable de faire l'hypothèse que les autorités publiques fixent les règles du jeu et le niveau de leurs interventions en amont des décisions des firmes. De plus, les engagements publics peuvent avoir un caractère plus irréversible que les décisions des firmes.

214 B. Subvention et concurrence internationale

En poursuivant le cas de la subvention, on suppose maintenant que les deux firmes sont en concurrence sur un troisième marché, ceci afin de se concentrer sur le coté stratégique de l'intervention de l'État, qui n'a dans ce cas pas à prendre en compte les incidences de son action en terme de distorsions supportées par les consommateurs nationaux[1]. L'État doit alors trouver un niveau d'intervention optimal maximisant le profit de la firme domestique net de la subvention à l'exportation qui lui est accordée. L'État maximise donc l'expression suivante :

$$\pi^N = \pi^1(q_1, q_2, s) - sq_1$$

1. Pour une analyse de la politique commerciale stratégique avec consommation nationale du produit oligopolistique, voir Brander et Spencer, 1985, « Export Subsidies and International Market Share Rivalry », Journal of International Economics, 18, 83-100.

La condition de premier ordre de maximisation est obtenue en différenciant totalement cette équation, pour obtenir :

$$\frac{d\pi^N}{ds} = \frac{\partial \pi^N}{\partial q_1}\frac{dq_1}{ds} + \frac{\partial \pi^N}{\partial q_2}\frac{dq_2}{ds} + \frac{\partial \pi^N}{\partial s} = 0$$

On a donc, avec $\pi_1 = q_1 p(q_1, q_2) - (c - s)q_1$:

$$\frac{\partial \pi^1}{\partial q_1}\frac{dq_1}{ds} + \frac{\partial \pi^1}{\partial q_2}\frac{dq_2}{ds} - s\frac{dq_1}{ds} = 0 \qquad (14.1)$$

Dans un premier temps, l'État fixe une subvention optimale, puis les firmes fixent leurs exportations de façon à maximiser leurs profits. Cela signifie donc, d'après la condition de premier ordre de la firme 1, que le premier terme de (14.1) est nul (cette propriété est appelée *théorème de l'enveloppe*). En utilisant la fonction de profit de la firme 1 dans (14.1), et en rappelant que :

$$\frac{dq_2}{ds} = \frac{dq_2}{dq_1}\frac{dq_1}{ds} = R_2'(q_1)\frac{dq_1}{ds},$$

on obtient :

$$s = q_1 p' R_2'(q_1)$$

D'après la fonction de réaction de la firme 2, $q_2 = R_2(q_1) = \frac{1-q_1-c}{2}$, $R_2'(q_1) = -1/2$ et $p' = -1$, on obtient la subvention optimale $s = q_1/2$. En prenant cette valeur dans la quantité d'équilibre de la firme 1, on retrouve : $q_1 = \frac{1-c}{2}$ et la meilleure réponse de la firme 2 : $q_2 = \frac{1-c}{4}$.

Une subvention de l'État permet donc de placer la firme domestique dans une position de leader de Stackelberg. La plus grande crédibilité des engagements de l'État donne un avantage à la firme 1 qu'elle n'aurait pu obtenir par ses propre moyens.

Ce résultat semble fournir un argument de poids en faveur de l'intervention de l'État pour avantager la firme nationale dans la concurrence oligopolistique. Que deviennent ces conclusions si l'on change les hypothèses du modèle de concurrence ?

section 2

Approfondissements

Le modèle de base de la politique commerciale stratégique a fait l'objet de nombreux prolongements et extensions pour étudier la robustesse de ses recommandations de politique économique selon la spécification du modèle[1]. Il s'avère que

1. On pourra se référer à Brander, J., 1995, « Strategic trade policy ». In G. M. Grossman and K. Rogoff (Eds.), *Handbook of International Economics*, Volume III, Chapter 27, pp. 1395-1455. New York : Elsevier, ou Bowen et al., 1998, *Applied International Trade Analysis*, UK : MacMillan Press, pour des traitements relativement complets de la question.

ce modèle est très sensible, comme la plupart des modèles d'économie industrielle, aux hypothèses concernant le type de concurrence et de mesures utilisées. Nous traitons les deux principales extensions dans cette section.

216 § 1 Politique commerciale stratégique et concurrence en prix

A. Le duopole de Bertrand

Considérons désormais que la variable stratégique du jeu concurrentiel n'est plus la quantité produite mais le prix fixé par les firmes : les firmes 1 et 2 fixent respectivement p_1 et p_2. La demande $D^1(p_1,p_2)$ est adressée à la firme 1, avec comme caractéristiques : $D_1^1 < 0$, $D_1^2 > 0$ et $D_{12}^1 > 0$, c'est-à-dire que la hausse du prix d'une firme augmente la demande adressée à la firme rivale et rend la hausse du prix du concurrent marginalement moins dommageable[1]. On suppose que la firme 1 dispose d'une subvention accordée par l'État. Les fonctions de profit sont données par :

$$\pi_1 = p_1 D^1(p_1,p_2) - (c - s)D^1(p_1,p_2)$$

$$\pi_2 = p_2 D^2(p_1,p_2) - cD^2(p_1,p_2)$$

Les conditions de premier ordre pour les deux firmes donnent les relations suivantes :

$$\frac{\partial \pi_1}{\partial p_1} = (p_1 - c + s)D_1^1 + D^1 = 0$$

$$\frac{\partial \pi_2}{\partial p_2} = (p_2 - c)D_2^2 + D^2 = 0$$

En suivant la même analyse des fonctions de réaction que dans le duopole de Cournot, on conclut aisément que leur pente est positive[2]. Les fonctions de réactions sont représentées dans la figure 14.5 :

---

1. On notera que les produits sont supposés différenciés de sorte que le problème du « paradoxe de Bertrand » ne se pose pas. En effet, si les biens sont parfaitement homogènes, tout prix supérieur au prix du concurrent entraîne une demande nulle ce qui amène un équilibre avec prix égal au coût marginal. Le problème ne se pose plus si l'on suppose que les produits sont différenciés de sorte que les firmes conservent une certaine part de marché même si leur prix est supérieur à celui du concurrent.
2. On peut définir la fonction de réaction de la firme 1 comme étant :

$$p_1 = R_1(p_2) \qquad \text{avec} \qquad \pi_1^1(R_1(p_2),p_2) = 0$$

On cherche la pente de la fonction de réaction $R_1'(p_2)$. En différenciant la condition de premier ordre pour la firme 1 :

$$d\pi_1^1 = \pi_{11}^1 dR_1(p_2) + \pi_{12}^1 dp_2 = 0 \Rightarrow \frac{dR_1(p_2)}{dp_2} = -\frac{\pi_{12}^1}{\pi_{11}^1}$$

Pour la firme 1, le signe de $R_1'(p_2)$ dépendra uniquement du signe de la dérivée partielle croisée (π_{12}^1) si la condition de second ordre de maximisation du profit est vérifiée, ce que l'on supposera.

$$\pi_{12}^1 = (p_1 - c + s)D_{12}^1 + D_2^1 > 0$$

L'augmentation du prix de la firme 2 augmente la profitabilité d'une hausse de prix de la firme 1, les prix sont ici des *compléments stratégiques* et la pente des fonctions de réaction sera positive.

Figure 14.5. Fonctions de réaction du duopole de Bertrand.

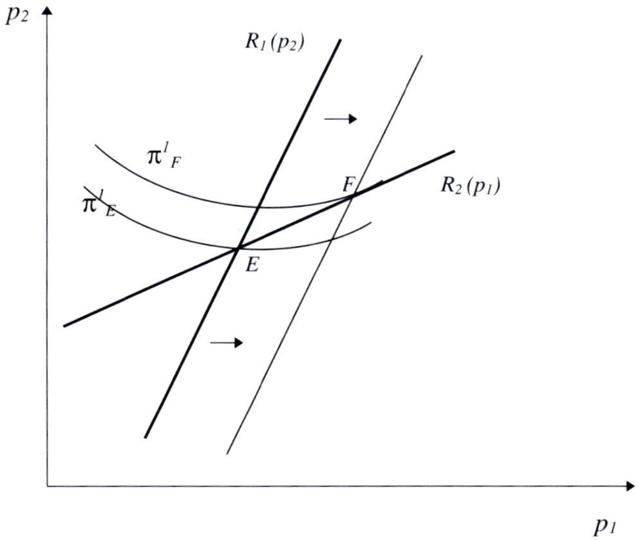

B. Intervention de l'État et subvention optimale

Le gouvernement, pour sa part, doit maximiser la fonction de profit net suivante :

$$\pi^N = \pi^1(p_1,p_2,s) - sD^1(p_1,p_2)$$

La condition de premier ordre de maximisation est obtenue en différenciant totalement cette équation, pour obtenir :

$$\frac{d\pi^N}{ds} = \frac{\partial \pi^N}{\partial p_1}\frac{dp_1}{ds} + \frac{\partial \pi^N}{\partial p_2}\frac{dp_2}{ds} + \frac{\partial \pi^N}{\partial s} = 0$$

On a donc, avec $\pi_1 = p_1 D^1(p_1,p_2) - (c - s)D^1(p_1,p_2)$:

$$\left(\frac{\partial \pi^1}{\partial p_1} - sD_1^1\right)\frac{dp_1}{ds} + \left(\frac{\partial \pi^1}{\partial p_2} - sD_2^1\right)\frac{dp_2}{ds} = 0 \qquad (14.2)$$

En utilisant π_1 dans (14.2) et le théorème de l'enveloppe, on obtient :

$$(p - c)D_2^1\frac{dp_2}{ds} - sD_1^1\frac{dp_1}{ds} = 0$$

En opérant la même transformation que précédemment :

$$\frac{dp_2}{ds} = \frac{dp_2}{dp_1}\frac{dp_1}{ds} = R_2'(p_1)\frac{dp_1}{ds}$$

on obtient :

$$(p - c)D_2^1 R_2'(p_1) - sD_1^1 = 0,$$

et donc

$$s = \frac{(p - c)D_2^1 R_2'}{D_1^1}.$$

D'après les hypothèses sur la fonction de demande ($D_2^1 > 0$) et ($D_1^1 < 0$) et la pente positive de la fonction de réaction de la firme 2, la subvention optimale est négative. *Dans le cas d'une concurrence où la variable stratégique est le prix, il faut donc taxer les exportations de la firme domestique pour déplacer la courbe de réaction de la firme domestique vers l'équilibre de Stackelberg.* Ce résultat est exactement *opposé* au résultat du duopole de Cournot. Une autre différence fondamentale par rapport au duopole de Cournot réside dans le fait que le profit de la firme étrangère est également plus élevé. La justification de l'intervention publique n'est donc plus ici un transfert de rente mais un accroissement du profit de la firme domestique par un assouplissement des conditions de concurrence bénéficiant aux deux firmes. Les consommateurs du pays tiers sont perdants dans cette augmentation simultanée des prix et des profits des deux firmes. On peut voir dans la figure 14.5 le déplacement de l'équilibre du point E vers le point F. Le raisonnement est le même que pour l'équilibre de Cournot mais, du fait que les variables stratégiques sont désormais des compléments, l'orientation des fonctions de réaction et des courbes d'isoprofit est inversée.

C. Les restrictions quantitatives

Dans un cadre oligopolistique et dans le cas où les deux firmes sont en concurrence sur le marché national, une restriction quantitative des exportations de la firme étrangère change la nature de l'équilibre du jeu. *En effet, la restriction fournit une information claire à la firme domestique concernant la fonction de réaction de son concurrent.* Dans un duopole de Bertrand du même type que celui de la section précédente, la firme 1 sait désormais que la firme 2 devra ajuster son prix de manière à satisfaire le niveau d'exportation autorisé. On peut voir graphiquement dans la figure 14.6 la conséquence de cet avantage conféré à la firme domestique.

Figure 14.6. Restrictions quantitatives dans un duopole de Bertrand.

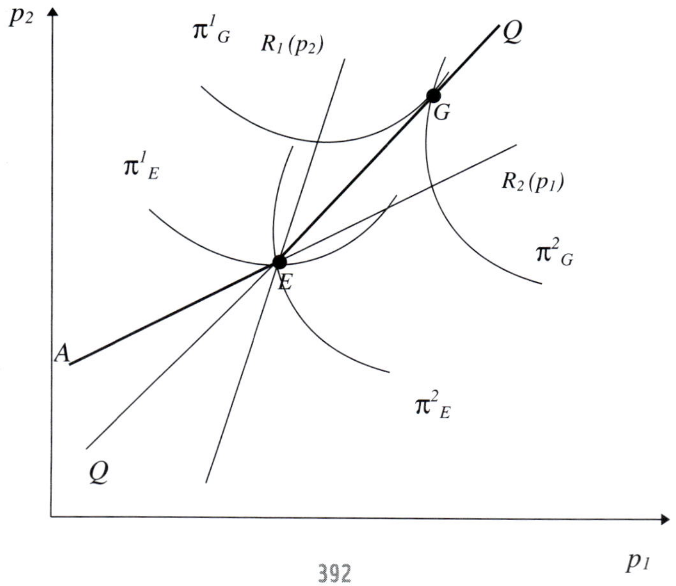

En situation de libre échange l'équilibre se situe au point E, avec les mêmes fonctions de réaction $R_1(p_2)$ et $R_2(p_1)$. Supposons qu'une restriction quantitative soit imposée à la firme étrangère telle que la production de cette dernière ne puisse dépasser le niveau de libre échange. La droite QQ illustre le changement dans la courbe de réaction de la firme étrangère induit par la restriction. Elle représente les valeurs de p_1 et de p_2 satisfaisant la contrainte. Le point d'équilibre de libre échange satisfait par définition la restriction quantitative. Le fait pour l'entreprise étrangère de voir ses exportations plafonnées revient à réduire l'élasticité prix de la demande qui lui est adressée. Sur cette quantité prédéterminée, la firme contrainte dispose donc d'un pouvoir de marché plus important pour fixer son prix : on retrouve cet effet dans la portion EQ de la nouvelle fonction de réaction où pour un prix p_1 donné, la firme étrangère peut fixer un prix p_2 plus élevé qu'en libre échange.

La nouvelle courbe de réaction de la firme 2 est donc AEQ : en dessous du point E, la firme étrangère préfère fournir moins que ce qui lui est autorisé à un prix plus élevé. Au-dessus du point E, elle est réellement contrainte par le quota et doit pratiquer un prix supérieur au libre échange pour le respecter.

La restriction quantitative est connue des deux acteurs au début du jeu. La firme domestique connaît donc la nouvelle fonction de réaction contrainte de son concurrent. Cela lui confère un avantage lui permettant d'avoir un rôle de leader de Stackelberg en prix. Elle fixe donc son prix de sorte que la courbe d'isoprofit π_G^1 soit tangente à la fonction de réaction AEQ, comme dans les équilibres de Stackelberg vus précédemment. En considérant les courbes d'isoprofit des deux firmes en situation de libre échange et avec une restriction quantitative, on note que les deux firmes gagnent à la restriction. Le profit supplémentaire de la firme étrangère provient du fait que celle-ci fournit la même quantité qu'en situation de libre échange mais à un prix plus élevé. *Un quota imposé aux exportations de la firme étrangère favorise la collusion tacite entre les deux concurrents.* Dans le duopole de Bertrand sans intervention, les firmes bénéficieraient d'une hausse concertée des prix au-dessus du niveau de libre échange. Cet équilibre ne serait néanmoins pas crédible car chacune des deux firmes aurait intérêt à abaisser son prix[1]. L'existence d'une restriction quantitative permet de garantir la quantité vendue par l'un des deux joueurs et rend la hausse de prix possible et crédible. *Si le quota imposé à la firme étrangère n'est pas trop bas, il bénéficie donc autant au pays initiateur qu'au pays visé. Il est donc fortement probable que dans ce cadre oligopolistique, le pays étranger accepte le quota.* C'est pourquoi ce modèle permet d'expliquer l'émergence de systèmes de quota, de restrictions volontaires aux exportations (RVE) acceptés par les deux parties (Ono, 1984).

§ 2 Limites

Les recommandations pratiques issues des modèles de politique commerciale stratégique sont donc fortement dépendantes du type de concurrence existant entre les firmes. 217

1. Sur les questions de crédibilité de la collusion voir Slade M. et Jacquemin A., 1993, « Strategic Behaviour and Collusion » chap. 2 in Norman G., M. La Manna, *The New Industrial Economics*, Edward Elgar, Aldershot. et le chapitre 6 de Tirole (1988).

1) Il faut bien sur dans un premier temps que le marché soit réellement oligopolistique, c'est-à-dire qu'il doit exister une rente à déplacer de l'entreprise étrangère vers l'entreprise domestique. Si le secteur considéré se caractérise par une libre entrée et sortie des firmes, le profit à long terme tendra vers zéro et la politique commerciale stratégique perdra toute justification.
2) Il faut ensuite parfaitement connaître quelle est *la variable d'action des firmes*. Au vu des résultats contradictoires des duopoles de Cournot et de Bertrand, une mauvaise interprétation du type de concurrence pratiquée peut avoir des conséquences redoutables. En effet cela conduit à des mesures de politique économique opposées à la politique commerciale optimale.
3) Une autre difficulté surgit si l'on considère la politique commerciale stratégique dans un cadre relevant plus de *l'équilibre général*. Dixit et Grossman (1986)[1] étudient l'argument de déplacement des rentes quand plusieurs secteurs utilisant le même facteur de production sont susceptibles d'être protégés par l'État. Supposons qu'un des secteurs fasse l'objet d'une politique commerciale stratégique. La hausse de production de ce secteur fera monter le prix du facteur de production commun à tous les secteurs. Par conséquent la production et les profits des secteurs non protégés en seront affectés. Pour que l'intervention ait un impact positif au niveau global, il faut donc choisir de protéger les secteurs pour lesquels le déplacement de rente sera assez important pour compenser l'effet négatif sur les autres branches de l'économie.
4) Le gouvernement doit également pouvoir s'engager de manière crédible dans ses mesures. Supposons par exemple, que l'État souhaite subventionner les investissements en R&D afin d'améliorer la position concurrentielle de sa firme. Cette firme aura alors une incitation à ne pas effectuer la totalité des investissements désirés par l'État dans l'espoir de voir l'aide renouvelée à la période suivante. Il faut donc prendre en considération que si les firmes peuvent jouer rationnellement entre elles, il y a fort à parier qu'elles adopteront également un comportement rationnel opportuniste vis-à-vis de l'État.
5) Des considérations de type économie politique sont également très importantes : si l'État déclare qu'il souhaite aider les secteurs de type oligopolistique dans la concurrence mondiale, les parties prenantes de ces secteurs tenteront d'avoir le meilleur traitement possible dans cette politique et commenceront donc à faire du lobbying. Or ce type d'activité a un coût pour la société. D'abord parcequ'il utilise des ressources (en pure perte au niveau global du pays) qui ne sont plus utilisable pour la production. Ensuite parceque les groupes de pression seront d'autant plus efficaces qu'ils seront de taille réduite et avec des intérêts marqués dans la mise en place potentielle de l'intervention publique. De manière générale cela entraînera une surévaluation des intérêts des producteurs par rapport aux consommateurs dans les objectifs du gouvernement en vu de sa réélection.
6) Une autre limite qui est peut-être la plus importante de ces modèles est que tous les travaux empiriques visant à mesurer les effets possibles des mesures de type politiques commerciales stratégiques au niveau empirique concluent à un impact faible sur les variables concernées.

1. Dixit A., G. Grossman, 1986, « Targeted Export Promotion with Several Oligopolistic Industries », *Journal of International Economics*, 21 : 233-249.

Dès lors, l'analyse en terme de politique commerciale stratégique, si elle semble pertinente pour l'interprétation des actions publiques dans un cadre de concurrence imparfaite, *peut poser de nombreux problèmes en ce qui concerne les recommandations précises de politique économique.* L'État s'expose à de nombreuses possibilités d'erreurs ou de coûts élevés d'analyse du type de concurrence existant entre les firmes. L'autorité publique doit déterminer la variable pertinente de la rivalité du secteur, évaluer précisément les rentes qu'il est possible de déplacer et ne pas négliger les conséquences que peuvent avoir ses décisions sur les secteurs privés de protection.

Enfin, l'un des dangers des politiques commerciales stratégiques dont sont très conscients les principaux auteurs participant au développement de ces théories est de fournir des arguments en faveur d'une vision du commerce comme un jeu à somme nulle : comme le souligne Paul Krugman (1996)[1], *en résumant les gains du pays aux profit d'un firme sur un marché tiers, on renforce la perception du commerce comme une lutte pour les parts de marché mondiales.* Cette perception semble justifier un renouveau du protectionnisme au sens large et est susceptible d'entraîner des mesures de représailles entre États sur lesquelles nous nous penchons maintenant.

section **3**

Politique commerciale stratégique et représailles

Dès lors qu'une politique commerciale d'un pays affecte positivement ou négativement le bien-être d'un autre pays, on ne peut raisonnablement supposer que le pays concerné restera inactif face à cette politique. Il faut donc étudier les interactions stratégiques entre États et, comme pour les comportements stratégiques de firmes, la théorie des jeux constitue l'outil d'analyse approprié de questions telles que la réponse aux mesures protectionnistes. La recherche d'une réponse optimale en matière de politique commerciale repose sur trois notions fondamentales (Dixit, 1987) : premièrement, *la réaction* considérée comme souhaitable compte tenu des politiques des États concurrents (les mesures à la disposition des gouvernements sont alors considérées comme dépendantes des mesures prises par les autres pays). Ensuite, *la prévision rationnelle* du comportement des autres gouvernements et l'adoption de mesures en conséquence. Enfin, *les annonces* destinées à influencer les actions des adversaires, pour dissuader ou inciter certaines politiques. Dans cette troisième notion, la question de la crédibilité des engagements, des menaces ou des promesses est primordiale. 218

Dans ce que nous avons vu jusqu'à présent, seules les firmes sont stratégiques. La politique commerciale stratégique est abordée comme une intervention unilatérale d'un État cherchant à modifier l'équilibre du jeu entre firmes oligopolistiques au

1. Krugman, P. R. (Ed.), 1986, *Strategic Trade Policy and the New International Economics*. Cambridge : MIT Press.

profit de la firme domestique. Dans des situations aussi cruciales que les négociations commerciales internationales ou aussi concurrentielles que l'attribution de grands contrats sur des marchés comme l'aéronautique ou la fourniture d'infrastructure, on peut raisonnablement supposer que tous les acteurs seront stratégiques. Considérons un jeu à deux étapes dans lequel la deuxième étape est un duopole de Cournot. Deux firmes, une domestique et une étrangère, sont en concurrence sur un troisième marché. Les États choisissent leur politique à la première période en tenant compte de l'influence de ces politiques sur le jeu de la deuxième période.

En gardant la même notation que dans le duopole de Cournot avec des firmes symétriques vu précédemment, les firmes 1 et 2 produisent respectivement les quantités[1] q_1 et q_2 à destination du troisième pays, elles ont les courbes de réaction R_1 et R_2 et les courbes d'isoprofit π_1 et π_2. Sans intervention des États, l'équilibre se situe en N sur la figure 14.7.

Figure 14.7. Représailles dans un duopole de Cournot.

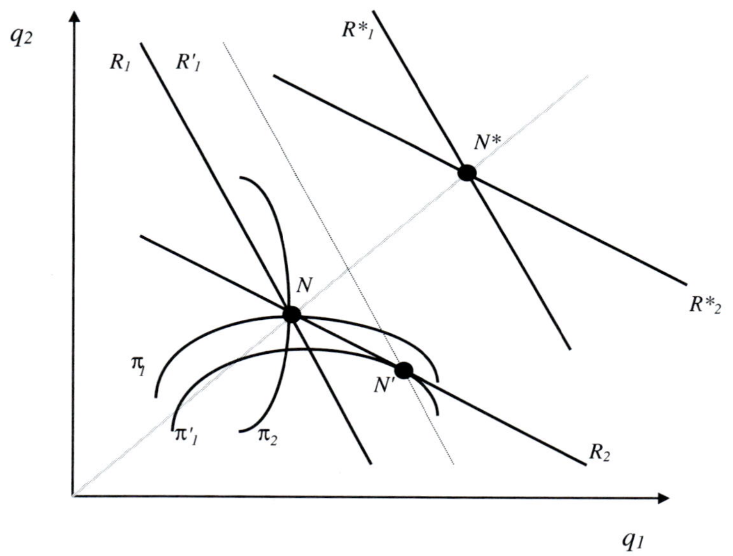

§ 1 Dilemme du prisonnier

L'attribution d'une subvention à l'exportation unilatérale abaisse le coût marginal d'exportation de la firme domestique et lui fournit un avantage. Si l'on note R'_1 et π'_1 la fonction de réaction et la courbe d'isoprofit de la firme 1 après que son gouvernement lui ait attribué une subvention, on voit dans la figure 14.7, que l'équilibre est déplacé en N', avec pour conséquence une amélioration du profit de la firme domestique au dépens de la firme étrangère.

1. Les firmes étant symétriques elles ont des exportations et des profits égaux, et les courbes de réaction se coupent sur l'axe à 45°.

De toute évidence, le pays étranger a la même incitation à subventionner les exportations de sa firme et les points N et N' ne seront pas des équilibres du jeu à deux étapes (Brander et Spencer, 1985). Les deux pays subventionnent leurs exportations jusqu'à déplacer les fonctions de réaction en R_1^* et R_2^* et l'équilibre s'établit en N*. Ce jeu à deux étapes où tous les acteurs sont stratégiques nous ramène au *dilemme du prisonnier*. En effet, les deux États sont perdants dans cette guerre des subventions par rapport à la situation où il n'y a pas d'intervention publique. Néanmoins comme dans le jeu statique, la subvention est une stratégie dominante pour chacun des États quelle que soit la réponse de l'adversaire. Il faut donc à nouveau que les joueurs négocient pour améliorer leurs gains. En fait si une négociation efficace peut se mettre en place, les États ne se contenteront pas de ne pas intervenir mais mèneront une politique concertée de taxe des exportations. En effet comme nous l'avons vu dans le chapitre 3, les deux firmes du duopole de Cournot produisent plus que ne le ferait un monopole et la stratégie optimale des États serait donc de réaliser une production jointe au niveau de la production optimale du monopole. Si les États négocient des taxes symétriques, le point d'équilibre redescend le long de la ligne à 45° vers la quantité de monopole (Helpman et Krugman, 1989).

§ 2 Impact de la guerre des subventions

Les exportations se faisant vers un pays tiers, une telle négociation se ferait au détriment unique des consommateurs de ce pays qui bénéficiaient grandement de l'équilibre avec *guerre des subventions*^Q.

Dans un duopole de Cournot, la prise en compte des *représailles*^Q ajoute encore aux doutes concernant la pertinence des recommandations en terme de subvention des exportations issues du modèle initial de politique commerciale stratégique. Comme en attestent les divers processus des réductions bilatérales ou multilatérales des interventions de l'État, *les gouvernements ont une forte incitation à négocier une baisse concertée des subventions.*

Le cas où les firmes oligopolistiques sont dans un duopole de Bertrand, et se concurrencent donc en jouant sur les prix, vient confirmer que la guerre de subventions n'est certainement pas un résultat probable des politiques commerciales entre États rivaux, même en concurrence imparfaite. Nous avons vu précédemment que dans le cas d'une concurrence par les prix, la politique stratégique optimale consistait à taxer les exportations. En effet, cette taxe permet un assouplissement des conditions de concurrence et donc une remontée des prix bénéfique à la firme domestique comme à la firme étrangère. Comme dans le duopole de Cournot, l'État étranger a également une incitation à taxer les importations de sa firme et l'équilibre atteint est représenté dans la figure 14.8.

Ici, contrairement au duopole de Cournot, il n'y a pas de dilemme du prisonnier. Le point N*, avec intervention simultanée des États, est préféré au point N, qui représente l'équilibre de libre-échange. Dans un duopole de Bertrand, les recommandations éventuelles en terme de politique commerciale sont donc inversées et, si l'on introduit la possibilité d'une négociation, celle ci ne visera pas à abaisser le niveau d'intervention des États, mais bien à l'augmenter pour atteindre un point N', où les firmes exploitent totalement les rentes tirées de la concurrence imparfaite.

Figure 14.8. Représailles dans un duopole de Bertrand.

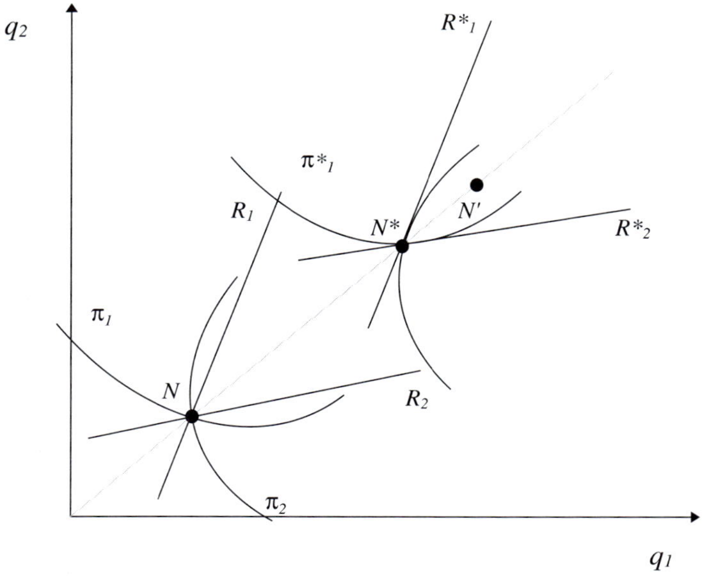

Mémo

L'utilisation des modèles de concurrence imparfaite, et plus spécifiquement des modèles de commerce en concurrence oligopolistique permettent de renouveler l'analyse des politiques commerciales. Le duopole de Cournot, notamment, sert à l'étude de l'intervention de l'État dans le jeu concurrentiel des firmes en but de s'approprier une large part des profits du commerce. On montre que l'État, au travers de deux types d'intervention, peut modifier l'équilibre du jeu en donnant un avantage à la firme nationale. Une première possibilité consiste à imposer un droit de douane sur les importations. L'imposition d'un droit de douane affecte la fonction de réaction de la firme nationale et déplace ainsi une partie de la rente de la firme étrangère vers la firme domestique. Les autres effets sont le déplacement d'une partie de la rente de la firme étrangère vers le consommateur domestique (les recettes douanières) et l'introduction d'un coût sur l'économie nationale sous forme d'une distorsions de consommation. La deuxième possibilité est une subvention à la production de la firme domestique. Avec la différence du montant du droit de douane (non perçu), l'imposition d'une subvention a un effet identique à celui d'un droit de douane. Pour revenir aux termes du jeu concurrentiel, en subventionnant la production domestique, l'État donne en réalité à la firme domestique une position de leader de Stackelberg : la solution du jeu avec intervention de l'État est équivalente à un jeu dans lequel la firme domestique aurait pu choisir sa production avant la firme étrangère. Enfin, l'analyse du jeu sur un marché tiers et non sur le marché domestique permet de se concentrer sur le côté stratégique de l'intervention de l'État, sans prendre en compte les incidences de cette action en termes de distorsions supportées par les consommateurs.

Si l'on s'en tient à ce résultat, les prédictions du modèle de politique commerciale stratégique semblent fournir un argument de poids en faveur de l'intervention de l'État pour avantager la firme nationale dans un cadre de concurrence oligopolistique. Ainsi, les approfondissements du modèle portent précisément sur la robustesse de ce résultat à des changements de type de concurrence. Il s'avère finalement que le résultat de cette même intervention dans un cadre de concurrence à la Bertrand est à l'opposé de celui du duopole de Cournot. Dans le cas d'une concurrence où la variable stratégique est le prix, il faut taxer les exportations de la firme domestique pour déplacer la courbe de réaction de la firme domestique vers l'équilibre de Stackelberg. Les recommandations pratiques des modèles de politique commerciale stratégique sont donc fortement dépendantes du type de concurrence existant entre les firmes. L'analyse est pertinente pour l'interprétation du comportement de l'État dans un environnement de concurrence imparfaite, mais elle pose problème en ce qui concerne les recommandations précises de politique économique.

L'analyse des politiques commerciales stratégiques ne serait pas complète sans l'étude des réponses des États aux politiques menées par d'autres États. Un jeu à deux étapes, dans lequel la deuxième étape est un duopole de Cournot, peut être utilisé pour analyser les interactions entre firmes et entre États, dans le cas où, suite à l'action d'une politique commerciale stratégique, l'État étranger décide de réagir en instaurant lui-même des mesures protectionnistes. Dans le cas d'une subvention, les deux États ont intérêt à subventionner leur production, ramenant la situation à celle du dilemne du prisonnier, car les deux États se retrouvent perdants par rapport à la situation sans intervention publique. Néanmoins, dans le cas où les firmes sont dans un duopole de Bertrand, les recommandations en termes de politique commerciale sont inversées. Même la négociation qui, dans le cas de Cournot, réduirait le niveau d'intervention, viserait à l'augmenter dans le cas de Bertrand.

Quid

- Politique commerciale stratégique n° 209
- Intervention de l'État n°s 210-212
- Transfert de rente n° 211
- Leader de Stackelberg n° 213
- Représailles n° 218
- Guerre des suventions n° 218

Quiz

Questions

- Quel rôle peut avoir l'État lorsqu'il intervient avec une mesure de politique commerciale ? (n°s 210-212)
- Quelles sont les limites des recommandations issues des modèles de politique commerciale ?
- Dans quel cadre les États peuvent-ils devenir stratégiques ? (n° 218)

Biblio

- Chapitre 2 de Bouët, A., 1998, *Le protectionnisme*, Paris : Vuibert.
- Bowen, H., A. Hollander, J-M Viaene, 1998, *Applied International Trade Analysis*, UK : MacMillan Press.
- Brander, J., 1995, « Strategic trade policy ». In G. M. Grossman and K. Rogoff (n° Eds.), *Handbook of International Economics*, Volume III, Chapter 27, pp. 1395-1455. New York : Elsevier.
- Laussel D. et C. Montet, 1995, « Strategic Trade Policy » in Greenaway D., L.A. Winters eds., *Surveys in International Trade*, Oxford, Basil Blackwell.
- Vousden N., 1990, *The Economics of Trade Protection*, Cambridge University Press.

chapitre

15

Les politiques commerciales européennes

Introduction : la régionalisation du commerce international

Les accords d'intégration régionale sont aujourd'hui une caractéristique majeure du commerce mondial. Les années récentes ont été caractérisées par une augmentation importante de ce type d'accords, comme en attestent le graphique 15.1 ainsi que la citation suivante, provenant tous deux de l'OMC (auprès de laquelle tout accord de ce type doit être notifié) :

« La grande majorité des Membres de l'OMC sont membres d'un accord commercial régional ou de plusieurs. La forte augmentation du nombre des ACR s'est poursuivie depuis le début des années 1990. Quelque 250 ACR ont été notifiés au GATT/à l'OMC jusqu'en décembre 2002, dont 130 après janvier 1995. Plus de 170 ACR sont actuellement en vigueur ; quelque 70 ACR supplémentaires seraient opérationnels mais n'ont pas encore été notifiés. D'ici la fin de 2005, si les ACR qui sont en préparation ou déjà en cours de négociation sont conclus, le nombre total d'ACR en vigueur pourrait bien approcher 300. » Organisation Mondiale du Commerce (2003)[1]

Figure 15.1. Accords régionaux en vigueur - par date d'entrée en vigueur

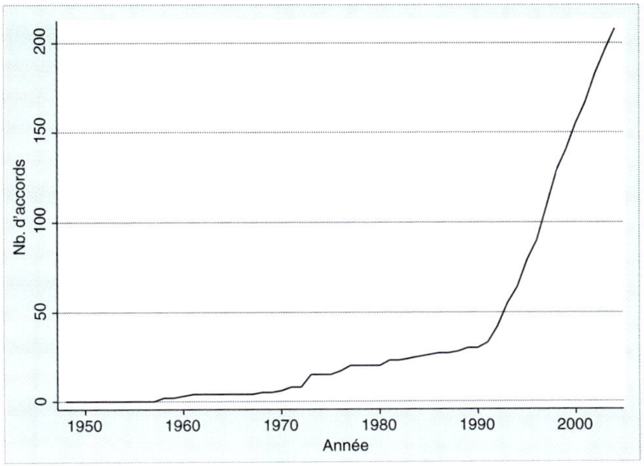

1. http://www.wto.org/english/tratop_e/region_e/region_e.htm

Tableau 15.1. Les Principaux accords régionaux entre 1957 et 2004.

Année	Afrique/Moyen Orient	Europe	Amériques	Asie/Pacifique
1957		Signature du traité de Rome (CEE)		
1960		AELE		
1965				Zone de libre échange limitée entre l'Australie et la Nouvelle Zélande
1968		Achèvement de l'union douanière (CEE)		
1969			Pacte Andin	
1975	Communauté Économique des États de l'Afrique de l'Ouest (CEDEAO)			
1978				Accord préférentiel limité entre états du Sud-Est Asiatique (ASEAN)
1979		Système monétaire européen (SME)		
1985				Expansion de l'ASEAN
1986		Signature de l'Acte Unique (CEE)		
1989	Union du Maghreb Arabe		Zone de libre échange entre USA et Canada	
1991	Communauté Économique Africaine (CEA)		Signature du MERCOSUR	
1992	Communauté pour le Développement de l'Afrique Australe (SADC)	Signature du traité de Maastricht (CEE)		Signature de l'accord de libre échange entre pays de l'ASEAN
1994		Espace Économique Européen (EEE)	ALENA	
1995		Union Européenne à 15 membres	MERCOSUR met en place TEC	
1996			Pacte Andin devient Communauté Andine	
2002		L'Euro entre en vigueur		Accords Japon-Singapour et Corée du Sud-Chili
2004		Union Européenne à 25 membres		

Source : adapté de Frankel (1997)

Une autre évolution importante a été le changement d'attitude des États-Unis, traditionnellement opposés aux accords régionaux qu'il considéraient comme un frein au processus de libéralisation multilatéral[1]. Les États-Unis sont maintenant profondément impliqués dans l'un des accords régionaux les plus importants (l'ALENA) et cherchent à étendre le mouvement de régionalisation à l'ensemble du continent américain avec l'initiative de la zone de libre échange des Amériques. Même le Japon et la Corée du Sud, qui étaient les derniers pays industrialisés à ne pas avoir d'accord régional, ont pris récemment part au mouvement en signant un premier accord en 2002 avec Singapour pour le Japon et avec le Chili pour la Corée du Sud. Le tableau 15.1 présente une chronologie des principaux mouvements d'intégration régionale entre 1957 et 2004.

Ce chapitre étudie le phénomène de régionalisation du commerce international sous ses aspects théoriques et empiriques, en prenant comme exemple un des processus d'intégration commerciale les plus avancés, à savoir les différentes étapes de création de l'Union européenne. Après avoir introduit la notion d'accord régional de commerce et passé en revue le cas spécifique de création du Marché unique européen (section 1), nous aborderons d'un point de vue théorique les conséquences des accords régionaux en termes de bien-être (section 2). Enfin, la section 3 s'intéresse aux vérifications empiriques de ces théories, c'est-à-dire à l'impact de la régionalisation sur le commerce et les spécialisations.

1. Nous reviendrons plus tard sur les rapports de complémentarité ou d'antagonisme que peuvent entretenir multilatéralisme et régionalisme.

Plan analytique

section 1

Intégration européenne et commerce

§ 1 Différents degrés d'intégration

§ 2 L'intégration commerciale en Europe

section 2

Aspects théoriques de l'intégration

§ 1 Création et détournement de commerce

- **A.** La version simple
- **B.** Types de barrières aux échanges
- **C.** Extensions

§ 2 Intégration et rendements croissants

§ 3 Intégration régionale et bien-être, l'apport de la géographie

§ 4 Aspects dynamiques des accords régionaux de commerce

- **A.** L'effet domino
- **B.** L'effet domino en pratique : tests empiriques

section 3

Le marché unique en pratique : impact sur les spécialisations européennes

§ 1 Réalisation du marché unique et effets attendus

- **A.** Politiques d'accompagnement
- **B.** Synthèse des effets attendus
- **C.** Mise en place effective du marché unique

§ 2 Les premières études : analyses empiriques de l'union douanière

§ 3 Les études plus récentes : impact du marché unique

section 1

Intégration européenne et commerce

§ 1 Différents degrés d'intégration

220

Malgré la généralisation du processus d'intégration régionale, l'Union européenne reste sans doute la région où l'intégration économique est la plus avancée. Au cours d'un demi-siècle de marche vers l'intégration, les pays européens sont passés par les principales étapes de libéralisation habituellement identifiées. On distingue de manière usuelle 6 degrés d'intégration que l'on peut décrire dans l'ordre croissant :

1) *L'accord préférentiel de commerce* consiste en un ensemble de préférences partielles accordées à un certain nombre de partenaires commerciaux. Ce type d'accord contredit donc le principe de nation la plus favorisée de l'OMC en introduisant une discrimination entre pays membres et non membres de l'accord préférentiel. L'article 24 du GATT prévoit néanmoins une exception au principe de NPF pour permettre les accords de commerce régionaux[1]. Ces accords sont particulièrement répandus, les pays développés utilisant très largement cet outil pour donner des préférences commerciales à certains PVD (les préférences de l'Union européenne au travers de la convention de Lomé ou des États-Unis au travers de la *Caribbean Basin Initiative* sont des exemples connus).
2) Dans une *zone de libre échange (ZLE)*[Q], le commerce est entièrement libéralisé à l'intérieur de la zone, mais les pays membres conservent une politique commerciale indépendante vis-à-vis des pays tiers. Par conséquent, les ZLE comprennent en général des *règles d'origine* afin de prévenir toute possibilité d'arbitrage par les pays tiers en fonction des différences de facilité d'accès aux marchés des pays membres.
3) L'*union douanière (UD)*[Q] élimine également l'ensemble des barrières au commerce entre pays membres mais rajoute un *tarif extérieur commun (TEC)* pour les échanges avec les pays tiers.
4) Le *marché commun*[Q] rajoute la liberté de mouvement des facteurs à l'union douanière.

1. Cet article stipule les conditions précises de l'intégration régionale dans lesquelles les déviations du principe de NPF sont autorisées : « quasiment toutes » barrières doivent être retirées entre les pays signataires, les barrières à l'encontre des pays non-membres ne doivent pas augmenter suite à la signature de l'accord, et l'accord doit évoluer rapidement vers une union douanière (ce délai ayant été stipulé en 1994 à moins de 10 ans).

5) Le *marché unique* comprend une harmonisation des standards et des réglementations. Cette harmonisation est très souvent indispensable pour que la liberté de mouvement des facteurs soit effective (il est par exemple très difficile d'assurer la liberté d'établissement des professions libérales dans les pays membres sans assurer la reconnaissance mutuelle des diplômes). En Europe, le Marché unique peut être synthétisé par la formule des « quatre libertés fondamentales de mouvement » : 1) les biens 2) les services 3) les individus 4) les capitaux.

6) Enfin, *L'union économique* inclut au minimum une politique monétaire commune et un degré important de coordination sur de nombreux thèmes de politiques économiques.

§ 2 L'intégration commerciale en Europe

221 Baldwin et Wyplosz (2003)[1] présentent l'histoire de l'intégration européenne comme la naissance et l'évolution de différents cercles regroupant les pays européens. À partir des années 1950, des groupes successifs de pays européens ont formé des *cercles d'intégration*, qui ont évolué dans le temps, au travers d'*élargissements* pour accueillir des nouveaux membres dans le cercle (parfois des anciens membres d'un cercle concurrent) et d'*approfondissements* du contenu des accords constituant ces cercles. Les phases d'élargissement se sont parfois conjuguées à des phases d'approfondissement, impliquant une adoption rapide par les nouveaux entrants des règles en vigueur dans le cercle et du niveau d'intégration atteint, que l'on appelle dans l'Union « Acquis Communautaire ».

L'intégration commerciale européenne commence avec la signature en mars 1957 du Traité de Rome établissant la Communauté économique européenne (CEE) au premier janvier 1958 entre la Belgique, la France, l'Allemagne, l'Italie, le Luxembourg et les Pays-Bas. Le traité établit d'emblée l'objectif très ambitieux de créer une *zone économique unifiée* et donc de retirer toutes les barrières aux mouvements des marchandises bien entendu, mais également des services, des personnes et du capital (bien que l'absence initiale d'un calendrier spécifique pour la libéralisation des mouvements de facteurs ait rendu les progrès relativement faibles sur ce plan jusqu'à la signature de l'*Acte unique européen*, quelques trente ans plus tard). L'article 3 du Traité de Rome comprend le retrait de tous les droits de douane et de toutes les barrières quantitatives au commerce, ainsi que l'établissement d'un « droit de douane commun et d'une politique commerciale commune vis-à-vis des pays tiers ». La CEE est dès lors une union douanière dès le départ. Un autre point important de cet article 3 est l'adoption de politiques communes pour les questions agricoles, de transport et de concurrence.

Le Traité de Rome constitue un changement radical de politique commerciale de la part des six pays signataires. Ce changement a rapidement entraîné une réponse des pays européens non membres de la CEE. La CEE fixait un calendrier pour une libéralisation commerciale rapide du commerce entre les principaux marchés de l'Europe occidentale, qui dégraderait certainement la position concurrentielle des pays non membres sur ces marchés. Sept de ces pays, menés par la Grande-Bretagne, réagirent en formant leur propre zone de libre échange en 1960 : l'Association Européenne de Libre Échange (l'AELE, comprenant l'Autriche, le Danemark, la

1. Baldwin R., et C. Wyplosz, 2003, *The Economics of European Integration*, Mcgraw-hill.

Norvège, le Portugal, la Suède, la Suisse et la Grande Bretagne). Cette période a donc été caractérisée par deux cercles de pays poursuivant leur propre effort de libéralisation commerciale. Cet effort fut relativement intense pour la CEE. En 1961, tous les quotas furent abolis avant la date prévue, les droits de douane étaient abaissés de 30 % en 1960, 60 % en 1963 et ramenés à zéro en juillet 1968, 18 mois avant la date prévue (Baldwin et Wyplosz, 2003). Avec ces avancées de la libéralisation commerciale à l'intérieur de la CEE et de l'AELE, sans progrès entre les deux clubs de pays, *le degré de discrimination réel en termes d'accès aux marchés européens s'est accru de manière importante* durant cette période. Par exemple, avec les progrès de la CEE, une entreprise anglaise connaîtra des difficultés de plus en plus importantes face à une entreprise allemande pour vendre sur le marché français, car l'accès au marché français pour la firme allemande est rendu de plus en plus facile *relativement* à la firme anglaise. Bien entendu, la situation est très exactement inversée pour l'accès aux marchés de l'AELE, mais il était beaucoup plus dommageable pour un exportateur de subir un désavantage sur les marchés de la CEE que sur les marchés de l'AELE, tout simplement en raison de la différence de taille entre les deux cercles. En effet, en 1972, le PIB des pays membres de la CEE représentait plus du double de celui des pays membres de l'AELE (les chiffres de la Banque Mondiale, World Development Indicators 2002, donnent 727 milliards de dollars courants de PIB pour la CEE contre 306 pour l'AELE cette année là). Les incitations et par conséquent la pression en faveur d'une adhésion à la CEE (et donc d'un changement de cercle) étaient par conséquent fortes au sein des pays de l'AELE. La première candidature a été déposée par la Grande-Bretagne en 1961, rapidement suivie par le Danemark, la Norvège et l'Irlande. Après de nombreux épisodes politiques concernant l'adhésion de la Grande Bretagne, ce pays est finalement entré dans la communauté avec l'Irlande et le Danemark en 1973 (la Norvège rejetant à cette époque l'adhésion une première fois par referendum). Cette *première vague d'élargissement* de 1973 eut pour conséquence immédiate d'accroître encore davantage la pression pour une adhésion à la CEE dans les pays de l'AELE, car les deux cercles devenaient encore plus dissymétriques qu'auparavant. Ceci c'est traduit par un ensemble d'accords de libre échange bilatéraux entre la CEE et chacun des pays restants dans l'AELE. Ces accords étaient moins ambitieux que le Traité de Rome, mais permettaient de réduire le désavantage compétitif subit par les exportateurs des pays de l'AELE sur les marchés de la CEE.

Les années 1980 ont été la période de ce que l'on peut appeler la *deuxième vague d'élargissements*. La Grèce, l'Espagne et le Portugal sont devenus des pays membres en 1981 pour le premier et en 1986 pour les deux suivants. Une partie importante de la motivation aussi bien pour ces pays que pour la Communauté était de tenter de pérenniser les changements politiques récents de ces pays grâce à une adhésion relativement rapide. Cette vague correspond également en termes économiques à l'introduction de trois pays beaucoup moins riches que ceux de la communauté et traditionnellement spécialisés dans des secteurs relativement différents. Ce changement a accru mécaniquement la variance géographique de la richesse à l'intérieur de la CEE, dont la répartition spatiale des richesse devenait plus inégale. Cela a augmenté de manière importante les demandes en faveur d'une politique régionale plus active. Au même moment, l'Acte Unique était voté, avec des conséquences supposées importantes en termes de libéralisation commerciale, et par conséquent de bonnes raisons de s'attendre à un nouvel accroissement des inégalités régionales. C'est donc à cette époque que les politiques régionales sont devenues un thème de première importance dans la construction européenne, se traduisant par une part en croissance rapide dans le budget européen, au détriment – partiel – de la politique agricole commune).

222 Le Marché unique, initialement proposé dans le « Livre blanc » de 1985 publié par la Commission européenne, constitue une étape supplémentaire de retrait graduel des barrières aux échanges à l'intérieur du marché européen. Le commerce intra-CEE était déjà libre de tout droit de douane et quotas depuis la fin des années 1960 et l'*Acte Unique européen* visait au retrait des *Barrières Non Tarifaires (BNT) restantes* afin d'établir réellement les « quatre libertés de mouvement » (biens, personnes, services capitaux, les trois derniers points constituant les « innovations » les plus drastiques du Marché Unique). Ces BNT à abolir étaient classées en trois grands ensembles :

1) *Les barrières physiques* : Les contrôles douaniers en particulier qui visaient entre autres à assurer le respect des normes nationales et aboutissaient à des retards significatifs lors du passage des frontières nationales.
2) *Les barrières techniques* : Les différences de normes et standards entre pays membres, ainsi que les pratiques délibérément discriminatoires dans les politiques d'achats publics.
3) *Les barrières fiscales* : Les grandes différences de taux de TVA en particulier qui aidaient les firmes à segmenter le marché européen en fonction des frontières nationales.

Le Livre blanc détaillait 282 mesures à prendre pour atteindre le Marché unique et 275 furent finalement appliquées dans l'Acte Unique. La méthode utilisée pour réussir cette libéralisation est pratiquement aussi importante que le but lui-même. Le Marché unique est un exemple de *profonde intégration*. Il implique un effort d'harmonisation considérable entre des standards techniques et des comportements extrêmement différents initialement, dans des domaines sensibles où la souveraineté nationale constitue souvent un aspect important. L'approche « traditionnelle » où les représentants de tous les pays membres doivent se mettre d'accord sur un standard commun par exemple s'avère totalement inefficace avec un programme d'une telle ampleur. Une « nouvelle approche » était nécessaire. Cette approche est fondée sur la distinction cruciale entre la *reconnaissance mutuelle* et *l'harmonisation technique*. Le principe de la reconnaissance mutuelle établit que la règle générale à l'intérieur du Marché unique est que les produits considérés conformes aux règles et aux normes dans l'un des pays membres doivent se voir reconnaître un libre accès aux autres pays membres. *Les restrictions au commerce à l'intérieur du Marché unique doivent être l'exception et justifiées par des motifs légitimes* de santé publique, de sécurité ou d'environnement. Pour les biens relevant de ces dernières catégories, les pays membres doivent procéder par harmonisation technique, avec une définition européenne des objectifs de la régulation, qui supplante les lois nationales. Les standards techniques proprement dits sont alors fixés par des instituts spécialisés et indépendants.

Bien entendu, ce nouvel approfondissement de l'intégration européenne, mené à terme en janvier 1993 (la CEE devenant alors l'Union européenne, UE), aboutit à accroître encore le désavantage des pays tiers dans leur accès à l'UE. Le problème est d'autant plus important que le pays est fortement dépendant de son accès au marché européen, c'est-à-dire qu'il est géographiquement proche de l'UE. Cette période a donc vu se succéder les candidatures à l'adhésion successives de l'Autriche, de la Finlande, de la Suède, de la Norvège et de la Suisse, qui se traduiront par une *troisième vague d'élargissement* et l'adhésion de l'Autriche, de la Finlande et de la Suède, l'UE à 12 devenant l'UE à 15.

Nous assistons actuellement à un *quatrième vague d'élargissement* avec l'adhésion de 10 nouveaux membres (principalement des pays à l'économie anciennement planifiée d'Europe centrale et orientale, les *PECO*) depuis le 1er mai 2004. Cette dernière vague a commencé avec l'effondrement des régimes communistes dans cette partie du monde, qui a entraîné une multiplication rapide d'accords bilatéraux d'association entre l'UE et chacun de ces pays. Tous les PECO ont rapidement et clairement fait savoir qu'ils désiraient devenir membres de l'UE aussi rapidement que possible. La réponse de l'UE fut pour le moins prudente et consista à résister aux demandes d'adhésion, mais à apporter une aide technique et financière importante, en même temps que des accords de libre échange bilatéraux étaient signés. La plupart des droits de douane et des restrictions quantitatives sur les produits manufacturés (à l'exception des industries sensibles comme le textile ou l'acier) devaient être retirés dès 1994 pour les exportations des PECO vers l'UE, avec une période de transition plus longue pour les flux opposés. Les accords prévoyaient également un ajustement graduel aux règles du Marché unique pour les mouvements de facteurs et de services. L'UE a finalement décidé de critères d'adhésion précis pour ces pays à la conférence de Copenhague en 1993 et a conclu en décembre 2002, encore une fois à Copenhague, que Chypre, l'Estonie, la Hongrie, la Lettonie, la Lituanie, Malte, la Pologne, la République Slovaque, la République Tchèque et la Slovénie étaient prêts pour une adhésion en mai 2004.

section **2**

Aspects théoriques de l'intégration

Abordons à présent les effets théoriques attendus de l'intégration régionale. Le sujet 223
central pour les économistes concerne l'impact de l'intégration régionale sur le bien-être. Est-on certain que la libéralisation commerciale à laquelle nous assistons en Europe depuis 1957 constitue un gain pour les pays membres ? Quel en est l'impact sur les pays non membres ?

L'analyse en termes de bien-être englobe de très nombreux effets de la libéralisation. L'impact sur la structure de consommation et de production des pays membres est la première dimension à prendre en compte, et l'on peut utiliser les outils traditionnels de la théorie de la protection en concurrence parfaite à cet effet. L'éventuel impact de la régionalisation sur les stratégies des firmes est aussi très important. Ce type d'effet peut impliquer un changement de l'échelle de production des firmes, des flux d'investissements directs entre pays membres et en provenance de l'étranger, des vagues de fusions et acquisitions... Ce deuxième type d'effets nécessite une série d'outils d'analyse différents, issus de la théorie de la concurrence imparfaite vus précédemment dans le chapitre 8. Des développement récents analysent plus en détail la dynamique de formation des blocs régionaux et leur évolution. La question fondamentale qui se pose alors est de savoir si la formation d'accords régionaux constitue une étape ou un frein à la progression du mouvement de libéralisation multilatérale du commerce sous l'égide de l'OMC.

Avant d'analyser les études empiriques permettant de mesurer ces effets (3), cette section traite séquentiellement des questions de création et détournement de commerce sous l'approche traditionnelle, puis du renouveau de l'analyse en termes de concurrence imparfaite et enfin de la théorie des blocs régionaux et de leur dynamique.

224 § 1 Création et détournement de commerce

Les accords régionaux de commerce sont une forme particulière de libéralisation commerciale, leur particularité venant de leur aspect discriminatoire. À partir des développements du chapitre 13, on pourrait penser que, au moins pour le cas des petits pays, l'intégration régionale est forcément positive pour le bien-être dans le cadre traditionnel de concurrence parfaite. Cette intuition est néanmoins erronée. *L'analyse théorique des unions douanières est un exemple de théorie de l'optimum de second rang car le retrait du droit de douane est partiel.* Ce cadre théorique nous enseigne que l'impact d'une réduction des distorsions ne peut être assurément positif tant que *l'intégralité* des distorsions n'est pas retirée. Par définition, la constitution d'une union douanière ne peut correspondre pour un pays au retrait de l'ensemble de ses barrières aux échanges. La formation d'accords de commerce régionaux a donc à la fois des effets positifs et négatifs, qui doivent être calculés pour évaluer l'impact global.

L'analyse théorique pionnière, qui reste une référence importante sur la question, est celle de Viner (1950) dans son livre « *The Customs Union Issue* »[1]. Cette analyse part d'un paradoxe apparent selon lequel les partisans et les adversaires du libre échange semblent se retrouver pour être en faveur de la constitution d'accords régionaux. Les concepts de *création et de détournement de commerce*[Q] introduits par Viner permettent de fournir une explication à ce paradoxe.

A. La version simple

Les concepts principaux sont illustrés à partir d'un exemple simple : supposons qu'à la suite de la formation de la Communauté européenne, l'Allemagne commence à importer des pantalons en provenance d'Italie. En résulte-t-il une amélioration du bien-être de l'Allemagne ? La réponse dépend de la structure internationale de production avant la constitution de l'union douanière. Si l'Allemagne produisait des pantalons avant l'union douanière, le retrait des obstacles aux échanges avec l'Italie permet aux consommateurs de passer d'une source de produits chère (l'Allemagne) à une source meilleure marché (l'Italie). Cela signifie qu'il y a une *création de commerce* résultant du retrait de la distorsion de prix, une meilleure allocation des ressources et donc une augmentation du bien-être résultant de ce pas dans la direction du libre échange. Si, au contraire, l'Allemagne ne produisait aucun pantalon avant l'union douanière mais les importait de Tunisie par exemple, alors le retrait des barrières aux échanges à l'intérieur de l'espace européen fait passer la production d'un pays à faible coût (la Tunisie) à un pays à coûts

1. Viner, J., 1950, *The Customs Union Issue*, New York : Carnegie Endowment for International Peace.

supérieur (l'Italie). Il y a donc un *détournement de commerce* résultant d'une barrière au commerce qui devient maintenant discriminatoire en ne visant que les importations en provenance de Tunisie. Cela constitue un mouvement à l'encontre du libre échange, qui a tendance à réduire le bien-être.

Bien entendu, dans la réalité les unions douanières comprennent à la fois des effets de création et de détournement de commerce. Le commerce augmente à l'intérieur de l'union douanière en raison de la suppression de barrières au commerce. Une partie de cette augmentation peut provenir de détournement des flux en provenance de pays tiers, et une partie de flux nouveaux entre les pays membres.

La figure 15.2 illustre à la fois les effets de création et de détournement de commerce dans une union douanière. On considère un seul bien et trois pays : le pays domestique (H), le pays partenaire (P) et le reste du monde (W). Le pays domestique est pour l'instant supposé suffisamment petit par rapport à P et W pour que sa demande soit toujours satisfaite aux prix P_p et P_w respectivement. L'offre domestique est représentée par la courbe *S* et la demande domestique par la courbe *D*. Avant le mouvement d'intégration, il existe un droit de douane non prohibitif et non discriminatoire τ imposé sur les importations quelle que soit leur origine.

Figure 15.2. Création et détournement de commerce dans une union douanière.

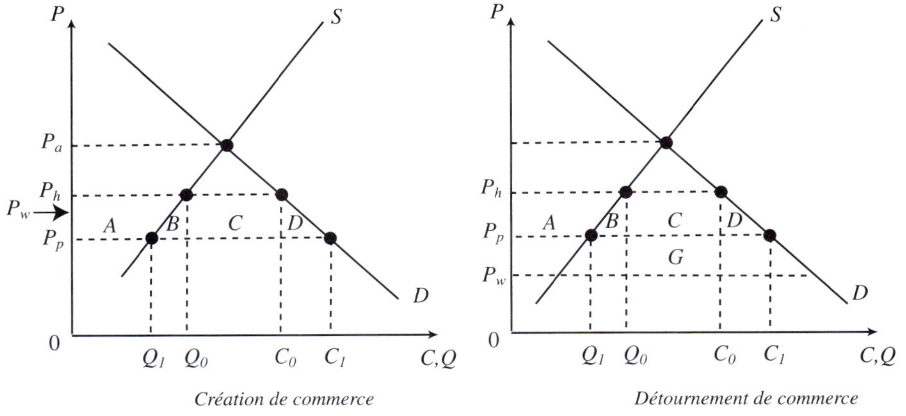

– *Supposons que P soit le fournisseur le moins coûteux.* Cela signifie que $P_p < P_w$. Avant l'intégration, le prix domestique des importations en provenance de P est de $P_h = (1 + \tau)P_p$. La formation de l'union douanière augmente clairement le bien-être du pays H au travers de la hausse du surplus du consommateur[1] du montant des aires A+B+C+D compensée en partie seulement par la baisse du surplus des producteurs A et des recettes tarifaires C. Le gain net en termes de bien-être résultant de la création de commerce est représenté par l'aire B (le

1. L'aire A+B+C représente le gain résultant de la baisse de prix sur la partie de la consommation C_0 avec l'intégration, et l'aire D représente la possibilité pour les consommateurs de consommer une quantité supérieure au nouveau prix.

gain d'efficience résultant du déplacement de la production de producteurs à coûts élevés en H vers des producteurs à coûts faibles en P) et D (la réduction de perte sèche pour le consommateur provenant de la suppression de la distorsion de prix).

- *Supposons au contraire que W soit le fournisseur le plus compétitif :* $P_p > P_w$. L'union douanière sera alors source de détournement de commerce. Avant intégration, le prix domestique des importations en provenance de W est $P_h = (1+\tau)P_w$. Après intégration, toutes les importations en provenance de W seront remplacées par des importations en provenance de P à un prix P_p inférieur. C'est l'effet de détournement de commerce pur. Il y a également de la création de commerce puisque les importations passent de $C_0 - Q_0$ à $C_1 - Q_1$. Le gain en termes de surplus du consommateur est toujours de A+B+C+D, la perte de surplus du producteur toujours A, mais la perte en recettes tarifaires est maintenant de C+G, car le produit était disponible à un meilleur prix en W avant l'union. *L'effet net est donc de B+D-G, qui peut être positif ou négatif.*

Les conditions d'un effet global positif sont :

1) Une protection initiale élevée.
2) Une élasticité prix des importations élevée.
3) Le fait que le partenaire dispose d'un coût de production (et donc d'un prix dans ce cadre) proche du prix mondial.

On peut illustrer ces conditions en rappelant la formule de la perte sèche en équilibre partiel et concurrence parfaite (chapitre 13). L'effet de création de commerce est simplement l'opposé de la perte sèche, exprimé en termes de PIB :

$$(B+D)/Y = 1/2(P_h - P_p)(M_1 - M_0)/Y$$

Exprimons cette équation en y faisant apparaître l'expression de l'élasticité-prix des importations, $e_m = \frac{M_1 - M_0}{M_0}\frac{P_p}{P_h - P_p}$:

$$(B+D)/Y = 1/2(P_h - P_p)^2 \frac{e_m M_0}{P_p\, Y}$$

En notant $P_h - P_p = \tau P_p$, on obtient :

$$\begin{aligned}(B+D)/Y &= 1/2\tau^2 e_m \frac{P_p M_0}{Y} \\ &= 1/2\tau^2 e_m \alpha,\end{aligned} \qquad (15.1)$$

α étant la fraction du PIB consacrée aux importations : $\alpha = \frac{P_p M_0}{Y}$.

L'effet de détournement de commerce est :

$$G/Y = (P_p - P_w)M_0/Y.$$

On obtient donc un détournement nul si le prix du partenaire est égal au prix mondial et un effet de création nul si le prix du partenaire est égal au prix domestique. De manière générale, *le gain net est d'autant plus probable que les pays sont différents* en termes d'avantages comparatifs et donc de prix relatifs. Plus ces prix relatifs sont différents, plus l'accord régional « réplique » le libre échange mondial et donc plus le gain net est important.

B. Types de barrières aux échanges

Il existe de nombreux types de barrières aux échanges, dont quelques unes peuvent être utilisées par les États pour assurer une protection commerciale aux firmes produisant sur leur territoire. Les droits de douane sont les mesures les plus connues, mais les barrières non tarifaires sont aujourd'hui beaucoup plus répandues. Baldwin et Wyplosz proposent une classification utile de ces mesures basée sur la nationalité de l'agent s'accaparant la rente associée à la protection. 225 ■

1) *Les barrières qui génèrent des rentes domestiques.* Ces mesures de protection assurent que la différence entre le prix mondial et le prix domestique, qui crée la rente, est perçue par des agents domestiques et participe donc au bien-être national. Les droits de douane rentrent dans cette catégorie, ainsi que les quotas gérés de telle sorte que des firmes domestiques se voient attribuées des licences d'importation (ce qui leur permet d'acheter au prix mondial et de revendre à un prix domestique supérieur).
2) *Les barrières qui génèrent des rentes étrangères.* Ce sont par exemple d'autres formes de restrictions quantitatives comme les restrictions volontaires d'exportation (RVE) qui attribuent les rentes aux firmes étrangères généralement sous la forme de pouvoir de marché et donc de prix élevés. Ce type de mesure est donc en général plus néfaste pour l'économie que le premier type, mais néanmoins largement utilisé car il permet d'avoir de la protection en évitant les représailles. En effet, la rente est donnée au pays dont les exportations sont réduites. Ceci éclaire sur l'importance des déterminants d'ordre politique de la protection.
3) *Les barrières qui ne génèrent pas de rente (ou barrières frictionnelles).* Les tracasseries administratives, les difficultés d'entrer sur le marché en raison des différences de normes, les coûts de transport, ne génèrent pas de rente (directe). Certaines de ces mesures, comme l'établissement de mesures de protection sanitaires, sont de plus en plus utilisées car elles offrent l'avantage de fournir de la protection aux producteurs domestiques sous des motifs « d'intérêt public ». De plus, il est souvent difficile de distinguer entre les réels objectifs de sécurité et les motivations purement protectionnistes. Une des raisons pour lesquelles ces mesures sont tant utilisées est que les autorités de régulation nationales sont souvent « manipulées » par les producteurs domestiques lors de la fixation des normes. Cette influence peut prendre des formes extrêmes allant jusqu'à la corruption ou des formes plus subtiles fondées sur le fait que les gouvernements n'ont généralement pas les informations techniques pertinentes pour prendre leur décision et sont donc faciles à influencer.

Notons enfin que *l'effet de détournement de commerce n'est normalement présent que dans le cas des barrières qui génèrent des rentes domestiques.* Dans la figure 15.2, le détournement de commerce vient du fait que le pays renonce à la recette tarifaire *G*. Mais si la barrière initiale était de nature frictionnelle ou générait des rentes capturées par les producteurs étrangers, l'aire *G* n'existerait pas dans le bien-être du pays avant l'intégration régionale. Dans ce cas, la libéralisation ne peut qu'être bénéfique. C'est pour cette raison que le passage au Marché unique entraîne des impacts positifs relativement simples en termes de bien-être : il ne s'agit que de retirer des barrières de type frictionnelles, ce qui ne pouvait pas entraîner de pertes de rentes pour les pays membres. Notons néanmoins que les effets du marché unique dépassent le cadre d'analyse de l'analyse traditionnelle, un point sur lequel nous reviendrons.

226 ## C. Extensions

Dans ce qui précède, le pays partenaire ainsi que le reste du monde ont des coûts de production constants (leur courbe d'offre est horizontale), ce qui revient à supposer que le pays domestique est trop petit pour influencer les prix à l'intérieur ou à l'extérieur de l'accord régional quand il change la source de ses importations. Les conclusions sont assez différentes lorsque l'on fait l'hypothèse que la demande du pays domestique influence les prix.

Coûts croissants

Considérons d'abord ce qui se passe à l'intérieur de l'union douanière. Supposons qu'initialement le pays P est auto-suffisant au prix mondial pour le bien considéré. Au contraire, le pays H impose un droit de douane t tel que le prix interne est fixé à $P_h = (1 + t)P_w$. Faisons dans un premier temps l'hypothèse que l'union douanière conserve un tarif extérieur commun de t après la formation de l'union.

Figure 15.3. Création et détournement de commerce – coûts croissants.

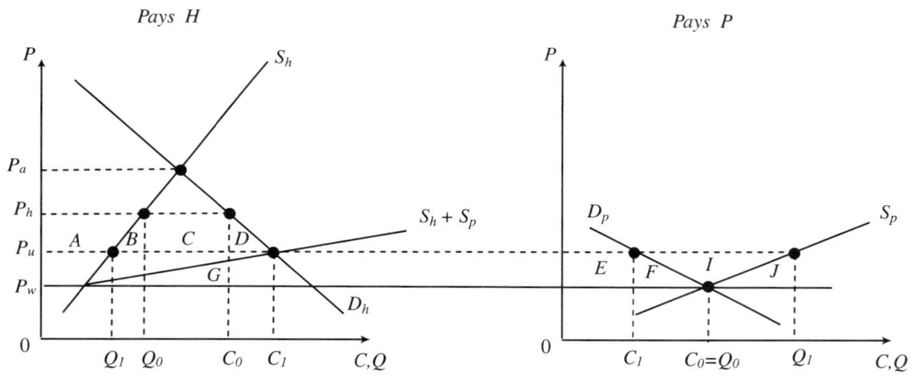

L'accord préférentiel rend profitable l'exportation pour les producteurs en P de leur produits vers H à un prix supérieur au prix domestique. Il en va de même pour les consommateurs en H qui se tournent vers les producteurs de P, dont le produit est meilleur marché. Le processus se poursuit jusqu'à ce que le nouveau prix d'équilibre P_u soit atteint. Quels sont les effets sur le bien-être ?

- Dans le pays H, les effets en termes de bien-être sont comme précédemment ambigus, égaux à $B + D - G$, en raison des effets contradictoires de création et détournement de commerce.
- Le bien-être augmente de manière certaine en P. En effet, les consommateurs perdent $E+F$ mais les producteurs gagnent $E+F+I$. Il s'agit d'un effet de création de commerce, I représentant les profits faits par les producteurs en P sur leurs exportations vers H.

Ce résultat est souvent mis en avant pour expliquer le caractère *réciproque* des accords préférentiels de commerce. En effet, pour un autre bien, le pays H sera exportateur vers F et bénéficiera donc des gains du pays exportateur apparents dans la figure 15.3. Par conséquent, les gains espérés sont plus importants lorsque les pays acceptent de baisser réciproquement toutes leurs barrières au commerce.

Deux conclusions importantes :

1) L'union douanière est d'autant plus créatrice de commerce que les courbes d'offre et de demande sont élastiques, entraînant un rapprochement de P_u et de P_w.
2) Le gain net pour les pays partenaires dans ce cas doit être évalué ex-post car l'augmentation du coût de production avec l'instauration de commerce entre les pays transforme une union douanière en apparence purement bénéfique ex-ante en une union douanière potentiellement néfaste ex post.

L'analyse ci-dessus ne s'intéresse pas au commerce avec le reste du monde après la constitution de l'union. Un résultat important connu sous le nom de théorème de Kemp et Wan est qu'il est toujours possible dans ce cadre de choisir un tarif extérieur commun qui maintienne les importations en provenance du reste du monde constantes et garantisse que l'union soit purement créatrice de commerce.

Figure 15.4. Le théorème de Kemp et Wan

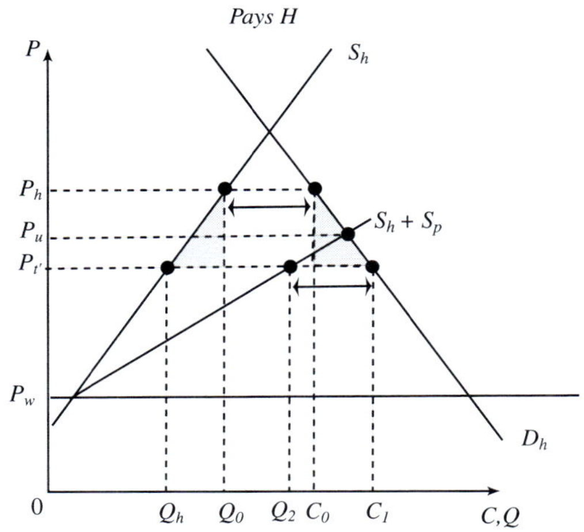

Dans la figure 15.4, l'union douanière choisit un TEC t' tel que les importations initiales M_0 ne changent pas après la formation de l'union (il faut pour cela une baisse du TEC par rapport à la protection précédente). Il n'y a dès lors aucun impact négatif sur les exportateurs étrangers qui continuent à exporter les mêmes quantités et reçoivent le même prix qu'auparavant. La production domestique est réduite à Q_h et la quantité $Q_2 - Q_h$ est maintenant importée de P. Une partie de ce nouveau flux remplace une production domestique inefficace ($Q_0 - Q_h$), le reste est une création de commerce pure ($Q_2 - Q_0$). La perte des producteurs est plus que compensée par le gain des consommateurs et le gain total de bien-être est représenté par les aires grisées. Il existe toujours des recettes tarifaires, même si elles ont baissé car le TEC est plus faible que le tariff initial. Néanmoins, la chute de recettes tarifaires est entièrement transférée aux consommateurs sous la forme d'une chute des prix de P_h à $P_{t'}$ sur les importations $C_0 - Q_0$.

Termes de l'échange

Considérons maintenant le cas d'une union douanière qui dispose d'un certain pouvoir de marché sur les marchés mondiaux, c'est-à-dire un groupe de pays qui, pris ensemble, ont un impact conséquent sur les prix mondiaux. C'est de toute évidence le cas le plus réaliste lorsque l'on considère les accords comme l'Union européenne ou l'ALENA, car ces blocs constituent une part importante de la demande mondiale pour la majorité des biens échangeables.

L'argument traditionnel du tarif optimal s'applique directement au cas des unions douanières de grande taille. Dès qu'il existe un effet de détournement de commerce, la demande adressée au reste du monde chute. L'union douanière bénéficie donc d'un effet d'amélioration de ses termes de l'échange qui vient s'ajouter à la création de commerce à l'intérieur de l'union.

Il existe dès lors une possibilité de manipulation optimale du tarif extérieur commun par les pays de l'union qui serait néfaste au bien-être mondial. En supposant qu'initialement les (futurs) pays membres de l'union soient trop petits pour avoir un impact sur les prix mondiaux, leur intérêt serait simplement de réduire leur barrières aux échanges. Mais si l'union donne du pouvoir de marché à l'ensemble du bloc de pays, ce bloc dispose maintenant d'une incitation pour fixer un tarif optimal positif afin de maximiser son bien-être. Cet argument a été avancé par l'économiste Jagdish Baghwati et d'autres opposants aux accords préférentiels de commerce. Ils présentent les accords régionaux comme des obstacles (*stumbling blocs*) à la libéralisation multilatérale plutôt que des étapes intermédiaires (*building blocs*).

Il convient de nuancer cet argument en soulignant que, dans les faits, la formation d'unions douanières n'a pas contribué à une augmentation du niveau de protection des pays membres. Cette crainte semble donc rester assez théorique, d'autant plus que l'article 24 du GATT interdit explicitement toute hausse du TEC à la suite de la formation d'unions douanières.

§ 2 Intégration et rendements croissants

227 Dans les sections précédentes, nous n'avons pas évoqué le comportement des firmes. La raison se trouve dans l'hypothèse de concurrence parfaite utilisée dans l'analyse de Viner (et ses extensions). Cette représentation du monde dans laquelle le rôle de la firme est réduit à celui d'un producteur de taille atomistique n'ayant aucune influence sur le prix mondial, permet dans cette analyse d'analyser de manière simple les effets de l'intégration commerciale sur le bien-être.

Néanmoins, une analyse complète de l'intégration commerciale se doit également d'avoir des prédictions sur l'impact de ce phénomène sur 1/ le degré de concurrence, les marges et les prix pratiqués, 2/ l'échelle de production, étant donné que les firmes faisant partie d'une zone qui s'intègre pourront avoir accès à un marché plus vaste, et 3/ la structure de marché, car les effets cités ci-dessus sont susceptibles d'engendrer des restructurations, en particulier des fusions, comme cela a été observé dans les années récentes en Europe. Il faut donc se placer dans un cadre d'analyse incorporant des rendements d'échelle croissants, et des firmes ayant un comportement non concurrentiel et stratégique : le modèle de commerce en concurrence oligopolistique présenté dans le chapitre 8 est le plus adéquat pour représenter les phénomènes à l'oeuvre au niveau du comportement des firmes telle la pratique de prix différents en fonction des différents marchés.

La création du Marché unique à l'intérieur de la CEE visait précisément à 228
diminuer l'ampleur des barrières au commerce encore en vigueur qui permettaient l'existence de comportements discriminatoires de la part des firmes. En effet, l'élimination des barrières tarifaires à l'intérieur de la communauté économique européenne en 1968 n'a pas empêché le marché européen de rester *fragmenté* : un grand nombre de barrières non-tarifaires sont restées en vigueur jusqu'aux années 1980. Il en existe d'ailleurs encore, alors même que l'Acte unique visait à les enlever totalement. Quel est leur effet ?

- Les barrières au commerce encore présentes ont comme effet principal de protéger les firmes de la concurrence extérieure. Dans un cadre de concurrence imparfaite, cela veut dire que les firmes sont à même de pratiquer des prix élevés sur leur marché domestique, tout en offrant des biens de faible qualité, car les consommateurs ne peuvent pas facilement se tourner vers des sources extérieures pour s'approvisionner.
- *Dé-fragmenter le marché*[Q] européen veut dire baisser les coûts de transaction au commerce : cela permet aux firmes étrangères d'exercer une concurrence plus forte sur les marchés domestiques. Ceci ramène les prix à un niveau plus faible, augmente la qualité et permet d'adapter les capacités de production à des niveaux efficaces.
- La réaction des firmes à un tel processus est de restructurer : des firmes inefficaces sont amenées à fermer alors que d'autres sont rachetées par des firmes plus efficaces. En effet, la première période de mise en oeuvre du Marché unique a donné lieu à une vague de fusion et acquisitions importante, comme l'illustrent les graphiques 15.5 et 15.6. En 1997, la part de l'UE dans les ventes d'entreprises par F&A était en dessous de 20 % du total des ventes par F&A des pays développés. En 1992, cette part était de 65 % et est restée autour de 50 % depuis. Les achats ont suivi une tendance similaire, illustrant une restructuration importante des firmes européennes en réponse à l'intégration européenne (CNUCED, 2000).

Coûts d'ajustement

Tout comme dans les modèles traditionnels, il ne faut pas oublier les coûts d'ajustement. En effet, le phénomène de restructuration est bénéfique aux consommateurs mais est également susceptible de générer un ajustement socialement coûteux. Ceci est particulièrement vrai durant la période intermédiaire, pendant laquelle les facteurs sont réalloués à de nouvelles utilisations, ce changement de secteurs ou de localisation étant souvent difficile même si l'on peut penser que l'ajustement sera moins douloureux s'il passe par des fusions et acquisitions que par des fermetures de firmes.

Gains statiques et dynamiques

Notons que les gains et coûts décrits dans le cas d'un marché de concurrence imparfaite sont de nature statique. Il peut également exister (les exemples empiriques sont nombreux) des gains dynamiques sous forme d'une innovation accrue de la part des firmes faisant face à une augmentation de la concurrence.

Figure 15.5. Part des F&A européennes dans le total des F&A des pays développés, 1987-99

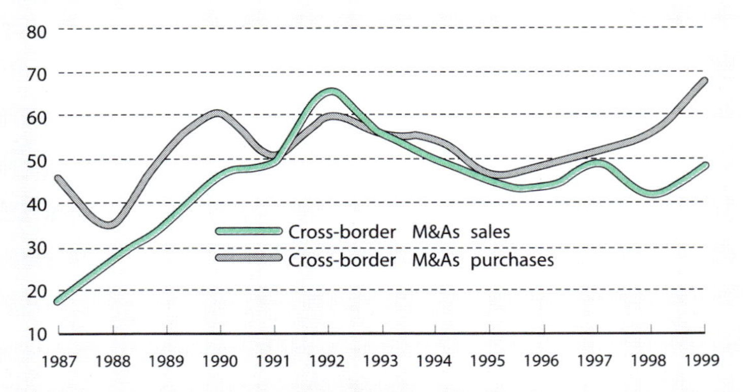

Figure 15.6. Part des F&A intra-européennes dans le total des F&A européennes, 1987-99

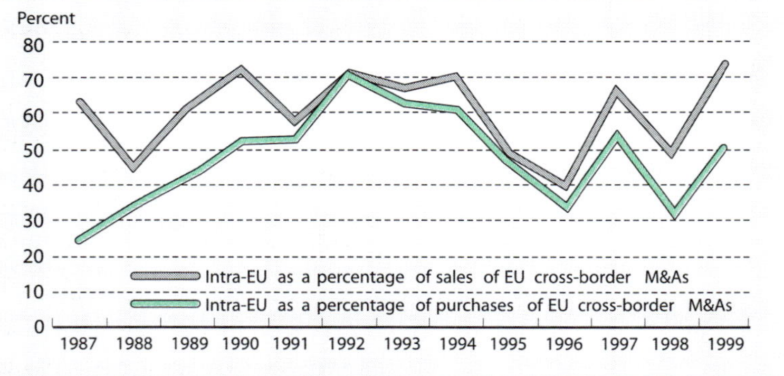

Source : CNUCED (World Investment report) 2000

229 Défragmentation ou unification du marché ?

Notons qu'à côté de la politique de « dé-fragmentation » du marché européen (diminuer les coûts de transaction à l'intérieur du marché commun), il existe une politique alternative et plus directe consistant à « dé-segmenter » le marché, c'est-à-dire interdire les pratiques de discrimination de la part des firmes en fonction de la localisation des consommateurs. Imaginons une situation dans laquelle la Commission aurait comme objectif principal non pas de baisser les coûts de transaction à l'intérieur du marché européen, mais de « dé-segmenter », ou unifier les marchés (ce qui est l'essence du processus décidé dans le cas du Marché unique). L'histoire est alors assez différente de celle d'une réduction des coûts de transport. En effet, unifier les marchés signifie que le comportement de fixation des prix des firmes doit changer radicalement pour ne plus être discriminatoire même s'il existe des barrières aux échanges. Cela impose que les firmes intègrent le coût de transport dans sa totalité au niveau du prix proposé dans chacun des marchés. En théorie, ce changement de stratégie peut avoir des conséquences inattendues et paradoxales. Imaginons le cas d'un marché très éloigné. Lorsque la firme peut pratiquer des prix discriminatoires, elle réduira autant que possible le prix sur le marché éloigné en ne faisant payer qu'une petite fraction du coût de transport au consommateur. Si cette stratégie devient illégale (par l'unification décidée du marché), la firme est obligée de vendre plus cher sur le marché éloigné et il est possible qu'elle décide alors de ne plus y exporter. Au contraire, si au lieu d'une unification des marchés on avait eu une baisse des coûts de transport, le marché éloigné aurait continué d'être servi.

§ 3 Intégration régionale et bien-être, l'apport de la géographie 230

Le débat sur le bien fondé des accords régionaux a récemment bénéficié de l'introduction d'éléments de géographie dans le domaine du commerce international. En effet, Paul Krugman (synthétisé dans Frankel, 1997) souligne le rôle des coûts de transport et de la proximité géographique en général sur l'impact de la formation d'accords régionaux sur le bien-être. Imaginons un monde formé de 6 blocs, 2 par continent. La question qui se pose alors est la suivante : quel impact sur le bien-être aurait le regroupement de ces blocs en 3 groupes, 1 par continent ?

Dans une première contribution, Krugman montre que le regroupement de ces blocs diminuerait le bien-être.

1) La première raison se trouve dans l'argument traditionnel du tarif optimal : la formation des blocs régionaux donnerait davantage de pouvoir de marché aux pays. Ceux-ci seraient alors incités à augmenter leur tarif extérieur commun, engendrant des vagues de représailles de la part des autres blocs.

2) La seconde raison, et sans doute la plus importante, tient de la création ou du détournement de commerce. Imaginons un monde sans coûts de transport mais avec un tarif entre les blocs régionaux. L'élimination de ce tarif à l'intérieur du nouveau bloc est bénéfique, mais la distorsion de commerce engendrée par rapport au commerce extra-bloc est nuisible. Krugman montre que l'effet négatif domine l'effet positif, et que le bien-être minimum est atteint lorsqu'il existe 3 blocs.

Il faut souligner que cette conclusion provient d'un cadre théorique à un seul bien, en concurrence monopolistique (Krugman 1980). L'intuition derrière l'impact global négatif est alors claire : même sans avantage comparatif (source de la création / détournement de commerce dans le cadre standard de Viner), les décisions des consommateurs sont biaisées par une libéralisation discriminatoire. Les consommateurs voudraient consommer une quantité égale de chaque variété, puisqu'il n'y a pas de coûts de transport. Dans ce modèle, l'utilité et le bien-être augmentent avec le nombre de variétés (symétriques) consommées. Ainsi, une réduction du tarif avec certains partenaires mais pas d'autres force les consommateurs à consommer davantage d'un certain type de variétés, ce qui dégrade leur utilité.

Notons enfin que cette conclusion est très sensible aux hypothèses faites sur les coûts de transport. Dans un deuxième article, Paul Krugman prend l'exemple opposé. Imaginons que le commerce inter-continental soit rendu impossible. Dans ce cas extrême, l'effet de la formation de blocs régionaux sera uniquement de la création de commerce, puisque le détournement de commerce n'est pas envisageable à cause de l'impossibilité de commercer avec un meilleur partenaire.

§ 4 Aspects dynamiques des accords régionaux de commerce

231 Les sections précédentes traitent de l'aspect statique de l'intégration régionale et de son caractère désirable à travers l'augmentation du bien-être national qu'elle peut générer. On peut également approcher la question sous un angle dynamique, pour se demander si la formation de blocs régionaux de libre échange constituent une *étape* vers le multilatéralisme ou au contraire un *frein* au libre échange global.

Cela revient à se demander quelle est la raison d'être de l'exemption prévue pour les accords régionaux dans l'article XXIV du GATT dont le but était précisément d'assurer une libéralisation globale.

Deux réponses à cette question peuvent être envisagées, qui reposent sur le même constat initial selon lequel le libre échange global est impossible à atteindre immédiatement.

1) Il est d'abord possible que les accords régionaux soient moins dommageables que les autres violations du principe de la NPF en termes de création/détournement de commerce. L'idée principale sous-tendant l'article XXIV est que si deux pays retirent l'ensemble de leurs barrières réciproques et adoptent un droit de douane commun pour tous les pays tiers, l'accord régional équivaut en termes commerciaux à l'unification des deux pays, à laquelle il paraît difficile de s'opposer (même si l'argument du tarif optimal souligne que les incitations à avoir un droit de douane élevé sont plus importantes pour le nouveau pays). C'est pour cette raison que le GATT a autorisé les accords régionaux à la condition que : 1/ l'accord élimine la quasi totalité des droits de douane entre les pays membres (généralement tous ceux sur les produits industriels), 2/ le retrait de tarifs se fasse rapidement (en moins de 10 ans).
2) Le second argument est que les accords régionaux peuvent aider les gouvernements à construire une « majorité » politique en faveur d'une libéralisation plus générale du commerce à l'intérieur du pays.

Il y a donc un aspect dynamique important dans la libéralisation commerciale aussi bien au niveau des déterminants économiques que du jeu politique qui détermine in fine la direction de la politique commerciale d'ensemble du pays. Quelle est la trajectoire des accords régionaux dans le temps ? Une fois formés, ces accords ont-ils une tendance naturelle à s'étendre, à s'approfondir ou au contraire une force d'inertie s'exprime-t-elle pour maintenir le statu quo ? Les premières étapes de libéralisation rendent-elles les étapes suivantes plus faciles ou plus difficiles et quel est l'impact de l'intégration d'une zone sur les pays tiers ?

A. L'effet domino

232 Une manière plus formelle de poser la même question est d'évaluer le caractère de *complémentarité stratégique* des décisions d'adhésion des pays membres. Est-ce

que la création de l'Union européenne et son extension procurent des incitations plus importantes ou au contraire plus faibles à « faire partie du club » des pays membres ? Si l'effet est positif, on obtient alors à ce que Richard Baldwin appelle un *« effet domino »*.

Dans le cas européen, il semble que cet effet domino ait clairement joué un rôle. On a en effet assisté au cours de l'intégration européenne à des demandes successives d'adhésion qui ont progressivement vidé l'AELE de ses membres. Il semble également que cet effet soit à l'oeuvre sur le continent américain où un nombre croissant de pays tentent d'intégrer l'un des accords régionaux en vigueur. *Quelle est l'explication de cet effet ?*

Le déterminant le plus important souligné par Baldwin (1995)[1] est la pression politique exercée par les producteurs des pays restés hors de l'accord régional. Illustrons tout d'abord ce propos dans le cas d'une firme d'un pays tiers qui fait face à la formation d'un accord régional de commerce sur les marchés sur lesquels elle avait l'habitude d'exporter. Prenons une firme d'un secteur considéré, dans une situation de concurrence imparfaite sur un marché européen, situation illustrée par la figure 15.7. La demande adressée à la firme et son revenu marginal avant création de l'accord régional sont représentées par les droites *D* et *RM*. La firme doit répondre pour ce marché à une demande qui est fonction décroissante de son prix et fonction croissante du prix des concurrents. Si un coût de transaction vient se rajouter à se prix, la part de marché de la firme diminue. On passe de la droite de demande *D* à *D'* : *pour un même prix « sortie d'usine », une augmentation du coût de transaction* par rapport aux concurrents des pays membres *se traduit par une baisse de la part de marché.* En effet, les consommateurs reporteront en partie leurs achats sur des producteurs localisés dans l'union douanière, car le prix livré relatif des producteurs des pays membres est maintenant inférieur. La perte de profits correspondante pour la firme localisée en dehors de l'union douanière est représentée dans le diagramme de la figure 15.7 par l'ensemble gris clair.

Illustrons à présent le propos de Baldwin dans la situation où les firmes sont capables de s'organiser pour tenter d'influencer les décisions politiques du pays. Qu'adviendra-t-il de la décision de candidature du pays à l'adhésion à l'accord régional ? Baldwin répond à cette question de la manière suivante :

« Tout comme la politique commerciale nationale (...), le choix d'un pays face aux accords régionaux de commerce est endogène : la situation d'un pays face à l'intégration régionale est en fait le résultat de l'équilibre entre forces politiques pro-adhésion et forces anti-adhésion. Les firmes domestiques exportatrices vers le bloc régional ou vers le pays potentiellement partenaire dans une zone de libre-échange font partie des forces politiques pro-adhésion (...).

Considérons l'élargissement d'un bloc régional existant ou la création d'une nouvelle zone de libre-échange. Comme la nouvelle discrimination diminue le profit des firmes ne faisant pas partie de l'accord, une intégration plus poussée pousse les firmes exportatrices du pays non-membre à faire partie des forces politiques pro-adhésion. Si le gouvernement était initialement indifférent, ceci peut faire basculer le pays vers l'adhésion.

1. Baldwin, R., 1995, « A Domino Theory of Regionalism", in *Expanding European Regionalism : The EU's New Members*, Baldwin, R, P.Haaparanta and J.Kiander (eds.), Cambridge University Press.

Figure 15.7. Baisse des profits pour une firme d'un pays tiers.

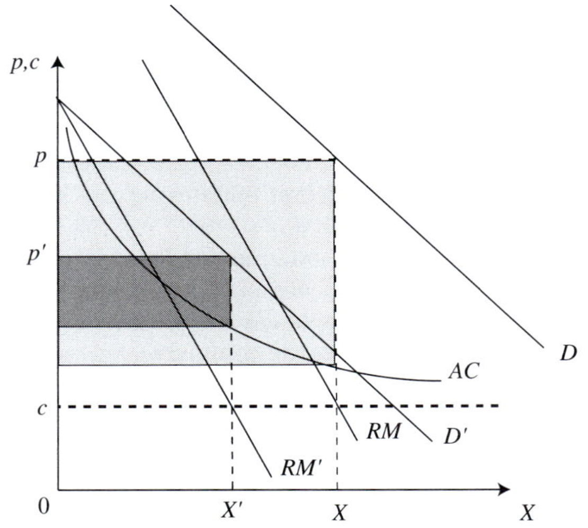

Si l'adhésion a lieu, le bloc s'élargit et le coût de la non-adhésion augmente. (...) Tout ceci encourage un nouveau round d'activité politique en faveur de l'adhésion qui peut aboutir à un nouvel élargissement du bloc. Dans le cas d'un bloc vraiment ouvert, le processus s'arrête lorsque certains outsiders ont une résistance très élevée à l'adhésion (Suisse, Norvège). Dans le cas d'un bloc relativement peu ouvert, le processus peut s'arrêter lorsque les pays membres refusent d'admettre un pays qui engendrerait une adhésion coûteuse (Turquie, Slovaquie). Et dans le cas d'un bloc totalement fermé, les demandes d'adhésion s'empileront indéfiniment (NAFTA). »
Baldwin (1997)[1], les italiques sont rajoutés.

Les gouvernements, dans le monde réel, sont certainement plus sensibles à leur réélection qu'au bien-être national. Ils sont donc susceptibles de subir l'influence des groupes de pression. Les producteurs constituent un groupe de pression relativement puissant. Lors de la première étape d'intégration régionale décrite par Baldwin, les firmes des pays restés en dehors de l'accord sont incitées à exercer leur pouvoir de lobby en faveur de l'intégration. *À la limite, les firmes peuvent dépenser l'intégralité de la différence de profits de la figure 15.7 en lobbying.* Si leur lobbying est couronné de succès, la zone régionale s'élargit, ce qui renforce les incitations pour les firmes qui sont restées dehors.

Cette théorie est totalement cohérente avec le fait que les milieux d'affaires soient en général beaucoup plus favorables à l'adhésion et au renforcement des accords régionaux que le reste de la population (la question du passage à l'euro en Grande Bretagne fournissant un bon exemple).

Enfin, pour que ce cadre soit pertinent, il faut que les forces favorables à l'adhésion soient suffisamment fortes. Ceci est d'autant plus probable que les firmes ont beaucoup à perdre d'un accès discriminatoire à un marché important pour

1. Baldwin, R., 1997, « The causes of regionalism" *The World Economy*, 20(7), pp 865-888.

elles. Par conséquent, l'effet domino devrait être particulièrement fort dans les pays ayant une part importante de leurs exportations destinée aux pays membres de l'accord régional. C'était le cas des pays de l'AELE qui, au moment du passage au marché unique, avaient environ 60 % de leurs exportations en direction de l'UE. Ce cadre théorique semble avoir un bon pouvoir explicatif dans le cas de l'intégration européenne.

B. L'effet domino en pratique : tests empiriques

Sapir (2001)[1] a proposé le premier test empirique de cette théorie, en se servant de l'équation de gravité. Le principe consiste à étudier les flux bilatéraux en Europe sur la période 1960 - 1992 pour tous les pays, aussi bien ceux appartenant à la communauté européenne que ceux appartenant à l'AELE, ou ceux n'appartenant à aucun accord (beaucoup de ces pays changent de statut au cours de la période, au fur et à mesure des processus d'élargissement de la communauté notamment). Les résultats montrent que les échanges entre pays de l'AELE commencent à être significativement plus faibles que les échanges entre pays membres de la CEE à la fin de la période considérée. La même tendance est observée pour le commerce entre pays de l'AELE et de la CEE. Ces résultats suggèrent qu'avec la mise en place du marché unique, les liens préférentiels entre pays de l'AELE se soient dégradés ainsi que l'accès des exportateurs de l'AELE au marché (beaucoup plus important) de la communauté européenne. On peut également expliquer par l'effet domino la vague de demandes d'adhésion ayant abouti à l'élargissement de 1995.

section 3

Le marché unique en pratique : impact sur les spécialisations européennes

§ 1 Réalisation du marché unique et effets attendus

A. Politiques d'accompagnement

Les effets attendus du passage au marché unique étaient importants et explicitement spécifiés par la Commission européenne. Les principaux impacts attendus concernaient une augmentation de la spécialisation des pays, une meilleure exploitation des économies d'échelle ainsi qu'une rationalisation de la production en Europe.

Face à l'ambition du programme, des *politiques d'accompagnement* furent spécialement conçues ou amendées afin de faire face aux transformations attendues. Deux sujets étaient considérés comme particulièrement importants dans l'accompagnement du marché unique : *la politique de la concurrence et la politique régionale.*

1. Sapir, A., 2001, « Domino Effects in Western European Trade : 1960-92", *European Journal of Political Economy*, 17, pp.377-388.

- La politique de la concurrence a été renforcée dans une large mesure à la fin des années 1980 afin de prévenir les effets indésirables du passage au marché unique en termes de concurrence, au travers d'un accroissement de la concentration industrielle et du pouvoir de marché des firmes par exemple.
- La politique régionale de la Commission européenne, initiée au milieu des années 1970, a également été profondément transformée par l'adoption de l'Acte unique. Depuis cette période, les fonds structurels européens sont officiellement et explicitement utilisés comme politique d'accompagnement visant à compenser l'augmentation de la spécialisation des régions issue de la libéralisation commerciale. Ces fonds ont été re-dirigés afin d'avoir une influence plus directe sur la localisation des activités dans le marché unique et leur volume a été constamment augmenté afin de pouvoir générer ou compenser des changements macro-économiques majeurs.

234 **B.** Synthèse des effets attendus

Le retrait des barrières commerciales par l'Acte unique a constitué avant tout un mouvement majeur de libéralisation commerciale. Les différents impacts attendus sont issus des théories du commerce international vues dans les chapitres précédents, et dépendent donc des conditions en vigueur au moment de la libéralisation et en particulier de la structure concurrentielle des différents marchés. Résumons ces prédictions théoriques en trois ensembles distincts :

1) Les implications des *théories traditionnelles* du commerce. Ces théories sont basées sur le paradigme dotations factorielles / concurrence parfaite. Elles prédisent que l'intégration régionale entraîne une hausse du commerce de biens différents (*le commerce inter-branche*), et que les pays sont susceptibles de connaître une amélioration de leur bien-être à l'ouverture grâce aux gains de spécialisation et d'échange. Néanmoins, ce changement de spécialisation est à même d'engendrer des coûts d'ajustement importants, suite aux réallocations de facteurs à l'intérieur de chaque pays. Dans le même cadre d'analyse, citons l'argument classique de Viner pour le cas spécifique de l'intégration commerciale régionale, et donc du Marché unique. Le marché unique entraînera une *création de commerce* si le retrait des BNT à l'intérieur de l'Union substitue des importations en provenance des pays partenaires à la production domestique. Il devrait également y avoir un *détournement de commerce* si le niveau des barrières persistantes pour les importations en provenance du reste du monde entraîne des substitutions dans l'approvisionnement des importations de pays tiers en faveur de pays membres.
2) Les *Nouvelles théories du commerce* comportent également des prédictions quant aux effets attendus de la création d'un marché unique. Ces effets figurent en premier lieu parmi les arguments originels de la Commission en faveur du marché unique. Dans un cadre de concurrence imparfaite, caractérisé par une différenciation des produits et des rendements croissants, les implications de l'intégration commerciale concernent le *commerce intra-branche*, c'est-à-dire les échanges réciproques de produits similaires. Le retrait des barrières entraîne une augmentation du commerce intra-branche, lorsque les pays se spécialisent dans la production de variétés différentes d'un même produit. De plus, la concurrence accrue de la part des producteurs des autres pays membres entraîne

une réduction des marges, une rationalisation du secteur et une augmentation de l'échelle de production qui permet une baisse du coût de production moyen. L'impact attendu de ce changement de spécialisation en termes de redistribution et de coûts d'ajustement est beaucoup plus faible que dans le cas précédent. Tous ces effets bénéficient au consommateur, principalement au travers d'une hausse du nombre de variétés disponibles à un prix inférieur.

3) Une piste de recherche récente, exposée dans le chapitre 11 et se situant dans le prolongement du point précédent, s'intéresse à l'impact de l'intégration économique sur les choix de localisation des firmes. La prédiction centrale des modèles de la *nouvelle économie géographique* est que la réduction des barrières aux échanges peut entraîner des changements importants de localisation des activités à rendements croissants pouvant aller jusqu'à entraîner une structure de type *centre-périphérie*. Certaines régions perdent l'ensemble des firmes de ce type de secteur à la suite du mouvement d'intégration. Les implications en termes redistributifs sont dans ce cas beaucoup plus importantes.

   Le tableau 15.2 synthétise ces prédictions.

Tableau 15.2. Différents types de commerce et impact de l'intégration

	Théories traditionnelles	Nouvelles théories du commerce		
Commerce	Commerce *inter*-branche		Commerce *intra*-branche différenciation verticale	différenciation horizontale
Spécialisation	selon les avantages comparatifs	selon économies d'agglomération	selon la qualité des produits	en différentes variétés
Coûts d'ajustement	Importants (impact sur le prix des facteurs dans différents secteurs)	Potentiellement importants (différentiel de revenu entre pays)		Faibles

Note : Source : d'après Fontagné, F., M. Freudenberg et N. Peridy, 1998, « Commerce international et structures de marché : une vérification empirique", *Économie et Prévision*, (135) : 147-167.

C. Mise en place effective du marché unique

Avant de s'intéresser aux conséquences du marché unique, il est important d'évaluer dans quelle mesure il a réellement été mené à son terme.

En 1996, soit trois ans *après* que toutes les mesures de l'Acte unique aient été théoriquement obligatoirement mises en place, la Commission européenne publia une étude importante sur le niveau réel de mise en place de ces mesures[1]. Cette étude soulignait que les mesures du Libre blanc concernant les barrières physiques au commerce étaient mises en oeuvre à 80 %, celles concernant les barrières techniques l'étaient un peu moins (entre 73 et 100 %) et enfin les mesures portant sur

1. European Commission, 1996, « Economic Evaluation of the Internal Market », *European Economy, n4.*

Figure 15.8. Résultats de l'enquête Eurostat sur le marché unique

Evaluation par les secteurs manufacturiers de l'efficacité des mesures de libre circulation des biens, étude Eurostat (classée par % d'opinions positives).

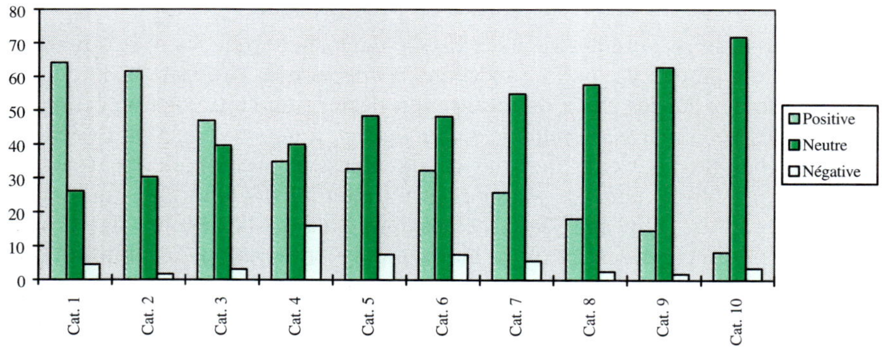

Légende pour le graphique:
Cat. 1 = Douanes
Cat. 2 = Abolition des frontières
Cat; 3 = Transport
Cat. 4 = TVA
Cat. 5 = Harmonisation technique
Cat. 6 = Reconnaissance mutuelle
Cat. 7 = Evaluation de la conformité
Cat. 8 = Impôts sur les entreprises
Cat. 9 = Brevets
Cat.10= Marchés publics

Perception globale des mesures, par catégorie - Etude Eurostat (solde des opinions positives sur negatives).

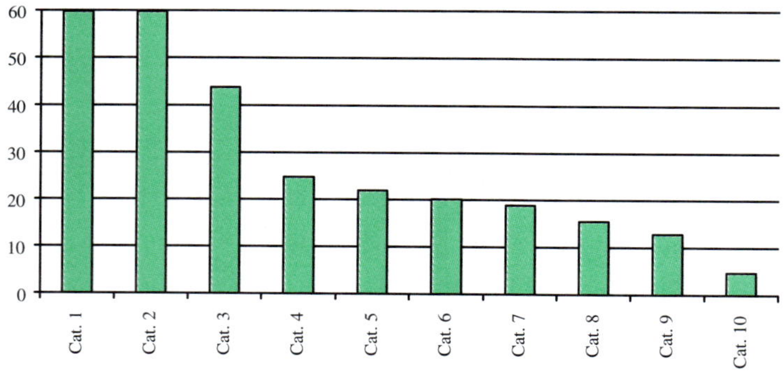

Legend for graph:
Cat. 1 = Abolition des frontières
Cat. 2 = Douanes
Cat; 3 = Transport
Cat. 4 = Reconnaissance mutuelle
Cat. 5 = Harmonisation technique
Cat. 6 = Evaluation de la conformité
Cat. 7 = TVA
Cat. 8 = Impôts sur les entreprises
Cat. 9 = Brevets
Cat.10= Marchés publics

Source: d'après Commission européenne (1996)

les barrières fiscales l'étaient presque entièrement (99 %). Ainsi, bien que le niveau d'ensemble de mise en place semble satisfaisant, il y a des sujets sur lesquels les progrès furent plus modestes. Sans surprise, il s'agit des sujets les plus « sensibles » en termes politiques : les contrôles spécifiques, les arrangements spéciaux (armes et produits culturels) et les achats publics notamment, sont des secteurs pour lesquels les progrès avaient été parmi les plus lents.

Les pratiques discriminatoires dans les achats publics sont un exemple particulièrement frappant des difficultés rencontrées pour la libéralisation commerciale. En 1987, moins de 2 % des achats publics étaient effectués auprès de fournisseurs étrangers, un chiffre à comparer à un ordre de grandeur de 25 à 45 % pour les achats du secteur privé. Or les achats publics sont loin d'être négligeables en Europe, où ils représentaient environ 11.5 % du PIB de l'UE15 en 1994. L'impact de l'Acte unique dans ce domaine a été relativement faible en termes absolus même si les progrès paraissent plus importants en termes relatifs. La part moyenne des achats directs des autorités publiques auprès des pays membres est passée de 1.4 à 3 % entre 1987 et 1994. Les achats indirects (au travers de filiales par exemple) sont passés de 4 à 7 % sur la même période.

§ 2 Les premières études : analyses empiriques de l'union douanière 236

La libéralisation du commerce à l'intérieur du marché commun a de toute évidence eu un impact important en termes de redirection de commerce durant les dix premières années. La figure 15.9 illustre la part, dans les importations des six pays

Figure 15.9. Impact de l'union douanière sur le commerce

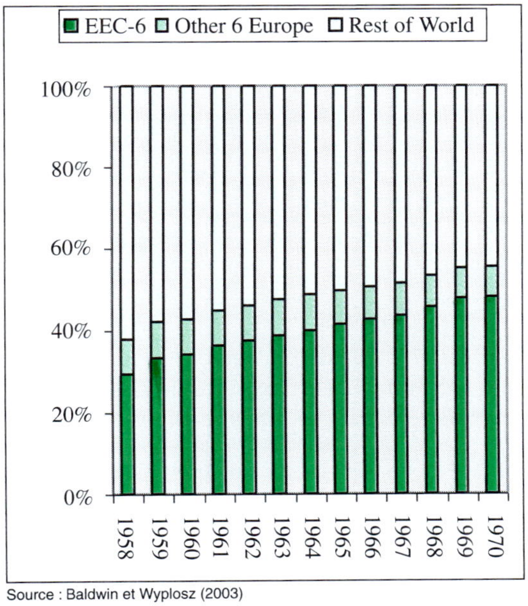

Source : Baldwin et Wyplosz (2003)

premiers membres de la CEE, de trois régions : eux-mêmes, puis les pays ayant rejoint la CEE dans les années 1980 (« Other 6 Europe » : Angleterre, Danemark, Espagne, Grece, Irelande, Portugal), et enfin le reste du monde. Le changement d'origine des importations de la CEE apparaît nettement : alors que la part du reste du monde dans les importations de la CEE était de plus de 60 % en 1958, cette part n'est plus qu'à environ 45 % au début de la décennie 1970, la diminution ayant été compensée par une augmentation du commerce intra-CEE.

Au début du processus d'intégration européenne, les premières études concernant les effets de l'intégration régionale visaient à évaluer les effets de la formation du marché commun. Ces études empiriques sont fondées sur les calculs de création et détournement de commerce évoqués ci-dessus et leurs résultats sont synthétisés dans le tableau 15.3. La plupart d'entre elles concluent à des effets réduits mais positifs de l'intégration européenne sur le bien-être lorsque l'on suit l'analyse de type Viner. La création de commerce semble plus importante que le détournement de commerce dans le secteur des biens industriels, même s'il est probable que la situation soit inversée dans le cas des biens agricoles. En réalité, le fait que les pays européens étaient déjà des partenaires commerciaux importants avant le lancement du marché commun explique que l'effet de détournement ait été faible.

Tableau 15.3. Création de commerce et détournement de commerce dans la communauté européenne (milliards de US dollars)

	Auteurs	Années	Création	Détournement
Tous biens	Balassa	1970	46.5	1.2
	Prewo	1970	81.5	−10.3
	Aitken	1967	45.5	3
Biens manufacturés	Balassa	1970	46.9	0.4
	Prewo	1970	74.1	−12.8
	Truman	1968	44.2	−4.8
	Kreinin	1969/1970	29.9	7.6
	Williamson-Bottril	1969	51.6	0
	Verdoorn-Schwartz	1968	48.5	5.3
	Moyenne		*49.2*	−0.7

Source : d'après Bouët (1998), op. cit.

On peut noter que les effets de détournement sont dans certains cas positifs, ce qui paraît surprenant. C'est en théorie possible, si le *TEC est fixé si bas que la demande pour les biens des pays tiers connaît en fait une augmentation après la formation de l'union douanière.*

Enfin, une autre série importante de travaux concerne le cas spécifique de l'adhésion du Royaume Uni. Ce pays est un cas particulier intéressant à de nombreux égards qui rendaient les craintes d'effets de détournements particulièrement importantes. Ces craintes portaient en particulier sur la baisse possible des importations de matières premières et de produits agricoles en provenance des anciennes colonies.

En effet, les relations privilégiées avec les pays du Commonwealth rendaient ces produits particulièrement bon marché au Royaume-Uni. Les estimations concernant les effets de création et de détournement de commerce pour le Royaume-Uni lors de l'adhésion font état d'un coût net autour de 0.5 % du PIB. Les coûts sont encore plus importants (entre 1 et 2 % du PIB) lorsque les transferts officiels sont pris en compte.

§ 3 Les études plus récentes : impact du marché unique

Les études récentes faisant état des conséquences de la mise en oeuvre des mesures du Livre blanc sur le commerce différencient les effets de l'intégration en fonction du type de commerce favorisé. Ainsi, pour analyser l'impact du marché unique, il faut savoir quel type de commerce a été favorisé par la libéralisation commerciale durant cette période. 237

Une augmentation du commerce inter-branche implique une spécialisation selon les avantages comparatifs. Les consommateurs gagnent dans ce processus au travers de la baisse des prix et des gains d'efficience de manière plus générale, mais cela implique que certains secteurs connaissent une expansion et d'autres se contractent dans chacun des pays. Par exemple, on assistera à une forte chute de la production des industries d'habillement dans les pays richement dotés en travail qualifié alors que la production de biens utilisant intensément le capital humain et / ou physique, comme les instruments de précision, augmentera. Ces changements impliquent une réallocation des facteurs entre secteurs et donc des coûts d'ajustement potentiellement très élevés.

Au contraire, *une hausse du commerce intra-branche entraîne une réallocation des facteurs entre firmes d'un même secteur.* Les coûts d'ajustement sont alors beaucoup plus faibles.

Quelles ont été les grandes orientations de la structure du commerce durant cette période ? Plus généralement quelles sont les grandes caractéristiques du commerce intra-européen ?

Le commerce avec d'autres pays membres est une composante importante de tous les pays de l'Union. Que l'on considère ce commerce intra-UE en pourcentage du commerce international total ou en pourcentage de la consommation totale de ces pays, à l'instar de la figure 15.10, les relations commerciales entre pays membres sont des relations privilégiées.

Importations en provenance de l'UE et du reste du monde

La part des importations de l'UE à 15 en provenance d'autres pays membres est passée de 38 % en 1960 à environ 60 % en 1995, représentant une augmentation majeure des flux internes de cette région. Le mouvement a été plus prononcé à deux périodes : d'abord la période 1960-1972 qui a connu la croissance la plus forte de la part des importations intra-UE. Ceci n'est pas surprenant, car cette période correspond au retrait des barrières « formelles » les plus importantes entre pays membres, c'est-à-dire les droits de douane et les quotas qui semblent les plus néfastes au commerce. La période 1981-1987 a également été caractérisée par une croissance importante des flux intra-européens, alors que les deux autres sous-périodes, comprenant le passage au marché unique, semblent être des périodes de ralentissement relatif de l'intégration européenne. L'effet majeur du marché unique ne semble donc pas avoir porté sur les *volumes de commerce.*

Offre domestique, importations intra-UE et extra-UE

Les importations sont une des composantes de la demande totale d'un pays. Une très grande partie de cette demande totale est couverte par l'offre des producteurs domestiques et non par du commerce international. Il est donc également intéressant d'étudier la *part des importations intra-européennes dans la consommation apparente.* La consommation apparente d'un pays représente sa demande totale et est égale au total de sa production - ses exportations totales + ses importations totales. Calculer les parts respectives de l'offre domestique, des importations intra-UE et des importations extra-UE dans la consommation apparente replace donc les chiffres du commerce dans une perspective plus large. Entre 1985 et 1995, la part de l'offre domestique dans la consommation apparente a chuté de 66 % à 57.5 % (−8.5 points), alors que la part intra-UE augmentait de 19.7 à 25.6 % (+ 5.9 points) et que les importations extra-UE passaient de 14.1 % à 16.9 % (+ 2.8 points). De plus, les statistiques de la fin de la période présentent un biais systématique en faveur d'une hausse de la part des importations extra-UE, en raison du nouveau système de collecte de données de commerce à l'intérieur du marché unique (Intrastat). Comme les flux intra-UE devenaient libre de formalités douanières à partir de 1993, les instituts statistiques se trouvaient dépourvus des sources traditionnelles de collecte de données de commerce avec les autres États membres. Le système s'est alors transformé pour imposer une déclaration obligatoire pour toute opération commerciale supérieure à un certain montant. Les importations en provenance de pays tiers restaient soumises à l'obligation de formalités douanières sans valeur plancher, ce qui a résulté en un biais de sous-estimation systématique des importations intra-EU. La tendance est donc nettement orientée en direction *d'une ouverture accrue des pays membres de l'UE sur la période et d'une amélioration de l'accès des producteurs des pays membres vis-à-vis des pays non membres sur le nouveau marché unique.*

Figure 15.10. Composition de la consommation apparente - CE12

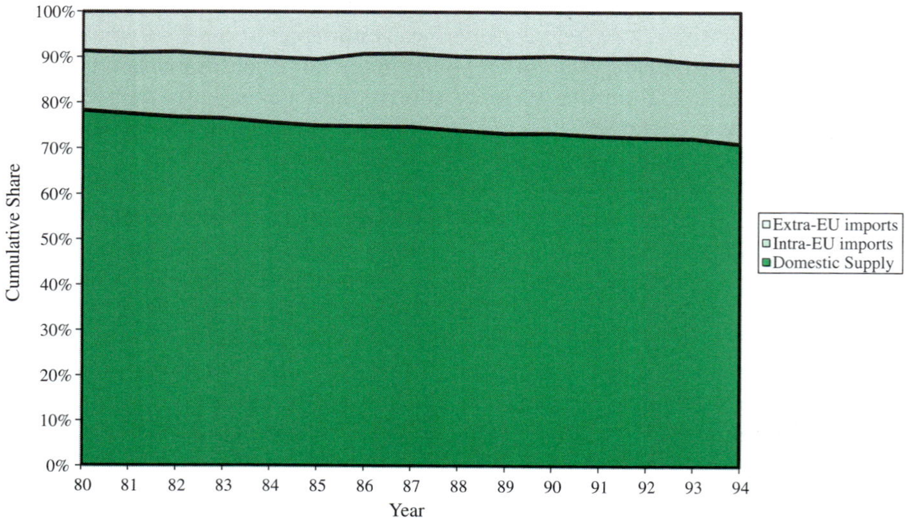

L'effet des frontières nationales dans le marché unique

Le degré d'intégration commerciale entre les pays membres semble donc s'être amélioré depuis le passage au marché unique. Pour autant, le marché interne européen est encore loin d'être parfaitement intégré et donc réellement unique. Head et Mayer (2000)[1] ont montré (en utilisant la méthode des effets frontières décrite dans le chapitre 9) que les frontières nationales avaient toujours un impact important dans le marché unique, malgré plusieurs décennies d'efforts d'intégration commerciale. On mesure cet effet par une estimation économétrique qui étudie à quel point un pays privilégie ses producteurs domestiques par rapport aux producteurs de pays étrangers pour des conditions de prix et de coût de transport identiques. Le flux intranational est beaucoup plus important que le flux international, comme la figure 15.10 le laissait entrevoir. L'estimation révèle un surplus de commerce interne correspondant à un coefficient multiplicateur de douze à quinze par rapport au commerce entre pays européens en 1995, ce qui traduit une grande fragmentation du marché. De plus, on peut voir dans la figure 15.11 que la signature du marché unique ne semble pas avoir accéléré fortement le mouvement d'intégration que l'on observe au cours du temps. La suppression des barrières non tarifaires n'est donc certainement pas suffisante pour assurer une unification parfaite de marchés où les préférences des consommateurs, les réseaux de distributions et les caractéristiques institutionnelles restent très différentes. Le passage à la monnaie unique semble avoir eu un effet intégrateur significatif (voir chapitre 9), mais là encore insuffisant pour que le marché européen soit réellement unique.

Figure 15.11. Effets frontières en Europe de 1976 à 1995

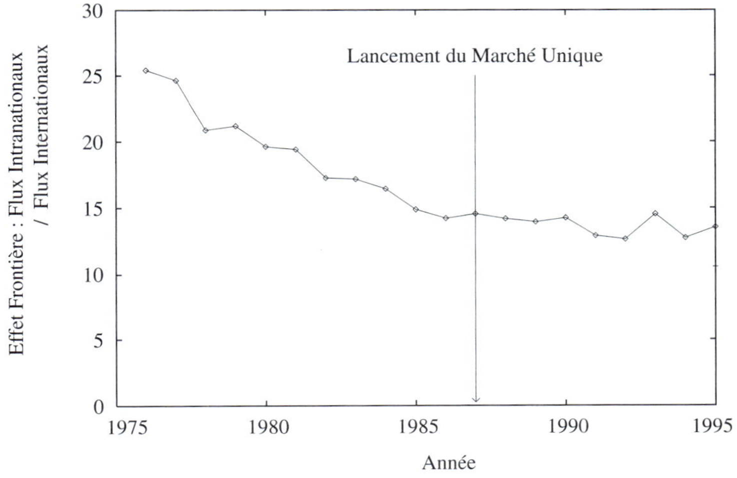

Source : d'après Head et Mayer (2000)

1. Head K., et T. Mayer, 2000, « Non-Europe : The Magnitude and Causes of Market Fragmentation in the EU", *Weltwirtschaftliches Archiv* , 136(2) : 285-314.

Mémo

Le nombre des accords de commerce régionaux est en constante augmentation depuis les années 1990. Ils présentent différents degrés d'intégration commerciale. Citons, dans l'ordre croissant, l'accord préférentiel de commerce, la zone de libre échange, l'union douanière, le marché commun, le marché unique, et enfin l'union économique. L'Union européenne représente un des exemples d'intégration commerciale régionale les plus avancés. En 1957 est décidée l'élimination des droits de douanes et autres barrières quantitatives au commerce entre les six premiers pays de la Communauté économique européenne. Puis l'Acte unique en 1986 prévoit le Marché unique grâce à l'établissement des quatre libertés de mouvement (biens, personnes, services et capitaux) et à l'élimination des barrières non tarifaires restantes. Ces barrières non tarifaires sont des barrières physiques, techniques et fiscales.

Deux types d'effets théoriques attendus de l'intégration commerciale sont présentés, selon le type de structure de marché utilisée. La théorie du commerce international en concurrence parfaite ne doit pas donner une mauvaise intuition : comme le souligne Jacob Viner, la création d'un accord régional de commerce est une forme de libéralisation commerciale particulière, car discriminatoire. Or, tout mouvement vers le libre échange n'est pas bénéfique : ici l'effet est incertain, car le régionalisme réduit une distorsion tout en en introduisant une autre. De manière générale, lors d'une intégration régionale on assiste à une création de commerce (entre les membres de la nouvelle zone) et à un détournement de commerce (entre les anciens partenaires qui avec l'intégration ne font plus partie du même accord de commerce). L'effet net peut donc être positif ou négatif. Un gain net est d'autant plus probable que les pays sont différents en termes d'avantages comparatifs et donc de prix relatifs, car plus les prix relatifs sont différents, plus l'accord régional réplique le libre échange mondial. L'introduction de la distance permet de compléter l'analyse. Les bénéfices de la libéralisation étant d'autant plus importants que les effets de détournements sont faibles, le gain net sera élevé lorsque les pays commerçaient déjà beaucoup entre eux. Paul Krugman montre que ceci est le cas lorsque les pays sont proches en termes de taille et de distance.

L'analyse de l'intégration commerciale en concurrence imparfaite comporte des prédictions quant au type de commerce favorisé par la nouvelle zone d'échange. Le retrait des barrières au commerce dans un tel cadre entraîne une augmentation du commerce intra-branche. Ensuite, les modèles de concurrence oligopolistique permettent d'obtenir des prédictions sur l'impact des accords régionaux sur différentes variables clefs du comportement des firmes comme les prix et les marges, les échelles de production, et la structure de marché. L'élimination des barrières non tarifaires restantes, c'est-à-dire la dé-fragmentation du marché européen, devrait permettre d'augmenter le degré de concurrence sur les marchés des pays membres, et par là de baisser les prix pratiqués, ainsi qu'adapter les capacités de production vers des niveaux plus efficaces.

Les autres arguments décrivant les déterminants et l'évolution des accords de commerce régionaux proviennent de la littérature d'économie politique. Celle-ci souligne l'aspect dynamique de la libéralisation commerciale sous forme de blocs de commerce régionaux. Richard Baldwin explique qu'un des déterminants de la formation d'accords de commerce est la pression politique exercée par les producteurs des pays restés en dehors de l'accord régional, qui ont, après la formation du bloc, un

accès réduit aux marchés du nouveau bloc. Lorsqu'un pays adhère, le coût de la non adhésion augmente pour les producteurs des pays restés en dehors, et ainsi de suite, comme un effet domino.
Les travaux sur la réalisation du Marché unique et ses conséquences présentent d'abord une évaluation des mesures mises en oeuvre. La majorité des mesures montrent un taux de mise en oeuvre satisfaisant, bien que certains domaines comme les achats publics fassent preuve d'un certain retard. Les premiers travaux empiriques évaluent les effets de création et détournement de commerce. L'intégration européenne paraît dans ce cadre avoir des effets positifs, bien que réduits. Ensuite, une deuxième vague de travaux empiriques, plus récents, mesurent l'intégration à l'aune de l'évolution du commerce intra-UE. Néanmoins, si les importations intra-UE ont augmenté dans la consommation apparente des pays européens, il est également important de les comparer à la consommation en produits domestiques : la diminution de ces derniers et l'augmentation des importations intra-UE marquera une véritable intégration commerciale des pays européens.

Quid

- Accord commercial régional n° 219
- Zone de libre échange n° 220
- Union douanière n° 220
- Marché commun / marché unique n° 220
- Acte unique européen n°s 221,222
- Création / détournement de commerce n° 224
- Dé-fragmentation du marché n° 228
- Effet domino n° 232
- Commerce intra-UE n° 236

Quiz

- Depuis quand observe-t-on une augmentation des accords de commerce ? (n° 219)
- Qu'est ce qui différencie un marché commun et un marché unique ? (n° 220)
- Dans quel cadre théorique parle-t-on de création et détournement de commerce ? (n° 224)
- Quelles sont les conclusions des études récentes sur l'effet de la création du marché unique ? (n° 237)

Biblio

- Artis M.J. and N. Lee, 1997, *The Economics of the European Union*, Oxford : Oxford University Press.

- Baldwin R. and C. Wyplosz, 2003, *The Economics of European Integration*, Mc Graw-Hill.
- Chapitre 4 de Bouët, A., 1998, *Le protectionnisme*, Paris : Vuibert.
- El-Agraa, A., 2000, *The European Union : economics and policies* (6 th . edition), Financial Times Prentice Hall Europe.
- Frankel, J.A., 1997, *Regional Trading Blocs* Washington : Institute for International Economics.
- Pelkmans, J., 2002, *European Integration*, Prentice Hall.
- Siroën, Jean-Marc, 2001, *La régionalisation de l'Économie mondiale*, La Découverte, Collection repères.

partie

5

Annexes

Annexe

A

Annexe du chapitre 5

Cette annexe décrit en détail les hypothèses et la construction du modèle traditionnel de description des gains à l'échange en concurrence pure et parfaite. Les outils requis sont principalement des rappels de microéconomie simple. Il s'agit de définir l'équilibre général, c'est-à-dire les prix des biens et des facteurs assurant l'égalité entre offre et demande de chaque bien et facteur, étant donnés la disponibilité des facteurs de production, les conditions technologiques de production et les caractéristiques de la demande exprimée par les consommateurs. Cette analyse est menée dans le cadre autarcique dans un premier temps, puis on se demande ce que change l'ouverture, c'est-à-dire la possibilité d'échanger les biens pour le pays, en termes de bien-être global de l'économie. On commence par décrire l'économie, les caractéristiques de l'offre, de la demande, puis les conditions d'équilibre.

section 1

Du côté de l'offre

§ 1 La fonction de production

Le composant principal du côté de l'offre des modèles traditionnels de l'échange international est la fonction de production : $X = F(K,L)$, représentant les quantités de capital (K) et de travail (L) nécessaires pour produire une certaine quantité X en utilisant la technologie représentée par la fonction F. Pour tous les cadres explicatifs relevant des explications traditionnelles de l'échange, on suppose une *technologie à rendements décroissants* : en augmentant la quantité utilisée d'un input donné, on augmente de moins en moins vite la quantité d'output. Une représentation classique de la décroissance des rendements en termes graphiques consiste à tracer les *isoquantes* de la production X. Ces courbes représentent les combinaisons de capital et de travail nécessaires pour la production d'un certain niveau d'output. Pour atteindre un même niveau de production $\bar{X}$ en augmentant le volume de travail employé par exemple, il faut ajouter de plus en plus de travail et retirer de moins en moins de capital dans le processus de production.

Figure 1.1. Les isoquantes

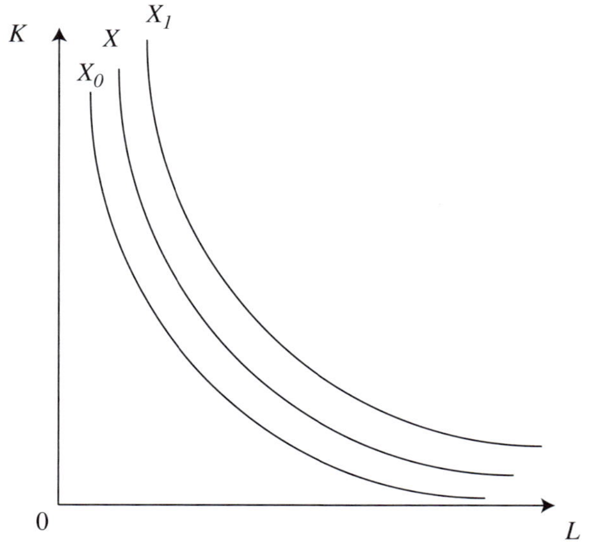

§ 2 Rendements d'échelle

Une caractéristique importante des fonctions de production utilisées dans les modèles traditionnels est l'hypothèse de *rendements d'échelle constants*. Une augmentation d'un certain facteur de proportionnalité de *tous* les inputs amène une augmentation de l'output du même facteur de proportionnalité. De manière plus aride, les fonctions de production à rendements d'échelle constants sont des fonctions homogènes de degré 1.

Définition 1
Une fonction $X = F(L,K)$ *est homogène de degré k si* $\lambda^k X = F(\lambda L, \lambda K)$. *Si* $k = 1$, *la fonction est à rendements d'échelle constants.*

Il n'y a pas de conflit entre la loi des rendements décroissants et des rendements d'échelle constants : la première notion se fonde sur la variation d'un seul input, et la deuxième sur la variation simultanée des deux inputs. *Une propriété importante des fonctions de production homogènes est que la pente des isoquantes traversées par une droite passant par l'origine est identique au point d'intersection.* La fonction de production la plus utilisée dans ce cadre d'analyse est la fonction Cobb-Douglas avec une somme unitaire des coefficients sur chacun des facteurs. En effet, lorsque

$$X = F(L,K) = L^{\alpha}K^{1-\alpha} \quad \text{et} \quad 0 < \alpha < 1,$$

la quantité d'output augmente de moins en moins vite avec l'augmentation de l'utilisation de chacun des inputs, mais l'augmentation simultanée de l'utilisation des deux inputs d'un facteur λ entraîne une augmentation de la production de X de $\lambda^{\alpha+(1-\alpha)} = \lambda$. C'est pourquoi la plupart les exercices d'application des chapitres en concurrence parfaite utilisent la Cobb-Douglas.

§ 3 Comportement des producteurs

Les producteurs, ayant accès à la technologie ainsi décrite, et connaissant le prix des inputs, w (taux de salaire) et r (rendement du capital), doivent essayer de produire au maximum de leurs possibilités pour un coût donné ou de manière équivalente de minimiser le coût de production d'un output donné. La concurrence parfaite sur tous les marchés impose que les firmes sont trop petites pour avoir une influence sur la rémunération des facteurs et sur les prix des biens. La *courbe d'isocoût* définit toutes les combinaisons d'utilisation de facteur K et L qui génèrent un coût total de C_0 pour la firme.

$$C_0 = wL + rK,$$

que l'on peut réécrire sous la forme d'un contrainte budgétaire :

$$K = C_0/r - (w/r)L.$$

Figure 1.2. Rendements d'échelle constants

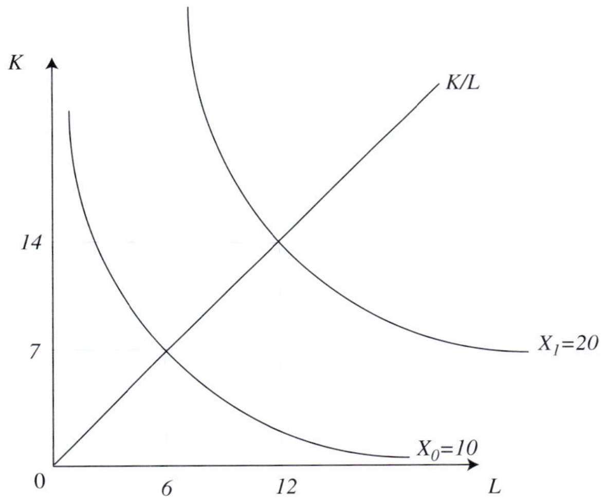

La pente de cette contrainte budgétaire est $-w/r$, un ratio très souvent utilisé. Pour que la production soit efficace, le producteur doit, pour tout niveau de coût C_0 donné, maximiser le niveau de production $X = F(K,L)$. Dans l'espace des facteurs de production, ce problème est résolu au point de tangence entre la contrainte budgétaire et l'isoquante la plus éloignée de l'origine restant tangente à la contrainte.

La firme produit donc de manière optimale lorsque le rapport des rémunérations de facteurs est égal à la pente d'une isoquante. On peut donner une expression analytique de la pente de cette isoquante. Considérons l'expression d'un changement de la quantité produite :

$$dX = \frac{\partial X}{\partial L} dL + \frac{\partial X}{\partial K} dK$$

Sur une isoquante, on a $dX = 0$, on obtient donc :

$$-\frac{dK}{dL} = \frac{\frac{\partial X}{\partial L}}{\frac{\partial X}{\partial K}} = TMST$$

La pente de n'importe quelle isoquante est donc égale au rapport des productivités marginales. Cette pente est appelée le *taux marginal de substitution technique (TMST)* qui mesure le nombre d'unités de capital que l'on peut substituer à une unité de travail tout en gardant la production constante. La *condition d'efficience de la production* (où la contrainte budgétaire est tangente à l'isoquante la plus élevée possible) peut donc être réécrite :

$$\frac{w}{r} = \frac{\frac{\partial X}{\partial L}}{\frac{\partial X}{\partial K}}$$

Figure 1.3. L'équilibre de la production

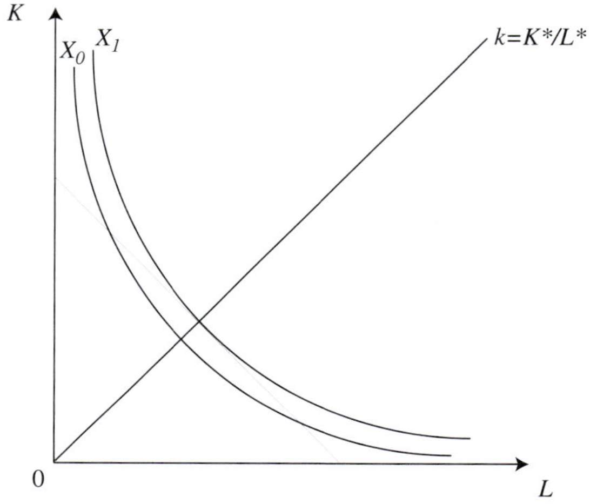

Nous avons noté que pour des fonctions de production homogènes, toutes les isoquantes ont la même pente pour un rapport K/L donné. Réciproquement, pour un rapport de rémunérations w/r donné, on aura un rapport d'utilisation des deux facteurs K/L constant et indépendant du niveau de production. *Le choix de la combinaison d'inputs ne dépend donc ici que du rapport des prix des facteurs et pas de l'échelle de production.*

§ 4 Le modèle deux biens, deux facteurs

On étend maintenant le modèle pour en faire un *modèle d'équilibre général* en introduisant un deuxième bien, noté Y. Les fonctions de production sont : $X = F_X(L_X,K_X)$ et $Y = F_Y(L_Y,K_Y)$. On suppose toujours ces fonctions homogènes de degré 1, la production étant fonction croissante de la quantité utilisée des deux inputs qui doivent tous les deux être utilisés pour permettre la production. L'économie considérée dispose de ressources limitées en input, ce qui donne des *conditions de plein emploi des facteurs* :

$$\bar{K} = K_X + K_Y$$
$$\bar{L} = L_X + L_Y$$

Un hypothèse centrale du modèle pour qu'il donne des résultats intéressants est que les fonctions de production des deux biens sont différentes. On peut représenter cette différence en ré-utilisant le schéma des isoquantes :

La figure 1.4 montre que pour un même rapport de prix des facteurs, les deux biens seront caractérisés par des *intensités capitalistiques* (constantes pour chacun des biens) différentes.

Définition 2
Lorsque $k_Y = K_Y/L_Y > k_X = K_X/L_X$ pour un niveau de prix des facteurs fixé, on dit que le bien Y est intensif en capital et le bien X intensif en travail.

Figure 1.4. Les intensités factorielles

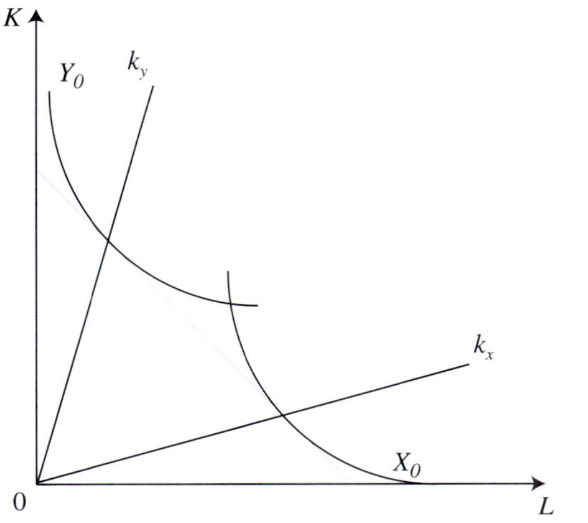

Figure 1.5. La boite d'Edgeworth

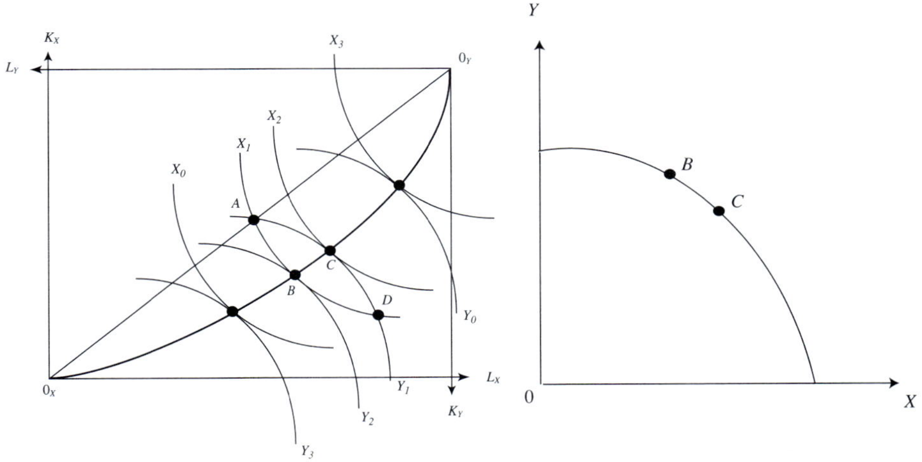

5 La frontière des possibilités de production

Une notion primordiale pour comprendre les causes de l'échange et les gains qui y sont liés est *la frontière des possibilités de production (FPP)*, c'est à dire la courbe décrivant tous les points efficaces de production qu'il est possible d'atteindre dans cette économie. En d'autres termes, on cherche pour une quantité donnée d'un des deux biens, la quantité maximale qu'il est possible de produire de l'autre bien. On cherche donc les points de production maximum des deux biens satisfaisant les contraintes de plein emploi des facteurs et répondant aux fonctions de production. On appelle également cette courbe, *courbe de transformation*, puisqu'elle décrit le nombre d'unités d'un bien auquel il faut renoncer pour pouvoir produire une unité supplémentaire de l'autre bien. La méthode pour représenter la FPP utilise la boite d'Edgeworth, c'est à dire un diagramme utilisant le même schéma que dans les diagrammes des isoquantes mais avec un schéma par bien et l'un emboîté dans l'autre.

On commence par représenter X_0, l'isoquante tracée précédemment pour le bien X et l'on se demande quelle peut-être la quantité maximale de bien Y produite. On cherche donc l'isoquante compatible avec X_0 la plus éloignée de l'origine O_y, c'est à dire le point de tangence entre X_0 et une isoquante de Y. On répète l'opération pour toute les isoquantes afin d'obtenir la courbe de transformation ou courbe de contrat. On peut voir l'efficience de cette courbe en considérant le point A, situé sur la diagonale O_xO_y. *A ce point l'ensemble des ressources est utilisé, néanmoins toute réallocation des ressources le long de X_0 permet d'augmenter la production de Y sans réduire celle de X et est donc plus efficace.* En A, les deux biens emploient autant de capital que de travail, alors qu'on peut améliorer la production d'ensemble en allouant plus de travail au secteur X et plus de capital au secteur Y, en suivant leurs intensités capitalistiques respectives. La courbe de transformation dans le diagramme d'Edgeworth donne des combinaisons optimales de production des deux biens. En « retournant » le diagramme afin de tracer la frontière des possibilités de production, on obtient une courbe concave, dont *la concavité s'explique par les différences d'intensité capitalistiques entre les deux biens.*

§ 6 L'equilibre concurrentiel : où se situe le point de production ?

Dans le diagramme de la frontière des possibilités de production, tout point situé sur ou en dessous de la frontière est un point de production possible. La première question est donc de savoir si la production se situera effectivement sur la frontière, c'est-à-dire en un point efficace. La deuxième question importante est de savoir où sur cette frontière, se situera le point de production.

La production sera efficace si les isoquantes des deux biens se situent au point de tangence avec la contrainte budgétaire et sont tangentes l'une à l'autre. Dans une situation d'équilibre concurrentiel ou un producteur inefficace peut être remplacé par un autre plus efficace, et où les prix des facteurs sont égalisés entre les deux secteurs, la production aura donc lieu sur la frontière des possibilités si les deux secteurs font face au même rapport des prix des facteurs. De plus, le comportement de maximisation des firmes en concurrence parfaite revient à fixer un niveau de chaque input optimal de telle sorte que la valeur de la productivité marginale de cet input soit égale à son coût marginal[1]. Ceci nous donne les équations suivantes :

$$p_x \frac{\partial X}{\partial L_x} = w \quad p_x \frac{\partial X}{\partial K_x} = r \quad \text{et} \quad p_y \frac{\partial Y}{\partial L_y} = w \quad p_y \frac{\partial Y}{\partial K_y} = r,$$

en supposant toujours que la mobilité parfaite des secteurs entre les deux secteurs assure l'égalité de leur rémunération. On divise les deux premières équations par les deux dernières pour obtenir :

$$p = \frac{p_x}{p_y} = \frac{\dfrac{\partial Y}{\partial L_y}}{\dfrac{\partial X}{\partial L_x}} = \frac{\dfrac{\partial Y}{\partial K_y}}{\dfrac{\partial X}{\partial K_x}}$$

Étant donné que les ressources sont disponibles en quantité limitée dans cette économie, on a $\partial L_x = -\partial L_y$ et $\partial K_y = -\partial K_y$, ce qui donne :

$$p = \frac{p_x}{p_y} = -\frac{\partial Y}{\partial X} = TMT.$$

1. En effet, le profit s'écrit :

$$\Pi_x = p_x X - wL_x - rK_x\ ,$$

avec donc

$$\frac{\partial \Pi_x}{\partial L_x} = p_x \frac{\partial X}{\partial L_x} - w = 0$$

en concurrence parfaite puisque les prix des biens et des facteurs sont supposés fixés.

Ceci implique que l'équilibre de la production est obtenu au point de tangence entre la FPP et le rapport des prix des biens. Le TMT (taux marginal de transformation), représente le coût d'opportunité de la production du bien *X* en termes du bien *Y* et est égal à la pente de la FPP. À l'équilibre de concurrence parfaite, le rapport des prix des biens doit refléter le coût d'opportunité de ces biens compatible avec une production efficace.

§ 7 Premiers éléments de rapport entre les prix sur les différents marchés

Il existe donc une relation fondamentale entre le prix relatif sur le marché des biens (*p*) et le prix relatif des facteurs dans notre économie. Le prix des biens sera fixé par les conditions d'équilibre internes en autarcie et par les conditions d'équilibre du marché mondial dans le cas de l'ouverture. C'est là le bouleversement essentiel de l'ouverture internationale, les consommateurs ont accès à des biens pour des prix différents des prix autarciques. Pour un niveau de prix donné *p*, l'économie choisira un point de production *A* sur la FPP au point de tangence. En regardant le diagramme d'Edgeworth, on voit que le choix de ce point détermine l'allocation des facteurs entre les deux secteurs satisfaisant le plein emploi et l'efficacité productive. Cette allocation détermine à son tour le seul rapport des prix des facteurs w/r compatible avec ce point *A* c'est à dire avec la tangence des deux isoquantes. *Donc dans une économie concurrentielle, le prix des biens (déterminé par l'équilibre offre-demande interne en autarcie et par les conditions internationales à l'ouverture) détermine la production des biens, et par suite l'allocation des ressources entre les différents secteurs, ces demandes de facteurs fixant par la suite leur prix.*

section 2

Du coté de la demande

Après avoir étudié le comportement optimal des producteurs en fonction des prix mondiaux dans le modèle de commerce traditionnel, nous pouvons maintenant passer à l'analyse du comportement des consommateurs dans ce modèle. L'analyse du comportement des consommateurs repose sur la définition des *courbes d'indifférence* qui découle elle-même de la fonction d'utilité des consommateurs ($U = U(X,Y)$), qui a plusieurs caractéristiques dont certaines seront assez proches des caractéristiques de la fonction de production[1]. En premier lieu, l'utilité des consommateurs croît avec la consommation de chacun des deux biens. Il existe l'équivalent de courbes de niveau sur une carte géographique pour cette fonction d'utilité, c'est à dire une courbe décrivant les combinaisons de biens *X* et *Y* fournissant un même niveau de satisfaction au consommateur. Le consommateur sera donc indifférent entre les différentes combinaisons possibles le long de cette courbe, d'où le nom de courbe d'indifférence.

Les courbes d'indifférence utilisées dans le modèle traditionnel ont plusieurs caractéristiques importantes qui seront utiles pour la suite.

---

1. On s'intéresse au bien-être « communautaire » ou national de manière générale. Une condition suffisante pour que l'on puisse généraliser le comportement du consommateur individuel et tracer des courbes d'indifférence nationales et donc trouver des demandes d'ensemble pour chaque pays est que les goûts des consommateurs soient *homothétiques et identiques* à l'intérieur d'un pays. Une fonction homothétique est une transformation monotone d'une fonction homogène. Cela suffit pour assurer que, à prix des biens fixés, une hausse du revenu des consommateurs *ne change leur consommation relative* des biens *X* et *Y*.

Figure 1.6. Courbes d'indifférence

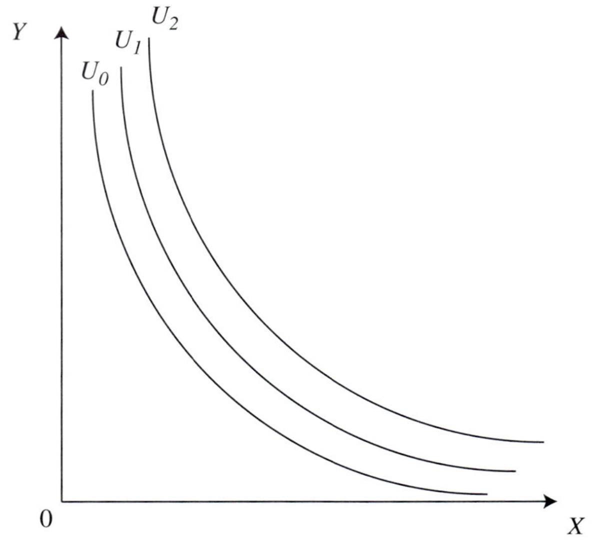

1) La première des caractéristiques est la convexité de ces courbes. Cette convexité traduit la décroissance de l'utilité marginale de chacun des biens. En effet, moins on a de bien X dans son panier de consommation, plus on est prêt à substituer une quantité importante de bien Y pour acquérir une unité supplémentaire de bien X, et vice versa. *En chaque point, la pente de la courbe d'indifférence est égale au ratio des utilités marginales de chacun des deux biens, ce ratio étant appelé le taux marginal de substitution.* La forme des courbes d'indifférence correspond donc à un TMS décroissant.
2) La deuxième caractéristique est que le niveau d'utilité attaché à chacune des courbes augmente quand la courbe s'éloigne de l'origine. Ceci est très simple à voir graphiquement puisque la fonction d'utilité croît avec la consommation de chacun des deux biens. Donc pour un point sur une courbe d'indifférence U_0 on peut toujours identifier un point pour lequel la consommation de chacun des deux biens est supérieure. Le deuxième point sera donc toujours préféré au premier. En traçant la courbe d'indifférence U_1 passant par ce deuxième point, on pourra donc en déduire que tous les points sur U_1 sont préférables au premier point et donc également à tous les points sur U_0.
3) Une dernière caractéristique primordiale est que les courbes d'indifférence sont parallèles et ne se croisent pas pour une même fonction d'utilité. On peut voir cela très facilement en considérant les contradictions inhérentes à une situation où deux courbes se croiseraient. Supposons que la courbe U_0 soit d'abord supérieure puis inférieure à la courbe U_1. Nous aurions alors une situation où il serait possible pour des valeurs faibles de X d'identifier des points situés sur U_0 strictement préférés à des points situés sur U_1 puisque les consommations des deux biens seraient plus élevés sur la première courbe. Or si les deux courbes se croisent, il y aura forcément pour des valeurs plus élevés de consommation de X, des combinaisons de consommation préférables sur U_1 par rapport à certaines combinaisons sur U_0. Ceci est en contradiction directe avec la définition même des courbes d'indifférence sur lesquelles le niveau de satisfaction de l'individu doit être constant.

Le *Taux marginal de substitution* de Y pour X mesure la quantité de bien Y que la consommateur est prêt à sacrifier pour obtenir une unité supplémentaire du bien X tout en maintenant un niveau d'utilité constant. Il sera donc égal à la pente d'une droite tangente à la courbe d'indifférence. Par définition de la courbe d'indifférence, on a :

$$dU = \frac{\partial U}{\partial X}dX + \frac{\partial U}{\partial Y}dY = 0, \qquad \text{ce qui donne} \qquad TMS = -\frac{dY}{dX} = \frac{\frac{\partial U}{\partial X}}{\frac{\partial U}{\partial Y}}.$$

La consommation de chacun des deux biens se fait en maximisant l'utilité sous une contrainte budgétaire, les consommateurs ne pouvant dépenser plus que leur revenu I que l'on considère donné. Pour des prix donné p_x et p_y, on a la contrainte suivante :

$$I = p_x X + p_y Y.$$

Cette contrainte budgétaire est très proche de la droite d'isocoût à laquelle font face les producteurs dans le modèle. On peut tracer dans le même espace des quantités consommées, la contrainte budgétaire qui nous donne toutes les combinaisons envisageables de production a revenu et prix relatifs donnés.

$$Y = \frac{I}{p_y} - \frac{p_x}{p_y}X.$$

Le comportement de maximisation d'utilité est alors très simple : le consommateur a une utilité d'autant plus élevé que la courbe d'indifférence est éloignée de l'origine. Son panier de consommation doit être compatible avec sa contrainte budgétaire, il suffit donc que le consommateur cherche le point de tangence entre la contrainte budgétaire et la courbe d'indifférence la plus élevée. On peut alors en déduire une condition formelle pour la maximisation de l'utilité par le consommateur. La pente de la courbe d'indifférence est égale au TMS entre les deux biens, on vient de voir que la pente de la contrainte budgétaire était égale au rapport des prix des biens. Comme pour maximiser l'utilité il faut que les deux courbes soient tangentes, elles auront alors la même pente et la condition de maximisation revient à égaliser TMS et prix relatif :

$$\frac{p_x}{p_y} = \frac{\frac{\partial U}{\partial X}}{\frac{\partial U}{\partial Y}} = TMS$$

L'équilibre général à l'autarcie résulte simplement de la confrontation de la FPP et de la courbe d'indifférence des consommateurs. La tangence de ces deux courbes vérifie le comportement de maximisation des producteurs et des producteurs et donne donc le prix d'équilibre autarcique qui satisfait l'équilibre offre-demande de chacun des biens. Le résultat est donné dans la figure 1.7.

section 3

Détermination des prix d'équilibre mondiaux par les courbes d'offre ou courbes de demandes réciproques

Les courbes d'offres (également appelées courbes de demande réciproque) des deux pays permettent de trouver les termes de l'échange d'équilibre à l'ouverture. La figure 1.8 reprend les différents points de production et de consommation des biens X et Y à l'équilibre dans le

Figure 1.7. Équilibre autarcique

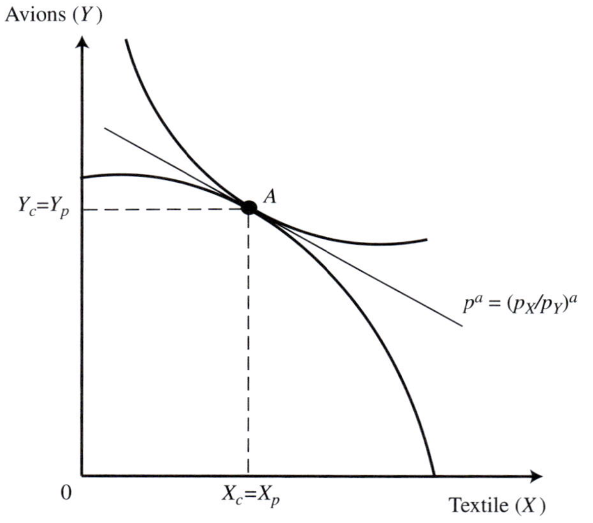

Figure 1.8. Construction des courbes d'offre : courbe de consommation prix.

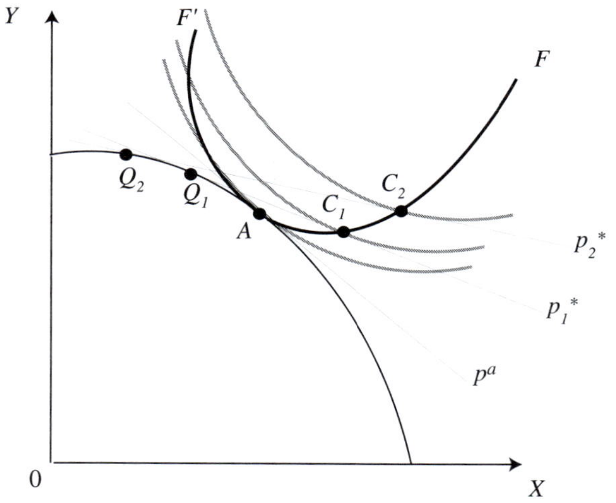

pays H selon les prix relatifs en vigueur à l'ouverture. Cela permet de tracer une courbe FAF' qui représente tous les points d'équilibre de *consommation* possible pour ce pays : *la courbe de consommation prix*.

On peut donc maintenant représenter les exportations et les importations du pays H en se servant de la courbe de consommation-prix et des productions d'équilibres correspondantes afin d'obtenir les *triangles d'échanges*. Pour simplifier, on ne représente que le cas où le prix relatif du bien X s'abaisse, le pays H devenant donc un importateur de bien X.

Figure 1.9. Construction des courbes d'offre : triangles de commerce.

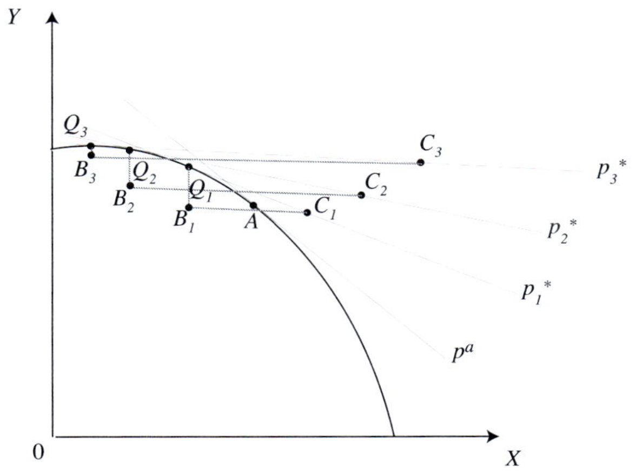

Les triangles d'échanges indiquent pour chaque prix relatif, les quantités BQ que le pays H désire exporter du bien Y et les quantités BC que le pays F désire importer du bien X. On peut reporter ces valeurs sur un graphique des échanges avec en ordonnée les exportations de Y et en abscisse les importations de X, de telle sorte que les BQ deviennent des OQ et les BC des OC (figure 1.10. Le point d'autarcie est bien sûr à l'origine puisque les échange y sont nuls. On voit graphiquement que la *courbe d'offre est toujours concave par rapport à l'axe des importations*. À l'autarcie, la courbe d'offre est à l'origine, puis au fur et à mesure que le prix relatif de X baisse, on a des variations des demandes d'importations et des offres d'exportations qui rendent cette courbe concave. La demande d'importation croît systématiquement avec la baisse de p^* car la production baisse et la consommation augmente avec la baisse du prix relatif. L'effet d'une augmentation du prix relatif de Y (baisse de p^*) sur les exportations de Y est plus complexe. Une hausse du prix relatif de Y entraîne d'abord une augmentation de l'incitation à la production de ce bien et une réduction de la demande pour ce bien : on obtient donc dans un premier temps, une augmentation des exportations de ce bien avec une baisse de p^*.

Dans un second temps, la consommation de Y va néanmoins se remettre à augmenter en raison d'un effet revenu positif associé à la baisse du prix du bien X, la courbe d'offre va donc commencer par croître pour atteindre un maximum et décroître. On notera que le prix relatif p^* correspondant à un point précis de la courbe d'offre peut être représenté également dans la figure 1.10 comme une droite passant par l'origine et le point de la courbe d'offre.

Pour que le pays H puisse exporter du bien Y et importer du bien X, il faut que le pays F soit dans la situation réciproque, c'est-à-dire dispose d'une offre excédentaire de X et un demande excédentaire de Y. On peut donc également représenter la courbe d'offre du pays F dans le même repère.

Les deux courbes se coupent au point E où la demande d'importation de X par H correspond exactement à l'offre d'exportation de X par F. Ce point est le seul équilibre dans ce cas qui définit le prix relatif d'équilibre p_1 qui assure l'équilibre sur le marché des biens au niveau mondial.

On peut par exemple prendre le prix p_2 afin de constater que E est un point d'équilibre *unique et stable*. Si le prix international s'établissait à p_2, le pays H désirerait importer plus de bien X que le pays F ne désirerait en exporter et le pays F désirerait importer moins de bien Y qu le pays H ne désirerait en exporter. Il y aurait donc une demande excédentaire de X et une offre excédentaire de Y au niveau mondial et le prix relatif de X devrait augmenter pour rétablir l'équilibre.

Figure 1.10. Construction de la courbe d'offre du pays H.

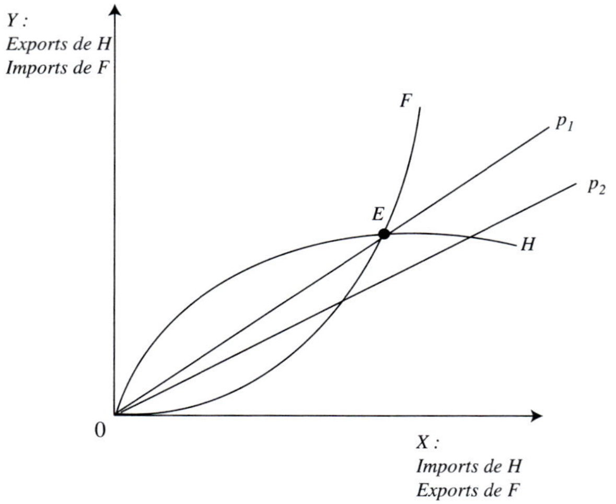

Annexe

B

Annexe du chapitre 7

section 1

Démonstration du théorème Stolper-Samuelson

Ce théorème utilise plusieurs conditions d'équilibre au niveau formel. Il est obtenu à partir :

1) Des conditions de profit nul des deux secteurs :

$$\begin{cases} p_X X = wL_X + rK_X & \Rightarrow \quad p_X = wa_{LX} + ra_{KX} \\ p_Y Y = wL_Y + rK_Y & \Rightarrow \quad p_Y = wa_{LY} + ra_{KY} \end{cases}$$

On note la part distributive de chaque facteur dans chaque secteur i :

$$\theta_{Li} = \frac{wa_{Li}}{p_i} \qquad \text{et} \qquad \theta_{Ki} = \frac{wa_{Ki}}{p_i} = 1 - \theta_{Li}.$$

En différenciant totalement l'équation de prix du bien X par exemple, on obtient :

$$dp_X = a_{LX}dw + a_{KX}dr + wda_{LX} + rda_{KX}.$$

En notant $dp_X/p_X = \hat{p}$, et en réintroduisant les θ dans l'équation ci-dessus, on peut obtenir :

$$\hat{p}_X = \theta_{LX}\hat{w} + \theta_{KX}\hat{r} + [\theta_{LX}\hat{a}_{LX} + \theta_{KX}\hat{a}_{KX}]$$

2) On utilise également la condition d'efficience de la production qui stipule que les producteurs cherchent à maximiser la production pour un niveau de coûts donné :

$$\frac{-dK}{dL} = \frac{w}{r} = \frac{-da_{KX}}{da_{LX}} = \frac{-da_{KY}}{da_{LY}}$$

$$\begin{cases} wda_{LX} + rda_{KX} & = & 0 \\ wda_{LY} + rda_{KY} & = & 0 \end{cases}$$

En divisant ces expressions par les prix de chacun des biens et en refaisant sortir les θ, on obtient :

$$\begin{cases} \theta_{LX}\hat{a}_{LX} + \theta_{KX}\hat{a}_{KX} & = & 0 \\ \theta_{LY}\hat{a}_{LY} + \theta_{KY}\hat{a}_{KY} & = & 0 \end{cases}$$

On obtient donc les deux expressions suivantes liant les variations de prix de biens aux variations de prix de facteurs :

$$\begin{cases} \hat{p}_X & = & \theta_{LX}\hat{w} + \theta_{KX}\hat{r} \\ \hat{p}_Y & = & \theta_{LY}\hat{w} + \theta_{KY}\hat{r} \end{cases} \qquad \text{(B.1)}$$

En prenant la différence entre les deux prix, on obtient :

$$\hat{w} - \hat{r} = \frac{1}{\theta_{LX} - \theta_{LY}}(\hat{p}_X - \hat{p}_Y)$$

Or, la différence de rémunération du facteur travail entre les deux secteurs est positive lorsque le secteur X est intensif en travail :

$$\begin{aligned}\theta_{LX} - \theta_{LY} &= \theta_{LX}(\theta_{LY} + \theta_{KY}) - \theta_{LY}(\theta_{LX} + \theta_{KX}) = \theta_{LX}\theta_{KY} - \theta_{LY}\theta_{KX} \\ &= \frac{wr}{p_X p_Y}(a_{LX}a_{KY} - a_{LY}a_{KX})\end{aligned}$$

Lorsque le secteur X est intensif en travail :

$$\frac{K_Y}{L_Y} > \frac{K_X}{L_X} \Rightarrow \frac{a_{KY}}{a_{LY}} > \frac{a_{KX}}{a_{LX}} \Rightarrow a_{LX}a_{KY} - a_{LY}a_{KX} > 0$$

Par conséquent, on obtient :

$$1 > \theta_{LX} - \theta_{LY} > 0$$

On a donc :

$$\hat{w} - \hat{r} > \hat{p}_X - \hat{p}_Y > 0.$$

En réutilisant les équations de prix on peut obtenir les expressions suivantes pour les taux de croissance des salaires et du taux de rémunération du capital :

$$\begin{cases} \hat{w} &= \dfrac{1}{\theta_{LX} - \theta_{LY}}[\theta_{KY}\hat{p}_X - \theta_{KX}\hat{p}_Y] \\ \hat{r} &= \dfrac{1}{\theta_{LX} - \theta_{LY}}[\theta_{LX}\hat{p}_Y - \theta_{LY}\hat{p}_X] \end{cases}$$

Ce qui donne après manipulation :

$$\begin{cases} \hat{w} &= \hat{p}_X + \dfrac{\theta_{KX}}{\theta_{LX} - \theta_{LY}}[\hat{p}_X - \hat{p}_Y] \\ \hat{r} &= \hat{p}_Y - \dfrac{\theta_{LY}}{\theta_{LX} - \theta_{LY}}[\hat{p}_X - \hat{p}_Y] \end{cases} \tag{B.2}$$

et donc avec $\hat{p}_X > \hat{p}_Y$, on obtient :

$$\hat{w} > \hat{p}_X > \hat{p}_Y > \hat{r}.$$

Annexe C

Annexe du chapitre 8

section 1

Le modèle de concurrence oligopolistique

Nous présentons ici certains détails techniques du modèle de concurrence oligopolistique. En particulier l'analyse de l'équilibre avec variations conjecturales et l'analyse approfondie de la pente des fonctions de réaction dans une situation de duopole.

La firme 1 maximise un profit :

$$\pi^1(q_1,q_2) = q_1 p(q_1,q_2) - c_1(q_1)$$

$$\frac{\partial \pi_1}{\partial q_1} = \pi_1^1 \qquad et\,\frac{\partial \pi_1}{\partial q_2} = \pi_2^1$$

En différenciant totalement l'équation de profit, on obtient la condition de premier ordre de maximisation du profit :

$$\frac{d\pi^1}{dq_1} = \pi_1^1 + \pi_2^1 \frac{dq_2}{dq_1} = 0$$

$$p(q_1,q_2) + \left[1 + \frac{dq_2}{dq_1}\right] q_1 p'(q_1,q_2) = c'(q_1)$$

Cette condition fournit la production optimale de la firme 1 en fonction de son anticipation de la production de la firme 2. Le comportement de la firme 1 sera déterminé par cette « conjecture" faite sur la réaction de la firme 2.

§ 1 Les variations conjecturales

La solution de l'équation de maximisation du profit dépend de la valeur de dq_2/dq_1. Ce rapport est appelé *la variation conjecturale* de la firme 1. Ce ratio mesure l'anticipation par la firme 1 de la réaction de la firme 2 à un changement à la marge de sa propre production. Selon la valeur de ce rapport on peut retrouver les conditions de premier ordre de différents modèles de concurrence.

1) Si $dq_2/dq_1 = 0$: C'est l'hypothèse du modèle de Cournot. La firme 1 n'anticipe aucune réaction de sa rivale lors d'un accroissement de sa propre production ; il en sera de même pour la firme 2, pour laquelle le ratio dq_1/dq_2 est supposé nul. La condition de premier ordre est alors :

$$p(q_1,q_2) + q_1 p'(q_1,q_2) = c'(q_1)$$

2) Si $dq_2/dq_1 = -1$: Chaque firme anticipe qu'une hausse de sa production sera exactement compensée par une baisse de la production de la firme rivale. La condition de premier

ordre est alors celle du modèle concurrentiel puisqu'elle se résume à l'égalité du prix et du coût marginal :

$$p(q_1,q_2) = c'(q_1)$$

3) Si $dq_2/dq_1 = q_2'$: C'est le modèle de *Stackelberg*. La variation conjecturale est égale à la pente de la courbe de réaction de la firme 2. Cela signifie que la firme 1 connaît la réaction optimale de la firme 2. À la différence du modèle de Cournot, le jeu est séquentiel et la firme 1 joue en premier, elle est leader au sens de Stackelberg.

4) Si $dq_2/dq_1 = q_2/q_1$: On obtient la même condition que si les firmes maximisaient le profit total de la branche :

$$\max[q_1 + q_2]p(q_1,q_2) - c_1(q_1) - c_2(q_2)$$

dont la condition de premier ordre pour la firme 1 est la même qu'en substituant q_2/q_1 à dq_2/dq_1 dans condition de premier ordre :

$$p(q_1,q_2) + [q_1 + q_2]p'(q_1,q_2) = c'(q_1)$$

§ 2 Les fonctions de réaction des firmes

La fonction de réaction de la firme 1 s'écrit :

$$q_1 = R_1(q_2) \qquad \text{avec} \qquad \pi_1^1(R_1(q_2),q_2) = 0$$

Pour étudier les interactions entre les productions des firmes rivales, on cherche la pente des fonctions de réaction $R_1'(q_2)$. En différenciant la condition de premier ordre et son équivalent pour la firme 2 :

$$d\pi_1^1 = \pi_{11}^1 dR_1(q_2) + \pi_{12}^1 dq_2 = 0 \Rightarrow \frac{dR_1(q_2)}{dq_2} = -\frac{\pi_{12}^1}{\pi_{11}^1}$$

$$d\pi_2^2 = \pi_{22}^2 dR_2(q_1) + \pi_{21}^2 dq_1 = 0 \Rightarrow \frac{dR_2(q_1)}{dq_1} = -\frac{\pi_{21}^2}{\pi_{22}^2}$$

Pour la firme 1, le signe de $R_1'(q_2)$ dépendra uniquement du signe de la dérivée partielle croisée (π_{12}^1) si la condition de second ordre de maximisation du profit est vérifiée ($\pi_{11}^1 < 0$). Or :

$$\pi_{11}^1 = 2p'(q_1,q_2) + q_1 p''(q_1,q_2) - c''(q_1) < 0$$

Le premier terme étant négatif, la condition est vérifiée dans le cas d'une demande linéaire ($p'' = 0$) et de coûts marginaux constants ($c'' = 0$) qui sont nos hypothèses. Ceci vérifie également :

$$\pi_{12}^1 = p'(q_1,q_2) + q_1 p''(q_1,q_2) < 0$$

Cette dernière inégalité assure que les variables stratégiques des firmes sont des *substituts stratégiques* (Tirole, 1988) dans la mesure où l'influence d'une augmentation de la production de la firme 2 sur le profit marginal de la firme 1 est négative (et vice-versa). Les quantités sont souvent des substituts stratégiques, et les prix, des *compléments stratégiques.* Les fonctions de réaction ont donc des pentes négatives quand les variables sont des substituts stratégiques et positives quand les variables sont des compléments stratégiques.

Dans le cas d'un duopole de Cournot avec demandes et coûts linéaires, les fonctions de réaction représentées dans la figure 8.5 sont donc décroissantes et l'équilibre du marché se trouve à leur intersection.

Pour que le jeu converge vers l'équilibre de Cournot-Nash, la pente de la fonction de réaction de la firme 1 doit être supérieure à celle de la fonction de réaction de la firme 2.

La condition générale de stabilité de l'équilibre est donc :

$$\left|\frac{\pi_{12}^1}{\pi_{11}^1}\right| > \left|\frac{\pi_{21}^2}{\pi_{22}^2}\right|$$

Annexe D

Annexe du chapitre 9

section 1

L'équation de gravité et le modèle de concurrence monopolistique de Krugman (1980)

Le modèle de Krugman (1980)[1] intègre les coûts de transport au modèle de Dixit et Stiglitz (1977)[2] en économie ouverte. Nous décrivons ici les principales caractéristiques du modèle et en particulier les liens qu'il entretient avec l'équation de gravité. La formulation choisie n'est pas exactement celle de l'article originel de Krugman, mais est plus proche de celle de Fujita et al. (1999)[3] qui est la plus usitée. Comme dans tout modèle de concurrence monopolistique, il repose sur une différenciation des produits dans le secteur à rendements croissants, chaque producteur étant en monopole sur sa variété avec une condition de libre entrée déterminant le nombre de firmes à l'équilibre.

§ 1 Consommateurs

L'utilité agrégée est une fonction Cobb-Douglas de la consommation de bien agricole et d'une sous-utilité CES provenant de la consommation des différentes (nombreuses) variétés z du bien industriel.

$$U = M^{\mu} A^{1-\mu}$$

$$M \equiv \left(\sum_{z=1}^{n} m(z)^{\frac{\sigma-1}{\sigma}} \right)^{\frac{\sigma}{\sigma-1}} \quad ; \qquad \sigma > 1$$

La fonction d'utilité CES est du type goût pour la variété. Supposons que le revenu dépensé sur l'agrégat des biens industriels de chaque consommateur (chacun ayant la même utilité U) soit de μY et que toutes les variétés soient disponibles au même prix p (ces deux hypothèses sont vérifiées à l'équilibre). Le consommateur va répartir équitablement ce revenu sur toutes les variétés :

$$M \equiv \left(\sum_{z=1}^{n} \bar{m}^{\frac{\sigma-1}{\sigma}} \right)^{\frac{\sigma}{\sigma-1}} \quad ; \qquad \bar{m} = (\mu Y / np)$$

1. op. cit.
2. op. cit.
3. op. cit.

En notant $\rho = \frac{\sigma-1}{\sigma}$:

$$M = \left[\frac{(\mu Y)^\rho}{p^\rho n^{\rho-1}}\right]^{\frac{1}{\rho}} = \frac{\mu Y}{p} n^{\frac{1-\rho}{\rho}}$$

ρ étant inférieur à 1, la sous utilité tirée de la consommation est fonction croissante de n ($\frac{\partial M}{\partial n} > 0$). En consommant moins d'unités de chaque bien $\bar{m} = (\mu Y/np)$ mais plus de biens (hausse de n), le niveau d'utilité s'élève même si le revenu et le prix sont inchangés. Plus le nombre de variétés disponibles s'accroît, plus le bien-être s'améliore : il existe un « goût de la variété » chez les consommateurs.

La fonction de demande

Le problème de maximisation de l'utilité sous contrainte peut être décomposé en deux temps, choisir d'abord combien allouer à la consommation de bien agricole et de bien industriel, puis combien d'unités consommer de chaque variété.

1) La première étape du problème à résoudre pour le consommateur est

$$\max \quad U = M^\mu A^{1-\mu} \quad \text{s.c.} \quad GM + p^a A = Y,$$

avec p^a le prix du bien agricole et G l'indice de prix du bien industriel (que nous définirons plus loin). Ce problème se résout très classiquement pour donner :

$$M = \frac{\mu Y}{G} \qquad A = \frac{(1-\mu)Y}{p^a}$$

μY va donc être le revenu dépensé sur l'ensemble des variétés du bien industriel.

2) La seconde étape consiste à trouver la consommation optimale de chaque variété.

$$\max \quad M \equiv \left(\sum_{z=1}^{n} m(z)^{\frac{\sigma-1}{\sigma}}\right)^{\frac{\sigma}{\sigma-1}} \quad \text{s.c.} \quad \mu Y = \sum_{z=1}^{n} m(z)p(z)$$

Le Lagrangien de ce problème s'écrit :

$$\mathcal{L} = M + \lambda(\mu Y - \sum_{z=1}^{n} m(z)p(z))$$

Les conditions de premier ordre requises pour trouver la consommation optimale de la variété z sont :

$$\frac{\partial \mathcal{L}}{\partial m(z)} = \frac{\partial M}{\partial m(z)} - \lambda p(z) = 0 \quad \text{pour } z = 0 \text{ à } n$$

$$\frac{\partial \mathcal{L}}{\partial \lambda} = \mu Y - \sum_z m(z)p(z) = 0$$

Ce qui nous donne la consommation de la variété z en fonction de λ :

$$M^{1/\sigma} m(z)^{-1/\sigma} = \lambda p(z)$$

$$m(z) = M\lambda^{-\sigma} p(z)^{-\sigma}$$

Le terme $M\lambda^{-\sigma}$ peut être remplacé en utilisant la condition de premier ordre sur le multiplicateur :

$$\mu Y = M\lambda^{-\sigma} \sum_z p(z)^{1-\sigma}$$

Ce qui donne la fonction de demande suivante pour la variété i :

$$m(z) = \frac{p(z)^{-\sigma}}{\sum_z p(z)^{1-\sigma}} \mu Y \tag{D.1}$$

et en valeur

$$p(z)m(z) = \frac{p(z)^{1-\sigma}}{\sum_z p(z)^{1-\sigma}} \mu Y \tag{D.2}$$

Indice de prix

En réintroduisant la valeur d'équilibre de la consommation de chaque variété dans la consommation globale de bien industriel, on obtient :

$$M = \left[\sum_{z=1}^{n} \left(\frac{p(z)^{-\sigma}}{\sum_z p(z)^{1-\sigma}} \mu Y \right)^{\frac{\sigma-1}{\sigma}} \right]^{\frac{\sigma}{\sigma-1}} = \mu Y \left(\sum_z p(z)^{1-\sigma} \right)^{\frac{1}{\sigma-1}}$$

$$\mu Y = M \left(\sum_z p(z)^{1-\sigma} \right)^{\frac{1}{1-\sigma}} = MG$$

Dans cette dernière équation on a donc une relation entre la valeur de la dépense sur le bien industriel dans son ensemble (μY) d'une part et un agrégat des quantités consommées (M). Le terme restant est l'indice de prix, $G \equiv \left(\sum_z p(z)^{1-\sigma}\right)^{\frac{1}{1-\sigma}}$.

Une propriété importante est que cet indice de prix est une fonction décroissante du nombre de variétés disponibles. Si tous les prix sont les mêmes :

$$G = \left(\sum_z p(z)^{1-\sigma} \right)^{\frac{1}{1-\sigma}} = p^M n^{\frac{1}{1-\sigma}},$$

avec $\sigma > 1$, l'indice de prix est fonction décroissante du nombre de variétés et donc du nombre de firmes dans ce modèle.

Enfin, la fonction de demande peut être reformulée :

$$m(z) = \frac{p(z)^{-\sigma}}{G^{1-\sigma}} \mu Y = p(z)^{-\sigma} G^{\sigma-1} \mu Y$$

§ 2 Production

Mark up

Il existe des rendements croissants au niveau de la variété dans le secteur industriel ; il n'y a pas d'économies de gamme ou d'envergure qui pourraient expliquer que des firmes aient intérêt à produire plusieurs variétés. La technologie est partout identique (pas d'avantage comparatif) et pour toutes les variétés (pas d'avantage spécifique) ; le nombre de travailleurs employés dans la production de chaque variété est donné par :

$$l^M = F + c^M q^M.$$

En raison de ces rendements croissants, des préférences identiques des consommateurs pour toutes les variétés et du nombre infini de variétés qu'il est *possible* de produire, chaque variété ne sera produite que par une firme et chaque firme ne produit qu'une variété. En notant le salaire dans le pays i, w_i^M, le profit d'une firme représentative s'écrit :

$$\pi_i = p_i^M q_i^M - w_i^M l^M.$$

À l'équilibre, la production doit satisfaire la demande adressée à cette firme, demande donnée par (D.1). La condition de premier ordre donne le résultat classique, en notant ϵ, l'élasticité prix de la demande :

$$p_i^M \left(1 - \frac{1}{\epsilon}\right) = w_i^M c^M.$$

C'est là qu'intervient une des hypothèses les plus fondamentales du modèle SDSK. Les firmes sont supposées tellement nombreuses qu'elles ont une part de marché quasi-nulle et n'ont donc aucun impact sur le marché dans son ensemble lorsqu'elle fixent leur prix. Par conséquent elles fixent leur prix sans tenir compte des réactions des concurrentes : *elles ne sont pas stratégiques.* Détaillons ce résultat pour une variété représentative :

$$\epsilon(z) = -\frac{\partial q(z)}{\partial p(z)} \frac{p(z)}{q(z)}$$

$$q(z) = m(z) = \frac{p(z)^{-\sigma}}{\sum_z p(z)^{1-\sigma}} \mu Y$$

$$\frac{\partial q(z)}{\partial p(z)} = \frac{-\sigma p(z)^{-\sigma-1} \sum_z p(z)^{1-\sigma} - p(z)^{-\sigma}(1-\sigma)p(z)^{-\sigma}}{\left(\sum_z p(z)^{1-\sigma}\right)^2} \mu Y$$

$$\frac{\partial q(z)}{\partial p(z)} = -\sigma \frac{p(z)^{-\sigma-1}}{\sum_z p(z)^{1-\sigma}} \mu Y - \left(\frac{p(z)^{-\sigma}}{\sum_z p(z)^{1-\sigma}}\right)^2 (1-\sigma)\mu Y$$

$$\frac{\partial q(z)}{\partial p(z)} = -\sigma \frac{q(z)}{p(z)} - q(z)^2 \frac{(1-\sigma)}{\mu Y}$$

$$\epsilon(z) = \sigma + \frac{(1-\sigma)q(z)p(z)}{\mu Y} = \sigma + (1-\sigma)s(z)$$

Au fur et à mesure que le nombre de firmes augmente, la part de marché (s) de chacune d'entre elle va diminuer, à la limite quand n tend vers l'infini, $s(z)$ tend vers 0 pour toutes les variétés z ce qui permet à l'élasticité prix de se simplifier grandement :

$$\epsilon(z) = \sigma$$

que l'on soit en concurrence à la Cournot ou à la Bertrand. L'hypothèse sous-jacente de comportement non stratégique est donc que les firmes sont infiniment nombreuses et leur part de marché nulle. La condition de premier ordre devient donc :

$$p_i^M \left(1 - \frac{1}{\sigma}\right) = w_i^M c^M. \tag{D.3}$$

Le *mark up* est constant par rapport au coût marginal de production et on comprend alors que σ doit être supérieur à un pour que le modèle ait un sens (une partie de la littérature empirique s'intéresse précisément à l'estimation de cette élasticité de substitution du modèle SDSK).

L'invariance du *mark up* amène également une politique de prix qui s'appelle le mill pricing. Si nous supposons pour un moment que le coût marginal de production est en fait un coût marginal de livraison du produit comprenant n'importe quelle barrière aux échanges. La différence de prix entre deux marchés de livraison reflétera *intégralement* la différence de coût de livraison. Autrement dit, le coût de transport est supporté intégralement par le consommateur et il n'y pas de possibilité de *dumping* réciproque dans ce modèle. En effet pour cela, il faudrait que les firmes prennent en compte l'influence du différentiel de coût de livraison sur leur part de marché afin d'ajuster leur prix pour augmenter leur part de marché sur les destinations lointaines à l'aide d'un prix plus bas. Comme la part de marché est supposée nulle, cela est impossible.

Output et nombre de firmes

Le modèle SDSK résout le problème de la détermination du nombre de firmes à l'équilibre par une condition de libre entrée et de plein emploi des facteurs.

$$\pi_i = (p_i^M - w_i^M c^M) q_i^M - w_i^M F.$$

$$\pi_i = \frac{w_i^M c^M}{\sigma - 1} q_i^M - w_i^M F \Rightarrow w_i^M \left(\frac{c^M}{\sigma - 1} q_i^M - F\right) = 0$$

$$q^* = \frac{F(\sigma - 1)}{c^M}.$$

Tant que les technologies sont identiques, les firmes ont toutes le même output *avec ou sans commerce* dans ce modèle.[1]

Le nombre de firmes à l'équilibre est déterminé par la condition de plein emploi :

$$L_i^M = \sum_{z \in i} l_i^* = \sum_{z \in i} (F + c^M q^*)$$

$$L_i^M = \sum_{z \in i} F(1 + (\sigma - 1)) = n_i F \sigma.$$

Par conséquent, le nombre de firmes à l'équilibre est

$$n_i = \frac{L_i^M}{F\sigma}.$$

Ainsi, s'il n'existe pas d'effet d'échelle au niveau de la production individuelle des firmes, *il existe un effet d'échelle au niveau du nombre de variétés disponibles.* Plus le nombre de consommateurs dans une localisation sera important, plus le nombre de firmes et donc de variétés locales sera importante. Évidemment, c'est là l'une des sources principales de l'agglomération des activités. Lorsque l'on introduit des coûts de transport, il devient avantageux pour un consommateur d'être localisé dans le grand pays car les variétés locales ne comportent pas de coût de transport.

§ 3 Coûts de transport et équation de gravité

Le coût de transport est supposé de type iceberg de telle sorte qu'il faille transporter $\tau_{ij} q$ unités de bien pour que q unités arrivent. Les firmes pratiquent le *mill pricing* :

$$p_{ij} = p_i \tau_{ij}.$$

La première chose à noter est que l'indice de prix est modifié avec l'introduction des coûts de transport. Cet indice aura une valeur spécifique pour chaque pays importateur. En effet plus le nombre de firmes locales sera important, moins les consommateurs auront à payer de coût de transport sur les variétés qu'ils consomment. Comme toutes les variétés d'un même pays ont le même prix, et avec I pays :

$$G_j = \left(\sum_{i=1}^{I} n_i (p_i \tau_{ij})^{1-\sigma} \right)^{\frac{1}{1-\sigma}}.$$

La demande exprimée par le pays j pour les produits industriels venant du pays i, s'écrit maintenant :

$$m_{ij} = \frac{n_i p_{ij}^{-\sigma}}{G_j^{1-\sigma}} \mu Y_j,$$

ou encore, en valeur nous avons le flux bilatéral suivant :

$$X_{ij} = p_{ij} m_{ij} = \frac{n_i (\tau_{ij} p_i)^{1-\sigma}}{G_j^{1-\sigma}} \mu Y_j, \qquad \text{(D.4)}$$

Il est possible de déduire une équation de type gravitaire de cette relation théorique.

1. C'est une grande simplification pour les calculs qui suivront qui découle de l'hypothèse de constance du mark up (qui simplifie elle aussi beaucoup les choses). Ces simplifications du modèle présentent également de nombreux défauts : un des plus importants est qu'il n'y a pas dans ce modèle d'effet pro-concurrentiel à l'ouverture (contrairement au modèle de Krugman, 1979a par exemple). En effet le prix ne baisse pas avec l'ouverture. De plus, il n'y a pas d'effet d'échelle à l'ouverture : l'échelle de production reste constante quelque soit la taille de la demande adressée aux firmes.

1) Notons d'abord que le modèle de type Dixit-Stiglitz permet d'obtenir une relation de proportionnalité entre la valeur de la production et le nombre de variétés (n_i) du pays i : En notant v_i la valeur de la production du pays i, q^* la quantité produite par chaque firme et p_i le prix « sortie d'usine » de chaque variété, on obtient :

$$v_i = q^* n_i p_i.$$

Si l'on suppose que les préférences et la technologie sont identiques dans tous les pays, on obtient le même q^* dans chaque pays. On utilise cette relation pour éliminer les n_i de l'équation de commerce bilatéral car il est quasiment impossible de mesurer le nombre de variétés produites dans les différents pays dans la réalité.

2) Supposons également que les coûts de transport soient fonction de la distance séparant les pays et prennent un forme très simple :

$$\tau_{ij} = d_{ij}^{\delta}, \qquad \delta > 0$$

3) En utilisant $n_i p_i = v_i / q^*$ et en passant en logs on obtient :

$$\begin{aligned} \ln X_{ij} &= \ln \mu Y_j + \ln v_i - (\sigma - 1)\delta \ln d_{ij} - \sigma \ln p_i \\ &\quad -\mathrm{IV}_j \end{aligned} \tag{D.5}$$

Les trois premiers termes rappellent bien le modèle gravitaire : les flux entre i et j sont fonctions du produit des tailles des deux pays et fonction décroissante de la distance les séparant. Le fondement théorique de l'équation de gravité est alors clair. La taille du pays d'origine traduit le nombre de variétés produites dans ce pays et donc recherchées par les consommateurs de tous les pays. La taille du pays de destination traduit l'importance de la demande du pays importateur. Si l'on considère les flux agrégés, on aura bien les deux PIB de l'équation de gravité simple. L'équation D.5 révèle que l'équation devrait comporter deux termes supplémentaires, le prix de production p_i et le terme IV_j qui est relié à l'indice de prix du pays importateur :

$$\mathrm{IV}_j = (\sigma - 1) \ln \left(\sum_k \exp[\ln v_k - (\sigma - 1)\delta \ln d_{jk} - \sigma \ln p_k] \right).$$

Ce terme décrit l'ensemble des fournisseurs potentiels pour un importateur donné, et prend en compte leur taille, distance et le prix de leur variété. L'estimation de ce terme est complexe car il contient des paramètres figurant déjà dans l'équation à estimer. De plus, il est censé contenir tous les pays producteurs, et donc l'ensemble des partenaires commerciaux possibles dans le monde.

Il existe plusieurs moyens de résoudre ce problème, dont l'un des plus simples consiste à utiliser le fait que ce terme est constant quel que soit le pays duquel le pays j importe. On peut par exemple réécrire l'équation D.5 pour le flux interne au pays j ($i = j$) afin d'obtenir $\ln(X_{jj})$. On peut alors obtenir :

$$\ln \left(\frac{X_{ij}}{X_{jj}} \right) = \ln \left(\frac{v_i}{v_j} \right) - (\sigma - 1)\delta \ln \left(\frac{d_{ij}}{d_{jj}} \right) - \sigma \ln \left(\frac{p_i}{p_j} \right) \tag{D.6}$$

Cette expression permet une analyse des décisions des consommateurs d'un pays donné concernant l'allocation de leurs dépenses entre les variétés d'un pays donné et les variétés domestiques. Les demandes relatives sont alors uniquement fonction des tailles relatives, des distances relatives et des prix relatifs.

Une autre méthode d'estimation largement utilisée en raison de sa simplicité a été proposé par Hummels (1999)[1] et par Redding et Venables (2004)[2]. Il s'agit de remplacer les termes

1. Hummels, D. (1999), « Toward a Geography of Trade Costs », mimeo, University of Chicago.
2. Redding, S., et Venables, A., 2004, « Economic geography and international inequality" *Journal of International Economics*, 62(1), 53-82.

spécifiques aux pays importateurs et exportateurs par des effets fixes. Cela permet en particulier de résoudre le problème des termes de prix et donne une équation très simple à estimer :

$$\ln X_{ij} = \text{IMP}_j + \text{EXP}_i - (\sigma - 1)\delta \ln d_{ij}, \qquad \text{(D.7)}$$

dans laquelle les termes IMP_j et EXP_i sont des effets fixes pour chaque pays importateur et chaque pays exportateur. Ce type d'estimation est entièrement compatible avec le cadre théorique sous-jacent du modèle de concurrence monopolistique avec coûts de transport, tout comme l'estimation de l'équation (D.6). Ces deux types d'estimation diffèrent assez largement de l'équation de gravité dans sa version la plus simple, qui omet des termes importants dictés par la théorie, et est par conséquent de moins en moins utilisée sous cette forme.

Annexe **E**

Annexe du chapitre 11

Le modèle d'économie géographique reprend exactement les mêmes hypothèses et résultats que le modèle de Krugman (1980), en menant l'analyse plus loin. Nous reprenons donc la formalisation de l'annexe D.

section **1**

La fonction de profit, le potentiel marchand et le home market effect

Notons pour une firme localisée en i son prix sortie d'usine p_i, son coût marginal de production $\text{cm}_i = w_i^M c^M$, q_{ij} la quantité que cette firme réussit à vendre sur le marché j et τ_{ij} le coût de transport pour amener le bien de i à j. Le profit d'équilibre, hors coûts fixes, réalisé sur le marché j est alors donné par :

$$\pi_{ij} = (p_i - \text{cm}_i)\tau_{ij}q_{ij} = \frac{p_{ij}q_{ij}}{\sigma}$$

La quantité q_{ij} est déterminée à partir de la demande de type CES (D.4) :

$$p_{ij}q_{ij} = (p_i\tau_{ij})^{1-\sigma}G_j^{\sigma-1}\mu Y_j$$

G_j étant l'indice de prix en j et Y_j le revenu de ce pays. En conséquence, le profit total d'une firme implantée en i est égal à :

$$\Pi_i = \sum_j \pi_{ij} - F_i = \frac{1}{\sigma}\text{cm}_i^{1-\sigma}\text{PM}_i - F_i \qquad \text{(E.1)}$$

où $F_i = w_i^M F$ désigne le coût fixe de production en i, et le terme primordial

$$\text{PM}_i \equiv \sum_i \tau_{ij}^{1-\sigma}\mu_j Y_j G_j^{\sigma-1},$$

représente le *potentiel marchand* du pays i. Le profit réalisé en i dépend donc essentiellement de deux facteurs, par ailleurs très intuitifs : d'une part, du coût de production qui y prévaut et, d'autre part, de son potentiel marchand, interprété comme une mesure de l'accessibilité à l'ensemble des marchés à partir du pays i.

Si les firmes sont mobiles, elles vont se réallouer entre pays tant que les profits seront différents. Elles vont donc se diriger vers les pays à fort potentiel marchand et coût de production faible. Notons qu'au fur et à mesure que les firmes se dirigent vers ces pays, elles les rendent de moins en moins attractifs. En effet, plus les firmes se concentrent dans un pays, plus le degré de concurrence y augmente (ce qui a tendance à faire baisser le potentiel marchand au travers d'une hausse de G_i) et plus la rémunération des facteurs de production aura tendance à s'élever (une hausse de cm_i).

Une situation d'équilibre entre i et j n'émergera que quand aucune firme ne souhaitera plus changer de localisation et donc que la différence de profits sera nulle. Cela peut se produire par deux types d'ajustement. Dans le premier, pour simplifier l'analyse, on considère le cas où deux pays ont les mêmes coûts de production ($\mathrm{cm}_i = \mathrm{cm}_j$ et $F_i = F_j = F$), et l'on note s_N la part des firmes localisées en i et s_D la part des consommateurs localisés en i. La différence de profits entre i et j est alors donnée par

$$\Pi_i(s_N) - \Pi_j(s_N) = \frac{\mu Y}{\sigma N}\left[\frac{s_N(\tau^{1-\sigma}-1) - \tau^{1-\sigma} + s_D(\tau^{1-\sigma}+1)}{s_N(1-\tau^{1-\sigma})(1-s_N) + \dfrac{\tau^{1-\sigma}}{1-\tau^{1-\sigma}}}\right]. \qquad \text{(E.2)}$$

On trouve alors facilement la relation du *home market effect*

$$s_N = 1/2 + \frac{(1+\tau^{1-\sigma})}{(1-\tau^{1-\sigma})}(s_D - 1/2) \qquad \text{(E.3)}$$

Étant donné que $0 < \tau^{1-\sigma} < 1$, on a bien une relation linéaire et plus que proportionnelle entre la part de la production et la part de la demande d'un pays, tracée dans la figure 11.1.

Dans le deuxième type d'ajustement, on considère que c'est le coût de production qui va égaliser les profits entre toutes les localisations, jusqu'à ce qu'on arrive à un équilibre de profit nul où $\Pi_i = 0, \forall i$. On peut en effet chercher une valeur de w_i telle que les profits soient nuls en i, ce qui donne une équation connue sous le terme d'*équation de salaire* :

$$w_i^M = \left(\frac{c^M}{(F\sigma)^{\sigma-1}}\right)^{\frac{1-\sigma}{\sigma}} \mathrm{PM}_i^{\frac{1}{\sigma}}. \qquad \text{(E.4)}$$

Cette équation nous indique que les pays à fort potentiel marchand connaîtront des rémunérations de facteur élevées, alors que l'équation E.3 nous indique que ces mêmes pays connaîtront une concentration plus que proportionnelle des firmes. Dans la réalité, les deux phénomènes auront une certaine importance qui traduira la même force sous-jacente : la forte attractivité des régions centrales.

section 2

Le modèle Centre-Périphérie

Posons d'abord les hypothèses d'ensemble du modèle fondateur de Krugman (1991)[1] : ce modèle est un modèle 2-2-2 (pays, facteurs, secteurs) avec facteurs spécifiques. *Le modèle reprend la structure exposée dans l'annexe D en ajoutant une caractéristique : les consommateurs / travailleurs peuvent migrer entre les différents pays selon les différents salaires réels qu'offrent les deux pays.*

Le secteur agricole à rendements constants est là pour « boucler » le modèle en termes d'équilibre général : à l'équilibre, il est possible qu'un des deux pays se spécialise dans le

1. op. cit.

secteur à rendements croissants et soit donc un exportateur net de ce bien. L'équilibre de la balance commerciale est alors assuré par des importations nettes du bien à rendements constants. Le fait que ce bien ne supporte pas de coûts de transport permet de simplifier les choses en assurant une égalisation de la rémunération du facteur de production de ce secteur. L'essentiel de l'attention est portée sur le secteur à rendements croissants.

Notre économie dispose donc de deux secteurs, deux pays et deux facteurs. Il y a au total L^A unités de travail employées par l'agriculture et l'on supposera en général qu'elles sont équitablement réparties entre les deux pays. Cette population à une distribution spatiale exogène (avec une part ψ_i dans le pays i) et qui ne change pas. Au contraire, la population de travailleurs de l'industrie L^M a une distribution endogène et une part λ_i de cette population est localisée en i. On choisit une unité de mesure pour cette masse de travailleurs de telle sorte que $L^M = \mu$ et $L^A = 1 - \mu$.

Étant donné que le bien agricole est produit à rendements constants, sans avantage comparatif et sans subir de coûts de transport, on a égalisation du prix du bien A dans les deux pays et également égalisation des rémunérations de facteurs que l'on prend comme numéraire, $w^A = 1 = p^A$. Le salaire nominal et réel peut en revanche différer entre les pays ce qui va entraîner des mouvements de migrations des consommateurs/travailleurs, sous la forme ad hoc :

$$\dot{\lambda}_i = \gamma(\omega - \bar{\omega})\lambda_i \qquad \text{avec} \qquad \bar{\omega} = \sum_i \lambda_i w_i$$

Cette forme fonctionnelle assure que la somme de toutes les évolutions de population est égale à 0.

§ 1 Normalisations

Pour simplifier la notation, on choisit des *unités de mesure* de différentes variables du modèle qui permettent de clarifier les choses. La première normalisation concerne le coefficient technique, on peut choisir n'importe quelle unité pour exprimer la production (unités, tonnes...). On choisit une unité telle que le coefficient technique satisfasse :

$$c^M = \frac{\sigma - 1}{\sigma},$$

ce qui donne

$$p_i^M = w_i^M \qquad \text{et} \qquad q^* = l^* = F\sigma$$

On notera que σ est également dans ce modèle un indicateur inverse du degré de rendements croissants du secteur industriel. En effet, plus σ est important, plus la part des travailleurs employés de manière fixe est faible dans le nombre de travailleurs total employé par une firme. On effectue ensuite une deuxième normalisation sur le coût fixe F en travailleurs du secteur industriel :

$$F = \mu/\sigma,$$

ce qui donne

$$n_i^M = L_i^M/\mu \qquad \text{et} \qquad q^* = l^* = \mu$$

Cela nous permet de réécrire l'équation de salaire et l'indice de prix de manière simplifié :

$$\begin{aligned} G_i &= \left(\sum_{j=1}^{R} n_j (p_j^M \tau_{ji})^{1-\sigma} \right)^{\frac{1}{1-\sigma}} \\ &= \left(\frac{1}{\mu} \sum_{j=1}^{R} L_j^M (w_j^M \tau_{ji})^{1-\sigma} \right)^{\frac{1}{1-\sigma}} . \end{aligned} \qquad (E.5)$$

Ainsi que l'équation de salaire

$$\begin{aligned} w_i^M &= \frac{\sigma - 1}{\sigma c^M}\left[\frac{\mu}{q^*}\sum_{j=1}^{R} Y_j \tau_{ij}^{1-\sigma} G_j^{\sigma-1}\right]^{\frac{1}{\sigma}} \\ &= \left[\sum_{j=1}^{R} Y_j \tau_{ij}^{1-\sigma} G_j^{\sigma-1}\right]^{\frac{1}{\sigma}}. \end{aligned} \quad \text{(E.6)}$$

§ 2 Conditions d'équilibre

Revenu

Les travailleurs du secteur agricole gagnent le même salaire dans tous les pays et ce salaire est pris comme numéraire. Le revenu total du pays i est donc :

$$Y_i = \mu\lambda_i w_i + (1 - \mu)\psi_i$$

Indices de prix

$$\begin{aligned} G_i &= \left(\frac{1}{\mu}\sum_{j=1}^{R} L_j^M (w_j^M \tau_{ji})^{1-\sigma}\right)^{\frac{1}{1-\sigma}} \\ &= \left(\sum_{j=1}^{R} \lambda_j (w_j^M \tau_{ji})^{1-\sigma}\right)^{\frac{1}{1-\sigma}} \end{aligned}$$

On voit très clairement dans cette équation *le forward linkage* qui fait baisser l'indice de prix au fur et à mesure que la population du pays concerné grandit avec la production industrielle.

Salaires

$$w_i = \left[\sum_{j=1}^{R} Y_j \tau_{ij}^{1-\sigma} G_j^{\sigma-1}\right]^{\frac{1}{\sigma}}$$

Ici, on peut voir très facilement le *backward linkage*. Supposons que les indices de prix soient les mêmes dans tous les pays, alors le salaire du pays i est d'autant plus élevé que ce pays est centrale, c'est-à-dire que les pays proches (y compris lui-même) ont une demande importante. Cela résulte du fait que les pays centraux sont très attractifs pour les firmes qui y réalisent un profit plus élevé à court terme, des salaires plus élevé venant ensuite réduire les profits à 0. Le salaire réel est

$$\omega_i = w_i G_i^{-\mu}$$

§ 3 Le modèle centre-périphérie

La solution générale du modèle est simplifié en s'intéressant à un cas particulier où il n'y a que deux pays se partageant équitablement la population agricole. La question évidente est alors de savoir si le secteur industriel sera également équitablement réparti ou aura au contraire tendance à se concentrer dans l'un des deux pays. En notant λ la part de la population industrielle localisée dans le pays 1, les nouvelles conditions d'équilibre sont maintenant :

$$Y_1 = \mu\lambda w_1 + (1 - \mu)/2 \qquad \text{et} \qquad Y_2 = \mu(1 - \lambda)w_2 + (1 - \mu)/2$$

$$G_1^{1-\sigma} = \left(\lambda w_1^{1-\sigma} + (1 - \lambda)(w_2\tau)^{1-\sigma}\right)$$

$$G_2^{1-\sigma} = \left(\lambda(w_1\tau)^{1-\sigma} + (1-\lambda)w_2^{1-\sigma}\right)$$

$$w_1^{\sigma} = \left(Y_1 G_1^{\sigma-1} + Y_2 \tau^{1-\sigma} G_2^{\sigma-1}\right)$$

$$w_2^{\sigma} = \left(Y_1 \tau^{1-\sigma} G_1^{\sigma-1} + Y_2 G_2^{\sigma-1}\right)$$

$$\omega_1 = w_1 G_1^{-\mu} \quad \text{et} \quad \omega_2 = w_2 G_2^{-\mu}$$

Ce modèle a toujours l'air extrêmement complexe à résoudre. Il est intéressant de regarder dans un premier temps graphiquement la variable centrale du modèle, à savoir ce qui détermine le solde migratoire entre les deux pays : $\omega_1 - \omega_2$ en fonction de la part de la population industrielle déjà localisée dans le pays 1. Les figures des pages 66 et 67 de Fujita et al. (1999)[1] résultent des équations de salaires réels dans lesquelles on remplace les valeurs des indices de prix d'équilibres et on fixe des valeurs pour $\sigma = 5$ et pour $\mu = .4$. On obtient $\omega_1 - \omega_2$ en fonction de λ et de τ. Cette relation est représentée pour trois valeurs différentes des coûts de transport.

On constate tout d'abord que le point de symétrie est toujours un équilibre : un équilibre dans ce modèle est atteint lorsque pour une distribution de la population donnée, le différentiel de salaire réel est nul, ainsi la distribution de la population et des firmes est stable. La différence de salaire réel est toujours nulle lorsque la population industrielle est équitablement répartie entre les deux pays. *La question est de savoir si cet équilibre est stable.* Pour répondre à cette question, il faut voir comment varie le différentiel de salaire d'équilibre lorsque l'on s'éloigne un peu de l'équilibre symétrique en re-localisant par exemple une partie de la population industrielle (et donc une partie des firmes en fait) du pays 1 vers le pays 2. Si ce déplacement rend $\omega_1 - \omega_2$ négatif, l'équilibre symétrique est stable car les travailleurs déplacé voudront « revenir » dans le pays 2 étant donné que leur salaire réel y est plus élevé. Si au contraire, le différentiel de salaire réel devient positif, d'autres travailleurs du secteur industriel seront incités à migrer. Les figures montrent que la pente est négative autour de la symétrie pour des valeurs élevées des coûts de transport et positive pour des valeurs faibles. On peut résumer le résultat de cette première visualisation du modèle dans la figure 5.1.

Dans ce graphique sont tracées les configurations d'équilibre stable, pour des coûts de transport très élevés, seule la configuration dispersée est stable, pour des coûts de transport plus faibles, la configuration centre-périphérie devient stable (à partir d'un niveau de coûts de transport appelé le « *breaking point* »). Cela devient la seule configuration possible à partir d'un certain point appelé le « *breaking point* ». On peut déterminer ces deux points analytiquement, c'est ce que nous faisons dans ce qui suit.

§ 4 Quand est-ce que la structure centre-périphérie est soutenable ?

Une configuration centre-périphérie est une configuration des activités dans laquelle un des deux pays, disons le pays 1 ($\lambda = 1$), accueille l'ensemble de l'industrie alors que le pays 2 est un pays agricole. Cette configuration est un équilibre si un groupe de travailleurs migrant de 1 vers 2 ne peut pas toucher un salaire réel supérieur. Il existe d'autres manières de regarder la stabilité de l'équilibre, en particulier en s'intéressant au profit qu'une firme se relocalisant dans le pays 2 pourrait faire (c'est l'approche de l'article originel de Krugman). Nous gardons ici l'approche du livre de FKV. Avec $\lambda = 1$, $w_1 = 1$ est une valeur d'équilibre. En effet, on obtient :

$$Y_1 = (1+\mu)/2 \quad \text{et} \quad Y_2 = (1-\mu)/2$$

1. op. cit.

Figure 5.1. Bifurcation de type Centre périphérie dans le modèle de Krugman (1991)

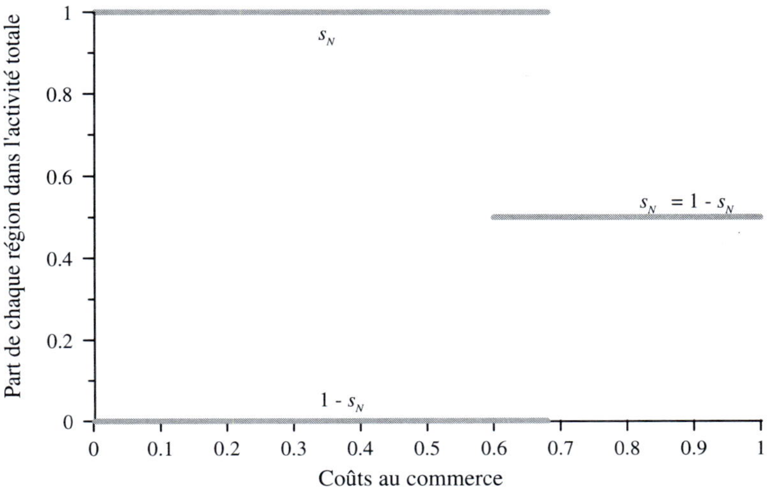

$$G_1^{1-\sigma} = \left(\lambda w_1^{1-\sigma} + (1-\lambda)(w_2\tau)^{1-\sigma}\right) = 1$$

$$G_2^{1-\sigma} = \left(\lambda (w_1\tau)^{1-\sigma} + (1-\lambda)w_2^{1-\sigma}\right) = \tau^{1-\sigma},$$

et donc

$$w_1^{\sigma} = \left(Y_1 G_1^{\sigma-1} + Y_2\tau^{1-\sigma}G_2^{\sigma-1}\right) = 1.$$

On a donc $\omega = 1$ et on peut ne s'intéresser qu'à ω_2 avec stabilité de l'équilibre centre-périphérie lorsque $\omega_2 < 1$.

$$\begin{aligned}\omega_2 &= \left(Y_1\tau^{1-\sigma}G_1^{\sigma-1} + Y_2 G_2^{\sigma-1}\right)^{1/\sigma} G_2^{-\mu} \\ &= \tau^{-\mu}\left(\frac{1+\mu}{2}\tau^{1-\sigma} + \frac{1-\mu}{2}\tau^{\sigma-1}\right)^{1/\sigma}\end{aligned} \tag{E.7}$$

Cette équation traduit les backward et forward linkages :

1) $\tau^{-\mu}$ traduit le *forward linkage* (l'externalité de coût) car elle provient du fait que l'indice de prix est τ fois plus important dans le pays 2 car toutes les variétés doivent être importées. Ce terme est inférieur à 1, traduisant le fait que le pays 2 est relativement peu attractif en termes de coût de la vie.

2) Le second terme traduit le salaire nominal compatible avec des profits nuls pour une firme qui souhaiterait se localiser en 2 (pour employer les travailleurs dont le déplacement est envisagé). Cela représente donc le *backward linkage*, c'est-à-dire le fait que les firmes souhaitent être près des consommateurs. Le revenu et donc la demande du pays 1 (le pays éloigné) est pondéré par $\tau^{1-\sigma} < 1$ traduisant le désavantage de la firme en 2 sur le marché 1. Le revenu du pays 2 est pondéré par $\tau^{\sigma-1}$, traduisant l'avantage de cette même firme pour ses consommateurs locaux. Les pondérations sont symétriques mais la demande émanant des deux pays est très différente : *la firme en 2 dispose d'un avantage sur le petit marché et d'un désavantage sur le grand marché.*

Reprenons l'équation E.7. Lorsque les coûts de transport sont nuls ($\tau = 1$), on a une égalisation des salaires réels dans les deux pays ($\omega_2 = 1$) : la localisation des firmes et des consommateurs ne compte pas, car il n'y a plus d'espace. Que se passe-t-il quand les coûts de transport sont très faibles ?

$$\frac{\partial \omega_2}{\partial \tau} = -\frac{\mu \omega_2}{\tau}\left[1 - \frac{1-\sigma}{\sigma\mu}\left(1 - \frac{2}{\frac{1+\mu}{1-\mu}\tau^{2(1-\sigma)} + 1}\right)\right],$$

avec des coûts de transport nuls ($\tau = 1$), on obtient :

$$\frac{\partial \omega_2}{\partial \tau} = \frac{\mu(1-2\sigma)}{\sigma} < 0.$$

Figure 5.2. Sustain point dans le modèle de Krugman (1991)

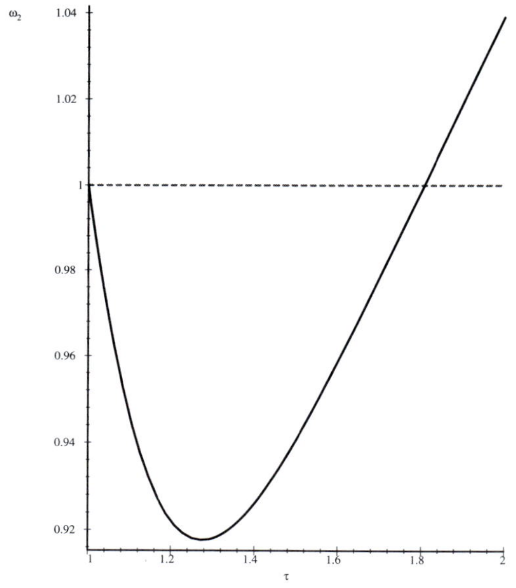

Pour des coûts de transport très faibles, l'agglomération est donc forcément un équilibre stable. Pour considérer l'autre cas extrême, il est utile de reformuler l'équation de salaire réel :

$$\omega_2^{\sigma} = \frac{1+\mu}{2}\tau^{1-\sigma(1+\mu)} + \frac{1-\mu}{2}\tau^{\sigma(1-\mu)-1}.$$

Le premier terme tend vers 0 au fur et à mesure que τ devient important et que l'on tend vers l'autarcie. Si jamais $\sigma(1-\mu) - 1 < 0$, alors le second terme tend aussi vers 0 et on obtient un salaire réel dans le pays 2 qui tend vers 0. Dans ce cas, on obtient une agglomération de l'activité à rendements croissants dans le pays 1 (ou le pays 2 bien entendu) quelle que soit le niveau des coûts de transaction. Cela correspond à un niveau des forces d'agglomération excessif puisque même à l'autarcie, il n'y aura aucune firme qui servira les consommateurs du pays agricole en bien industriel. Cette situation nous ramène à la condition de « no black hole » qui stipule justement que l'on restreint les paramètres de telle sorte que $\sigma(1-\mu) - 1 > 0 \Rightarrow \rho = \frac{\sigma-1}{\sigma} > \mu$. Dès lors que cette condition est respectée, ω_2 tend vers des valeurs élevées pour des coûts de transaction élevés et donc redevient supérieur à 1 pour une valeur de τ définie par (E.7).

Comment ce sustain point varie-t-il avec les paramètres du modèle ?

1) Lorsque les biens sont extrêmement différenciés et que les rendements sont « très croissants », la valeur du sustain point tend à s'agrandir, rendant la structure centre-périphérie compatible avec des valeurs plus élevées des coûts de transaction. En revanche, lorsque les biens tendent à être homogènes (σ tendant vers l'infini et donc que l'on tend vers des rendements constants), ω_2 tend vers une valeur inférieure à 1 et donc la structure centre-périphérie n'est plus un équilibre stable. On retrouve l'arbitrage entre rendements d'échelle et coûts de transport que nous avons vu dans l'introduction. On peut représenter cet arbitrage graphiquement en traçant les valeurs d'équilibre du sustain point en fonction de σ. C'est ce qui est fait dans la figure 5.3. Le raisonnement est que pour des produits très fortement substituables, un très petit niveau de coûts de transport réduit très fortement le commerce bilatéral, ce qui entraîne une forte incitation à produire localement et renforce donc la force de dispersion.
2) Enfin, la probabilité de structure centre-périphérie croît avec μ la part des dépenses sur le bien industriel. Supposons que $\mu = 0$, on a alors $\omega_2^\sigma = 1/2(\tau^{1-\sigma} + \tau^{\sigma-1})$, qui est toujours supérieur à 1. Quand $\mu = 1$, on a alors $\omega_2^\sigma = \tau^{1-2\sigma} < 1$.

Figure 5.3. Arbitrage entre rendements d'échelle et coûts de transport dans le modèle de Krugman (1991)

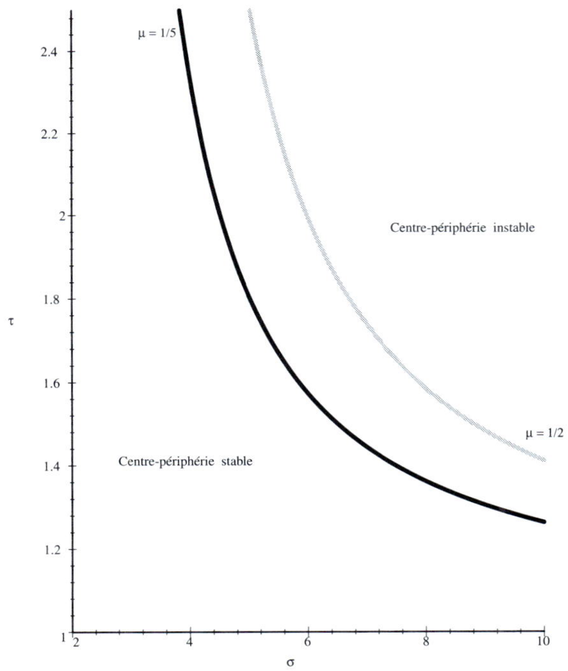

§ 5 Quand est-ce que la structure symétrique n'est plus soutenable ?

Cherchons maintenant la valeur des coûts de transport pour laquelle la configuration symétrique n'est plus un équilibre stable. Le breaking point est le point tel que le différentiel de salaire ne change pas autour du point d'équilibre symétrique :

$$\frac{d(\omega_1 - \omega_2)}{d\lambda} = 0.$$

Ou encore que le salaire ne change pas avec une augmentation de la part des travailleurs autour de l'équilibre symétrique :

$$\frac{\hat{\omega}}{\hat{\lambda}} = 0$$

Pour des coûts de transport au dessus du breaking point, la pente est négative et l'équilibre symétrique est stable, pour des coûts de transport inférieur, la pente est positive et l'équilibre symétrique est instable. À l'équilibre symétrique, on a :

$$n_1 = n_2 \Rightarrow \lambda = 1/2, \qquad Y_1 = Y_2 = 1/2, \qquad w_1 = w_2 = 1/2$$

$$G_1^{1-\sigma} = G_2^{1-\sigma} = \left[\frac{1 + T^{1-\sigma}}{2}\right].$$

On cherche donc à différencier le système autour du point d'équilibre symétrique exactement comme dans la section sur le home market effect. On va donc pouvoir se servir des mêmes équations :

1) On a tout d'abord l'équation d'indice de prix :

$$\hat{G} = \frac{Z}{1-\sigma}\hat{n} + Z\hat{w}.$$

Avec les normalisations on avait $n_i = L_i^M/\mu$ et on avait pris pour la population totale $L^M = \mu$. On peut donc remplacer n_1 par $\lambda = 1/2$ pour obtenir :

$$\hat{G} = \frac{Z}{1-\sigma}\hat{\lambda} + Z\hat{w}. \tag{E.8}$$

2) Intéressons-nous maintenant à l'équation de salaire :

$$\hat{w} = \frac{Z}{\sigma}\hat{Y} + \frac{\sigma - 1}{\sigma}Z\hat{G}. \tag{E.9}$$

3) Nous cherchons à exprimer la variation du salaire réel.

$$\omega_i = w_i G_i^{-\mu}$$

$$\hat{\omega} = \hat{w} - \mu\hat{G} \tag{E.10}$$

4) Il nous faut également une expression pour le revenu.

$$Y_1 = \mu\lambda w_1 + (1-\mu)/2 \qquad \text{et} \qquad Y_2 = \mu(1-\lambda)w_2 + (1-\mu)/2.$$

Ce qui donne :

$$\hat{Y} = \mu(\hat{w} + \hat{\lambda}) \tag{E.11}$$

On remplace $\hat{Y}$ et $\hat{G}$ dans l'équation d'équilibre de $\hat{w}$ qui devient une fonction de $\hat{\lambda}$. Dès lors il suffit de remplacer $\hat{w}$ dans $\hat{G}$ et d'utiliser $\hat{\omega} = \hat{w} - \mu\hat{G}$ pour obtenir :

$$\frac{\hat{\omega}}{\hat{\lambda}} = \frac{Z}{\sigma - 1}\left[\frac{\mu(2\sigma - 1) - Z[\sigma(1+\mu^2) - 1]}{\sigma - \mu Z - Z^2(\sigma - 1)}\right]$$

$$\frac{\hat{\omega}}{\hat{\lambda}} = \frac{Z(1-\rho)}{\rho}\left[\frac{\mu(1+\rho) - Z(\mu^2 + \rho)}{1 - \mu Z(1-\rho) - Z^2\rho}\right]$$

Le dénominateur du terme entre crochet est toujours positif car μ, ρ et Z sont inférieurs à 1. Le signe ne dépend donc que du numérateur du terme entre crochets :

1) Si les coûts de transports sont nuls, $Z = 0$ et on obtient $\mu(1+\rho) > 0$ pour ce terme qui implique que $\frac{\hat{\omega}}{\hat{\lambda}} > 0$. L'équilibre symétrique n'est jamais stable.

2) Si les coûts de transports sont infinis, $Z = 1$ et on obtient $(\rho - \mu)(\mu - 1) < 0$ pour ce terme si la condition de *no black hole* est respectée $(\rho > \mu)$ et $\frac{\hat{\omega}}{\hat{\lambda}} < 0$. L'équilibre symétrique est toujours stable.

Il est possible pour le *break point* d'obtenir une solution analytique, le *break point* est défini par :

$$\mu(1 + \rho) - Z(\mu^2 + \rho) = 0$$

$$Z = \frac{1 - \phi}{1 + \phi} = \frac{\mu(1 + \rho)}{\mu^2 + \rho}.$$

Il est alors simple de trouver la solution

$$\tau^{1-\sigma} = \tau^{\frac{\rho}{\rho - 1}} = \phi = \frac{(\rho - \mu)(1 - \mu)}{(\rho + \mu)(1 + \mu)}.$$

Cette formulation explicite est beaucoup plus simple que le sustain point, on peut le représenter dans le même espace que le sustain point pour voir l'arbitrage entre rendements croissants / différenciation des produits d'une part et coûts de transport d'autre part. C'est l'objet de la figure 5.4 qui traduit des relations inverses au sustain point en termes de stabilité de l'équilibre symétrique.

Figure 5.4. Break point dans le modèle de Krugman (1991)

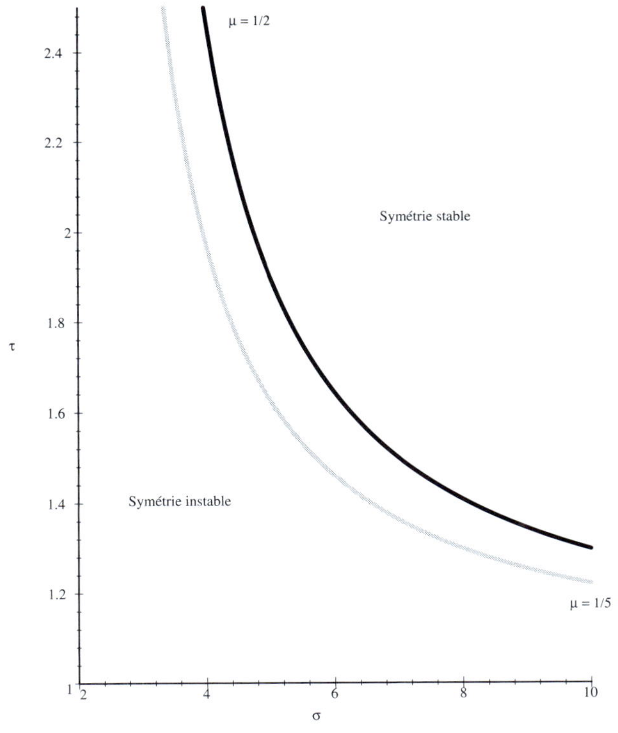

On peut enfin comparer pour une même valeur de $\mu = 1/5$, les deux points : sustain et break point.

Figure 5.5. Comparaison entre break point et sustain point dans le modèle de Krugman (1991)

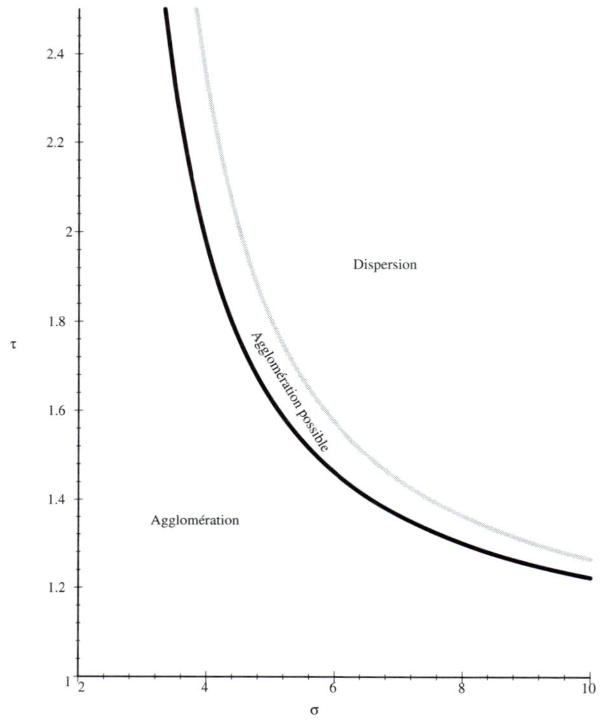

Index alphabétique

Les chiffres renvoient aux numéros des paragraphes

F

G

H

I

L

M

N

O

P

Table des matières

Partie 4

Politiques commerciales et négociations internationales

Partie 5
Annexes

Table des compléments pédagogiques

Composition PUBLIVlog 31770 Colomiers.

Achevé d'imprimer en octobre 2010
dans les ateliers de Normandie Roto Impression s.a.s.
61250 Lonrai

708485 (I) (3,5) CSB-G 80g PUB (CDR)

N° d'impression : 103916
Dépôt légal : novembre 2010

Imprimé en France